儒家做事·佛家修心·道家做人

儒家佛家道家经典

第一卷

李金龙 编

辽海出版社

图书在版编目(CIP)数据

儒家、佛家、道家经典/ 李金龙编.—沈阳:辽海出版社,2014.12

ISBN 978-7-5451-3360-8

Ⅰ.①儒… Ⅱ.①李… Ⅲ.①儒家—通俗读物②佛教—通俗读物
③道家—通俗读物Ⅳ.①B22-49②B94-49

中国版本图书馆 CIP 数据核字(2014)第 306660 号

责任编辑:段扬华　柳海松　冷厚诚
责任校对:顾　季
装帧设计:马寄萍

出版者:辽海出版社
　地　　址:沈阳市和平区十一纬路 29 号
　邮政编码:110003
　电　　话:024-23284473
　E-mail:dyh550912@163.com
印刷者:北京富达印务有限公司印刷
发行者:辽海出版社

幅面尺寸:175mm×250mm
印　　张:80
字　　数:1250 千字

出版时间:2015 年 2 月第 1 版
印刷时间:2015 年 2 月第 1 次印刷
定　　价:696.00 元

前　言

　　中国的传统文化源远流长，其中，儒、释、道三家各自发展，各有传承，衍生出众多支派，开枝散叶，并成为华夏显学，统贯着学术与文化的命脉。后世的仁人君子也都在这种文化氛围中修身立人，做着出世入世的事业。作为中国传统文化的精髓，三家思想始终是在矛盾斗争与融合渗透中发展，犹如三枝奇葩，各彰异彩，相互辉映。历代也多认为三者之间有着彼此补充的作用，故有所谓"以佛治心，以道治身，以儒治世"的说法。

　　道家机敏的做人学问，不是追求阴谋诡计，也不是一味圆滑世故，而是一种智慧和谋略，它既防止别人伤害自己，同时也能增强自己的竞争力，广交人脉，左右逢源，事事畅通无阻。

　　儒家讲究持重、勤谨、正气、担当以及自省、中庸的为人处世之道，体现了中正做事的学问。这种心态，让人圆融通达，变得具有影响力和号召力，成为社会精英。

佛家慈悲宽大，忍让包容，视世间万难为无物，不怨天尤人，从自然，呈本性，体现超脱修心的学问。有了这种心境，人就会变得豁达而坚强，远离仇恨，避免灾难，获得人生的成功。

这是一个竞争的时代，也是一个成大事的时代，优胜劣汰，适者生存。如果你一心只读圣贤书，两耳不闻窗外事，那么你只不过徒有满腹经纶而无所用；如果你一味老实耿直，不懂应变之道，那么你也只能处处碰壁，逃脱不了平庸的魔掌；如果你素来争强好胜，百折不弯，不懂屈伸进退，那么你也只能吃亏在后，赔了夫人又折兵；如果你总是心直口快，不加掩饰，不知用晦于明、藏巧于拙，那么你也只能聪明反被聪明误，搬石头砸自己的脚。

大量有关道家、儒家、佛家做人做事成功与失败的生动事例告诉我们：做人要聪明不外露，做一个糊涂的精明人；要把握好做人的尺度，万事都要留有余地；要经营好自己的人脉，八面玲珑路路通；要学会低头，能屈能伸，"忍"字当先；要灵活为人，水流不腐，人"活"不输；要善于调整自己的心态，"心若改变，你的态度跟着改变，态度改变，你的人生跟着改变"；要外圆内方，行欲方而智欲圆……做事要有看待事情的特殊眼光，看到别人看不到的希望；要抓住机遇，敢于冒险；要把所有的精力集中于一点，专注突破；要学会选择，懂得放弃；要敢于决断，该出手时就出手；要从全局出发，能谋善断，运筹帷幄；

要善于从不同的角度去开发思维，力求创新；在面对挫折时要力争奋发，以毅力和坚忍攀最高峰……掌握了道家、儒家、佛家做人做事的方法，必能帮助你在人际关系中如鱼得水，在人生道路上左右逢源，大大提高自己的影响力，处处受欢迎，事事皆顺利，从而成就卓越人生。学习道家、儒家、佛家三家做人、做事、修心的成功哲学，密切结合实际生活，可以解决现代人最关注的许多人生问题，诸如事业管理、婚姻家庭、为人处世、结交人脉、职场进退、修心以及养生等诸多方面。用最经典、实用的人生哲学指导自己日常的做人做事，会更顺利地成就事业和人生。

　　如果说中国传统文化是一本厚重的智慧书，那么，道家智慧是最机敏的一页，儒家智慧是最中正的一页，佛家智慧是最超脱的一页。本书纵贯儒、释、道三家智慧，帮你全面地解读其思想精华，把传统智慧运用于现代生活中，在做人、做事与修养心性方面为你提供帮助和借鉴。

　　时代在变化，如何做人、如何做事，这都需要我们去探索和思考，打开本书，也许你将会找到答案。

目 录

上篇 儒家做事

儒家佛家道家经典

目录

二

儒家佛家道家经典

目

录

四

儒家佛家道家经典

目录

六

中篇　佛家修心

心宽，路就宽 …………………………………… （379）

儒家佛家道家经典

目录

一〇

儒家佛家道家经典

目录

一一

儒家佛家道家经典

目录

（二）

儒家佛家道家经典

目录

一三

儒家佛家道家经典

目录

一四

下篇　道家做人

儒家佛家道家经典

目录

二〇

儒家佛家道家经典

目
录

〔三〇〕

儒家佛家道家经典

目录

一二三

上篇

儒家做事

儒家将"内圣外王"视为君子的最高理想和境界，要求世人对内要注重自己的道德修养，对外又要能作出一番事业。这是中国人几千年来的人生核心追求。在《大学》中开宗明义说：诚心，正意，修身，齐家，治国，平天下。并且指出，欲治国平天下，须先从诚心正意开始，修养自己的心性，由"仁"而正心，由"义"而正心，由"诚"而正心。未立业，先习人，这是儒家的处世哲学。再辅以对中庸之道的心领神会，便是儒者的最高境界了。

清清白白做人
明明白白做事

儒家认为推己及人之为仁之方，就是要我们凭借自身的宽大心胸，来容纳世事，在儒者的眼里，无论是"好仁者"或"恶不仁者"，其实都有一颗仁爱的心，人性本善的另一层意思就是人性本仁。这是几千年前的圣人给世人开出的一剂良方，以此为仁德的原点，要我们清清白白做人，明明白白做事。君子当求仁义为本，坦荡无愧，便可以傲视天下。

推己及人，换位思考

"仁"是儒家学说中最重要的一个概念，对于此，孔子曾有自己的一番见解。孔子说："我没有看到一个真正爱好道德的人，讨厌一个不道德的人。"一个爱好"仁"道而有道德的人，其修养几乎无人可以比拟，如果讨厌不仁的人，看不起不仁的人，那么他还不能算是达到"仁"的境界。在孔子的眼里，无论是"好仁者"或"恶不仁者"，其实都有一颗仁爱的心，人性本善的另一层意思就是人性本仁。

儒家认为要做到仁，就要试着换位思考，将心比心，所以

孔子说："己所不欲，勿施于人。"如果我们给别人东西，最好想想对方或自己到底想不想要，如果连自己都不想要，那么最好还是把这个东西拿回去。

《孟子》书中记载了一段有名的与齐宣王关于声色货利的对话，两个人交谈就像打太极拳一样，表面风平浪静，却是绵里藏针、波涛暗涌，隐藏的锋芒直指对手要害。最后，孟子的建议就是：齐宣王好乐就与民共享，好色就让人间的家庭幸福，好货则藏富于民。所以说推己及人，是一个道德评判的基本尺度。

每个人在社会上都不是孤立的，周围有许多与自己共同学习、工作和生活的人，为使学习顺利、事业成功、生活幸福，人们都愿意建立良好的人际关系。而推己及人则是实现人际关系和睦、融洽的重要之道。要做到推己及人，首先要做到"己所不欲，勿施于人"，然后再进一步做到"己欲立而立人，己欲达而达人"。也就是孔子所说的"推己及人可谓仁之方也"，一个有仁德的人，自己想要站得住，同时也要帮助别人站得住，自己想要事事行得通，同时也要帮助别人事事行得通。真正做到己立、立人，己达、达人。

推己及人，将心比心地为别人设想一下，这并不是一条高不可及的教条，其实，无论君子妇孺，这剂仁之方都同样适用。

南宋诗人杨万里的妻子在古稀之年，每到天寒时，天不亮就早早起来，然后径直走进厨房，熟练地生火、烧水、煮粥。满满的一大锅粥要熬上很长时间，杨夫人每次都耐心地等着。清甜的粥香顺着热气渐渐充满了厨房，飘到了院子里。院子的另一边，仆人们伴着这熟悉的香气陆陆续续地起床，洗漱完毕后，来到厨房，并接过杨夫人盛起的满满一大碗热粥喝了起来。杨夫人的儿子杨东山看到母亲忙碌的身影，甚是心疼。一次，他劝母亲说："天气这么冷，您又何苦这么操劳呢？"杨夫人语重心长地说："他们虽是仆人，也是各自父母所牵挂的子女。现在天气这么冷，他们还要给我们家里做活。让他们喝些热粥，心中有些热气，这样干起活来才不会伤身体。"

一席话说得儿子点头称是，杨夫人之所以能说出如此慈悲为怀的话，就是因为她是一个心地善良，懂得体贴与关怀的好人。她会设身处地体会别人的切身感受，所以能够为别人着想。这一做法既教育了儿子，也温暖了仆人们的心。

这段故事虽然讲的是生活里的小场景，但是由此推想，小中亦可见大。我们行走在这个社会当中，自己不想要的，也不要强加给别人，再进一步，自己想要立足，就要能够大度地让别人也能立足。所谓仁德之心，无非就是孔子所说的推己及人。

当然，并不是所有的事都要"己所欲"才施于人，推己及人也要有自己的"道"，即原则来遵循；毕竟不是所有于己有益的东西都适用于他人，当然也不是所有对他人有益的东西，别人都能接受。在他们不想接受时，决不能以"这是为他们好"为由，强迫其接受。因为每个人都有自由选择的权利，如果侵犯这一权利，不是也掉进"己所不欲，勿施于人"的陷阱了吗？

总而言之，儒家文化中所推崇的推己及人的"仁之方"，就是要我们凭借自身的宽大心胸，来容纳别人。这是几千年前的圣人给世人开出的一剂良方，是仁德的原点，也是儒家思想中值得我们现代人学习的一条重要的做人做事道理。

言必信，行必果

曾子是孔子的学生。有一次，曾子的妻子准备去赶集，由于孩子哭闹不已，曾子妻许诺孩子回来后杀猪给他吃。曾子妻从集市上回来后，曾子便捉猪来杀，妻子阻止说："我不过是跟孩子闹着玩的。"曾子说："和孩子是不可说着玩的。小孩子不懂事，凡事跟着父母学，听父母的教导。现在你哄骗他，就是教孩子骗人啊。"于是曾子把猪杀了。

曾子深深懂得，诚实守信、说话算话是做人的基本准则，若食言不杀猪，那么家中的猪保住了，却在一个孩子纯洁的心灵上留下不可磨灭的阴影。曾子用他的言行告诉世人，一诺千金是做人须信守的要义。

诚信，是儒家十分重视的一条做人原则。在《论语》中有不少关于此的论述。比如在《论语·为政》中孔子说道："人而无信，不知其可也。大车无輗，小车无軏，其何以行之哉？"人无信不立，在儒家看来，人失去信用就无法在社会上立足，诚信，是人们做事做人的最重要法则之一。而这也是儒家教给我们现代人的一条宝贵的做事道理。

近代学者梁漱溟先生曾说，中国文化的最大特征是"人与人相与之情厚"，就是说人和人在一起感情非常深厚，而这种感情的深厚是以信用作为基础的。如果一个人没有信用，根本就不能在社会上很好地生存。所以，自古至今，父母在教育儿女的时候，都非常注重对子女进行诚信方面的教育。像上面提到的曾子教子就是一个很好的例子。

一诺千金，自己说话一定要算数，自己许下的诺言，一定要去实现它，即便是对孩子也是如此。信口开河、言而无信，只会让自己失去做人的从容与真挚，同时失去别人的真诚以待。反之，如果坚持遵守自己的承诺，往往会博得他人的爱戴。古人十分看重诚信，认为言必信，行必果，大丈夫一言既出驷马难追，甚至会用生命来换取信义。

张劭和范式同在太学学习，二人脾气相投，结拜为兄弟，后来两人分别返乡，张劭与范式约定第二年重阳将到范式家拜见他的父母，看看他的孩子。当约好的日期快到的时候，范式把这件事告诉他母亲，请他母亲准备酒菜招待张劭。

然而，范式左等右等，直到太阳西坠，新月悬空，仍不见张劭来赴约。母亲问：你们分别已经两年了，相隔千里，你就那么相信他吗？范式回答：张劭是一个讲信用的人，他一定不会违约的。范式一直候在门外，直至深夜时分，才见一黑影隐隐飘然而至，仔细一看，来的却是张劭的鬼魂。原来为了养家，张劭忙于经商，不知不觉忘了二人重阳之约，直到当日早上才回想起来。可是从张劭所在的山阳到这里足有一千里路，一天之内无论如何都走不到了。为了守约，他想起古人曾说过：人不能一日千里，而鬼魂可以。于是挥刀自刎，让鬼魂来赴这次约。

"请兄弟原谅我的疏忽。看在我一片诚心上，你去山阳见一见我的尸体，那我死也瞑目了。"话说完，张劭的鬼魂就飘走了。而范式在赶到山阳见了张劭灵柩后，自愧张劭为己而死，也挥刀自刎来回报张劭的信义！众人惊愕不已，后来就把

二人葬在了一起。汉明帝听说此事，非常赞赏二人互相之间的真诚与心意，在他们墓前建了一座庙，称为"信义祠"。

因为诚信，所以张、范受人尊敬。信，人之言为信，言而无信则非人。诚信，就好像是人生的保护色。一个拥有诚信的人，他的人生将发出耀眼、灿烂的光芒。诗人海涅曾说："生命不可能从谎言中开出灿烂的鲜花。"谎言会埋没一个人的良知，让他从此失去他人的信任，生命因而变得暗淡无光。生活中，我们需要真诚面对生活的态度。在开始追求自己的事业时，如果能下定决心，将自己的诚信心态当做事业的资本，做任何事都要求自己不违背诚信心态的话，那在日后，即使不一定功成名就，也肯定不至于一败涂地。反之，一个在事业征途中失掉诚信心态的人，则永远不能成就真正伟大的事业。

做人一诺千金，约定和诺言都一定要兑现。正所谓"大车无輗，小车无軏"，輗和軏都是车子的关键所在，如果大车没有横杆，小车没有挂钩，那车子是走不动的。对于人来说也是一样，不管做人、处世、为政，"信"都是关键所在。一个人失去了信用，就失去了做人的基础，长此以往，别人对其只会敬而远之。

德行比才能更重要

儒家十分看重人的品德，认为德行比才能更重要。孔子在《论语·述而》中说道："如有周公之才之美，使骄且吝，其余不足观也。"意思是说，即使有周公那样的才能和美好的资质，只要骄傲吝啬，他其余的一切也都不值一提了。

这其中，才能资质属于才的方面，骄傲吝啬属于德的方面。也就是说，如果一个人才高八斗而德行不好，那么圣人连看也不看他一眼。只有德才兼备才是完美的人才，如果二者不可兼得时，德是熊掌，才是鱼。孟子舍鱼而取熊掌，圣人舍才而取德。

对此，近代学者胡适先生曾解释说：孔子的人生哲学注重养成道德的品行。无论做人做事都要以道德作为基础，只有品德高尚的人才能获得真正的成功。

有一位老锁匠一生修锁无数，技艺高超，收费合理，深受人们敬重。渐渐地，老锁匠年纪大了，为了不让自己的技艺失传，他决定为自己物色一个接班人。最后老锁匠挑中了两个年轻人，准备将一身技艺传给他们。一段时间以后，两个年轻人都学会了不少东西。但两个人中只有一个能得到真传，老锁匠决定对他们进行一次考试。

老锁匠准备了两个保险柜，分别放在两个房间里，让两个徒弟去打开，谁花的时间短谁就是胜者。结果大徒弟只用了不到十分钟就打开了保险柜，而二徒弟却用了半个小时，众人都以为大徒弟必胜无疑。

老锁匠问大徒弟："保险柜里有什么？"大徒弟眼中放出了光亮："师傅，里面有很多钱，全是百元大钞。"问二徒弟同样的问题，二徒弟支吾了半天说："师傅，我没看见里面有什么，您只让我打开锁，我就打开了锁。"

老锁匠十分高兴，郑重宣布二徒弟为他的正式接班人。大徒弟不服，众人不解，老锁匠微微一笑说："不管干什么行业都要讲一个'信'字，尤其是我们这一行，要有更高的职业道德。我收徒弟是要把他培养成一个高超的锁匠，他必须做到心中只有锁而无其他，对钱财视而不见。否则，心有私念，稍有贪心，登门入室或打开保险柜取钱易如反掌，最终只能害人害己。我们修锁的人，每个人心上都要有一把不能打开的锁。"

老锁匠的话着实耐人寻味，他把道德作为权衡徒弟的最终标准，所以二徒弟虽比大徒弟才能差，但最终因为品德高尚而被师傅选为接班人。

孔子教学生注重自身的道德修养，显然涉及伦理道德教育，目的当然还是建立良好的人际关系。在孔子的心目中，有高尚道德的人是有仁爱之心的人，也就是能博济众施之人，是能为他人着想的人。

所以孔子说："骥不称其力，称其德也。"就是说："对于千里马，不称赞它的力气，要称赞它的品质。"尚德不尚力，重视品质超过重视才能，这是儒家的人才思想，也正是我们今天选拔人才的标尺。

决定一个人价值和前途的不是聪敏的头脑和过人的才华，而是正直的品德。品德就是力量，它比"知识就是力量"更为正确。

我们的确可以看到这样一种现象，一个人如果品质不好、能力差也就算了，对别人对社会的危害还不会太大。恰恰是一个能力非常强、智商非常高的人，如果品质败坏、野心很大，那他造成的危害就会非常大，有时候甚至会达到致命的程度，断送一个单位、一家公司，甚至一个国家。没有灵魂的头脑，没有德行的知识，没有仁善的聪明，固然是一种力量，但它们是只能起坏作用的力量。他们或许能给人们一些启发，或者也能给人们一些趣味，但是很难让人尊敬他们，就好比我们对待扒手的敏捷或拦路强盗的马术一样。

反之，一个人品质很好，能力虽然差了点，但他只要虚心好学，提高自己，也会逐渐有所进步，把事情做得更好。当然，需要特别注意的是，我们不能因此走向另一个极端，忽略人的能力，不尊重知识，不尊重人才。毕竟，德行是我们行走人生的前提，才能则是创造人生的手段，两者结合，才能使我们的人生绚烂多姿！

修一颗赤子之心

孟子曾经说："存其心，养其性。"意思是保存赤子之心，修养善良之性。我们生来便有一颗赤子之心，不沾俗尘，不染污土，而仁爱是首先要培养出来的性情。为他人奉献善心，为社会造福祉，他人和社会必定会以善回报你。

在以前的药铺里人们常常可以看到这样一副对联："但求世上人无病，何妨架上药生尘。"这其中便包含着对生命的一种关怀，这样的悲天悯人、宽厚无私的情怀是很让人感动的。自己虽然是良医，却祈求别人不生病，其中蕴涵着至高境界的道德品质。

世间天地万物数不胜数，其中最能够打动人的莫过于一颗宽厚无私、善良之心。

山东潍县以前是个多灾多难的地方，经常发生水灾、旱灾。扬州八怪之一的郑燮（即郑板桥）在当地任县令七年期间，就有五年发生灾情。他刚到任那一年，潍县发生水灾，十室九空，饿殍满地，其景象惨不忍睹。郑板桥据实上报，请求朝廷开仓赈灾，可朝廷迟迟不准。在危急时刻，郑板桥毅然开仓放粮，他说："不能等了，救命要紧。朝廷若有怪罪，就惩办我一个人好了。"这样灾民很快得救了。

郑板桥秉承儒家心系天下苍生的精神，心念百姓疾苦。他深知"民为邦本，本固邦宁"的古训，做任何事，他首先想到的是百姓。他招民工修整水淹后的道路城池，采取以工代赈的办法救济灾区壮男；同时责令大户在城乡施粥救济老弱饥民，不准商人囤积居奇；他自己带头捐出官俸，并刻下"恨不得填满了普天饥债"的图章。他开仓借粮时有秋后还粮的借条，到秋粮收获时，灾民歉收，他当众将借条烧掉，劝人们放心，努力生产，来年交足田赋。由于他的这些举措，无数灾民解决了倒悬之危。

为了老百姓，他得罪了一些富户，特别在整顿盐务时，更是触动了富商大贾的私利。潍县濒临莱州湾，盛产海盐，长期以来，官商勾结，欺行霸市，哄抬盐价，贱进贵卖，缺斤少两，以次充好。郑板桥针对这些弊端严令禁止，因此，一些富人对他造谣毁谤，匿名上告。1752 年，潍县又发大灾，郑板桥申报朝廷赈灾，上司怒其多次冒犯，又加上听信谗言，不但不准，反给他记大过处分，钦命罢官，削职为民。

离开潍县时，百姓倾城相送。郑板桥为官十余年，并无私藏，只是雇三头毛驴，一头自骑，两头分驮图书行李，由一个差丁引路，凄凉地向老家走去。临别时他为当地人民画竹题诗："乌纱掷去不为官，囊橐萧萧两袖寒。写取一枝清瘦竹，秋风江上作鱼竿。"

郑板桥为官，不以自己的才情作为晋升的手段，也不以此卖弄，而是用在为民谋福上，这种宽厚无私的精神才是人格的最高境界。

孔子在《论语·颜渊》中也曾说过："听讼，吾犹人也。必也使无讼乎！"意思是说：审理诉讼案件，我同别人一样能做好。但内心总是希望这些事情不再发生啊！孔子希望通过教化来提升人们的修养，减少案件的发生。这是以天下人为念的崇高博大的情怀。

中国古代故事里那个杞人忧天的人，总是受到人们的嘲笑。其实，换一个角度来看，他的行为恰恰体现出一种常人所没有的对苍生的悲悯心态，对潜在危险的一种担忧。

与杞人忧天者的备受嘲笑不同，悲天悯人在中国人的眼里却是一种高尚的情操，那种对人类的无等差的关怀令人动容。

悲天悯人，是要将福祉惠泽天下的芸芸众生，人只是这个世界微小的一部分，花草鸟兽作为世界的一分子，也应受到福

祉的惠泽。孔子曾说"子钓而不纲，弋不射宿"，意思是说孔子钓鱼，但不用绳网捕鱼；孔子射鸟，但不射栖宿巢中的鸟。在孔子的眼里，一草一木皆生命，岂有不爱惜的道理。

确实，在这天地间，即使只是一只毫不起眼的小蚂蚁，也是造物主的恩赐，它的生命与我们人类的生命并没有本质区别，它也应该享有生命尊严。对生命的关怀并非人性的道德完善，也并非居高临下的施舍，而是对生命平等的尊重和深切的关怀。很多时候，我们在关怀其他生命的同时，也是对我们自身的关怀与尊重。

不做道貌岸然的伪君子

"文质彬彬，然后君子"，文质并重，是孔子认为最理想的为人处世境界。但是世人往往在文或者质上有所偏颇，因此真正能做到两者兼有的并不多。孔子也意识到了这一现实的问题，所以他才说：不得中行而与之，必也狂狷乎，狂者进取，狷者有所不为也。

中行即中庸之道，指的是文质彬彬的君子之风。如果没有这样的人，就和狂狷之人相处。狂者敢作敢为，狷者对有些事是不肯干的。这两种人言行举止上并不符合礼的要求，真性情的流露。所谓狂狷者本不合乎中，一偏于积极，一偏于消极，他们都有一种好处，即是能表现他们的个性，能率真不虚假也。虽然并不完全从仁心出发，表现的却是完整的纯粹的性情。

王国维《人间词话》说："'昔为倡家女，今为荡子妇。荡子行不归，空床难独守。''何不策高足，立登要路津？无为守贫贱，轗轲常苦辛。'可谓淫鄙之尤。然无视为淫词、鄙词者，以其真也。"这两首诗原本语言有些粗鄙，但是却依然值得欣赏，就在于他们情之真切。

相对地，孔子又说道：乡愿，德之贼也。后来的孟子也说过相似的话：阉然媚于世也者，是乡愿也。

乡愿其实就是道貌岸然的伪君子。内在道德败坏，但是表面上却是彬彬有礼，八面玲珑，世故圆滑，满口仁、义、礼、智、信。如《儒林外史》里的范进，在服丧期间为表孝道不肯用银镶杯箸吃饭，后来换了象牙的，仍然不肯用，直至换了双白颜色竹筷子才算罢休。看似一个至孝之人，不敢丝毫违礼，文章却接着写了一个细节：他在燕窝碗里拣了一个大虾圆子送到嘴里。伪君子的形象跃然纸出。

正是出于对伪君子的憎恶，所以孔子说：巧言令色，足恭，左丘明耻之，丘亦耻之。匿怨而友其人，左丘明耻之，丘亦耻之。之前孔子还说过：巧言令色，鲜矣仁。可见他对于巧言令色之徒是深恶痛绝。"鲜矣仁"和"德之贼"正是一个意思，都是质之不行。刘基在《卖柑者言》中就讽刺了这样的人：金玉其外，败絮其中。礼原本是出于真心，只是为那份心穿上一件合身而得体的衣裳而已，现在却是青出于蓝而胜于蓝，用花哨的衣裳来掩盖内心的不足，喧宾夺主。

孔子的人生态度也就是求心安，心若安定，外面的风吹雨打都可看做是过眼云烟。礼也是如此："林放问礼之本，子曰：大哉问！礼与其奢也，宁俭；丧与其易也，宁戚"。在孔子看来，心中之礼比外在的礼更重要。

奢华容易让人迷失礼原来的意义；丧事与其做到形式上的和易周备，不如人内心的哀伤。正是礼可简约，但心情不可淡薄。

鲁迅先生在《魏晋风度与文章与药及酒之关系》中写道：何晏、王弼、阮籍、嵇康之流，因为他们的名位大，一般的人们就学起来，而所学的无非是表面，对他们实在的内心，却不知道。因为只学他们的皮毛，于是社会上便很多了没意思的空谈和饮酒。阮籍等人的言行举止看起来不合礼法，但是他们知道自己内心的真情在流露。用鲁迅先生的话说：大凡明于礼义，就一定要陋于知人心的，所以古代有许多人受了很大的冤枉。例如嵇、阮的罪名，一向说他们毁坏礼教。但据我个人的意见，这判断是错的。魏晋时代，崇尚礼教的看来似乎很不错，而实在是毁坏礼教，不信礼教的。表面上毁坏礼教者，实则倒是承认礼教，太相信礼教。因为魏晋时代所谓崇尚礼教，是用以自利，那崇奉也不过偶然崇奉，如曹操杀孔融，司马懿杀嵇康，都是因为他们和不孝有关，但曹操和司马懿何尝是著名的孝子，不过将这个名义，加罪于反对自己的人罢了。于是老实人以为如此利用，亵渎了礼教，不平之极，无计可施，激而变成不谈礼教，不信礼教，甚至于反对礼教。但其实不过是态度，至于他们的本心，恐怕倒是相信礼教，当做宝贝，比曹操、司马懿要迁执得多。

这里曹操便成了孔子所说的乡愿，看似在维护伦理道统，其实他的心中并无这些道义在，伦理只是他的政治手段而已。既然伦理被不信伦理的人所利用，真心信伦理的阮籍等人便反其道而行之，如阮籍闻母丧，貌似镇定自若，与情理不通，却吐血数升，表其真情。他的行为表面上就是孔子所说的狷——偏于消极，当为而不为。若在正常的年代，他们完全可以做文质彬彬的君子，但是在司马氏实行白色恐怖的年代，真心信礼教的人却只能用这种方式来足于心。

孟子曾说：鱼，我所欲也，熊掌，亦我所欲也；二者不可兼得，舍鱼而取熊掌者也。对于孔子而言，文与质都是他所

欲；二者不可兼得，宁取狂狷不取乡愿也。

孔子的这段话无疑给了我们很大的醒示作用。做人不论方圆，切不可学成乡愿那样的人，毫无原则，道貌岸然、内心腐败的人是最让人们痛恨的。所以生活当中，我们不仅自己一定不要有类似的行为，也要注意远离这样的人。所谓和而不流，也就是这个道理。

做人坦荡，远离忧惧

孔子说"君子坦荡荡，小人长戚戚"，后人也常用此以区别君子与小人。君子"坦荡荡"，胸襟永远是光风霁月，无论得意或艰难，都自然的胸襟开朗，乐观而不盲目，对人也没有仇怨。小人心里是永远有事情的，不是觉得某人对不起自己，就是觉得这个社会不对，再不然就是某件事对自己不利。

其实，世界根本没有改变，改变的只是心境。无论何时何地，保持着坦荡的心境，世界便是一片祥和。

一天，林先生站在一个珠宝店的柜台前，随手把自己的皮包放在了旁边。在他挑选珠宝时，一个衣着讲究、仪表堂堂的男士也过来挑选珠宝，林先生礼貌地把包移开。但来者却十分愤怒，告诉林先生他是个正人君子，根本无意偷他的包，林先生的举动是对其人格的侮辱，话说完便重重地将门关上，怒气冲冲地走出了珠宝店。

林先生莫名其妙地被人嚷了一通，也怒气满怀，没心思再看珠宝了，便出门开车回家。马路上的车阵像一条巨大而蠢笨的毛毛虫，缓慢地蠕动，看着前后左右的车林先生就气不打一处来：哪来这么多车？哪来的这些不会开车的司机？后来他与一辆大型卡车同时到达一个交叉路口，林先生想："这家伙仗着他的车大，一定会冲过去。"随即下意识地准备减速让行，此时，卡车却先慢了下来，司机将头伸出窗外，向他招招手，示意他先过去，脸上挂着一个愉快的微笑。林先生将车子开过路口的一瞬间，满腔的不愉快突然全部消失无踪，心胸豁然开朗。

你眼里的世界，是你心境的反应。林先生的经历，我们都可能遇到过。其实，做人只要问心无愧，坦坦荡荡，对于每天里遇到的各种突如其来的状况，我们也能应对自如，而不会被其搅乱心情，我们也就可以傲视天下。在儒家先贤眼里，这是君子风范的标准之一。

《论语·颜渊》中写道："子曰：仁者，其言也切。曰：其言也切，斯谓之仁矣乎？子曰：为之难，言之得无切乎？"

孔子是大教育家，针对同样的问题他的回答却往往因人而异，这就是因材施教。在这里，他的弟子司马牛问老师：什么叫仁呢？孔子回答他的话很简单，他说一个仁道的人在说话的时候不会信口开河。

这个"讱"是告诉人们说话要忍一点，慢慢来。司马牛有时有放言高论的习惯，所以孔子教他不要随便说话。司马牛一听，说，原来做到仁是那么简单啊，就是不随意开口说话，说话的时候忍一忍，难道这就是您所提倡的仁吗？那也太容易了。我们知道凡是看起来很简单的道理往往做起来都很麻烦，关键是坚持不了。因为这时候需要我们有耐心和恒心，很多时候是在和我们的缺点较量，所以孔子说，你不要看得容易，真做起来很难。这是孔子在教育方面，针对学生的个性、行为、某一个缺点加以纠正。接着司马牛就问君子。君子在中国古代文化中——尤其是儒家的观念里，差不多是一个完整人格的代名词。

司马牛问君子。子曰：君子不忧不惧。曰：不忧不惧，斯谓之君子矣乎？子曰：内省不疚，夫何忧何惧？

他问孔子怎样才够得上一个君子。孔子道："不忧不惧。"我们听了这四个字，回想一下自己，长住在忧烦中，没有一样不担心的。大而言之，忧烦这个世界怎么一团糟；小而言之，自己怎样能得到领导重视，怎么才能不失恋……一切都在忧中，一切也都在怕中。透过了"不忧不惧"这四个字的反面，就了解了人生几乎始终在忧愁恐惧中度过，能修养到无忧无惧，那真是了不起的修养，也就是"克己复礼"的功夫之一。司马牛一听，觉得这个道理太简单了。你看那些玩命之徒从来就没有什么好害怕的，他们没有钱的时候去偷和抢，反正活着也是活着，怎么活还不都是一样要死？孔子一听，知道他的学生又理解错了，赶紧忙着解释。

由此看来这个司马牛的悟性确实不怎样高，如果是颜回和子贡那样的弟子，肯定一下子就领悟到老师的真意了。孔子是说，一个人能做到内省不疚，就没有什么好忧惧的！

确实如此，老百姓的话说"不做亏心事，不怕鬼敲门"。一个人深更半夜的时候，我们不妨扪心自问有没有做了什么对不起别人的事，有没有昧着良心说瞎话，干没干过损人利己的事，如此等等。一圈问了下来，如果能做到没有任何亏心事，那么又谈什么忧惧呢？

做人是一辈子的事情，也是我们每个人共同的事业。能坦坦荡荡，自然没有忧惧，这个事业经营得怎样，就看我们平时的表现如何。所以一句话，看起来简单异常，但是等到我们真正去实践的时候，又会发现它原来不是自己所认为的那样。就好比君子的"内省不疚"，又有几人能真正说我暗自反省的时候没有觉得有一丝一毫的愧疚呢？这样的人是没有的，只是我们还是要秉持这样的信念，因为我们的内心需要安稳和宁静，为了这一份最简单的心安，我们还是要学会常常内省，不做让自己忧惧的亏心事，这是做人最起码的准则。

不管周围环境怎样，真正的君子，不应该为外物所困。比如一个公开的舞会，突然来了一位绝色的女子，她打扮入时，风度优雅，她款步而来，与全场最帅的男人跳了一支舞。有的人会衷心赞美，因为他的心里没有瑕疵，他看见了别人的美丽。而有的人则会挑剔，她怎么穿红色的衣服啊，那鞋子一看就是廉价货，舞蹈跳得一点都不专业，看她那傲慢的眼神真让人讨厌。其实这种人欣赏别人的眼光就有问题。

更有甚者，看见她抢了全场的风头，会莫名其妙产生一种憎恨。有的涵养差极的甚至大有打上一架的架势了。

后两种人就是所谓的小人，他们心里有条脆弱的小防线，他们容不下别人比他们强，认为这世界上很多人要与他为敌，认为别人占去了他们的风光，觉得总是有人在把他们比下去。于是心生厌烦，把自己那点底子全抖出来了。君子坦荡荡，小人常戚戚。生活是面镜子，人们看见的就是自己心里想的。

保持心境坦荡而不戚然，就要做到孔子所说的"不忧不惧"。

苏轼有词《定风波》曰：莫听穿林打叶声，何妨吟啸且徐行，竹杖芒鞋轻胜马，谁怕，一蓑烟雨任平生。确实，如果内心光明磊落又怎么能被外物影响呢？人的一生会遇见很多很多事情，但是只要我们本着正义与良知，行事光明磊落，即使是腥风浊雨，又怎么能挡住我们的步伐呢？

实践出真知，有行才有悟

公元前262年，秦昭襄王派大将白起进攻韩国，占领了野王（今河南沁阳），截断了上党郡（治所在今山西长治）和韩都的联系，上党形势危急。上党的韩军将领不愿意投降秦国，打发使者带着地图把上党献给了赵国。赵孝成王派军队接收了上党。过了两年，秦国又派大将军王龁率兵围住上党。赵孝成王听到消息，连忙派廉颇统领二十多万大军去救上党。他们才到长平（今山西高平县西北）时候，上党已经被秦军攻占了。廉颇见状连忙守住阵地，叫兵士们修筑堡垒，深挖壕沟，跟远来的秦军对峙，准备作长期抵抗的打算。王龁想尽快攻下长平，于是几次三番向赵军挑战，可廉颇说什么也不跟他们交战。王龁想不出什么法子，只好派人回报秦昭襄王，说："廉颇是个富有经验的老将，不轻易出来交战。我军老远到这儿，长期下去，就怕粮草接济不上，怎么好呢？"秦昭襄王请范雎

出主意。范雎说："要打败赵国，必须先叫赵国把廉颇调回去。"秦昭襄王说："这哪能办得到呢？"范雎说："让我来想办法。"几天后，赵孝成王就听到左右纷纷议论，说："秦国就是怕让年轻力强的赵括带兵；廉颇不中用，眼看就快投降啦！"他们所说的赵括，是赵国名将赵奢的儿子。赵括小时爱学兵法，谈起用兵的道理来，头头是道，自以为天下无敌，连他父亲也不在他眼里。赵王听信了左右的议论，立刻把赵括找来，问他能不能打退秦军。赵括说："要是秦国派白起来，我还得考虑一下。如今来的是王龁，他不过是廉颇的对手。要是换上我，打败他不在话下。"赵王听了很高兴，就拜赵括为大将，去接替廉颇。

蔺相如听后对赵王说："赵括只懂得读父亲的兵书，不会临阵应变，不能派他做大将。"可是赵王对蔺相如的劝告听不进去。当时赵括的母亲也向赵王上了一道奏章，请求赵王别派他儿子去。赵王把她召了来，问她什么理由。赵母说："他父亲临终的时候再三嘱咐我说：'赵括这孩子把用兵打仗看做儿戏似的，谈起兵法来，就眼空四海，目中无人。将来大王不用他还好，如果用他为大将的话，只怕赵军断送在他手里。'所以我请求大王千万别让他当大将。"赵王不相信这些话，还是让赵括带兵出征了。

这就是那则广为流传的成语故事——"纸上谈兵"，赵括只知读书，不会应变，更无临阵打仗的经验，所以蔺相如认为他无法胜任，用今天的话说，赵括就是一个眼高手低，只会夸夸其谈而没有实际经验的人。子贡问什么是君子，孔子回答说，君子一定会把实际行动放在言论的前面。而孔子的学生中，子路最怕听孔子对他讲话，因为他怕自己听了而做不到，有愧于为学。由此可见对真正的君子来说，实践是何等的重要。

孔子所说的道理不难明白。真正的君子就应少说空话，多做实事。而我们看一个人，也是要先看他是怎么做的，而不是单纯地只相信他说的话。

如果赵王当时不是一时单方面听信了赵括的夸夸其谈，那么也许历史的细节会是其他的样子。可是，天违人愿，也许是赵国气数已近，天意让赵括上演了一幕"纸上谈兵"的历史剧。

公元前260年，赵括领兵二十万到了长平，廉颇验过兵符后，回邯郸去了。赵括统率着四十万大军，声势十分浩大。他把廉颇规定的一套制度全部废除，下了命令说："若秦国再来挑战，必须迎头打回去。敌人打败了，就得追下去，杀得他们片甲不留。"那边范雎得到赵括替换廉颇的消息，知道自己的

反间计成功，就秘密派白起为上将军，去指挥秦军。白起一到长平，布置好埋伏，故意打了几阵败仗。赵括不知是计，拼命追赶。白起把赵军引到预先埋伏好的地区，派出精兵二万五千人，切断赵军的后路；另派五千骑兵，直冲赵军大营，把四十万赵军切成两段。赵括这才知道秦军的厉害，只好筑起营垒坚守，等待救兵。秦国又发兵把赵国的救兵和运粮的道路切断了。

赵括的军队，内无粮草，外无救兵，守了四十多天，兵士都叫苦连天，无心作战。赵括带兵想冲出重围，秦军万箭齐发，把赵括射死了。赵军听到主将被杀，纷纷扔了武器投降。四十万赵军，就在只会"纸上谈兵"的主帅赵括手里全部覆没了。

赵括虽饱读兵书，对兵法了如指掌，但真正打起仗来却无法将平时侃侃而谈的兵法应用于实际的战争当中，最终战死沙场。

子曰："先行其言，而后从之。"孔子的意思说的就是要先有实际行动，然后再说大话，孔子认为，这才是符合君子的行为。所以，对于做人做事的道理，空有夸夸其谈是不行的，只有足够地实践，才能彻底参悟。否则，等到大事临头，就悔之晚矣。

人生有三大乐事

"君子有三乐，而王天下不与存焉。父母俱存，兄弟无故，一乐也；仰不愧于天，俯不怍于人；二乐也；得天下英才而教育之，三乐也。君子有三乐，而王天下不与存焉。"这是孟子所提出的君子三乐，这其中第一乐是父母俱存，兄弟没有什么变故，尽到了孝道和友爱；第二是胸襟光明磊落，没有做对不起人、对不起天地鬼神的事；第三是得天下英才而教育之。

孟子认为这是生命中三种简单的快乐，是君子的事业，可以突围人生之苦。"父母俱存，兄弟无故，一乐也。"父母兄弟，情深义重，乃人生的起点，天伦之乐，其乐融融，故此乐居三乐之首，也是情理之中。生我者父母，养我者父母，疼我者父母，念我者父母，儿行千里父母担忧！我们刚出生时，就如草木的嫩芽一样易于摧折，难以培养。父母时时刻刻将我们记挂心上，只怕那萌芽遇有狂风、遭到骤雨。所以，他们用尽心力保护我们懵懂的性灵。

与父母为乐，与兄弟也是一种乐。兄弟本是同根所生，不过是时间先后之别，原是一脉同气，却多有为分财不均争利，以致手足相残、情义断绝者，岂能无碍于良心？即使你做到极品高官，而他却瓦灶绳床，乐又从何来？若能父母寿且安，双

双俱在堂上，兄弟你敬我爱，和和美美，承欢父母膝前，身处富贵自有富贵处的欢乐，身处贫贱自有贫贱处的自在，这种天伦之乐真是在陋巷可以傲至尊，在豪门可以傲神圣。所以说："父母俱存，兄弟无故，一乐也。"

"仰不愧于天，俯不怍于人，二乐也。"这二乐之中坦荡的是清白正直的人格。

《左传·襄公二十五年》中有这样一个故事：齐国的大臣崔杼弑杀其君齐庄公，齐太史于是秉笔直书："崔杼弑其君。"崔杼一怒之下杀了齐太史。齐太史的弟弟仍然如此写，崔杼又杀其弟，后来齐太史的另一位弟弟，写史书时，仍然是"崔杼弑其君"，崔杼无奈，只好由他去了。故事还有一段插曲，"南史氏闻太史尽死，执简以往，闻即书矣，乃还"。一个同样是写史书的人听说两位太史被杀，竟然拿着"崔杼弑其君"的书简，前去声援，在半路听说这件事情已被写入史册，才在中途返回。

我们今天看这则故事，仍然不免有一种热血沸腾的感觉，为了维护记史的直书实录传统，齐国的太史们一个接一个地视死如归，用鲜血换来了史书上的真话，以及继续传承的直书实录的史学传统！齐国"太史简"体现了史家的正直人格，正是俯仰无愧天地也。

所以人们常说问心无愧。我们在这世间，面对任何事情，当不问成败，只问是非，仰不愧于天，俯不怍于人，就是当得起"问心无愧"四个字了。一个人的是非功过，绝非取决于片面，唯有尽心尽力，俯仰无愧，谦冲自牧，有为有守，其人格精神方能可大可久，千古流芳；否则，短视近利，纵然叱咤一时，仍会淹没于历史洪流之中，激不起任何涟漪。人生一世，不卑不亢，没有傲气却有傲骨，仰不愧于天，俯不怍于人，做人如此，足矣！

"得天下英才而教育之，三乐也。"这第三乐之中虽隐隐透出孟子欲揽天下入怀的理想和一点大丈夫的自负，但是我们不妨这样解读：这是一份将自身德行推己及人的社会责任和社会关怀，这样的快乐是众乐之乐。一位满腹经纶的学者、思想家，总是想让自己的思想发扬光大，惠及天下苍生。而其唯一的途径就是"传道授业"，得天下英才而育之，从而使自己的思想得以传播、发展并最终使天下百姓获益，这是真君子所为，岂不是人生一大乐事！

山西河津人王通，隋朝末年的著名学者，"初唐四杰"之一王勃的祖父，史书上称他为"名儒"。他自幼喜好读书，学习十分刻苦。据说他曾有6年时间不脱衣睡觉，困倦难耐时就躺一会儿，起来再学。后终学有所成，因怀才不遇，便返回家乡河东教授学生。当时慕名来他门下求教的弟子多至千人。唐朝初年的良相名臣房玄龄、魏徵等人，都是王通的门生。他的学说在当时流传很广，名气很大，为此，后人给予他极高的评价。一些古书上还说，正是因为王通给魏徵、房玄龄等唐朝初年的著名臣相们讲学论道，才造就了唐王朝日后将近300年的大业。

从王通的故事中，我们可以看出，儒家讲进则做治国平天下的事业，若不能，则退而教书育人，为天下培养英才，又何尝不是人生又一大乐事。这种做事处世的大仁之心，实在值得我们好好学习。王通，这个儒家学者的柔弱手指，竟能演奏出大唐帝国的最强音，确实也称得上能真正体会"得天下英才而教育之"的乐处。桃李满天下，人生若此，岂有不乐之理。

尽享天伦，无愧于心，且与天下苍生同欢乐，孟子的"君子三乐"，从个人而天下，真是道尽人生最大乐事。人生不满百，求的就是一快乐。快乐有很多种，而一个真正有修养的人绝不会局限于自身之乐，正所谓：独乐乐不如众乐乐。我为人人，人人为我，天下人快乐，我就会更快乐。这是儒家给我们的启示。

大爱者爱国爱天下

幼年时期，屈原就有悲天悯人的情怀。年少时的屈原，在大人眼里也许还是孩子，但实际上他却比同龄人要早熟。当时正逢连年饥荒，屈原家乡的百姓们吃不饱、穿不暖，时有沿街乞讨、啃树皮、食埃土者，年少的屈原看见这一切，不禁伤心落泪。他发誓要为这些人做点什么，来缓解他们的痛苦。

一天，屈原家门前的大石头缝里突然流出了雪白的大米，百姓们见状，纷纷拿来碗瓢、布袋接米，将米背回了家。不久，屈原的父亲便发现家中粮仓中的大米越来越少，他很奇怪，便留意观察，看是否是有人偷米。有一天夜里，他发现屈原正从粮仓里往外背米，便将屈原叫住，一问才知道原来是屈原把家里的米灌进石缝里。乡亲们知道了真相都很感动，夸赞屈原。父亲没有责备屈原，只是对他说："咱家的米救不了多少穷人，如果你长大后做官，把国家管理好，天下的穷人不就有饭吃了吗？"

父亲的话激励了屈原，自此他勤奋治学，长大后学有所成。楚王得知他很有才能，便召他为官，让他管理国家大事。屈原为国为民尽心尽力，为后世之人称颂，真正做到了由小善转为大善的境界。他自幼怜悯他人，此乃小爱，乃人之常情的

爱；而他后来爱国，则因爱人而由小变大，精神得到了升华，这是令后人敬仰的大爱。

孟子曾经说："存其心，养其性。"意思是保存赤子之心，修养善良之性。我们生来便有一颗赤子之心，不沾俗尘，不染污土，而"仁爱"是首先要培养出来的性情。屈原若不是怀着这样的爱国爱天下的大爱之心，也不会成为后世人们所缅怀的伟大人物。

爱国家，爱天下，爱苍生，这种情怀，一直是儒家做人哲学中的一个重要部分。华夏大地自古以来，爱国人士频出，那些可歌可泣的人物，是历史的丰碑。他们用生命演绎了一段段传奇。古人说"天下兴亡，匹夫有责"，便是这种大爱的集中体现。在儒家看来，人人当怀一颗爱国爱天下之心。

南宋末年，元兵南进，南宋文武官员拥着11岁的端宗皇帝退到广州海面。不久，端宗受惊而死，大家打算各奔前程。大学士陆秀夫挺身而出："古人只有一旅一成，还能中兴，现在百官都在，兵有数万，如果天不绝宋，岂有不能成功之理！"在他的坚持下，宋军继续与元军作战。逃亡朝廷最后以崖山作为根据地。在他们粮食断绝多日之后，元兵发起猛攻，终于打进崖山。陆秀夫估计已经无法护卫幼帝逃脱，于是他盛装朝服，对幼帝赵昺说："国事至今一败涂地，陛下当为国死，万勿重蹈德祐皇帝的覆辙。德祐皇帝远在大都受辱不堪，陛下不可再受他人凌辱。"说罢，他背起9岁的赵昺，又用素白的绸带与自己的身躯紧紧束在一起。为了不做俘虏，陆秀夫背起幼主，毅然跳进海里，壮烈殉国。崖山之战终于以宋军的彻底失败而告终，它标志着流亡政府的最后崩溃，也宣告了历时320年的宋朝灭亡。

陆秀夫的死，后世人评说不一，有人说他是愚忠。对此，我们今天且不去评判，单看他的行为，就是一种伟大的爱国精神。他受命于危难之际，殚精竭虑，颠沛流离，试图力挽狂澜，维护南宋江山，可是，南宋朝廷已经是穷途末路，尽管陆秀夫、文天祥等人竭力挽救，但终究无力回天。陆秀夫的努力虽未能重扶正倾之宋室，但其忠心报国的爱国精神可歌可泣。人一生所追求的不仅仅是成功，更有高尚的人格精神，所以，陆秀夫在事业上的失败并不能毁损他的伟大。相反，临危受难的刚毅，不堪凌辱的决绝，都是令后辈肃然起敬的可贵精神。

人往往在最后的时刻才能体现出品格的高下。项羽固然自负，但四面楚歌绝不苟且偷生，一代枭雄的气魄和悲凉在乌江岸边写下传说。越王勾践忍气吞声，甚至为吴王夫差尝食粪便，以换来自己的性命，却在床榻之上卧薪尝胆，终于重建帝国。后主李煜天性羸弱，被人擒获后，整日哀伤感慨"阶下囚"的悲歌，终于还是被谋害了，文人的多愁善感让他连苟活的机会都不可得。崇祯帝在王朝覆灭的一刻，不但自己一心求死，还杀了无数的嫔妃、宫娥，其残忍的一面留给了历史，任由后人评说。

在危难时刻，每一个谨小慎微的举动都暴露了巍峨或软弱，人性之光也在这个时候散发出了动人或伤人的力量。保国是一种责任，殉国也是一种责任。在无法不受凌辱的时候，纵身一跃既保全了国家和君王的尊严，也成就了自己的人生。所以，我们说陆秀夫托起了帝国的气节，同样也浇铸了自己灵魂的雕像。毫无疑问，他是一个对国家负责、对职责负责、对自己名誉负责的人。

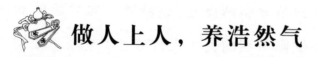 **做人上人，养浩然气**

我知养吾浩然正气，其实就是至大至刚的昂扬正气。孟子说必须在自己的身心上有了效验，方能生起正信，也可以说才算有了证验的信息；由此再进而"充实之谓美"直到"圣而不可知之谓神"，才算是"吾善养吾浩然之气"的成功。这种浩然正气体现着一种伟大的人格精神之美。

顶天立地大丈夫

在《孟子·滕文公》中，孟子给大丈夫下了这样的定义："居天下之广居，立天下之正位，行天下之大道；得志与民由之，不得志独行其道；富贵不能淫，贫贱不能移，威武不能屈，此之谓大丈夫。"意思是说，居住在天下最广大的居所里，站立在天下最正大的位置上，行走在天下最广阔的道路上，能实现志向就要与百姓一起去实现，不能实现志向就独自实行这个原则；高官厚禄不能动我心，家贫位卑不能改变我的行为，权威武力不能挫我志向，这才叫做大丈夫。

当文天祥面对死神，潇洒题下"人生自古谁无死，留取丹

心照汗青";谭嗣同即将被押赴刑场,铮铮气骨不改,"我自横刀向天笑,去留肝胆两昆仑";就连一向柔婉的女词人李清照也在诗词里钦佩项羽的大丈夫气骨:"至今思项羽,不肯过江东。"无论何时再读这些字词,胸腔中总有一股豪迈在涌溢,气冲霄汉,令人激动不已。

大丈夫即使身心受创,仍能愤然而起,成就一番事业。

年轻时的司马迁为继承父亲遗志,计划写一部全面记述中国历史的"史书"。在他进行了长达20年的知识积累,开始写作这部历史巨著的时候,李陵事件发生了。当时朝廷专管刑法的廷尉杜周,为了迎合和讨好当朝皇帝,竟给无辜的司马迁判了"腐刑"。按照当时汉朝的法律,被判了刑的犯人是可以用钱来赎罪的,但是司马家世代为史官,根本拿不出赎金,因此他只能屈辱地受刑。

遭受如此酷刑,是人生的奇耻大辱。正直清高的司马迁本来已经没有勇气再活下去了,但是,自己用一生的精力搜罗的材料,以及成"一家之言"的理想还没有实现,难道一切都撒手不管了吗?他不甘心!

经过了无数个日夜的痛苦煎熬,他终于豁然开朗——周文王被纣王关在羑里,写出了《周易》;孔子一生困厄不得志,但他孜孜不倦地教育学生,并且写下了《春秋》;左丘明眼睛全盲，以巨大的毅力写成了《国语》；屈原遭人排挤诬陷，流放他乡，却写出了名著《离骚》；孙膑遭朋友庞涓陷害，被砍掉了两个膝盖骨，他还能忍辱负重，写出了《孙子兵法》。中国历史上的这些伟人给了司马迁莫大的鼓舞，他决心抛弃个人的悲痛与屈辱，效法这些古人，完成自己的宏愿。司马迁出狱后，汉武帝让他当了中书令。他以巨大的毅力忍受着朝廷上下投来的鄙视与嘲讽的目光，经过了十数年坚忍不拔的艰苦努力，终于完成了空前的历史巨著《史记》。

司马迁虽遭人生奇耻大辱，但他并不因此而屈服，终成"一家之言"而青史留名，这就是真正的大丈夫。

古人尝言，大丈夫者，胸怀大志，腹有良谋，包藏宇宙之机，吞吐天地之志，创不世之基业，立不世之奇功。这是真正的大丈夫，但其标准之高，也让当今之人望而却步。其实修大丈夫之道是从生活中开始，这是一种内在的修养，是一种气质。

黄宗羲的《宋元学案》说得好："大丈夫行事，论是非，不论利害；论顺逆，不论成败；论万世，不论一生。"真正的大丈夫能做到以"仁义"为先，是一个注重道义的人，讲究的是要有骨、有气，要挺起胸膛，正直无私，具有顶天立地的骨气。正是：玉可碎，而不可以改其坚；兰可移，而不可以减其

馨。此乃真正的顶天立地大丈夫是也！

生与义的博弈

"生，我所欲也；义，亦我所欲也，二者不可得兼，舍身而取义者也。"几千年前的孟子在生与义的博弈中，毅然作出了掷地有声的选择，这一回响至今流传。匈牙利著名诗人裴多菲有一首诗也和孟子舍生取义的慷慨呐喊一样，曾在革命年代激励了无数的仁人志士：生命诚可贵，爱情价更高；若为自由故，两者皆可抛。

在孟子看来，义是和生命融为一体而又高于生命的。"义本来是出于主观的情理，并不是客观的事理。故义非在外而在内也。"

可是义是从哪里来的呢？孟子不是像孔子那般在三言两语中缓缓吐露。他极有战国时期纵横家的辩论气势，很多观点都是在和告子的精彩辩论中提出的，关于义的由来也是如此。

告子说："食欲、性欲，是人的天性。仁是生自内心的，不是外因引起的；义是外因引起的，不是生自内心的。"

孟子说："凭什么说仁是生自内心而义是外因引起的呢？"

告子说："他（比我）年长，我便尊敬他，不是预先就有'尊敬他'的念头在我心里的；好比他（肤色）白，我便认为他白，是由于他的白显露在外的缘故，所以说（义）是外因引起的。"

孟子说："白马的白，没有什么区别于白人的白；不知道对老马的尊敬，也没有什么区别于对长者的尊敬的吗？再说，是认为长者那里存在义呢，还是尊敬他的人那里存在义呢？"

告子说："是我弟弟，我就爱他；是秦国人的弟弟，就不爱他，这是由我决定爱谁的，所以说（仁）是生自内心的。尊敬楚国人中的长者，也尊敬我自己的长者，这是由对方年长决定的，所以说（义）是外因引起的。"

孟子说："爱吃秦国人烧的肉，同爱吃自己烧的肉是没有什么区别的，其他事物也有这种情况，那么爱吃肉也是由外因引起的吗？"

在这场辩论中，孟子对义阐述得很明白，其实，义本来是出于主观的情理，并不是客观的事理。故义非在外而在内也。义和仁一样，都是从心里开出的花朵，它们共同指引着人顺着善的方向前进，最后回归到的也是心安而已，不可能从外面去找寻平衡。

生命自然宝贵，在平滑的人生轨迹中谁也不愿在突然间中断，但是在非此即彼的较量中，总会有些东西让我们甘愿为之舍弃生命，义就是其中之一。如果没有了义，生命将是苍白而

空洞的。若能够尽全力去维护，那么正如孟子所言，"学问之道无他，求其放心而已"。三尺心田平静了，纵然是死也能悲壮如残阳。

秦朝末年，韩信发兵袭齐。齐军败退，齐将田横悲愤交加，为图复国之计，自立为王，率部属500人隐入海岛（即今田横岛）。

公元前202年，刘邦建"汉"称帝，派使者来岛招降："田横来，大者王，小者封侯，不来则举兵加诛。"田横出于"国家危亡，利民至上"的思想，为保全500名部属性命，毅然带着两名随从前往洛阳朝见刘邦。但行至洛阳30里外的尸乡时（今河南偃师），田横获悉刘邦召见的目的旨在"斩头一观"，愤然对随从说："当初我和刘邦都想干一番大事业，而如今一个贵为天子，一个却要做他的臣子，我忍辱负重只不过是想保全我500人的性命，刘邦见我，无非是想看我面貌，此地离洛阳30里，若拿着我的人头快马飞驰去见刘邦，面貌还不会变。"言外之意是：我死，刘邦会认为岛上群龙无首，500人的性命也就保住了。于是慨然横刀自刎。田横自杀后，刘邦看到田横能为500人自杀，感动落泪说："竟有此事，一介平民，兄弟三人前仆后继为齐王，这能说不是贤德仁义之人吗？"遂以王礼葬田横于河南偃师，并封田横的两名随从为都尉。两名随从不为官位所动，埋葬田横后，随即在其墓旁挖坑自尽。留岛的500名兵士听说田横自杀后，深感"士为知己者死"，遂集体挥刀自刎。

田横是为了保全他人，而500名义士是为了报答知遇之恩，才都作出了相同的选择。但是他们的壮举从根本上来说不也是出于自己心的召唤吗？如果为了生命舍弃义，在日后的生活中难以获得心灵上的平静，这样的"生"价值何在？

从儒家的"义"的观念中，我们可以明白，立身做事，选择义并不是对生的否认和贬低，恰恰相反，这样的人更珍视生命、对生命的要求更高，因为他们不容许自己蝇营狗苟，得过且过。人的一生是短暂的，与其碌碌无为不如刹那间的芳华绚烂，舍生取义，就是为了保全完整的生命。能在区区一亩心田上，立一个不落的"义"字，是为了给我们的生命画上一个亮丽的句号，如此方不辜负自己的心。

谦谦如玉，铮铮若铁

孟子继承孔子的传统精神以及中国文化道德政治的哲学观念，和孔子的文化思想一样，也成为由古到今，甚至将来的颠扑不破的真理。孟子的横空出世，为温良恭俭让的儒家思想注入一股阳刚之气，儒家思想从此刚柔相济，进退自如，上可以

辅君王，下可以安黎民，进可以兼济天下，退可以独善其身，既有"铁马冰河入梦来"的壮烈，又有"闲花落地听无声"的静谧。

谦谦君子是孔子的人格特征，而孟子则为后世人展现了铮铮汉子这一阳刚的形象。

"谦谦君子，温润如玉"，以玉喻君子，取其圆润，不尖锐。佛家有一个词，圆融，是跟这种成熟的圆润颇为相似的境界。是以佛家讲求戒嗔、戒痴、戒贪，无欲无求，尔后能不动声色、不滞于心。谦谦君子的圆润亦同此理。修成佛、修成仙是尘世之人遥不可及的梦想，但磨去棱角、收敛光华、修成谦谦君子却并非太难的事情。容人之量是修成谦谦君子的前提，斤斤计较、小肚鸡肠修不成君子，开阔的心胸、通透的眼光，才是君子的气量。

而铮铮汉子就像一树寒梅，挺立风雪中，傲然绽放。他们敢于仗义执言，绝不妥协。他们不苟且，不油滑，不世故，不屈不挠；他们有志气，有勇气，有骨气，有胆有识。他们立世一尘不染，对人一片冰心，一箪食，一瓢饮，却敢于担荷一切苦难。正如古诗所云：冰雪林中著此身，不同桃李混芳尘。忽然一夜清香发，散作乾坤万里春。

谦谦君子与铮铮汉子，作为两种人格特征，是不具有可比性的，无论做到哪一点，都可以让人心生敬佩。

处当今之世，生活瞬息万变，人事纷繁复杂，若想成就普通人的平安与幸福，只修谦谦君子之人格，或者钟爱一身铮铮铁骨，最终很难如意。所以为人还需讲究方圆之道，修铮铮汉子的一身正气，心中方方正正，处世有底线，为人讲原则；取谦谦君子的圆融为人，左右逢源，在熙熙攘攘的人世间游刃有余地自在穿行。

人生若达此境界，无论朗朗乾坤，抑或滔滔浊世，于我又有何妨！

养一腔浩然正气

养气修心功夫能够修到纯粹精湛的，非孟子莫属。儒家思想中关于人的修养有"内圣外王"之说，孟子就此修养之道，指出"可欲之谓善，有诸己之谓信，充实之谓美，充实而有光辉之谓大，大而化之之谓圣，圣而不可知之之谓神"。

孟子首先说明养气修心之道，虽爱好其事，但一曝十寒，不能专一修养，只能算是知道有此一善而已；必须在自己的身心上有了效验，方能生起正信，也可以说才算有了证验的信息；由此再进而"充实之谓美"直到"圣而不可知之谓神"，才算是"吾善养吾浩然之气"的成功。

何为浩然正气？其实就是至大至刚的昂扬正气，是以天下为己任、担当道义、无所畏惧的勇气，是君子挺立于天地之间无所偏私的光明磊落之气，这三气构成了浩然之气。这种浩然正气体现着一种伟大的人格精神之美。

古今之成大事者都有大气象，什么叫大气象呢？就是"笑览风云动，睥睨大国轻"，就是有"俯仰天地之气概"，就是"力拔山兮气盖世"。

秦末的项羽为楚国下相人。年轻时与刘邦上山伐木，二人看见秦始皇头顶华盖，队伍浩浩荡荡，男女随从无数。刘邦长叹："大丈夫当如是。"而项羽则顿生豪气："吾当取而代之！"由此可见项羽霸气。项羽一生多征战，先是破釜沉舟，击破巨鹿三秦（章邯、董翳、司马欣）。后又刺杀怀王，逼走刘邦，自立为"西楚霸王"。然后大封诸侯。楚霸王四年，刘邦与霸王项羽以鸿沟为界，东归楚，西归汉议和。同年，项羽返彭城时遭齐王韩信追杀至垓下，韩信以"四面楚歌"之计包围楚兵。项羽高唱："力拔山兮气盖世，时不利兮骓不逝。骓不逝兮可奈何，虞兮虞兮奈若何"。歌毕自刎于乌江边。

项羽不是笑到最后的那个人，但是虽败犹荣。这首《垓下曲》气壮山河，势吞万里，体现了项羽的卓绝超群，气盖一世。面对四面楚歌的惨败结局，一种英雄末路的感慨油然而生，让人备感苍凉。当年，他从江东率四十万大军，所向无敌，威震天下。如今，兵败如山倒，到最后只剩二十八骑相随。面对失败"不肯过江东"的项羽当然只剩死路一条，面对虞姬也只能是"奈若何"了。此篇为千古绝唱，而项羽的故事一听就令人豪气顿生，让人感到一种强大的力量。

英雄大气象于此可得精髓之一二，我们后辈不用兵戈相加征战沙场，但至少应该拿出点气魄来吧。

与"英雄本色"相对的，便是"名士风流"。东汉末年的诸葛亮就是一位，他不管干什么，用现在的话来说就是"装酷"，头上围个时髦的头套，手里拿一个大羽毛扇子，摇来摇去，貌似轻松，潇洒自如，实则神机妙算，运筹帷幄。再如西晋初期的羊祜，喜欢穿得松松洒洒，衣服经风一吹，飘逸十足，活似神仙下凡，让人遥望之下惊为天人，甚至在打仗的时候，仍不失其雍雅的风度。

魏晋名士大多旷达风流，想到讲规矩是多此一举，因此遂然任性，放其自流。名士风流大抵如此。毫不矫揉造作，痛快淋漓，比起现在人的虚情假意，实在是可爱得多。

当然我们说魏晋、南北朝的读书人傲慢和自负虽然其中原因值得同情，但是他们中有很多人，确实狂放和任性到了不可理喻的地步。我们并不是要仿效他们有些人极度的张狂和目中

无人，也不是学习他们矫揉造作、东施效颦的假风流。我们要学习的是他们那份洒脱和自如。

不管是英雄本色，还是名士风流，实际上养的都是孟子所说的"浩然正气"。"其为气也，至大至刚，以直养而无害，则塞于天地之间。其为气也，配义与道；无是，馁也。是集义所生者，非义袭而取之也"。我们应该养得浩然之气，往大了说是壮我泱泱中华之赫赫神威，往小了说，对于我们为人处世也是很有帮助的。光明磊落、诚信为上、抱负高远，这难道不是做事情应该具备的优秀品格么？

浩然正气是人的精神"脊梁"，是抵御歪风邪气的"屏障"。正气长存，则邪气却步、阴霾不侵；正气长存，则清风浩荡，乾坤朗朗。要保持浩然正气，就必须"一日三省吾身"，做到自重、自省、自警、自励，时时处处以激浊扬清、弘扬正气为己任，使正气日盛，邪气渐消，引领整个社会不断走向正义和文明。这才是君子之道。

品格是最大的资本

儒家最看重人品，有修身齐家治国平天下的说法，把修身放在人生事业的第一项，可见人品修养之重要。

人品好，地位高，就好比俗话所说的"阎王好惹，小鬼难缠"，什么意思呢？其实就是说越是有身份的人，越是有素养，也就越容易相处，即使有了矛盾也容易化解。反而是那些没有什么本事，又不谦虚，却喜欢叽叽喳喳的小鬼，最喜欢恃强凌弱，也最喜欢通过这种方式来得到满足，不太好对付。观察我们生活，这句话真是至理名言。

很多人会说人品与地位不成正比，历史上那么多的例子都可以说明，不但不成正比，有时候却正好是相反，比如人品很差，由于工于心计，官却做得很高。确实，历史上有很多人都是这种例子的典型。

秦朝赵高横征暴敛，滥杀无辜，官却做到丞相，一人之下，万万人之上；三国董卓个性粗猛，奸诈无比，却能自为相国，专断朝政，凶暴淫乱，无法无天；唐朝的李林甫为人奸诈阴险，手段卑鄙，世称"口有蜜，腹有剑"，他贿赂成性，生活奢华，却在官场上一路小跑官至宰相；还有我们熟知的秦桧，其人残忍阴险，杀岳飞，贬忠良，极力破坏抗战，主持和议，向金纳贡称臣，却能为相19年。更不用说无赖赌棍魏忠贤了。但是如果仅仅以官做的大来评价一个人的地位的话，那未免太浅薄了。

让我们看看他们的结局：赵高后来为子婴所杀，那是恶人必有恶报；董卓为王允等人所杀，多行不义必自毙；李林甫的腐败，最终引发了"安史之乱"，留下千古骂名；秦桧乃中国第一大奸臣，一直为国人所唾骂，死后被筑"跪相"，永世不得翻身；魏忠贤后来为明思宗所逼，被迫自杀，真可谓大快人心。一生聚财不止，不可一世，但最后都不得好死，为百姓所唾弃，难道说这就是所谓的地位？

其实地位有两层内涵，一是职位高低，一是人心里的位置，而且以后者为重。也就是所谓"赢得身前身后名"。如果人品奇差，老奸巨猾，当你位高权重时，可能在权力上很厉害，大家都惧怕你，但是实际你在他们心里没有地位，大家不把你当回事，心里甚至还骂你。生前再辉煌，也不得人心。做了金钱的奴隶，做了权力的奴隶。

我们上面说的是人品差的人，社会地位虽然很高，可是在人心里的地位，则不怎么样。还有很多人人品很好，资质不怎么样，社会生活中处处都可以看见这样的人，然而这却不妨碍他们在群众中的声名。

三国时候的赵云就是这么一个人物。论传奇色彩不如诸葛亮，论文武韬略他在史书里也不是最厉害的，可是这并不妨碍大家喜欢他。为什么？其实简单说就是人品好。

第一，赵云此人不张扬，以他在长坂坡一战的威名，他是可以啸傲一时的，可是他保持低调，能服从命令，又能爱护下属，人缘极好。当然这些都是他个人的修养。第二，赵云此人也算是人中龙凤，他集智、勇、仁、爱于一身。在屡次战斗中，都表现得出类拔萃。还有一点就是赵云此人忠君爱国，一心为民。他离开强大的袁绍而投靠施行"屯田制"的公孙瓒就是例证。可见他的去留是根据老百姓是否过得好而决定的。也正是这些原因，他才受百姓爱戴。他官不比诸葛丞相大，但是别人对他的评价，比诸葛低不了多少。

再比如诸葛亮，确如他说的那样"鞠躬尽瘁，死而后已"，最后积劳成疾，病死于定军山。他的一生为蜀汉的强大立下汗马功劳。因此他生前受人爱戴，死后更长期受到后人的敬仰。追其原因，盖因人品上佳，头脑机敏而有谋略。

还有如狄仁杰，他是唐朝人，科举中第后，步入仕途。亲历唐高宗与武则天两个时代。后人借老子的话评价他，说他"圣人无常心，以百姓心为心"。狄仁杰为官体恤百姓、不畏权势被后人称为"唐室砥柱"。历史上说他上任大理丞的第一年，就处理了前任遗留下来的17000多件案子，更绝的是其中没有一人再上诉申冤，由此可见其处事公正，清正廉明。

由此观之，人品与地位的关系一目了然。人品差，可能能做大官，但在百姓眼里是没有地位的小人，甚至背上千古的骂名。人品好，虽然智不及人上，但是过得心安理得，要是资质过人，又有机遇，能心系黎民，又择仕途怕是会一发不可收拾，传得美名万世扬，成为后辈学人的楷模。而对于我们平常人来讲，良好人品是上司赏识你的资本，是为人处世的基本，干大事的人尤其如此。

关键时候，做好选择

当我们翻开史书，会发现孟子的人生际遇实在让人感慨。其实，古今中外，许多能影响千秋万世，被后世称贤称圣的伟人，在当时，大多处境都很凄凉寂寞。之所以这样，原因就在于一个选择，孟子选择了为王道政治所奔走，而当时的国君们更注重的是君临天下的"霸道"之业。

《史记》一书中，司马迁为孟子这个选择的后果作了很好的注解。

孟子奔走于各个国家，都被作为一个摆设受到了冷遇，而与他同时代的邹衍却是风光无限。邹衍在齐国极受尊敬，连一般的知识分子稷下先生们，在他的影响下，也受到了齐王的敬重和优待。当邹衍到魏国（梁）的时候，梁惠王亲自到郊外去迎接他，而且梁惠王还用接待国宾的大礼来接待他。后来他到赵国的时候，当时有名的战国四公子之一平原君竟然不敢和他并排走路，只小心翼翼地侧着半个身子在后侍从，非常恭顺。

到了行馆以后，在请邹衍坐下之前，平原君亲自用自己的衣裳打扫了一下座位，表示恭敬。

其实无论是孟子，还是邹衍，都是治世之才，孟子是圣人，邹衍也不是欺世盗名之辈，只是二人坚持的思想不同，恰好一人的思想主张与当世君王的意愿相符，从而得到重用；而另一位却因其思想是功在当代，利在千古，不能为君主们接受而已。同时代的杰出人士却有不同的命运，原因只在一个选择。

人生中不可避免地要面对选择。在选择之前，未来是不确定的；在选择之后，你所作的选择就成了既定的事实。即使有无数人来对你的选择进行评论和争吵，都不得不接受你已经作出的选择。

人生就像是一条通向未来的路，你所作的每一次选择就是这路上的一个岔道口，它们不停地延伸，把你带向生命的终点。只有到了你要离开这个世界的那一瞬间，你才会知道自己归于何处。到了那个时候，你心中会或多或少地有着某种遗憾或是懊悔："当初，如果我……就好了！"你却永远也无法再次回到当初的那个起点重新作出选择。可你不能不选又不能全选，不选也是一种选择，不选和全选只在特定空间、时间和事件限定中存在。

因此，你必须面对人生，作出自己的选择，并为这个选择埋单，无论其结果是好，还是坏。

颜回和子贡同为孔子的弟子，二人的遭遇却大不相同，颜回是孔子最得意的弟子。他出身贫寒，自幼生活清苦，却能安贫乐道，不慕富贵；性格恬静，聪明过人，长于深思。孔子所讲的许多高深道理，他能完全理解，且能"闻一知十"。颜回跟随孔子周游列国，过匡地遇乱及在陈、蔡间遇险时，子路等人对孔子的学说都产生了怀疑，而颜回始终不渝。不幸的是颜回早逝，葬于鲁城东防山前。孔子对他的早逝感到极为悲痛，不禁哀叹说："噫！天丧予！天丧予！"颜回一生没有做过官，也没有留下传世之作，他的只言片语，收集在《论语》等书中，其思想与孔子的思想基本是一致的。后世尊其为"复圣"。孔子在颜回逝世之后感叹道："贤哉回也，一箪食，一瓢饮，身在陋巷，人不堪其忧，回也不改其乐。贤哉回也！"

而孔子另一位弟子子贡也博学多才，洞察时势，能言善辩，在经商和社会活动方面都很有成就。《史记·货殖列传》共载十七人，将子贡列在第二。子贡善于掌握市场信息，并"与时转货赀"在商业经营和国际贸易中取得巨大成功。他"常相鲁卫，家累千金"，"富可敌国"。子贡经商与政治目的相联系。他经常"结驷连骑，束帛之币以聘诸侯"，"所至，国君无不分庭抗礼"。越王勾践甚至"除道效迎，身御至舍"。正因为经商致富，他才有显赫的政治地位和广泛的社会影响。

无论是孟子与邹衍，还是颜回与子贡，他们因自己不同的选择，从而经历了不同的人生。孟子和颜回等当初寂寞处世的人，都在经过历史的大浪淘沙之后，确立了自己的地位，孟子"亚圣"之称就是明证。而颜回虽然早逝，并没有留下系统的论著，但孔子一句"贤哉回也"，也让后人对其景仰不已。而邹衍和子贡在当世风风火火，成就一番属于自己的事业，同样值得尊敬。做利在当代的事，或者成功在千古留名，两者都有其不可否认的积极意义，同样值得提倡，如何选择则留给来者评说和实践了。

总之，无论作出何种选择，只要自己能够自得其乐，认为这样的选择是值得的，并能为其后果负责，如此面对选择、面对人生，相信人生无憾。

傲而不骄，坚守气节

曾子曰："可以托六尺之孤，可以寄百里之命，临大节而不可夺也。君子人与？君子人也。"可以把年幼的君主托付给他，可以把国家的大事交代给他，面临生死存亡的紧急关头而不动摇，这样的人是君子吗？是君子啊！

何为君子？君子总能坚持自己的信念与观点，即使身处险境亦面不改色，坦荡为人。君子内心有一股傲气，但傲而不骄，傲在骨子里，内在有气节。君子之傲骨，如梅花，苦寒之中仍绽放出幽香一缕，怡人性情。古语所道"三军可夺其帅，匹夫不可夺其志"正是此意，这就是气节。

气节作为坚守原则之本，是道德的本质要求，它主要反映的是坚持真理和正义，即使身处逆境也坚贞不屈、始终不渝。粉身碎骨浑不怕，要留清白在人间。气节表现的不仅仅是人的精神状态，反映的更是人生道德观念。这里所说的道德观念，是指为了达到理想目标，生死关头不苟且偷生，淫威之下不卑躬屈膝，诱惑面前不低头弯腰的精神。

深受儒家思想熏陶，忧国忧民的文天祥曾写道："时穷节乃见，一一垂丹青。"在一个人陷入困境时，他的品德和志气就会表露无遗。

1941 年 12 月，日本侵占中国香港的那一天，留居香港的梅兰芳开始蓄起唇髭，没过几天，浓黑的小胡子就挂在了唱旦角的艺术家脸上。他年幼的儿子梅绍武好奇地问："爸爸，您怎么不刮胡子了？"

梅兰芳慈祥地回答儿子："我留了胡子，日本人还能强迫我演戏吗？"

不久，他回到上海，住在梅花诗屋，闭门谢客，拒绝为日本人演戏。他时常在书房里的台灯下作画，年复一年仅靠卖画和典当度日，生活日渐窘迫。上海的几家戏院老板见他生活如此困难，争先邀他出来演戏，却被他婉言谢绝。

有一天，汪伪政府的大头目褚民谊突然闯入梅兰芳家，要他作为团长率领剧团赴南京、长春和东京进行巡回演出。

梅兰芳用手指了指自己的脸，沉着地说道："我已经上了年纪，很长时间没有吊嗓子了，早已退出了舞台。"

褚民谊阴险地笑道："小胡子可以刮掉嘛，嗓子吊吊也会恢复的。哈，哈，哈……"笑声未落，只听梅兰芳一阵讥讽的话语："我听说您一向喜欢玩票，大花脸唱得很不错。您作为团长率领剧团去慰问，岂不是比我强得多吗？何必非我不可！"褚民谊听到这里，顿时敛住笑脸，脸上红一阵白一阵，支吾了两句，狼狈地离开了。

梅兰芳一身傲骨，不畏强权，为了坚守心中的正义，宁可舍弃心爱的艺术，可谓"临大节而不可夺"的典型了。

气节是理想信念和原则立场的具体体现，来源于对真理的不懈追求。它反对谬误，抵制浅薄，坚持正义，反对罪恶。它出污泥而不染，临危受命不退缩，慷慨赴死不低头。它在大是大非面前坚持立场和崇尚正义，危难时刻义无反顾，赴汤蹈火。

历史上坚守气节的人物数不胜数，"人生自古谁无死，留取丹心照汗青"的文天祥，"我自横刀向天笑，去留肝胆两昆仑"的谭嗣同……临大节而不可夺其志者，皆为君子。为人处世，必须坚守自己的气节，守其志，才能屹立于天地之间！

忧国忘家，不畏强权

子曰："人之生也直，罔之生也幸而免。"意思是说，人的生存靠正直，不正直的人也能生存，但那不过是侥幸免于祸害罢了。"直"，是儒家的道德规范。直即直心肠，意思是耿直、坦率、正直、正派，同虚伪、奸诈是对立的。然而，面对尘世中的种种牵绊，强权重压之下，许多人心存胆怯，不敢直言道出世间的真理，违背了善的本意，造成了恶的后果。

孔子十九代孙孔僖，在汉章帝时期，与涿郡人崔骃同在太学研习《春秋》。当读到越王勾践与吴王夫差的故事时，孔僖叹道："所谓画虎不成反为狗者。"崔骃说："孝武皇帝刘彻开始做天子的时候，尊崇信仰圣人的治道，五六年间，声誉超过了汉文帝刘恒、汉景帝刘启，后来他放任自己，忘了自己以前的优点。"

这些话被隔壁一个叫梁郁的学生听到并上书皇上，说孔僖

和崔哲诽谤先皇。汉章帝知道这件事情后，就派人去查这件事。崔哲去见官接受审问，孔僖则上书皇帝为自己辩护。书中写道："当皇帝的，做好事做坏事，天下人没有不知道的。假使我们批评的是实际情况，那么您本就应该改正。倘若我们说得不妥当，您也应该宽容，又有什么罪呢？陛下您不推寻根本大计，自己作个深远的打算，竟纵容个人憎恶来大快自己的心意。我们被杀，死就死吧，不足为惜，可是天下的人一定会转移视线，改变想法，从我们这件事中，窥测到陛下您的心思，从今以后，假如见到什么不对的事情，再也没有人敢去说了。"

汉章帝看了孔僖的奏折后，立刻明白了，下令不许再追究这件事，并任命孔僖为兰台令史。

孔僖上书自讼之所以为人称道，首先是因为他不畏强权。其次，他敢于直陈历史，直接面对现实。这两点说来容易，做起来很难，一方面需要胆量去挑战强权，另一方面需要用智慧去拆解其中的僵局。

自古，直言上书者甚众，却不一定都受到赏识，忠言逆耳的结局往往是可悲的。伴君如伴虎，在什么情势下，以何种方式劝说才能够收到良好的效果，都是需要十分谨慎思考的。有挑战权威的勇气固然值得嘉奖，可如何才能让自己的劝谏更好地发挥作用，就要凭借上书陈事的能力和技巧了。

我们当然敬佩视死如归的大臣，于谦两袖清风，被奸臣所害，死后帝命抄家；比干忠臣直谏，被商纣王剖心而亡。能够忧国忘家，固然是品格崇高，但同时，如果能够达到胸有惊涛而面如平湖，保全自己又起到督政的作用，更是值得钦佩的。

当然，讲究迂回婉转地进谏，并不是让人学会曲意逢迎、奴颜媚骨，果真如此的话，也就谈不上什么气节了。但侠肝义胆、折戟沉沙，都不是逞一时之勇就可以精忠报国的。只有胸藏日月、袖纳乾坤的人，才能吟咏出"人生自古谁无死，留取丹心照汗青"这样的诗句。

历代忠肝义胆的臣相、匹马戎装的将军，都不外乎用自己的血肉和智慧来为国为民请命，有的甚至屡遭贬斥，可依然不忘江山社稷之重任。虽然有人被讥笑为"愚忠"，但正是这样的勇气撑起了民族的希望。而这令人血脉贲张的情怀也随着民族的历史代代流传。

时不我待，奋发有为

两千多年前，先圣孔子在河边说道："奔流而去的是这样匆忙啊！白天黑夜地不停留。"逝水是不会有重归的，时间也不会重返，在此刻的孔子眼中，人生都在这如流水般的时间中不断流逝，而能否建立一番自己的事业，就要看人们各自对待这似水人生的态度了。

有这样一个意味深长的谜："世界上哪样东西最长又是最短的，最快又是最慢的，最能分割又是最广大的，最不受重视又是最值得惋惜的；没有它，什么事情都做不成；它使一切渺小的东西归于消灭，使一切伟大的东西生命不绝。"对于这个谜，众说纷纭，一时之间很多人都捉摸不透。

其实，这个世界上最长的莫过于时间，因为它永远无穷无尽；最短的也莫过于时间，因为它使许多人的计划都来不及完成；对于在等待的人，时间最慢；对于在作乐的人，时间最快；它可以无穷无尽地扩展，也可以无限地分割；当时谁都不加重视，过后谁都表示惋惜；没有时间，什么事情都做不成；时间可以将一切不值得后世纪念的人和事从人们的心中抠去，时间能让所有不平凡的人和事永垂青史！

那么时间到底是什么呢？时间对于不同的人有不同的意义。对于活着的人来说，时间是生命；对于从事经济工作的人来说，时间是金钱；对于做学问的人来说，时间是资本；对于无聊的人来说，时间是债务；对于学生来说，时间是财富，是资本，是命运，是千金难买的无价之宝。

一年春天的某个早晨，太阳刚刚升起，喜鹊就来到了猫头鹰先生的家门口，欢快地叫着："猫头鹰先生，快起来，借着

早晨明媚的阳光，练习我们的捕食本领，不要再睡懒觉了。"猫头鹰睁一只眼闭一只眼，身体一动不动地蜷曲在窝里，懒懒地说了声："是谁呀？这么早就上这儿来瞎叫，我还没有睡醒呢！啥时练不行，我还得再睡一会儿。"喜鹊听了这话，只好独自锻炼去了。

到中午，喜鹊又来了，一看猫头鹰虽然醒了，但还是在床上躺着，喜鹊刚要说话，猫头鹰抢着说："天还长着呢，练什么呢，来得及，趁早还是休息的好。"喜鹊说："已经不早了，都到中午了，你该捕食锻炼了。"可是猫头鹰还是不动。

太阳落山之前，喜鹊又飞到猫头鹰家，看见猫头鹰刚刚起床洗脸，就对他说："天要黑了，我要休息了，你怎么才洗脸啊。"猫头鹰说："我就这习惯，晚上饿了我才开始捕食。"喜鹊说："这么晚了你还能捕到什么食。"这时，天已经黑下来了，猫头鹰拍打着翅膀从一棵树飞到另一棵树，累得筋疲力尽，什么食物也没捕到，肚子饿得咕咕叫，他也哇哇地乱叫，声音非常难听。

当然这只是个小小的寓言故事，但却告诉我们一个深刻的道理，那就是要珍惜时间。古人说过："一寸光阴一寸金，寸金难买寸光阴。"昨天和今天没什么大区别，今天和明天也没有不一样，一年四季，春夏秋冬循环往复，但是我们个子长高了，慢慢又变矮了，头发由黑变白，这时才刚想起，该学的没有学，该会的没有会，该做的没有做，过去的时间却再也找不回来了，这样的人生又有什么意义呢？

历数古今中外一切有大建树者，无一不惜时如金。古书《淮南子》有云："圣人不贵尺之璧，而重寸之阴。"汉乐府《长歌行》有这样的诗句："百川东到海，何时复西归？少壮不努力，老大徒伤悲。"晋朝陶渊明也有惜时诗："盛年不重来，一日难再晨，及时当勉励，岁月不待人。"唐末王贞白《白鹿洞》诗中更有"一寸光阴一寸金"的妙喻。鲁迅先生对时间的认识更深刻，他说："时间就是生命。无端地空耗别人的时间，其实无异于谋财害命。"科学家法拉第中年以后，为了节省时间，把整个身心都用在科学创造上，严格控制自己，拒绝参加一切与科学无关的活动，甚至辞去皇家学院主席的职务。居里夫人为了不使来访者拖延拜访的时间，会客室里从来不放坐椅。76岁的爱因斯坦病倒了，有位老朋友问他想要什么东西，他说："我只希望还有若干小时的时间，让我把一些稿子整理好。"

时间是一笔贷款，即使再守信用的借贷者也还不起。最吝啬时间的人，时间对他最慷慨。抓住今天，尽可能少依赖明

天。莫等闲，白了少年头，空悲切！珍惜时间可以使生命变得更有价值。

临危不惧，才是慷慨本色

苏轼因"乌台诗案"入狱，随时处于被斩的危险中。一年后，皇帝为了试探他是否有意谋反，是否有悔改，特意派一个太监装成犯人入狱，和苏东坡同在一个监牢。白天吃饭时，小太监用言语挑逗他，苏轼牢饭吃得津津有味，答说："任凭天公雷闪，我心岿然不动！"夜里，他倒头睡，小太监又撩拨道："苏学士睡这等床，岂不可叹？"苏轼不理不会，用鼾声回答。小太监在第二天一大早推醒他，说道："恭喜大人，你被赦免了。"要知道，那一夜可是危险至极啊！只要苏轼晚上有不能安睡的异样举动，太监就有权照谕旨当下处死他！

苏东坡是坦坦荡荡的君子，自认为无愧于天地良心，所以吃得下、睡得香。宋神宗思量，一个心中有愧的人是不可能做到倒头便睡的。而苏轼也不会想到，坦然安睡竟然救了自己的性命。

临危不惧，被古人认为是君子大丈夫的品质。《周易》上就有对于临危不惧的阐释。在《易经震卦》中，以惊雷比喻大灾难。原文说：震：亨。震来虩虩，笑言哑哑。震惊百里，不丧匕鬯。在这里，震：通顺。霹雳打下来，有哆嗦的，有哈哈地笑着说话的；震惊百里的大霹雳打下来，有手里勺子里的酒不洒出一点儿的。震为雷，春雷动，大地苏醒，经过天地闭塞的冬季，万物以勃勃生机而振起，重新活跃起来，所以震卦亨通。"虩虩"是惊恐的样子。"震来虩虩"是说震惊袭来，令人感到恐惧不安。这是取象于震为雷。惊雷震响，威皆壮，令人戒惧不安。"笑言哑哑"是说笑有节的样子。震卦从临卦变来，临卦下卦为兑，兑为口、为悦，故为言笑。"震惊百里"也取象于震为雷。惊雷声威可以传播百里之远。"不丧匕鬯"是说受到惊雷的震惊，手中的勺子没有掉落下来，仍能保持镇定的常态。这样的人具有临危不惧、受惊不乱、从容安详的心态，可以主持大事。

灾难来时惊恐是人的正常反应，但是很显然，惊恐是不能够应对灾难的。勇者对灾难依旧谈笑风生。君子是镇定自若，从容安详。灾难袭来，千万不要因为恐惧乱了阵脚，而要向勇者和君子学习，有超人的勇气应对。

在这里，在祸患面前能够临危不惧的人被认为是具备儒者人格的人。在君子坦然的内心中，这世上没有什么是值得恐惧的，灾祸不过是过眼云烟，转瞬就会被风吹散。大灾面前不惊慌，历史上很多了不起的人都做到了这点，其中最著名的，恐

怕要数谢安了。

谢安乃晋朝名臣。晋简文帝时，权臣桓温想要简文帝禅位给他，简文帝死后，谢安等人趁他不在京都，马上立太子做了皇帝。桓温气急败坏，于是在宁康元年（373 年）二月，亲率大军，杀气腾腾地回兵京师，向谢安问罪，并欲趁机扫平京城，改朝换代。眼见朝廷上下人心惶惶，新帝司马曜也不得不下诏让吏部尚书谢安和侍中王坦之到新亭迎接桓温。

二月的京城，春寒料峭，桓温的到来更给这里增添了一派肃杀气象。其实，桓温已抢先在路旁的墙壁后面埋伏了人马。文武百官纷纷跪拜在道路两旁，甚至连抬头看一眼威风凛凛从眼前经过的桓温的勇气都没有，这里面也包括那些有地位、有名望的朝廷重臣。但谢安除外，他面对四周杀气腾腾的卫兵，先是作了一首咏浩浩洪流的《洛生咏》，然后才从容地说："我听说诸侯有道，就会命守卫之士在四方防御邻国的入侵。明公入朝，会见诸位大臣，哪用得着在墙壁后布置人马呢？"桓温一下子被他镇住了，于是赶忙赔笑说："正因为不得已才这样做呀！"他连忙传令撤走兵士，笼罩在大家中间的紧张气氛一下子消除了。

接下来，他又摆酒设馔，与谢安两人"欢笑移日"。在这欢笑声中，东晋朝廷总算逃过了一劫。

桓温杀气腾腾地向谢安问罪时，谢安真可谓做到了"泰山崩于前而不惊"，如此的定力不是每个人都可以具有的。谢安把名士风度与儒将气质完美地结合在了一起，首先在内心上胜过了桓温。

在这场气势的对决中，桓温本来是占有绝对的优势的，他手握重兵、信心满满。但是谢安不卑不亢，临危不惧保持了安然自在的风度，最终折服了桓温。

和而不流，中庸为道

自古以来，儒家所讲的中庸境界，一直备受推崇。儒家经典《中庸》说道："尊德性而道问学，致广大而尽精微，极高明而道中庸"，尤其是"极高明而道中庸"一句话可谓大有深意。其实这种所谓极高明的境界在平凡生活中就可达到，并不一定非得在很高的地位才能获得。境界高远，却立足于现实，体现了超越境界与现实态度的统一。

和而不流，中庸为妙

晚清名臣左宗棠曾在江苏无锡梅园题字："发上等愿，结中等缘，享下等福；择高处立，就平处坐，向宽处行。"很简单，这二十四个字的意思就是：要有远大志向，却只求中等的缘分，对于享福则下等的就行；为人处世要站得高，站得高才能望得远，但是真正行动起来，却比较低调，不显山露水，做事情要有余地，为人宽容。这句话实际上就是"极高明而道中庸"的人生哲学。

上古有三帝：曰尧，曰舜，曰禹。他们都是这种哲学的实

践者。

古书上说尧非常厉害："其仁如天，共知（智）如神。就之如日，望之如云。富而不骄，贵而不舒。"虽然富贵但是不炫耀不骄傲。他即位之后，首先是任人唯贤，促使内部达成统一。他做起事情来也比较平淡和低调，他亲自考察百官的政绩，奖励高贤，惩罚贪佞，这种为万乘之尊、却依然事必躬亲的作风，正是他务实的一面。他当帝王时，能够以天下为己任；他在位时世风淳朴，人们相处和睦，也是得益于他的高瞻远瞩。

第二个帝王舜则与尧不一样，他不像尧那么富有，而且母亲早逝，又遇到一个残酷的继母，最后被逼离家出走。尽管这样，他也不抱怨，他对父母不失子道，出走后依然想办法照顾他的继母，以尽孝道，对他那个傲慢的弟弟也给了极大的宽容。甚至到后来，继母和兄弟霸占他财产、要杀人灭口时，他都原谅了他们。他用他宽容但是朴实的行事作风感染了众人。人们从四面八方集中到他的周围，想和他同甘共苦。舜又努力进行管理和扩建城邦的工作。好事传千里，当时的天子尧知道舜的德行后，将自己的两个女儿配给了舜做妻子。并在最后，将天子之位禅让于舜。尧到底看中舜什么呢？实际上就是他"极高明而道中庸"。前面说到他的行事比较朴实低调，后来对

"四凶族"的流放则可见其雄才伟略。尧把天子之位传于这种人是明智之举。

大禹治水的故事，千百年来，脍炙人口。帝尧时，中原常常有洪水，百姓愁苦不堪。鲧治水患九年，未果。他的儿子禹继任治水。禹亲自视察河道，改进治水方法。他翻山越岭，蹚河过川，规划水道，到了很多地方，根据地势高低设法引洪水入海。禹为了治水可以说是鞠躬尽瘁。他新婚不久就离开妻子，踏上治水的道路。经过家门口，听到妻子生产，都咬着牙没有进家门，直接奔赴大水现场。一段时间过去了，当他第三次经过家门的时候，他的儿子已经懂得叫爸爸，而禹只是向妻儿挥挥手，并没有进去看看。这就是所谓"三过家门不入"。后来经舜赏识得天子之位，真正成了大人物。

像尧、舜、禹这样的人其实都是心中有天地，但是却很低调。他们不吹牛，只做好自己的事情，立足高远却从现实出发。在现代也是一样，那些能够真正领会"极高明而道中庸"的人往往都能成功。

自古以来，儒家所讲的中庸境界，一直备受推崇。儒家经典《中庸》说道，"尊德性而道问学，致广大而尽精微，极高明而道中庸"，尤其是"极高明而道中庸"一句话可谓大有深意。其实这种所谓极高明的境界在平凡生活中就可达到，并不一定非得在很高的地位才能获得。境界高远，却立足于现实，体现了超越境界与现实态度的统一。

李嘉诚也是这种哲学的实践者。他常常告诫他人做人要不骄不躁，切忌急功近利。李嘉诚还说"重要的是内心的安静，表面看来很忙，但内心其实没有波动，因为自知做着什么工作"。什么意思？其实就是不大喜也不大悲。喜怒哀乐之未发，谓之中；发而皆中节，谓之和。也就是中庸之道。由此观之，他能富甲一方，是有缘由的，正所谓人因梦想而伟大，因务实而成真。李嘉诚在他的儿子李泽楷进入商界时曾有过这样一句训话：树大招风，低调做人。从这里也可以看出他平实的一面来。正所谓极高明者当道中庸，成功者莫不如此，后人不妨仿效之。

要方圆有度而不是圆滑世故

《论语·雍也》中，孔子曾有这样一段话："中庸之为德也，其至矣乎！民鲜久矣。"孔子在这里是说，中庸作为道德，是最高的境界了，人们很久没有达到了。庸指平常的行为，即有普遍妥当性的所能实现的行为；中庸即实用理性，着重在平常的生活实践中建立起人间正道和不朽理则。

中庸即为人处世之道，很多人将中庸与明哲保身、圆滑世

故联系起来，为中庸之道贴上了一个不光彩的标签。其实，中庸之道体现在做人做事方面，可以用外圆内方的做人哲学来加以阐释。

老子的理想道德是自然，是天地，天圆地方；孔子的理想道德是中庸，是适度，是不偏不倚，两者有着共通之处。中庸即在圆与方之间保持一种和谐。外圆内方、深浅有度是一门微妙的、高超的处世艺术，使人们在正义和生活的天平上保持着微妙的平衡。

中庸，并非老于世故、老谋深算者的处世哲学。人生就像大海，处处有风浪，时时有阻力。是与所有的阻力作正面较量，拼个你死我活，还是积极地排除万难，去争取最后的胜利？生活是这样告诉我们的：事事计较、处处摩擦者，哪怕壮志凌云，聪明绝顶，也往往落得壮志未酬身先死的结果。

提及中庸智慧的运用，不由得让人想起许多历史人物，如人们一直推崇的五代的冯道。他曾事四姓、相六帝，在时事变乱的八十余年中，始终不倒，令人称奇。首先，此人品格行为炉火纯青，无懈可击，清廉、严肃、淳厚、宽宏；其次，其深谙中庸处世之道，深浅有度，中正平和，大智若愚。冯道有诗云："莫为危时便怆神，前程往往有期因。须知海岳归明主，未必乾坤陷吉人。道德几时曾去世，舟车何处不通津。但教方寸无诸恶，狼虎丛中也立身。"

真正谙熟中庸之道的人是大智慧与大容忍的结合体，有勇猛斗士的威力，有沉静蕴慧的平和，对大喜悦与大悲哀泰然不惊。行动时干练、迅速，不为感情所左右；退避时，能审时度势、全身而退，而且能抓住最佳机会东山再起。中庸而非平庸，没有失败，只有沉默，是面对挫折与逆境积蓄力量的沉默。在这个方面，曾国藩给后人提供了示范。

清朝名臣曾国藩位高权重，趋炎附势的人很多，他对此总是淡然处之，既不因被人奉承而喜，也不因人诌谀献媚而恼。曾国藩的一个手下对那些趋炎附势、溜须拍马的人非常反感，总想找机会教训他们一下，于是就在一次批阅文件时，将其中一位拍马的官员狠狠讽刺了一番。曾国藩看过该批阅后，对手下说，那些人本来就是靠这些来生存的，你这种做法无疑是夺了他们的生存之道，那么他们必然也将想尽办法置你于死地。曾国藩的一番话让手下恍然大悟、冷汗淋漓。

人在社会中，不可能远离是非，因此行事必须深浅有度，适可而止。中庸的处世方式最好的诠释便是"知性好相处"。曾国藩深谙人情之道，倘若拒绝被人拍马，则必是孤家寡人无人可用，倘若沉醉在逢迎之中，则会让那些颇有见地的人才流失。因此他采用了淡然处之的方法，耳中美言，胸有丘壑。

古语道："处治世宜方，处乱世宜圆，处叔季之世当方圆并用；待善人宜宽，待恶人宜严，待庸众之人当宽严互存。"处在太平盛世，待人接物应严正刚直，处天下纷争的乱世，待人接物应随机应变、圆滑老练，处在国家行将衰亡的末世，待人接物要方圆并济、交相使用；对待善良的人，态度应当宽厚，对待邪恶的人，态度应当严厉，对待一般平民百姓，态度应当宽厚和严厉并用。这才是中庸之道的注解。

黄炎培先生有几句深刻的座右铭："理必求真，事必求是；言必守信，行必踏实；事闲勿荒，事繁勿慌；有言必信，无欲则刚；如若春风，肃若秋霜；取象于钱，外圆内方。"保持中庸、深浅有度、恰如其分是为人处世的最高境界，过于锋芒毕露往往为世俗所不容，过于委曲求全又被视为软弱，只有外圆内方、刚柔相济，才能在纷繁复杂的人际关系中周旋有术，游刃有余。

中庸的处世方式，在不违反个人根本原则的前提下，像一道润滑剂，把人与人之间因棱角的摩擦而可能产生的矛盾及时化解。宽广的胸襟和"大智若愚"的智慧，能让人们在莫测的世事沧桑面前处变不惊，这便是中庸之妙！

做到一半刚刚好

在很多学者看来，中国人生活的最高典型应属中庸的生

活。林语堂先生在《谁最会享受人生》中，深刻地剖析了中国人的生活模式，提出要摆脱过于烦恼的生活和太重大的责任，实行一种中庸式的、无忧无虑的生活哲学。林语堂先生说：我相信主张无忧无虑和心地坦白的人生哲学。

孔子说，两方面有不同的意见，应该使它能够中和，各保留其对的一面，舍弃其不对的一面，才是"中庸之为德也，其至矣乎"。孔子同时感叹说：一般的人很少能够善于运用中和之道，大家走的多半都是偏锋。

一个彻底的道家主义者理应隐居到山中，去竭力模仿樵夫和渔父的生活，无忧无虑，简单朴实如樵夫一般去做青山之王，如渔父一般去做绿水之王。不过要叫我们完全逃避人类社会的那种哲学，终究是拙劣的。此外还有一种比这自然主义更伟大的哲学，就是人性主义的哲学。自古以来，中国人最崇高的理想，就是做一个不逃避人类社会和人生，而仍能保持本性和快乐的人。

而中庸所标注的境界就是恰适的境界，其实就是做到一半刚刚好，好与坏，够与不够，都不必太满，不偏不倚，恰到好处。

在与人类生活问题有关的古今哲学中，至今还未发现有一种比中庸学说更深奥的真理。这种学说，就是指一种介于两个

极端之间的有条不紊的生活。这种中庸精神，在动作与静止之间找到了一种完全的均衡。所以理想的人物，应属：一半有名，一半无名；懒惰中带用功，在用功中偷懒；穷不至于穷到付不出房租，富也不至于富到完全不做工，或是可以称心如意地资助朋友；钢琴也会弹，可是不十分高明，只可弹给知己的朋友听，而最大的用处还是给自己消遣；古玩也收藏一点，可是只够摆满屋子的一角；书也读读，可是不会过于用功；学识颇广博，但并不是某方面的专家……总而言之，这是中国人所发现的最健全的理想生活方式。

中庸作为一种处理事情的法则，现在也被西方学术界所认可。中庸是一种自然的生活方式，不是消极避世，也不是畏首畏尾，而是将心态调适到平和之处。现实中，大多数人都没有理解中庸之道，所以选择了剑走偏锋。但是，天地岿然不动，富贵名利成空，既然已经明了生命的本质，人生又何必走偏锋呢？维护一份平和，有时候恰恰是守住了一种快乐。

有一个女孩叫小茜，她上三年级时，学校组织排演戏剧，她被选来扮演剧中的公主。接连几周，母亲都煞费苦心地跟她一道练习台词。可是，无论她在家里表达得多么自如，一站到舞台上，她头脑里的词句便全都无影无踪了。最后，老师只好叫小茜靠边站。她解释说，她为这出戏补写了一个道白者的角色，请她调换一下角色。虽然她的话亲切婉转，但还是深深地刺痛了小茜——尤其是看到自己的角色让给另一个女孩的时候。那天回家吃午饭时，小茜没把发生的事情告诉母亲。然而，母亲却觉察到了她的不安，没有再提议她们练台词，而是问她是否想到院子里走走。

那是一个明媚的春日，棚架上的蔷薇藤正泛出亮丽的新绿。小茜无意中瞥见母亲在一棵蒲公英前弯下腰。"我想我得把这些杂草统统拔掉。"她说着，用力将它连根拔起。"从现在起，咱们这庭园里就只有蔷薇了。""可我喜欢蒲公英，"小茜抗议道，"所有的花儿都是美丽的，哪怕是蒲公英！"母亲表情严肃地打量着她。"对呀，每一朵花儿都以自己的风姿给人愉悦，不是吗？"她若有所思地说。小茜点点头，很高兴自己战胜了母亲。"对人来说也是如此。"母亲又补充道，"不可能人人都当公主，但那并不值得羞愧。"小茜想母亲猜到了自己的痛苦，她一边告诉母亲发生了什么事，一边失声哭泣起来。母亲听后释然一笑。

"但是，你将成为一个出色的道白者。"母亲鼓励小茜说，"道白者的角色跟公主的角色一样重要。"小茜这才擦干眼泪，绽放了迷人的笑容。

是的，生活中的很多角色，如果自己不去给予定位，那么

对于我们来说，扮演什么角色又有什么差别呢？不能把公主的角色进行到底，那么中途变换身份来做一名念白者，同样也能做到优秀。如果我们心中存着不强求的快乐之心，如果心中本来就没有公主与道白的区别，又怎么会痛苦呢？或许，在这个的时候，人生就需要中庸的精神了。

清代学者李密庵有一首《半半歌》就是中庸生活哲学的最佳写照：

看破浮生过半，半之受用无边，半中岁月尽悠闲，半里乾坤宽展。

半郭半乡村舍，半山半水田园，半耕半读半经廛，半士半民姻眷。

半雅半粗器具，半华半实庭轩。衾裳半素半轻鲜，肴馔半丰半俭。

童仆半能半拙，妻儿半朴半贤。心情半佛半神仙，姓字半藏半显。

一半还之天地，让将一半人间，半思后代与沧田，半想阎罗怎见？

酒饮半酣正好，花开半吐偏妍。帆张半扇免翻颠，马放半缰稳便。

半少却饶滋味，半多反厌纠缠。百年苦乐半相参，会占便宜只半。

这首诗气韵贯通，文笔流畅，颂田园、写人伦、叙情趣、论时弊，读来令人耳目一新，更重要的是，它把那种中庸生活的理想很美妙地表达了出来。也许我们的生活中很难发现纯正的中庸思想，但是生活中的哲理大多相似，即使小小的生活片段，也能给人以深刻的领悟，说明深刻的道理。

危行言逊，不落祸患

做人危行言逊，方不落祸患。历史上以此道著称者其实不少。比如诸葛亮，有一副对联说诸葛亮的戒慎："诸葛一生唯谨慎，吕端大事不糊涂。"吕端是宋代的一个宰相，小事马虎大事却从不糊涂，是个非常精明的人；而诸葛亮一生的事功在于谨慎。

孔子曾说，社会、国家上了轨道，通常要正言正行；遇到国家社会动乱的时候，人们自己的行为要端正，说话要谦虚，不然则会引火上身。儒家强调为人处世要危行言逊，也就是行为举止要谨慎，如履薄冰一般。虽然我们也说谨小慎微，但也要注意将谨慎与小气区别开来。人谨慎可以，绝对不能器量窄小。

郭子仪被唐德宗尊称为尚父，尚父这个称谓，只有周朝武王称过姜太公，在古代是一个十分尊崇的称呼。由唐玄宗开始，儿子唐肃宗，孙子唐代宗，乃至曾孙唐德宗，四朝都由郭子仪保驾。唐明皇时，安史之乱爆发，玄宗提拔郭子仪为卫尉卿，兼灵武郡太守，充朔方节度使。命令他带领本军讨逆。

郭子仪爵封汾阳王，王府建在首都长安的亲仁里。汾阳王府自落成后，每天都是府门大开，任凭人们自由进进出出，而郭子仪不允许其府中的人对此进行干涉。有一天，郭子仪帐下的一名军官要调到外地任职，来王府辞行。他知道郭子仪府中百无禁忌，就一直走进了内宅。恰巧，他看见郭子仪的夫人和他的爱女正在梳妆打扮，而王爷郭子仪正在一边侍奉她们，她们一会儿要王爷递毛巾，一会儿要他去端水，使唤王爷就好像奴仆一样。这位将官当时不敢讥笑郭子仪，回家后，他禁不住讲给他的家人听，于是一传十，十传百，没几天，整个京城的人都把这件事当成笑话来谈论。郭子仪听了倒没有说什么，他的几个儿子听了却觉得大丢王爷的面子，决定对父亲提出建议。

他们相约一齐来找父亲，要他下令，像别的王府一样，关起大门，不让闲杂人等出入。郭子仪听了哈哈一笑，几个儿子哭着跪下来求他，一个儿子说："父王您功业显赫，普天下的人都尊敬您，可是您自己却不尊重自己，不管什么人，您都让

儒家做事

他们随意进入内宅。孩儿们认为，即使商朝的贤相伊尹、汉朝的大臣霍光也无法做到您这样。"

郭子仪听了这些话，收敛了笑容，对儿子们语重心长地说："我敞开府门，任人进出，不是为了追求浮名虚誉，而是为了自保，为了保全我们全家的性命。"

儿子们感到十分惊讶，忙问其中的道理。郭子仪叹了一口气，说道："你们光看到郭家显赫的声势，而没有看到这声势有丧失的危险。我爵封汾阳王，往前走，再没有更大的富贵可求了。月盈而蚀，盛极而衰，这是必然的道理。所以，人们常说要急流勇退。可是眼下朝廷尚要用我，怎肯让我归隐，再说，即使归隐，也找不到一块能容纳我郭府一千余口人的隐居地呀。可以说，我现在是进不得也退不了。在这种情况下，如果我们紧闭大门，不与外面来往，只要有一个人与我郭家结下仇怨，诬陷我们对朝廷怀有二心，就必然会有专门落井下石、妒害贤能的小人从中添油加醋，制造冤案，那时，我们郭家的九族老小都要死无葬身之地了。"

郭子仪所以让府门敞开，是因为他深知官场的险恶，光明正大可以为自己澄清许多事情。他的政治眼光和德行修养，经过复杂的政治斗争修炼而成。郭子仪享年85岁，子孙皆为显贵。

历史上的功臣，能够做到功成名就的不少，但是能做到像郭子仪这样的，功盖天下而君主不怀疑，位极人臣而不令其他人嫉妒，却又着实不多。谨慎坦荡，这是儒家交给我们的处世做事之大智慧。回过头再看郭子仪的为人处世，他的确深谙孔子所说的危行言逊之法。

这些儒家的处世做事哲学给予我们这样的启发，那就是我们要懂得尽量谨言慎行，低调做人，这样才能较易明哲保身。

正直做人，聪明讲话

儒家主张为人正直，行为圆润，比如提意见，犯颜直谏是好事，但要把话说到好处，又要起到作用，这就需要智慧了。所以做人正直，讲话提意见也要掌握技巧尺度，毕竟忠言多半逆耳，我们也要掌握直谏的技巧。

知道什么情况下可以向别人提意见，甚至触犯对方。儒家认为只要掌握"勿欺而犯"的原则即可。所谓勿欺而犯，出自《论语·公冶长》，当时，子路问事君。子曰："勿欺也，而犯之"。

很多人为了讨好对方唯唯诺诺，甚至奴颜媚骨，除了让对方开怀外，根本不考虑其他人的利益，这样的人有违君子之道。所以当子路问孔子怎么侍奉君主时，孔子告诉他："不要

欺骗他，但可以直言规劝他。"

唐太宗年间的名臣魏徵就称得上是"犯颜"的代表了。魏徵在太宗时任谏议大夫、检校侍中，领导周、隋各史的修撰工作，书成，升任左光禄大夫，封郑国公。他在为人臣时，敢于直面进谏，致使太宗少犯了许多错误。下面是几例魏徵直言进谏的小故事，由此我们可以领略一下古人游刃有余的"犯颜术"。

对魏徵的敢于直谏，太宗是既敬佩又有点害怕。一天，唐太宗得到一只雄健俊逸的鹞子，他让鹞子在自己的手臂上跳来跳去，赏玩得高兴时，看见魏徵进来了。太宗怕魏徵对他玩鹞子提出意见，但是回避又来不及了，无奈之下，只好把鹞子藏到怀里。其实，这一切早被魏徵看到，所以他禀报公事时故意喋喋不休，拖延时间。太宗不敢拿出鹞子，结果鹞子被憋死在怀里，太宗也只有惋惜的份了。

贞观六年，群臣都请求太宗去泰山封禅借以炫耀功德和国家富强，只有魏徵表示反对。唐太宗觉得奇怪，便向魏徵问道："你不主张进行封禅，是不是认为我的功劳不高、德行不尊、国家未安、四夷未服、年谷未丰、祥瑞未至？"魏徵回答说："陛下虽有以上六德，但自从隋末天下大乱直到现在，户口并未恢复，仓库尚为空虚，而车驾东巡，千骑万乘，耗费巨

大，沿途百姓承受不了。况且陛下封禅，必然万国咸集，远夷君长也要扈从。而如今中原一带，人烟稀少，灌木丛生，万国使者和远夷君长看到中国如此虚弱，岂不产生轻视之心？如果赏赐不周，就不会满足这些远人的欲望；免除赋役，也远远不能报偿百姓的破费。如此仅图虚名而受实害的事，陛下为什么要干呢？"不久，正逢中原数州暴发了洪水，封禅之事从此停止。

贞观七年，魏徵代王珪为侍中。就在这年的年底，中牟县丞皇甫德参向太宗上书说："修建洛阳宫，劳弊百姓；收取地租，数量太多；妇女喜梳高髻，宫中所化。"太宗接书大怒，对宰相们说："德参想让国家不役一人，不收地租，富人无发，才符合他的心意。"于是就想治皇甫德参诽谤之罪。魏徵听后谏道："自古上书不偏激，不能触动人主之心。所谓狂夫之言，圣人择善而从。请陛下想想这个道理。"最后还强调说："陛下最近不爱听直言，虽勉强包涵，已不像从前那样豁达自然。"唐太宗听后想了想，觉得魏徵说得入情入理，便转怒为喜，不但没有把皇甫德参治罪，还提升他为监察御史。

魏徵敢于犯颜直谏，所言多被太宗采纳。据史载：贞观十七年，魏徵病卒。太宗自制碑文，并为书石。对侍臣说："人以铜为镜，可以正衣冠；以古为镜，可以见兴替；以人为镜，可以知得失。魏徵没，朕亡一镜矣！"

自古以来，为民请命而致丢掉性命的大有人在，这样的人值得我们尊敬，但能把忠言送到听者的心里的，才称得上是真正的智者。否则说一通忠言，对方全然听不进去，甚至于还为此给自己招来一场祸事，那就大大的不值了。就像《红楼梦》里贾宝玉所说的，文死谏，武死战，不过是愚忠愚行，真正的忠义，应当是让自己的言行产生真实的积极的效果，而不是一味鲁莽行事。

魏徵之所以成为一代谏臣，绝不仅仅是靠着他的正直和敢于犯颜，当人们细翻史书，就会发现，他的进言都有理有据，句句点在要害上。这是一种说话的智慧，让对方无法反驳，只得依从。

当然，作为君子，要对上忠诚，勇于进谏，同时也要注意在为民请命时，讲究技巧，尽可能保全自身。不讲究些说话技巧，像"愣头青"一样莽撞，就会造成不必要的后果。

有勇无谋不是真勇

人们常说见义勇为，在如今，这个词常常只是指与歹徒搏斗，或参加救火抢险，遭受牺牲，这就是把"见义勇为"原先的含义缩小了。

所以，我们首先要弄清楚的，是对勇的理解。《论语·为政》中孔子说道："非其鬼而祭之，谄也。见义不为，无勇也。"孔子的这段话是说，拜祭别人的祖宗就是谄媚，看到应该做的事情，而不敢去做，是没有勇气的人。

孔子强调"忠恕"之道，认为人就应该时刻做到"勇以赴义"，看到应该做的事情就应该敢于去做，见义勇为。生活中许多人见义不为，对许多事情，明明知道应该做，却总是推说自己没有办法做到，到头来，只是"看得破，忍不过；想得到，做不来"。

孔子说："见义不为，无勇也。"义，就是指应该做的事。从另一个角度来说，就是要求"见义勇为"。中国人自古以来就很重视这个"义"字，认为这是人与动物相区别的根本之处。人生的追求应该是"以义为上"，把道义放在第一位；生死、利害的取舍，是非、善恶的判别，都要以"义"为准绳；遇到合于道义，应该做的事，就要勇于去做。

中国的传统文化重视"勇"，并且谈勇总是与仁、智相联系，把智、仁、勇并称为"三达德"。在中国文化里，勇不仅仅是指赤手空拳与虎搏斗的鲁莽行为，也不仅仅是指天不怕，地不怕，不计胜败，敢于拼命的行为。真正的勇是：坚持道义而无所畏惧，不屈服于权势，不为利诱动心，不为死亡威胁动摇；真正的见义勇为不是不问一切地冒险，它是智、仁、勇的统一，既反对见义不为，也反对鲁莽盲动；本身包括了审时度势，避免不必要牺牲的要求。

人们对于"司马光砸缸"的故事或许都不陌生。司马光救小伙伴时将缸砸烂，水流光后小伙伴得救了。但如果只凭一时的勇气，而没有动脑筋的话，这个故事恐怕就得改写了。那样他的做法肯定是自己跳到缸里，然后把伙伴抬出缸面。这样一来，伙伴也许得救了，但他自己的结局肯定是死亡。

所以，救人应该讲究方法和智慧，靠着自己的一股蛮劲，就算你是救到人了，但又避免不了原本可以规避的损失，甚至是生命，那又有什么意义呢。

现实生活中，面对别人的困难，人们往往选择逃避。所谓的理由是："只是一个路人而已。"萍水相逢，为何不助一臂之力呢？别悄悄走开，你将是一个勇者！

很多时候，或许你的一句话，就能改变一个人的命运。

不要总是把见义勇为想象成是多么复杂的事情，有时候，它的确平凡到让人们足以忽略，但是同样闪烁着伟大的精神光芒。

当然见义勇为，这个义和勇，在儒家看来，都绝不是一味刻板的说教，什么是符合义的事情，什么又是符合勇的行为，这中间都有一个度的把握。比如一个小学生，遇见歹徒抢劫路人，如果上前制止，那绝不是儒家所提倡的见义勇为，因为他没有这个力量。相反，如果悄悄地报警，然后躲在一旁为赶来的警察提供线索，那就是一个有勇有谋的义者。这才是大义大勇。

孔子说见义不为，无勇也。同样，孔子也说，暴虎冯河，吾不与也。这个度要我们好好把握。

有所为有所不为：少管事，多成事

自古不拘小节者能成大事，孔子说："多闻阙疑，慎言其余，则寡尤；多见阙殆，慎行其余，则寡悔。言寡尤，行寡悔，禄在其中矣！"少管事，多成事，有所为有所不为，儒家认为做大事的人要能在一些小事小节上放任退让，若是事无大小，一一究问计较，那么这个人是很难做成事的。

言多必失，不如沉默

南唐广陵人徐铉以学识渊博和通达古今闻名于北宋朝廷。

有一次，江南派徐铉来纳贡，照例要由宋廷派官员去作陪伴使。宰相赵普不知究竟选谁为好，就去向宋太祖请示。

太祖想了想，令殿前司写出十个不识字的殿中侍者的名字，太祖御笔一挥，随便圈了其中一个名字说："这个人就可以。"

这使在场的所有官员都大吃一惊。赵普也不敢再去请示，就催促那侍者马上动身。那位侍者得不到任何明确指示，只好莫名其妙地前去执行命令。

一见面，徐铉就滔滔不绝，口若悬河，所有人都叹服他的能言善辩。那位侍者大字不识，当然无言以对，只好频频点头称是。徐铉不知他深浅，更加搜索枯肠喋喋不休地想和他辩论。但是在一起住了好几天，那个侍者无一言相对。徐铉口干舌燥，疲惫不堪，只好闭嘴不说了。

实际上，当时宋廷上有陶毅和窦仪等博览群书的大儒，说起论辩之才，未必就输给徐铉。但宋太祖作为大国之君，接待小国使臣，没有派他们去争口舌之长短。因为两强相争，谁也不会服谁，反而有失大国体面。

读罢此文，不由不让人佩服宋太祖的智慧。

人们常说沉默是金，这不仅是保住自己不惹祸端的好方法，更是一剂绝妙的做事药方。当我们面对自己不熟悉的或不擅长的事务之时，不如以沉默之精神以待，反而能更好地达成任务。

《论语·为政》中谈到，子张学干禄。孔子回答说："多闻阙疑，慎言其余，则寡尤；多见阙殆，慎行其余，则寡悔。言寡尤，行寡悔，禄在其中矣！"当子张问孔子如何才能求仕，孔子说："多听别人的意见，把你觉得疑惑的问题放在一边，先不要下判断，其余的也要谨慎小心地说出来，这样就能减少过失。多看别人的行事，有疑惑不清的地方暂时放下，其余的也要谨慎小心地去做，那么就能减少懊悔，发言少有过失，执行少有过错，禄就在这里呀！"常言道，"马有失蹄，人有失言"，把话说满了往往会掐断自己的退路，就无法保证每一句话都说得滴水不漏，从而在交际场上招来误会，为自己留下隐患。孔子在这里虽然讲的是"干禄"之道，其实这个道理放在人生的各处都是适用的，多闻阙疑，慎言其余，那么自然能减少犯过失的次数。

正如灵性大师奥修所言：所有的辩论都是没有用的和愚蠢的。辩论原本是很傻的，因为没有人能够通过讨论、辩论达到真理。宋太祖与徐铉的这段故事给予我们的正是这样的启发。

古人讲写作时有一大诀窍，"含而不露，便是好处"，"用意十分，下语三分，可见风雅；下语六分，可追李杜；下语十分，晚唐之作也"。其实这也是做人一大诀窍，做人不能太露，太露了就是"晚唐之作"，不可取。含蓄是一种大气、一种教养、一种风度，真正会做人的，总是含蓄的，总是懂得明明占理十分却只说三分，总是记着"得理也让人"。

不过，这是很难的。人性的弱点之一是"一吐为快"，何况占理的人，常常会不知不觉"理直气壮"起来。因此，许多人虽然有"热心肠一副"，也自认为不乏"温柔二片"，等等，却总成不了气候——常常就在这多说几句之中，将功劳一笔勾

销了……

从某种程度上说，有时候，话多却是祸端的导火索。历史上"言多必失"的教训实在数不胜数。

隋朝有位大将军，常常为自己的官位比别人低而怨声不断。他认为凭自己的能力，完全可以当上宰相。对同僚他不屑一顾，对上司更是出言顶撞。一些过分的话传进皇帝耳朵里，他被逮捕入狱。皇帝责备他嫉妒心太强，自以为是，目无尊长，但念他劳苦功高，便将他释放了。换了别人，这样的教训已经足够让他清醒过来，低调行事。可他偏偏不领情，开始向别人夸耀自己的功劳卓著，并大肆宣传自己与皇族的亲厚关系，甚至说出"太子与我情同手足，连高度机密也对我附耳相告。"他的对头立刻告发了他，并添油加醋，说他早有谋反之心，常常说些大逆不道的话。这一次，皇帝还是饶恕了他，但撤销了他的官职。

大将军的政治生命就此结束了，他的遭遇是可悲的。其实，只要他低调一些，少说几句没分寸的话，何至于落到这种境地。

说话过多有百害而无一利。言多必失，话一出口，不加思考，匆忙之中妄下结论，所造成的影响，是再用几百句、几千句话也弥补不了的。一言既出，驷马难追。放纵你的口舌，让那些言语的毒汁四下喷溅，在伤害别人的同时，最终肯定是伤害自己。

在事业成功的过程中，一言一行都关系着每个人的成败荣辱，所以言行不可不慎。

由于"言多必失"的教训很多，不少人将"三缄其口"作为处世的座右铭。那些成功的人，说话就会把握分寸，不管在什么场合都是落落大方，说话时候非常得体，不该说的时候，一句话也不说。

有的人口齿伶俐，在人际交往中口若悬河、滔滔不绝，这固然是不少人所向往的。但如果口无遮拦，说错了话，说漏了嘴，也是很难补救的，所以应看对象、看场合说话，并讲究"忌口"。否则，若因言行不慎而让别人下不了台，或把事情搞糟，那是最不合算的事。

许多人总是不假思考、滔滔不绝地讲话，很少考虑别人的感受和自己将面临的后果。有的人性情直爽，动不动就向别人倾吐苦水。虽然这样的交谈富有人情味，但他们没有想到并不是所有的人都能够严守秘密。直到这些不可与人言的隐私成为对头手中的把柄时，他们才会翻然醒悟，追悔莫及。有的人喜欢争论，一定要胜过别人才肯罢休。结果当时确实在口头上胜过了对方，但却深深损害了对方的"尊严"。对方可能从此记恨在心，后果不堪设想。有的人喜欢当众炫耀，陶醉在别人羡慕的眼光里。岂不知在得意忘形中，某些人眼睛已经发红，那些心理不平衡的人，表面上可能是一脸羡慕，背后却开始做小动作……

所以，不要再希冀用言辞来给别人留下深刻的印象，你说得越多，你所能控制的也就越少，说出愚蠢的话的可能性也就越大。正所谓，花不可开得太盛，盛极必衰；话也不可说得太满，满必有所失。捷克作家米兰·昆德拉说过，所有你所说的，都将被用来反对你自己。给自己留些余地，才不会常受"坦率"之害。

不拘小节方能成大事

孔子曾说过："巧言乱德，小不忍则乱大谋。"（《论语·卫灵公》）这两句话主要是说个人的修养。巧言的内涵，也可以说包括了吹牛，喜欢说大话，乱恭维，说空话。巧言当然是很好听的，每个人都能听得进去，听的人中了毒、上了圈套还不知道，这种巧言是最会搅乱正规的道德。"小不忍则乱大谋。"有两个意义，一个是人要忍耐，凡事要包容一点，如果一点小事不能容忍，脾气一来，坏了大事。许多大事失败，常常都是由于小地方搞坏的。另一个意思就是说，有所为有所不为，做大事的人要能在一些小事小节上放任退让，若是事无大小，一一究问计较，那么这个人是很难做成事的。

在这里，孔子所说的小不忍则乱大谋，归结起来其实就是告诉我们做人要不拘小节，什么该做什么不该做，自己心中要有一个先存的决断，切不可在小事上犯糊涂，反而误了自己的大事。历史上，懂得这一道理的人有很多，能忍小忿终成大事的例子不在少数。但是与此相伴的，因为不懂得掌握分寸，不知道什么时候该做什么事，不该做什么事，而因此坏了大局者也不乏其人。楚汉之争便是典型的一个例子。

楚汉战争之前，高阳人郦食其拜见刘邦，献计献策，一进门看见刘邦坐在床边洗脚，便不高兴地说："假如您要消灭无道暴君，就不应该坐着接见长者。"刘邦听了不但没有勃然大怒，反而赶忙起身，整装致歉，请郦食其坐上座，虚心求教。

与刘邦容忍的态度相反，项羽则常常刚愎自用，自以为是。一个有识之士建议项羽在关中建都以成霸业，项羽不听。那人出来发牢骚："人们说，楚人是'沐猴而冠'。果然！"结果项羽知道了，大怒，立即将那人杀掉；楚军进攻咸阳时到了新安，只因投降的秦军有议论，项羽就起杀心，一夜之间把十多万秦兵全部活埋，因此以残暴名闻天下。他怨恨田荣，因此不封他，而立齐相田都为王，致使田荣反叛。他甚至连身边最

忠实的范增也怀疑不用，结果错过了鸿门宴杀刘邦的机会，最后气走了范增，成了孤家寡人。

当初刘邦军进咸阳时，也曾被富丽堂皇的阿房宫和美貌如天仙的宫女弄得眼花缭乱，有些迈不动步了。但在部下樊哙"沛公要打天下还是要当富翁"的提醒下，立时醒悟，忍住贪图享乐的念头，封了仓库和宫殿。带将士们回到灞上的军营里，并约法三章，对百姓秋毫无犯。这就使他赢得了民心，得到了民众的支持。

而项羽一进咸阳，就杀了秦王子婴，烧了阿房宫，收取了秦宫里的金银财宝，掳取宫娥美女，据为己有，并带回关东。两相对比，谁能得人心就已很明显了。楚汉战争前，刘邦的实力远不如项羽，当项羽听说刘邦已先入关，怒火冲天，决心要将刘邦的兵力消灭。当时项羽四十万兵马驻扎在鸿门，刘邦十万兵马驻扎在灞上，双方只相隔四十里，刘邦危在旦夕。在这种情况下，刘邦能做到"得时则行，失时则蟠"。先是请张良陪同去见项羽的叔叔项伯，再三表白自己没有反对项羽称王的意思，并与之结成儿女亲家，请项伯在项羽面前说句好话。第二天一清早，又带着张良、樊哙和一百多个随从，拿着礼物到鸿门去拜见项羽，低声下气地赔礼道歉，化解了项羽的怒气，缓和了与项羽的关系。

表面上看，刘邦忍气吞声，项羽挣足了面子，实际上刘邦以小忍换来自己和军队的安全，赢得了发展和壮大力量的时间。相比之下，项羽则能伸不能屈，赢得起而输不起，所以连连中计，最后兵败落得个自刎乌江的结局。楚汉相争，刘邦以弱得天下，忍小事而成大业，这种经验是很值得后人思考并加以借鉴的。孟子说"动心忍性，所以增益其所不能"，也是这个道理。

时至今日，无论是创业的征程，还是人生的旅途，有时会存在着诱人的小利，有时会遇到一些枝节纠缠，有时又会遭受暂时的挫折和失败。倘若被微利迷惑，纠缠于细节、琐事，而忘记大目标，或者因为一时的挫折而动摇奔向大目标的信心，则十有八九要失败，败就败在"小不忍则乱大谋"。

有所不求，才能有所得

我们现在经常用"踏破铁鞋无觅处，得来全不费工夫"比喻急需的东西费了很大的力气找不到，却在无意中得到了。其实生活中的很多事情也是这样，有心栽花花不发，但是无心之举却换来了累累硕果。孔子说"子绝四：毋意，毋必，毋固，毋我"时，说所谓的"毋必"，并不要求一件事必然要做到怎样的结果，天下事没有一个"必然"的，自己希望要做到怎

样，而事实往往未必。实际上生活总是在变化中，很多事情虽然不尽如人意，但是有些也可能是超乎想象的。

　　梁启超是清末的大学问家。他文章写得极好，感情奔放，速度奇快。他是蒋百里的老师，实际的关系是亦师亦友。有一次，他们一起出游欧洲。回国后，蒋百里百感交集，思绪万千，兴笔挥洒，不久就写成一书，名曰《欧洲复兴时代史》。他想请老师梁启超帮他写个序言，梁启超欣然允诺。梁回家后正要下笔，忽然觉得草草写个序言，不足以把这书的好处说完，不如把自己写的历史里的例子拿来，一一作为旁证。于是就下笔开言。

　　结果发现一发不可收拾，越写越多。"序言"写完了，给蒋百里过目，蒋一看这"序言"也写得太长了，只好退回去，梁启超没有办法只好自己取个书名出版了，这本书就是著名的《清代学术概论》。更有意思的是梁启超反倒让蒋百里为他的新书写序。蒋百里也觉得很有趣，于是写了下面一段话："方震编《欧洲文艺复兴史》，既竣，乃征序于新会，而新会之序，量与原书埒，乃别为《清学概论》而复征序于震……"

　　这段话的意思是蒋百里（小名方震）编写完《欧洲文艺复兴史》后，请梁启超为他作序言，当梁启超写完之后，蒋百里发现序言居然和他写的《复兴史》一样长，于是梁启超拿回去直接另立题目为《清学概论》，反过来让蒋百里给写序。故事到这里还没有完，后来梁启超将《清学概论》扩展为300多万字的大长篇，改名为《中国近三百年学术史》。

故事中可见梁的才气，可谓纵横古今，气象万千。而他能写成《中国近三百年学术史》，却是偶然作序引起，是不得已而为之，又是无心而兴趣大作，所谓无心插柳柳成荫了。

无心之举，换来有形回报，实际上就是你不去关注它了，反而更加清静，你的状态发挥到了最好，得来全不费工夫。生活中的事情很多都是那样，你关注得少了，反而会得到更多的好处。人们对这个道理的应用在历史上随处可见。比如"身先士卒""公而忘私"等实际就是名利双收的无上法则。

古往今来，我们论及的成功者，无一不是这种哲学的实践者。金庸武侠中大侠郭靖可谓名播遐迩。他能得到那么多人崇敬，配得上"大侠"二字，全靠他"为国为民，侠之大者"的思想支撑，全靠他为襄阳百姓拼死守城支撑。倘若他仅仅是为了一己私利，相信他不会将生死置之度外。而正是他那种心怀庶民的侠者风范，让他威名远扬。这难道不能算以无私成全其私的好例子么？

王国维的《人间词话》说成大事业大学问者，必经三种境界：第一境界是"昨夜西风凋碧树。独上高楼，望尽天涯路"。

第二境界是"衣带渐宽终不悔，为伊消得人憔悴"。第三境界是"众里寻他千百度，蓦然回首，那人正在，灯火阑珊处"。确实如此，很多事情都是在默然一回首之间做到的。其实我们做事不必强求结果，那是因为，结果蕴含于平日的努力当中，等你踏破铁鞋，一切就会豁然开朗。让我们多重视"事"，而少注意"利"吧。

尽力而为还须量力而行

颜渊死，颜路请子之车以为之椁。子曰：才不才，亦各言其子也。鲤也死，有棺而无椁。吾不徒行以为之椁，以吾从大夫之后，不可徒行也。（《论语·先进》）

孔子的爱徒颜渊死了，他的老父亲——颜路来找孔子商量怎么给儿子办丧事。颜路也是孔门弟子，但是显然悟性不如他的儿子啊。可惜颜渊偏偏死得早，真是自古才命两相妨！古时候人们办丧事在棺材的外面还要再套一个东西，名字叫做"椁"。现在颜路就是来向孔子要这个"椁"，他以为孔子那么爱自己的儿子，为他出一个"椁"不是小意思吗？他说："老师啊，把您的车子卖了吧，给颜渊做个椁。您也知道我们家很贫穷。"看来颜路来的时候是信心十足，打定主意要孔子卖车，然后给颜渊买椁发丧。但是他没想到孔子这样回答他："这个

可不行。你是爱你自己的儿子所以才有这样的想法，但是如果我的儿子鲤（伯鱼）死了也没有这个椁怎么办？何况我出门办事总不能徒步吧？所以我的车子不能卖。"这样简单看来似乎孔子不近人情，更不用谈什么仁义道德了。

孔子的真实意思并非如此，他是教育颜路，人都已经死了还要讲究那么多干吗？活人当然要比死人重要，因此你也就不必去花费那么多了。而且你家里现在也没有钱，不要死要面子活受罪了。发丧要尽力而为，但是别忘了还应该量力而行。

我们平时做事情也许都注意了尽力而为，却经常忽略了量力而行的原则。

有一位武术大师隐居于山林中。由于他的名声，人们都千里迢迢来拜访他，想跟他学些武术方面的窍门。他们到达深山的时候，发现大师正从山谷里挑水。

他挑的不多，两只水桶都没有装满水。

按他们的想象，大师应该能够挑很大的桶，而且挑得满满的。

他们不解地问："大师，这是什么道理？"

大师说："挑水之道并不在于挑多，而在于挑得够用。一味贪多，适得其反。"

众人越发不解。

　　大师从他们中拉了一个人，让他重新从山谷里打了两满桶水。

　　那人挑得非常吃力，没走几步，就跌倒在地，水全都洒了，那人的膝盖也摔破了。

　　"水洒了，岂不是还得回头重打一桶吗？膝盖破了，走路艰难，岂不是比刚才挑得还少吗？"大师说。

　　"那么大师，请问具体挑多少，怎么估计呢？"

　　大师笑道："你们看这个桶。"

　　众人看去，大师在桶里画了一条线。

　　大师说："这条线是底线，水绝对不能高于这条线，高于这条线就超过了自己的能力和需要。起初还需要画一条线，挑的次数多了以后就不用看那条线了，凭感觉就知道是多是少。这条线可以提醒我们，凡事要尽力而为，也要量力而行。"

　　看似很平凡的一条线，却包含了很多人生的道理。武术大师的话给了我们不少启发。其实，做人又何尝不是这个样子呢？尽力而不量力只会让我们陷入两难的境地——继续走，内心很痛苦；向后缩，面子又过不去。做不到的时候我们反而连原来的一点"面子"——尊严，也丢失殆尽了，还不如从一开始就认识到自己的力量，这样做起来也轻松惬意，不会落个"打肿脸充胖子"的下场。这也是为什么孔子不答应颜路的缘故。为了一时的面子而拼尽浑身血本实在不是什么明智之举，为了死要面子而做的事情，最终都会让你受尽"活罪"，后悔不已。

反省的心胜过吵闹的嘴

夏朝时，一个背叛的诸侯有扈氏率兵入侵，夏禹派他的儿子伯启抵抗，结果伯启被打败了。他的部下很不服气，要求继续进攻，但是伯启说："不必了，我的兵比他多，地也比他大，却被他打败了，这一定是我的德行不如他，带兵方法不如他的缘故。从今天起，我一定要努力改正过来才是。"从此以后，伯启每天很早便起床工作，粗茶淡饭，照顾百姓，任用有才干的人，尊敬有品德的人。过了一年，有扈氏知道了，不但不敢再来侵犯，反而主动投降了。

伯启这样肯虚心地检讨自己，马上改正有缺失的地方，那么最后的成功，舍他其谁呢？伯启的经历，与孔子的一句话很是契合，孔子说："已矣乎！吾未见能见其过而内讼者也。"（《论语·公冶长》）孔子说："完了啊！我没见过能看到自己过失而深切自责的人。"孔子教育学生们要"修持涵养"，也就是注重修养。而"内讼"正是修养的一个不可缺少的部分。所谓"内讼"，说简单些，就是由内心对自己进行自我审判。

怎么审判呢？内心进行情感与理性、天理与人欲的权衡，找出自己的缺点，时时进行自我反省。

对于很多人来说，看到别人的缺点容易，而发现自己的缺点似乎很难。正如《伊索寓言》里所说，人的脖子上挂了两只口袋，一只装别人的缺点，另一只装自己的。他把那只装别人缺点的口袋挂在胸前，另一只则挂在背后。因此人们总是能够很快地看见别人的缺点，而自己的缺点却总看不见。

俗话说，一颗反省的心远胜过一张吵闹的嘴，与其一天到晚批判别人，倒不如回过头来好好地检点自己，把对别人的要求落实在自身的实践上，这样子对自己的修行才有真正的帮助。

所谓"悔过自新"的论题，逐渐被重视和强化起来了。"过"自然是失"正"失"诚"的行为表现，理学家们既然承认这是现实的客观存在，而其目的又在于纠正这种行为表现，那么最好的途径之一就是通过"内讼"的心理情结，化"过"为"正"，从而求得本性的复归。这种复归因为是通过自我之"内讼"而实现，因而称之为"自新"。而所谓"新"，因化既往之失为今后之不失，故曰"新"，但对人的本性与良知来说，则不过是"新"的回"复"而已。

在先秦时期，人们就已普遍地认识到人会有"过"（犯错误），从而将"改过"视为一种善德。如《左传》宣公二年载，士季就对晋灵公说过："人谁无过？过而能改，善莫大焉。"在《论语》中孔子极其强调"改过"的重要，反复讲"过则勿惮改"。但是如何才能"改过"呢？根据"君子求诸己"的原则，孔子及其弟子主张内省，思孟学派的先导、孔子的及门弟子曾参，更是以内省著称。"内省"是一种心理活动，应该产生"悔"的情绪，并由"悔"进而走向"改"。

当然"内讼"于既过之后，又不如防于未过之前。防的办法，说难也难，说简单也简单，只是戒慎恐惧。所谓"慎之又慎，日慎一日"。

有这样一则关于猫头鹰的寓言，颇为有趣，我们不妨来读一下，也许能从中得到一些启发。

猫头鹰急促而忙碌地在树林里飞着。一旁的斑鸠好奇地问："老兄，你究竟在忙什么？"猫头鹰气喘吁吁地回答："我在忙着搬家。"斑鸠疑惑不解地再问："这树林不是你的老家吗？你干吗还要再迁移搬家呢！"此时，猫头鹰叹着气说："在这个树林里，我实在住不下去了，这里的人都讨厌我的叫声。"

听完猫头鹰的话，斑鸠带着同情的口气说："你唱歌的声音实在聒噪，令人不敢恭维，尤其是晚上更是扰人清梦，所以大家都把你当做讨厌的人物。其实，你只要把声音改变一下，

或者在晚上闭上嘴巴不要唱歌，在这林子里，你还是可以住下来的。如果你不改变自己的叫声或夜晚唱歌的习惯，即使搬到另外一个地方，那里的人还是照样会讨厌你的。"

这则故事的确让人感触颇深。在现实生活中，人们常常抱怨环境或别人对自己不好，却很少反省自己，所以就想借着换个环境或结交新的朋友来改变尴尬的境遇。就以工作为例吧，社会上有一种很常见的现象就是员工频繁辞职，被问及原因时，大多数人的回答是人际关系不好或工作不顺心。但是，你不妨仔细想想，这种人际关系的不顺畅或职场的不如意，究竟是自己的因素还是别人的因素所造成的？相信现在的职场中人很少会考虑这些，在工作遇到挫折的时候只会站在自己的立场思考问题，只是一味地认为自己周边的环境与自己本身所具备的才华格格不入，认为自己没有一个施展才华的舞台，埋怨上级处事不公，总认为自己这匹千里马没有遇到好的伯乐。其实这都是自己为自己找的借口。很多人只是一味地追求自己所想象的工作及生活，却忽略了现实本身所存在的弊端，往往把自己的定位点定得太高，对自己所追求的目标过于理想化，而真正行动时却常常碰壁，为自己的失败找借口。这种例子屡见不鲜。

许许多多的事情都可以表明我们缺乏对问题的思考和自我

反省，以及对社会、对自身条件的认识。所以我们在遇到问题、抱怨周遭环境或别人对自己不好时，首先应该想想自己在问题中所处的角色。先从自身出发，如果原因是出自本身的话，那么唯有改变自己才能让问题迎刃而解。否则，你所做的一切都将于事无补。

不轻易下结论

汉朝年间，当卫青挥军北伐匈奴的时候，前锋苏建、赵信两人，奉令率领三千骑兵深入敌境，单独与单于遭遇。双方大战下来，结果汉兵伤亡殆尽，赵信选择投降匈奴，苏建则只身逃回卫青营部。

这时，卫青的幕僚周霸说："自从大将军出师以来，从未杀过一位有过失的将领。但现在苏建全军覆没，却独自活命回来，实在有损军威，将军应该将他斩首示众，借以建立威信。"但另一位姓安的幕僚，则说："苏建等人仅以三千士兵，抵挡匈奴数万兵马，虽战而败，可是并没有投降之心。现在他拼命回来，却反而要被杀，实在没道理，也不公平。接着他又说："如果杀了他，等于是告诉全体官兵，除非是每战必胜，否则，如果没有战死，回来一样是死路一条。这岂不是间接鼓励官兵，倘若战事不利，就只有投降敌人这一条路？这在军纪危机的时候，对官兵的心理将有不良的影响，不可不慎啊！"

卫青听后觉得这位安姓幕僚的话非常有道理，于是说道："我卫青带兵一向带心，不怕没有威信，也不必靠杀人来立威。同时，我向来不恃宠而骄，虽然领军在外，也不随意擅用生杀之权。有关苏建的功过，还是交由朝廷去定夺吧！"

接着，卫青将苏建送交朝廷议处。后来，朝廷也未将苏建处死。

子曰："不在其位，不谋其政。"（《论语·泰伯》）

孔子说过，不在那个位置上，就不去过问这个职务范围内的事情。对于孔子的这段话，我们不能简单地认为是一种推卸责任的话，事实上，这是在告诉我们真正的学问是要和做人做事相结合的。对于一件事还不了解或无从判断时，就不要随便下结论，更不要随便批评。因为真正了解内情并不是一件容易的事情。

每个人都会在自己的兴趣上建立自己的评价标准，但千万不要只看到其中的一面就下结论！尤其是在复杂多变的现实生活中，做任何事情都要慎重，不能只看事情的一面。慎重是良好的心态所不能缺少的因素，凡事要三思而后行，这不仅是态度问题，更是人生的智慧。

遇到麻烦要保持沉着冷静的头脑，而不是只凭表面现象妄

下结论。沉着冷静给自己赢得思考的时间，留有想象的余地，进而能使麻烦的危害性降低，甚至变害为利。否则，就会把原本简单的事情搞复杂，扩大事情的态势，导致不希望的结果。

凡事都要想一想出现这种情况的深层原因是什么，应该怎么对待。事情总会有起因，但起因很可能隐藏在事物的背后，如果只凭感觉臆测就草率行事，肯定会出差错，让人后悔不迭。

因此，为人处世不能断章取义，不能只看其表不看其里，也不能一叶障目不见泰山。现实中，事情的原因常常会被它的假象遮盖住，需要我们冷静分析，沉着应对，拨开缭绕的迷雾，把事情的真相弄明白，只有这样做事才不会后悔，才不必承受事情原本的危害。

 # 进退自如，在藏露中求稳

孔子七十岁"从心所欲不逾矩"。要达到这一境界，孔子特别强调了一点：君子不器。为人处世，守不器之道，自能屈伸进退得宜，刚柔并济，无往不利。能屈能伸，屈是能量的积聚，伸是积聚后的释放。进退皆宜，能屈能伸，是高超的处世技巧。君子不器，人生之路才会越走越宽。

屈伸自如，进退得宜

有一个人在社会上总是不得志，有人向他推荐一位退休的大学教授。

他找到这位老教授，倾吐了自己的烦恼。教授沉思了一会儿，默然舀起一瓢水，说："这水是什么形状？"这人摇头："水哪有形状呢？"

老教授不答，只是把水倒入一只杯子，这人恍然，道："我知道了，水的形状像杯子。"

教授无语，轻轻地拿起花瓶，把水倒入其中，这人又道："哦，难道说这水的形状像花瓶？"

教授摇头，轻轻提起花瓶，把水倒入一个盛满花土的盆中。水很快就渗入土中，消失不见了。这人陷入了沉思。这时，教授俯身抓起一把泥土，叹道："看，水就这么消逝了，这就是人的一生。"

那个人沉思良久，忽然站起来，高兴地说："我知道了，您是想通过水告诉我，社会就像一个个有规则的容器，人应该像水一样，在什么容器之中就像什么形状。而且，人还极可能在一个规则的容器中消失，就像水一样，消失得迅速、突然，而且一切都无法改变。"

这人说完，眼睛急切地盯着教授，渴盼着他的肯定。

"是这样。"老教授微笑，接着说："又不是这样！"说毕，老人出门，这人随后。在屋檐下，教授伏下身，用手在青石板的台阶上摸了一会儿，然后顿住。这人把手指伸向教授手指所触之地，那里有一个深深的凹口。教授说："下雨天，雨水就会从屋檐落下。你看，这个凹处就是雨水落下的结果。"

此人于是大悟："我明白了，人可能被装入规则的容器，但又可以像这小小的雨滴，改变这坚硬的青石板，直到容器破坏。"教授点头："对，这个窝会变成一个洞。"

这个故事告诉我们这样的人生哲理：人生当如水，无常形常式，却包容万物，所以，为人处世，参透屈伸之道，自能进退得宜。屈是伸的准备和积蓄，伸是屈的志向和目的。屈是手段，伸是目的。屈是充实自己，伸是展示自己。屈是圆通，是高超的处世技巧；伸能圆满，是美妙的做人心境。屈是柔，伸是刚。无论个人还是国家，都需要知晓屈伸的智慧。

一次，滕文公面临强大的齐国将在邻国薛筑城时，心里非常恐慌，于是请教孟子应该怎么做。孟子回答说："昔者大王居邠，狄人侵之，去之岐山之下居焉。非择而取之，不得已也。苟为善，后世子孙必有王者矣。君子创业垂统，为可继业。若夫成功，则天也。君如彼何哉！强为善而已矣。"孟子举出了周朝先祖太王的例子，即太王为避狄人的侵犯，体恤百姓，到岐山避难。意在劝谏滕文公面临强敌时，不要与人争强斗胜，而是自己勉励为善，巩固内部，然后自立图强。

孟子在这里提出了使国家保存下来的最实用的办法，也是能屈能伸之道。遥想项羽当年，率兵反秦，称王称霸，真是英雄豪气盖云天，这样一位大英雄在败北之际，却选择了自刎。空留一曲"力拔山兮气盖世，时不利兮骓不逝。骓不逝兮可奈何？虞兮虞兮奈若何"的悲歌。如果项羽能够回到江东，也许江东子弟还会跟随他，重谋天下，其结局也就不会如此悲惨。因此，人在该忍耐时当忍耐，万不可因一时之意气葬送自己的一生。

所以，儒家先哲们告诉我们说，大丈夫要能屈能伸。能屈难，能伸也不容易。勾践灭吴的故事，众所周知。当他被吴国打败，困于会稽山上时，可以说是遇到了人生道路上的一个坚硬的"容器"，他选择了蛰伏，卧薪尝胆，10年生聚，10年教训，励精图治，终于一举灭吴。这正是勾践能屈亦能伸的结果。

屈是一种气度，伸是一种魄力。处逆境当屈则屈，大丈夫矣。当屈不屈，意气行事，莽夫行为，易折。处顺境乘势应时，该伸则伸，伟丈夫矣。当伸不伸，一蹶不振，优柔寡断，无能。伸后能屈，需要大智。屈后能伸，需要大勇。屈有多种，并非都是胯下之辱；伸亦多样，并不一定叱咤风云。屈中有伸，伸时念屈。屈伸有度，刚柔相济。

做人就要学会能屈能伸，无论是在生活中还是在工作上都是如此。要学会做水一样的人，来适应这个社会。可以和一些人在一起共事；也可以一个人独立做工。可以被人捧到天上，也要学会忍受别人的责骂。在不断屈伸中慢慢地成长，来完善自己的价值观和人生观。做人若能达到屈伸自如的境地，那世界上再也没有困难和挫折、厄运和耻辱，它们全都在屈伸的转换中化作奋起的力量，帮助我们去赢取前方更大的成功。

君子不器，左右逢源

《论语》中总是提到两种对立的人，一是君子，一是小人。孔子说："文胜质则史，质胜文则野。文质彬彬，然后君子。"质是人们天生便有的东西，而文则是后天的修养，需要"每日三省吾身"，方能用恰当的言行将"仁"表现出来，合乎中庸之道；稍有偏差，即是"违仁"。可见要达到文质彬彬境界之困难，孔子也承认说自己在 70 岁时方能做到"从心所欲不逾矩"。要达到这一境界，孔子特别强调了一点：君子不器。

什么叫做器？宋代朱熹将之解释为："器者，各适其用而不能相通。成德之士，体无不具，故用无不周，非特为一才一艺而已。"就是说用途一定而不能通用的东西称为器。器最基本的特点就是僵化，这与"仁"也是相对立的。在儒家的哲学概念里，仁是真正生命，是活气，它的气息是一种朝气，是新鲜的。而器却是"暮气颓唐，是腐旧的"。不器就要求人们将生命的流动灌注于生活，让生活富有生机。

器皿往往容量一定、极易填满，而且已经定型、难以改变，并且不能改做他用。与之相对，君子则应当做到"不器"：要有海纳百川的胸怀，而不是像器具那样过满则溢；要学会灵活处事，毕竟每个人都是不同的锁，自己不可能用同一把钥匙去打开所有的锁；真正的君子还应该是通才，精而不专，不限于一两种技艺，别像程咬金的三板斧那样，舞弄几下就没了。多少英雄叹自己无用武之地，君子则应该博众家之长，把自己历练成于国于家的有用之材，而不是把自己局限于一个狭窄的空间里。

所以儒家所说的"不器"包含几层含义。其中第一重义便是指胸怀。子曰：君子成人之美。一种既能入乎其内，又能出乎其外，站在更高的层次上来看待世事的情怀，一种极目楚天舒的境界。关于君子不器的例子在历史上随处即是，谢原便是这样的一个人。

谢原生活在唐朝，善作歌词，所作的歌词在民间流传甚广。

有一年春暖花开的时候，谢原到张穆王家做客，张穆王亲自盛宴款待他。饮酒畅谈之余，张穆王让自己的小妾谈氏在帘子后面弹唱助兴，动听的歌声徐徐传来，谢原仔细一听，歌词是如此熟悉，谈氏唱的正是自己所作的一首竹枝词。张穆王见谢原听得十分出神，干脆叫谈氏出来拜见。谈氏长得貌美非凡，袅娜婷婷，她把谢原所作的歌词都唱了一遍。

谢原十分高兴，犹遇知音，对谈氏产生了爱慕之情。他站起来说："承蒙夫人的厚爱，在下感激不尽，只不过夫人所唱的是在下的粗浅之作。我应该重作几首好词，以备府上之需。"

次日，谢原即奉上新词八首，谈氏把它们一一谱曲弹唱，两人配合得十分默契。这样一来，谢原和谈氏日久生情，终于有一天，谢原忍不住向谈氏表白了。谈氏虽然心里欢喜，但自知是张穆王的小妾，身不由己。

于是，谢原亲自去拜见张穆王，请求张穆王成全。

在去见张穆王之前，谢原已有心理准备去承受他的怒气。但张穆王听说后却哈哈大笑起来，说："其实我早有此意。虽然我也喜欢她，但你们两个是天生的一对。一个作词，一个谱曲，一个吹拉，一个弹唱，你说，这不是天造地设的一双吗？我怎能不成人之美呢？"

谢原没有想到张穆王如此大度。为报答张穆王，谢原把此事做成词，谈氏把它谱成曲，四处传唱。张穆王成人之美的美名马上传播开来，很多有识之士都来投靠他。

君子的雍容大观在张穆王身上得到了很好的体现，孔子若知此事，当说：君子成人之美，此张穆王之谓也。把美好的事情作为一种精神上的追求，能够在此得到乐趣，而不去计较自己的得失，这才是君子之风。而在待人接物上，君子更懂得变化之道，能够随机应变，随物赋形。孔子并不是迂腐的老夫子，他眼中的君子不是呆板僵化的，而是懂得智慧的价值之人。这是儒家所说的"君子不器"的第二层意思。

而君子不器的第三层含义，便是要我们尽力做一个"通才"。如曹丕在《典论·论文》里曾经评点建安七子说道：夫文本同而末异，盖奏议宜雅，书论宜理，铭诔尚实，诗赋欲丽·此四科不同，故能之者偏也；唯通才能备其体。七子文体上各有所长，但都不是通才，曹丕自己也并没有找到这样的人，而在现实生活中又有几个身兼数艺的人呢？可见孔子对君子的要求何等之高！

其实，儒家学问本就源于生活，其归宿也在于生活，这也是儒家所提倡的理想的实践途径。而我们今天学习儒家做事智慧，最重要的也在于把这种理想付诸实践。在我们的现实人生中，努力做一个有不器之才的君子，能够触水逢春，左右逢源，才能成为一个在生活中游刃有余的人。

君子求善贾，有张有弛

中国人是富有谦虚精神的民族，不擅长表现自己是很多中国人的共同特点。我们总是满怀希望地等着，等着伯乐从远方来发现我们、提拔我们。只可惜千里马常有，而伯乐不常有。并不是所有人都独具慧眼，将机会拱手送上。所以懂得进退之道的人无论做人做事，都会明白修炼一种推销自己的能力也是

十分重要的。《论语》中就有一段关于这个话题的论述。

"子贡曰：有美玉于斯，韫椟而藏诸？求善贾而沽诸？子曰：沽之哉！沽之哉！我待贾者也！"这是《论语·子罕》中孔子与弟子子贡的一段对话。

子贡是孔子弟子中很聪明的一位，他见老师空怀着满腹的学问和品德，却不能做天下的大事，因此疑惑便想试探一下老师内心的想法，但是他没有冒失地直接去问老师，而是以隐喻的方式，说："有一块美玉在这里，老师！你说我是把它当宝贝藏起来好呢，还是出个高价把它给卖了？"孔子自然一听便明白子贡的意思，所以回答说："还是卖了吧！放在这里也无人知晓，更没有发挥它的价值。我在这里等人来买，可是卖不出去，没有人要！"

这是孔子的自嘲语，他感到礼乐崩溃而自己无法力挽狂澜，内心又不能做到像道家人物那样去归隐，因而有时难免会心生感慨，觉得大道不行，自己无可奈何又无能为力。不过通过孔子的话我们能看出一个人要想让别人接受自己，真的是难上加难。一个人就算有再高的才干，也要设法让他人知道，因为只有这样，才能发挥自己的才干，也就是类似毛遂自荐的意思。但是，自荐也绝不是沽名钓誉，所以孔子说"我待贾者"，需要智慧，和坚守君子道德原则。

有一匹千里马，身材瘦小，但却能矫健如飞，日行千里。这匹千里马混在众多马匹之中，黯淡无光，没有多少人知道它有与众不同的奔跑能力，因为它看起来实在太瘦弱。马场的马一匹匹被买主买走，这匹千里马始终没有被人相中。但千里马并不为之所动，在心里甚至耻笑那些庸庸之辈，对那些买主更是不屑一顾，认为他们目光短浅，与其被他们挑中，宁愿自己永远这样待着。马场的老板对这匹马渐渐地没有了信心和耐心，给的草料数量和质量越来越糟糕。但千里马仍然信心很足，它相信总有一天，伯乐会相中它的。

有一天伯乐真的来了，他在马场转了半天，来到了这匹千里马面前。千里马高兴极了，心想，这下机会来了。伯乐拍了拍马背，要它跑跑看。千里马见对方如此举动，心里很是不快：如果是伯乐，肯定一眼就会相中我，为什么还不相信我，还要我跑给他看呢？这个人一定不是真伯乐！于是千里马拒绝奔跑。伯乐失望地摇摇头，走了。

又过了一段时间，马场的马只剩下千里马了。老板见它可怜，本想骑着它回老家去，好好饲养它，可千里马就是不走。无奈之下，老板只好把千里马杀了，拿到街上去卖马肉。

千里马至死也不明白，世人为什么要这样对待它。

千里马的一生非常悲惨，"怀才不遇"，终年混迹于平庸之

辈中，普通人不能看出它的不凡之处，伯乐也错过了提拔它的机会。但是，造成这悲剧的究竟是谁呢？是马场主吗？是伯乐吗？都不是。千里马应该反省自身，假如它抓住机会，站出来，表现出自己与众不同的优秀品质，假如它能让自己比那些平庸的凡马显得更高贵、更光彩，假如在伯乐面前它能够不顾一切地奔跑起来，用速度与激情证明自己的实力，恐怕它早就可以离开马场这个狭窄的空间，到属于自己的广阔领域大展拳脚，有一番作为了。

有句俗话"酒香不怕巷子深"，不知误了多少英雄。要有多么浓郁的芳香才能从深巷里传入人们的鼻端呢，又有多少人能够静下心来寻找这芳香的源头呢？只怕最终也不过是"长在深巷无人识"。

孔子的叹息多半是因为他生不逢时，但今天已经不是"玉在椟中求善价"的时代了，做人要懂得自我推销，同时在这个过程中也要把握尺度，有藏有露，能退能进，不能冒冒失失地张扬自己，当然也不能一味地谦虚退让。

预留退路，后事无忧

曾国藩带湘军围剿太平天国之时，清廷对其是一种极为复杂的态度：不用这个人吧，太平天国声势浩大，无人能敌；用吧，一则是此人手握重兵，二则曾国藩的湘军是曾一手建立的子弟兵，怕对朝廷构成威胁。在这种指导思想下，对曾国藩的任用经常是"用你办事，不给高位实权"。苦恼的曾国藩急需朝中重臣为自己撑腰说话，以消除清廷的疑虑。

忽一日，曾国藩在军中得到胡林翼转来的肃顺的密函，得知这位精明干练的顾命大臣在西太后面前荐自己出任两江总督。曾国藩大喜过望，咸丰帝刚去世，太子年幼，顾命大臣虽说有数人之多，但实际上是肃顺独揽权柄，有他为自己说话，再好不过了。

曾国藩提笔想给肃顺写封信表示感谢，但写了几句，他就停下了。他知道肃顺为人刚愎自用，很有些目空一切的味道，用今天的话来说，就是有才气也有脾气。他又想起西太后，这个女人现在虽没有什么动静，但绝非常人，以曾国藩多年的阅人经验来看，西太后心志极高，且权力欲强，又极富心机。肃顺这种专权的做法能持续多久呢？西太后会同肃顺合得来吗？

思前想后，曾国藩没有写这封信。后来，肃顺被西太后抄家问斩，在众多官员讨好肃顺的信件中，独无曾国藩的只言片语。

孔子说"人无远虑，必有近忧"（《论语·卫灵公》），孔子的这句话告诉人们，一个人如果做事情鼠目寸光，不深谋远虑，那么他一定会受到事情的困扰。这个道理很多人都理解，但是等到我们真的要去决定一件事的时候，又会常常犯了目光短浅的错误。所以有远见的人，做事懂得为自己想好退路。曾国藩无疑做到了，所以后来免掉了一场灾祸。

这世上有三种人，一种人雷厉风行，行事不思，不给自己留出任何余地；一种人三思而行，谨小慎微，没有十足把握绝不行动，处处留有退路，却不主动寻求出路；第三种人激情与理性并存，谨言慎行又行事果断，积极谋求出路，又不让自己陷入绝境。通常大部分人都会犯前两种人的错误，而能够像第三种人一样生活的，大多可以走进一个广阔的天地。

我们往往会陷入一个"置之死地而后生"的误区，很多人说，不留退路，才有出路，其实不然。破釜沉舟的勇气固然可嘉，背水一战或许能够充分激发个人潜力，但大多数时候，孤注一掷的人往往都会输得一败涂地。所以做人要居安思危，早早为自己多准备几条退路。说到这点，除了曾文正外，辅佐齐桓公建立霸业的管仲也可称得上是各中翘楚。

春秋时期，管仲与鲍叔牙以及召忽三人很要好，决心在事业上互相合作。他们曾经合作做过生意，但他们更想合作治理齐国。

当时齐王有两个儿子，一个叫纠，一个叫小白。召忽认为

公子纠是长子，一定能继承王位，因此对管仲和鲍叔牙说："对齐国来说，我们三人就像大鼎的三条腿，缺一不可。既然公子小白不能继承王位，那干脆我们三人一同辅佐公子纠吧。"管仲说："这样等于吊死在一棵树上。万一公子纠没继位，我们三人不是都完了？国中的百姓都不喜欢公子纠的母亲和公子纠本人。公子小白自幼丧母，人们必定可怜他。究竟谁继承王位很难说。不如由一个人侍奉公子小白，将来统治齐国的肯定是这两个人中的一个。这样，不管哪一个当了齐王，我们当中都有功臣，可以相互照顾，进退有路，左右逢源。"于是他们决定由鲍叔牙去辅佐公子小白，由管仲和召忽辅佐公子纠。

后来，管仲射杀小白，小白装死。管仲以为小白已死，从容地陪公子纠回国继位。不料公子小白已先回国当了国王，成了齐桓公，鲍叔牙成了功臣，管仲和召忽成了罪人。

正因为管仲事先想到了退路，所以，鲍叔牙可以在齐桓公面前说情。齐桓公不但没杀管仲，反而让管仲当了宰相，协助自己干出一番霸主的事业。

人生无常，不会处处顺风顺水。今天的退路正是明天前进成功的进路。凡是有远见的人都不会被眼前的得失所蒙蔽，在适当时机，都能为自己留条后路，既是为后来提供一个大展宏图的余地，更是为自己留一条全身之道。当得意时，须寻一条退路，才不会死于安乐；当失意时，须寻一条出路，然后可以生于忧患。就像攀山，对自己熟悉的路，我们可以作进一步的打算，比如往旁边小径走走，看看周围有没有新的风景。对不熟悉的路，则要作退一步的打算，在每个分岔路口都做个记号，好知道怎么下山。只有那些知道退路的人才能攀上巅峰。

有人说人的命运就是因为选择而造成的，确实如此。我们在决定一件事的时候肯定要经过自己的思考，而通常匆忙下决定的人将来一定会为他的选择后悔。人生也像一盘棋，深谋远虑的人每走一步就能看到下面几步棋的走势，而有的人只会盯着眼前的一步。这样的人就是孔子口中的"人无远虑，必有近忧"，他们站得低望不远，只能将自己的人生之棋下得乱七八糟。

所以说，无论何时，做人都应该为自己留一条退路，一个人一旦孤注一掷地押上原本属于自己所有的东西，就有可能失去一切。"狡兔三窟"，做事留有余地，给自己保留一条退路，就不至于落得一败涂地的下场。记得提醒自己事情不能做尽做绝，如同话不能说尽说绝一样，否则不是伤人就会被别人伤，当事情做到尽处，力与势全部耗尽，想要改变，也无力回天了。

循序渐进，稳中求胜

孔子的弟子子夏在鲁国做了官，有一天回来向孔子请教，孔子对他说："无欲速，无见小利。欲速则不达，见小利则大事不成。"这里孔子是要告诉子夏为政的原则，就是要有远大的理想。

人们做事不要只讲究快，不要只图眼前小利，如果只图快，结果反而达不到目的；只图小利，就办不成大事。说明做事不能只图快不求好，急于求成反而干不好事。

俗话说，欲速则不达，万事不能一蹴而就，所以做人做事要掌握稳中求胜的准则，不可心急。其实说的也就是欲速则不达的道理。古时候，宋国有个人，见别人家的庄稼长得很好，总觉得自己家的庄稼长得太慢，很是着急。有一天他忽然想出了一个好办法，于是便将自己地里的禾苗一棵一棵全部拔高了一些。看着自己家的庄稼一下子比别人家的庄稼高了，感到非常高兴。回到家里他得意地对家人说："今天可把我累坏了，我一个人让地里所有的庄稼都长高了一大截！"他的儿子听完他的详细介绍，立刻跑到地里去看，结果发现他们家的禾苗全都枯死了。这个拔苗助长的故事也充分说明了欲速则不达的道理。

历史上，一心求速成，因冲动而坏事的例子比比皆是。

东汉末年的刘备自桃园结义后，与义弟关羽、张飞弟兄三人想借"匡扶汉室"之名，成就一番事业。奋斗的前期一直是跌跌撞撞，未成什么大气候，还经常被别的诸侯逼得东躲西藏。后来得到诸葛亮的辅佐才时来运转，得了荆州，进了四川，经过艰辛的斗争，好不容易在蜀地称帝。当时三国鼎立的态势虽已形成，但曹魏强大，吴蜀两国相对弱小的格局并未打破，蜀地周围少数民族经常袭扰，国家初立更是百废待兴，百业待举。刘备要展宏图，本应凭借天时、地利、人和的良机，或在自己的领地里励精图治，稳固基业，或者加强吴蜀联盟，一致北面抗魏。可是由于东吴利用关羽骄傲自满的情绪，赚取荆州，并杀了关羽，使刘备悔恨交加，决计举倾国之兵，东出伐吴，企图消灭吴国，为他的二弟关羽报仇。

诸葛亮见这种情形，便率领文武百官当面劝谏。刘备不听，后来诸葛亮又专门写成奏章，讲明伐吴的害处，刘备也置之不理。学士秦宓再谏，刘备甚至要砍他的头，诸葛亮等人也只好由他去了。于是刘备亲自率领七十五万大军，出师伐吴。

起兵之时，蜀军一路上浩浩荡荡，气势恢宏，斩将夺关，蜂拥而来。此时东吴的大将周瑜、鲁肃、吕蒙已先后身故，孙权在危急之时，拜儒生陆逊为大都督，统率东吴六郡八十一州兼荆楚诸路军马，并郑重地嘱托道："京城以内的事，我自己主持，京城以外的所有疆土上的事，由你决策。"

刘备进军之际，打了几个小胜仗，已是喜不自胜，如今又听说东吴任命一介书生为帅，更是不放在眼里，便催促各路人马加速前进，大有毕其功于一役的架势。陆逊走马上任后，运用"持重不抢先，待机而制人"的战略严阵以待。原来，陆逊一上任就宣布他的决策："各处关防，牢守隘口，不许轻敌。"众将领开始对他这个白面书生统领大军就不大服气，今见他只下令死守不让出战，更是不理解，但碍于军令，勉强服从。当刘备大军压来，陆逊与吴将韩当并马而望，陆逊指着刘备的军马说道："刘备兵刚来，又连胜十余阵，锐气正盛……他们现在驰骋于平原旷野之间，正自得志，我们只要坚守不出，对方求战不得。一俟时机成熟，我将用奇计破之。"韩当只是撇撇嘴，没说什么，心想一个乳臭未干的小子，胆怯就是胆怯，还吹什么牛，心里很不以为然。可时隔不久，陆逊果真瞅准时机，率军动如脱兔，终于一把火烧了蜀军七百里连营。趁蜀军混乱，陆逊率大军掩杀过来，加之火助风威，风助火势，蜀军全线崩溃。刘备于夜晚乘黑冲出重围，靠沿途驿站焚烧将士丢弃的军车、铠甲等来阻断追兵，才逃回白帝城，所有舟船、军械等军用物资，丧失殆尽，蜀军尸骸漂满江面，顺江而下。直到此时，刘备还说："我竟被陆逊所折辱，岂不是天意！"其实，哪里是什么天意，完全是他"见小利""求速成"酿成的苦果。

刘备失败的事实，正为孔子所告诫的"欲速则不达"提供了绝好的佐证。

俗话说，磨刀不误砍柴工，只有多花点工夫去把刀磨快，才能砍出更多的柴。许多人学习外语往往缺乏耐心，不愿意去循序渐进地苦练基本功，不去背记单词，也不去理解分析语法，一心只希望获得快速掌握外语的秘诀。于是一些人便利用了人们的这一投机心理，制造了许多快速掌握外语的秘诀。其实这些秘诀很多只是为了赚钱，并不能有效帮助人们快速掌握外语。

又比如，不管是学生，还是家长，总希望他们的学习能很快进步，成绩能迅速提高，然而这是不现实的。所有的学习都必须循序渐进、逐渐提高。尤其是在上到高年级发现学习成绩不理想的时候，一定要有耐心把以前学过的低年级的教材再重新学习一遍，才可能真正提高高年级的成绩。

当今社会，每个人都渴望快速成功，所以很多人都产生了投机取巧的浮躁心理，最后的结果往往是欲速而不达。所以要想成功就不要太心急，一心急，事情只会越做越糟，事倍功半。

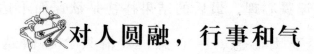对人圆融，行事和气

孔子的美好品德可归结为：温、良、恭、俭、让，尤其值得一提的是这个"让"，就是"谦让"。这里的"谦让"表现出来的并不是消极的忍让，相反，它是一种积极进取的精神。诚如近代学者梁漱溟先生所言：儒家虽然提倡温、良、恭、俭、让，但实质宣扬的却是一种积极进取的精神。换句话说，"谦让"就是"以退为进，以柔克刚"，是一种方圆处世的态度。

一味耿介未必是件好事

山顶住着一位智者，他胡子雪白，谁也说不清他有多大年纪。

男女老少都非常尊敬他，不管谁遇到大事小情，都来找他，请求他提些忠告。

但智者总是笑眯眯地说："我能提些什么忠告呢？"

这天，又有年轻人来求他提忠告。

智者仍然婉言谢绝，但年轻人苦缠不放。

智者无奈，他拿来两块窄窄的木条，两撮钉子——一撮螺钉，一撮直钉。

另外，他还拿来一个榔头，一把钳子，一个改锥。

他先用锤子往木条上钉直钉，但是木条很硬，他费了很大的劲，也钉不进去，倒是把钉子砸弯了，不得不再换一根。

一会儿工夫，好几根钉子都被他砸弯了。

最后，他用钳子夹住钉子，用榔头使劲砸，钉子总算进到木条里面去了。

但他也前功尽弃了，因为那根木条裂成了两半。

智者又拿起螺钉、改锥和锤子，他把钉子往木板上轻轻一砸，然后拿起改锥拧了起来，没费多大力气，螺钉钻进木条里了，天衣无缝。

而剩余的螺钉，还是原来的那一撮。

智者指着两块木板笑笑："忠言不必逆耳，良药不必苦口，人们津津乐道的逆耳忠言、苦口良药，其实都是笨人的笨办法。那么硬碰硬有什么好处呢？说的人生气，听的人恼火，最后伤了和气，好心变成了冷漠，友谊变成了仇恨。我活了这么大，只有一条经验，那就是绝对不直接向任何人提忠告。当需要指出别人的错误的时候，我会像螺丝钉一样婉转曲折地表达自己的意见和建议。"

这是给所有耿直之人的一副良药，而且的确不是很苦口。

在中国古代儒家处世哲学中，很强调行事要懂得深浅之间的权宜尺度。许多时候，不讲方法、以硬碰硬只会把事情弄糟。而儒家修身更是十分注重这点。

比如在《论语·阳货》里就有一段孔子的谈话。"子曰：由也，女闻六言六蔽矣乎？对曰：未也。居！吾语女：好仁不好学，其蔽也愚。好知不好学，其蔽也荡。好信不好学，其蔽也贼。好直不好学，其蔽也绞。好勇不好学，其蔽也乱。好刚不好学，其蔽也狂。"

在这里，孔子所说的"好刚不好学，其蔽也狂"，其中"刚"就是直话直说的意思。一般认为胸襟开阔，直爽的人说真话，心肠直，所谓一根肠子。刚正就不阿，刚正的人一般脾气都比较倔，决不转变主见。但是孔子又说个性刚强的人，若不好学，他的毛病就会变成狂妄自大，满不在乎。

确实，个性坦率而耿直固然是一种美德，但是如果不约束自己的性格，任由其发展就坏了。这样就容易变成说话太直接的毛病。人生经验告诉我们弯曲的总比直接让人受用，因为不刺耳的话总是更易穿过人们的耳朵。

在南朝时，齐高帝曾与当时的书法家王僧虔一起研习书法。有一次，高帝突然问王僧虔："你和我谁的字写得更好？"

这问题比较难回答，说高帝的字比自己的好，是违心之言；说高帝的字不如自己的，又会使高帝的面子搁不住，弄不好还会将君臣之间的关系弄得很糟糕。

王僧虔的回答很巧妙："我的字臣中最好，您的字君中最好。"

历朝历代皇帝就那么几个，而臣子却不计其数，王僧虔的言外之意是很清楚的。

高帝领悟了其言外之意，哈哈一笑，也就作罢，不再提这事了。这样说话既没有一味逢迎高帝又不伤他的自尊，当然不能不说王僧虔回答得很妙。

一味耿介未必是件好事，相反，我们对人对事要能以圆融的智慧，掌握深浅之间权宜行事的尺度，适时弯曲，也未尝不是成功做事的一种境界。正所谓天有不测风云，人在遭遇特殊情况时，能站起来就站起来，站不起来就得见机振作，即要能屈能伸，不可撞到头破血流，让自己难有东山再起之日。掌握深浅尺度，行事和气，适时弯曲，人生之路才会越走越宽。

低眉顺目比金刚怒目更具威严

《论语·学而》里讲到子禽问于子贡曰："夫子至于是邦也，必闻其政，求之与？抑与之与？"子贡曰："夫子温、良、恭、俭、让以得之。夫子之求之也，其诸异乎人之求之与？"

子禽向子贡问道："孔子一到这个国家，就能听到这个国家的政事，是孔子求人告诉他的呢？还是人家主动告诉他的呢？"子贡回答说："孔子是以温和、善良、恭敬、俭朴、谦让的美德而使得人家主动地把政事告诉他的。他获得这些的方法，大概与别人的不尽相同吧！"

孔子的美好品德可归结为：温、良、恭、俭、让，尤其值得一提的是这个"让"，就是"谦让"。这里的"谦让"表现出来的并不是消极的忍让，相反，它是一种积极进取的精神。诚如近代学者梁漱溟先生所言：儒家虽然提倡温、良、恭、俭、让，但实质宣扬的却是一种积极进取的精神。换句话说，"谦让"就是"以退为进，以柔克刚"，是一种方圆处世的态度。

一个简单的比喻就是，人们总会发现：低着头的是稻穗，昂着头的是稗子；低头的稻穗充满了成熟的智慧，而昂头的稗子只是招摇着空白的无知。大哲学家苏格拉底曾说："天地只有三尺，高于三尺的人要想长久立于天地之间，就要懂得低头。"懂得低头是一种生存的智慧。

据说，秦始皇陵兵马俑博物馆的"镇馆之宝"是一尊跪射俑。许许多多出土的兵马俑都可以算作人间精品，但独独是它

能够享有"镇馆之宝"的无上荣誉。最主要的原因是在出土、清理和修复的一千多尊各式兵马俑中，只有这尊跪射俑保存得最为完整，未经人工修复。如果仔细观察，就会发现俑身上的衣纹、发丝都清晰可见。据专家介绍说，这尊跪射俑之所以能够保存得如此完整，完全是得益于它自身的"低姿态"。原来兵马俑坑是地下通道式土木结构建筑，一旦棚顶塌陷、土木俱下时，高大的立姿俑自然是首当其冲遭受灭顶之灾，这样一来，低姿的跪射俑受到的损害就大大减小。此外，跪射俑呈蹲跪姿，右膝、右足、左足三个支点呈等腰三角形，完全支撑着上体，整个身体重心在下，增加了它的稳固性，这与两足站立的立姿俑相比，就避免了倾倒、破损。所以，秦始皇陵兵马俑中的跪射俑在经历了两千多年的岁月后，依然完整地呈现在我们面前，成为"宝中至宝"。

现在，我们的社会进入了一个新的世纪，到处都在宣传人应该张扬个性。鉴于此，为了追赶社会潮流，一批批的年轻人，打着"张扬个性，率意而为"的旗帜，不管三七二十一，就硬往前撞，大有"死了也悲壮"的气概。这固然从一个方面显示出了一个人的勇气和自信，但最终的结果恐怕是到处碰壁。

东汉末年的刘备再三低头：从三顾茅庐到孙、刘联合，每

一次低头，都会迎来"柳暗花明又一村"，终于成就"三足鼎立"的辉煌。越王勾践低下高贵的头，以卧薪尝胆收回河山。

当今社会，错综复杂，变幻莫测。因此，在人生的漫长跋涉中，我们就必须学会低头。

低头，需要很大的勇气，所以我们应当用平和的心态，像跪射俑那样，时刻保持着生命的低姿态，这样就一定会避开无谓的纷争，避免意外的伤害；就能更好地保全自己，发展自己，成就自己。

婉拒，不可不修的一门技术

拒绝是一种艺术，当别人对自己有所希求而自己办不到时，就不得不拒绝。拒绝往往是难堪的，但不得已要拒绝别人时，儒家一直有着崇尚礼的传统。在儒家看来，拒绝也是要讲究礼仪的，尤其是对方以礼相待时。在这点上，就是孔子也不例外。

《论语》中记载了一段故事。说："阳货欲见孔子，孔子不见，归孔子豚。孔子时其亡也，而往拜之，遇诸涂。"意思是说：阳货想见孔子，孔子不见，他便赠送给孔子一只熟小猪，想要孔子去拜见他。孔子打听到阳货不在家时，往阳货家拜谢，却在半路上遇见了。我们且不管后面他们的对话内容。且看这里，孔子不齿阳货的为人，但是阳货以礼前来拜望，孔子不便直言，所以选择避而不见，然后趁其不在家时前去回访。虽然这种行为有人提出质疑，认为有违诚实，但是细想那种情形下，孔子的做法未尝不是两全之策。任何时候，委婉地拒绝对方，总比直言不讳的拒绝来得要巧妙和让人容易接受。

所以，我们还是应当向儒家学习一下圆融处世的拒绝之道。凡事不要随便地拒绝，不要无情地拒绝，不要傲慢地拒绝；要能委婉地拒绝，要有笑容地拒绝，要有代替地拒绝，要有出路地拒绝。

在人世间，每个人都要面临相聚与分离，面对痛苦与喜悦，面对接纳与拒绝。宽容是我们道德大厦中重要的横梁，但拒绝也是不可缺少的支柱。从自身而言，要学会拒绝痛苦，拒绝一些本可以避免的心理问题；从他人而言，要学会拒绝一些无法完成的任务，给自己留下更加广阔的空间，也避免因无法兑现自己的诺言而失信于人。

但是，拒绝需要方法，并不一定直接对对方说"不"。当你能够游刃有余地运用拒绝的艺术时，既解决了问题，实现了目的，也避免了双方的尴尬。

以前，有一个国王，他有一个美丽的女儿，被视如掌上明珠。凡是公主要求的东西，国王从来都不会拒绝，就是她要天

上的星星，国王也恨不得攀登天空，为公主摘下来点缀彩衣。

　　一个春雨初霁的午后，公主带着婢女徜徉于宫中花园。忽然间，公主的目光被荷花池中的奇观吸引住了。原来池水的热气经过蒸发，正冒出一颗颗状如琉璃珍珠的水泡，浑圆晶莹，闪耀夺目。公主看得入神忘我，突发奇想："如果把这些水泡串成花环，戴在头上，一定美丽极了！"她打定主意，于是跑回宫中，把国王拉到了池畔，对着一池闪闪发光的水泡说："父王！您一向是最疼爱我的，我要什么东西，您都依着我。现在女儿想要把池里的水泡串成花环，戴在头上。""傻孩子！水泡虽然好看，终究是虚幻不实的东西，怎么可能做成花环呢？父王另外给你找些珍珠水晶，一定比水泡还要美丽！"国王无限怜爱地看着女儿。

　　"不要！不要！我只要水泡花环，我不要什么珍珠水晶。如果您不给我，我就不想活了。"公主哭闹着。束手无策的国王只好把朝中的大臣们集合于花园，忧心忡忡地说道："各位大臣们！你们号称是本国的奇工巧匠，你们之中如果有人能够以奇异的技艺，用池中的水泡，为公主编织美丽的花环，我便重重奖赏。""报告陛下！水泡刹那生灭，触摸即破，怎么能够拿来做花环呢？"大臣们面面相觑，不知如何是好。"哼！这么简单的事，你们都无法办到，我平日如何善待你们？如果无法满足我女儿的心愿，你们统统提头来见。"国王盛怒。

"国王请息怒，我有办法替公主做成花环。只是老臣我老眼昏花，实在分不清水池中的水泡，哪一颗比较均匀圆满，能否请公主亲自挑选，交给我来编串。"一位须发斑白的大臣神情笃定地打圆场。公主听了，兴高采烈地拿起瓢子，弯下腰身，认真地舀取自己中意的水泡。本来光彩闪烁的水泡，经公主轻轻一触摸，霎时破灭，变为泡影。捞了半天，公主一颗水泡也拿不起来。

显然，公主水泡花环的梦想是难以实现的，谁能将镜中美丽的花朵采撷下来？又有谁能够把水中动人的月影掬在手中？可是，当公主哭闹，国王盛怒之时，直接拒绝无疑是最愚蠢的行为，甚至可能招致杀身之祸。所以，聪明的大臣运用了自己的智慧，通过委婉的方式让公主自己领悟到水泡是无法串成花环的。

委婉像是一道善意的门缝，给他人留下了出入的空间，同时也给自己的机遇留了一个入口。人生有很多机遇，都是因为你留下的这一道狭窄的空间，才固执地找上门来。

万事和为贵

子曰："参乎，吾道一以贯之。"曾子曰："唯。"子出，门人问曰："何谓也？"曾子曰："夫子之道，忠恕而已矣。"这是《论语·里仁》里的一段，讲的是孔子对弟子曾参说，我的思想行为是贯通一致的。曾子点头称是，孔子走出后，其他学生问："老师是什么意思呢？"曾子回答，老师所讲求的，不过是忠和恕罢了。

正所谓清风拂面好为人，孔子的话可谓是给后人的一阵清风，启发我们与人相处，行事和气是多么重要。

孔子所说的恕，其实就是一种对人对事的宽容和气的气度，也是一种美德和修养。

子贡问孔老夫子："老师，有没有一个字，可以作为人终身可以奉行的原则？"夫子回答："恕。"唯有宽恕、和气可作为人一生的座右铭。

和气地待人接物，偶尔闭上一只眼睛，能够让你的内心更平静。

和气就是心胸博大，能够容纳许多表面看来不可接纳之事，还能够治疗爱生气的毛病。

杨先生是一家啤酒厂的经营者。有一家公司的采购员胡杨欠杨先生2000元啤酒款长期未付。

一次，胡杨来到啤酒销售部，对杨先生大发脾气，抱怨他出售的啤酒质量越来越差，并说社会上骂声一片，人们不会再买他们的啤酒。最后竟说出自己欠的那2000元钱也就免付了，原因是他出售的啤酒的质量一直就不怎么样，并表示他所在的公司及他本人不再购买对方的啤酒。

杨先生听后压住火气，又仔细询问胡杨一些情况，最后，杨先生出乎意料地向胡杨赔起不是，声称啤酒质量确有不尽如人意之处，最后说："对你的意见，我会尽快向厂部反映的。至于你欠的那2000元啤酒钱，你要不付，也就算了，谁让我的啤酒一直不争气呢！你说今后你们公司和你本人不再买我的啤酒，这是你们的自由，随你们的便。你说我的啤酒质量有问题，我现在给你介绍另外两家有名的啤酒厂……"

杨先生这一番话里有话的艺术性表述，确实出乎胡杨所料。欠账还钱，这是不成文的一种自然法规。胡杨本意不想付那所欠的2000元，以啤酒一向质量不怎么样为借口试图堵杨先生的嘴。然而，杨先生没有单刀直入地正面反驳他，却用了巧妙的迂回战术，假装虚心承认并接受胡杨的意见，待其发泄完后，即刻展开了攻势，用诚挚的话语，向对方表明啤酒厂的现状及未来的发展前景等。

　　胡杨最后被杨先生的诚意和坦率所打动，自此不但继续到该啤酒厂为其所在的公司购买啤酒，而且还动员了另外几家兄弟公司及几个单位，常年向该啤酒厂购买啤酒。

　　正所谓万事和为贵，和气能生财，杨先生的做法就是活生生的例证。做人就应该和气平易，能够容人之过，这样你的人生境界会更开阔，你的周围才能挤满知心的朋友和众多的合作伙伴。

　　"和气"两字包含着人生的大道至理。一个人的心中，如果装不下这一个"和"字，他的生活就会如在刀锋上行走。和气不仅是一种雅量、文明和胸怀，更是一种人生的境界与智慧，与人和气，人才能与自己和气，天下一团和气的时候，什么事情办不成呢？

　　和为贵，一股和风如春风化雨般，拂面吹来，有谁会不喜欢呢？这个"和"字，仿佛一方磨刀石，磨砺着我们的意志，磨亮了我们生命的彩虹，当一切终将逝去的时候，我们再来回首看，若是一任当年意气不肯平，如今哪有太和风？

　　在古代，有一个叫艾巴的人，他有一个特殊的习惯：每次生气和人起争执的时候，就以很快的速度跑回家去，绕着自己的房子和土地跑三圈，然后坐在田边喘气。

　　艾巴工作非常努力，他的房子越来越大，土地也越来越广。但不管房地有多广大，只要与人争论而生气的时候，他就会绕着房子和土地跑三圈。"艾巴为什么每次生气都绕着房子和土地跑三圈呢？"所有认识他的人，心里都感到疑惑，但是不管怎么问他，艾巴都不愿意明说。

直到有一天，艾巴很老了，他的房地也已经扩大了，他生了气，挂着拐杖艰难地绕着土地和房子转，等他好不容易走完三圈，太阳已经下山了，艾巴独自坐在田边喘气。他的孙子看到后恳求他说："阿公！您已经这么大年纪了，这附近地区也没有其他人的土地比您的更广大，您不能再像从前，一生气就绕着土地跑了。还有，您可不可以告诉我您一生气就要绕着土地跑三圈的秘密？"艾巴终于说出隐藏在心里多年的秘密，他说："年轻的时候，我一和人吵架、争论、生气，就绕着房地跑三圈，边跑边想自己的房子这么小，土地这么少，哪有时间去和人生气呢？一想到这里，气就消了，把所有的时间都用来努力工作。"

孙子问道："爷爷！您年老了，又变成最富有的人，为什么还要绕着房子和土地跑呢？"艾巴笑着说："我现在还是会生气，生气时绕着房子和土地跑三圈，边跑边想自己的房子这么大，土地这么多，想想还是一团和气的好些，又何必和人计较呢？一想到这里，气就消了。"

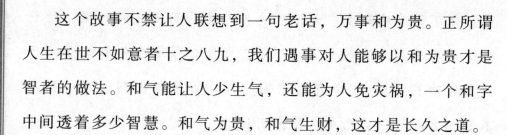

这个故事不禁让人联想到一句老话，万事和为贵。正所谓人生在世不如意者十之八九，我们遇事对人能够以和为贵才是智者的做法。和气能让人少生气，还能为人免灾祸，一个和字中间透着多少智慧。和气为贵，和气生财，这才是长久之道。

所以说万事和为贵，和气如同一缕清风拂人面，无比舒心。宋代大文豪苏东坡闻名天下的《前赤壁赋》，其文最得天地清和风致。我们平时无事之时，不妨拿来读一读，定能扫眉间不悦之气。其文首一段曰：壬戌之秋，七月既望，苏子与客泛舟游于赤壁之下。清风徐来，水波不兴。举酒属客，诵明月之诗，歌窈窕之章。少焉，月出于东山之上，徘徊于斗牛之间。白露横江，水光接天。纵一苇之所如，凌万顷之茫然。浩浩乎如冯虚御风，而不知其所止；飘飘乎如遗世独立，羽化而登仙……

大度宽容得人心

东汉光武帝刘秀在河北与自立为帝的王郎展开大战，王郎节节败退，逃入邯郸城里。经过二十多天的围攻，刘秀大军攻破邯郸，杀死王郎，取得胜利。在清点缴获来的书信文件时，官员们发现了一大堆私通王郎的信件，这些信件有好几千封，内容大都是吹捧王郎，攻击刘秀的，写信者都是刘秀一方的人，有官吏，有平民。有人很气愤，说这些人吃里爬外，应该抓起来统统处死。曾经给王郎写过信的人，都提心吊胆。刘秀知道这件事后，立即召集文武百官，又叫人把那些信件取过来，连看也不看，就叫人当众把他们扔到火中烧掉了。刘秀对大家说："有人过去写信私通王郎，做了错事。但事情已过，可以既往不咎。希望那些过去做错事的人从此安下心来，努力供职。"刘秀的这种处理方法，使那些曾经私通王郎的人松了一口气。他们都从心眼里感激刘秀，甘愿为他效劳。

常言道："将军额上跑得马，宰相肚里能撑船"。我们观察历史，凡是声名显赫的人物，大多是能容忍别人的人。光武帝刘秀之所以能开启汉代的中兴，其朗朗性情与宽宽度量不能不说是其中的一个关键因素。

自古以来人们就对宽宏大量的品性推崇有加。在先秦的儒家思想中，就有不少关于此类的论述。比如有一次，子夏的弟子来问子张交友的问题。子夏之门人，问交于子张。子张曰："子夏云何？"对曰："子夏曰：'可者与之，其不可者拒之'。"子张曰："异乎吾所闻，君子尊贤而容众，嘉善而矜不能。我之大贤与，于人何所不容？我之不贤与，人将拒我，如之何其拒人也？"

子夏的弟子问什么是交朋友之道，子张反过来先问，你的老师是怎么告诉你们的呢？子夏的学生说，我们老师教我们，对于可以交的朋友，就和他往来做朋友，不可以交的朋友，就距离远一点。子张说，我听到的和你说的不一样，我的老师孔子说，一个人在社会中交朋友要尊贤，有学问有道德的人值得尊敬，而对于一般没有道德、没有学问的人则需要包容，对于好的有善行的人要鼓励他，对不好的、差的人要同情他。

历史记载：范仲淹身为谏臣，赵抃作为御史，因辩论事情意见相左而互有隔膜。王荆公几次诋毁范公，并且说："陛下问赵抃，就知道他的为人。"后来有一天，神宗问清献公赵抃，赵抃回答说："忠臣。"皇上说："你怎么知道他是忠臣呢？"赵抃回答说："嘉祐初期，神宗违豫，他请立皇嗣，以安定国家，难道这不是忠吗？"退出后，王荆公问赵抃说："你不是与范仲淹有仇隙吗？"赵抃说："我不敢以私害公。"不敢以私害公，说起来容易，做到就难了。既不敢以私害公，自然也不敢以公为私。从那以后，有几个人能及他？不但范仲淹佩服他，神宗也佩服，王荆公也不得不服。

这种性情，民用之，则邻里和睦；官用之，则耳目清明；相用之，则济世立身；而王用之，则天下助之，慕者云集，广开言路，政治就会昌明。

人非圣贤，孰能无过，如果抓住别人的错误不放，三天一

提，五天一批，怎能使人安心工作呢？要想成就大事，必定要涉及用人。而用人除了知人善用外，最难的怕是容忍他们的小缺点了。作为管理者就应该把自己当成宰相，肚子里应该能容人容物。只有能容得下别人，在为人处事上才能以和为贵，能息事宁人，或化干戈为玉帛。成功从合作开始，合作从和气开始，而和气则从度量开始。能够包容别人，和大家一起做事，才可以给自己带来快乐，也可以使团队中的每一个人都快乐起来。

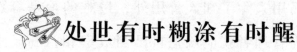

处世有时糊涂有时醒

"水至清则无鱼，人至察则无徒。"人能明察是非、分清善恶当然好，但过分明察秋毫，对别人太过苛刻，就会变成对人求全责备的严苛挑剔，不能容人了。所以做人处世，有时候睁一只眼闭一只眼才最潇洒，正如孔子所说的"夫我则不暇"，这也是糊涂处世的要诀之一。

谣言来袭，保持清醒的心

春秋时代，齐国有个人叫毛空，他爱听那些没有根据的传说，然后再把自己听到的津津有味地讲给别人听。有一次，毛空听到一只鸭和一块肉的事，他觉得非常稀奇，便告诉给艾子。他说："有一个人，养了一只特别能生蛋的鸭，那鸭一天能生一百多个蛋。"他见艾子笑了，又说："那天，从天上掉下一块肉，那块肉长有三十丈，宽有十丈。"艾子笑着问道："真的吗？有那样长的肉吗？"毛空急忙说："噢，那就是长二十丈。"艾子仍不相信。他又改口："一定是十丈长了。"艾子

说："你说的那只鸭是谁家养的？你说的那块肉掉在了什么地方？"毛空支支吾吾说不出来，最后只好说："我是在路上听别人说的。"

这就是我们常说的"道听途说"的故事。在《论语·阳货》也有记载，孔子说："道听而途说，德之弃也！"所谓道听途说也就是从路边听来的话，孔子说：你从路边（别人）那听来了话，你又把它大肆渲染，不问其真实性，就到处传播，这样的人真不道德！

道听途说、散布流言是可怕的。三人成虎，众口铄金；谗言三至，慈母不亲。孔子的大弟子曾子就被人说过谣言，人家说他杀人了，然后有人跑去告诉他的母亲，本来他的母亲还相信儿子不会杀人，可是等到很多人都来说了以后，慈母就不再相信曾子了，她相信了谣言，于是夺墙而逃。这就是"谗言三至，慈母不亲"的典故。后来大诗人李白还为此写了一首诗。谣言确实很歹毒，它能将没有的说成有的，将小的说成大的，甚至死了也能被说活了。

有一个小寓言说，一个主人要他的仆人去买东西。买什么呢？他要买这个世界上最坏的东西，仆人出去了。回来以后给他拿了个舌头。主人继续让他买东西，这次要他买世界上最好的东西，结果仆人给他的还是这个舌头。

正如歌里唱的："伤人的话总出自温柔的嘴"，一点没错。舌头，也就是语言，你想把它说好了就能说得让人开心，你如果不想让人高兴，那么你尽管信口开河就是了。看来，我们还是要管好自己的嘴巴，切莫道听途说。

在这里我们能够看到一个智者的修养：背后不胡乱说他人是非，而且让谣言止于智者。关于这一点，古今中外的思想家空前一致。

人们经常会犯"人云亦云""随大流"的毛病，结果只能导致错误的认识和判断。所以亲自去细致地观察某种人或事，得出符合实际的正确结论，在为人处世中是非常重要的。

周公曾辅助周武王灭掉殷商建立周朝，可不幸的是，武王灭殷后，就病重不起。在武王生病期间，周公十分担忧，便写了一篇祷文，请求上天让自己代武王而死。史官把周公的祈祷记在典册上，放进用金绳索捆的匣子里，珍藏起来。武王病逝后，他的儿子成王继位，因年纪小，不能管理国家大事，就由周公代理。这时，周公的哥哥管叔鲜、弟弟蔡叔度等人，对周公代管政事大为不满，一方面到处散布流言，说周公要篡夺王位；另一方面组织力量联络已归降周朝的纣王儿子武庚，策划叛乱，还在国内大肆散布谗言说周公想谋害成王，篡夺王位。周公为避开锋芒，只好避居东都。周成王对这些传言，将信将疑。一方面，他看到周公不但在武王执政时期表现出忠心耿耿，而且在自己年幼即位时，他代管朝政，处理政事井井有条，对自己、对母后也是毕恭毕敬，当自己长大能亲政时，就毫不犹豫地把政权交给自己，由此看来，流言不可信。可是不相信吧，又觉得周公是先朝元老，自己年轻，力量单薄、根基不牢，流言也绝非空穴来风，一时拿不定主意。不过他并未贸然对周公采取非礼的行动。不久成王发现了周公所写的祷文，才深切地了解到周公对周王朝的忠诚，很受感动，于是派人接回周公，帮助治理国家，并派他率领部队平定了武庚、管叔和蔡叔的叛乱。

周成王没有听信谗言，是有幸于周公事先有一篇祷文为明证。可是即便没有明证，我们也要注意保持自己清醒的判断，切不可被谣言迷惑。

这就是智者的胸怀，让扰乱人心的谣言到我们这里戛然而止。否则口口相传，三人成虎，众口就能铄金。所以说做人做事强调要眼见为实，在谣言来袭之时，一定要保持清醒的心，切不可被谣言影响了自己的判断力。现实中，甚至于还说有时

候眼见都不一定为实，所以任何时候都不要被表象的言语蛊惑了自己的心，道听途说最不可靠。

有时糊涂有时醒

《论语·公冶长》记录了子贡和孔子之间的一段很有意思的对话。"子贡问曰：'赐也何如？'子曰：'女，器也。'曰：'何器也？'曰：'瑚琏也。'"当时子贡问孔子："我怎么样呢？"孔子说："你呀，好比一个器具。"子贡又问："是什么器具呢？"孔子说："好比是瑚琏吧。"

"瑚琏"是古代的玉器，是用来供于庙堂之上的，是"高""贵""清"的象征。平时，瑚琏都是被锁在柜子里藏起来、保护起来的，只有在国家大典的时候，才被请出来。近代学者辜鸿铭先生说，人对于好的东西往往深藏不露，保护起来。子贡正是深藏不露的人，孔子在这里就是赞赏他的品格，说他如瑚琏般懂得藏锋。

确实，一个人若能不自我表现，反而显得与众不同；一个不自以为是的人，会超出众人；一个不自夸的人会赢得成功；一个不自负的人会不断进步。相反，如果一个人锋芒毕露，一定会遭到别人的嫉恨和非议，甚至引来杀身之祸。历史上和现实生活中的例子可谓俯拾即是。

王先生是一位业余作家，近年来作品频频见诸各大刊物，具有一定的影响力。在一次文学座谈会上，一位青年作家大谈对小说的看法，否定传统，强调新观念，引起了王先生的强烈不满。心直口快的他丝毫不隐瞒自己的观点，在会上慷慨激昂地进行反驳，以他扎实的理论、渊博的学识说得那位青年作家面红耳赤、无地自容。

后来，那位青年作家在一家报纸上大肆批判王先生，甚至隐约带有人身攻击。一时间搞得沸沸扬扬，舆论对王先生十分不利。

对此，他既难以进行解释，又无法进行驳斥，报纸的覆盖面那么大，他去对谁说呢？通常的情况又是"解释误会更被误会"，能解释得清楚吗？

其实，这样的结局对王先生来说是完全可以避免的。办法很简单，王先生在座谈会上完全可以装一装糊涂，任他说他的，不必争论，也不用反驳他。搞创作是一种完全自主的个人行为，他写他的，你写你的；他用他的方法，你用你的技巧，有什么好争的。况且，理论上的事，根本就不是那么简单就能够搞明白的。王先生糊涂一些不就能避免后来发生的事吗？

可见，糊涂难得，难得糊涂，而比难得糊涂更难的是"装糊涂"。因此，为了避免不必要的误会与麻烦，我们应该懂得深藏不露。其实，深藏不露有很多方法，装傻就是其中一个。

做人就是要糊涂一些，得让人处且让人，事事留有余地。这样在生活中才能够不结仇，不结怨，不吃亏。否则，当你志得意满目空一切时，你不被别人当靶子打才怪呢！事事争先，每次走路都要在别人的前头，这样不好，除非他具备明哲保身的智慧，否则随时都有危险。

我们知道，"愚不可及"是一个贬义词，是说一个人蠢到家了。如果谁不小心被套上了这个词，那么这个人必定是愚蠢至极。但事实上，愚不可及有时却是一种非常高明的处世之道。

宁武子是春秋时代卫国有名的大夫，经历卫国两代的变动。由卫文公到卫成公，两个朝代完全不同，宁武子却安然做了两朝元老。国家政治上了正轨，他的智慧、能力发挥得淋漓尽致；当政治、社会一切都非常混乱，情况险恶，他还在朝参政，但在"邦无道"时，却表现得愚蠢鲁钝，好像什么都很无知。从历史上看他并不笨，对于当时的政权、社会，在无形之中，局外人看不见的情形下，他仍在努力挽救，表面上好像碌碌无能，实际却有所作为。所以孔子给他下了一个断语："宁武子，邦有道则知，邦无道则愚。其知可及也，其愚不可及也。"意思是说，宁武子这个人，当国家有道时，他就显得聪明，当国家无道时，他就装傻。他的那种聪明别人可以做得到，他的那种装傻别人就做不到了。

不管是宁武子的故事还是孔子的话，都告诉我们，做人处世一定要懂得有时糊涂有时醒。聪明难得，糊涂更加难得。人活在世上，谁不愿意聪明自信，大展宏图呢？谁不愿意春风得意，成为万人瞩目的对象呢？但有时，一个人太过突出，反而容易成为众矢之的。所以，必要时，需要隐匿锋芒，学会揣着明白装糊涂。

糊涂是一种心态，是一种做人的智慧。既然世上许多事，分清对错都不容易，或者说根本没有搞清楚的必要，那么还是装糊涂比较明智。

鲁迅先生曾专门揭示了"难得糊涂"的真正含义，他说："糊涂主义，唯无是非观等等——本来是中国的高尚道德。你说他是解脱、达观罢，也未必。他其实在执著什么，坚持着什么……"

正如鲁迅先生所说的"在坚持着什么"，其实难得糊涂的人实际上是再清醒不过了。之所以要"糊涂",是因为将世上的一些事情看得太明白、太清楚、太透彻,因为有某种无以言表的原因,不得不糊涂起来。生活中,在该装糊涂时不妨就糊涂一把。

该出手时要出手

我们每个人大概都被长辈教导过:"做事情不要太莽撞,三思而后行!"其实这句话出自《论语·公冶长》:"季文子三思而后行。子闻之曰:再,斯可矣!"

三思而后行,这是儒家广为流传的一句做人警句,直到今天依然给我们深刻的启发。做事是要谨慎,要给自己预留一条后路,但过分谨慎就会裹足不前,所以有个度要自己把握。众人都认为这是孔子的意思,其实多少也算是一个误解。季文子姓季孙,名行父,谥文,是鲁国的大夫。这个人性格过于谨慎,不敢冒险,凡事没有十拿九稳的概率他就不会去干。这样的人总是思虑过多,做起事情来瞻前顾后。孔子听说以后说了这样的话:"不用思考那么多,两次就可以了。"

生活中我们就会发现孔子的方法是最合适的:第一,它节约了时间成本;第二,它也不是想到了就去做,它还要我们思

考，避免了因为盲目冲动而犯错。回过头来再看季文子的做法，显然太谨慎了。谨慎本来不是一件坏事，而且很有必要，但是凡事过头了也就等于还没有到达标准一样，也就是孔子说的"过犹不及"。北大教授，著名大学者季羡林在《季羡林谈人生》一书中也曾批评过这样的做法，觉得浪费了时间不说，还往往让人错失良机。过分谨慎不是理性的标志，而是谨小慎微的性格，这样的人难免落入小家子气的俗套。

有时候一个大好的机会摆在我们的面前，如果我们只是左思右想，想自己到底该不该去把握呢？其实这样想的时候就已经远离了机遇。俗话说得好："当你在为没有抓住机遇老人的头发而暗自后悔的时候，你只能摸到它的秃头了！"

有一位哲学家正在房间里埋头忙于做自己的学问。

这时，一个中意他的女子大胆地敲开了他的房门："让我做你的妻子吧，错过我你将再也找不到比我更爱你的女人了。"

哲学家虽然也很中意她，但仍回答说："让我考虑考虑！"

事后，哲学家将结婚和不结婚的好坏一一列举出来比较，可是发现好坏均等，这让他不知该如何抉择。

于是，他陷入长期的苦恼之中，迟迟无法作决定。

最后，他终于得出一个结论：人若在面临抉择而无法取舍的时候，应该选择自己尚未经历过的那一个。哲学家想："不结婚的处境我是清楚的，但结婚会是怎样的情况我还不知道。对！我该答应那个女人的请求。"

于是，哲学家来到女子的家中，对女子的父亲说："你的女儿呢？我已经决定娶她为妻。"女子的父亲冷漠地回答："你来晚了 10 年，她现在已经是 3 个孩子的妈妈了。"哲学家听了，整个人近乎崩溃，他万万没有想到向来自以为傲的哲学头脑，最后换来的竟然是一场悔恨。

后来，哲学家抑郁成疾，临死前将自己所有的著作丢入火堆，只留下一段对人生的批注：如果将人生一分为二，那么前半生应该是不，后半生是不后悔。

这个哲学家犯的毛病就是犹豫。人生中的很多问题都需要我们用心去思考，然而不是花费的时间越多就越能取得成效，所以遇到需要决定的时候，我们也要有勇气对自己说一句：不必三思而后行。

其实，过多的考虑容易对利害估量太细，反而产生偏差，"古来以一转念间，而抱恨终身者多矣"。多谋尚须善断，当断不断，反受其乱，这便是生活的理性。

睁一只眼闭一只眼最潇洒

子贡方人。子曰："赐也贤乎哉！夫我则不暇。"（《论语·宪问》）

子贡是个比较直爽的人，看见不顺眼的事就当面指责对方，为此，他经常得罪别人。孔子发现这种情况后，就劝子贡不要对别人要求太高了，有时候做人也需要糊涂一点，老是得罪人不是什么好事情。其实，任何人要想有所作为，必须把会做人放到首位，要学着马虎一点，糊涂一点，有些时候要睁一只眼闭一只眼。

做人糊涂点，对人对事不要总那么吹毛求疵，对别人的一些微小的无关大局的过错，能容就容，才是谙熟处世的智者的行为。甚至久了我们会发现，生活中并没有总是那么谨严的规矩条框，有时候当我们能睁一只眼的时候就不要睁两只眼，这样看事情其实反而更清明。而这种大度有时会给我们带来意想不到的结果。

楚庄王逐鹿中原，连续几次取得了胜利。群臣都向楚庄王祝贺，庄王设宴款待群臣。席间，庄王命最宠爱的妃子为参加宴会的人敬酒。

　　这时，天色渐渐暗下来，大厅里开始燃起蜡烛。猜拳行令，敬酒干杯，君臣喝得兴高采烈，好不热闹。忽然，一阵狂风刮过，客厅内所有的蜡烛一下全被吹灭，整个大厅一片漆黑。庄王的那位美妃，正在席间轮番敬酒，突然，黑暗中有一只手拉住了她的衣袖。对这突然发生的无礼行为，美妃喊又不敢喊，走又走不脱，情势紧迫之下，她急中生智，顺手一抓，扯断了那个人帽子上的缨。那人手头一松，美妃趁机挣脱身子跑到楚庄王身边，向庄王诉说被人调戏的情形，并告诉庄王，那人的帽缨被扯断，只要点明蜡烛，检查帽缨就可以查出这个人是谁。

　　楚庄王听了宠妃的哭诉，出乎意料地表示出很不以为然的样子。庄王趁烛光还未点明，便在黑暗中高声说道："今天宴会，盛况空前，请各位开怀畅饮，不必拘礼，大家都把自己的帽缨扯断，谁的帽缨不断谁就是没有喝好酒！"群臣哪知庄王的用意，为了讨得庄王欢心，纷纷把自己的帽缨扯断。等蜡烛重新点燃，所有赴宴人的帽缨都断了，根本就找不出那位调戏美妃的人。就这样，调戏庄王宠妃的人，不仅没有受到惩罚，就连尴尬的场面也没有发生。按说，在宴会之际竟敢调戏王妃，堪称杀头之罪了。楚庄王为什么蓄意开脱，不加追究呢？

他对王妃解释说："酒后失态是人之常情，如果追查处理，反会伤了众人的心，使众人不欢而散。"

时隔不久，楚庄王借口郑国与晋国在鄢陵会盟，于第二年春天，倾全国之兵围攻郑国。战斗十分激烈，历时三个多月，发动了数次冲锋。在这场战斗中有一名军官奋勇当先，与郑军交战斩杀敌人甚多，郑军闻之丧胆，只得投降。楚国取得胜利，在论功行赏之际，才得知奋勇杀敌的那名军官，名叫唐狡，就是在酒宴上被宠妃扯断帽缨的人，他此举正是感恩图报啊！

做人眼中糊涂，心中清明，着实是一种智慧。比如像楚庄王这样，有大度量与大智慧，能容人之过，所以得到了人心。而对于大多数人来说，一旦犯了过错，也希望得到悔过自新的机会。这种需要一旦得到满足，其对立情绪便会立即消失，感恩戴德，"得人滴水之恩，必当涌泉相报"的情感很快在心理上占据主导地位。在这个基础上，稍加引导，就会产生像"戴罪立功"那样的心理效果。

正所谓"水至清则无鱼，人至察则无徒"。现实社会里，人能明察是非、分清善恶，当然好，但过分明察秋毫，对别人太过苛刻，就变成对人求全责备的严苛挑剔，就不能容人了。

所以做人处世，有时候要学会睁一只眼闭一只眼才最潇洒，这也是糊涂处世的要诀之一。

有机会抓住机会，没有机会等待机会

《周易》升卦九三说"升虚邑"。象曰："升虚邑"，无所疑也。这里，"虚"同"墟"。墟邑就是村落，指氏族社会被遗弃的村落遗址。"升虚邑"是进入一个被废弃的村落遗址。进入废弃的村庄，没有人会跳出来阻拦，前进之路非常畅通。楚庄王的目的，就是使自己如"升虚邑"。

韬晦者经过一段时间的掩饰潜伏，麻痹了敌人的警觉，一旦时机成熟，他们就会果断采取行动，迅速撕去伪装，毫不迟疑地向着预定的目标挺进。这常常使敌人出乎意料而猝不及防，因而他们在前进的路上如入无人之境，势如破竹。

孔子也说自己十五有志于学，五十方能知天命。其中的这段时间里，他所做的是不懈地努力，不懈地学习。在没有机会的时候始终坚定不移地等待机会，这样才会在时机一旦成熟之际，奋然崛起。

虽然孔子的一生似乎很难说得上得到了施展抱负的机会，但是这在儒家看来，也符合处世该隐就隐，该等就等。因为人

有未定之念，孔子就是通过学习这一念来把握自己的命运。

其实，转机的关键完全在当下。历史给我们记录下了很多可供借鉴的精彩片段。

明朝权奸之一严嵩工于心计，善用权谋，又有皇帝庇护，成功地将当时的内阁首辅夏言打倒之后取而代之，然后权倾朝野，对所有弹劾他的官僚都施以残酷的打击，轻者去之，重者致死。夏言对徐阶有知遇之恩，但是徐阶看到此时的严嵩深得皇帝宠爱，因此并没有贸然出头，而是韬光养晦，静观其变。近二十年间，他一方面吸取老师夏言在朝堂内离群索居、孤立无援的教训，结交朝中大臣，同时细心观察皇帝态度的变化。他在自己认为成熟的时机从严嵩之子严世蕃下手，却见皇帝对严嵩依然有眷留之意而不了了之，此后更加如履薄冰，与严嵩虚与委蛇，步步为营，最终还是取得了胜利。

面对跪在自己面前的严嵩，他想到了他的老师夏言：严嵩也曾经向夏言下跪求情，夏言宽恕了他，却被他置于死地。严嵩携家人对他下跪，这一幕仿佛也曾经出现过：明朝后七子之首王世贞得罪了严嵩，严嵩便令人找碴将他父亲逮捕入狱。王世贞亲自向严嵩赔罪，严嵩和颜悦色，转身便下命令要更严苛地拷打他的父亲。绝望中，王世贞携弟弟在百官上朝时，头磕

至血流，乞求有人能帮他，但是没有人站出来。徐阶也没有站出来，因为他知道那是以卵击石。现在，时候到了，徐阶笑着扶起了严嵩，答应了他，然而同样毫不留情地抄了他的家。

这几十年中，他一直没有放松自己的警惕，一直都在学习。朝堂大臣每一次和严嵩斗争失败，他都会在心里记下一笔账。他从老师夏言那里学到了为官之道，并且思而后用，从同仁的失败中一再吸取教训。最重要的是他一直在静观时局的变化，最终修成正果：不仅对朝中各人的动静心中分明，也对皇帝和严嵩的心理及其关系有了清楚的把握。这么多年的努力，才换得了对政局的豁然开朗，此时的徐阶已无人可与之相匹敌。

发动时在我们自己，而其结果则为顺逆的机缘所决定。徐阶一直坚信宇宙间大的顺缘是邪不胜正，但他要以最小的代价来取得胜利，所以他在等待并创造着那份能对现世产生影响的机缘：让皇帝疏离严嵩，同时培养心腹。他看清了，也做到了。他算是王守仁的半个弟子，虽然没有正式受教，却确实从他那里懂得了"知行合一"，并且用于世，救于世。虽然他有过失误，没有完全认清局势，但他一直在探索中努力前进，努力做到滴水不漏。他指示门人弹劾严世蕃，却不了了之。之后他更加谨言慎行，连自己的儿子都以为他投靠严党。等一切水落石出，他终于可以长舒一口气：他仰不愧于天，俯不怍于地，为家国除了一大害！

所以说，做人处事有机会要善于把握，没机会要善于等待。有时候当自己处于别人的要挟之下，自己的命运与前途都在他人手中捏着，这样就不免要行事谨慎，偶尔装一下糊涂，甚至装疯卖傻，也未尝不是保住自己、等待机会的好方法。历史上著名的军事家孙膑就遇到过这样的经历。

孙膑是战国时期著名的军事家，与庞涓一起拜鬼谷子为师，但在才智方面超过庞涓。鬼谷子因孙膑单纯质朴，对他厚待一层，偷偷地将孙膑先人孙武所著兵书《孙子兵法》传授给他。

庞涓当了魏国大将，孙膑到他那里去做事，庞涓才知道孙膑在老师那里另有所得，更加嫉恨孙膑。他在魏惠王面前诬告孙膑里通外国，并请魏惠王对孙膑施以膑刑。孙膑的两块膝盖骨被剔去，无法逃跑。而后庞涓把孙膑关在一个秘密的地方，表面上大献殷勤，好吃好喝地供养。孙膑不知就里，还对庞涓感激涕零。庞涓乘机索要《孙子兵法》这本书。孙膑因无抄录手本，只依稀记得一些，庞涓就弄来木简，让他写下。庞涓准备在孙膑完成之后，断绝食物供给，把他饿死。但是，庞涓派来侍候孙膑的童仆偷偷把庞涓的阴谋诡计告诉了孙膑，孙膑才恍然大悟。

孙膑是一个有着远大抱负的军事谋略家，他立即想出了一条脱身之计。当天晚上，孙膑就伪装成得了疯病的样子，一会儿号啕大哭，一会儿嬉皮笑脸，做出各种傻相，或唾沫横流，或颠三倒四，又把抄好的书简翻出来烧掉。庞涓怀疑他装疯卖傻，派人把他扔进粪坑里，弄得满身污秽。孙膑为了自己的远大志向，在粪坑里爬行，显出毫不在意的样子。庞涓又让人献上酒食，欺骗他说："吃吧，相国不知道。"孙膑怒目而视，骂不绝口，说："你们想毒死我吗？"随手把食物倒在地上。庞涓让人拿来土块或污物，孙膑反而当成好东西抓来吃。庞涓由此相信孙膑确实是精神失常了，疑心稍有解除。

此时，墨翟的弟子把他在魏国所见的孙膑的情况全部告诉了齐国相国邹忌，邹忌又转告了齐威王。齐威王命令辩士淳于髡到魏国去见魏惠王，暗中找到孙膑，秘密地把孙膑接回齐国。

孙膑在身陷囹圄之时，冷静沉着，故意装得愚蠢疯傻，忍受巨大的耻辱与折磨，骗过庞涓，保住了性命。后来，在马陵

之战中，孙膑以卓越的军事才能，设计除掉了死对头庞涓，洗刷了耻辱。

所以，当时机不利时要善于暂时等待，假装糊涂甚至在危险的情势下装疯卖傻以保全自己，然后等待时机再图崛起。在儒家看来，这才是智慧的选择，是另类的聪明，也是岁月在一个人身上沉淀下来的智慧。

有时不妨一笑而过

一般人都有这样的印象，认为儒家所说的君子都是正襟危坐、严肃刻板的样子，其实不然。儒者风雅正直，同时也有着随和幽默的一面。孔子其实也是一位很懂得幽默的人。

在《论语·宪问》中记录了这样一个片段，子曰："幼儿不孙弟，长而无述焉，老而不死，是为贼。"这里是说，有一次，孔子评论一个以母丧中歌唱出名的人。孔子斥责他说："你年轻时，狂妄不听教训。长大时，你一事无成。现在你老了，又老而不死。你简直是个祸害！"这些玩笑话，充分表明了孔子丰富的感情。孔子的生活充实而快乐，完全符合人性，合乎情感。他把这种玩笑话作为生活的调解，当做生活最好的调味剂。

有些时候，做人不必太严肃，一笑而过更胜战战兢兢。其实某些时候，一句玩笑话也能解决问题。

清代有名的才子纪晓岚，体态肥胖，特别怕热，一到夏天，就汗流浃背，连衣服都湿透了。因此，他和同僚们在朝廷值班时，常找个地方脱了衣服纳凉。

乾隆皇帝知道了，存心戏弄他们。这天，几个大臣正光着膀子聊天，乾隆突然从里边走出来，大伙儿急急忙忙找衣服往身上披。纪晓岚是近视眼，等看到皇上时，已经来不及披衣服了，只好趴在地上，不敢动弹，连大气都不敢出。

乾隆坐了两个小时，不走，也不说一句话。纪晓岚心里发慌，加上天热，一个劲儿地流汗。半天听不见动静，他悄悄地问："老头子走了没有？"

这一下乾隆发怒了，说："你如此无礼，说出这样轻薄的话，你给我解释清楚，有话讲可以，没有话讲可就要杀头了。"

纪晓岚说："臣还没穿衣服，怎么回圣上的话呢？"

于是，乾隆让太监给他穿上衣服，说："亏你知道跟我说话要穿衣服。别的不讲，我只问你'老头子'是怎么回事？"趁穿衣服的时候，纪晓岚已经想好了词儿。他十分恭敬地对皇上说："皇上万寿无疆，这不是'老'吗？您老人家顶天立地，是百姓之'头'呀！帝王以天为父，以地为母，对于天地来讲就是'子'。连在一起，就是'老头子'三个字。皇上，臣说得有错吗？"这一机智又不乏幽默的回答让乾隆哈哈大笑，赦免了他的不敬之罪。

就这样，纪晓岚轻轻松松躲过一劫。

恩格斯曾经说过："幽默是具有智慧、教养和道德的优越感的表现。"幽默能表事理于机智，寓深刻于轻松，给周围的人以欢笑和愉快。幽默运用得当时，能为谈话锦上添花，叫人轻松之余又深觉难忘。

生活中，当我们被琐事弄得筋疲力尽、焦头烂额时，不妨来句幽默，开个玩笑，放松一下紧绷的神经，生活将会更加舒畅。

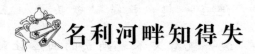名利河畔知得失

孔子说："饭疏食饮水，曲肱而枕之，乐亦在其中矣。不义而富且贵，于我如浮云。"儒家对物质享受持淡泊的态度，对精神享受又不懈地追求。正所谓"君子爱财，取之有道"，才能避免因对金钱物质的过分追求而导致的人的异化，若以不义之举取得富贵，则如浮云过隙，瞬间即逝。

阳光下的财富最受用

名利与钱财是世人所喜爱，也是让世人疲于奔命而又心甘情愿的一个奇怪的事物。但是人不能违背自己的良心与道义去拿不属于自己的东西，所以不义之财就算被自己拿到了，将来也会要人们十倍于它去偿还。

儒家教人做事做人可以求富贵钱财，但首先要符合仁义的要求。套一句俗话就是，你的财富必须见得阳光，不然就不是正义的途径得来的，它也不会令人幸福。

孔子说"饭疏食饮水，曲肱而枕之，乐亦在其中矣"，体现了对物质享受的淡泊和对精神享受的追求。"君子爱财，取之有道"，才能避免因对金钱物质的过分追求而导致的人的异化，若以不义之举取得富贵，则如浮云过隙，瞬间即逝。

孔子没有标榜自己不喜欢名利，这样说未免就会显得不够真诚。他也喜爱富贵，但是君子爱财，取之有道。"不是说什么样的富贵名利我都要，这是小人的行径。"这是一个圣人的自白，也是一个正人君子所应秉持的做人做事的态度。

战国时代，孟子名气很大，府上每日宾客盈门，其中大多是慕名而来，求学问道之人。有一天，接连来了两位神秘人物，一位是齐国的使者，一位是薛国的使者。对这种人物，孟子自然不敢怠慢，小心周到地接待他们。

齐国的使者给孟子带来赤金100两，说是齐王所赠的一点小意思。孟子见其没有下文，坚决拒绝齐王的馈赠。使者灰溜溜地走了。

隔了一会儿，薛国的使者也来求见。他给孟子带来50两金子，说是薛王的一点心意，感谢孟先生在薛国发生兵难的时候帮了大忙。孟子吩咐手下人把金子收下。左右的人都十分奇怪，不知孟子葫芦里装的是什么药。

陈臻对这个件事大感不解，他问孟先生："齐王送你那么多的金子，你不肯收；薛国才送了齐国的一半，你却接受了。如果你刚才不接受是对的话，那么现在接受就是错了，如果你

刚才不接受是错的话，那么现在接受就是对了。"

孟子回答说："这两种做法都对。在薛国的时候，我帮了他们的忙，为他们出谋设防，平息了一场战争，我也算个有功之人，为什么不应该受到物质奖励呢？而齐国人平白无故给我那么多金子，是有心收买我，君子是不可以用金钱收买的，我怎么能收他们的贿赂呢？"

左右的人听了，都十分佩服孟子的高明见解和高尚操守。

确实，正如孟子所言，君子是不可以用金钱收买的。我们今天做人处世何尝不是如此呢。

关于这点，儒家有很多相关论述。比如孔子还说过：富贵可得，虽执鞭之士吾亦为之。意思就是说如果富贵可以通过合乎道德的途径获得，那么就是让我去做个市场的小小的守门人，我也愿意。这是孔子表达了自己对于富贵财利的态度。一般认为儒家反对追求利益，其实不然。在儒家看来，利也是应当追求的，正所谓君子爱财，取之有道。只要合乎道德良知，这样的荣华富贵儒家是鼓励去追求的。

在这里这个"道"，也就是儒家所说的仁义道德，所以孔子又说："富与贵，是人之所欲也；不以其道得之，不处也。贫与贱，是人之恶也；不以其道得之，不去也。君子去仁，恶者成名？君子无终食之间违仁，造次必于是，颠沛必于是。"

（《论语·里仁》）孔子说："发财做官是人人都想得到的，不用正当的方法得到的，不要接受；贫穷和地位低贱是人人厌恶的，不用正当方法摆脱的，就不要摆脱。君子扔掉了仁爱之心，怎么能成就君子的名声？君子时时刻刻都不离开仁道，紧急时不离开，颠沛时也不离开。"

金钱并不是唯一能够满足心灵的东西，虽然它能为心灵的满足提供多种手段和工具，但在现实生活中，你却不能只顾享受金钱而不去享受生活。享受金钱只能让自己早日堕落，而享受生活却能够使自己不断品尝人生的幸福。享受金钱会使自己被金钱的恶魔无情地缠绕，于是自己的生活主题只有"金钱"两字，整天为金钱所困惑，为金钱而难受，为金钱而痛苦，生活便会沦为围绕一张钞票而上演的闹剧。享受生活的人则不在于自己有多少金钱，多可以过，少一样可以过，问题是自己处处能够感悟到生活。享受金钱的人最后会被金钱妖魔化，绝对没有好的下场。享受生活的人会感觉人生是无限美好的，于是越活越有味道。

毋庸置疑，财富可以使人们在很多方面生活得更美好：物质、娱乐、教育、旅游、医疗、朋友、更强的信心、更充分地享受生活、更自由地表达自我、提供从事公益事业的机会……比尔·盖茨曾说过："你活着的每一天，都应该努力地去追求

财富。只要你制造的财富是正大光明的，你会得到所有人的尊敬与赞扬。"

　　但是财富不应该成为我们人生的唯一目标，它并不是生活的全部。财富不是唯一能够满足心灵的东西，虽然它能为心灵的满足提供多种手段和工具，但在现实生活中，享受生活永远比赚取财富重要得多。只追求财富只会让自己早日堕落，而享受生活却能够不断地品尝到人生的幸福。

　　俄国作家契诃夫说过，金钱并不就是幸福，一个人即使贫穷也能幸福。金钱虽然是一种有用的东西，但是，只有在你觉得知足的时候，它才会带给你快乐，否则的话，它除了给你烦恼和妒忌之外，毫无任何积极的意义。

　　生活原本可以平平淡淡，平平淡淡才是生活的本质。放开心情，享受平淡生活，平淡之中蕴含着生活的真谛。

　　其实，财富本身并没有任何颜色，只是因为追求的方式不同，让财富有了"金色"或"灰色"，甚至"黑色"等不同的颜色，但只有阳光下的财富才是最具有亮色的。

　　人们对符合正义的财富心怀敬意，同时，阴暗中的财富自然也会遭到人们的质疑。求富贵去贫贱都应以义为准绳，以义导利，以义去恶，否则将适得其反。为追求金钱迷失自我是可悲的，在金钱的奴役下胡作非为是可耻的，死守着一点金钱不放更是可怜的。金钱的光芒掩盖不了内心的失落，只要有眼光，看准了那些能使你幸福的东西，就应不惜金钱去得到它，因为只有金钱能供给你幸福时，它才是最有价值的。

富人穷人都要讲格调

子贡曰：贫而无谄，富而无骄，何如？子曰：可也，未若贫而乐，富而好礼者也。（《论语·学而》）

子贡是孔子弟子中最能干的一个了，他搞外交也行，当官也行，做生意又会赚大钱，口才也好，人也聪慧，这样的人实在难得。有一天，他和他老师探讨起贫富的问题。子贡问："老师，你看一个人如果贫穷，但是他见了别人能自尊自爱，他不向任何人卑贱地拍马屁；一个人很富有，但是他完全不因为他的富有而骄傲，你觉得这样的人修养怎样？"孔子听了以后说了这样的一段话："还不错，但是还没有修炼到家。不如一个人虽然很贫穷但是却能以此为乐，也不及一个人虽然很富有却能够常常学习礼仪，懂得谦恭的好。"

根据经验，一个人在失意的时候比得意的时候更容易忘形。子曰：贫而无怨，难；富而无骄，易。（《论语·宪问》）人们在不得志的时候往往会怨天尤人，抱怨生不逢时，认为自己的命不好。这在贫穷的人群中很普遍。

《论语·卫灵公》中记录了孔子周游列国的一段故事，当时孔子到了卫国，卫灵公就向孔子请教军事作战的事。孔子并不是不懂，但是因为这个问题的提问者是卫灵公，他是一国之君，基本上说想打谁就打谁，所以孔子就说这个他不懂。孔子希望卫灵公不要发动战争。侵略的战争，孔子是反对的，因为那不是行仁义之事，军队也不是仁义之师。说俎豆就是行大礼的祭器，以现在的观念讲，代表礼乐文化的真精神，他还懂；军事学他还没学过，所以不懂。第二天就离开卫国，到了陈国，结果粮食没了，还带了一大批学生。孔子困于陈蔡之间是历史上很有名的一段故事，当时众多弟子都生病了。子路一看同学们都倒下了，很不高兴。子路这个人是个急性子，而且非常耿直，于是他带着一脸的怨气跑去见孔子，对孔子抱怨起来了："老师你天天跟我们讲仁义道德，有什么用啊？现在同学们都倒下了，还要讲仁义道德吗？做君子要这样受穷吗？"孔子于是说道："君子固穷，小人穷斯滥矣！"意思是说"君子受穷的话能够安贫乐道，小人如果受穷的话什么事情都能干得出来！连贫穷都受不了还做什么君子？"

确实，一个人如果真能守得住贫穷而没有怨言，那是很有人生境界的，这样的修养很不容易养成。从来我们看见的都是贫苦的人怨天尤人，到处抱怨自己命运不好或者是自己没有机会、没有后台。其实，抱有这样想法的人还真不少，但你如果真给他一个机会，他未必有能力挑得起来！但是君子就不同了。

像陶渊明，不为五斗米折腰，辞官后自己种菜，可是他虽然是自力更生却还不能"丰衣足食"，也和曹雪芹过的日子差不多，"举家食粥酒常赊"。就是这样的生活也没有改变陶渊明的信念与气节，这就是一个君子之所以被称为君子的道理。

有一年重阳节之际，他没有酒喝，当地的官员派人给他送了酒来，他当即痛饮起来，酒酣大睡。之后很惬意地回家去了，这就是君子固穷，君子就算受穷都有格调。所以后来陶渊明才能写出那么美丽的诗句来，他在这样的日子中还能有"采菊东篱下，悠然见南山"的雅兴，让我们不得不折服于他的人格魅力。

"富而无骄"，有地位、有财富，成功了不骄傲。本来这个修养很难，但是比较起"富而好礼，贫而乐"来还是相对容易得多了。我们来看子思与子贡的一段对话，领略一下古人的境界。

孔子的孙子子思在孔子死了之后就过着隐居的生活，子贡在卫国做官，后来坐着豪华的马车，穿着华丽的衣服来看望子思。他大概是要来帮助子思，可是子思出来见他的时候穿得很破。子贡看他这个样子就问他："子思啊，你是不是病了？"子思回答子贡说："我听说一个人没有钱叫贫，但不叫病。如果学了仁义道德而不去做那才叫病。"子贡听了以后很惭愧，赶快就走了。司马迁在《史记》中说，子贡后来一辈子都在为自己当时的话而感到耻辱。

子思的话有点像庄子所说的意思，没有钱的叫贫穷的，但是并没有潦倒，这就是君子的气节。一个人如果真的到了这样的修养境界，那是真的了不起。

古今中外有些人地位高了，依然很谦恭，态度很好，修养极高，这相当不容易。可是如果我们和正在受苦的人相比，就能轻而易举地发现要做到贫而无怨比富而无骄难得多。穷人的一大特点就是爱抱怨，整天不是抱怨天气不好就是抱怨交通堵塞，再不就是抱怨自己没有娶个有钱的老婆，或者自己没有嫁个有钱的丈夫，夫妻之间也因此而常常引发战争。中国有句俗语："贫贱夫妻百事哀"，就有点这个道理。一对整日因为金钱而发愁的夫妻又怎么能做到没有怨恨呢？天长地久，夫妻之间心生悔意，互相就看对方不顺眼。男的开始抱怨自己的老婆太虚荣，不体贴自己；女的开始抱怨自己的老公没出息，不会像人家那样赚大钱，当大官。出于攀比心理，人们的心会失衡，而且人心本来不容易满足，因此说贫而无怨的人在生活中很少见，如果有，这样的人可以说修养极高，一定是胸怀宽广、行为豁达的人，像孔子的大弟子颜回一类的人物。

反过来看富了的人，他们当中也有不少人很有点得意的模样，这种人尤其在先苦后甜的人群中比较多见。有点小人得志的意思，好像很神气，觉得自己有点了不起：你看我从前很辛苦，现在不是比你有钱了吗？这样的人也为数不少，他们的修养不高，身上总是脱不了小家子气。但是富人中有的人修养太好了，就像穷人中也有庄子那样的人一样，这样的人虽然少，但总是有的。他们的态度不因为自己的地位而改变，依然保持一份待人的谦恭与真诚，有时候甚至会让人怀疑他们是不是成就卓越的富豪。像这样的人胸怀宽广，眼界也很是宽广，也许他们能取得这样的成就和他们的气度有非常大的关联。

无论是贫还是富，这样的境遇对我们来说都是一种心理的较量，都是考验我们人格与修养的一所学堂。如果你贫穷，你在这里可以学到悲观、厌世、自暴自弃、怨天尤人，同时你也能够学到豁达、通透、激励、勤奋；如果你是一个富人，你在这里能够学到骄傲、自大、得意、粗俗，但你也可以学到感恩、知足、回报、幸福。一切就看我们自己想怎么学，穷也好，富也罢，做人都要有格调。

不以利害义，也不因义废利

子曰："君子喻于义，小人喻于利。"（《论语·里仁》）孔子云，君子重义，小人重利。孔子的弟子记载，孔子平日较少提及的便是利、命与仁。孔子认为追求富贵是人的本性，"富与贵，人之所欲也"，认为君主在主持国政时应把解决人民的物质生活放在首位，他说："邦有道，贫且贱焉，耻也"。子贡问政时，他回答："足食、足兵、民信之矣。"可见孔子比较看重人民的物质生活，不过他存着"死生有命，富贵在天"的思想，并对义给予了更多的关注，而对利则持谨慎保守的态度，所以在《论语》中很少找到孔子谈论利的内容。

儒家主张将利与义结合起来的义利观。所以他在《论语·里仁》又说："君子之于天下也，无适也，无莫也，义之于比。"又说："放于利而行，多怨。"

君子对于天下的事情，不会坚持一定要怎么做，也不会坚持一定不怎么做；只看怎么合理，便怎么做。适莫，厚薄也；比，亲也。君子与人无有偏颇厚薄，唯仁义是亲。如果事事以利作为行为准则，那么定会招致怨愤。

在儒家看来，义与利是密切统一的，义中含利，而利中显义，如果简单地将义与利作为君子与小人的划分标准，实际上是把义与利二者分割开来，对立起来，怂恿人们去追求一种虚幻的道德满足感。

古人有"务义"之说，何谓义？何谓利？义者，"事之所宜也"，是某种特定的伦理规范和道德原则，是儒者们心中至高无上的道义。"立人之道曰义，生人之用曰利。出义入利，人道不立；出利入害，人用不生……利义之际，其为别也大；利害之际，其相因也微。夫孰知义之必利，而利之非可以利者乎……'智莫有大焉'也，务义以远？害而已矣。"义与利是对立的统一，有一定的界限。利与害也是对立的统一，经常相互转化。专意求利，却常常得害；唯有专意遵义而行，才能免除祸害。"出利入害，人用不生。"儒家还认为人离开物质利益就要陷入危险境地，不能充分发挥人的作用，因此，君子也不可不食人间烟火，有时也要"喻于利"。在这点上，义乌商人的精神就很值得我们学习。

义乌古称乌伤，此名的由来缘于一个美丽动人的故事。相传，有一个叫颜乌的孝子，虽然出身贫寒，却深知礼义，孝敬长辈。有一年，与颜乌相依为命的父亲病故了，他无钱办丧事，只得独自筑坟安葬父亲。他日里负土堆垒，晚上通宵守坟，一群乌鸦看见这般情景，深为感动，纷纷衔土相助。坟终于筑好了，可是乌鸦的嘴巴也全都啄伤了。从此，这个故事就四处传扬开去，秦始皇时定名为乌伤县，唐时改称义乌。

义乌自古多商，追求利益可以说是商人的基本特征，作为商人，总是以最高的经济效益为目标，把获得最大的利润作为自己最大的追求，义乌商人也不例外。然而，义乌商人除了重利，同样重义。在生意场上，义乌商人总是千方百计地先让进货者赚钱，因为只有等进货人赚到了钱，他才会回过头来继续买你的货，进而让你赚更多的钱，即所谓的"利滚利"。诚信经营，逐利的同时不忘道义，才会有持久的发展。因此，"喻于利"没有错，错的只是争名夺利的手段。

确实如此，儒家所强调的核心思想"内圣外王"，就是要人们注重个人的修养，力求人人皆为尧舜。明代李贽在《与庄纯夫书》中写道："孝友忠信，损己利人，胜似今世称学道者。"但有时，一味放弃自己应得的"利"，处处宽忍退让，只会助长小人的贪婪。鲁迅先生曾说："道德这事，必须普遍，人人应做，人人能行，又于自他两利，才有存在的价值。"所以说，在"义"的前提下追求自己应得的"利"是正常且正当的。

孟子虽然宣扬"舍生取义"，但并没有否认生命的价值，所以说"生亦我所欲也。"而"居仁由义"可说是道德的理想境界，儒家有种种的道德原则和规范，个人追求物质利益之时，不能背信弃义，要受义的制约，孟子所谓的"富贵不能淫，贫贱不能移，威武不能屈"正是此意。

宋明理学强调道德的价值，对于生命的价值重视也不多。其实，儒家的义利观中，明明白白地存着一个"珍生"的思想，充分肯定了生命的价值，从珍视生命的角度阐释了义与利的辩证关系。所谓"圣人者人之徒，人者生之徒。既已有是人矣，则不得不珍其生"。人是生物，就应该珍视自己的生命，珍视生命，就应该珍视自己的身体，反对一切鄙视身体的观点。利，不可忽视，但生活必须合乎道义才有真正的价值。古人说："将贵其生，生非不可贵也；将舍其生，生非不可舍也……生以载义，生可贵；义以立生，生可舍。"生活必须体现道义，这样的生才是可贵的；紧要关头，应该舍生取义。林则徐曾以一句"苟利国家生死以，岂因祸福避趋之"毅然决然地在义与利之间作出了抉择。

儒家的义利观，告诉我们只有义才能给人带来长久的利。汉代经学大师孔安国说："每事依利而行，取怨之道。"宋代学者程颐说："欲利于己，必害于人，故多怨。"在人生的大道上，总会遇到许多义与利之间的艰难抉择，但我们或许不知道，生命的旅程中，若能摒弃一己私利，以道义为重，有时会得到意想不到的收获。

宋朝丞相文天祥在旁人以"人生如寄"诗句劝降时，濡墨挥笔，写下《浩浩歌》一首，表明其舍生取义的心志。寥寥数言，义与利之间的取舍，跃然纸上。"浩浩歌，人生如寄可奈何……乃知世间为长物，唯有真我难灭磨。"

虽然说逐"利"是天经地义的事情，就连圣人也是赞同的，但是，在追逐"利"的同时也要心怀天下，顾及到他人的利益，这样才更能获得别人广泛的尊敬和认可。

名利不过一场空，存义方能永恒。这是儒家倡言不衰的义利观，直至今日，它给予我们现代人的启示无疑仍是深刻的。

比名利更重要的是人格

这也许只是战国时代一个普通的日子，云淡风轻。孟老夫子的马车驰骋在去往齐国的路上，碰巧路遇弟子充虞，师徒对话间，夫子一句"如欲平治天下，当今之世，舍我其谁也"，如一股浩然正气奔涌而出，瞬间便"沛乎塞苍冥"。正是这股浩然正气使孟子不与混乱的现实环境妥协，始终坚持自己的理想和人格，成为顶天立地的大丈夫。

像孟子这样的圣人，并不是不懂得怎样去"阿世苟合"，向时代风气妥协，以便获取自己本身的利益。他实在"非不能也"，而是不肯为也，宁可为真理正义穷困受苦，也不愿苟且现实，追求那些功名富贵。人格远比名利更重。

这就是圣人人格。

人格是构建人生大厦的支柱，没有它，壮丽与辉煌将无从谈起；人格是人生的风帆，有了它，才能驶向理想的彼岸；人格是一个人的名片，在这张名片上印制高尚，人生之路畅通无阻，而一旦打上卑鄙的烙印，一世难再有英名。人格是人生亮丽的风景线，唯有它，才具有吸引人、影响人的巨大魅力。人格高尚者，让世人敬重，如屈原、孟子、陶渊明、李白、文天祥等，一世英名照汗青；人格低下者，让世人唾弃，如秦桧、严嵩、慈禧等，遗臭万年遭唾弃。

传说有个姓秦的浙江巡抚，上任后见秦桧夫妇的跪像受辱，感到面目无光，想将铁像搬走。为免激起民愤，他命人在夜间偷偷地把铁像搬走，扔进西湖。不料，次日湖水忽然发生恶臭。由于岳王坟的铁像不翼而飞，百姓纷纷要求官府调查。不久，铁像竟然从湖底浮起。百姓将铁像捞起，放回岳王坟前，湖水又清明如初，臭味全无了。百姓都认为是秦桧弄污了西湖。姓秦的巡抚见此情形，亦无可奈何。

后来有秦姓人作诗："人自宋后少名桧，我在坟前枉姓秦。"秦桧就这样向罪恶交出了自己的人格，从此遗臭万年，永被后来人唾弃。

谁爱遗臭万年，想必只有那些沽名钓誉之徒、贪婪无耻之辈，而大多数人都想保持着清白的良心，无愧于天地地过完此生，以求无憾。还有很多人活出了常人难以企及的大人格，为后世传颂。

因此，在《正气歌》中，文天祥诗云："天地有正气，杂然赋流形。下则为河岳，上则为日星。于人曰浩然，沛乎塞苍冥。皇路当清夷，含和吐明庭。时穷节乃见，一一垂丹青。"

"当今之世，舍我其谁"，中国历史上能讲出这种话的人可谓空前绝后了。像这种大丈夫一定是有大人格、大境界、大眼光、大胸襟！做人要做大丈夫，生子当如嵇叔夜。

嵇康，字叔夜，"竹林七贤"之一，他一面崇尚老庄，恬静寡欲，好服食，求长生；一面却尚奇任侠，刚肠疾恶，在现实生活中锋芒毕露，他对那些传世久远、名目堂皇的教条礼法不以为然，更深恶痛绝乌烟瘴气、尔虞我诈的官场仕途。他宁愿在洛阳城外做一个默默无闻而自由自在的打铁匠，也不愿与竖子们同流合污。所以，当他的朋友山涛向朝廷推荐他做官时，他毅然决然地与山涛绝交，并写了历史上著名的《与山巨源绝交书》，以明心志。

不幸的是，嵇康那卓越的才华和不羁的性格，最终为他招来了祸端。他提出的"非汤武而薄周孔""越名教而任自然"

的人生主张，深深刺痛了当政者。于是，在钟会之流的诽谤和唆使下，公元262年，统治者司马昭下令将嵇康处死。

在刑场上，有三千太学生向朝廷请愿，请求赦免嵇康。而此刻嵇康所想的，不是他那神采飞扬的生命即将终止，却是一首美妙绝伦的音乐后继无人。他要过一架琴，在高高的刑台上，面对前来为他送行的人们，铮铮琴声响起，激越的曲调，铺天盖地，飘进每个人心中。弹毕，嵇康从容地引首就戮，那一刻，残阳如血。从此，《广陵散》绝。

那一年嵇康39岁。

嵇康钟情于道家，孟子为儒，两人都有着狂放的性格以及决不谀世的情操，真可谓大丈夫也。这就是自古高风亮节的代表。也许他们在当时志不能伸，却留一世英名与后人。

完美人生来自完美人格，我辈即使不能名垂千古，也要携一身正气，如果不能照亮世界，也要照亮自己的人生，这才不枉人世走一遭。古词说得好：尔曹身与名俱灭，不废江河万古流。"名利"二字，自古最留不住，唯有伟大的人格能得立于天地间与之相亘久。名利与人格，孰重孰轻，不言而明。

虚名只是个累人的噱头

子张问曰：令尹子文三仕为令尹，无喜色。三已之，无愠

色。旧令尹之政，必以告新令尹。何如？子曰：忠矣。曰：仁矣乎？曰：未知，焉得仁？（《论语·公冶长》）

令尹子文是春秋战国时代，楚国的名宰相。姓斗，名谷于菟。这里是孔子和弟子子张的对话。子张说："老师，楚国人子文三次做宰相，有三次被罢免，但是他三起三落时没有任何的喜色也没有任何的怒色。这样的人怎么样？"孔子向来对这样的人很钦佩，他们的修养可以说非常之高，宠辱不惊且淡泊明志，不是一般人能做到的。

我们平常看到的情况多半是"人逢喜事精神爽"，遇到高兴的事谁能不喜形于色呢？但是这个楚国宰相没有。后来又几次下台了，一般人肯定是心灰意冷或者心有不甘，但是人家依然故我，丝毫不见怒色、忧色。这就是人生的修养。富贵名利当然人人都想要，但是得之受惊，或者失之若惊就谈不上什么高境界。这是儒家的富贵名利观。

在今天这个充斥着得失竞争的世界里，儒家的名利观对我们来说很有借鉴意义。许多人因为参不透名利，结果在复杂的人事变动中患得患失，宠辱皆惊。结果自己不开心，对于现实状况也于事无补。反而让自己陷入名利沼泽，被虚名累坏己身，真是得不偿失。

古往今来，这样的例子不在少数。而因为好名，所以也就有了沽名钓誉的人。

有一个书生因为像晋人车胤那样借萤火夜读，在乡里出了名，乡里的人都十分敬仰他的所作所为。一天早晨，有一人去拜访他，想向他求教。可是这位书生的家人告诉拜访者，说书生不在家，已经出门了。来拜访的人十分不解地问："哪里有夜里借萤火读书，学一个通宵，而清晨大好的时光不读书却去干别的杂事的道理？"家人如实地回答说："没有其他的原因，主要是因为要捕萤，所以一大早出去了，到黄昏的时候就会回来的。"

这个故事读来令人啼笑皆非，车胤夜读是真用功、真求知，而这个虚伪的书生真的好学到这种地步吗？在大好的天光下出门捕萤，黄昏再回来装模作样地表演一番，完全是本末倒置，"名"是有了，但时间一长难免不会露出马脚。靠一时的投机哗众取宠，这样的"名"往往很短暂，如过眼云烟，很快会被世人遗忘。那时，这位"名人"便也不再风光了。

追求名誉难免不被虚名所累，误了一生。其实看开了，虚名不过是噱头，可惜的是太多人被它牵制、累坏。

虚名能为人带来一时心理的满足感，也就使争虚名的事常有发生。虚名本身毫无价值、毫无意义，任何一个有识之士，都不会看重虚名。为了虚名而去争斗，是人世间各种矛盾、冲

突的重要起因，也是人生之中诸多烦恼、愁苦的根源所在。历史上多少悲剧出于争名夺誉，人们只看到了虚名表面的好处，却不知道，在虚名的背后，埋藏了多少辛酸和苦难，为了承受这么一个毫无价值的虚名，人们常常暗中钩心斗角，明里打得头破血流，朋友反目为仇，兄弟自相残杀，虚名之累，有什么好处？

面对虚名，我们要力求不受它的诱惑，不使自己背上沉重的思想包袱。一有名气，争得了这份荣誉，必然要受到一些非难和妒忌，还要承受外界的压力。有时由于这种虚名的获得，使人缺乏冷静的心态，忘乎所以，而骄傲起来，自以为了不起，其实一切都是虚的，不作进一步的努力，到最后什么也得不到。所以说虚名害人，不可追逐。

虚名是人心灵上的大包袱，让人没有一刻轻松，让人失去自我，让人失掉别人的尊重与承认，更危险的是贪慕虚名可能会成为对手的机会，到时受到的伤害有多惨重，是无可估量的。

患得患失是失败的先兆

患得患失就是一味地担心得失，斤斤计较个人的得失。患得患失是人生的精神枷锁，是附在人身上的阴影，是浮躁的一个重要表现形式。

生活中往往有这样一些人，做什么事情之前都要反复考虑，做完之后又放心不下，对方方面面都考虑得尽量周到。如有不妥，就很担心把事情办砸并担心别人对自己的看法，并且极其注重个人的得失。他们被笼罩在患得患失的阴影之中，心房被得失纷扰得没有一分安宁。

同时，患得患失会使一个人分神在许多事情上。最终精力都被浪费在无用的胡思乱想上了，怎么会成功呢？

传说中的后羿是一位神射手。他练就了一身百步穿杨的好本领，立射、跪射、骑射样样精通，而且箭箭都射中靶心，几乎从来没有失过手。人们争相传颂他高超的射技，对他非常敬佩。

夏王也从左右的嘴里听说了这位神射手的本领，也目睹过后羿的表演，十分欣赏他的功夫。有一天，夏王想把后羿召入宫中来，单独给自己演习一番，好尽情领略他那炉火纯青的射技。

于是，夏王命人把后羿找来，带他到御花园里找了个开阔地带，叫人拿来了一块一尺见方、靶心直径大约一寸的兽皮箭靶，用手指着说："今天请先生来，是想请你展示一下你精湛的本领，这个箭靶就是你的目标。为了使这次表演不至于因为

没有彩头而沉闷乏味，我来给你定个赏罚规则：如果射中了的话，我就赏赐给你黄金万两；如果射不中，那就要削减你一千户的封地。现在请先生开始吧！"

后羿听了夏王的话，一言不发，面色变得凝重起来。他慢慢走到离箭靶一百步的地方，脚步显得相当沉重。然后，后羿取出一支箭搭上弓弦，摆好姿势拉开弓开始瞄准。

想到自己这一箭出去可能发生的结果，一向镇定的后羿呼吸变得急促起来，拉弓的手也微微发抖，瞄了几次都没有把箭射出去。后羿终于下定决心松开了弦，箭应声而出，"啪"的一声钉在离靶心足有几寸远的地方。后羿脸色一下子白了，他再次弯弓搭箭，精神却更加不集中了，射出的箭也偏得更加离谱。

后羿收拾弓箭，勉强赔笑向夏王告辞，悻悻地离开了王宫。夏王在失望的同时掩饰不住心头的疑惑，就问手下道："这个神箭手后羿平时射起箭来百发百中，为什么今天跟他定下了赏罚规则，他就大失水准了呢？"

手下解释说："后羿平日射箭，不过是一般练习，在一颗平常心之下，水平自然可以正常发挥。可是今天他射出的成绩直接关系到他的切身利益，叫他怎能静下心来充分施展技术呢？看来一个人只有真正把赏罚置之度外，才能成为当之无愧的神箭手啊！"

后羿的失败缘于他的得失心，他将名利看得太重。可见，患得患失、过分计较自己的利益将会成为我们获得成功的大碍。所以，我们应当从后羿身上吸取教训，面临任何情况时都尽量保持平常心。

患得患失这个成语是从《论语》中而来的，原文中孔子说："鄙夫可与事君也与哉？其未得之也，患得之当做患不得之。既得之，患失之。苟患失之，无所不至矣。"意思是说："鄙夫，难道能同他共事吗？当他没有得到职位的时候，生怕得不着；已经得着了，又怕失去。假若生怕失去，会无所不用其极了。"

鄙夫就是庸俗谫陋的人，在孔子看来，这些人世俗名利心太重，做人做事患得患失，一旦他们害怕失去名利的时候，就很有可能会无做出伤天害理的事情来。所以，儒家教给世人，无论做什么事，绝对不能患得患失，否则就会心有旁骛，不能集中精力，一时失利了倒还是小事，若是信誉扫地，甚至做出有悖道德的事来，那就是大忌了。

争千秋事业，不争一时成败

常言道，莫以成败论英雄。然而，古往今来，真正能做到

不以一时之成败荣辱取人的人，实在少之又少，不过孔子做到了。

传说公冶长善辨鸟语。他生活贫困，经常没有粮食吃。有一次，一只鸟飞到他的房前，大声对他鸣叫着说："公冶长！公冶长！南山有个虎驮羊，尔食肉，我食肠，当急取之勿彷徨。"公冶长听了之后，马上跑到南山，果然看见一只被虎咬死的山羊，于是拿了回来。后来，羊的主人在公冶长家里发现了羊角，就认为是他偷了羊，把他告到鲁国国君那里。公冶长将事情的经过说了一遍，但鲁国国君不信他懂得鸟语，将他关进了监狱。而孔子知道他的秉性，为他向国君申辩、求情。鲁国国君没有理会。

过了几天，公冶长在狱中，听到上次那只鸟又叫道："公冶长！公冶长！齐人出师侵我疆。沂水上，峄山旁，当亟御之勿彷徨。"他听后，马上将此事报告给了国君，国君仍然不相信他的话，但还是派人前去查看，结果真的发现了齐国的军队，于是发兵突袭，取得大胜。因此释放了公冶长，并给了他很多赏赐，还想让他做大官，公冶长坚辞不受，因为他觉得凭自己懂得鸟语获得官位是一种耻辱。

孔子谈到公冶长，说"可以把女儿嫁给他，他虽曾被关押，却是无辜的"，于是就把自己的女儿嫁给了他。

公冶长曾经蒙冤，虽然后来得到平反昭雪，但也难免会遭受世俗的歧视和一些讽言恶语，一般人避之唯恐不及。孔子却能够超脱世俗之偏见，不以一时之荣辱取人。

说此话时，孔子是已经赢得了普遍的社会声誉和有着身份地位的人。他能作出这样的决定，在当时实属难能可贵。社会已经发展了两千多年，很多事情都已发生了翻天覆地的变化，但在"不以成败论英雄"这一点上，人们还是无法如孔子般看得透彻，也无法如冯梦龙般公正、客观。

明朝的冯梦龙曾警告世人："不可以一时之誉，断其为君子；不可以一时之谤，断其为小人。"其主旨在于看人不可以偏概全，不可以一时的荣辱成败取人。其实这是很难做到的，所以《大学》中有云："好而知其恶，恶而知其美者，天下鲜矣。"

一个女孩从小喜爱唱歌，梦想长大以后成为一名歌手。但是，她是一个胆小的人，从来不敢到公共场合去演唱。她的父亲曾经带她去过一个酒吧唱歌，酒吧是父亲的朋友开的，而且她演唱的时候是下午，酒吧里的人很少。

她鼓足勇气开始唱了，是一首民间情歌，歌声像流水一样在酒吧的每一寸地方流淌开来。酒吧里的工作人员纷纷把目光聚集到她的身上，她突然胆怯了，慢慢跟不上伴奏音乐，唱到

第三节时，她走调了。

工作人员轻轻地笑了，这一切都被她看在眼里。她停止了歌唱，黯然地走下来。看到父亲，她流泪了。

她后来再也不敢唱歌了。

女孩后来断了当歌手的梦想，考入了一所师范大学，学的是历史。

有一年，女孩所在的城市举办业余歌手大奖赛，她的父亲有些不甘心，鼓励女儿参加比赛。可是，女孩仍然没有树立信心，她担心会失败。

父亲问她："你现在的梦想是什么？"

"做一位优秀的历史教师。"她告诉父亲。

父亲笑了："既然你的梦想不再是歌手，那就去参加比赛吧，你唱好唱不好都与梦想没有关系。别管别人怎么看。"

女孩终于答应参加比赛了。

她取得了很好的名次，最后成了一位著名歌手。

女孩差点因为工作人员一个无意的嘲笑而错过了人生最想实现的梦想，因为成败在她的心中占据了太重的位子，甚至远远超过她对于歌唱的喜爱，足见成败在人们心中所占的分量之重。对于自己，人们尚且以成败作为是否继续前行的标准，在面对别人时，以成败论英雄自然也就没有什么稀奇了。

于是，现世的人们还在以"成王败寇"评判历史人物，当下的人们还在因一次偶然的成败而吹嘘或泄气。因着这种长久以来形成的偏执观念，许多的人才就此错失，许多的成功半途中断。不妨放下"成王败寇"的标准，还原世人本来的面目，或许看到的会是与想象中大相径庭的真实。

有一首诗这样写道：生命自有其韧性，勇敢地经历岁月寒暑的流迁，承受风霜雨露的考验，就能展现苍劲、瑰丽的生命风采。成败路上滋味千万，都要个中人自己来品鉴了。

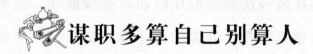 **谋职多算自己别算人**

君子坦荡荡，小人长戚戚。君子坦荡、达观，无论得意或艰困，都能做到俯仰无愧；小人常为名利所绊，患得患失，所以悲切、忧愁。这句话也是告诉人们为人处世不要成天琢磨别人，猜疑别人，致使自己患得患失。不如把这些工夫用在做事上，所谓多琢磨事少琢磨人，这才是儒家所提倡的做事之道。

想想别人的需要

现代社会是个日益全球化、一体化的时代，人与人之间的日常接触变得越来越多，因此处理好各种关系对于任何人来说都是至关重要的。那么如何做好这点呢？几千年前的孔子给我们指出了一条法则："不患人之不己知，患不知人也。"（《论语·学而》）

孔子说，一个人不怕人家不了解你，最怕你自己不了解别人。孔子的这句话放在今天，其实就是告诉我们，如果想和别人真心共处，就要了解别人的需要，要学会换位思考，把自己放在对方的位置上考虑问题。

这是我们现代人谋职生存的很重要的一条原则。这里有两则小寓言，其中所蕴含的正是这个道理。

小羊和小狗是好朋友，一天，小羊请小狗吃饭，它准备了一桌鲜嫩的青草，结果，小狗勉强吃了几口，就再也吃不下去了。过了几天，小狗请小羊吃饭，小狗想，我不能像小羊那样小气，我一定要用最丰盛的宴席来招待它。于是，小狗准备了一桌上好的排骨，小羊却一口也吃不下去。

高山上的狮子和平原上的老虎之间爆发了一场激烈的冲突，到最后两败俱伤。狮子快要断气时，对老虎说："如果不是你非要抢我的地盘，我们也不会弄成现在这样。"老虎吃惊地说："我从未想过要抢你的地盘，我一直以为是你要侵略我。"

看完这两则故事，很多人都不禁哑然失笑，但是笑过之后，我们不妨想一想，小羊与小狗都很热情好客，彼此都把对方当成了自己最尊贵的客人，拿出自己认为是最好的食物来招待对方，结果却弄巧成拙，不但没有达成招待好对方的预期效果，反而给对方留下了一个"小气"的印象。狮子与老虎本是毫不相干的，一个生活在高山，一个生活在平原，却因为互相猜疑而爆发了一场毁灭性的决斗，最终落了个两败俱伤的下场。

其实小羊与小狗、狮子与老虎犯了一个相同的错误，那就是一味地强调自己，而没有充分地了解对方的需要，没有站在对方的立场上思考问题，所以才出现了不该出现的结果，发生了不该发生的一幕。

这一天，魏青患病去医院输液。年轻的小护士为她扎了两针也没有把针扎进血管，眼见着针眼处泛起了青包。疼痛之时魏青正想抱怨几句，却抬头看到了小护士额头上布满了密密的汗珠，那一刻魏青突然想起了自己的小女儿。于是魏青安慰小护士说："不要紧，再来一次！"第三针果然成功了。小护士终于松了口气，她连声说："阿姨，对不起。我真该感谢您让我扎了三次。我是来实习的，这是我第一次给病人扎针，我太紧张了，要不是您的鼓励，我真不敢给您扎了。"魏青听完后告诉她，自己也有个和她差不多大的女儿，正在医科大学读书，她也将有她的第一位患者，所以真心希望自己的女儿第一次扎针也能得到患者的宽容和鼓励。

所以说，有时候试着换位为别人思考一下，就给我们的生活和工作带来许多新的看法，一些原本很可能在酝酿的矛盾争吵也往往因此化于无形了。

做人若能常常想想别人，将心比心，互相体谅，那这个世界将变得更美好。尤其是在办公室里与同事相处时，我们更要多想想，要能与同事分享利益。凡是自己的言行与同事的利益相关，付诸实践前应认真思考一下，你的言行是否构成对同事利益的侵害？如果你自己都接受不了，绝对不能强加给别人。

而一个人最大的毛病，莫过于只知有己，不知有人，处处都不肯为别人着想，一举一动都招致别人的反感。这样的人，成功肯定不会降临到他身上，他的人际关系也会非常糟糕，没有一个人会对他满意。

许多人总是关怀自己的时候多，关怀他人的时候少。尤其是在得意忘形的时候，只知道海阔天空地吹嘘自己，而忘记他人。就算心目中还有他人存在，但一心想抬高自己，面孔上总不免有些傲态，别人看见了，以为你在向他示威，心里就会产生反感。甚至因此而心生嫉妒，那就有可能还要吃大亏了。

所以做人若能待人处事时多想想别人的需要，真心站在别人的立场上为他人着想，自然就会得到别人更多的尊敬和爱戴。人们也将十分乐意与之结交，我们的工作和事业也会因此而更加美好。

多琢磨事，少琢磨人

君子坦荡荡，小人长戚戚。这是《论语·述而》里孔子的一段话。

　　孔子说这句话的意思是：君子坦荡、达观，无论得意或艰困，都能做到俯仰无愧；小人常为名利所绊，患得患失，所以悲切、忧愁。也是告诉人们为人处世不要成天琢磨别人，猜疑别人，致使自己患得患失。不如把这些工夫用在做事上，所谓多琢磨事少琢磨人，这才是儒家所提倡的做事之道。

　　一个人丢失了斧头，就怀疑是邻居的儿子偷的，从此后他便每天观察邻居儿子的言谈举止、神色仪态。这样一观察，他觉得邻居的儿子怎么看都是贼的样子，思索的结果进一步强化了他原来的假想，于是他断定贼就是邻居儿子。可是过了不久，他在山谷里找到了自己砍柴时丢失的斧头，这时候他再看那个邻居的儿子，竟然一点也不像偷斧子的贼了。

　　这个就是"疑人偷斧"的故事。这个人无疑是一个爱成天琢磨别人的人，一开始他就给自己下了个结论，然后走进了猜疑别人的死胡同。要不是后来找到了斧子，不知道他还会做出什么事情呢。

　　古人云"长相知，不相疑"，反之，不相知，必定长相疑。疑神疑鬼的人，看似怀疑别人，实际上是在怀疑自己，缺乏自信。有些人在某些方面自认为不如别人，因而总以为别人在议论自己，看不起自己，算计自己。有些人以前由于轻信别人，在交往中受过骗，蒙受过巨大精神损失和情感挫折，结果万念俱灰，不再相信任何人。一个人自信越足，越容易信任别人，越不易产生猜疑心理。

猜疑好像一条无形的绳索，它会捆绑我们的思路，使我们远离朋友。如果疑心过重的话，那么就会因一些根本没有或不会发生的事而忧愁烦恼，郁郁寡欢，其结果是可能无法结交到朋友，变得孤独寂寞，对身心健康是极为有害的。

有时候，哪怕是一点点的猜疑，也可能让人失去最珍贵的东西。

如《三国演义》中曹操刺杀董卓败露后，与陈宫一起逃至吕伯奢家。曹吕两家是世交，吕伯奢一见到曹操到来，本想杀一头猪款待他，可是曹操听到磨刀之声，又听说要"缚而杀之"，便大起疑心，以为要杀自己，于是不问青红皂白，拔剑误杀无辜。

成天琢磨别人的人，是最可悲的。一个人一旦掉进了猜疑的陷阱里，便容易处处神经过敏，对他人、对自己心生疑虑，损害正常的人际关系。所以，我们每一个人，都应该拓宽我们的胸怀，来增大对别人的信任，排除不良心理，敞开心扉，将心灵深处的猜测和疑虑公之于众，增加心灵透明度，求得彼此之间的了解沟通，增加相互信任，消除隔阂。同时，要无视长舌人传播的流言。猜疑之火往往在长舌人的煽动下，越烧越

旺，导致人失去理智，酿成恶果。

就如孔子所说，君子坦荡荡，我们在社会上谋职立足，要时常体悟儒家先贤的这些至理名言，使自己做一个坦荡的人。在面对流言飞语时，更是千万要冷静，坦诚相待。须知，"长相知，不相疑；不相疑，才能长相知"。

要做就做最好

孔子不仅擅长思想教育，同时他还精通音律。他曾经听春秋时著名乐师襄子弹古琴，根据音律就说出那是歌颂文王的乐曲，后来襄子告诉他确实就是《文王操》。《论语》也记载孔子在听了韶乐以后"三月不知肉味"，并且感叹道："尽美矣，又尽善也。"（《论语·八佾》）

韶乐是周文王的音乐，而孔子最敬佩文王的人格与品行，他认为文王的品行所打造出来的韶乐达到了尽善尽美的境界。

"尽善尽美"这四个字对音乐如此，对我们做人做事也有一定的启示作用。尽善尽美体现在人生中就是工作中的敬业，首先也就是竭尽全力做好本职工作，我们常说的忠于职守、尽职尽责、认真负责、一丝不苟、善始善终，等等，都是竭尽全力尽到本分的表现。不过可惜的是现实中依然存在一部分人，过多地把精力耗费在算计和耍小聪明上，甚至是拉关系或者相互排挤，认为这样就可以保持自己地位，其实都是观念上的误区。把心思用在如何做好本职工作，务求尽善尽美的境界，才是让自己立足长青的最佳法宝。

有一家大型机构的建筑物上有句格言："在此，一切都追求尽善尽美。"这句"追求尽善尽美"很值得我们每个人作为格言，如果每个人都能用这句格言来要求自己，那么无论做什么事情，都会更加趋于完美。同时，这也是职业对我们每个人的诉求，你不敬业，职业也不会回敬你。

不论工作报酬是高是低，我们都应该保持这种良好的工作作风。每个人都应该把自己看成是一名杰出的艺术家，而不是一个平庸的工匠，应该带着热情和信心去工作，在工作中享受由专注、创造所带来的深深的喜悦。虽然人类永远不能做到完美无缺，但是在我们不断增强自己的力量、不断提升自己的时候，我们对自己要求的标准会越来越高，我们也会因此离完美越来越近。做人要尽善，做事当然也应竭尽所能，只有这样才能接近尽善尽美。其实，做事也就是在做人。

只有全心全意、尽职尽责才能获得尽善尽美的效果，而这些正是敬业精神的基础。一个人如果没有职责和理想，生命就会变得没有意义。同样，我们对自己的工作也要如此高标准、严要求。没有哪个人的成功是一蹴而就的，也没有哪个人付出

了却没有收获！我们都要相信上苍在这个问题上无比公正，谁对自己的工作倾注的心血多，谁就更容易看到命运女神的微笑。我们自己也可以这样轻声地问一句：难道别人的成功是因为他的运气好，抑或是天赋好？这样的理由当然不能说服自己。真正的原因在于，他比我们付出了更多的汗水、泪水，甚至是血水！

我们不论做何事，必须竭尽全力，不做则已，要做就做到最好。一个人如果能以生生不息的精神、火焰般的热忱充分发挥自己的特长，那么不论所做的工作怎样，都不会觉得劳苦。如果我们能以充分的热忱去做最平凡的事业，也能成为最精巧的工人，也能达到孔子所说的尽善尽美的境界。而由此我们所能收获的快乐和成就远胜于算计而来的所得。相比较之下，如果以冷淡的态度去做最高尚的工作，也只能是个平庸的工匠而已。所以谋职自立的根本永远都在我们自己身上，倘若能处处以主动、努力的精神来工作，那么即使在最平庸的生活中，我们也能干出一番伟大的事业来。

思不出其位，活在当下

若将人生分为过去、现在和未来三段，立足点还是现在，因为生命就是现在。过去曾是现在，而未来还未到来，是一个冥想中的生命，其实算不得是真实生命的一部分。孔子所说的"君子求诸己"其实也是要求立足于现在的意思，因其讲的是当下自己的心情，过了当下就无须去追究了。

孔子所谓的"思不出其位"，就是告诉人不看远处，只看当下。这个当下既是时间，也是空间，要求专注于现在所做的事情。我们平常的毛病，就是心易到别处去，休闲时想做功课，做功课时想玩耍，都不对。其实你做功课时就做功课，玩时就玩才对。

每个人都有不同的人生阶段，每个人生阶段所要做的事情都不一样，这是从时间上来看；如果从空间上来看，身处不同的位置也应该明白自己在此地而非在彼地的责任。尸位素餐之人不仅其自身的人生意义无处可寻，还妨碍了别人的生活。

作为心忧天下的政治家，孔子还把"思不出其位"做了具体化——思不出其政。看中国历朝皇帝，属明朝的最为奇特，除了开国皇帝朱元璋、他的孙子朱允炆及明成祖朱棣之外，都不太务正业，不是喜欢做木匠，就是躲在深宫之中炼丹修仙。面对这样的君主，孔子纵然有极好的修养，纵然谨守"君君臣臣"之道，恐怕也得顿足痛哭。他当然无法去顾及千年后的明朝了，但是对自己的弟子教诲却很严格。

季氏将要攻打附庸国颛臾。冉有、子路两人拜见孔子，说

道："季氏将对颛臾使用武力。"孔子说："这难道不应该责备你吗？颛臾，先王曾经任命他（的国君）主管祭祀蒙山，而且它处在我们鲁国的疆域之中，这正是跟鲁国共安危的藩属，为什么要去攻打它呢？"

冉有说："那个季氏要这么干，我们两人都不想呢。"孔子说："求！贤人周任有句话说：'估计自己的力量才去就职，如果不能，就应该辞去职位。'比如瞎子遇到危险，不去护持；将要摔倒了，不去搀扶，那又哪里还用得着那些搀扶盲人的人呢？况且你的话错了。老虎犀牛从栅栏里逃了出来，龟壳美玉在匣子里毁坏了，这应责备谁呢？"

冉有说："颛臾，城墙坚固，而且离季孙的封地费县很近。现在不把它占领，日后一定会给子孙留下祸害。"孔子说："求！君子讨厌那种避而不说自己贪心却一定另找借口的人。我听说过：无论是有国的诸侯或者有家（封地）的大夫，不必担心财富不多，只需担心分配不均；不必担心人民太少，只需担心社会不安定。若是财富平均，便没有贫穷；和平相处，便不会人少；安定，便不会倾危。做到这样，远方的人还不归服，便发扬文治教化招致他们。他们来了，就得使他们安心。如今你们两个辅佐季孙，远方的人不归服，却不能用文治教化招致；国家支离破碎，却不能保全；反而想在国境以内使用武力。我恐怕季孙的忧愁不在颛臾，却在宫墙里面。"

《论语》里面多是孔子与弟子对话的只言片语，《季氏将伐颛臾》是为数不多的长篇之一。孔子在这里详尽地论述了他"在其位当谋其政"的政治主张，而且对弟子相当严厉：这难道不应该责备你吗？气存丹田，铿锵有力。前文曾说过劳心劳力均是各司其职，如果不能做好自己的本职工作，又何必用他？

清代纪晓岚的《阅微草堂笔记》里记载了这样一个故事：

一位官员死了之后去见阎王，自称清廉，所到之处只饮一杯水，不收一分钱，自认无愧于心。不料，阎王却大声训斥道："不要钱即为好官，植木偶于堂，并水不饮，不更胜公乎？"官员辩解："某虽无功，亦无罪。"阎王又言："公一生处处求自全，某狱某狱，避嫌疑而不言，非负民乎？某事某事，畏烦重而不举，非负国乎？三载考绩之谓何？无功即有罪矣。"

朝堂之中不乏貌似清廉的泥鳅式官员，纪晓岚也对其痛恨不已。直到今日，亦有许多官员"不求有功，但求无过"，行政不作为。若清廉按此定义，不如将木偶供于朝堂，反正它是铁定不会谋私的。阎王"无功即有罪"的申斥斩钉截铁，大快人心。

从朝堂推及现实生活，也不难发现这样一些蝙蝠式的人物，在兽前装禽，禽前装兽。孔子必定是讨厌这种狡猾的人的，因他没有老老实实地去做自己分内的事情。人们常说喜欢小孩子和老实人，那是因为他们"心中无他"，只有自己正在做的事情，忙碌并乐在其中。

竞争要讲君子风范

儒家主张君子之间竞争也要讲究礼仪规范，不可相互倾轧，同归于尽。同时还要能够适时换位思考，凡事不可只为自己着想，遇事不择手段，不顾君子风范的竞争方式是儒家所鄙弃的。

子曰："君子无所争。必也射乎！揖让而升，下而饮。其争也君子。"（《论语·八佾》）

孔子说："君子与人无争，如果有所争，那就是比赛射箭吧！互相作揖谦让后升堂比试，下堂来，罚输者饮酒。那种竞赛也属于君子之争。"

读罢这段往事不能不让人为之动容。君子无所争，必须竞争比试的时候，也要以君子公正公平、光明正大的方式进行。孔子的原话意思其实就是告诉人们，当你与别人竞争的时候要摆正礼让与竞争的天平，该争的事情要争，但一定要争得合

理，自始至终都应该保持君子风度。

中国文化所讲的君子是讲礼让而得。对于该不该争的问题，孔子是主张不论于人于事，都应该争，但是要争得合理。所谓"揖让而升，下而饮，其争也君子"。讲的是君子就是争，也始终保持君子的风度。

鲁定公十年，齐鲁两国国君在夹谷相会，孔子任鲁君的相礼（相当于今天的司仪）。会盟时，齐国要以奏四方之乐为名，刀枪剑戟，鼓噪而至，以便在乱中劫持鲁君。孔子见状，立即登上盟坛土阶，两眼直视齐景公，以礼怒斥。齐景公心知失礼，只得将这班人马斥退，并表示歉意，孔子赢得了第一个回合的胜利。在双方最后缔订盟约时，齐国突然增加一条，规定：在齐国出征时，如果鲁国不派三百乘兵车相从，就是破坏盟约。这显然是要鲁国无条件承认自己是齐国的附庸国。当时，齐强鲁弱，这一条难以拒绝，但孔子又不想无条件接受，所以，立即提出了另一个新条款：如果不把齐国侵占鲁国的汶阳归还鲁国，而要鲁国出兵车，也是破坏盟约。这使齐景公难堪，会后只好把占领的汶阳地区郓、灌、龟阴三地归还鲁国。孔子又赢得了第二个回合的胜利。

孔子对这样"欺辱"他的对手都能以礼相待，做到"其争也君子"，真是真真正正的君子。

有所争才能真正和。孔子的这种思想，在现代办公室工作中仍然起着一定的作用，我们对和谐的日益关注，将越加显出它的重要来。我们同事之间虽然表面上看起来会有利害关系，但长远利益是一致的，何况同事之间除了竞争关系还有朋友与协作的关系，怎么就不能做到正大光明地良性竞争呢？

竞争使人进步，而背后的礼让更是进行良性竞争的秘诀。我们生活在竞争日益激烈的现代社会，应当学习儒家建立一种崇尚良性、充满善意的积极竞争的风尚，同事之间、对手之间的竞争应该在一个公平的环境中有序进行。竞争的至高境界是和谐，而不是损耗式的"互燃"。在汉字中，许多词很有深意，比如同在一个单位工作的人叫"同事"，为什么要这样讲？"同事"一词我们可以解释为"为共同事业一起努力的人"。这意味着同事之间要同舟共济而不是互相拆台，尽管有时候彼此之间会有利益纷争，但是长远目标与终极目标都是一致的。

有人把公司比喻成航船，老板是船长，员工就是船员。船员们的职责就是同心协力、风雨同舟，和公司一起谋求大发展，而互相拆台的恶果是船毁人亡。有句老话说得好："捧场都上场，拆台都下台。"体现的也是类似的道理。

谋职竞争当如何？几千年前，孔子就已经给我们确立了关于竞争之道的典范：君子无所争，其争也君子。

要有独当一面的才干

孔子说："不患无位，患所以立；不患莫己知，求为可知也。"（《论语·里仁》）"不怕没有职位，只怕自己没有占据这职位的本领；不怕没有人知道自己，而是要做到掌握可让人知道的本领。"这是孔子对人生地位的一种敏锐的洞察。一个人不怕没有地位，最怕的是自己没有什么东西能让自己立得起来。儒家的"立"，一般是指立德、立功、立言。要想达到这些成就是很难的，对于普通人来说，"立"，就是要凭借自己真实的本领，靠自己的一技之长，自食其力。不要担心别人不了解你，只要能充实自己，别人很自然地就能认可你的才干。

蔺相如就是以自己的才识和胆识为本，建立起自己的地位和事业的。蔺相如早些时候颇有些怀才不遇，但是这并不妨碍一个真正的人才的脱颖而出。蔺相如是个有勇有谋之人，这在后来的历史中很快得到了证实。

蔺相如当时还只是宦官缪贤舍下的一名食客。"和氏之璧"落到赵惠文王手里不久，消息便传到秦昭襄王耳朵里。秦昭襄王依仗秦国强大，想要得到和氏璧，佯称愿以15座城来换。接到秦王的信后，赵王君臣被难坏了。若是答应，怕上秦王的当；若不答应，又怕被秦国攻打。正在久议不决之时，宦官缪贤说："我家门客蔺相如，有智谋，善言辩，而且一身是胆，可以与他商议。"于是，赵王把蔺相如招来，问他有什么办法，蔺相如说："秦国说用城换璧，赵国不答应，赵国理亏；赵国给秦国璧，秦国不给赵国城，秦国理亏。依我看，还是把璧给秦国。如果没人去，我愿带璧前往，如果秦国拿城交换，我就把璧给秦国；如果秦国不拿城交换，我就誓死把璧带回赵国"。赵王觉得蔺相如说得有理，于是就派他出使秦国。到了秦国，秦王召见了蔺相如。当蔺相如献上和氏璧之后，秦王十分喜爱，一味把玩，并将玉传于大臣和美女们观看，丝毫没有拿城交换的意思。蔺相如见此情景，觉得秦王并无诚意以城换璧，于是心生一计。他走上前对秦王说："这块玉上有点小毛病，我来指给大王看。"当蔺相如接到璧后，急忙退到柱子旁边，怒气冲冲地对秦王说："从赵国来之前，赵王和群臣商议，大家说秦王贪婪，想依仗他的势力来要璧，说用城换璧是假的。我说平民百姓交往还讲信用，何况作为大国的秦国呢？所以赵王才派我送璧来。可是大王今天对我很傲慢，把璧随随便便地传着看，根本没有诚意拿城交换。现在，璧就在我的手里，如果大王要威逼强夺，那我就拼着头颅与这璧一同撞碎在柱子上。"蔺相如说着，就装着要往柱子上猛撞。秦王见状，十分惊慌，连忙制止，表示歉意，并命人把地图拿来，装模作样指着地图告诉蔺相如，从这里到那里，一共15座城，都划归赵国。蔺相如看穿了秦王的狡诈手段，说："和氏璧是天下稀有珍宝。来时赵王斋戒了五日，今天大王要接受这块璧，也应斋戒五日。"秦王知道不能强夺，只得答应。事后，蔺相如叫他的随从化装成平民携带着璧抄小道赶回赵国。五天以后秦王按照礼节在王宫接见了蔺相如。蔺相如义正词严地对秦王说："秦国自缪王以来，从未讲过信义。这次我也怕上当受骗，所以派人把璧送回赵国去了。秦国是强国，赵国是弱国，只要你有诚意用15座城来换和氏璧，派一个使臣去赵国，赵王不会不答应。我知道我现在得罪了大王，请大王治我的罪吧！"秦王虽然气得发抖，但也没办法，只好放蔺相如回去。结果，秦国没有给赵国城，赵国也没有给秦国璧。

　　蔺相如的经历告诉我们，做人无论低调高调，都要首先确定自己有所以立的资本，换句现在的俗话说，要有实打实的能力。只有身怀绝技才能大显身手，才能让自己路好走。蔺相如就是有勇有谋，所以能完璧归赵，众人也都看到了他的才能，后来不久蔺相如也果然因此受到赵惠文王的重用，拜为赵国的上卿。

　　可见，一技之长是个人的生存之本，它就是人的"铁饭碗"，凭借它无论走到哪里都能生存立足。

猫和狐狸外出去朝拜圣地，它俩打扮得像两个小圣徒，实际上是两个圆滑习钻、阿谀奉承的伪君子，名副其实的骗子。他俩一路上尽干坏事，没少骗吃家禽和干酪。根本不花费自己一个铜子。

漫长的旅途十分枯燥无聊，用争论问题来打发时光是一个好办法。整日里，空旷的路上充斥着这两位朝圣者的吵嚷声。在结束一个话题后，两者谈起了周围的同伴。狐狸对猫轻蔑地说道："你自认为聪明，其实你懂些什么，我有的是锦囊妙计。"

"那有什么用，"猫说，"我的袋子里只有一招，但它足以赛过各种计谋。"于是两者之间又重新爆发了新一轮的争论，各说各的理，吵得不可开交。

就在这时候，一群猎狗赶了来，于是争吵得以迅速平息。猫对狐狸说："朋友，现在就看你有什么锦囊妙计了，多动脑筋想想看，赶紧找一条逃生之计吧，对我来讲就看这一招了。"话音刚落，猫纵身跳到树上，爬了上去。这只狐狸只得动脑筋想办法了，然而，它想出上百条计谋但不知哪一条更有利于逃生，不得已钻进一个窝穴，在烟熏和猎狗的追咬下，狐狸冒险钻出地面试图逃跑，随即被动作利索的猎狗一拥而上，咬住咽喉活活咬死了。

从这则寓言中，我们可以看到掌握一技之长是多么重要。做人不要忧惧自己是否已经出人头地，而是应当思考自己有什么可以独当一面的过人之处。因为只有如此，在关键的时候，我们才能临危不惧，镇定自若，开合有度，逢凶化吉。而且，独当一面的才干也是个人自下而上的重要资本。

人生难得是乐业

子曰：知之者不如好之者，好之者不如乐之者。这是《论语·雍也》中的一段话，在这里，孔子告诉人们说："知道它的人不如喜好它的人，喜好它的人不如以它为乐的人。"

确实，任何一项事业，都需要一种无形的精神力量作为支撑。这种精神就是像信仰神祇一样信仰职业，像热爱生命一样热爱工作。做到喜欢它，并以它为乐。敬业是职业人士的基本要求，而乐业就属于境界问题了。要想达到这一境界确实有些难，例如下面故事里这个对工作也算有激情的女孩，同样遇到了难以乐业的问题。

刘琳是个漂亮的女孩，办事勤奋，为人热情，一向很努力，有着远大的理想。但是，她工作八年来，工资越挣越少，换了很多公司，都是干不了多久就被解雇了。上班的时候，她一边工作一边抱怨工作条件不好、客户信誉不好、行业不景气、老板不认真、自己多么倒霉，同时又分散精力干好友拜托的事，如提醒好友晚上去赴宴穿什么衣服之类琐碎的生活小事。她被自己折磨得又累又烦，什么都不能专心做好。她越来越不快乐了，每天都陷在忧郁、惊恐、不安的情绪中。

没有了积极情绪，更谈不上快乐工作了。我们身边这样的人有很多，他们并不是人品不好，但就是工作没有成效，因为他们不能踏踏实实地专注于自己的生活与工作，一味地好高骛远，心思飘忽烦躁，又乱又忙。

如果一个人在上班的时候，脑子还在挂念今天有什么球赛，或者回味昨天夜晚的狂欢，或者考虑怎样完成另外一份工作，那就会连最基本的"专注"都做不到。更不用说"专与精"了，结果只会一天又一天浑浑噩噩地走过，在混乱和无助中度过自己的职业生涯。

其实，学习和进德修业，都有三种不同的境界：一是知道，这一境界偏重于理性，对象外在于己，你是你，我是我，往往失之交臂，不能把握自如。二是喜好，这一境界触及情感，发生兴趣，就像熟识的友人他乡相遇，亲切之感油然而生，依然是外在于我，但却相交虽融融、物我两相知。三是乐在其中，也就是陶醉。陶醉于其中，以它为赏心乐事，就像亲密爱人一样，达到物我两忘、合二而一的境界。这是人生最理

想的生存状态。在这种状态下，身心都会感到快慰、自由。如果以这种状态投入工作，那么工作就是一种乐趣，效率也会大为提高。

在工作中，我们很多时候都能寻找到乐趣，正如林肯所说的："只要心里想快乐，绝大部分人都能如愿以偿。"但许多人不是到工作中去寻找乐趣，而是等待乐趣，等待未来发生能给他带来快乐的事情。他们以为找到好工作以后就会快乐起来，这种人往往是痛苦多于快乐。他们不理解快乐是一种心理习惯、一种态度，这种态度是可以培养发展起来的。一个电话接线员或是一个小公司的会计，每天都做着相同的工作：处理客户的来电、统计报表……也许我们会感觉单调无味到了极点，但假如我们把自己每天的工作量都记录下来，鞭策自己一天要比一天进步，一段时间后，也许会发现我们的工作不再是单调、枯燥的，而是很有趣的。这是因为我们的心理上有了竞争，每天都怀有新的希望。难怪心理学家加贝尔博士说："快乐纯粹是内在的，它不是由于客体，而是由于观念、思想和态度而产生的。不论环境如何，个人的活动能够发展和指导这些观念、思想和态度。"

"好之者不如乐之者"，这是儒家教给我们的做事哲理。的确，乐业，是一种高度，也是前人对我们的要求。没有人一辈

子被人养着，不劳动却锦衣玉食，即使能够这样，寄生虫式的生活也不会让他得到多少快乐和满足，成就感更无从谈起。只有真正体验到自己工作的乐趣，才能充满快乐和充实感，才能真正体会到工作的意义。

做领导一阵，做好人一世

子曰：为政以德，其如北辰，居其所，而众星共之。为政最重要是"德"。他认为一个大政治家的风范应当像天空中的北斗星一样，它不因季节和时令而有所改变，也就是说孔子觉得一个政治家应当有自己的信念、气节，不会由于一些外界因素的干扰而改变自己的初衷。

做官一阵子，做人一辈子

子产是郑国的大政治家，是孔子最敬佩的人之一。在《论语》中孔子谈到子产的有好几处。比如《论语·宪问》篇："或问子产。子曰：惠人也。问子西，曰：彼哉！彼哉！问管仲。曰：人也，夺伯氏骈邑三百，饭疏食，没齿无怨言。"有一次，有人问孔子：你觉得郑国的子产怎么样啊？孔子说：噢，子产是个了不起的大政治家呢。子产当政的时候，对社会贡献很大，对国家的老百姓，是有恩惠的人。但是这个人好像还一副很不满足的样子，又接着问孔子：你认为楚国宰相子西如何呢？孔子回复他的话有无限的未完之意，他说："他啊，他啊！"言下之意，是孔子对他不是很钦佩，但是孔子又不好直接说什么。为什么要这样说呢？这里有一个插曲，知道了这个故事就明白孔子为什么做如此回答。孔子在春秋时代弟子三千，而且有很多能人、贤人，所以他的名声很大。当他来到楚国的时候，这位大宰相子西怕位置不保，担心孔子来抢了他的宝座。就这一件事我们就能看出子西这个人胸怀不够宽广，很有点嫉贤妒能的意思，同时他还用小人之心度君子之腹。一个国家有这样一个人当宰相，他能为他的母邦带来什么实质性的贡献呢？

接下来这个人又把春秋时的几个大宰相放在一起，让孔子来做个比较。他又问道："那你认为管仲这个人怎么样啊？"我们知道没有管仲就不会有齐桓公的称霸，是他帮助齐桓公七连诸侯，这在当时是个了不起的功绩。因为当时诸侯纷争，国际风云际会，而齐桓公能号令天下，成为霸主，全部仰仗管仲之力。所以孔子对管仲很是佩服，称赞道：管仲才算得上是一个真正意义上的人。真了不起！他在当政的时候，能够把齐国另一大夫伯氏，连着的好田三百没为公有，而伯氏一家人因此穷困，只有青菜淡饭可吃，但一直到死，没有怨恨管仲，心服口服。所以孔子说他能够称为一个人，了不起！我们如果稍微注意一下，就能发现孔子心中的标准。他为什么不说管仲也是一位大政治家呢？这是因为仅仅如此说，会降低管仲的价值。因为政治家只是一个政治上很有作为的人物，而能够将别人的财产拿走，还能让别人没有一丝一毫的怨言，这就不是一个"政治家"所能概括得了的了。所以孔子称他是一个"人"。

在这里，孔子表明了他的对于做官的品德的评定标准，那就是：做官只有一阵子，做人却是我们一辈子的事业。做人比起做官要重要得多，自古至今，这都是一个朴素而深刻的道理。

清代康熙年间，北京城里延寿寺街上廉记书铺的店堂里，一个书生模样的青年站在离账台不远的书架边看书。这时账台前一位少年购买一本《吕氏春秋》正在付书款，有一枚铜钱掉地滚到这个青年的脚边，青年斜睨眼睛扫了一下周围，就挪动右脚，把铜钱踏在脚底。不一会儿，那少年付完钱离开店堂，这个青年就俯下身去拾起脚底下的这枚铜钱。凑巧，这个青年踏钱、取钱的一幕，被店堂里边坐在凳上的一位老翁看见了。他盯着这个青年看了很久，然后站起身来走到青年面前，同青年攀谈，知道他叫范晓杰，还了解了他的家庭情况。原来，范晓杰的父亲在国子监任助教，他跟随父亲到了北京，在国子监读书已经多年了。今天偶尔走过延寿寺街，见廉记书铺的书价比别的书店低廉，所以进来看看。老翁冷冷一笑，就告辞离开了。后来，范晓杰以监生的身份进入誊录馆工作，不久，他到吏部应考合格，被选派到江苏常熟县去任县尉官职。范晓杰高兴极了，便水陆兼程南下上任。到了南京的第二天，他先去常熟县的上级衙门江宁府投帖报到，请求谒见上司。当时，江苏巡抚大人汤斌就在江宁府衙，他收了范晓杰的名帖，没有接见。范晓杰只得回驿馆住下。过一天去，又得不到接见。这样一连十天。第十一天，范晓杰耐着性子又去谒见，威严的府衙护卫官向他传达巡抚大人的命令："范晓杰不必去常熟县上任了，你的名字已经写进被弹劾的奏章，革职了。""大人弹劾我，我犯了什么罪？"范晓杰莫名其妙，便迫不及待地问。"贪钱。"护卫官从容地回答。

"啊？"范晓杰大吃一惊，自忖："我还没有到任，怎么会有贪污的赃证？"一定是巡抚大人弄错了。急忙请求当面向巡抚大人陈述，澄清事实。护卫官进去禀报后，又出来传达巡抚大人的话："范晓杰，你不记得延寿寺街上书铺中的事了吗？你当秀才的时候尚且爱一枚铜钱如命，今天侥幸当上了地方官，以后能不绞尽脑汁贪污而成为一名戴乌纱帽的强盗吗？请你马上解下官印离开这里，不要使百姓受苦了。"范晓杰这才想起以前在廉记书铺里遇到的老翁，原来就是正在私巡察访的巡抚大人汤斌。

一枚铜钱断了范晓杰的政治之路，让他在还没有起飞的时候就先折了翼，归根究底不是那一枚铜钱有多厉害，而是他不会做人，人都没做好，又如何能做好事情呢？做不好事情也做不好官，这就是做官一阵子，做人一辈子的核心。所以我们今天学习儒家文化，通晓其做官做人哲学，有着很现实的借鉴意义。

能推功揽过，才是领袖风范

在战场上打了败仗，哪一个敢走在最后面？但春秋时候有一个叫孟之反的人却不是如此："子曰：孟之反不伐，奔而殿，将入门，策其马曰：非敢后也，马不进也！"孟之反叫前方败下来的人先撤退，自己一人断后，快要进到自己城门时，才赶紧用鞭子，抽在马屁股上，超到队伍前面去，然后告诉大家说："不是我胆子大，敢在你们背后挡住敌人，实在这匹马跑不动，真是要命啊！"

孔子对孟之反十分推崇，认为他善于立身自处，怕引起同事之间的摩擦，不但不自己表功，而且还自谦以免除同事之间彼此的忌妒，以免损及国家。一个优秀的领导者应当像孟之反一样，时刻体察自己的下属，不揽功，不诿过，这样才能赢得下属的追随。

换言之，能推功揽过的才是真正的领袖风范。

李卫是公司的营销主管。他很民主，常会听取下属的意见："这看法不错，你将它写下来，这星期内提出来给我。"下属们听了这话会很高兴，踊跃地作各种企划，大家争着提供意见，当然，其中的大部分，也都为李卫所采用了。然而，每一次发表考绩，这一切却都归功于李卫一人。一年后，李卫就完全为部属所叛离了。

李卫感到很迷惑，不了解下属叛离的原因，心想："是他们的构想枯竭了吗？那么再换些新人进来吧！"于是和其他部门交涉，调换了几个新人。

一进来，李卫就向他们提出一个要求："我们营销部，传统上是要发挥分工合作的精神，希望大家能够同心协力，提高营销部的业绩。"然而，并无人加以理会，他们心想："营销部的功绩，最后都归于你一个人，你老是抢别人的功劳，一个人讨好上司。"

将自己部门内的成绩完全归功于自己，是作为一个领导者很容易犯的毛病。任何工作，绝不可能始终靠一个人去完成，即使是一些微不足道的协助，你也要表现由衷的感激，绝不可抹杀部属的努力。作为一个领导者，这是绝对要牢记的。

一个让人放心追随的领导者既不会独占功劳，也不会透过于下属，他们在下属的心里就像一棵可以乘凉的大树，是他们真正可以依靠的靠山。历史记载中秦穆公就是如此，他主动揽孟明视之过，深责自己，三年后，君臣齐心协力雪洗耻辱，算是用行动给后人提供了一个榜样示范。

公元前628年冬，秦国驻郑国的大夫杞子突然派人回国，秘密向秦穆公报告说："郑国人信任我，把都城北门的钥匙交给我保管，这是我国用兵的大好机会。如果您派一支军队来突袭郑国，我们里应外合，一定可以占领郑国，借此扩大疆土，建功立业。"秦穆公听了喜出望外，对领土的贪婪一时间充斥着他的头脑，争霸中原的野心使他再也按捺不住。于是秦穆公立即决定调动大军，袭击郑国。

然而作战经验丰富的老臣蹇叔毕竟老谋深算，他权衡利弊后，坚决反对出师郑国。秦郑两国路途遥远，调动大军长途跋涉，必然精疲力竭，元气大伤。而郑国则可按兵不动，精心准备。精力充沛、援应丰足之师待疲惫之师，自然就会占上风。再说，如此大的行动，浩浩荡荡的军队千里行进，郑国怎么会不知道呢？其他诸侯国也不会坐而视之。一旦兵败，不仅国内人民心中不满，其他诸侯国也会小看秦国。因此，蹇叔力劝秦穆公不要发兵。

但求功心切的秦穆公对蹇叔的话不以为然，坚持派孟明

视、西乞术、白乙丙三将攻打郑国。蹇叔老泪纵横，对孟明视说："我只能看到大军出发，再也看不到你们回来了。"事实果然被蹇叔言中。

次年二月，秦军到滑国后，郑国人弦高贩牛途经滑国，料定秦军将袭郑，遂一边假托奉郑君之命，犒劳秦军，一边派人回国报信。孟明视等人认为郑国早有防范，遂放弃攻郑，灭滑后撤军。但对秦攻郑之举，晋襄公及其谋臣先轸认为是对晋国霸主地位的挑战。为维护晋之霸业，晋襄公决定待秦军疲惫会师之时，在殽山伏击，并遣使联络附近的姜戎配合晋军作战。四月初，晋襄公整顿人马，亲自出征，在殽山一带大败秦军，俘获孟明视、西乞术、白乙丙三人。幸好秦穆公之女文嬴巧施计策，劝晋襄公放回了孟明视三人，秦国才免于三员将帅之损。

秦军大败的消息传到秦国，秦穆公立即认识到自己贪心过重，急于求成，不但劳顿三军，更险些折损三将。于是，秦穆公身穿素服，来到郊外迎接三人，见面时放声大哭："我不听蹇叔的话，使三位受到如此侮辱，这都是我的罪过啊。"孟明视等人叩头请罪，秦穆公说："这是我决策失误，你们何罪之有？我又怎么能用一次过失掩盖你们平时的功绩呢？"之后他对群臣又说："都是我贪心过重，才使你们遭受此祸啊！"秦穆公承担下全部责任，感动了群臣，三帅更是力图回报，欲雪国耻，从此整顿军队，严明纪律，加紧训练，为再次出征作准备。

在兵败而归时，若秦穆公为顾忌脸面，死不认罪，而给三军之罪的话，面子自然可以保住，但从此必会民心不服，也没有哪个将士愿为他卖命了，如此怎可坐稳江山？相反，秦穆公勇于承担责任，揽过于己，不但可获明君之称，更是收买了人心，增强士气，重整旗鼓。

秦穆公的故事给了我们这样的启发。那就是为人领导，要懂得爱护下属，勇于揽过，不找替罪羊开脱自己，这对调动部下积极性，团结上下极为重要。试想，若秦穆公杀了孟明视三人，其结果必然是朝野震动，从此没有请命之将，那么何谈雪耻，攻占城池？不揽功，不诿过，正是儒家所倡导的一个智慧坦荡的领导者的作为，更是赢得人心的法宝。

身正才能为表率

子曰：苟正其身矣，于从政乎何有？不能正其身，如正人何？

意思是说，假如本身公正，去从政，不必讲，当然是好的。"不能正其身，如正人何？"政者正也，要正己才能正人。

假使自己不能端正做榜样，那怎么可以扶正别人呢？

孟子为人正直，说话也耿直，他说梁惠王"庖有肥肉，厩有肥马，民有饥色，野有饿莩，此率兽而食人也。兽相食，且人恶之；为民父母行政，不免于率兽而食人，恶在其为民父母也"。意思是说厨房里有肥嫩的肉，马棚里有壮实的马，老百姓却面带饥色，野外有饿死的人，这如同率领着野兽来吃人啊！野兽自相残食，人们见了尚且厌恶，而身为百姓的父母，施行政事，却不能免于率领野兽来吃人这样的惨剧，这又怎能算是百姓的父母呢？

在这里孟子在讽刺梁惠王"上梁不正下梁歪"。无论是事业还是企业，作为领导人，总是主导着单位的发展方向和道德风气。古语云：上有所好，下必甚焉。中国自古就有"上行下效"的事情。一个领导者的意气风发或萎靡不振，都可以潜移默化地影响周围的人。

东汉末年的曹操被人称为"治世之能臣，乱世之奸雄"，古今向来褒贬不一。然而，虽然其功过不定任由后人评说，但他在治国治军方面却深得将士尊重，因为他深谙管理之道，正人先正己，以身作则。

麦熟时节，曹操率领大军去打仗，沿途的百姓因害怕士兵，躲到村外，无人敢回家收割小麦。曹操得知后，立即派人

挨家挨户告诉百姓和各处看守边境的官吏，他是奉旨出兵讨伐逆贼为民除害的，现在正是麦收时节，士兵如有践踏麦田的，立即斩首示众，以儆效尤。百姓心存疑虑，都躲在暗处观察曹操军队的行动。曹操的官兵在经过麦田时，都下马用手扶着麦秆，一个接着一个，相互传递着走过麦地，没一个敢践踏麦子，百姓看见了，无不称颂。

然而，曹操骑马经过麦田之时，忽然，田野里飞起一只鸟，坐骑受惊，一下子蹿入麦地，踏坏了一片麦田。曹操为服众立即唤来随行官员，要求治自己践踏麦田之罪。官员说："怎么能给丞相治罪呢？"曹操言道："我亲口说的话都不遵守，还会有谁心甘情愿地遵守呢？一个不守信用的人，怎么能统领成千上万的士兵呢？"随即抽出腰间的佩剑要自刎，众人连忙拦阻。此时，大臣郭嘉走上前说："古书《春秋》上说，法不加于尊。丞相统领大军，重任在身，怎么能自杀呢？"

曹操沉思了好久说："既然古书《春秋》上有'法不加于尊'的说法，我又肩负着天子交付的重任，那就暂且免去一死吧。但是，我不能说话不算话，我犯了错误也应该受罚。"于是，他就用剑割断自己的头发说："那么，我就割掉头发代替我的头吧。"曹操又派人传令三军：丞相践踏麦田，本该斩首示众，因为肩负重任，所以割掉头发替罪。

古人云"身体发肤，受之父母"，曹操割发代首，严于律己，实属难能可贵。要正人，先正己，自己以身作则才能约束他人。

古诗云：问渠哪得清如许，为有源头活水来。只要领导这个源头清明透彻，正直无私，他流经的地方就会不含杂质，他的下属便会具有正直的人格。这也是"上行下效"的一种良性循环。

常言道榜样总是能给人以巨大的勇气、信念和力量；富有领袖气质的领导者都明白这个道理。美国前副总统林伯特·汉弗莱说："我们不应该一个人前进，而要吸引别人跟我们一起前进。这个试验人人都必须做。"在他看来，以身作则是可以成为富有领袖气质的领导者的一股强大力量。

《论语》有言："其身正，不令而行；其身不正，虽令不从。"孔子说，要正人，先正己，自己以身作则才能约束他人。一个好的领导就是下属的榜样，而榜样的力量是无穷的。因此，领导要想正人必先正己，"上清而无欲，则下正而民朴"。要求别人做的，自己首先要做到；禁止别人做的，自己坚决不做。唯有如此，才能真正地发挥出自我影响力，塑造一流的团队，也给自己一个完满、精彩的人生。

要有容纳各种声音的气度

儒家认为，作为领导，在处理与下属关系时，认为让人惧怕自己不若让人敬重自己，只有能容人的领导者才能服人。《论语·为政》中，孔子就曾经谈到过这个问题。"哀公问曰：何为则民服？孔子对曰：举直错诸枉，则民服。举枉错诸直，则民不服。"

孔子在春秋时代的影响非常大，他周游列国的时候虽然一直没有受到重用，但是一些权臣和国君对他和他弟子的德行与才能还是很钦佩，所以经常会有人向他请教治国等问题。今天是哀公问孔子怎么服众的问题。哀公就是鲁哀公，他是孔子自己母国的国君。哀公说怎么样才能让老百姓服从我的领导呢？注意这里的"服"有两个层次：一方面是要人不敢反抗，这种服气是低层次的，是运用权术的霸道；另一方面是用德政让人心服口服，这是古人所讲的王道。

孔子不好直接批评他的国君，他很婉转地说明这个道理，他说"举直错诸枉，则民服"，这个"举"就是提拔，这是针对鲁哀公当时的政治弊病而来。举直，就是提拔直心直道而行的人，包括圣贤、忠诚、有才能的人。"错诸枉"的错等于措，就是把他摆下去、放下去，把狂妄的人安置下去，这样老百姓自然就服了。相反的，"举枉错诸直"，把狂妄的人提拔起来，或只用自己喜欢的人，而把好人打击下去，老百姓自然就不服了。

看起来孔子的道理并无什么过人之处，但是这个看似简单的做事原则真正操作起来，却又并不是那么轻而易举。比如说一个人如果真的到了一个很高的位置上，他的内心也不是不想"举直"，只不过人们都有一个毛病，那就是任用自己看着顺眼的人。而这样自然难免就会有人有意见了。谈到这个问题，我们就要注意，所有的管理者都应当注意自己的度量，能够做到用真正有才华和德行的人不是一件容易的事，这当中可能需要你割舍自己喜欢的人，有时候用的人也许是自己的政敌，也许是自己非常不欣赏的人。但是一个真正合格的领导者必须要有这样的气度，敢于容纳和任用自己不喜欢的人。

汉高祖刘邦在天下大定之后，在一片等待论功行赏的气氛当中，却只先分封了20多名功劳不大的部将。其他在他眼里说大不大、说小不小的部将，如何分封都还在斟酌考量中。

那些自恃功劳不凡的部将无不伸长脖子，望眼欲穿，而且生怕论功不平、赏赐不公，天天红着眼珠，大眼瞪小眼，一个个焦虑难安。不仅同僚之间钩心斗角，与刘邦之间也衍生出相当紧张的气氛。

刘邦非常苦恼，于是便唤张良前来，想听听他的想法。

张良有些沉重地回答他说："陛下来自民间，依靠这些人打得天下。过去大家都是平民百姓，平起平坐。现在你成为天子之后，先分封的人大部分都是世交故友，所诛杀的都是关系较疏远的人，不然就是得罪你、让你看不顺眼的人。这样下去，难免会有人心生反意。"

刘邦听了之后，面色凝重，便问张良如果真有这么严重，该怎么办？

张良想了一下，便先反问刘邦说："在这些一起打天下的部将当中，你最讨厌的人是谁？这个人不被陛下喜欢的原因，最好又是大家所熟知的事。"

刘邦回答说："雍齿常常捉弄我，他是我最讨厌的人，我想这也是大家早就知道的事情。"

张良马上提出建议："那么，今天就先将雍齿封为王侯。这样一来，我看就可以解除一些不必要的疑虑，安定大家的心了。"

刘邦采纳了张良的建议，立刻宣布将雍齿封为"什邡侯"。

这件事果然产生了良好的效果。在这些人看来，连皇帝最讨厌的人都有糖吃了，我们还有什么好担心的呢？于是，君臣之间的紧张关系自然得到了暂时的缓解。

张良的建议也正是孔子对鲁哀公的建议，世人知晓张良的多谋善断，却不承认我们的圣人孔子也是一位深谋远虑的人。通常我们都认为领导很有威严，其实作为一个领导者来说，与其让自己的下属惧怕你，不如让他们敬重你，与其排除异己，任人唯亲，不如包纳众人，即便是自己的反对者，只要有才能、足以胜任工作便可以放手任用，这才是孔子所要表达的"服众"的真正含义。当领导不容易，当一个好领导尤其难。表面上看起来八面威风，其中滋味，不是个中人则难以体会。

宽厚比严苛更有力量

子曰："居上不宽，为礼不敬，临丧不哀，吾何以观之哉？"（《论语·八佾》）

这句话的主要意思是：身处上层的人要以宽厚仁爱为本，遵从礼节以虔诚恭敬为本，奔赴丧事以悲痛哀悼为本。如果对于一件原本沉痛的大事没有沉痛的心情，那么社会就没有什么可看的了。这是孔子对当时文化思想衰落的感叹。

孔子在这里提出了一个原则，即一个时代到了衰落的时候最怕上面的领导以及各级主管对人不宽厚。"为礼要敬"，不只是限于下级对上级行礼要恭敬，事实上，人与人之间都要注意，宽厚永远比严苛更让人愿意接受。"敬"就是要做到诚恳、

真挚，只有这样才能凝聚成坚不可摧的向心力。

宽厚胜于严苛，就如同温暖胜于严寒，作为一个领导者在管理中要学会运用这一法则，真正尊重和关爱下属，以人为本，推行严格中不失人情味的管理方式，使下属随时感受到温暖，从而丢掉包袱，激发工作的最大热情。

如果要抓住下属的心，就要发自内心地去关怀下属，不必专门花费精力和时间，不用费很大的气力，只须留心生活中的点滴小事，真诚以待，就能打动人心。

同时，由于人无完人，谁都有犯错误的时候，做领导的若是事事都明察秋毫，则容易导致人人自危的局面，其实对于谁都没有好处。所以有时候对待下属的错误要能含糊对待，这也是宽厚的一个方面。

宋太祖时，孔守正官拜殿前都虞侯。一次侍奉太祖酒宴上，他喝得酩酊大醉，就和官员王荣在太祖面前争论起守边的功劳来，二人越吵越气愤，失去了作为臣子的礼节。在旁的侍臣奏请太守将二人抓起来送吏部治罪，太祖却不同意，让人送其二人回家。第二天，二人酒醒，方知闯祸，深为昨天的卤莽行为懊悔，于是一齐到金銮殿向太祖请罪，宋太祖对昨天两人的行为表现出一副全然不知的样子，说："朕也喝醉了，实在记不得发生过这些事情。"

待他们走后，侍臣不解地问："您明明没喝醉，为什么说自己也喝醉了呢？"宋太祖说："编个喝醉了的理由，对他们的冒犯不加追究，既没有失去朝廷的面子，又能让两位大臣察觉自己的言行，能达到惩前毖后的作用也就够了。"

宋太祖的宽厚和容人之气量不仅体现在对待自己的臣子上。971年，南汉的刘后主经过多年的叛乱后，终于投降了。太祖不但没有杀害他，反而赐予他高官厚禄，同时还邀请他入殿喝酒叙情。刘后主难以想象自己作为一个俘虏怎么能得到这么大的礼遇，害怕太祖在酒里下毒，他哭喊道："请陛下赦臣一死，不要让我喝这杯酒。"太祖听了这句话，拿起刘后主的酒杯，自己一饮而尽。从此，太祖成为他最信赖和最忠诚的朋友。

吴越王战败时，有人将他谋反的证据交给宋太祖。吴越王觐见太祖时，太祖对他十分礼遇，并交给他一封信，嘱咐他在返国途中打开。在回去的路上，吴越王打开信一看，发现里面装的都是他谋反的文件。宋太祖的宽宏大度让他心服口服，从此衷心依附宋朝。

宋太祖作为一位君主，他的宽广胸襟和豁达风度实在叫人佩服。其实，他的这种做人的态度是一种学问，他假装糊涂，睁一只眼闭一只眼，包容臣子醉酒，包容敌人祸乱，是一种以德服人的方式，如此一来别人也就会毫无怨言地俯首称臣。宋太祖的例子形象地说明一个道理：宽厚容人是一个领导者必备的品质。

关心下属疾苦，就要让自己站在下属的立场上，设身处地为下属着想。古代的贤德之君，吃饱时能够想到有人在挨饿，穿暖时能够想到有人在受寒，安逸时知道有人在辛勤劳作，只有懂得民间疾苦才能治天下。社会发展到今天，人们基本已不再为吃穿发愁，但幸福的人总是相似的，不幸的人往往各有各的不幸，为上者应体恤下属、真心关切，才能使得上下一心，同舟共济。

唯仁德能服众

唯仁德能服众，这已成为一条不容置疑的至理名言。孔子曾说道：为政以德，其如北辰，居其所，而众星共之。(《论语·为政》) 这里的"共"即"拱"。这几句话，表面上看来，非常容易懂。孔子提出来，为政最重要是"德"。他认为一个大家的风范应当像天空中的北斗星一样，它不因季节和时令而有所改变，也就是说孔子觉得一个政治家应当有自己的信念、气节，不会由于一些外界因素的干扰而改变自己的初衷。

这样的人在历史上也有很多，尤其是那些贤良之臣，多半身上有这种气度。

汉武帝晚年时，宫中发生了诬陷太子的冤案。当时，太子的孙子刚刚生下几个月，也遭株连被关在狱中。丙吉在参与审理此案时，心知太子蒙冤，他几次为此陈情，都被武帝呵斥。他于是在狱中挑选了一个女囚负责抚养皇曾孙，自己也对其多加照顾。

丙吉的朋友生怕他为此遭祸，多次劝他不要惹火烧身，丙吉却坚定地说："做人不能处处讲究心机，不念仁德。皇曾孙只是个孩子，他有什么罪？我这是看到不忍心才有的平常之举，纵使惹上祸患，我也顾不得了。"

后来武帝生病卧床，听到传言说长安狱中有天子之气，于是下令将长安的罪囚一律处死。使臣连夜赶到皇曾孙所在的牢狱，丙吉却不放使臣进入，他气愤道："无辜者尚不致死，何况皇上的曾孙呢？我不会让人们这样做的。"使臣劝他何苦自寻死路。丙吉誓死抗拒使臣，他决然说："我非无智之人，这样做只为保全皇上的名声和皇曾孙的性命。事急如此，我若稍有私心，大错就无法挽回了。"使臣回报汉武帝，汉武帝长久无声，后长叹说："这也许是天意吧。"他没有追究丙吉的事，反而因此对处理卫太子事件有了不少悔意。他下诏大赦天下。多年之后皇曾孙刘询当了皇帝，是为宣帝。丙吉绝口不提先前

他对宣帝的恩德。知晓此情的家人曾问他为何不说，丙吉微微一笑，叹息说："身为臣子，本该如此，我有幸回报皇恩一二，若是以此买宠求荣，岂是君子所为？此等心思，我向来绝不虑之。"

后来宣帝从别人口中知晓丙吉的恩情，大为感动，夜不能寐，敬重之下，他封丙吉为博阳侯，食邑一千三百户。神爵三年，丙吉出任丞相。在任上，他崇尚宽大，性喜辞让，有人获罪或失职，只要不是大的过失，他只是让人休假了事，从不严办。有人责怪他纵容失察，他却回答说："查办属官，不该由我出面。若是三公只在此纠缠不休，亲力亲为，我认为是羞耻的事。何况容人乃大，一旦事事计较，动辄严办，也就有违大义了。"

丙吉性情温和，从不显智耀能，不知情者以为他软弱好欺，并无真才实学，他也从不放在心上，且不因此改变心意。

一次，丙吉在巡视途中见有人群殴，许多人死伤在地，丙吉问也不问，只顾前行。看见有牛伸舌粗喘，他竟上前仔细察看，很是关心。他的属官大惑不解，以为他不识大体，丙吉解释说："智慧不能乱用乱施，否则就无所谓智慧了。惩治狂徒，确保境内平安，那是地方长官之事，我又何必插手亲自管理？现在正是初春，牛口喘粗气，当为气节失调，如此百姓生计必

定会受到伤害，这是关系天下安危的事，我怎能漠视不理？看似小事，其实是大事，身为宰相，只有抓住要领，才能不失其职。"

丙吉的属官恍然大悟，深为叹服。那些误解丙吉的人更是自愧不已，暗自责备自己的浅薄和无知。

这个故事可谓发人深省。可见，对于一个人尤其是领导者来说，德行是多么重要。

孔子对于政治家的要求很高，他把德行与修养放在最重要的位置上。因为他知道一个普通人没有德行的话，他能祸害的仅仅是少部分人；而如果一个位高权重的人也没有好的德行，那么他的危害就大了，这一点也和古人常说的"窃钩者诛，窃国者诸侯"是一个意思。

所谓"为政以德"，为官亦是如此，儒家所提倡的处世哲学，尤其是它的为官处世之道，对于我们今天的管理者来说，很是有着借鉴意义。处在一个领导管理者位置上，只有明白以德服人的道理，才算是一个真正的领导者，才能如古人所说，"其如北辰，居其所，而众星共之"。

统掌大局为要，不必事事躬亲

中国自古就有"不在其位，不谋其政"的说法，其有四个方面的含义，即"在其位，谋其政""在其位，不谋其政""不在其位，谋其政""不在其位，不谋其政"。其中"在其位，谋其政"和"不在其位，不谋其政"是最重要的原则，作为一个领导者必须深谙此道。

一次，齐宣王问孟子："不为者与不能者之形，何以异？"即两者之间有什么差异？孟子答曰："挟泰山以超北海，语人曰'我不能'，是诚不能也，为长者折枝，语人曰'我不能'，是不为也，非不能也。"意思是说，要人做背着泰山以超越北海的事情，如果他回答不能做到，那是真的不能，但是让他为长者折一段树枝，他如果说不能，那就是有这个能力而不去做了。

如果我们对孟子的这个比喻进行进一步阐释的话，就会发现，孟子的意思其实就是说一个普通人当然做不到"挟泰山以超北海"，但是如果集中天下人的力量，那就另当别论了。这里孟子是暗示齐宣王，你有施行仁政的权力和能力，不是做得到做不到的问题，只是你肯不肯做而已。正是在其位，就要谋其政也。作为一个领导者要善于运筹帷幄，统掌大局，而不是事必躬亲。

三国时期，"运筹帷幄之中，决胜千里之外"的诸葛亮身居丞相之位，兢兢业业，鞠躬尽瘁，他一直坚持事必躬亲，处理政务通宵达旦，极度辛劳，以致身体日渐消瘦。虽然诸葛亮乃旷世之才，可他的事必躬亲，已经超出主管政事的权限。长此以往，健康不仅受损，办事效率也会降低。这时，蜀国主簿杨颙"以家论国"，诚心劝谏诸葛亮，"处理政务有一定制度，上下不能超越权限而相互侵犯"。

杨颙是如此劝谏诸葛亮的，他说："一家中主人负责持家，男仆负责种地，女仆负责做饭，鸡负责报晓，狗专门吠叫防盗，牛的任务是驮运货物，马专门在出远门时使用。只要职责明确，主人的需求也就可以满足了。可是突然有一天，主人要自己包揽所有家务，不再分派任务给其他人。于是，主人耗时耗力，弄得身疲力乏。究其原因，是他丢掉了当家做主的规矩。"诸葛亮听后，觉得非常有理，放权于别人，并不失为政之道理。因此他欣然采纳了杨颙的建议。

这就是"不在其位，不谋其政"的道理，只有各司其职，才能出效率，出成绩！不在其位，可以不谋其政。相反，如果一旦身在其位，就必须善用其权，该做的，必须做到，不仅要做，还要做好。否则，于人于己，于家于国，有害而无利也。

所以古人说："坐而论道，谓之王公；作而行之，谓之士大夫。"为官者需要各司其职，各尽其能。明君也好，清官也好，为民办实事的县长、局长也好，或者是各个企业的领导也

好，既然有了一个足以施展抱负的位子，那么就应该在位子上尽心尽力，出谋划策，将自己的本职工作做到最好。如果一个人能像儒家所倡导的那样，在其位而善用其权，在复杂的竞争中，能适时放权，收敛自己的锋芒，本分行事与适时突破相结合，那么他就能在自己的生存圈子里游刃有余，且不会成为庸人，虚度一生。

但对于旁观者来说，虽然可以依据自己的理解提出意见和建议，但不应该在私下里议长论短，致使在职者无法开展工作。毕竟当自己不十分了解一个职位的责任与权利时，是没有理由妄加指责的。与此同时，一个人担任了某个职位，就必须要不断学习，以便自己能够胜任。

人才关键看怎么用

"子曰：孟公绰为赵魏老则优。不可以为滕薛大夫。"孔子在这里说，孟公绰这个人，要他做赵、魏大国中的大老，是十分合适的人选，其才能、学问、道德，都适合担任此职。但是如果滕、薛两个小国家请他做大夫，要他在实际政务上从政，则十分不当。

这是孔子在用人之道上的一些体会与建议。关于用人之道，历史上很多圣贤智者均有自己的心得。比如孟子认为"用

人不可学非所用，用非所长，而是要知人善任，唯才所宜”。军事天才拿破仑说过，最难的不是选拔人才，而在于选拔后怎样使用人才，使他们的才能发挥到极致。因为发现人才，识别人才，选拔、推荐人才，都是为了善用人才。韩信用兵，多多益善；刘邦择将，三人而已，这就是领导用人的奥妙所在。“伯乐”与“千里马”的关系，可谓人人皆知，但不见得人人都能用。管理学大师德鲁克说过：“人的长处，才是一种真正的机会。”大凡高明的领导者无不深明此意：要以人的长处运用为机会，善于识察人的长处，并能用得恰到好处，这样就能不失时机地赢得事业的成功。这也正是中国管理者们从古至今一直在汲取并不断实践的用人之道。

唐代陆贽说过：“若录长补短，则天下无不用之人；责短舍长，则天下无不弃之士。”唐代韩愈在《送张道士序》中也说：“大匠无弃材，寻尺各有施。”俗话也说：“人无弃才。”关键在于知人善任。只有知人善任，才能人尽其才。知人善任是领导艺术，也是决定事情成败的关键所在。

汉高祖刘邦平定天下之后，在洛阳的庆功宴上就曾说过这样的话：“夫运筹帷幄之中，决胜千里之外，吾不如子房；镇国家，抚百姓，给馈饷，不绝粮道，吾不如萧何；连百万之军，战必胜，攻必取，吾不如韩信。此三者，皆大杰也。吾能用之，此所以取天下也。项羽有一范增而不能用，此所以为我擒也。"刘邦比项羽强就在于他能够用人，善于用人。

刘邦还是很有自知之明的，他知道自己不是全才，在很多方面不如自己的下属。他之所以能打败不可一世的楚霸王项羽，一统天下，是因为重用了一些某些方面比自己能力更强的人。而恰恰是在这一点上，刘邦表现出了一个统帅最值得称道的品格和能力。

许多成功人士都善于识人，又能够把人才放在适当的位置上，这是管理好下属的良方。许多领导者常感叹手下无人可用，其实在很多时候不是手下没人，而是没有把人放在正确的位置上。

现实中，有许多人担任要职出类拔萃，但是要他改做实际工作，去执行一个任务，则未必能够完成。有的人，学问好，有见地，能提出许多有益的意见和建议，但让他去实际从事行政工作，却发现其无法胜任。有的人，实际工作做得很好，将他提拔到高一级的地位，反而让他无所适从。所以作为领导，知人善任是一门学问；对于每一个人来说，对自己的认识也是一门重要的学问，要明确自己的优势与劣势。

身为领导，对部下首先要有透彻的了解，让合适的人做合适的事，以达到人事相宜的效果，教育的原理也是一样，因材

施教才能各尽其能。"子曰：中人以上，可以语上也。中人以下，不可以语上也。"孔子的这句话意思是说人的智慧水平有差别，有上、中、下三等分。中等人以上的资质，可以告诉他高深的理论；至于中等人以下的资质，在教育方面，教导方面，对他们就不要作过高的要求，不妨作低一点的要求。但中等人以下的人，他们的成就，又不一定永远在中等人以下，只要努力，最后的成就，和中等人以上的人会是一样的。

管理学上一条著名的定理是"没有平庸的人，只有平庸的管理"。知人善任，让自己的下属去做他们适合的事情，这样才能充分发挥他们的工作潜能，实现人力资源的有效利用。

人才如花，艳花大多不香，香花大多不艳，艳而香的花大多有刺。艳者取其艳，容其不香；香者取其香，容其不艳；艳且香者取其艳香，容其有刺。要做一个好的领导者就要重视人才、知人善任，并且能够笼络人心，留住人才。对于有能力的人，要安排合适的岗位发挥他们的长处；对犯错误的人，要悉心教育；对待有大功劳的人，要重奖，要提拔，以形成一个积极向上的团队力量。

苦无伯乐，乃千里马之大不幸。而遇一不能善用人才的领导，却是人才之大不幸。因为，人才也只能在泥沙遮不住珍珠光彩的信念中埋没一生，在"天生我材必有用"的自嘲中抗争一生。而对领导者来说，善于用人，则家业兴盛；埋没人才，则既压抑了人才的发挥，也不利于自己事业的发展。

烧好为官"三把火"

孔子的弟子仲弓准备要到鲁国权臣季氏家做事情，他临行前来向老师请教："老师，你告诉我怎样为政吧。我一个新上任的官员，总要让我烧几把火吧？"孔子告诉他要烧好三把火，"先有司，赦小过，举贤才"，翻译成今天的话就是这样的："仲弓，你既然要去做官了，我就告诉你三件事吧。第一件事，你到了那儿要搞清楚职务之间的权责问题，务必做到权责分明；第二件事，你作为领导要对下属宽容，能赦人小过，这个问题还是要居上要宽；第三件事，向你的上级推荐贤才。"

孔子所要求仲弓做的三件事——明确职责、居上要宽、推举贤良，正是对一个好领导的内在要求。这第一把火"权责明晰"是为了各司其职，井然有序。这样做的益处很多，不会出现互相推诿的现象，也不会有人敢随意越权。《红楼梦》中秦可卿死后，王熙凤协理宁国府时做的第一件事就是明确众人的权限与职责。

第二把火要求居上要宽，也就是要求做领导的切莫吹毛求疵。这个世上哪里有什么完人，下属偶尔犯了一点小错不要当做惊天动地的大事来宣扬、批评，这样做只会增加下属的负担；第三把火要做一个"伯乐"，人到了领导的位置要善于发现人才，力求做到人尽其才、物尽其用，否则因为嫉贤妒能而独霸位置就是"窃位"的小人了。

宋朝的宰相王旦不仅做到了居上以宽，更做到了推举贤才，成为被后世敬仰的一代贤相。

王旦任宰相11年，为官清廉，善断大事，为人宽厚，以德服人，顾全大局，备受当时人们的尊敬和赞誉。其德操修养与人格魅力仍令今人叹服；其为政之道及廉洁自律、忠心为国、公而无私的品质仍值得我们今天的官员学习和借鉴。

有人评价王旦："王文正公旦，局量宽厚，未尝见其怒。"家人欲试其量，以少量墨投其羹中，只是不食而已，家人问为何不食羹，说："我偶不喜肉。"一日又把墨水投入其饭中，王旦看了看说："我今日不喜饭，可具粥。"

寇准为枢密使时，王旦为宰相，中书省有事需要与枢密院沟通，所拟的文书与诏令格式不符，寇准立即把这件事报告了皇帝。真宗大为恼火，对王旦说："中书行事如此，施之四方，奚所取则！"王旦赶紧拜谢说："此实臣等过也！"中书省的其他官吏也因此受到处罚。不到一个月，枢密院有事需要传达给中书省，其文书也不符合诏令规格，中书省的官员发现后，以

为有了报复的机会，就非常得意地将文书呈送给王旦，王旦看后却下令退还给枢密院。枢密院的官员把这件事告诉寇准后，寇准非常惭愧。后来寇准对王旦说："同年，甚得偌大度量？"每当王旦拜见皇帝时，都要称赞寇准的才华，而寇准却经常在皇帝面前议论王旦的短处。一次，真宗对王旦说："卿虽谈其美，彼专道卿恶。"王旦答道："臣在相位久，阙失必多，准对陛下无所隐，益见其忠直，此臣所以重准也！"由此，真宗更认为王旦贤明宽厚。

寇准得知将被罢去枢密使职务后，便托人到王旦家私下请求出任使相，王旦听后非常吃惊地说："将相之任岂可求邪，吾不受私请。"寇准大失所望。不久后真宗问王旦："准当何官？"王旦说："寇准未三十岁，已登枢府，太宗甚器之。准有才望，与之使相，令当方面，其风采足以为朝廷之光。"遂任命寇准为武胜军节度使，同中书门下平章事。寇准接到诏令后前去拜见皇帝，哭诉道："苟非陛下主张，臣安得有此命！"真宗告诉他是王旦推荐的，寇准听后羞愧又感叹，逢人便说："王同年器识，非准可测也。"

王旦不愧为一代贤相，他将孔子所要求的三点为官之道执行得很到位，成为后世为官的榜样。

由此可见，对于一个领导者来说，上任后"烧三把火"是

必要的，也是有一定难度的，其中第一件乃分内之事，做起来容易些，而第二件事难做，第三件事就更难做。因为第二件事考验的是你的度量，第三件事不仅要看你的度量——因为一个嫉贤妒能的人是不会推荐贤才的，还考验你察人、识人的眼光。

适心适意地交友

子曰："益者三友，损者三友。友直、友谅、友多闻，益矣；友便辟、友善柔、友便佞，损矣。"交友是一门高明的艺术，要想别人尊重自己，首先自己要尊重自己，如果自己说话行事失度，也会让别人逐渐产生对自己的忤逆心理。从某种程度上说，我们的为人处世将决定别人对待我们的态度。

只身存天下的方法：别独自用餐

春秋时期，俞伯牙擅长弹奏琴弦，钟子期擅长听音辨意。有一次，伯牙来到泰山北面游览时，突然遇到了暴雨，只好滞留在岩石之下，心里寂寞忧伤，便拿出随身带的古琴弹了起来。刚开始，他弹奏了反映连绵大雨的琴曲；接着，他又演奏了山崩似的乐音。恰在此时，樵夫钟子期忍不住在临近的一丛野菊后叫道："好曲！真是好曲！"

原来，在山上砍柴的钟子期也正在附近躲雨，在一旁早已聆听多时了，听伯牙弹琴，觉得心旷神怡，听到高潮时便情不自禁地发出了由衷的赞赏。

俞伯牙听到赞语，赶紧起身和钟子期打过招呼，便又继续弹了起来。伯牙凝神于高山，赋意在曲调之中，钟子期在一旁听后频频点头："好啊，巍巍峨峨，真像是一座高峻无比的山啊！"

伯牙又沉思于流水，隐情在旋律之外，钟子期听后，又在一旁击掌称绝："妙啊，浩浩荡荡，就如同江河奔流一样呀！"

伯牙每奏一支琴曲，钟子期就能完全听出它的意旨和情趣，这使得伯牙惊喜异常。他放下了琴，叹息着说："好呵！好呵！您的听音、辨向、明义的功夫实在是太高明了，您所说的跟我心里想的真是完全一样，我的琴声怎能逃过您的耳朵呢？"

二人于是结为知音，并约好第二年再相会论琴。可是第二年伯牙来会钟子期时，得知钟子期不久前已经因病去世。俞伯牙痛惜伤感，难以用语言表达，于是就摔破了自己从不离身的古琴，从此不再抚弦弹奏，以谢平生难得的知音。

千百年来，伯牙子期的这段佳话广为传颂，而知音难觅也成为人们所共同感慨的话题之一。但是在儒家看来，却并不如此，先贤认为四海之内皆兄弟，做人应该广交天下朋友，任何时候不要自怨自艾，自我狭隘。《论语·颜渊》中有段话就是对此最好的诠释。

司马牛忧曰：人皆有兄弟，我独亡。子夏曰：商闻之矣："死生有命，富贵在天。君子敬而无失，与人恭而有礼，四海之内，皆兄弟也。君子何患乎无兄弟也？"

司马牛神情很忧伤地说："唉，别人都有兄弟，就我没有。"子夏听了以后就说："我听说一个人死生有命，富贵在天。一个君子受他人敬重，懂得尊重别人，没有做什么不符合礼的事情，那么四海之内皆是兄弟。这样的人害怕没有人喜欢自己、了解自己吗？"子夏的意思是安慰他同学司马牛放宽心，只要你自己是一个君子，何患四海之内无人懂你呢？

一个人之所以会偶感寂寞，多半是因为内心苦闷，苦于没有人了解自己，甚至没有一个能倾诉的对象，总觉得别人都不能了解自己的心。其实，每个人生活在世上必定会有一位真正了解自己的人，我们大可不必为没有相交而忧虑。

《周易》上讲："同人于宗，吝道也。""宗"上，宗就是同一宗族。儒家认为一个人如果只想与同宗的人相会同，那就太狭窄、太小气了，是小同，不是大同，当然会有遗憾。因此，这一爻教我们要打开心胸，不要将眼光只局限于自己所在的那个小圈子，要胸怀宽阔，同各行各业、各个阶层的人相交，正所谓"四海之内皆兄弟"，唯有这样才是儒家所提倡的

适心适意的交友之道。

所以，以开放的胸怀与人和谐相处，而不论对方的身份地位，这是真正的君子所为，是一种广博的气度，古往今来成就大事业的人无不是做到了这些，从而为自己的成功积累广泛的人脉资源。其实，对于每个普通人来说，胸怀宽广、平和仁爱都是要修炼的。因为，天时、地利、人和都是成功必备的要素，天时、地利犹可待，唯有人和是依靠广博的爱来经营和维系的。海内存知己，四海皆兄弟，人生处处可交到朋友，不管是古人还是现代人，只身存天下的人际秘诀就是，放开胸怀，人际的圆桌上永远不要独自用餐。

君子交谊如淡茶一杯

《论语》中有一段话："子曰：晏平仲善与人交，久而敬之。"意思是说，孔子说：晏平仲善交朋友的方式很好，越是相处久就越是受人尊敬。

孔子对于晏子非常佩服的一点，该算是晏子交朋友的态度了。孔子认为晏子是个不轻易与别人交朋友的人，可是一旦交了，那个朋友就会始终如一地跟随他。现在，每每有人感叹："相识遍天下，知心能几人？"晏子交友，能够让朋友始终如一地跟随自己，那晏子让友谊"地久天长"的法宝是什么呢？

"久而敬之。"交往时间越久，交情越深，晏子对人就越恭敬有礼，对方因此也就越敬重他。

这个"敬"字，其中包含着深意。在儒家看来，朋友之间要相互敬重有爱，平淡的交往方式是关键。因为，人与人之间很难相处，无论是夫妻、父母、兄弟还是朋友，总是"意有所至而爱有所亡"。朋友之间便是如此，希望友谊更加深厚，这个想法是好的。深陷这种想法之中，便有意地缩短彼此之间的距离，过多过密地交往起来。结果，事实反而与期望相反，曾经蜜里调油的友谊很快泛起了咸涩的味道，彼此关系不仅没有越来越好，反而开始疏远破裂。

蕨菜和离它不远的一朵无名小花是好朋友。每天天一亮，蕨菜和无名小花都扯着嗓子互致问候。日子久了，它们都把对方当成自己最知心的朋友。同时，它们发现，由于相距较远，每天扯着嗓子说话很不方便，便决定互相向对方靠拢，它们认为彼此间的距离越近，就越容易交流，感情也越深。

于是，蕨菜拼命地扩散自己的枝叶，它蓬勃地生长，舒展的枝叶像一柄大伞一样；无名小花则尽量向蕨菜的方向倾斜自己的茎枝，它们的距离也越来越近了。出乎意料的是：由于蕨菜的枝叶像一柄张开的大伞，它不仅遮住了无名小花的阳光，也挡住了它的雨露。失去阳光和雨露滋润的无名小花日渐枯

萎，它在伤心之余，不再与蕨菜共叙友情，相反，还认为是蕨菜动机不良，故意谋害自己，便在心里痛恨起蕨菜来。蕨菜呢，由于枝叶过于茂盛，一次狂风暴雨之后，它的枝叶被折断得所剩无几，身子光秃秃的。看着遍体鳞伤的自己，蕨菜把这一切后果都归于无名小花身上，如果没有无名小花，它也绝不会恣意让自己的枝叶疯长的。于是，一对好朋友便反目成仇了。

虽是小小植物，何尝不是对我们人生的映射。友谊是一种很奇怪的东西，彼此间空间的距离拉近了，心里的距离却变得远了。什么使朋友反目成仇？是希望友谊越来越甜的愿望！友谊太甜，就会有咸涩的味道。所以，若想保持友谊的口感，便不必刻意去维系、去拉近彼此的距离，这样反而限制了友谊的生长，落了下乘。古人崇尚的是淡如水的交友之道，因为淡，所以不腻，因为不腻，所以长久。

人们渴望真正的友谊，羡慕俞伯牙、钟子期的知音关系。总有那些"士为知己者死""人生得一知己足矣"的感慨。然而，真正的友谊真的如此难以求得吗？不是的！现实生活中人们常常因为彼此间共同的喜好而产生友谊；因为不同个性引起火花碰撞般的吸引而产生友谊；因为一次无意间的援助而产生友谊；因为蓦然间对自己笑靥如花的脸孔而产生友谊。何以这些友谊迅速地开放，又迅速地凋零？难道是因为它不够好吗？不是，是因为我们的要求太高。友谊产生之初，总是甜美的。那种甜美让我们沉醉而忘记了适可而止，结果，因为啜饮得太多，反而感觉到了咸涩，于是，我们对最初的美好产生了怀疑，于是，友谊失去了记忆中的纯粹，变得普通起来。其实真正的相知，无须过多言语亲厚，彼此心有灵犀胜过一切。

东晋军的桓伊精通音律，笛子吹得奇好，《晋书》说他"善音乐，尽一时之妙，为江左第一"。当时有个名士，其实也是个狂生，叫王徽之，他有一天乘船游玩，桓伊见了他也不打招呼，从他身边就走了，很是目中无人。船上有人就跟王徽之说这个就是传说中的桓野王。于是王徽之就让人通报，告诉桓伊说："我想听你吹笛子，来一曲吧!"桓伊也早知道王徽之的名头，二话不说就走下车来，坐在小凳子上，吹奏了三曲，一吹完，转身便走，不多说一句话。

所谓君子之交淡如水，彼此相知，即便初次见面也会互引为知己，同时也不需要过多的表达，就像桓伊和王徽之。

每个人都是不同的个体，来自不同的层面，人们有不同的性格特点、生活习惯、做事方式与理想追求。友谊的不好不坏是差异所带来的矛盾的必然结果，更是现实与内心期望之间的落差过大的结果。人们常有这种感慨，刚接触一些人的时候，

对他们的第一印象特别好，但久了却发现并不是那样。这是因为随着接触的增多，我们的焦距已经不再对准曾经触动心弦的最美好的一面，开始转向那些被忽视的角落。或者，那些曾经使我们心动的东西在我们眼里已经成为明日黄花，看久了，就厌了，再也没有了最初吸引人的美丽。

真正的友谊，是天长地久的，如何使友谊在我们心里永远动人，永远如清泉一般沁人心脾？平淡如水地交往就好了！不刻意、不强求，顺其自然，最后留下来的一定是最值得铭记的。

这些道理听起来似乎很简单，但做起来很困难。因为对于关系亲密的朋友来说，多数情况下，言谈举止就很随便；遇到心情不好的时候，又会直言不讳地对着密友发泄一番；有的人甚至和朋友财物不分，看似是一幅有福同享、有难同当的画面。久而久之，双方不免有时狎昵而失了对彼此的敬重。有时或许只是一件小事或是一个小细节，也会给日后埋下破坏的种子。所以，与朋友相交，不必与之整天缠在一起，要还给朋友自己的空间，让彼此有一个适度的空间，才能避免友情之火的误伤。

孔子曾说"唯女子与小人难养也"，这并不是在说女性，而是说如何保持距离。女子与小人是最难办的了，对她太爱护、太亲近了，她就会恃宠而骄，让你无所适从；如果疏远她，又会招来怨恨。这里的女子和小人其实更是偏重于做朋友来说的，"近则不逊，远之则怨"，在与朋友交往过程中要懂得保持距离。

人生的路途上难免中途停车或者减速，人们既需要朋友间的友情，又要保持足够的距离，以免造成不必要的伤害。距离产生美，距离也能保证安全。我们常用"亲密无间"来形容两人之间的感情，但是很难有人能够永远亲密无间。

或许当我们怀着无比遗憾的心情看完了前面的故事，不得不感慨"君子之交淡如水"这句话是多么正确，而孔子之所以推崇晏子也有其深刻的人生体悟在里面，一个没有太多人生经历的人是不会理解其深意的。当我们明白了这一点，也就会懂得友情不能一气用光，用心经营才是首选，而方法就是文火慢炖。

区分益友与损友

子曰："益者三友，损者三友。友直、友谅、友多闻，益矣；友便辟、友善柔、友便佞，损矣。"世间每个人都需要朋友，朋友有益友与损友之分。友直、友谅、友多闻，是对自身有益的朋友。"友直"，是讲直话的朋友；"友谅"，是个性宽

厚、能够原谅人的朋友；"友多闻"，是见识广阔、知识渊博的朋友。对自身修养无益而有害的损友亦有三种，"友便辟"是指有特别的嗜好，或者软硬不吃、不经意间便会将他得罪的朋友；"友善柔"是个性软弱、依赖性强，缺乏个人主见甚至一味依循迎合于你的朋友；"友便佞"则是专门逢迎拍马的朋友，通常成事不足，败事有余，于己无益。

所谓"近朱者赤，近墨者黑"，就是这个道理。朋友对你潜移默化的影响绝对会比父母老师的教导更有影响力。

吴国大司马吕岱的亲随徐原正直豪爽、有才略、有志向，吕岱知道他能够成器，便赠送给他头巾、衣服，常与他一起谈论，以后又举荐提拔他，使他官至侍御史。徐原忠诚豪爽，喜欢有话直说。吕岱有过错时，徐原往往直言规劝争辩，还公开评论。有人把这事告诉吕岱，吕岱赞叹说："这正是我器重徐原的缘故啊！"后来，徐原死了，吕岱哭得很伤心，他说："徐原是我吕岱有益的朋友，现在不幸去世，我还能再从哪里听到人家谈论我的过错啊！"

在这个故事中，徐原就是吕岱的益友，他能替吕岱着想，敢于指出吕岱的错误。无怪乎徐原去世后，吕岱会如此伤心。

交友是一门高明的艺术，连佛经中都对交友方法大加笔墨。《佛说孛经》中提到："友有四品，不可不知：有友如花，有友如秤，有友如山，有友如地。"其实，如花、如秤的朋友便是孔子提及的损友的另一种表述，如山、如地的朋友则是益友的另一种概括。不妨让我们从中行文子的故事中寻得几分经验。

晋国大夫中行文子流亡在外时，有一天经过一个县城，随从中有人提议："大人，此县有一个啬夫，是您过去的朋友，我们何不在他的舍下休息片刻，顺便等待后边的车辆呢？"文子听后沉默片刻说："我曾喜欢音乐，此人就给我送来鸣琴；我喜欢佩玉，他就给我送来玉环。他之所以这样迎合我，是为了要得到我的好感。既如此，他也会出卖我以求得别人的好感的。我们要赶快走。"于是，文子他们没有停留，而是匆匆离去。结果正如文子所言，那个人扣留了文子后面的两辆车马，把它们献给了自己的国君。

到底什么样的朋友才能靠得住呢？最好的办法就是学习中行文子，像他这样深谙亲益远损的原则去结交朋友，这样才最有可能得到真正的朋友，而远离奸诈小人。

有友如花，好时插头，萎时损之，见富贵附，贫贱则弃。这类朋友对待你像花一样，当你盛开时，将你插于头鬓，供奉桌上；假如你凋谢了，他便毫不怜惜，将你丢弃。当你拥有权势、富贵时，他把你捧到高处，凡事奉承、随顺；一旦你功名

富贵随风而去，失去了利用的价值，他就背弃你，离开你。有友如秤，物重头低，物轻则仰，有与则敬，无与则慢。这种朋友像秤一样，如果你比他重，他就低头；如果你比他轻，他就高起来。当你有名位、有权力时，他就卑躬屈膝，阿谀谄媚；等到你无权无名一身轻，他就趾高气昂，俯瞰你了。

有特别的嗜好、不宽容的朋友总会对你有所求，情感上或物质上，一旦无法满足他，友情便会走到尽头了。个性软弱、依赖性太强的朋友会让你疲惫不堪，一旦偶尔流露出让他自己作决定的想法，他便会认为你抛弃了他，友情也会出现危机。至于逢迎谄媚的朋友更是对自身有百害而无一利。

"有友如山，譬如金山，鸟兽集之，毛羽蒙光，贵能荣人，富乐同欢。"有的朋友像高山一样，山能广植森林，豢养一切飞禽走兽，任凭生物聚集其中，自由自在。所以，益友像山，心胸广阔，正直高耸，宽厚待人。"有友如地，百谷财宝，一切仰之，施给养护，恩厚不薄。"有的朋友如大地，泽被万物，毫无怨尤，微笑承受。所以，益友如地，可以担待我们的过错，帮助我们不断成长。

道不同不相为谋

道不同不相为谋，此言出自《论语》。讲的是与人相交要求同道之人的道理。在另一处，孔子也曾进一步阐释过这个观点。子曰："可与共学，未可与适道；可与适道，未可与立；可与理，未可与权。"

朱熹在为《论语》作注时曾解释说："孔子认为能与之共同学习做人做事道理的人，不一定能与之抵达大道；能与之抵达大道的，不一定能与之坚守不移；能与之坚守不移的，不一定能与之通权达变。"

这里的"道"指的是理想的人格或志向。人的思想或品质不同，是很难在一块儿共事的。就比如说，有的朋友可以和你共创业，但是却不能共同守业；而有的朋友可以共同守业，却不能一起创业。正所谓"道不同，不相为谋"。

在商朝末年，孤竹国的国君有两个儿子，哥哥叫伯夷，弟弟叫叔齐。国王很钟爱叔齐，打算把王位传给他。伯夷知道了父亲的心意，为了成全父亲的想法，便主动离开孤竹。叔齐不愿接受哥哥让给他的王位，也躲了起来。伯夷、叔齐听说姬昌（即周文王）尊老敬老，赡养老人，便一起投奔周国，在那里定居下来。后来姬昌死了，周武王继位。武王整顿内政，扩充兵力，进军讨伐商纣。伯夷、叔齐听说这件事后，便跑去拉住武王的马缰绳，劝谏道："父死未葬，就大动干戈，攻伐别人，这能说是孝吗？作为臣子，却去攻伐君主，这能说是仁吗？"

武王的将士听了这些话，非常生气，拔出剑来要杀他们，被太公姜尚制止了。太公说："这是讲道德的人。"吩咐将士不要为难他们。

武王最终伐纣成功，天下人尊奉他为天子，伯夷、叔齐认为这是件可耻的事，决心不做周臣，不食周粟。他们互相搀扶着离开了周朝的统治区，在首阳山隐居下来，靠采薇菜充饥。快要饿死时，作歌道："登彼西山兮，采其薇矣。以暴易暴兮，不知其非矣。神农虞夏忽焉没兮，我安适归矣？于嗟徂兮，命之衰矣！"至死反对武王的行为。最后，饿死在首阳山上。

这是政治理想不同不相为谋的典型。世人对伯夷与叔齐的做法，既有非议也有赞赏，可他们坚持了自己的志向，亦死而无憾。

人乃血肉之躯，不可能永世长存，因此活就要活出自己的精神价值，活出自己的个性，不随波逐流，不与邪恶同流合污，即使身陷险境，也要坚持用一身傲骨，为正气而歌。

明末清初著名学者黄宗羲在《宋元学案》里说得好："大丈夫行事，论是非，不论利害：论顺逆，不论成败：论万世，不论一生。"做人当做大丈夫，要以"仁义"为先，注重道义，要有骨、有气，要挺起胸膛，正直无私，具有顶天立地的气概。正是：玉可碎，而不可以改其白；兰可移，而不可以减其馨。即使有金玉满堂，难移一颗坚定的心。人若能达此种境界，即使称贤称圣又有何不可？

而孟子"明知其不可为而为之"，绝不与现实妥协，既然"举世皆浊我独清，众人皆醉我独醒"，那就不惜粉身碎骨，也要留一身清白照亮乾坤，坚持道不同不相为谋，这就是圣人之道。

唐朝元和年间，东都洛阳留守名叫吕元应。他酷爱下棋，养有一批下棋的食客。他常与食客下棋。谁如赢了他一盘，出入可配备车马；如赢两盘，可携儿带女来门下投宿就食。

有一日，吕留守在亭院的石桌旁与食客下棋。激战犹酣之际，卫士送来一叠公文，要吕留守立即处理。吕元应便拿起笔准备批复。下棋的门客见他低头批文，认为不会注意棋局，迅速地偷换了一子。哪知，门客的这个小动作，吕元应看得一清二楚。他批复完文件后，不动声色地继续与门客下棋，门客最后胜了这盘棋。食客回到住房后，心里一阵欢喜，企望着吕留守提高自己的待遇。第二天，吕元应携来许多礼品，请这位食客另投门第。其他食客不明其中缘由，很是诧异。

十几年之后，吕留守处于弥留之际，他把儿子、侄子叫到身边，谈起这回下棋的事，说："他偷换了一个棋子，我倒不介意，但由此可见他心迹卑下，非我辈中人，不可深交。你们一定要记住这些，交朋友要慎重。"

吕元应积多年人生经验，深觉棋品与人品密不可分，所谓道不同不相为谋。事情虽然小，但正足见古人对道的要求之严。

战国时候，孟子一度困于齐梁，成为各个国君的摆设的原因，主要在于"道不同"，这是王道与霸业、圣人与英雄的分野的必然结果。而孟夫子执著于王道的精神让人肃然起敬。

"道不同，不相为谋"，语出《论语·卫灵公》，《史记·伯夷传》引此言曰："道不同不相为谋，亦各从其志也。"确实，每个人都有自己的志向与追求，不可因为一时之荣辱，或一时之诱惑就抛弃自己信仰与做人的原则，这只会使自己的人格蒙羞，生命染尘。

人生天地间当有所为，有所不为，要坚持自己的底线和信念，"走自己的路，让别人说去吧"。只要仰不愧天，俯不怍地，足矣。

量力而行，巧妙拒绝

正所谓，人在江湖身不由己，要是遇见了一些我们不想交往但又避不开的人怎么办？孔子给我们指出了一条出路："或

曰：'以德报怨，何如？'子曰：'何以报德？以直报怨，以德报德。'"怎么办呢？孔子说出了一条与人相交的重要尺度，即以直报怨！

孔子对微生借醋就颇有微词。有人跟微生借醋，微生没有，于是跟邻居借来给他。孔子认为，有则借之，无则不妨辞之。微生此举有曲意示恩之嫌，因此说他不够高直。孔子认为应该拒绝他，推辞掉他。以直报怨，说白了就是要学会拒绝。

我们的一生，可以说就是与人相处的一生，往来应拒的事情常常有。平凡的交往中，则以朋友为最，所以你的很多事情都会受朋友影响，你也一直在影响着你的朋友。因此，我们得非常小心，才不至于误人子弟，才不至于惹上麻烦，而毁掉一段友谊。朋友之间常常有事相托相求，这是正常的。但也有人相托相求的事情常常超出原则范围和客观事实。比如，超过你的主观承受能力，违背自己的主观意愿等。通常情况我们是应该拒绝的，但实际上，孔子的"以直报怨"很难在现实中全然做到。

对一般朋友而言，假使对方的要求不合自己的心意便不假思索地加以拒绝，是很容易做到的。但是当好朋友向你提出过分的要求而你又无法满足对方时，你就会感到左右为难，处在一个进退维谷的尴尬境地。此时你可针对不同情况，采取巧妙的"拒绝"方法。

对好朋友提出的请求、条件、愿望如果无法满足，你千万不能闪烁其词、拐弯抹角，而是要给予对方一个直截了当、简洁干脆的拒绝来表明你的态度，同时向他解释清楚你所处的境地和要办成这件事所无法克服的困难，不要使对方心存幻想。

有一对从小一起长大的"铁杆"哥们——翟旭和刘小文。翟旭大学毕业后在某区人事局供职，小文则被分配到一家企业工作。一天，小文携带礼品来到翟旭家，开门见山地说："老朋友，我想跳槽换个工作。现在我那家工厂产品没销路，效益差，收入低。请你无论如何帮这个忙。"他俩是患难知己，帮忙也在情理之中，但翟旭只是一般干部，实在是力不从心，于是便对小文如实说道："我虽在人事局工作，但人微言轻。加之现在的人事决定权都下放到企业，你这个忙恐怕很难帮得上。你还是想想其他办法吧。"小文转而寻求其他的门路，终于如愿以偿。虽然翟旭曾拒绝过他，但小文深知他的苦衷，很能理解他，至今他们还保持着良好的友谊。

在这里，翟旭知道自己"能力"有限，便直截、爽快地回绝了刘小文。这既免去了一旦答应无法兑现的苦恼，也使朋友有机会另找门路。"拒绝"他人，理由一定要充分可信，不要让对方产生"关键时刻不帮忙"的想法。要是你自不量力，口

头允诺下来，但最终无法办到，反而会给对方产生"帮忙不卖力"的误解而使好朋友之间产生隔阂。

朋友的请求一旦超越了自己的能力，一定要拒绝，否则会伤害彼此的友谊。另外，对一些有违意愿的事情不拒绝，以后就会有更多的这类事件发生，影响与朋友之间的交往。

拒绝朋友，不要觉得面子上会使对方过不去。一味地犹豫和推诿，只能使朋友觉得还是有希望的，反而会造成麻烦。做不到的事情干脆拒绝，当然拒绝也要讲究策略，不能因为朋友提出的要求是不符合原则的就教训指责，只要礼貌地拒绝就行了。

拒绝朋友之托应该讲究方式方法，不要态度生硬。其实我们转个弯子就好，君子要讲求策略，可以耐心劝阻，言明利害关系；可以据实说明情况，使朋友了解你的难处；也可以迂回婉转处置，巧借其他方法帮助完成朋友委托之事。

好朋友的交情不是一朝一夕所能建立的，它需要双方长期的理解、宽容、互助来共同维系，我们要珍惜它、爱护它。当对方的要求不合自己的愿望时，不要勉强自己，要学会如何得体地拒绝朋友。虽然说要以直报怨，但是也一定要讲究技巧。

他山之石，可以攻玉

孔子十分推崇《诗经》，认为不读《诗经》是君子的一大缺失。而《诗经》中有不少名言可以作为我们立身做人的格言。比如"他山之石，可以攻玉"，这八个字出自《诗经·小雅·鹤鸣》。

日常生活中，君子交朋友应该互相达到仁的目的，小人之间呢，他们也有朋友，但是往往是为了相互利用。但是抛去道义啊什么的不管，我们从小人的发迹、上蹿下跳，也能受点启发，这种观察角度也不无裨益。而且从某种意义上讲，小人之间的人脉也许因此而更广阔。

俗话说："君子以文会友，以友辅仁。"交朋友要交志同道合的朋友，交朋友的目的是为了彼此辅助达到行仁的目的。其实这段话，从另外一个侧面揭示了朋友和人脉的重要。我们在交朋友的时候，要切记不能一根筋。要看到别人的优点，客观对待别人的缺点。而且要善于将别人的优点与优势转化为自己的优势。这样在生活中，我们往往能够独辟蹊径，变得游刃有余。晚清时的黄兰阶可谓深谙此道，借着左宗棠的名号当幌子，让总督给他升了官，实在是棋高一着的妙点子。

晚清年间，左宗棠任军机大臣。当时，他的一个好友的儿子黄兰阶，在福建候补知县多年也没候到实缺。黄兰阶见别人都有大官写推荐信，想到父亲生前与左宗棠很要好，就跑到北京去找左宗棠。左宗棠见了故人之子，十分客气，但当黄兰阶提出想让他写推荐信给福建总督时，立刻就变了脸，几句话就将黄兰阶打发走了。

黄兰阶又气又恨，就闲蹓到琉璃厂看书画散心。忽然，他想起了以前的一个朋友，只是打过照面，连泛泛都算不上，他在附近卖字画。这人学写左宗棠字体，十分逼真，只是生性乖戾，唯利是图，让人很难接近。于是他心中一动，想出一条妙计。他想让这个人写柄扇子，这个人也希望从黄兰阶身上多套点钱出来，于是对黄是百般刁难。黄不但没有生气，还假惺惺地多给了点钱，两个人称兄道弟，互相吹捧，不亦乐乎。后来在扇子上落了款，得意扬扬地回了福州。

这天，是参见总督的日子，黄兰阶手摇纸扇，径直走到总督堂上。总督见了很奇怪，问："外面很热吗？都立秋了，老兄还拿扇子摇个不停。"

黄兰阶把扇子一晃："不瞒大帅说，外边天气并不太热，只是我这柄扇子是我此次进京，左宗棠大人亲送的，所以舍不得放手。"

总督吃了一惊，心想："我以为这姓黄的没有后台，所以候补几年也没任命他实缺，不想他却有这么个大后台。左宗棠天天跟皇上见面，他若恨我，只消在皇上面前说个一句半句，我可就吃不住了。"总督要过黄兰阶的扇子仔细察看，确系左宗棠笔迹，一点不差。他将扇子还与黄兰阶，闷闷不乐地回到后堂，找到师爷商议此事，第二天就给黄兰阶挂牌任了知县。

黄兰阶不几年就升到了四品道台。总督一次进京，见了左宗棠，讨好地说："宗棠大人故友之子黄兰阶，如今在敝省当了道台。"

左宗棠笑道："是嘛！那次他来找我，我就对他说：'只要有本事，自有识货人。'老兄就很识人才嘛！"

黄兰阶能够官拜道台，是以左宗棠这个大贵人为背景，让总督这个小一点的贵人给他升了官，实在是棋高一着。他对他那个乖戾贪财的朋友的利用也叫人佩服。他之前没有跟他断绝关系，在关键时刻，起了不可替代的作用。

我们暂且撇开清政府官场的腐败和黄兰阶欺世盗名的卑劣做法不谈，单从借力的角度来看，黄兰阶看准了清政府官场的特点而想出了求官的对策，对我们来说应该有所启发。

在现实生活中，如果能活用"借石攻玉"法，善于利用他人的优势弥补自己的不足，就可以把别人的优势变成自己的优势，把别人的力量变成自己的力量，从而成就自己的事业。

欲得敬重，先敬他人

要想别人尊重自己，首先自己要尊重自己，如果自己说话行事失度，也会让别人逐渐产生对自己的忤逆心理。从某种程度上说，我们的为人处世将决定别人对待我们的态度。正如孔子所言："君子不重则不威，学则不固，主忠信，无友不如己者，过则勿惮改。"（《论语·学而》）

"君子不重则不威"看起来似乎是说你自己不庄重，那么你在别人面前也就没有了权威、威信。如果这样理解，那么我们仿佛看到了这样的一群"伪君子"：几个"老夫子"式的人物在谈天说地、鸡毛蒜皮，忽然走进来一个晚辈。为了维护自己的威信，"老夫子"们赶紧收敛了笑容，正襟危坐。这就是受到朱熹影响的"君子不重则不威"，如果孔子知道了后世对他的学问是这样的注解，肯定要着急坏了。

其实，这是孔子在告诉世人关于自重与尊重他人的处世哲学。"君子不重则不威"就是说一个不知道自重、没有自尊心的人是做不好事情的。不仅"不重"则"不威"，而且做学问也不牢靠。而"无友不如己者"的解读就更有特点了：从前的宋儒们告诉我们："不要和不如自己的人交往。"如果这样理解那就错了，孔子也就太"势利"了，我们的祖先又何以称之为"圣人"呢？

孔子的真意，每个人都有自己的长处和短处，所以要学会敬重他人。如此说来，我们看到的是一个连贯的意思，做人既要尊重自己也要尊重他人。别总是认为自己有多么了不起，轻视他人的人也会被他人轻视。人与人之间的一切交往都是相互的，你敬我一分，我还你三分。希望得到别人的尊重，那么最好的方式便是尊重身边的每一个人。

东汉末年名将关羽，过五关，斩六将，温酒斩华雄，匹马斩颜良，偏师擒于禁，擂鼓三通斩蔡阳。"百万军中取上将之首，如探囊取物耳。"

然而，这位叱咤风云、威震三军的一世之雄，下场却很悲惨，居然被吕蒙一个奇袭，兵败地失，被人割了脑袋。

关羽兵败被斩的最根本原因是蜀吴联盟破裂，吴主兴兵奇袭荆州。吴蜀联盟的破裂，原因很复杂，但与关羽其人的骄傲，不懂得尊重他人有着密切的关系。

诸葛亮离开荆州之前，曾反复叮嘱关羽，要东联孙吴，北拒曹操。但关羽对这一战略方针的重要性认识不足，他瞧不起东吴，也瞧不起孙权，致使吴蜀关系紧张起来。关羽驻守荆州期间，孙权派诸葛瑾到他那里，替孙权的儿子向关羽的女儿求婚，"求结两家之好"，"并力破曹"。这本来是件好事，以婚姻关系维系补充政治联盟，历史上多有先例。如果放下高傲的架子，认真考虑一番，利用这一良机，进一步巩固蜀吴的联盟，将是很有益处的。但是，关羽竟然狂傲地说："吾虎女安肯嫁犬子乎？"

很显然，关羽的骄傲，给自己种下了一个大大的苦果：被自己的盟友结束了生命。

俗话说：蚊虫遭扇打，只为嘴伤人。以尖酸刻薄之言讽刺别人，只图自己嘴巴一时痛快，会引来意想不到的灾祸。人与人之间原本没有那么多的矛盾纠葛，往往只是因为有人逞一时之快，说话不加考虑，只言片语伤害了别人的自尊，让人下不来台，别人心中怎能不燃起一股邪火？有了机会，反咬一口，也是情理之中的事。

孔子的大弟子子贡曾形容他的老师"温、良、恭、俭、让"，这五字真经值得我们用一生去修行。其中的"恭"就是恭敬，对任何人都怀有恭敬之心，自然别人也就对你敬让，更少有被人记恨在心的事情发生。道家学派的始祖老子也说他平生有三宝，曰慈，曰俭，曰不敢为天下先。这个"慈"就是对别人慈悲为怀，有一股悲天悯人的情怀。我们看生性宽厚的人很少有人爱口出狂言对他人不尊重，这种敬人的修为是敬己的最好方式。

助人的原则：周急不继富

俗话说，锦上添花不如雪中送炭。这个与人处世的道理儒家先贤在很早以前就已经谈到过了。《论语·雍也》中，孔子说"君子周急不继富"讲的就是这个道理。故事是这样的：公西赤被派到齐国去做使者，冉有替他母亲向孔子请求小米。孔子说："给他六斗四升。"冉有请求增加些。孔子说："再给他二斗四升。"冉有却给了他八十石。孔子知道以后说了这样一番话："赤之适齐也，乘肥马，衣轻裘。吾闻之也：君子周急不继富。"意思是说，"公西赤到齐国去，坐着由肥马拉的车辆，穿着又轻又暖的皮袍。我只听说过：君子只周济急需救助的穷人，而不去给富人富上再添财物"。

在这里孔子提出了一个原则，即"君子周贫不继富"，就是叫我们做人须权衡雪中送炭与锦上添花的区别。在他看来，我们帮别人，要在他人急难的时候帮忙，而公西赤并非穷困潦倒，再给他那么多，只是锦上添花，实在没有必要。

所谓"求人须求大丈夫，济人须济急时无"，说的也是这个道理，锦上添花不是必要的，雪中送炭却救人于危难。人需要关怀和帮助，也最为珍惜在自己困境中得到的关怀和帮助。

有人说，真正的朋友是雨中的一把伞，是雪中的一捧炭，是寒室中温暖的棉被，是佳肴中不可缺少的盐花。

三国鼎立之前，周瑜并不得意，曾在军阀袁术部下为官，被袁术任命做过一回小县的县令。这时候地方上发生了饥荒，年成既坏，兵乱间又损失很多，粮食问题就日渐严峻起来。居巢的百姓没有粮食吃，就吃树皮、草根，很多人被活活饿死，军队也饿得失去了战斗力。周瑜作为地方的父母官，看到这悲惨情形心急如焚，却束手无策。

有人献计，说附近有个乐善好施的财主叫鲁肃，想必一定囤积了不少粮食，不如去向他借。于是周瑜带上人马登门拜访鲁肃，寒暄完毕，周瑜就开门见山地说："不瞒老兄，小弟此次造访，是想借点粮食。"鲁肃一看周瑜丰神俊朗，显而易见是个才子，日后必成大器，顿时产生了爱才之心，他根本不在乎周瑜现在只是个小小的居巢长，哈哈大笑说："此乃区区小事，我答应就是。"

鲁肃亲自带着周瑜去查看粮仓，这时鲁家存有两仓粮食，各三千斛，鲁肃痛快地说："也别提什么借不借的，我把其中一仓送与你好了。"周瑜及其手下一听他如此慷慨大方，都愣住了，要知道，在如此饥荒之年，粮食就是生命啊！周瑜被鲁肃的言行深深感动了，两人当下就交上了朋友。

君子周急不济富，帮人要雪中送炭。鲁肃的慷慨后来也得到了回报。后来周瑜发达了，真的像鲁肃想的那样当上了将军，他牢记鲁肃的恩德，将他推荐给了孙权，鲁肃终于得到了干事业的机会。

在别人富有时送他一座金山，不如在他落难时，送他一杯水。因为，人们总会在现实生活中遇到一些困难，遇到一些自己解决不了的事情，这时候，如果能得到别人的帮助，将会永远铭记在心，感激不尽。

马克思在创立政治经济学时，正是他在经济上最贫困的时候，恩格斯经常慷慨解囊帮助他摆脱经济上的困境。对此，马克思十分感激。当《资本论》出版后，马克思写了一封信表示他的衷心谢意："这件事之所以成为可能，我只有归功于你！没有你对我的牺牲精神，我绝对不能完成那三卷的巨著。"两人友好相处，患难与共长达40年之久。列宁曾盛赞这两位革命导师的友谊是"超过了一切古老的传说中最动人的友谊故事"。

帮助别人不一定是物质上的帮助，简单的举手之劳或关怀的话语，就能让别人产生久久的感动。如果你能做到帮助曾经伤害过自己的人，不但能显示出你的博大胸怀，而且还有助于"化敌为友"，为自己营造一个更为宽松的人际环境。

如果人世间都能像圣人希望的那样，多些雪中送炭，少些锦上添花，人与人之间的关系便会更加和谐安宁。

交对朋友先要识对人

　　"孟子见梁襄王，出。语人曰：'望之不似人君，就之而不见所畏焉。'"看来孟老夫子不仅是一位不懈地推行仁义的思想家，还是一位识人高手。看他给梁惠王的儿子襄王下的评语："不像人君。"一语切中要害。

　　知人知面不知心，自古识人难。古人在鉴识人品的时候，认为从一个人的言谈举止，看他内在的品德修养，是一件很难的事。

　　虽然难，还是要去体味，毕竟识人是与人交往的基础。只有在对一个人的性格品质有所了解的情况下，才能决定与其相处的模式以及关系的远近。所谓道不同不相为谋，或谋之有道；而道相同者则引为知己，这些都需要从识人开始。

　　要想客观地认识一个人，不能总是站在自己的立场上，因为这会把自己的利益放在其中考虑，很有可能失之偏颇。

　　识人不同于相人。识人是经由观察一个人的行为与言论以鉴识其品德与才能，而相人则是观察一个人的相貌与体征以判定其一生的吉凶祸福。两者小同而大异。

清朝名臣曾国藩指派李鸿章训练淮军时，李鸿章举荐了三个人，希望曾国藩能授以官职。当李鸿章带着三人来见曾国藩的时候，他刚好饭后出外散步，李鸿章命三人在室外等候，自己则进入室内。

曾国藩散步回来，李鸿章请曾国藩传见三人。曾国藩摆摆头，说不用再召见了，并对李说："站在右边的是个忠厚可靠的人，可委派后勤补给工作；站在中间的是个阳奉阴违之人，只能给他无足轻重的工作；站在左边的人是个上上之才，应予重用。"

李鸿章惊问道："您是如何看出来的？"

曾国藩笑答："刚才我散步回来，走过三人身旁时，右边那人垂首不敢仰视，可见他恭谨厚重，故可委派补给工作；中间那人表面上毕恭毕敬，但我一走过，他立刻左顾右盼，可见他不够本分，故不可用；左边那人始终挺直站立，双目正视，不亢不卑，乃大将之才。"

而曾国藩说的这位"大将之才"就是后来担任中国台湾巡抚的刘铭传。

曾国藩这种经由观察一个人的行为举止，以鉴识其品德与才能的方法就是识人，而非相人。"听其言而观其行"，这是孔子告诉我们的简易有效的识人方法。

人之所以成功，自有他的气度，有优良的品质。而看人的气度是好是坏，也如同鉴定东西的品质是好是坏，从外形上即可看出一样，从人的言谈举止之间，即可看出此人之气质如何，只是需要一双慧眼和一点心思。

　　确实如此，鉴识人，见其气度，即使是从言谈举止有了认识，也是不够的，还必须要更深入地了解他的个性。讲到这里时，我们不妨引用荀悦《申鉴》中的一段讨论来加以说明。荀悦谈到了气度的反面个性，并进行了精彩的解释，可算是对人正反性格的一个全面而精辟的概括。

　　"人之性，有山峙渊渟者，患在不通。"一个稳如山岳、太持重的人，做起事来往往不能通达权宜。"严刚贬绝者，患在伤士。"处世太严谨刚烈、除恶务尽的人，往往会因小的漏失而毁了人才。"广大阔荡者，患在无检。"过分宽大的人，遇事又往往不知检点，流于怠惰简慢，马马虎虎。"和顺恭慎者，患在少断。"对人客客气气，内心又特别小心谨慎的人，在紧急状况下，在关键时候，则没有当机立断的魄力。"端悫清洁者，患在狭隘。"做人方方正正、丝毫不苟取的人，又有拘拘缩缩、施展不开的缺点。"辩通有辞者，患在多言。"有口才的人，则常犯话多的毛病，言多必失。"安舒沉重者，患在后世。"安于现实的人，一定不会乱来，但他往往是跟不上时代的落伍者。"好古守经者，患在不变。"尊重传统、守礼守常的，又往往会食古不化，死守着古老的教条，于是就难有进步。"勇毅果敢者，患在险害。"所谓有冲劲、有干劲的人，在相反的一面，又容易造成危险的祸害。

人无完人，识人要识其本质，还要注意其优点和缺点，既可"见贤思齐，见不贤而内自省也"，又可从容地与之交往，一举两得。人具有交往的天性，希望在人际交往中能够规避陷阱，游刃有余，而且都想在人生中交到益友，邂逅知己，这一切当从识人开始。

行为比言语更可靠

俗话说的知人知面不知心，就是要我们看人看问题要善于透过现象看本质。早在几千年前，孔子也表达过类似的观点。

《论语·子路》中子贡问曰："乡人皆好之，何如？"子曰："未可也。""乡人皆恶之，何如？"子曰："未可也。不如乡人之善者好之，其不善者恶之。"

子贡问孔子："乡亲们都喜好它，怎么样呢？"孔子回答说："不可以。"子贡又问："乡亲们都讨厌它，怎么样呢？"孔子回答说："不可以。这两种情况都不如乡亲们品德好的人喜好它，品德不好的人讨厌它。"孔子告诉人们与人交往要透过现象看本质，不要被表面现象蒙蔽。

有一个寓言说的是真理和谬误一起去河里洗澡，谬误先上岸，将真理的衣服穿跑了，说自己就是真理。人们都相信它，而真理穿谬误的衣服，无论如何说自己不是谬误，却没人相信！

这就是没有做到透过现象看本质造成的结果。所以孔子又说："始吾于人也，听其言而信其行。今吾于人也，听其言而观其行。"（《论语·公冶长》）

"听其言而观其行"，这是考察一个人的正确方法，与朋友相交也是如此。如果仅凭他的舌绽莲花，你就把他当做至交好友，这样是很容易判断失误的。比如，有的朋友平日里对你满嘴的甜言蜜语，可实际上他是口蜜腹剑，与你相交完全是为了某种龌龊的目的，大事一了，马上一拍两散。他是"满载而归"，而你——吃了个大大的"黄连"。相反，有的人虽不会说漂亮话，却能为你两肋插刀。

从前有一个仗义的人，广交天下朋友。有一天他对儿子讲，如果有难解决的事情时，可以去找你洛河的李叔帮忙。儿子想了想问父亲为何要找那个不太说话、平时又不苟言笑的李先生，为什么不去找平时与父亲交往颇多的那些人呢？

父亲听完后笑笑说："别看我自小在社会闯荡，结交的人多如牛毛，其实我这一生就交了两个真正的朋友。一个是你徐州的刘伯伯，可惜他住得太远怕是不能及时帮忙；一个就是你李叔。其他的不足以托啊。"

儿子纳闷不已，因为他始终不明白为何平时那么多经常来往的"和善"的叔叔伯伯们不是父亲真正的朋友。他的父亲看出儿子的疑虑后就贴在他的耳朵边交代一番，然后对他说，你按我说的去见见我的这些朋友，朋友的含义你自然就会懂得。

儿子先去了他父亲认定的"一个朋友"李叔那里，对他说："我是某某的儿子，现在正被别人追杀，情急之下投身你处，希望予以搭救！"那位李叔一听，容不得思索，赶紧叫来自己的儿子，喝令儿子速速将衣服换下，穿在了眼前这个朋友的"逃犯"儿子身上，而自己儿子却穿上了"逃犯"的衣服。

儿子明白了：在你生死攸关的时刻，那个能为你肝胆相照，甚至不惜割舍自己亲生骨肉搭救你的人，可以称为你的一个朋友，虽然他平时看起来不见得比别人"和善"。这就是"一个朋友"的选择。

儿子又去了他父亲说的一位不是真朋友那里，把同样的话叙说了一遍。这个"朋友"听了，对眼前这个求救的"逃犯"说："孩子，我不是不救你，只是事情太大了，你看我也没有什么门路，要不你再到别处看看……"

儿子明白了：在你患难时刻，那些急于脱身，怕惹祸上身的人是不足以把他作为真的朋友的。

人们常说："在家靠父母，出外靠朋友。"朋友在一个人的社会活动中无疑是非常重要的。所以在选择朋友时更要格外注意考察他的行为，而不能仅仅依靠他所说的话就断定对方是否能成为自己的朋友。

真正的朋友轻财好义

子路问"成人"。子曰："若臧武仲之知，公绰之不欲，卞庄子之勇，冉求之艺，文之以礼乐；亦可以为成人矣！"曰："今之成人者，何必然？见利思义，见危授命，久要不忘平生之言；亦可以为成人矣！"（《论语·宪问》

子路问怎样才算是完美的人。孔子说："像臧武仲一样聪明，像公绰一样不贪心，像卞庄子一样勇敢，像冉求一样多才多艺；借礼仪音乐来增添文采，也就可以算是完美的人了。"又说："现在完美的人不一定这样。看见利益，便思量着义理；看见他人遇到危险，便思量着牺牲自己的生命；不会忘记平生承诺，也就可以算是完美的人了。"

很多人都达不到孔子所说的标准，见到有利可图就不顾道

义。如果交朋友以利益为基准，那么这种友谊一旦与利益发生冲突便会不堪一击，正如《汉书·樊郦滕灌傅靳周传》中所说："夫卖友者，谓见利而忘义也。"

天气渐冷、寒冬将至时，女孩宁宁想为自己添置一件新夹袄。她在一家商店里相中了一件粉红色的夹袄，一问价格是五十五元。为了不上当，宁宁又在附近找了好几家商店，后来终于在一家小店看到了同样一件粉红色的夹袄，更令她欣喜的是，店老板竟是自己昔日好友至真。她们热情地拥抱、问候，并交换了电话号码。宁宁没有问价格便买了那件夹袄，临走时，至真亲切地说："都是好朋友，只收你个成本价就好了，就给一百元吧。"宁宁笑了笑，付完钱后走了。寒冬已过，那件夹袄宁宁却从未穿过，因为宁宁怕它挡不住那刺骨的寒风，原来友谊只值那么点钱。

君子重义，小人唯利，以利交友，小人便会蜂拥而至，一旦利益危及，便如鸟兽散。上面的小故事给我们生动地勾勒出了伪朋友的利益之交。

其实，真正的友情是无价的，能够用金钱衡量出的友情便不是真正的友情。相比之下，重情重义，甚至不惜毁家纾难救助朋友的人，其情其义就更显得荡气回肠了。

唐朝时期，有一人名为吴保安，在东川遂州任方义尉。他有个同乡叫郭仲翔，是宰相郭震的侄儿。吴保安与郭仲翔本不熟识，但他知道郭仲翔豪侠尚气，于是便给郭仲翔写了一封信，想请郭仲翔推荐自己谋个好差事。郭仲翔接到信时想："此人与我素昧平生，就如此相托，必然是我的知己。"竟就这样将吴保安视为好友，推荐他到军中担任了书记官。

想不到的是，在一次战斗中，郭仲翔成了敌军的俘虏。敌将规定俘虏可以寄信到家里，让家中拿钱来赎。郭仲翔让回去的人带信给吴保安。吴保安接信后，感念于知己情谊，倾尽所有也不能凑够赎金，于是撇下妻儿外出经商。惨淡经营了十年之久，才凑够赎金，终于把郭仲翔赎了回来。

吴保安给后人展示了什么样的朋友才算是真正的义气朋友。

确实，真正的朋友轻财好义，彼此如亲人般相知，他们的友情也如金石般坚固。此等朋友不一定求多，如果遇到了，就必定要珍惜。虽然他们有时难免会有错误，但是人无完人，不要认为你的朋友不如你，世界上每个人都有他的长处，用其长而舍其短便好。所以，多交益友，可以从他们的身上学到正确的为人处世道理；而误交损友，最好尽快与其划清界限，以免误己。

况且，善交朋友，同时也是存世必备的本事，有了朋友的帮助和配合，往来于世总不至于处处碰壁，虽不能说完全进退自如，亦不远矣。

儒家做事·佛家修心·道家做人

儒家佛家 道家经典

第二卷

李金龙　编

辽海出版社

安家智慧：有敬有爱

"百行孝为先"，孔子之学所重最在道。所谓道，即人道，其本则在心，而这人道最鲜明的体现是孝悌之心。所以要想培养仁爱之心，必先从孝悌始。有子说："其为人也孝弟，而好犯上者，鲜矣；不好犯上，而好作乱者，未之有也。君子务本，本立而道生；孝弟也者，其为仁之本与！"

有爱有敬才是孝

有一个财主有两个儿子，大儿子愚笨，不讨人喜欢，小儿子聪明伶俐，于是财主就尽心抚养小儿子。两个儿子逐渐长大了，大儿子一直在家里陪着父母，小儿子因为颇有才华，被父亲送到县城读书。

小儿子果然不负众望，考取了功名，一家人欢天喜地，两位老人也准备收拾行李，和小儿子一起到新地方开始生活。本来小儿子不想带着父母，但是想到兄长愚钝，就勉为其难地带上了两个老人家。

到了就职的地方之后，小儿子给父母选了一间房子，安排

了一个奴婢，从此就消失了。两位老人看不见他的人影，生病了也只能使唤下人去找大夫。虽然在这里不愁吃穿，但是两个老人心里很难过。

一年以后，大儿子带着家乡的特产过来看弟弟，一见到老人，就难过地哭了——一年不见，父母老了许多，以前胖胖的父亲也瘦成一把骨头了。虽然大儿子很笨拙，但是很心疼父母，他决定带着父母回家生活。父母想到自己以前和大儿子生活在一起的时候，从来没有把他当回事，端茶倒水像下人一样使唤，但是他从来没有生气，反倒是乐呵呵地照顾自己，不禁也流下了眼泪。就这样，笨哥哥又带着老人回到乡下去了。小儿子想不明白：为什么父母不跟着我这样有头有脸的儿子，却要和那笨人一起生活？

其实，感动老财主的正是一颗孝心。只有让父母感受到我们的孝心，他们才会觉得幸福。现代社会，很多人可能会逢年过节给家里寄一些钱回去，但是父母最缺的并不是钱，而是关爱之心。

孝是儒家哲学中的一个重要概念。在《论语》中有很多处关于孝的探讨。比如，《论语·为政》篇："子游问孝。子曰：'今之孝者，是谓能养。至于犬马，皆能有养；不敬，何以别乎！'"子游问什么是孝道。孔子说："现在人只把能养父母便算做孝了。就是犬马，一样能有人养着。没有对父母的一片敬心，养老和养牛养马又有什么区别呢！"后来子夏也来问什么是孝："子曰：'色难。有事，弟子服其劳；有酒食，先生馔，曾是以为孝乎？'"孔子认为子女要做到孝顺，最不容易的就是对父母和颜悦色。仅仅是有了事情，儿女替父母去做，有了酒饭，让父母吃，这并不是完整的孝。正如钱穆先生所言，人之面色，即其内心之真情流露，色难，乃是心难。有愉色者，必有婉容。

孔子在这里强调的"孝"，必须是对父母发自内心的"敬"，是一种自觉的伦理意识和道德情感，而不仅仅止于"供养"上。否则就不是真正的孝。所以孝子伺候父母，以能和颜悦色为难。有的儿女在为父母盛饭倒水时总把碗或杯子"砰"的一声放在父母面前，把父母吓得哆嗦一下。这样的态度，会让父母有何感想？这样的行为能算做是孝敬吗？孔子生活在一个非常讲求"礼"的时代，人的一言一行都要符合"礼"，坐的朝向、与人说话的态度、看望生病的朋友时应该站的方位都有明确的礼制规定，而孝作为"礼"的重要内容，更是被强调得细致入微。正因为如此，许多人反而误解了"孝"的本意。对父母只是养老，却并没有尽孝。

孝，绝不仅仅是能够保证父母衣食无忧。因为父母更希望得到的是儿女的真情关心，有敬有爱才是真正的孝。

古语说："久病床前无孝子。"对父母尽孝可能会给自己的生活和事业带来许多麻烦。每当这时，人们便往往会或多或少地流露出一些厌恶的神色，这种时候我们不要忘记考虑父母心中的感受。恐怕此时父母心中隐隐的内疚和失望远远比老迈和病痛的折磨更甚。

孝，是原心不原迹的行为，儒家告诉我们孝敬要表现在行动上，但更要在心中，这才是真孝。所以儒家说，仅有孝的举动，却没有孝心，是远远达不到真正的孝的。孝，需要有行动，更需要用爱去浸润。在中国，对父母及老年人的孝养一直是个大问题，这也正是中国古代圣贤格外重视孝道的原因。要知道：孝不仅仅是养活父母，更是一种发自内心的真挚情感。

对父母的爱随时可以表达

"子欲养而亲不待"是出自《孔子·集语》的一个故事。

春秋时，孔子和弟子们出去游玩，忽然听到路边有人在啼哭，就上前去看怎么回事。啼哭的人叫皋鱼，皋鱼解释了他啼哭的原因："我年轻时好学上进，为了求学曾经游历各国，等我回来时父母却已经双双故去。作为儿子，当初父母需要侍奉的时候我却不在身边，这好像'树欲静而风不止'；如今我想要侍奉父母，父母却已经不在了。父母虽然已经亡故，但他们的恩情难忘，想到这些，内心悲痛，所以痛哭。"

人生在世，必然经历过种种痛苦的情感折磨，也在痛苦中锻炼得愈发坚强，面临悲痛愈发能强忍声色，而"子欲养而亲不待"却让人们备觉"生命中难以承受之痛"。当你挚爱的亲人离你而去，你在脑海中回想他们以往对你如何嘘寒问暖、呵护备至，你却一味顾及打拼自我天地，忽略了关爱他们，让他们在守望你的寂寞中落寞而去。你的悔，你的痛，成为你一生最深刻的烙印，任岁月恁般无情也抹杀不去。

很多人总在说，等到有钱、有时间了，一定要好好孝敬父母，但你可以等待，父母不能等待。在不经意间，父母渐渐变老。其实对父母的爱随时可以表达，尽孝要趁早。他们没有太多的要求，只是想多让你陪陪，所以一定要抽出时间，多陪陪父母，不要让父母失望。不要等到父母已经亡故却来不及孝敬，而让自己空留遗憾。亲情很多时候不能等待，孝敬应该从现在就开始。

生孩子不易，养孩子更不易，父母为孩子付出的辛苦是没有当过父母的人难以理解的。古时候父母亡故，做子女的要服丧三年，这是对自己刚出生时父母精心守候的报答。孝敬父母，是每个人都应该奉行的，无论是过去还是现在。

闵名损，字子骞，春秋时期鲁国汶上人，是孔子著名弟子之一。闵子骞幼年即以贤德闻名乡里，他母亲早逝，父亲怜他衣食难周，便再娶后母照料闵子骞。几年后，后母生了两个儿子，待子骞渐渐冷淡了。闵子骞受到后母虐待，冬天穿的棉衣以芦花为絮，而其弟穿的棉衣则是厚棉絮。一天，父亲回来，叫子骞帮着拉车外出，外面寒风凛冽，子骞衣单体寒，但他默默忍受，什么也不对父亲说。后来绳子把子骞肩头的棉布磨破了，父亲看到棉布里的芦花，知道儿子受后母虐待，回家后便要休妻。闵子骞看到后母和两个小弟弟抱头痛哭，难分难舍，便跪求父亲说："母亲若在，仅儿一人稍受单寒；若驱出母亲，三个孩儿均受寒。"子骞孝心感动后母，使其痛改前非，自此母慈子孝，合家欢乐。

孟子曰："惟孝顺父母，可以解忧。"闵子骞的孝行备受后人推崇，明朝编撰的《二十四孝图》，闵子骞排在第三，成为中华民族文化史上先贤人物。闵子骞不仅孝，而且宽容友爱，正是这些品德，使一个即将分崩离析的家庭重归于好。以自己的行为感动后母，使家庭和睦，母慈子孝，生活没有遗憾，这实在是人生一大幸事。

三国时司马昭灭蜀，李密沦为亡国之臣。司马昭之子司马炎废魏元帝，采取怀柔政策，极力笼络蜀汉旧臣，征召李密为太子洗马。李密于是上了著名的《陈情表》，以孝为由，不得不让朝廷作出了妥协：

"伏惟圣朝以孝治天下，凡在故老，犹蒙矜育……臣无祖母，无以至今日；祖母无臣，无以终余年。母、孙二人，更相为命，是以区区不能废远……是臣尽节于陛下之日长，报养刘之日短也。乌鸟私情，愿乞终养……"

这虽是李密推辞不就之作，但是由于写得情挚意切，一直以来都被人们看成是对孝悯之人心声的表达。而此一文也足以堵住说他"不思新恩"的悠悠众口了。

商业家比尔·盖茨曾说过这样一句话：在这个世界上，什么事情都可以等待，只有孝顺是不能等待的。在现代，人们对自由的追求导致了家庭观念逐渐淡漠，孝的精神也逐渐丧失，这不仅是传统文化的重大损失，也是个人品德修养的重大缺陷。

父母生我、养我、育我，我们也应当爱之、惜之、怜之。儒家为孝道规定了各种条框，然而孝敬父母需要用条框来规定吗？爱父母、敬父母本是发乎情的内心诉求，它是一种浑然天成的情感。如果为自己曾经没有好好孝敬父母、爱惜父母而感到后悔，那么就抛却昨日之事，行今日之事，以最实际的行为实现自己的承诺，掏出自己的情感去关爱他们。人生最大的悲哀莫过于"子欲养而亲不待"，孝敬父母要及早，不要等父母都不在了才想起要孝顺，那就为时已晚，只能空留遗憾。

记住父母的生日

2007 年，西安一所高校作了一个调查，看有多少人知道自己的父母的生日。结果，超过一半的大学生不记得父母的生日和年龄，也从来没有给父母过过生日。当遇到需要填父母的出生年月的表格的时候，他们总是拿出手机，给爸爸妈妈打电话询问。

这个调查颇让人感慨。父母通常都记得孩子的生日，而相比之下，作为子女就做得差多了。孔子曾经说过："父母之年，不可不知也，一则以喜，一则以惧。"意思是说：父母的年龄，不可以不知道，一来呢，父母岁数越来越高，子女要感到很开心；其次呢，父母岁数越大，身体就越不好了，所以子女要感到很担忧。为什么要担忧呢？因为人的一生是有限的几十个春秋，多了一个春秋也就等于向垂暮的晚年迈进了一步。

"树欲静而风不止，子欲养而亲不待"，衰老是自然界的规律，谁都无法逃脱生老病死。父母在竭尽所能地照顾我们的同时，也随着年龄的增加而一天天老去了。所以子女要尽可能在父母有生之年，多给父母关心和照料，回报父母的养育之恩。

否则，等到自己为人父母，感受到父母的不容易的时候，父母已经老了，没有能力去享受儿女的孝心了，也就为时已晚。

孔子要弟子们尽孝，那他自己又做得如何呢？我们都知道孔子是个思想家、教育家，其实，他也是一个很孝顺的孩子。孔子三岁时，父亲叔梁纥就去世了。母亲颜徵在年轻守寡，将所有的精力都放在了抚养和教导孔子上。为了养育孔子，颜徵在吃了很多苦，身体也病倒了，在孔子十六七岁时，她也去世了，当时的年纪还不到40岁。孔子因为自己没有机会好好地对父母尽孝，因而一提到孝的话题就非常痛心。于是他便告诫弟子，一定要记住父母的生日年龄。

凯文是一位事业有成的投资经理，在他为工作埋头苦干一年之后，终于获得了半个月的休假。他早就计划好要利用这个难得的机会到一个风景秀丽的观光胜地去随心所欲地畅游一番。临行前一天下班回家，他十分兴奋地整理行装，把大箱子放进轿车的车厢里，第二天早晨出发前，他打电话给母亲，告诉她去度假的主意。

母亲说："你会不会顺路经过我这里，我想看看你，和你聊聊天，我们很久没有团聚了。"他急忙向母亲解释："妈妈，我也很想去看你，可是我和朋友已经约好见面时间了，恐怕没有时间过去。"当他开车正要上高速公路时，忽然记起今天是

母亲的生日。于是他绕回一段路，停在一个花店门口，打算订些鲜花，叫花店给母亲送去，母亲喜欢鲜花。这时店里来了个愁容满面的小男孩，挑好了一束康乃馨后，却发现所带的钱不够，少了10元钱。

凯文问小男孩："这些花是做什么用的？"

小男孩说："送给我妈妈，今天是她的生日。"

凯文听后，拿出钞票为小男孩凑足了买花的钱，小男孩很快乐地说："谢谢你，先生。我妈妈会感谢你的慷慨。"

凯文笑了笑："很愿意帮助你，其实，今天也是我母亲的生日。"

看着小男孩满心欢喜地抱着花束离开，凯文若有所思。他选好一束玫瑰、一束康乃馨和一束黄菊花，付了钱，给花店老板写下他母亲的地址，然后发动车子，继续上路。

车子开出一小段，转过一个小山坡时，他看见刚才遇到的那个小男孩跪在一个小墓碑前，把鲜花摆放在墓碑前面。小男孩也看见了他，挥手说："先生，我妈妈喜欢我给她的花。谢谢你，先生。"

凯文看到这个场景，心有所动，立即将车开回花店，找到老板，问道："那几束花是不是已经送走了？"老板告诉他还没有。

"不必麻烦你了，"他说，"我自己去送。"

孩子的孝心感动了凯文，是否也对我们有所启发？我们要孝敬父母，就从记住父母的生日开始吧，这并不是一件很难的事情。可以和朋友约定相互提醒，或者在自己的手机中设置一个日程提醒，到父母生日的时候，给爸爸妈妈买点小礼物，或者做个菜；尽量提前安排好，陪父母过生日；要是在外面回不来，就打个电话，哪怕是发个短信呢，说一声："爸爸，妈妈，生日快乐，你们辛苦了。"父母都会非常欣慰。

巧妙应对父母的过错

晚饭过后，母亲忙着似乎永远也忙不完的家务。刚上五年级的女儿大声嚷嚷道："妈妈，问您个问题，您的心愿是什么？"母亲先是一愣，接着不耐烦地回答："心愿很多，跟你说没用。"女儿执拗地要求："您就说说看，这对我很重要。"母亲看见女儿坚持的样子就回答说："好吧，就说给你听听。第一，希望你努力学习，保持好成绩；第二，希望你听话，不让大人操心；第三，希望你将来考上名牌大学；第四……"女儿打断母亲的回答："哎，妈妈，您不要总是说对我的期望，说说您自己的心愿吧！"母亲有滋有味地历数着，沉浸在对美好未来的种种设想之中："我嘛——一是希望身体健康，青春长

驻；二是希望工作顺心，事业有成；三是希望家庭和睦，美满幸福；四是……"女儿再次打断母亲的回答："妈妈，您说的这些又大又空，说点实际的吧，比如您想要……"

母亲好像猛然发现了什么似的，有些恼火地打断女儿的话："我就知道你跟我玩心眼儿，一定是老师留了关于心愿的作文题目，你写不出来就想到我这里挖材料对不对？实话告诉你吧，我的心愿多着呢！我想要别墅，我想要小轿车，我想要高档时装，看，我的手袋坏了，还想要一只真皮手袋，你看这些实际不实际？这些你都能满足我吗？跟你说顶什么用？好了，心愿说完了，你去写作业吧。"女儿回到自己的房间，母亲觉得有些话还意犹未尽，又站起身推开女儿的房门。女儿正在写作业，串串泪珠滚落，不停地用手背擦着，母亲的无名火又上来了，比刚才的声音还要高出几个分贝，吼道："你还觉得挺委屈是不是？你想偷懒是不是？你故意气我是不是？"女儿解释："妈妈，我不是……""还敢顶嘴！告诉你，9点钟之前写不完这篇作文有你好瞧的！"母亲很权威地命令着，一扭身"嘭"地把门关上。

第二天晚上吃完饭，女儿照例进屋写作业，母亲照例重复着每日必做的家务。蓦然间，她发现茶几上多出一束鲜花，鲜花旁放了一个包装袋，包装袋上放了一张小纸条，纸条上面写着：

妈妈：

　　今天是您的生日，我用平时攒的零花钱和这两年的压岁钱给您买了一只真皮手袋。让您高兴，这是我最大的心愿。

　　　　　　想给您一份惊喜却不小心惹您生气的孩子

　　母亲的手颤抖了，呆呆地坐在沙发上说不出一句话。

　　人们常常会说：天下无不是之父母。其实这话是不对的，圣贤都会犯错，何况身为普通人的父母呢？父母也是有过错的，只是在面对父母过错的时候有一个态度和做法的问题。

　　那么当我们的父母有了过错，或者和我们产生了矛盾分歧时，作为子女的我们当如何对待呢？孔子告诉了我们一个原则。

　　生活中，父子家人相处时，我们都要注意应当兼顾情义，尤其是作为子女的，应该以不伤害父母为前提。如果对父母无情，则必陷于大不义的境地。懂得了这些，在面对父母的过错时也就没有什么怨言了。

　　子曰："事父母几谏。见志不从，又敬不违，劳而不怨。"（《论语·里仁》）孔子讲为人子女如何对待父母的缺点问题，首先是委婉地劝说，发现父母的缺点不劝说是不对的，但须注意劝说的态度要温和。更重要的是，如果发现父母的缺点错误

不进行规劝即不能称为孝子。但是，当子女规劝父母，而父母不听怎么办？孔子接下来说，在这种情况下，仍要对父母表示恭顺，虽然为父母不能改正错误和缺点而内心担忧，但却不能心怀怨恨。说到自己的父母，也有可能是君子或者小人，如何能够让他们远离小人的习气而靠近君子的行为呢？这就要劝谏他们放弃不良习惯，委婉说服。即使是说服不了，那么照样要对他们恭敬行孝，任劳任怨。因为他们毕竟是自己的父母亲人，绝不能因为他们不明白道义而有过失就不行孝顺。否则，自己连孝都做不到，又怎么去要求父母行义合道呢？也许在自己的孝心感召和耐心劝说下，父母真正会认识到自己的错误而改过自新的。

孝悌是人的一种本能

在中国要紧的是家庭生活，而家庭是由天伦骨肉关系来的，在家庭骨肉之间特别重情感，而人在感情盛的时候，常常是只看见对方而忘记了自己，所以他能够尊重对方，以对方为重，处处是一种让的精神。因此在所有的礼之中，必须牢记孝悌在其中是最为重要的，所以有学者用"无声之乐，无体之礼"来强调儒家的孝悌概念。

在儒家观念里，孝悌被认为是人的一种本能，本是礼乐的一部分。著名学者梁漱溟认为，孝悌本来也与礼乐一样……礼乐的根本地方是无声之乐，无体之礼，即生命中之优美文雅。孝悌之根本还是这一个柔和的心理，亦即生命深处之优美文雅。礼乐原本就是以人之心为源头的，孝悌亦然。

孔子说："无声之乐，无体之礼，无服之丧，此之谓三无。"子夏曰："三无既得略而闻之矣，敢问何诗近之？"孔子曰："'夙夜基命宥密'，无声之乐也。'威仪逮逮，不可选也'，无体之礼也。'凡民有丧，匍匐救之'，无服之丧也。"

无论是乐，还是礼，都是来教化百姓的，只是方式有所不同。音乐当然要用声音来表示，礼仪自然要触及身体，他人有难时应有服丧之举才是常理，但是孔子却说"三无"。子夏也和我们一样疑惑，于是又作了进一步的询问。孔子的回答其实是超越了具体的礼乐仪式，将问题引到了关于"礼乐之原"的思考，那就是这三者殊途同归，最后走向的都是心灵的触动。

孔子以《诗经》中的三句话对它们作了解答。

其一，"夙夜基命宥密"，出自《诗·周颂》。《礼记正义》说："夙，早也；夜，暮也；基，始也；命，信也；宥，宽也；密，静也。言文、武早暮始信顺天命，行宽弘仁静之化。"郑玄认为是"言君夙夜谋为政教以安民，则民乐之"。"密"字有静的意思，再加上清晨和黄昏的背景，自然就能引起无声的

联想。如果百姓心中能想到国君在昼夜操劳，自然就心生敬意，不逾规矩。其二，"威仪逮逮，不可选也"，出自《邶风·柏舟》，选即遣，原诗说威仪并非通过升降揖让之礼等外在的东西来体现，所以说是"无体之礼"。"凡民有丧，匍匐救之"出自《邶风·谷风》，"言凡人之家有死丧，邻里匍匐往救助之"，非必服也。所以用来说明"无服之丧"。

经过去粗取精，去伪存真，就知道这三者说的其实是一个道理：礼是从心里出来的，心到情到是最重要的。没有人对百姓说君主很操劳，但心中有数；没有人让你作揖鞠躬，但你自然会去做；邻家有难，虽然未必为之服丧，但就算是爬着也要去救。教化非生硬地指点他人，而是以化为教，是一种随风潜入夜、润物细无声的感染和熏陶。

古语有云，百善孝为先，中国古代的帝王们多以孝治天下。父母死后，子女按礼须持丧三年，其间不得行婚嫁之事，不预吉庆之典，任官者并须离职，称"丁忧"。因特殊原因国家强招丁忧的人为官，叫做"夺情"，从名称即可看出，不守孝是何等不近人情。

北魏时，房景伯担任清河郡太守。一天，有个老妇人到官府控告儿子不孝，回家后，房景伯跟母亲崔氏谈起这事，并说准备对那个不孝子治罪。崔氏是一个知书达理、颇有头脑的人，她得知情况后，说道："普通人家子弟没有受过教育，不知孝道，不必过分责怪他们。这事就交给我来处理好了。"

第二天，崔氏派人将老妇人和儿子接到家里，崔氏对不孝子一句责备的话也没说。崔氏每天同老妇人同床睡眠，一同进餐，让不孝子站在堂下，观看房景伯是怎样侍候两位老人的。不到十天，不孝子羞愧难当，承认自己错了，请求与母亲一起回家。崔氏背后对房景伯说："这人虽然表面上感到羞愧，内心并没有真正悔改。姑且再让他住些日子。"又过了二十几天，不孝子为房景伯的孝顺深深打动，真正有了悔改的诚意，不断向崔氏磕头，答应一定痛改前非，老妇人也替儿子说情，这时崔氏才同意他们母子回家。后来这个不孝子果然成了乡里远近闻名的孝子。

崔氏很聪明，她相信每个人心中都会有仁在，其中之一就是孝心。她无所为而为，以身教代替言传，让他心中蛰伏之仁能被外面的影响触动得以彰显。

真正在宇宙之间往来流淌拨动人心的东西并非眼能见，耳能听，而是人们所谓的意味。只可意会不可言传，因为言传未必能收到预期的效果。

能听三分唠叨，可做一等孝子

《论语》上说："事父母几谏。见志不从，又敬不违，劳而不怨。"这不仅教给我们怎么对待向父母提意见，同时也告诉人们该怎么面对我们爱唠叨的父母。

随着父母年纪的增长，他们行动不如年轻时方便了。加上有的人身体不好，疾病缠身，也正好赶上老年人身心的各种变化，于是他们有时候会变得脾气无常，轻则唠叨，重则震怒。天下父母也有不是的时候，对于这个我们应该理解，或者指出，但是要注意分寸。

我们很多年轻人在这点上做得不好，对于父母的唠叨，常常觉得厌烦，经常会表现出不耐烦的样子来，有的不肖子甚至会口出恶言，实在让人觉得伤心。年轻人在事业上或者生活中可能会遇见不顺心的事情，无处可发泄，碰上老人们发几句牢骚，心里就觉得没有办法承受了。可以理解这样的心情，但是你所面对的毕竟是你的父母，他们可是生你养你的人，他们不需要你什么，只要你能听听就好，给他们个好脸色就行。这就是老人。

燕文跟母亲吵架了，原因就是因为电视遥控器，母亲习惯老式黑白电视了，换台的时候总喜欢去直接拧频道。燕文刚给买了一台新的，跟母亲说用遥控就可以，不用来回走动。结果多年的习惯，母亲很难改掉，依然是用手去按，从来都不用遥控。燕文就给讲了好多次。母亲还是不用，而且还唠叨她说，她管得太多了。结果母女吵了一架。因为点鸡毛蒜皮的小事，母亲最后很大声地把她赶了出来。

她一时觉得很委屈，就跑到了街上，走了很远的路，结果她突然发现自己忘记带钱了。可是夜色渐深，回去的路还很远，饥肠辘辘的感觉越来越强。忽然一个小小的馄饨摊映入眼帘，一位老婆婆在摊前忙碌着。馄饨的香气扑鼻而来，燕文咽了一下口水，又看了一眼锅中翻滚的馄饨，慢慢转身离去。老婆婆早已注意到徘徊不定的燕文，她热情地问道："小姑娘，吃碗馄饨吧！"燕文转过身尴尬地摇摇头，说："我忘记带钱了。"老婆婆笑了笑："没关系，我请你吃！"

片刻之后，老婆婆端来一碗馄饨和一碟小菜。燕文吃了几口，忍不住掉下了眼泪。"小姑娘，怎么了？"老婆婆关切地询问。"哦，没事，我只是感激！"燕文拂去脸上的泪花，"您跟我互不认识，只不过偶然在路上看到我，就对我这么好，煮馄饨给我吃！但是……我妈，我跟她吵架了，她竟然把我赶出来，还说不让我再回去了……您是陌生人都对我这么好，我妈，竟然对我这么绝情！"

　　老婆婆听了，语重心长地劝她："你怎么会这样想呢！我只不过煮了一碗馄饨给你吃，你就这么感激我，而你妈给你煮了十多年的饭，从小到大照顾你，你怎么不感激她呢？为什么还要跟她吵架呢？"燕文听了这话，默默无语。是啊！一个陌生人为我煮了一碗馄饨，我尚且如此感激，而母亲辛苦把我养大，我为什么心中没有感激之情？为什么还要与母亲争执？

　　燕文慢慢吃着馄饨，脑海中显现出许多儿时的画面。馄饨吃完，她谢别了老人，朝家走去。当走到自家胡同口时，燕文看到妈妈疲惫而又熟悉的身影。她正焦急地左右张望。看到燕文回来了，妈妈长舒了口气，说道："燕文啊！你让妈急死了！赶紧回家吧！饭菜都凉了！妈以后不再跟你吵架了，好吧？"此时，燕文无比自责。父母操劳一生，为我们付出的哪里是一台电视机和一碗馄饨可比的。

　　其实生活本来也很简单，能听三分唠叨，可做一等孝子。燕文的故事不就是这样么？孝顺的事情，自私点说其实也是为了自己。我们应该拿出我们的感恩之心，来孝敬父母。尤其是当你有子女的时候，更应该如此。

　　中央电视台有一个很温暖的广告：

　　一个劳累了一天的妈妈，回家之后忙里忙外，还要和孩子玩，到了该休息的时候了，妈妈给行动不方便的婆婆端上了洗脚水，然后给她洗脚。

这一幕，被孩子看见了。

然后孩子在狭长的楼道里摇摇晃晃地端着一盆水，这一幕让很多人都感动。

当他把水端到妈妈跟前说："妈妈，洗脚。"

他妈妈脸上露出了微笑。

看过的人都会被这一幕感动。父母是孩子最好的老师，他们把父母的行为看在眼里，记在心里。有人从功利的角度讲，要想以后孩子怎么对自己，就应该怎么对待父母老人。不孝从某种程度上讲是可悲的，他为自己埋下了伤心的根。为孩子做个表率，对于唠叨能听而不辩，面带微笑，这难道很难做到吗？事实上孝敬并不是必须得体现在大事上，能听得进唠叨，或者即使听不进去，能够和颜悦色，这也算是对父母的尊敬。正所谓听得三分唠叨，做得一等孝子。

游必有方，带着孝心去游荡

包拯是庐州合肥（今安徽合肥市）人，历史上的包拯不像戏曲中所说的那样是由嫂子养大的，实际上他是由自己的父母养大的。父亲包仪，曾任朝散大夫，死后追赠刑部侍郎。包拯少年时便以孝而闻名，性直敦厚。在宋仁宗天圣五年，即

1027 年中了进士，当时 28 岁。先任大理寺评事，后来出任建昌（今江西永修）知县，因为父母年老不愿随他到他乡去，包拯便马上辞去了官职，回家照顾父母。他的孝心受到了官吏们的交口称颂。

几年后，父母相继辞世，包拯这才在乡亲们的苦苦劝说下重新踏入仕途。包拯主动辞去官职，回家孝敬父母，足见其对父母的孝心。时至今日，他对父母的孝敬也堪为当代人的表率。

儒家强调"父母在，不远游，游必有方"（《论语·里仁》）。孔子这句话的本义是："父母在时，不做远行。若不得已要远行，也该有个方位。"

古代交通不便，音讯传达非常困难。如果父母因为一些情况急切地想见到子女，一旦耽误了时间，那将留下无可弥补的遗憾。古时的孝子顾虑到这一点，因此就不外出游学或做官等。包拯无疑就是这样一位孝子。

而在今天，时代发展了，通讯工具也迅速更新换代，真正实现了"天涯若比邻"的美好理想。此时，远游者更有必要音讯常通，使家人知道你在何处，这种道理古今是相通的。

儒家认为年轻人志在四方，固然不错，但是要时常记挂着家中的父母亲人，时常问候一下，若是父母年纪渐老甚至生病，作为子女这个时候应当义无反顾地在父母身边照顾。用孔子的话说："子生三年，然后免于父母之怀。"父母生了我们，然后要三年我们才能离开父母的怀抱自由奔跑，在这个过程中，无论安好病恙，父母之爱都无私地给予我们、照顾我们。所以当他们老病之时，无论多远都要回家照顾父母，这也是孝的一部分。中国自古以来以仁孝为做人根本，古今的孝子都受人称赞。

一个风和日丽的好天气，树林中各种各样的鸟类都从巢中飞了出来，愉快地在空中飞来飞去。它们那美妙的歌声，给寂静的树林带来了勃勃生机。可是戴胜鸟和它的老伴却飞不出窝巢了，岁月不饶人，它们的身体早已虚弱不堪了，全身的羽毛已经变得干涩枯燥、暗淡无光，像老树上的枯枝般容易折断，双眼还生了翳病看不见了。为了养儿育女，它们的精力已经快要耗尽了。

老戴胜鸟觉得自己的子女都已经长大，能够独立生活了，自己的职责已经尽到，可以无怨无悔地离开这个世界了。因此，夫妻俩商量，决定不再离开自己的家，安心地待在窝里，静静地等待那迟早总会降临的时刻。但老戴胜鸟想错了，它们辛辛苦苦养育的那些孩子们是绝不会扔下它们不管的。这天早晨，它们的大儿子就带着一些好吃的东西，专程来看望它们。

小戴胜鸟发现年迈的双亲身体不好，立即飞去把这个消息告诉了它的兄弟姐妹们。

戴胜鸟的儿女们很快都到齐了，它们聚集在双亲的旧巢前，有一只鸟说："我们的生命是父母亲最伟大的馈赠，它们用爱哺育了我们。现在它们老了，病了，眼睛也看不见，已经没有能力养活自己了。我们一定要帮它们治病，细心看护好它们，这是我们做子女的神圣义务！"这些话刚说完，年轻的戴胜鸟们立刻行动起来。有的飞去筑起温暖的新居，有的振翅飞去捕捉昆虫，有的飞到树林里去找治病的药。

新房子很快就落成了，孩子们小心翼翼地帮着父母搬了进去。为了让父母感到温暖，它们像孵蛋的母鸡用自己的体温去保护没有出壳的雏鸡一般，用自己的翅膀盖住老鸟。它们还细心地喂给父母泉水喝，并用自己的尖嘴帮忙梳理老戴胜鸟蓬乱的绒毛和容易折断的翎毛。

飞往森林的孩子们终于回来了，它们找到了能治失明的草药。大家高兴极了，它们把有特效的草叶啄成草汁给老戴胜鸟擦用。尽管药力很弱，需要耐心等待，它们却一刻也不让父母亲单独留在家里，总是轮流守候在父母身边。快乐的一天终于到来了，戴胜鸟和它的老伴睁开眼睛，向四周张望，它们认出了自己孩子的模样。孩子们都高兴极了，并准备了丰盛的食物，好好地庆祝了一番。知恩的子女们就这样用自己纯真的爱，治好了父母的病，帮助它们恢复了视觉和精力，以报答养育之恩。

鸟尚如此，人情若是不孝又何以堪。其实，儒家的孝并不是束缚人的绳索，当一个人远游时，要告诉父母自己在什么地方，这样一来，父母有什么事情，也能及时通知自己，以免留下什么遗憾。所以，做人尽孝，若是不能常在身旁照顾，也要游必有方，带着孝心去游荡，这才是孝道。

爱父母先要爱自己

孟武伯问孝。子曰："父母唯其疾之忧。"又说：父在观其志，父没观其行；三年无改于父之道，可谓孝矣。（《论语·为政》）

关于孔子的这段话一直以来有两种理解。一则是说父母最担心的是自己的孩子健康，所以为人子女要爱惜身体，所以《孝经》上也说身体发肤受之父母，不可轻易损毁。而另一种理解则主张说，一个人如果做到行为操守毫无亏失，能够成家立业有一番作为，然后让父母只为自己的身体而担忧，而不再忧虑品行的问题，这样的境界就是做到了孝。前一种解释以往论述得已经不少，这里我们来看下第二种说法，可谓是道出了天下父母之心，子女如果能常常以谨慎持身，使父母只忧虑子女的疾病，而没有别的东西可忧虑，这也应该是孝的一个重要方面。因为人的疾病不是自己所能控制的。

其实这个并不难理解，因为孝的本义就是指由父母对子女的爱而反射出子女对父母的敬爱。它是个相互转化的极其自然的过程。但是，现实社会中，有很多人能自理、自立了，却还是让父母整天为自己担惊受怕。

有一天，在一个关着一些死刑犯的牢房里，死刑犯们翻着杂志在那里闲聊。

一名犯人指着杂志中的珠宝说："我母亲没有一样像样的首饰，如果戴上这些首饰一定会很高兴。"

另一名犯人指着上面的房屋说："家里的房子已经很旧了，我的母亲如果有这么一间漂亮的房子多好。"

第三个犯人指着上面的汽车说："要是我的母亲有这么一辆车子，就可以常来看我了，不用每天走着来看我。"

杂志最后传到一个犯人的手中，他拿着杂志看了很长很长的时间，看着上面的珠宝、房子、汽车……

他沉思许久，流着泪说："我们从出生，到母亲一口奶一口饭地哺育，到一件衣服一次脸色的无尽关怀，我们是母亲牵挂的根源，更是母亲幸福的寄托。我们的一言一行、一举一动

都牵连着母亲的心，我们是母亲心中终生的痛。母亲的付出，并不是希望得到物质的回报。是的，珠宝、别墅、小车的确是能给母亲带来快乐。但是，在母亲的心底，终极的幸福永远是儿子自身的优秀！如果我们的母亲有一个好儿子就好了！"

这时，所有的人都低下了头。

是啊，母亲最需要的是一个"好"儿子，她不需要为儿子的衣食住行而担心，除了疾病，她们就没有什么好替儿子担心的了。真是可惜，如果他们能早明白，就不至于落得如此下场了。

如果一个人能真正体会到孩子生病时自己如何的忧虑、担心，就会知道什么是孝。所以，我们做人做事要像关心自己的孩子一样关心自己的父母，让父母只剩下对我们自己疾病的担忧，这样的孝才称得上是大孝，是真正的孝。

照顾父母须要竭尽全力

剡子是周朝时代人，祖上世代以耕种为生，老实巴交的爹妈，披星戴月地一年到头苦苦劳作，也只是混个半饥半饱。这年赶上闹灾荒，田里收成不济，日子越发艰难，爹妈忧急交加，一时心火上攻，双双眼睛失明，这可急煞了小小年纪的剡子。

为了给爹妈治病，剡子每天半糠半菜地侍奉双亲充饥后，就到处求人，寻医问药。一天，剡子到深山采药，路过一座庙宇，便进去讨口水喝。他见方丈童颜仙骨，就向他请求治疗眼病的方法。老方丈问明缘由，沉吟一下说："药方倒有一个，恐怕你采不来。"

"请说，我舍命去采！"

"鹿奶，鹿奶可以治眼疾。"

剡子听了，立即叩头谢过老方丈，飞步赶往鹿群出没的树林中。这里的鹿确实不少，可它们蹄轻身灵，一见有人靠近，就一阵风似的飞快逃去。

怎样才能弄来鹿奶呢？剡子绞尽脑汁，昼思夜想。一天，他见村东头猎户家的墙头上晒着一张鹿皮，忽地眼前一亮：把鹿皮借来，披在身上，扮成小鹿的模样，不就能悄悄接近鹿群了吗！于是，剡子迫不及待地走进猎户家，说明来意。好心的猎户欣然把鹿皮借给了他，还指点剡子如何模仿小鹿四肢跑跳的动作。经过多次演练，剡子竟然能举腿投足都像一只活脱脱的小鹿了。

第二天，剡子用嘴叼着一只木碗，悄悄地蹲在树林里。待鹿群走近时，披着鹿皮的剡子像一只小鹿似的不紧不慢地凑到一只母鹿身边，轻手轻脚地挤了满满一木碗鹿奶。直到鹿群走开了，他才站起身来，捧着鹿奶直奔家中。

从那以后，剡子多次用扮成小鹿的办法，去挤母鹿的奶汁。爹娘由于常常喝到鲜美的鹿奶，营养不良的身体一天天强壮起来，后来，失明的眼睛，果然奇迹般地恢复了光明。

孝感天地，剡子用行动证明了这点。

孔子的弟子子夏曾说："贤贤易色，事父母能竭其力，事君能致其身，与朋友交言而有信，虽曰未学，吾必谓之学矣。"（《论语·学而》）

"事父母能竭其力"主要是指态度而言，孝敬父母只要是发自内心的、竭尽全力的即可，不必非要强求物质的富足。换句话说，就是尽管儿女不能保证让父母过上富足的生活，但只要能对父母发自内心地、量力而为地行孝，就是真孝。

有一种鱼叫黑鱼。当老黑鱼产子后双目会暂时失明，小黑鱼出生后便侍奉在老黑鱼左右，一个个争先恐后地往老黑鱼嘴里钻，自我献身以饱母腹，表达孝心。等老黑鱼的眼睛复明，能捕捉食物了，剩下的小黑鱼才会离去。

这样可爱的生灵，怎能不让人为之肃然起敬。古语说："百善孝为先，原心不原迹，原迹贫家无孝子。"这句话的意思是说，只要尽心尽力便是孝，如果一定要拿物质来衡量孝心，那么穷人家里就不会有孝子了。

　　所以说，只要将父母的一切放在心上，心中想着让父母过得更好，这样，即使你孝养父母显得力不从心也会问心无愧。从另一个方面讲，绝大多数的父母都不愿意子女因为自己而背上沉重的负担，只要儿女们过得好，对自己有一份孝心，这就是最好的局面。

孝是向下传递的教育

　　儒家认为，"孝"是伦理道德的起点。一个重孝道的人，必然是有爱心的、讲文明的人。重孝道的家庭，亲情浓郁、关系牢固；反之，必然是亲情淡薄、家庭结构脆弱容易解体。而家庭是社会的基础，可见，不重孝道将会影响到整个社会的稳定与和谐。

　　孝是一种向下传递的教谕。我们对待父母的态度，将成为将来孩子对待我们的态度。

　　从前有一对夫妻生了一个白白胖胖的儿子，他们尽心竭力地抚养儿子，所以孩子一天天茁壮成长。这对夫妻还有一个老母亲与他们同住，平时儿媳老是嫌弃婆婆，不愿意养婆婆，但是婆婆因为能帮他们干活，所以媳妇虽有怨言但还是让婆婆同他们吃住。年复一年，随着孙子渐渐长大，老奶奶越来越老了，她的腰因为长年的劳作变得弯曲佝偻，她再也不能做重活了。而且由于年龄的原因，吃饭的时候常会撒出一些饭粒。这时候，媳妇看婆婆越来越不顺眼，她急于想把婆婆赶出家门，于是总在丈夫面前说婆婆的坏话，没想到丈夫竟然答应妻子赶母亲出门。

一天吃过午饭，这对夫妻就把老母亲送到三十里外的山沟里，扔下几块饼，让老母亲自生自灭。没想到回家后，他们发现儿子在村口的大树下坐着。夫妻俩问儿子为什么不回家，儿子说："我在等奶奶，你们现在把奶奶拉出三十里地外，以后我拉你们八十里也不止。"听了儿子的一番话，夫妻俩顿时明白了。他们赶紧回到山沟里把母亲拉了回来。

这个故事多少有些讽刺的成分，但是却很有警世作用。

在《论语》中记载了有子的一段话，有子说："其为人也孝弟，而好犯上者，鲜矣；不好犯上，而好作乱者，未之有也。君子务本，本立而道生；孝弟也者，其为仁之本与！"（《论语·学而》）

有子说："做人，孝顺父母，尊敬兄长，而喜好冒犯长辈和上级的，是很少见的；不喜好冒犯长辈和上级，而喜好造反作乱的人，是没有的。君子要致力于根本，根本确立了，治国、做人的原则就产生了。因此，孝顺父母，敬爱兄长，可以作为'仁'的根本吧。"

　　孔子之学所重最在道。所谓道，即人道，其本则在心，而这人道最鲜明的体现是孝悌之心。这也就是为什么有"百行孝为先"的古训。所以要想培养仁爱之心，必先从孝悌始。《劝孝歌》中说："人不孝其亲，不如禽与兽。"尖锐而深刻的话语道出了"孝"这一为人处世的根本。中国古代有很多关于"孝"的事迹，著名的《二十四孝》就是典型的代表，其中的"卧冰求鲤"的故事是这样的：

　　晋朝琅琊人王祥，生母早丧，继母朱氏多次在他父亲面前说他的坏话，使他失去父爱。但是王祥并没有因为这些而怨恨父母，相反，他对父母非常孝顺。父母患病，他便衣不解带、日夜侍候。继母想吃活鲤鱼，但当时是寒冬腊月，冰封三尺，天寒地冻，根本无法捕鱼。但是王祥为了能让病中的继母吃上活鲤鱼，就解开衣服卧在冰上，想用自己的体温化开坚冰捉鱼。突然三尺厚的冰自行融化，从冰下跃出两条鲤鱼。王祥高兴地回家为继母做鲤鱼汤，继母食后，果然病愈。这就是"卧冰求鲤"的故事。后来王祥隐居二十余年，给父母养老送终后，才应邀出外做官。从温县县令做到大司农、司空、太尉，并被封为睢陵侯。后人为了纪念他，有诗云：继母人间有，王祥天下无。至今河水上，一片卧冰模。

　　"老有所终，幼有所养"，孝悌想必也是为了人类能够更好地生存下去而施行的一种生存策略。

此外，正如有子所说，将来这些不懂得孝敬父母的人如果到了社会上，就是社会动荡不稳定的主要因素！这绝不是危言耸听，不是骇人听闻！

孝是一种生存策略，将来孩子能否做到孝，关键还是在于父母的言传身教。所以在孩子出生开始，你就要明白，在无微不至的关怀和爱孩子的同时必须教会孩子孝敬你！如果不意识到这一点，以后就会自酿苦果，老无所养！

 ## 为学既要好学，又要善学

"学如不及，犹恐失之。"儒家为学主张勤谨精进，认为学、问、思是为学不可分离的三驾马车。在《论语·为政》中孔子说："学而不思，则罔；思而不学，则殆。"意思是："只是机械地学习而不加以思索，那就会迷惑不解；思索了却不进一步学习，那就会精神疲惫。"

谦虚是最高深的学问

子谓子贡曰："女与回也孰愈?"对曰："赐也，何敢望回！回也闻一以知十，赐也闻一以知二。"子曰："弗如也，吾与女弗如也。"《论语·公冶长》

孔子最喜欢颜回，几次表示像颜回这样的人早死真是老天爷不公，是以我们常说由来才命两相妨也不是不无道理，有很多天才都是英年早逝，否则还要有更大的成就才是。孔子有一天大概很清闲，和子贡聊天。他说："子贡，你说老实话，你自己觉得你和颜回哪一个厉害?"这是孔子在问子贡他和同窗颜回哪个人的学业好。子贡是一个非常聪明而且有自知之明的人，他说："哎呀，老师你饶了我吧。我哪里敢和他相提并论啊？你告诉我们一，颜回就能参悟到十。而我呢？也就知道一二而已。"孔子说："你啊，在学业上还真不如他。不仅你是这样的，连我也不如他。"当然这是孔子的自谦语，但是不得不说颜回一定是一个悟性极高、道德极好的学生，做人家老师的人最高兴的事莫过于得天下英才而教之。我们要学习的就是子贡的精神，他自己也是成就很高的，非常有才华，品行也不错，但是他没有骄傲。这在很多事情上都有反映，比如还有几次他对孔子声誉的维护；他不允许人家说他比孔子的学问要好。

　　一般来说聪明人都容易骄傲，不肯轻易低头。这是人类的通病，更是聪慧者常犯的错误。子贡的谦虚也就显得格外宝贵。而孔子为了使弟子们明白这一道理，也有过不少这方面的论述。

　　孔子带着学生到鲁桓公的祠庙里参观的时候，看到了一个可用来装水的器皿，倾斜地放在祠庙里，那时候这种倾斜的器皿叫欹器。孔子便向守庙的人问道："请告诉我，这是什么器皿呢？"守庙的人告诉他："这是欹器，放在座位右边，用来警戒自己，如'座右铭'，就是一种用来伴坐的器皿。"孔子说："我听说这种用来装水伴坐的器皿，在没有装水或装水少时就会歪倒；水装得适中、不多不少的时候是端正的；水装得过多或装满了，它会翻倒。"孔子回过头来对他的学生们说："你们往里面倒水试试看吧！"学生们听后，舀来了水，一个个慢慢地向这个可用来装水的器皿里灌水。果然，当水装得适中的时候，这个器皿就端端正正地立在那里。不一会儿，水灌满了，它就翻倒了，里面的水流了出来。再过了一会儿，器皿里的水流尽了，又像原来一样歪斜在那里。

这时候，孔子长长地叹了一口气说道："唉！世上哪里会有太满而不倾覆翻倒的事物啊？"

孔子不愧为一代先师，娓娓道来，循循善诱，很有自己的一套教育方法。所以说，无论是做事处世，还是求学都不能不保持空杯心态，毕竟低处方能成海。一个虚怀若谷、谦虚谨慎、尊重经验的人，才能少走弯路，不断进步，这也是人们常说的虚怀若谷的道理。

著名的古希腊大哲学家苏格拉底学识渊博，然而他从来不会自满，他流传下来的名言警句之一就是"我唯一知道的就是我一无所知"，一个人到了这样的成就还能谦虚如几岁的孩童，真是难得。谦受益，满招损，这是古人留给我们这些后世之人的智慧。如今整个社会风潮是讲究有个性、要自信，然而很多人将自信理解成了骄傲自大，这是自己的损失。

谦虚和自信从来都不是完全被割裂开的。一味地谦虚不可取，而过度自信又会自满，同样不能进步。难怪古人说："谦虚使人进步，骄傲使人落后。"又说："水满自溢，人自满会跌倒。"

没有人能够有骄傲的资本，即使他在某一方面的造诣很深，也不能够说他已经彻底精通，彻底研究全了。"生命有限，知识无穷"，任何一门学问都是无穷无尽的海洋，都是无边无际的天空。所以，谁也不能够认为自己已经达到了最高境界而停步不前，趾高气扬。如果是那样的话，必将很快被同行赶上，很快被新人超过。

学问的"毛毛虫"越抓越多

儒家为学主张勤谨精进，要人们珍惜时间，始终如一地保持汲汲的求学心。孔子曾经感叹"逝者如斯夫，不舍昼夜"，又说"学如不及，犹恐失之"。这些既是儒家对人生的感慨，也是其求学态度的主张。孔子说，做学问就像是在追赶难以赶上的东西，得到了又害怕失去。学问如同毛毛虫，越抓越多，一个人真正用心做学问，就会像孔子说的那样，总觉得自己还不够充实，还有许多进步的空间。就好像去追赶什么，总怕赶不上，赶上了又怕被甩掉。所以儒家主张为学为人都要保持谦

虚进取心，另一方面，还要求不能停滞自满，因为总有很多知识是我们没有学到的，所以明智的人，必定知道以争分夺秒的态度坚持不懈地学习。

和孔子一样，宋代的翰林学士宋濂也是一个争分夺秒、勤学不倦的人。

宋濂，字景濂，潜溪（今浙江金华）人。生于 1310 年，卒于 1381 年。这个人很有学问，散文写得很生动。明太宗起用他做翰林学士，当时朝廷上的重要文章都是他写的。他编修过《元史》，著有《宋学士集》七十五卷，在当时被人们誉为"开国文臣之首"。不知道底细的人，一定认为他大概有很好的学习条件，其实不然。他自己曾说："我从小就特别爱学习，好钻研。那时候家里穷，没钱买书，我只好到有书的人家里去借；借来以后，就抓紧时间抄写，以便按预约时间送还人家。他曾经在文章中写到自己的经历：

"有时天气特别冷，砚里的墨汁都冻成了冰，手也冻得弯不过来，但我还是赶着抄写，不敢有半点怠惰。抄写完了，总是赶快把书送还，绝对不敢稍稍超过还书的时间。

"到了成年，我就更加羡慕学者们的成就和品德，想学到更多的东西，但苦于没有好的老师指导，也没有知名的朋友互相切磋，只好赶到百里之外，找有名望的老师请教……

"我向百里外的老师去求教的时候，自己要背上书籍和行李，爬过高山，越过深谷。那时天气寒冷极了，刮着大风，飘着大雪，脚下的积雪有好几尺深，脚上冻裂了口也不知道疼痛。等赶到老师的家里，冻得四肢僵直，都动弹不得了。老师家里的人给端来热水烫洗，又给我身上蒙上被子，好长时间才算暖和过来。

时光不待人，学习要争分夺秒，才能不辜负我们的求知求索之心。宋濂的精神在将近千年以后的今天，依旧值得我们学习。

生命科学告诉我们，时光和空间才是恒定的主人，人只不过是匆匆的过客。正如陆机在《短歌行》中曰："人寿几何？逝如朝霞。时无重至，华不在阳。"的确，我们的生命就正如孔夫子脚下的流水一般"逝者如斯夫"，就像时钟每分每秒都在不停地滴滴答答地走着，甚至就像捷克作家米兰·昆德拉所说："我讨厌听我的心脏的跳动，这是一个无情的提示，它提醒我生命的分分秒秒都被点数着。"

许多时候，一个善于求知的人恰恰是在一些被常人忽视的时间里，在众人懈怠的时候，能始终保持一颗汲汲的求学心，而他的学问则在这个过程中日渐精进。

宋朝大文学家欧阳修，写得一手很好的文章。他很会挤时

间写文章，他说："余（我）平生所作文章，多在三上，乃马上、枕上、厕上也。"文学家鲁迅先生几十年如一日挤时间，拼命地工作。鲁迅先生写了杂文135万字，小说散文35万字，古典文学研究80万字，翻译310万字，书信90万字，日记80万字，散失的文章还不算，鲁迅先生给我们留下了700多万字的宝贵的文化财富。有人说鲁迅先生是天才，鲁迅先生讲：哪里有天才，我是把别人喝咖啡的工夫都用在工作上的。他还说："时间就像海绵中的水一样，要是你愿挤，总是有的。"是的，鲁迅先生从来没有浪费过时间。他晚年身体有病，可还在翻译《死魂灵》一书。病逝前三天，他还在翻译苏联小说，生命垂危时还坚持写日记。

汉乐府里有一句至理名言："百川东到海，何时复西归。少壮不努力，老大徒伤悲。"岳飞在《满江红》里大声疾呼："莫等闲，白了少年头，空悲切！"这些话都劝诫人们要珍惜时间，及早努力，不要等到老了再伤心叹息。对于人来说，时间就是生命。而对于一个好学善学的人而言，时间本身就是学问。我们的生命就是由一个又一个的时间单位组成的，而时间对于任何一个人都是公平的，它不会因为你高兴而延长一秒钟，也不会因为你厌恶而缩短一分钟。所谓"一寸光阴一寸金，寸金难买寸光阴"，可见时间的宝贵。正是因为时间每分每秒都在像水一样地流逝掉，因此，我们更应该在学习中珍惜分分秒秒。

不做学问的两脚书橱

儒家经典《大学》开宗明义说："大学之道，在明明德，在亲民，在止于至善。"又提出"修身齐家治国平天下"的君子做人准则，其实就是叫我们将读书学问与做人做事结合起来，后人常常拿那句"两耳不闻窗外事，一心只读圣贤书"的话来曲解儒家，其实儒家先贤是最注重实践的，主张要将学习和实践结合起来，认为读书是以解决实际问题为指向的。

其实也就是儒家所强调的经世致用。此之为儒家读书问学至要所在。

什么是"经世致用"？意思就是，要把学习与自己生活的社会中存在的迫切问题联系起来，并从学习中提出解决问题的方案，然而放而大之，能为治理国事经纶天下作出自己的一番事业。

致用，就是学以致用，儒家认为，读书人最怕讲起书本来摇头晃脑，头头是道，可是一到了动真格的时候，就一无所用，赵括"纸上谈兵"就是犯了这样的毛病。会读书的人一定懂得将学问与现实考察结合起来。所谓格物致知，也是这个道

理。否则就很有可能要闹笑话了。

伯乐一心想将相马术传给自己的儿子，以免这门学问失传。可惜他的儿子不肯认真学习，伯乐将记录着自己几十年相马经验的笔记交给他，希望他可以通过学习笔记来学会相马。结果他的儿子就出门寻找千里马，走着走着，在路边见到了一只癞蛤蟆，他想：按笔记里所说，千里马的头骨清瘦，眼睛有神，跳跃有力。好极了！我找到千里马了！原来相马这么容易，我比父亲高明多了！

伯乐的儿子有父亲的言传身教，外加相马的笔记，最后却得了个啼笑皆非的结局。我们也不能两耳不闻窗外事，一心只读圣贤书，还要多多去商店、街头、公园走一走，这样才能把社会生活与学习联系起来，我们的学习也就更有目的性了。

当然，儒家所主张的经世致用，是要我们把学问用在解决实际问题上，在这里"致用"是一个方面，同时我们也不要忽视了"经世"这一层。"经世"就是治理国事，或者说要考察生活的社会，知道社会的问题，同时也要为这个社会作出自己的一番贡献。

清末，帝国主义的侵略日益加深，国家面临着生死存亡的严重局面。在这种情况下，经世致用之学，再度兴起。魏源、龚自珍以及稍后的康有为都是这方面的代表。他们借经书的

"微言大义"来发挥自己社会改革的主张，对警醒国人、号召救国起到了很重要的作用。

曾国藩在读书的时候，就特别注重"经世致用"，将书上的学问运用到他为官做人当中。兵书上说"兵马未动，粮草先行"，他就十分注重筹饷工作。因此，湘军的饷银是当时最高的。如此一来，士兵自然愿意加入曾国藩的队伍。兵书上说治军要"上下同心"，曾国藩就注重对士兵们信念的培养，他把"湘军"打造成了一支上下齐心的军队。

曾国藩军事上的胜利之原因大致可归纳为以上几条。而政治上的胜利，则是因为他能够"己欲立而立人，己欲达而达人"。曾国藩手下大将大多是流落民间的低级知识分子，几乎没有人是行伍出身。这些人得到了曾国藩不遗余力的提拔和重用，因此，形成了历史上以曾、胡、左、李为首的"湘军"政治集团。曾国藩成为"湘军"政治集团独一无二的事业领袖和思想领袖。

曾国藩读《论语》，就用《论语》的思想来指导自己为人处世的，那么现在，我们学习知识也不能只啃书本，学一套，做的又是一套。如果学问不能用来指导自己，我们就没有任何改变，没有丝毫的进步，这样的学习是毫无意义的。现在有不少青少年在学习时都会问："我学了这么多的知识干什么？难道是为了考试？"的确，考试是学习的目的之一，但是，学习还有着更为重要的目的，那就是去实践，在有限的生命里，有一番作为，为国家为社会作出一番事业，也是人生一桩快事。

所以说，我们求学要明白学以致用的道理，要使自己努力在有限的时间内，阅读更多的书籍，取得意想不到的收获。同时，要把这些学到的知识化为所用，培养自己动手解决实际问题的能力，且不可一不小心做了只会死读书的书呆子，那样学问知识再多，也至多是个两脚书橱而已，于人于己都没有实在的用处。

学无止境，不进则退

儒家强调学而不厌、学无止境，要人们终身都要坚持学习。孔子曾经说："吾十有五而志于学，三十而立，四十而不惑，五十而知天命，六十而耳顺，七十而从心所欲，不逾矩。"（《论语·为政》）

孔子的人生修养，是永远年轻的，所以他的学问道德，能"苟日新，日日新，又日新"。永远年轻的为学精神让人永远保持进步的状态，随时都有新境界。孔子的一生都是学习的一生，他从十五岁立志学习，一直到去世都在孜孜以求。而且孔子本人对自己的人生定位也非常准确：他认为自己是一个为了发愤求学，常常连自己腹中饥饿都没有感觉的人，有时候连吃饭都忘了。一旦学问上有所获益，又会快乐得忘记忧愁，连日渐衰老的威胁也忘了。

在儒家看来，只有终生不倦地学习，才能保持不断的进步。正所谓学而不厌，说的正是这个道理。相反，一个人若是骄傲自满，停滞不前，那么最后只能列入被淘汰的队伍了。中国古代曾有"江郎才尽"的故事，就是警示人们要有不停学习的精神。

南北朝时期，梁朝有个金紫光禄大夫叫做江淹。江淹年轻时家境贫寒，好学不倦，诗和文章都写得很好，成为当时负有盛誉的作家，中年为官以后，有一天晚上，他梦见一个自称郭璞的人，对他说："我的五彩笔在你处多年，请你还给我吧！"江淹听了这话以后，到自己怀中去摸，摸到了五彩笔便还给了郭璞，从此以后，江淹写诗、作文便再也没有优美的句子了。

其实，历史上的江淹，其诗文到后来一落千丈的根本原因不是上面说的那个还五彩笔的传说。他早年家境贫寒，所以学习刻苦，"留情于文章"，而且非常注意向前辈有成就的人学习，"于诗颇加刻画虽天分不优，而人工偏至"，也就是说他虽缺乏做学问的条件，但却加倍去努力、去钻研。他的成就，不是天意神授，而是来自于勤和思，勤奋不怠，好学不倦，这就

是他前半生誉满朝野的根本原因。到了后半生，官做大了，名声也大了，认为平生所求皆已具备，功名既立，须及时行乐了。于是由嬉而随，耽于安乐，自我放纵，再不求刻苦砥砺了。他自己说他性有三短，其中的"体本疲缓，卧不肯起""性甚畏动，事绝不行"等就属于"随"的劣性。"随"导致他事业心消磨，他只"望在五亩之宅，半顷之田"，什么治国平天下的雄心壮志都烟消云散了。后来学疏才浅，诗文褪色，"绝无美句"，这是必然的结局。

可见，"学无止境"。所谓生有涯而知无涯，学习是没有尽头的，除非我们自己限制自己。著名的数学家华罗庚说过："人，活到老，要学到老。"是的，人生是在不断探索中得到升华，从而才会有辉煌出现，像文坛的几位巨匠：冰心、巴金、金庸……他们都深知这个道理，而且始终如一地贯彻下去的，因此才会有如此大的成就。我们熟知的金庸先生更是在80岁高龄之际提笔修改了《射雕英雄传》，使这部经典名作再次遇热，受到众人瞩目。

可见，学习是一件终生的事情，它也正如逆水行舟一样，不进则退。有大学问的人，必定能在人生中是始终如一地保持勤勉和持之以恒的努力，所以才能让自己的学问修养愈来愈深厚。正所谓，知识日新月异，而书更是常读常新，从这个意义上来说，真正会读书、懂读书的人永远都是年轻的，因为他们的为学精神永远年轻，充满蓬勃朝气。

在人的一生中，都有接受教育的可能性。年轻人总是很容易自满，其实需要进步的空间，到了壮年以后，在很多方面的学习有时甚至比年轻时更有利，因为此时积累了更多的经验，具有不同于青年人的判断力，深知光阴的宝贵，更善于利用一切机会来学习。

更进一步说，人的一生都是受教育的时间，我们提倡终身教育和终身学习。有许多人在学校时，由于不努力而没能学到多少书本知识。但是到了中年以后，他为了要补救知识上的缺憾，便开始努力用功，最终也能取得惊人的成就。终身教育，被联合国教科文组织认为是"知识社会的根本原理"，并已成为世界各国制定教育政策的主导思想。它突破了传统教育的定义，动摇了传统教育大厦的基石，带来了整个教育的革命，被认为是"可以与哥白尼日心说带来的革命相媲美，是教育史上最惊人的事件之一"。

与终身教育相应提出的终身学习，就是指一个人在一生中，要持续不断地学习。1989 年 11 月，联合国教科文组织在北京召开了"面向 21 世纪教育国际研讨会"。会议的主题之一就是要"发展一种 21 世纪的新学习观"，因为"由于教育技术的进步，即使一个文盲，现在也可能成为一个终身学习者"。学习始于生命之初，持续到生命之末，即从摇篮到坟墓，一辈子持续不断。学习已经变成一件不断更新的事，也是我们每个人一生都要勤力不辍的一项工作。

终身学习，成为迎接新世纪挑战的高能武器，越来越受到全世界的高度重视，它理所当然地成为知识经济时代的生存方式。

慧眼识我"一字师"

唐代著名的书法家柳公权，少年时代便被认为写得一手好字，自己不免常常骄矜自满起来。有一天，他与几位少年朋友约聚练字。就在他写下"会写飞凤家，敢在人前夸"几个大字，洋洋得意之时，一位卖豆腐的老人正好路过，便好奇地走过来，端详了一会儿柳公权的字，又看了看柳公权，皱了皱眉头，说："这字写得太无力了，好像我的豆腐一样，软绵绵的，没有筋骨。"柳公权一听，心里有些不服气，怒气冲冲地说："有本事，你给写几个字，让我们也来见识见识。"

老人爽朗地笑了笑，慢腾腾地说："不敢，不敢，我是个粗人。"老人边说边敲了敲手中的梆子："我只是个卖豆腐的，不会写字，可是有人用脚都写得比你好得多呢！不信，你到城里看看吧。"说完老人敲着卖豆腐的梆子就走了。柳公权听了有些怀疑，于是进城去寻那位用脚写字的人。果然在一棵大槐树下见到了此人。只见失去双臂的黑瘦老头赤着双脚，坐在地上，左脚压纸，右脚夹笔，正在挥洒自如地书写着对联，娴熟的运笔，字似群马奔腾、龙飞凤舞，围观的人们无不为之赞叹。柳公权顿时惭愧万分。他跑向前去，"扑通"一声跪在这位老人的面前，诚恳地对那位无臂老人说："柳公权愿拜您为师，请老师告诉学生写字的秘诀。"老人慌忙地示意不要行此大礼，沉思了片刻语重心长地说："我是个孤苦的人，没有双手，只得靠双脚来生活，怎能为人师表呢？"说完老人在地上铺上了一张纸，然后用右脚写下了几个字："写尽八缸水，砚染涝池黑。博取百家长，始得龙凤飞。"老人又慈祥地解释说："孩子，这就是我写字的秘诀。我用脚写字已经50多个年头了。我磨墨练字用完八大缸水，每天写完字就在半亩大的池塘里洗砚，池水都染黑了。可是天外有天，楼外有楼，我的字还差得远呢！"柳公权听了老人的一席话，顿时恍然大悟。于是拜谢这位老人后，便启程回家。从此以后，他更加勤奋练字。最为可贵的是他经常登门拜访当时的书法名家，向他们虚心求教，让朋友、陌生人指出自己书法中的不足之处。功夫不负有心人，经过苦练，柳公权终于成了流芳千古著名的书法家。

就像柳公权一样，有时候我们很难诚心向他人学习，总以为自己是"天下第一"，哪里还要向别人学习？诚然，做人是应当有自信的，但是自信的同时别忘记了谦虚，世界上没有人是全能全知的，每个人身上都有值得我们学习的东西。而我们要善于从生活和工作中寻找自己的老师，弥补自己身上的不足。

子曰：三人行，必有我师焉。择其善者而从之，其不善者而改之。（《论语·述而》）其中"三人行，必有我师"早已经成为家喻户晓的一句名言，从字面上来看，是说：三个人在一起，肯定有超过我的人。要学习他们的优点，看到他们身上的缺点要反省自己有没有，如果我也有，那么就改掉它。

确实如此，生活中的人都有值得我们学习借鉴的地方，都可以称之为老师。向别人提问不一定能得到很好的答案，但是可以启发自己的思维。有个小寓言讲的就是向身边人学习的故事。

云雀见麻雀整天在树枝上跳来跳去，就问："麻雀太太，你为什么不飞得高一点呢？"

麻雀斜着眼睛瞟了它一眼，说："难道我飞得还不高吗？你瞧瞧公鸡！"

"公鸡伯伯，你为什么不飞得高一点呢？"

公鸡骄傲地在房顶上迈着八字步，反问："难道我还飞得不高吗？你瞧瞧鹌鹑！"

"你为什么不能飞得高一点呢，鹌鹑姐姐？"

鹌鹑奋力从草尖上飞过去，得意地对云雀说："难道我还飞得不高吗？你瞧瞧癞蛤蟆！"

后来，云雀遇见雄鹰，便向雄鹰请教："雄鹰叔叔，你为什么飞得那么高呢？"

"不，不。"雄鹰谦虚地说，"离蓝天，我还差得远呢！"

"啊，我明白了！"云雀眨巴眨巴眼睛想，"谁如果想展翅高飞，就不能把目标定得太低；如果眼睛只盯在树冠以下，那就永远不可能在蓝天白云间翱翔。"从此以后，云雀努力向雄鹰学习，她终于能够像雄鹰一样搏击长空了。

云雀通过向不同的对象请教，得出了自己的志向。寥寥数语，麻雀、公鸡、鹌鹑等胸无大志、甘于平庸者的形象，鲜活地跃然纸上，同时反衬出雄鹰勇于进取、翱翔蓝天的远大志向。而云雀好问深思、向能者看齐的心态，同样给人以有益的启迪。

《论语》中还有另外一段说："见贤思齐焉，见不贤而内自省焉。"说的也是这个道理。

生活中，工作中，我们身边的人往往就是最值得我们学习的人。所以说，一个善于求知学习的人，也一定要时常记得向身边人学习，向比自己贤德有智慧的人学习。

唐朝诗人郑谷自幼聪明，7岁就能吟诗作对。郑谷有一位诗友是个和尚，叫齐己。他年长于郑谷，经常和郑谷吟诗唱和，因此二人的友谊十分深厚。有一次，齐己作了一首诗，诗名是《早梅》。诗云：

万木冻欲折，孤根暖独回。

前村深雪里，昨夜数枝开。

风递幽香出，禽窥素艳来。

明年如应律，先发望春台。

笔落诗成，齐己吟诵再三，自我感觉十分好，便邀郑谷品评。郑谷看后，说此诗都好，但改一字就更加完美了。齐己听后，问："哪一字？"郑谷微笑着说，诗中"昨夜数枝开"，如果改为"一枝开"，岂不是把早梅的这一"早"字写活了？齐己听后连连点头称是，十分佩服。时人于是称郑谷为"一字师"。

俗话说："圣人无常师。"即使有学问知识的人也没有固定的老师。而能向任何遇到的人学习长处的人，正是世界上最聪明的人。一个善于学习的人，必定能常常发现自己的"一字师"。

举一反三，方是学问

我们常说举一反三，这个话也是出自《论语》。"子曰：'不愤不启，不悱不发，举一隅不以三隅反，则不复也。'"

孔子说：不到他努力想弄明白而不得的程度，别人不要去开导他；不到他心里明白却不能完善表达出来的程度，别人不要去启发他。如果他不能举一反三，就不要再反复地给他举例了。

这句话告诉人们一个简单的道理，在经过学习后，应该具备一种举一反三的能力，能由一个道理而推知其他的道理。如果不能做到这点，那再怎么教也没用。

举一反三并不是什么难事，只要学会悟，明白了道理，自然就能应对不一样的问题。

儒家强调读书，但坚决反对死读书，而是要讲究方法，举一反三，触类旁通在儒家先贤看来是为学必需的一种品质。在《论语》中，孔子就不只一次谈到过这个话题。子贡曰："贫而无谄，富而无骄，何如？"子曰："可也。未若贫而乐，富而好礼者也。"子贡曰："诗云：如切如磋，如琢如磨，其斯之谓与？"子曰："赐也，始可与言诗已矣，告诸往而知来者。"

子贡说："贫穷时不谄媚，富有时也不骄纵，这种表现如何?"孔子说:"还可以,可是比起能做到贫穷而仍能长保其乐,富有而能崇尚礼仪的人,就还差一点了。"子贡说:"《诗经》上说处理骨角玉石时,要不断地切磋琢磨,精益求精,是否正是老师现在的意思呢?"孔子说:"赐啊!现在已经可以和你一齐讨论《诗经》了,因为告诉你一件事,你就可以推悟出另外一件相关的事来。"

在这里孔子夸赞子贡能够触类旁通,由一个问题可推知其他的问题,而这都是儒家一贯强调的举一反三的学习方法。这种学习的思维方式,在生活中随处都可能用到。有时候,如果我们能从一件事情的某些细节上,稍微推究思考一下,也许会发现其中隐含着一个意外的惊喜发现。

罗宝玉和史靖安一同外出。到了客栈,罗宝玉决定看看书,史靖安便来到熙熙攘攘的大街上闲逛,忽然他看到路边有一个老妇人在卖一只玩具猫。那老妇人告诉他,这只玩具猫是她们家的祖传宝物,因为家里儿子病重,无钱医治,才不得已要将此猫卖掉。

史靖安随意地抱起猫,猫身很重,似乎是用黑铁铸造的。史靖安一眼便发现,那一对猫眼是用珍珠做成的。他为自己的发现狂喜不已,便问老妇人:"这只猫卖多少钱?"老妇人说:"因为要为儿子医病,所以三个铜板便卖。"史靖安说:"那么我就出一个铜板买这两只猫眼吧。"老妇人在心里合计了一下，认为比较合适，就答应了。史靖安欣喜若狂地跑回客栈，笑着对正在埋头看书的罗宝玉说："我只花了一个铜板，竟然买下了两颗大珍珠，真是不可思议！"

罗宝玉发现这两个猫眼的确是罕见的大珍珠，便问史靖安是怎么回事，史靖安把自己买猫眼的事情讲给他听。听了史靖安的话，罗宝玉眼睛一亮，急切地问："那位老妇人现在在哪里？"罗宝玉按照史靖安讲的地址，找到了那位卖猫的老妇人。他对老妇人说："我要买这只猫。"老妇人说："猫眼已经被别人先行买去了，如果你要买，出两个铜板就可以了。"罗宝玉付了钱，把猫买了回来。史靖安嘲笑他道："你怎么花两个铜板去买这个没眼珠的猫呢？"罗宝玉坐下来把这只猫翻来覆去地看，最后，他向店小二借了一把小刀，用小刀去刮铁猫的一只脚。当黑漆脱落后，露出金灿灿的黄金。他高兴地大叫道："史靖安，你看，果不出我所料，这猫是纯金的啊！我们可以想象，当年铸这只猫的主人，一定怕金身暴露，便将猫身用黑漆漆了一遍，就如同一只铁猫了。"见此情景，史靖安后悔莫及。

罗宝玉笑道："你虽然能发现猫眼是珍珠，但你却缺乏一种思维的联想，分析和判断事情还不全面。你应该好好想一

想，猫眼既然是珍珠做成的，那么猫的全身会是不值钱的黑铁所铸吗？"

生活的教谕无处不在，虽然这个故事讲的不是学习读书的事，但它同样给予我们启示，若不是罗宝玉善于推究思考，又怎能发现金猫的真正价值呢？

举一隅能以三隅反，孔子已经将这个道理讲得十分透彻了。在学习上，我们若能注意培养举一反三、深入思考的习惯，定能有事半功倍的效果。

举一反三的学习精神能激发出智慧，让一个人不断进步。创造性思维是大脑思维活动的高级活动，是智慧的升华，是大脑智力发展的高级表现形态。如果我们在思考问题时，能够运用这样的思维联想方式，那么知识和财富的宝库将会在不经意间向我们打开。

"不知道" 的智慧

有一位学问高深、年近八旬的老妇人。她原是大学教授，会讲五种语言，读书很多，语汇丰富，记忆过人，而且还经常旅行，可以称得上是见多识广。然而，人们从未听到过她卖弄自己的学识或对自己不了解的事情假称通晓。遇到疑难时，她从不回避说"我不知道"，也不用自己的知识去搪塞，而是建议去查阅有关专著、资料，以作为参考。看到老人的这一切，每个跟她接触的人才真正懂得了怎样才能被别人敬重，怎样才能获得做人的最好的尊严。

"知之为知之，不知为不知，是知也。"这是《论语·为政》中的一段话，历来被许多人引为格言。孔子说："凡事知道就是知道，不知道就是不知道，这是真正的'知道'。"这是孔子教育弟子子路时说的话。子路做事爱冲动，难免爱逞能，爱大包大揽。所以孔子教导他，凡事都要想好了再去做，莫要不懂装懂，那样不仅会让人看不起你，而且会让你事业受挫。

在儒家看来，这种实事求是的为学态度是最基本的准则，但在平常人看来，一个敢于说自己"不知道"的人无疑是一个有真学问真智慧，也是有气魄的人。前面提到的这位退休的老妇人，她身上便具备着这样的气质。能说和敢说自己不知道的人，才能在学问的路上走得更远。

俗话说，不怕一知半解，不怕一无所知，怕只怕不懂却要装懂。事实上，不懂装懂本身就是一种无知的表现，它同无知一样可怕。

一个博士毕业后被分到一家研究所，在那里，他学历最高。

有一天，他到单位后面的小池塘钓鱼，正好正副所长在他两旁，也在钓鱼。

他只是微微点了点头：这两个本科生，有啥好聊的呢？

不一会儿，正所长放下鱼竿，伸伸懒腰，从水面上如飞地走到对面上厕所去了。

博士眼珠瞪得都快掉下来了。水上漂？不会吧？这可是一个池塘啊。

正所长上完厕所回来的时候，同样也是从水上漂回来的。

怎么回事？博士生又不好去问，自己是博士生啊！

过了一会儿，副所长也站起来，走几步，漂过水面上厕所去了。这下子博士更是差点昏倒：不会吧？到了一个江湖高手云集的地方？

博士生也内急了。这个池塘两边有围墙，要到对面上厕所非得绕十分钟的路，而回单位又太远，怎么办？

博士生也不愿意去问两位所长，憋了半天后，起身往水里踩：我就不信本科生能过的水面，我博士生不能过。

只听"咚"的一声，博士生栽到了水里。

两位所长将他拉了上来，问他为什么要下水，他问："为什么你们可以走过去呢？"

两所长相视一笑："这池塘里有两排木桩子，由于这两天下雨涨水正好在水面下。我们都知道这木桩的位置，所以可以踩着桩子过去。你怎么不问一声呢？”

博士的经历读来让人哑然失笑。所以说做人还是要平实为好，无论是在什么场景下，面对的是无知妇孺抑或内行大家，都不要卖弄自己的所知，更不能不懂装懂，不知硬充知道，否则就很有可能要贻笑大方了。

其实，承认自己也有不知道的事并不丢人，为了要自抬身价而不懂装懂，一旦被对方看穿，反而会令对方产生不信任感而不愿与你交往。

韩愈说“闻道有先后，术业有专攻”，每个人都有自己的专长，不可能每件事都很精通。

愈是爱表现的人，愈是无法精通每件事。交朋友应该是互相取长补短，别人有比自己精通的地方就应不耻下问，即使是自己很精通的事，也要以很谦虚的态度来展现实力，这样才能说服他人。

在一个高度发展的信息时代，每个人所吸收的知识都不可能包罗万象。若不以虚心的态度与人交往，如何能够受到大家的欢迎？凡事都自以为是的人，也必然得不到大家的尊敬。

古希腊著名哲学家苏格拉底讲过：“就我来说，我所知道的一切，就是我什么也不知道。”以最简洁的形式表达了进一

步开阔视野的理想姿态。可以说，至今仍有很多人信奉他这句名言。无论你多么伟大，无论你多么有才能，你也有不知道的地方，说"不知道"并不是就意味着你无能，反而在勇敢承认的同时获得了更多的称赞。

心理学家邦雅曼·埃维特曾指出，平时动不动就说"我知道"的人，头脑迟钝，易受约束，不善同他人交往。迅速和现成的回答，表现的是一种一成不变的老一套思想；而敢于说"我不知道"所显示的则是一种富有想象力和创造性的精神。埃维特还说，如果我们承认对这个或那个问题也需要思索或老实地承认自己的无知，那么我们自己的生活方式就会大大地改善。

诺贝尔奖得主杨振宁曾说："对于中国的学生，要能够知之为知之，但最重要的是不知为不知。"或许这才是做人做事的真正学问。

世界上，许多伟大的人物，都是学风与人格朴实的人，他们对于自己不知道的事从来不妄言，更不会不懂装懂，自己知道的东西也从不自满，因为他们明白自己的"不知道"正是探索未知世界奥秘的动力。许多时候，正因为人类始终对未知领域充满好奇心，所以才能不断有新的发现，从"不知"变为"知之"。如孔子所言，知之为知之，不知为不知，是知也。当一个人清楚地知道自己"不知道什么"，才是真正的知道。

学、问、思，为学的三驾马车

在儒家的为学主张中，认为学、问、思是为学不可分离的三驾马车。在《论语·为政》中就有一段大家耳熟能详的关于学思结合的话，子曰："学而不思，则罔；思而不学，则殆。"孔子说："只是机械地学习而不加以思索，那就会迷惑不解；思索了却不进一步学习，那就会精神疲惫。"

孔子认为读书光是靠学还不够，还要常思考，思考与学习都是不可缺少的。历史上有大发现的人往往都是善于思考的人，他们往往能对看似平常的生活现象，深入思考，发现问题。学和思就像飞机的两个机翼，是相辅相成的，缺了哪个都不行。常言道，真理青睐善于发现的眼睛。生活中许多看似平常的事情中，比如像洗完澡拔掉澡盆里的塞子之类的小事，都有可能引发人们的联想思考。善于将学问和思考结合起来的人，更能用敏锐的眼睛看到常人所不注意的细节，用丰富的联想力进行常人所意想不到的深刻的思索，终于有所发现，有所发明，有所创造，有所前进。这偶然之中，其实隐藏着必然。化偶然为必然，那就是用思考把一百个问号拉直！

这是"学"与"思"的关系。孔子认为光有这两点还不够，还要善于求问。所以他又说："敏而好学，不耻下问。"

孔文子是卫国的一个大夫，名叫孔圉，虚心好学，为人正直。当时社会有个习惯，在最高统治者或其他有地位的人死后，给他另起一个称号，叫谥号。按照这个习俗，孔圉死后，授予他的谥号为"文"。"文"是对人的赞美，表示经纬天地的才能或道德博厚、勤学好问的品德，所以后来人们又称他为孔文子。

孔子的学生子贡有些不服气，他认为孔圉也有不足的地方，于是就去问孔子："老师，孔文子凭什么可以被称为'文'呢？"孔子回答："敏而好学，不耻下问，是以谓之'文'也。"孔子说：孔圉聪敏又勤学，不以向职位比自己低、学问比自己差的人求学为耻辱，所以可以用"文"字作为他的谥号。

可见，孔子对于求问是很看重的。而他本人也一直秉承求问的好学态度。史书上记载，孔子到了周公庙，每件事情都要问一问。有人看不惯他的行为，于是说他："孰谓鄹人之子知礼乎？入太庙，每事问。"谁说叔梁纥的这个儿子懂礼呢？他到了太庙，每件事都要问。孔子听了之后便说道："是礼也。"每件事情都向别人请教，这正是礼啊。

人们总是很尊敬和爱戴发现真理的人。其实发现真理，说难也不难，说容易也不容易。你能不能成为真理的发现者，这要看你有没有一双敏锐的眼睛，看你有没有一个善于思考的脑子，看你有没有敢于坚持真理的勇气，看你能不能从偶然中抓住必然。

有一句著名的格言："真理诞生于一百个问号之后。"这句格言本身也是一个真理。做人求学问，若是能够多问几个为什么，也许生活就会与众不同，科学的道路上如果没有求真，也就没有了新的进步。我们在生活和学习中也要多动脑筋，多问几个为什么，而不能稀里糊涂，做一天和尚撞一天钟。只有把不懂的问题打上问号，谦虚地向别人请教，才能使我们学得更深入一些，变得更聪明一些。

大文学家巴尔扎克说："打开科学的钥匙都毫无疑问的是问号，我们大部分的伟大发现都应归功于'如何'，而生活的智慧大概就在于逢事都问个为什么。"提出问题是解决问题的一半。现在有的孩子，问题都提不出来，那又解决什么呢？所以先圣孔子也曾感叹说："不说'怎么办，怎么办'的人，我真不知道拿他怎么办了啊！"这就要求孩子们在平时的学习、生活中主动提出问题，动脑筋，想办法。

"疑而能问，已得知识之半"，学生由疑而问，是一个主动学习、积极思维的过程，实践中我们不难发现，不善于质疑问难的人，学习态度懒散，知识面狭窄，相反的人却是思维活跃，解决问题能力强。

少欲知足才能真幸福

在儒家眼中，真正的知足是"多也知足，少也知足，没有也知足"。正如孟子所说："养心莫善于寡欲；其为人也寡欲，虽有不存焉者，寡矣；其为人也多欲，虽有存焉者，寡矣。"说的正是这个道理。现实生活中，很多人穷尽一生心力追寻幸福，换来的却只是苍苍白发和一声声唏嘘，这都是因为，他们不明白知足是幸福起点的真谛。

知足是幸福的起点

知足常乐，知足是幸福的起点。生活中，我们每个人都渴望获得幸福，但是在追求幸福的过程中，很多人却常常不经意间漏失了唾手可得的快乐，甚至还有很多人身在福中不知福。而不幸福的原因，很大程度上是源于人心的不知足。

所以说一个人，活在世上，首先要学会知足节欲。一个不懂得知足节欲的人，永远和快乐无缘。在儒家眼中，真正的知足是"多也知足，少也知足，没有也知足"。生活中，我们很多人不快乐的原因其实都在于不知足，不明白知足是幸福起点

的真谛。

　　一个富翁到海边的小渔村度假。傍晚，他来到海边散步，看见一个渔民满载而归。富翁与渔民闲聊了起来，看着他捕的鱼，问他为什么不再多捕一些呢？

　　"这些鱼已经足够我一家人生活所需。""那么你一天剩下那么多时间都在干什么？"渔民满足地说："我呀？我每天回来后跟孩子们玩一玩，黄昏时晃到村子里喝点小酒，跟哥们儿玩玩吉他，我的日子可过得充实又忙碌呢！"

　　富翁不以为然，帮他出主意："我倒是可以帮你忙！你应该每天多花一些时间去捕鱼，到时候你就有钱去买条大一点的船。然后你可以捕更多的鱼，再买更多渔船，拥有一个渔船队。到时候你就不必把鱼卖给鱼贩子，而是直接卖给加工厂。接着你自己开一家罐头工厂，离开这个小渔村，搬到洛杉矶，最后到纽约，在那里经营你不断扩充的企业。"

　　"这要花多少时间呢？"

　　"15 至 20 年。"

　　"然后呢？"

　　富翁大笑着说："然后你就可以在家当富翁啦！时机一到，你就可以宣布股票上市，把你公司的股份卖给投资大众。到时候你就发啦！你可以几亿几亿地赚！"

"然后呢？"

富翁说："到那个时候你就可以退休啦！你可以搬到海边的小渔村去住。每天出海随便捕几条鱼，跟孩子们玩一玩，黄昏时晃到村子里喝点小酒，跟哥们儿玩玩吉他！"

渔夫一脸自得地说："我现在不就达到这样的生活目标了吗？"

故事中的富翁，兜兜转转、忙于奔命，最后却发现，所谓幸福只不过回到原点，原来自己期待的生活与曾经已经过上的生活并没有区别，不禁充满了失望。其实大多时候不必为不顺心的事情感到沮丧，毕竟每个人都有自己的生活方式，或许如今的生活很简单，但是它既然存在，就一定会有它的乐趣，只不过人们没有感受到而已。人们常说知足常乐，之所以能常乐，就在于生命体对各自生活的一种简单的满足。

生活在林中的小鸟，只要有一根可以立足的树枝，它便会觉得整个天地都属于自己；口渴的田鼠，只要饮到河中的一点点水便会知足，而不会奢求一个粮仓。所谓"知足常乐"，小人物有小人物的境界，只要自己觉得满足就可以了，没有必要再去贪求其他多余的东西。

每个人所拥有的财物，无论是有形的，还是无形的，没有一样真正属于自己。那些东西不过是暂时寄托于你，有的让你

暂时使用，有的让你暂时保管而已，到了最后，物归何主，都未可知。智者会把这些财富统统视为身外之物。如果过分地索求，只能成为人生的一种负担，而它带给人的只有痛苦和对幸福快乐的无从把握。

知足常乐是一种看待事物的心情。《大学》中有曰："止于至善。"是说人应该懂得如何努力而达到最理想的境地和懂得自己该处于什么位置是最好的。这便是知足常乐之意，在知前乐后当中，也是透析自我、定位自我、放松自我的过程。人们因为知足，所以不至于迷失方向，去追求不切实际的事物而把自己弄得心力交瘁。

人来到这个世界后，一开始无忧无虑，因为需求的东西少，负担少，所以得到的快乐也就多。随着欲望的增多，生命的守护神已经开始远离，等待自身的是身体的衰落、灭亡。为何不在衰落之前就对欲望和奢求适可而止呢？

然后，我们会发现，其实幸福的起点处，一切原本是那么简单的两个字：知足。

磊落无求，自有高品

林则徐有一副著名的对联："海纳百川，有容乃大；壁立千仞，无欲则刚。"有容乃大，出自《尚书·君陈》："尔无忿疾于顽。无求备于一夫。必有忍，其乃有济。有容，德乃大。"
无欲则刚，则出自《论语·公冶长》："子曰：'吾未见刚者。'
或对曰：'申枨。'子曰：'枨也欲，焉得刚？'"

"枨也欲，焉得刚？"说的是人若是多嗜欲，那么必定会
"屈意徇物，不得果烈"。这里讲的就是儒家的做人处世的一种
操守。所以说，如果人想要过一种"心灵的生活"，那么就应
该放弃对名利的欲望。一个有欲望的人是刚强不起来的。一个
人如果没有什么欲望的话，他就什么都不怕了。其实，"无欲
则刚"，并不是让人灭绝一切欲望，而是尽力地消泯那些不必
要的妄求，少欲知足，自然能显出一个人过人的品格。

清人陈伯崖曾说过："人到无求品自高。"他所说的无求，
并不是前面有些人所说的，在工作、事业上缺少追求，甘居人
后，而是告诫人们，在面对名利和低级趣味的生活时，要无所
求，对待事业和人生，却需要孜孜不倦地追求。有所不求才能
有所求。

但要做到"无欲"是一件多么困难的事。"欲"，实际就是
一种生活目标，一种人生理想。"海纳百川，有容乃大；壁立
千仞，无欲则刚"是对山河雄伟的赞美，说明海的大，山的挺
拔，也可比喻人的胸怀宽广、大度，既要有宽容的性格，又要
为人正直，不要有任何的私欲，要大公无私，方可站得稳，行

得正，无私则无畏。

　　有一位书生准备进京赶考，路过鱼塘时正巧渔夫钓了一条大鱼，这位书生便问渔夫是如何钓到的。渔夫得意地说，这当然需要一些技巧，刚开始因鱼饵太小，大鱼根本不理我，于是我把鱼饵换成一只乳猪，没一会儿大鱼就上钩了。书生听后，感叹说，鱼啊，鱼啊，塘里小鱼、小虾这么多，让你一辈子都吃不完，你却挡不住诱惑，偏要去吃渔夫送上门的大饵，你是因贪欲而死啊！

　　人对待名利，就像大鱼看到了快到嘴边的乳猪，生怕咬晚了被他人叼走，拼死奋力地抢夺。有的沽名钓誉，弄虚作假；有的跑官、买官，不择手段；有的见钱眼开，唯利是图；有的追求享乐，腐化堕落。老子说得好，"见谷而止为德"。邪生于无禁，欲生于无度。手中有权者一旦忽略了世界观的改造，而"疾小不加诊，浸淫将遍身"，到头来必然出大事，栽大跟头。

　　但在时下，有这样一种不良的倾向，常听见有些人发这样的牢骚："我年龄偏大，职务偏低，工作干好干坏是一个样了，反正我已是无所求了……"言下之意，他们不图什么，淡泊人生，似乎达到了一种很高尚的人生境界。其实不然，这种工作、事业上的不思进取，无欲无求的人生态度，是非常消极有害的，最终只能导致自己无所作为。

身处这样一个浮躁时代，人们往往心浮气躁，被许多欲望折磨着，失掉了生活原本应有的那种宁静、平和。中国人向来都不仅倾慕诸葛亮的神机妙算，还欣赏他的淡泊人生观，常常借用他的一句话——"淡泊以明志，宁静以致远"，来自我勉励。少欲淡泊的心态也是孔子所提倡的，《论语》里他讲到的无欲则刚，意在告诉人们：一个真正强大的人是"没有欲望"的——因为"没有欲望"，所以才不会患得患失。或者从另一层面来看，也可以理解为诸葛亮所说的"淡泊"，这才是无求的最高境界。那种碌碌无为，不求有功但求无过的人生是庸人的哲学。一个人只有抛开名缰利锁和低级趣味的困扰，去追求高尚的事业和完美的人生，才能胸怀磊落，大展宏图，有所作为。

南宋诗人陆游对待有求与无求的人生态度，堪称我们的典范。他为官一贯坚持"忧民怀凛凛，谋己耻营营"的高洁操守，出仕三十年"不殖一金产"，辞官引退后"身杂老农间"，生活贫困，囊中羞涩，仍然"足迹不踏权门"，不为自己的事有求于人。仅仅无求于人还不够，他还时常教导当时为吉州吏的儿子，要有求于己，有所贡献。他对儿子有四条要求：一为政要清廉："汝为吉州吏，但饮吉州水，一钱亦分明，谁能肆谤毁？"二要为人正直："岂为能文辞？实亦坚操履。"三治学

要勤勉："相从勉讲学，事业在积累。"四办事要仁义："仁义本何常？蹈之则君子。"这就是一个父亲对儿子的耿耿"有求"。

从陆游身上，我们可以看到有求与无求的和谐统一。这对今天的人们有很大的启迪意义。"生活上低标准，工作上高标准。"一个人的能力有大小，但正确对待有求与无求的人生态度，是没有多大分别的。

世间万事万物都归于淡泊少欲，做人若能清淡明志，自然不难品尝出一些"无求与有求"的深邃哲理。其实，有求与无求本是不可分割的统一体，能否正确对待有求与无求，反映了一个人的思想品德、人格情操的高尚和低下。品德高尚的人，名利上无所求，事业上却是生命不息，奋斗不止；品德低下的人，看重的是名利地位，追求的是个人利益，一旦满足不了个人私欲，生活上就怨天尤人，不思进取。

悟透人生"三戒"

孔子曾经提出自己的"君子三戒"："少之时，血气未定，戒之在色；及其壮也，血气方刚，戒之在斗；及其老也，血气既衰，戒之在得。"

大意是君子有三件事情要警惕：年轻时，精力不稳定，要警惕贪恋女色；到了壮年阶段，血气正旺，要警惕争强好斗；到了老年时，精力衰退，要警惕保守与贪婪。

"少之时，血气未定，戒之在色。"人在少年的时候，很容易冲动，这个时候我们尤其要注意不能因男女关系而玩物丧志，或因感情的变故而导致人生走向不稳定。有不少青少年，因为谈朋友而误了学业，更有甚者为了争夺一个异性朋友而做出伤害他人的举动，想不开的时候，甚至会跳楼自杀。所以，在这个时期要慎重处理感情问题，切忌因色生事、情关难过。

过了这个坎儿，就到了中年。孔子说，人在这个阶段，"血气方刚，戒之在斗"。人在中年，血气方刚，事业、家庭都很稳定。个人为了突破事业上的瓶颈，定会与人"大打出手"，所以孔子说"戒之在斗"。与他人斗的结果很可能是两强相争，两败俱伤，此时既已家业有成，当静享人生乐趣，以一颗平和之心来看世相万千。

人生不过几十个春秋，一晃到了老年，这时应该注意些什么呢？按照孔子的说法，叫"血气既衰，戒之在得"。老人多半性情温和，如英国哲学家罗素所说，湍急的河流冲过山峦，终于汇入大海的时候，表现出来的就是一种平缓和辽阔。在这个时候，人要正确对待得到的东西。孔子所说的"戒之在得"，其实是大有深意的。

人年轻的时候，都是在用加法生活，因为你每天都需要学习很多知识、经验。但是到一定层次后，要学着用减法生活，还和年轻时一样拼命，你的身体根本支撑不住，心理也同样承受不了。

年少时忙着学习，给自己的心里堆了很多东西，到老了就必须学会抉择，有些东西虽然很好，却不一定是你所必需的。这就好比去逛超市，年轻人见到新奇的东西，不管自己需要不需要，先买了再说，所以新鲜事物对他们最有诱惑力。但老人就不一样了，他们有自己的人生经验，"任它弱水三千，我只取一瓢饮"，永远只买自己用得着的。

人们经常会听到三五个老年人一起抱怨：生个儿女是还债！那么辛苦将他们养大成人，结果娶了媳妇忘了娘！哪里还有老爸老妈的位置？我们不妨仔细分析一下，这正是"有了才抱怨"的典型例证。正因为有儿女，所以心生期待，所以才会有抱怨，这都是孔子所说的"得"的一种心理表现。所以说，如果不停地抱怨，只会让自己生活在愁苦、阴冷中。这时就需要给自己找点乐子，学着舍弃一些东西，这样才可远离烦恼。

孔子的人生三戒，终究不同于宗教中冷冰冰的森严戒律，他更像是一个慈祥的父亲教导自己的子女，教导大家如何度过人生这三道坎。如果子女领会了，其实就非常简单了，其意不过在对心灵的自我释放与抚慰。只有大度、洒脱的人才能从中获益，修养不够的小人是不会理解其中深意的。

斤斤计较，患得患失，少一份豁达，就少一份平常心，当然快乐就少了很多。沉迷色欲、功名，都是贪欲作祟。若总是求而不得，只是徒增烦恼。以"君子三戒"为修身准则，才能获得内心的宁静、平和。

少欲才能从心而欲

《荀子·荣辱》中有这样一段话，"人之情，食欲有刍豢，衣欲有文绣，行欲有舆马，又欲夫余财蓄积之富也，然而穷年累世不知足，是人之情也。今人之生也，方知畜鸡狗猪彘，又畜牛羊，然而食不敢有酒肉；余刀布，有囷窌，然而衣不敢有丝帛；约者有筐箧之藏，然而行不敢有舆马。是何也？非不欲也，几不长虑顾后而恐无以继之故也？于是又节用御欲，收敛蓄藏以继之也。是于己长虑顾后，几不甚善矣哉。今夫偷生浅知之属，曾此而不知也。粮食大侈，不顾其后，俄则屈安穷矣。是其所以不免于冻饿，操瓢囊为沟壑中瘠者也。"

按照荀子的说法，人生来即有许多欲望，饿了就要吃，冷了要多穿；看到美丽的姑娘便想去追求，遇见心仪的儿郎便会春心萌动。人人都希望过美满幸福的生活，都希望丰衣足食，

这是人之常情。但是如果人之所欲违背一定的礼仪道德，那么势必会被欲望捆绑，陷落到欲望的无底洞中不能自拔。

在儒家看来，这种人便是失德的庸人，而有德之人是循其正当的欲望，从而使自己在平常的生活中得享最自然的幸福，庸人则是为欲望所困，幽怨争斗之心陡增，乱象丛生，失却了奋斗之心，淡漠了人生理想，远离最简单的生活，失去了最平常的快乐。

由此，我们不难理解，孔子所说的"从心所欲不逾矩"不只是儒家先贤的高贵品质，亦为常人应有的追求。如果将正常的欲望变成无止境的欲求，就会成为欲望的奴隶，大者国家遭乱，小者家破人亡。

736 年，唐玄宗宠爱的妃子武惠妃病逝，身边缺少了体己之人，难免落得身心寂寞，惆怅满腹。后目睹杨氏的倾国之色，惊为天人，虽然没多久这位惊艳绝伦的美丽女子成了儿子寿王的妃子，但唐玄宗依旧记挂在心，一刻不曾放下。为了实现抱得美人归的一己之欲，唐玄宗不顾世俗礼法，强行将杨氏从儿子身边夺走。入宫没多久，杨氏便被封为贵妃，唐玄宗也由此开始了"三千粉黛无颜色""君王自此不早朝"的昏庸时代。杨氏父兄均因此而得以势倾天下。

后安史之乱，唐玄宗携杨贵妃仓皇西逃，三军哗变，杨贵妃被缢死于路祠。没几年，太子李亨在灵武即位，史称肃宗，遥尊玄宗为太上皇，改年号为"至德"。唐玄宗晚景凄凉，最后郁郁而亡。

不管后人是如何评说李、杨二人的爱情悲剧，但唐朝的由盛转衰，唐玄宗晚年的作为确实要负很大的责任。就像有人说的那样，欲望越小，人活得越幸福。李隆基因为一个杨玉环，流连忘返于胭脂堆中，醉生梦死于石榴裙下，好端端一个开元盛世顷刻间土崩瓦解；自毁一世英名，留下千古遗憾。

所谓"为世所扰"或是"为情所困"，终究逃不脱"欲望"二字。无欲则无求，自然也就无奋进之心，可以这样说，正当的欲望使自己进步，人活于世，必然要对这一问题有个清醒的认识。正当的欲望使人进步，使人推开明窗而见日月，它使人明白自己要做什么，要得到什么，要付出些什么。这也正是荀子提出的"养人之欲，给人之求，使欲必不穷乎物，物必不屈于欲，两者相持而长，是礼之所起也"的最高境界。"礼"为行为规范，"欲"为信念执著，则心无旁骛，专注于一事，从而获得最惊人的成功和最畅然的生活。

常言道：家称良田万顷也是日食三餐，家有广厦万间，也只能夜宿一床。水满则溢，月盈则亏，世人虽然也明白这其间的真意，但往往世事多烦扰，清新的心智因此蒙蔽，从容的步履由此蹒跚。

俗话说，"吃着碗里的，看着锅里的"。因所求太多，最后竟一无所得，最普通的生活乐趣也成了不可追悔的遗憾。哲学家牟宗三曾说，常人虽然很难具备圣人的高洁品德，但如果明白"从心所欲不逾矩"的道理，那也是好的，他便向有德者前进了一步。

欲望既能使人奋勇，亦能使人疯狂。不要埋怨自己没有平淡幸福的人生，要看看是欲望捆绑了自己，还是自己掌控着欲望。抛弃企图占据一切的妄心，对人之所欲持一种平常心，努力追求，得之我幸，不得我命，创出应有的人生价值，而不是受欲望所累，或许能闻得别样的沁人花香。

平淡中嗅出幸福的气味

子夏问曰："'巧笑倩兮，美目盼兮，素以为绚兮'，何谓也？"子曰："绘事后素。"后人解释这一段，说所谓绘事后素，以现在人生哲学的观念来说，就是一个人由绚烂归于平淡。孔子可谓一语道出了幸福的真谛。

当绚烂归于平淡，人才能感到生命回归的幸福。但是很多人不明白这个道理，到处找幸福。事实上寻找它的人多，得到它的人少。人们常常以为，在金钱、财产和人际交往中能够找

到幸福，可是他们忘了，幸福并不是得到什么，它是心灵在感受到自我实现时所处的状态。一个每天带着期望去生活的人，那些在生活中感到快乐满意的人，可以说，都是幸福的宠儿。幸福是自然的，不幸是因为我们内心的恐惧、焦虑、紧张，由于我们不能支配自己的思想。多数的人们只是在短暂爆发的时刻才感觉到片刻的幸福，然而，事情过去之后，他们又重新回到日常的状态。

所谓平平淡淡才是真。生活中的大多数人则是被过多的物质和外在的成功胁迫着。很多情况下，我们受内心深处支配欲和征服欲的驱使，自尊和虚荣不断膨胀，着了魔一般去同别人攀比。一番折腾下来，尽管钱赚了不少，也终于博得了"别人"羡慕的眼光，但除了在公众场合拥有一两点流光溢彩的光鲜和热闹以外，我们过得其实并没有别人想象得那么好。幸福根本不在这里，幸福不是外物可以给你的。

那些把自己的喜怒哀乐完全寄托在外物之上的人，幸福的大门并不会向他打开。希望自己幸福吗？我们完全可以自己选择：你可以让外界事物来决定你的幸福，但你也可以因为自己所做的一切而感到幸福。这时候，即使生活中发生了各种不幸，也并不会妨碍你去选择幸福。你的生命还在，你的呼吸未停，你还可以看着这本书，从中吸取养料，生活中会有很多让你幸福的事。即使其他的暂时还无法做到，至少，我们还拥有把握幸福的能力。

当我们把追求外在的成功或者"过得比别人好"作为人生的终极目标的时候，就会陷入物质欲望为我们设下的圈套。它像童话里的红舞鞋，漂亮、妖艳而充满诱惑，一旦穿上，便再也脱不下来。我们疯狂地转动舞步，一刻也停不下来，尽管内心充满疲惫和厌倦，脸上还得挂出幸福的微笑。当我们在众人的喝彩声中终于以一个优美的姿势为人生画上句号时，才发觉这一路的风光和掌声，带来的竟然只是说不出的空虚和疲惫。

幸福是什么？幸福，是有一颗感恩的心，一个健康的身体，一份称心的工作，一位深爱你的爱人，一帮信赖的朋友。它不是大把大把的金钱带来的物质愉悦，也不是显赫一时的声名带来的精神满足。幸福只是一种态度，一种让人可以在平淡中嗅出的气息，是体味出美来的态度，一种让人可以在简单中领悟出甜蜜的态度。

是的，一个人如果习惯于感谢他人，他将得到他人的信任和喜欢。一个人如果习惯于感谢生活，他的生活中将没有抱怨，而他也将得到生活的眷顾和宠爱。幸福并不是高深莫测的哲学范畴，而仅仅是简单的心灵变化。那些充盈在我们周围的每一个小小细节，都填满了幸福。

幸福其实很简单，不一定非要过贫穷的日子，只要简简单单就好，如果终日围着"利"旋转，便会在"富贵"的诱惑中迷失自我，忘记应坚守的"义"，忘记应持守的"品"，忘记自己独立的精神人格，终日吃美食喝美酒，沉湎于灯红酒绿的生活。每天早晨，清风拂过，双眼迷蒙，心里充满了难以拂拭的尘埃，时间久了，生活变得越来越无趣，除了吃喝玩乐似乎已经没有什么事情可做，便开始追求刺激，一步步滑向"不义"的深渊。这样的生活并不是人们想要的，人们期待的是毫无心灵负担的幸福，此种幸福该如何获得呢？便是"放下"二字。"放下"不是叫你倾家荡产，也不是自讨苦吃，而是有钱便去做些力所能及的善事，无钱独善其身即可。

正如杜甫诗中所写："丹青不知老将尽，富贵于我如浮云。"老之将至，富贵不过是形状美丽的浮云，飘来飘去，到了头上不会有多么欢喜，没到头上也不会伤心。它来来去去，你且看着，不必太过在意。

安贫乐道也是信仰

清末民初，上海一条叫登瀛里的小弄堂里居住着一位普通的老人——蒲华，他自撰对联：身无长物，内有残书；老骥伏枥，洋鬼比邻。这是他真实的生活，更是他面对窘迫、面对现

实的一种超乎常人的乐观心态。正是这种心态，使穷困潦倒的蒲华在绘画道路上有执著的追求和超人的灵气，与任伯年、虚谷、吴昌硕一起并称为"海上四家"。

其实，贫是钱财太少，但不是一无所有，安贫就是一个人在不利条件下，也能够保持心灵的安宁。

孔子十分欣赏颜回，曾经赞叹说："贤哉回也！一箪食，一瓢饮，在陋巷。人不堪其忧。回也不改其乐。贤哉回也！"意思是颜回这个人有贤德啊，每天吃的是一盆白饭，喝的是一瓢水，住在简陋的小地方，别人都受不了这种贫苦，但是颜回却仍然不改变他的乐观照旧追寻那个奇妙的道。颜回确实很有贤德啊。

物质环境那么艰苦，颜回心境却依然恬淡。他能不受物质环境的影响，保持那种顶天立地的气概与内心的快乐，无怪乎孔子要大加赞赏。颜回这种安贫乐道的精神，确实很震撼人。

当然话虽如此，要做到贫而安确实不容易。别人穿金戴银，纸醉金迷，自己却捉襟见肘，箪食瓢饮；别人万贯家财，一掷千金，自己却不名一文，省吃俭用，为柴米油盐烦恼，日常生活都过得艰难，怎么能那么坦然而安贫乐道呢？

《论语》里还有一句话："饭疏食饮水，曲肱而枕之，乐亦在其中矣。不义而富且贵，于我如浮云。"这句话形象地描绘出孔子的价值观与人生观。孔子说，只要有粗菜淡饭可以充饥，喝喝白开水，弯起臂膀来当枕头，靠在上面酣睡一觉，便感到人生的快乐无穷。人生自有乐趣，并不需要一味依靠物质，不需要虚伪的荣耀。不合理、非法、不择手段地做到了富贵是非常可耻的事。孔子说，这种富贵，对他来说等于浮云一样，聚散不定。看透了这点，自然不受物质环境、虚荣的惑乱，可以建立自己的精神人格了。

郑力有一个做医生的朋友，几年前到一个宾馆去开会，一眼瞥见领班小姐，貌若天仙，便上前搭讪。小姐莞尔一笑，用一种很不经意的口气说："先生，没看见你开车来哦。"这位朋友当即如五雷轰顶，大受刺激，从此立志加入有车族。后来他们在一起吃饭，几杯酒下肚之后，这位朋友告诉郑力，准备把开了一年的"昌河"小面包卖掉，换一部新款的"爱丽舍"。然后又问郑力买车了没有？郑力老老实实地回答，还没有，而且在看得见的将来也没有这种可能性。他同情地看着郑力："唉！一个男人，这一辈子如果没有开过车，那实在是太不幸了。"

这顿饭让郑力吃得很惶惑，因为按他目前的收入水平，买部"爱丽舍"，他得不吃不喝地攒上好几年。更糟糕的是，若他有一天终于买上了汽车，也许在他还没有来得及品味"幸

福"滋味的时候，一个有私人飞机的家伙就会同情地对他说："作为一个男人，没开过飞机太不幸了！"那他这辈子还有救吗？

这个问题让郑力坐立不安了很长时间，如何挽救自己，免于坠入"不幸"的深渊，让他甚是苦恼。直到有一天，他无意中看到了在台湾创立济慈医院的证严法师在一次讲法时说的一段话：有菜篮子可提的女人最幸福。幸福其实渗透在我们生活中点点滴滴的细微之处，人生的真味存在于诸如提篮买菜这样平平淡淡的经历之中。我们时时刻刻拥有着它们，却无视它们的存在。

郑力恍然大悟。原来他的这位医生朋友在用一个逻辑陷阱蓄意误导他：没有汽车是不幸的；你没有汽车，所以你是不幸的。但这个大前提本身就是错误的，因为"汽车"与"幸福"并无必然的联系。

确实，幸福与富贵无关。不生病，不缺钱，做自己爱做的事，就是生活的幸福。被一辆"爱丽舍"碾碎了我们的平淡幸福，是多么的不值得。

我们通常说"安贫乐道"，为什么要安贫，那是因为有道。因此安贫乐道就是不要太奢侈，"食无求饱"，尤其在艰难困苦中，不要有过分的、满足奢侈的要求。"居无求安"，住的地方，只要适当，不要贪求过分的安逸。不求物质生活的享受，但求精神生命的升华。这就是所谓"君子食无求饱，居无求安，敏于事而慎于言，就有道而正焉，可谓好学也已"。

"安贫乐道"的"道"其实是一个人的信仰、理念，具体说就是人生观、价值观，乃至宇宙观。因此，乐道，乃是快乐地去实践自己的信仰和理念，人穷志不穷，那是你真正的价值所在，也是真正的乐趣所在。自己的情绪不会因为环境的优劣而改变，不以物喜，不以己悲，胜亦欣然，败亦何妨。这也就是所谓的逍遥。

中篇

佛 家 修 心

南宋川禅师颂曰：自小年来惯远方，几回衡岳渡潇湘。一朝踏着家乡路，始觉途中日月长。精神的流浪最苦。所以佛家修行，主张明心见性方能悟透世间玄机。通过止观双修，明心见性，棒喝机锋，达到心灵激荡，直指人心，参悟世态，实现激发内在潜能，释放压力，唤醒智慧，重建健康、快乐、智慧的人生目标，真正达到返璞归真、回归本心的境界。这是佛家的明心、修心之道。

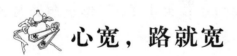

心宽，路就宽

《华严经》中曾说："如悬镜高堂，无心虚招，万像斯鉴，不简妍媸，以绝常无常之静心，照常无常之圆理。"世间万象的妍媸、巨微，都只是一种表象，若能正确对待自己以及他人的优缺点，必能屏蔽掉外境的干扰，得到心灵的安定和平静。这就是佛家常说的悦纳自己、善待别人的道理。

把心腾空，才能包纳万物

在禅宗的观念中，空与有并非两个完全对立的概念，宇宙万物，因为虚空含纳包容，所以能拥有日月星河的环绕；因为高山不拣择砂石草木，所以成其崇峻伟大。

俗话说，海纳百川，很多人将"大海"作为浩瀚胸襟的代名词。而在佛家大师眼里，人的心是大海与高山都不能比的。把心腾空，才能包容万物。

默雷禅师有个叫东阳的小徒弟。

这位小徒弟看到师兄们每天早晚都分别到大师的房中请求

参禅开示，师父给他们公案，于是他也请求师父指点。

"等等吧，你的年纪太小了。"但东阳坚持要参禅，大师也就同意了。

到了晚上参禅的时候，东阳恭恭敬敬地磕了三个头，然后在师父的旁边坐下。

"你可以听到两只手掌相击的声音，"默雷微微含笑地说道，"现在，你去听一只手的声音。"

东阳鞠了一躬，返回寝室后，专心致志地用心参究这个公案。

一阵轻妙的音乐从窗口飘入。"啊，有了，"他叫道，"我会了！"

第二天早晨，当他的老师要他举示只手之声时，他便演奏了艺妓的那种音乐。

"不是，不是，"默雷说道，"那并不是只手之声，只手之声你根本就没有听到。"

东阳心想，那种音乐也许会打岔。因此，他就把住处搬到了一个僻静的地方。

这里万籁俱寂，什么也听不见。"什么是只手之声呢？"思量之间，他忽然听到了滴水的声音。"我终于明白什么是只手之声了。"东阳在心里说道。

于是他再度来到师父的面前，模拟了滴水之声。

"那是滴水之声，不是只手之声。再参！"

东阳继续打坐，谛听只手之声，毫无所得。

他听到风的鸣声，也被否定了；他又听到猫头鹰的叫声，但也被驳回了。

只手之声也不是蝉鸣声、叶落声……

东阳往默雷那里一连跑了十多次，每次各以一种不同的声音提出应对，但都未获认可。到底什么是只手之声呢？他想了近一年的工夫，始终找不出答案。

最后，东阳终于进入了真正的禅定而超越了一切声音。他后来谈自己的体会说："我再也不东想西想了，因此，我终于达到了无声之声的境地。"

东阳已经"听"到只手之声了。

一旦仔细去聆听那"只手之声"，人就踏上了心灵的解脱之旅，心感受到的万物之丰富便会远远超过自己视线范围之内的一切。内心丰富，却亦可呈现一种空无的状态，东阳在"无声之声"的境地中进入了真正的禅定，从"空无"中体验到了"富有"。

有位佛学大师说过："空才能容万物，茶杯空了才能装茶，口袋空了才能放得下钱。鼻子、耳朵、口腔、五脏六腑空了，

才能存活，不空就不能健康地生活了。就像两个人相对交谈，也需要一个空间，才能进行。所以，空是很有用的。"

与其被满满的外物所累，不如索性全部放下，倾听那无比奇妙的"只手之声"，获得心灵的自由和解脱。

但是在纷扰的世间，要想把自己的心放空却不是一件容易的事。很多人都知道境由心造的道理，但很多人常常被外境所困，以至于令自己的心常常被困在围城中。只有明心见性，看清自己的本心，才能找到症结所在，剪掉心中的死结，让心灵得以放空，走出人生的围城，达到心神的通畅。

阳春三月，弟子们坐在禅师周围，等待着师父告诉他们人生和宇宙的奥秘。

禅师一直默默无语，闭着眼睛。突然他向弟子问道："怎么才能除掉旷野的草？"弟子们目瞪口呆，没想到禅师会问这么简单的问题。

一个弟子说："用铲子把杂草全部铲掉！"禅师听完微微笑地点头。

另一个弟子说："可以一把火将草烧掉！"禅师依然微笑。

第三个弟子说："把石灰撒在草上就能除掉杂草！"禅师脸上依然带着微笑。

第四个弟子说："他们的方法都不行，那样不能除根的，斩草就要除根，必须把草根挖出来。"

弟子们讲完后，禅师说："你们讲得都很好，从明天起，你们把这块草地分成几块，按照自己的方法除去地上的杂草，明年的这个时候我们再到这个地方相聚！"

第二年的这个时候，弟子们早早就来到这里。原来杂草丛生的地已经不见了，取而代之的是金灿灿的庄稼。弟子们在过去的一年时间里用尽了各种方法都不能除去杂草，只有在杂草地里种庄稼这种方法取得了成功。他们围着庄稼地坐下，庄稼已经成熟了，可是禅师已经仙逝了。那是禅师为他们上的最后一堂课，弟子无不流下了感激的泪水。

除掉心中的杂草，最好的方法不是用蛮力与之相抗，而是在心中播撒下新的种子，用新鲜生命饱满的热情来抗衡杂草的韧性。因为心中的死结往往就像杂草一样，有着极强的生命力，外力通常只能改变它们的生长轨迹，却不能完全将之从自己的生命中驱逐。

心灵是一座品类繁多的花园，需要我们时时垦殖翻耕。这个花园中有秽土，也有净土，所以不可能永远保持快乐与清净。只要是花园，就会生长杂草，四处蔓延。作为自我心灵的园丁，我们绝不能放任杂草丛生，占尽花木所需的阳光雨露，否则这座花园就必须成为人生困顿的围城，而及时修剪，求得和谐美好的内心环境，围城之中也能过自在人生。

心灵是一座花园，做自己心灵的勤劳园丁，在心中播下真爱和智慧的种子，收获充实快活的人生。

我们平常看山、看水、看花、看草、看人、看事，看尽男男女女，看尽人间万象，却很少人"看心"。

尽管我们看尽了世界上的美景奇观，却看不到自己的"心"。心是我们自己的，明心见性，才能找到自己。

空心才能包容万物，人立于世，要注意时刻为自己的心灵腾出一片空间，装载快乐和幸福。

悦纳自己，善待残缺

《华严经》中曾说："如悬镜高堂，无心虚招，万像斯鉴，不简妍媸，以绝常无常之静心，照常无常之圆理。"世间万象的妍媸、巨微，都只是一种表象，若能正确对待自己以及他人的优缺点，必能屏蔽掉外境的干扰，得到心灵的安定和平静。这就是佛家常说的悦纳自己，善待别人的道理。

世间上的事物总是异彩纷呈，就像花园里有芬芳的鲜花，也有新绿的小草。而我们的五个手指尚且长短不一，又如何期待每个人都有同样俊俏的脸、快乐的心呢？如此看来，完美的事物几乎是不存在的，面对不完美，我们应该抱有宽容和赞美

之心。

一棵小草，没有参天大树的伟岸身躯，却依然是无限辽阔的草原中不可忽视的一道风景。一条小河，奔流的前方只有断崖残壁，然而一泻千里，却成就了瀑布的气势磅礴。

一扇贝壳，柔软的身体却不得不承受不安分的沙砾的摩擦，然而终有一日，会有闪烁迷人的珍珠绽放出耀眼的光彩。

世间众生，若一味地因自己的短处而放大痛苦，自然会与平凡生活的快乐和成功擦肩而过。所以，凡事不必过于追求完美，在世事面前，坦然对待众生的优缺点，包容自己和他人的不完美，有时反而会收到意想不到的效果。

春秋时期晋国有一位著名的乐师名唤师旷，他生而无目，故自称盲臣，又称瞑臣。

师旷不仅善于弹琴，也通晓南北方的民歌和乐器调律。据说，当他弹琴时，马儿会停止吃草，仰起头侧耳倾听；觅食的鸟儿会停止飞翔，翘首迷醉，丢失口中的食物。晋平公见师旷有如此特殊才能，便封为掌乐太师。

有一次，晋平公专门请人为师旷打造了一张特殊的琴，琴上的弦不仅长短一样，甚至粗细都是一致的。琴做得非常漂亮，上面精心雕刻着各种精美的图案，还镶嵌了金石美玉。

师旷试琴时，怎么也无法弹出完整的旋律，于是便细细地

摸索琴弦之后问道："这张琴的琴弦难道是一样的吗？"

晋平公回答说："是啊，这样精致的琴弦，应该是世间独一无二的吧！乐师您双眼已盲，否则一定会惊艳于这张琴的完美！"

师旷摇了摇头，表情凝重地说："大王，这您就理解错了。一张琴，之所以能够弹奏出动听的音乐，正是因为上面的琴弦有短有长，有粗有细。一张琴中的大小弦各有不同的作用，大弦为主，小弦为辅，互相配合，才能弹出和谐美妙的乐曲。"

师旷吩咐侍者搬出了他原来使用的琴，手指在琴上划过，一串美妙的音符瞬时跃出，令人身心舒畅。

一张琴之所以有高低音乐，是依靠琴弦的长短、粗细来实现，这样才能弹奏出高低有致的美妙音符。在后人看来，如晋平公一样仅为达到外表的和谐与完美，而刻意求同的做法是不可取的。

事物各有长短，关键在于运用到正确的地方。书生儒冠可以在朝侍奉君主，却不能跃马驰骋，纵横疆场；赤兔乌骓，能日行千里，但若将其放到屋里捕鼠，它们甚至比不上一只小野猫；紫电青霜是天下闻名的锋利宝剑，若借给木匠用来做工活，可能还不如一把普通的斧头。事物不在于完美，而在于是否发挥了正确的价值。

佛告诉我们，世间正是由不完美构成的，面对这些不完美和遗憾，不必伤心，不必难过，坦然面对才是最好的处事态度。

"梅须逊雪三分白，雪却输梅一段香。"宋代诗人卢梅坡借梅雪之争，告诫众生人各有所长，也各有所短，这是自然之理，不必过于执著。取人之长，补己之短，才是正理，才得洒脱。

人人不尽相同，外表上有高低胖瘦的不同，才有赏心悦目的人间风景；智力上有贤愚巧拙的分别，才有趣味横生的社会百态。

江河中的小水滴自知力微，所以积聚大家的力量，形成一股激流，努力冲过礁岩，才能激起壮丽的浪花；丛林间的小毛虫自惭形秽，用尽全身的力量，奋身挣破蛹茧，变成一只蝴蝶，才能翩翩飞舞，享受绚烂的阳光。所以，残缺是生命的本质，也是世间的百态。我们应该放宽自己的心态，包容残缺，善待残缺，欣赏残缺，最后我们会发现残缺也是一种美。

不要被迁怒的病毒感染

佛陀曾对一位年轻的婆罗门说过：以嗔怒来回应嗔怒，这是恶劣的人、恶劣的事；不以嗔怒回应嗔怒的人，才能赢得最难赢的战争。因为他不但明白对方为何愤怒，也能够让自己沉静而提起正念，不但战胜他人，也战胜了自己，让自己和他人都获益，是双方的良医。面对他人的不良情绪时要注意控制自己的情绪，防止自己受到影响，并且学会不迁怒于他人。

"不迁怒"也是一门处事做人的学问，需要不断的修炼和提升。现实生活中，我们往往看到的都是"迁怒"的现象，明明是自己在外边受了气，根本不关别人的事，但是这口气不发泄出来心里就不会痛快，于是只好对着身边的人乱发火。比如下面这个踢猫效应的故事就是个典型的例子。

A是一家公司的市场部主管，一日，A在上班时因为堵车心情不好，而且还被警察罚款，来到公司后他一脸阴沉。这时，A的下属B因为工作来找A汇报，B理所当然成了A的情绪宣泄对象。B莫名其妙地被上司批评了一顿，本来很好的心情一下子也变坏了，而且一整天都闷闷不乐。晚上下班回家，B的儿子小C看到父亲回来，很得意地将自己在幼儿园画的画拿给父亲看，希望得到父亲的表扬。B本来就很烦躁，不仅没有表扬儿子，反而骂了他一顿，说他瞎胡闹。小C莫名其妙被父亲骂了一顿，心里十分委屈，却又不知道说什么。这时，他家的小猫经过他面前，小C于是狠狠地踢了猫咪一脚……

本来只是生活中的一件小事，结果却引发了这么多一连串的事情，可见"迁怒"带来的影响有多坏了。迁怒伴随而来的是情绪失控，而这造成的后果则更为严重，它能让一个人失去冷静和理性的判断，有时候甚至会酿成灾祸。

如果我们在与人交往中都能注意控制一下自己的情绪，生活也许就没这么多争吵和不愉快了。

在一辆行驶的公共汽车上，人虽然不多却没有空位，有几个人还站着，吊在拉手上晃来晃去。一个年轻人身旁有几个大包，手里拿着一个地图在认真研究着，眼里不时露出茫然的神色。他犹豫了半天，很不好意思地问售票员："去颐和园应该在哪儿下车啊？"售票员是个短头发的小姑娘，正剔着指甲缝呢。她抬头看了一眼小伙子，说："你坐错方向了，应该到对面往回坐。"要说这些话也没什么错，小伙子下站下车到马路对面去坐也就是了！但是售票员可没说完，她又说："拿着地图都看不明白，还看个什么劲儿啊！"

外地小伙子可是个有涵养的人，他嘿嘿笑了笑。旁边有个大爷可听不下去了，他对外地小伙子说："你不用往回坐，再往前坐四站换904能到。"要是他说到这儿也就完了，那还真不错，既帮助了别人，也挽回了北京人的形象。可大爷又说了一句："现在的年轻人呐，没一个有教养的！"

站在大爷旁边的一位小姐不爱听了："大爷，不能说年轻人都没教养吧，没教养的毕竟是少数嘛！"这位小姐显得真有教养——要不是又说了那最后一句话："就像您这样上了年纪看着挺慈祥的，不也有很多不干好事的吗？"

马上就有几个老年人指责起了那位小姐……

这么吵着闹着车可就到站了。车门一开，售票员小姑娘说："都别吵了，该下车的赶快下车吧，别把自己正事儿给耽误了……再吵下去车可不走了啊！烦不烦啊！"

烦！不仅她烦，所有乘客都烦了！骂售票员的，骂外地小伙子的，骂那位小姐的，骂天气的……别提多热闹了！

那个外地小伙子一直没有说话，最后他实在受不了了，大叫道："别吵了！都是我的错，我自己没看好地图，让大家跟着都生一肚子气！大家就算给我面子，都别吵了行吗？"听到他这么说，车上的人当然都不好意思再吵了，声音很快平息下来。可谁也想不到这小伙子又来了一句话："早知道北京人都是这么不讲理，我还不如不来呢！"

如果车上的人都能少说些话，多控制一下自己的情绪，也许情况就不会这么糟了。可见，情绪对于一个人的生活至关重要，当人们处于低潮的情绪中时，就会很容易迁怒于周遭所有的人、事、物，这是自然而然的。这就需要我们在日常的生活中学会控制情绪，提升智慧，加强自身的修养。对待不如意，很多时候我们只需要学会很简单的三个字："不迁怒！"

迁怒会使不良的情绪传染给更多的人，当人们不开心的时候，身边的人很容易就成了宣泄的对象，很多时候我们会找比我们弱的人进行发泄，以此平衡自己的情绪。同样的，被发泄者也会继续将这些负面情绪传递给别人，以此类推……迁怒造成的恶性循环就会使更多的人深受其害。

据说，科学家通过研究发现，原来心情舒畅、开朗的人，若同一个整天愁眉苦脸、抑郁难解的人相处，不久也会变得情绪沮丧起来。一个人的敏感性和同情心越强，就越容易感染上坏情绪，这种传染过程往往是在不知不觉中完成的。如果一个情绪良好的学生，和另一个情绪低落的学生同住一间宿舍，这个学生的情绪往往也会低落起来。在家庭中，如果有一个人情绪低落，他（她）的配偶最容易出现情绪问题。科学家们甚至证明，只需要 20 分钟，一个人就可以受到他人低落情绪的传染。

在生活中有这么一种人，他们总想让别人的喜怒哀乐与自己"同步"。当他们心情愉快时，希望周围的人也跟着自己高兴；当他们心情不好时，别人也不能流露出一点欢乐。否则，轻者耿耿于怀，重者便寻衅以"制伏"对方。这种情绪上以自

我为中心的做法是极其不好的，因为它会严重破坏和谐的家庭及社会环境并造成许多不良后果。

在工作上也不乏这样的人，当他自己心情不好时，也不希望看到单位里其他同事说笑或进行正常的娱乐活动。他会不时地干涉、扰乱别人，破坏周围欢乐的气氛。时间久了，他就有可能因不受欢迎而成为孤家寡人，陷入被孤立的状态之中。其实，每个人都是独立的个体，都有掌握自己情绪的自由。所以，当自己心情不好时不要强求他人能感同身受，那样是不太现实的。

当我们理解了这个朴素的道理，也就明白了不迁怒的重要，更会在实践中用行动来支撑它。从另一方面来讲，爱迁怒的人多半脾气暴躁。如果我们能慢慢修炼，学会不迁怒于人，适时做自己情绪的主人，久而久之自己的性格也会发生转变，个人修养也会得到提高。当然，这是一个循序渐进的过程，需要我们不断去完善和提升。

狭路相逢各让一步

《憨山大师醒世歌》中说："吃些亏处原无碍，退让三分也不妨。春日才看杨柳绿，秋风又见菊花黄。"生活中吃点亏，有时反而会让人看到更美的风景。

关于吃亏和退让，《菜根谭》中也有说："滋味浓时，减三分让人食，路径窄处，退一步与人行。"为人处世，有时候吃点亏也无妨，面对别人已经犯下的错误，也要学会放宽心，得饶人处且饶人。

战国时期，楚国梁国交界，两国边境上各设界亭，亭卒们各自在空地里种了西瓜，梁国的亭卒非常勤劳，锄草浇水，瓜秧长得非常好，而楚国的亭卒十分懒惰，不务农事，西瓜的长势就不好，与梁国的瓜田有了天壤之别。楚国的亭卒们心生妒忌，于是他们在一个无月的夜晚，跑过境把梁国地里的瓜秧给扯断了。

第二天，梁国的亭卒发现此事非常气愤，将之上报给县令宋就，要求也去扯烂楚国的瓜秧，宋就说："这样做当然很解气，可我们明明不愿意他们扯断我们的瓜秧，为什么还要去扯断别人的瓜秧呢？明明他人做得不对，我们再跟着学，这实在太狭隘。"人们觉得很有道理，就问他该怎么办，宋就说："你们可以每晚给他们瓜秧浇水，让他们的瓜秧好起来。"梁亭的人听了宋就的话觉得很有道理，于是就照做了。

过了一段时间，楚国人发现自己的瓜秧长得一天好似一天，他们很奇怪，经过仔细观察，才发现原来是梁国人为他们浇的水，觉得非常惭愧，无地自容，上报楚王，楚王听了之后，特备厚礼送到梁国，表示酬谢，并以示自责，结果这两个国家成了友好的邻邦。

梁国人正是懂得得理也饶人的道理，以仁心容忍了他人的过失，从而修成了楚梁之好，一开始可能看似吃亏，但最后却因小得大。

在生活中有的人却不明白这个道理，因而对于别人的错误老是难以释怀。其实，人非圣贤，孰能无过。如果一味偏执，对犯了过失的人不予以赦免、宽恕，那就有可能使贤才埋没和流失。事实上，在开拓创新、积极进取的人生道路上，每个人都不可避免地会出现这样或那样的失误或错误，这是可以理解的，因而应该给予谅解和释怀。

其实，不要偏执，一切看开，心胸放宽，包容万物，一个人自然能够在世间游刃有余，要知道有了"容"，才有"融"。人间真正的快乐，不是自己能够创建的，即使是"向内走"，也要懂得与人相处，懂得给予，适当的时候吃点亏也无妨。狭路相逢时，各让一步，则皆大欢喜，否则，就往往是两败俱伤了。

在两座大山之间有一条河流，河水是从另外的几座山上流下来的溪水汇集而成的，因为山高水多，所以水流很急。可是河上只有一座独木桥，窄得每次只能容一个人经过。

有一天，东山上的羊想到西山上去吃草，而西山上的羊想到东山上去采野果，结果两只羊同时上了桥，可是到了桥中心，才发现对方挡住了自己的去路。退回去吧，已经走了这么远了；不退吧，谁也走不过去。

东山的羊见僵持的时间已经不短了，而西山的羊照样没有退让的意思，便冷冷地说道："喂，你的眼睛是不是长在屁股上了，没见我要去西山吗？""我看你的眼睛才长在屁股上了，要不，你怎么会挡我的道？"西山的羊反唇相讥。"到底谁先挡谁的道？是我先到桥上来的。""是我先到桥上来的。""你让还是不让？不让开，我就硬闯了。"东山的羊摇了一下头，那意思是说：看到没有，我的犄角就像两把利剑，它正想尝尝你的一身肥肉是否鲜美呢！"哼，想跟我斗，找死！"西山的羊说罢便低头用犄角去顶东山的羊。"好小子，我看你是活腻了。"东山的羊边骂边低头迎上西山的羊。

"咔嚓！"它们的犄角碰撞在了一起。"扑通！"它们同时掉进了河中。

人生不是平坦大道，所以我们在处世时不能全凭自我。狭路相逢，不妨各退一步。时时刻刻懂得与人为善，把握好自己的平衡，也令对方心感平衡，这就是大德了。切记莫把真心空

计较，唯有大德享百福。不要太过计较亏与得，抛开自己的各种固执和坚持，内心深处即是大海，幸福的感觉自会油然而生。

孤芳自赏时，天地便小了

"墙角的花，你孤芳自赏时，天地便小了。"冰心这首隽永的小诗是对孤芳自赏者最好的劝告。

孤芳自赏的人，永远只是小家子气，注定无法成为"大家闺秀"，甚至常因"鼻孔朝天"而四处碰壁，于是他的人生天地便会变得小家子气起来。

在人际交往中，我们应该怀有包容之心，以谦让豁达来赢得更多的朋友；不要结党营私，局限在某个小团体之内，更不要自尊自大，走到孤立无援的死胡同。

方圆是个非常优秀的青年，头脑一向很聪明，在大学期间是令人羡慕的"学习尖子"。或许正是因为他太优秀了，所以其他人在他眼里简直不值一提。

他是一个特立独行的人，时时感到自己是"鹤立鸡群"。不仅周围的同学他看不上眼，连一些教授他也不放在心上，因为他们讲的课程对方圆来说实在太简单了。

学业上的优秀使方圆逐渐形成了一种优越感，因而在人际交往上常常变得极为挑剔，容不得别人有一点毛病。一次，有位同学向他借了一本书，书还回来时弄破了一点，虽然那位同学一再向他表示歉意，但方圆仍然无法原谅他。尽管碍于面子，他当时什么话也没说，然而从那以后，他再也不愿理睬那个借书的同学了。

渐渐地，方圆成了其他同学眼中的"怪人"，大家不敢再和他交往，甚至不愿意和他交往。当然，这种"集体排斥"并没有阻碍方圆在学业上的成功。

方圆的功课门门都很优秀，年年都获得奖学金，还曾代表学校参加过国际性竞赛并获得了奖项。许多老师和学生都一致认为，他是一个难得的"天才"。

数年寒窗苦读后，方圆以优异的成绩毕业，顺利进入一家待遇优厚的大公司。他心中对未来充满了憧憬，准备干出一番轰轰烈烈的事业来。不过，上班后的生活远远不像在学校里那样简单，每天都少不了和上司、同事、客户等各种各样的人打交道，方圆对此感到十分厌烦。原因在于，他在与人交往时仍然抱着那种挑剔的心理，一旦与人接触就对他人的弱点非常敏感。

毕竟，方圆太优秀了，很少有人能够和他相提并论。他对

别人的挑剔越来越严重，逐渐发展成对他人的厌恶。他讨厌那些平庸的同事、低能的上司，有时甚至说不清对方有什么具体的缺陷，但他就是感觉不对劲。

长此以往，方圆与周围的人关系搞得很紧张，彼此都感到很别扭。他经常与同事闹得不可开交，也往往因一些微不足道的小事而与上司发生龃龉。

终于有一天，方圆彻底变成了一个无人理睬的闲人了。尽管他确实很有才干，但上司却不再派给他任何任务，同事们也像躲避瘟疫一样远离他。在走投无路之际，他被迫写了一份辞职书，结果马上得到批准。

随后，方圆又到别处应聘，可是一连换了四五家单位，竟然没有一处令他感到满意。这位原本前途远大的青年，心情变得越来越苦闷，日益形单影只。在巨大的痛苦煎熬下，他的精神逐渐崩溃，最后被送入了一家精神病医院。

方圆的人生是一场悲剧，这场悲剧是他孤芳自赏的性格造成的。一个优秀的人，最难得的不是鹤立鸡群，而是保有一颗沉潜的心。看到自身的不足，用谦虚恭敬的态度待人处事。

人不能太不把自己当回事，也不能太把自己当回事。刚愎自用，对人对事吹毛求疵。这样的人，即便本领再高强，也不会受人尊敬、被人重用。放低心态，如水一般低吟浅唱，融入一汪清泉、一池平潭，融入江湖。没有什么值得刻意突显，也没有什么不能以清芬共享。任何好品种的花朵，都必须要经过设计布置，才能摆在客厅里，如果只会孤芳自赏或自命清高，永远是野花，摆不进客厅。

孤芳自赏的人注定是孤独的，也难成大气候。所以我们应该具备这种认识，做到谦虚恭敬，悦纳他人。

求同存异，不必强求一致

中国五千年的文明，讲究包容和海纳百川，强调要接受彼此的差异化，求同存异，和谐共处，因此中华文化之源流才能几千年不断绝。

法国的启蒙者伏尔泰说："虽然我不同意你的观点，但我誓死捍卫你说话的权利。"这是西方人对尊重个体与尊重自由的呐喊。

佛家大师在谈到佛教传到中国时，曾颇有感慨地说道：中国和佛教始终是和谐的。佛教文化被悠久的中华文化所接纳，并且继续发扬光大，成为中国的佛教。佛教对得起中国，中国也不负佛教，正是两者之间相互的包容造就了这一切。接着，大师说了一句朴实但也振聋发聩的话：你可以不信，但不必排斥。

这句话不仅适用于对宗教的信仰，也适用于每个人的为人处世。世事万象，不同的人持有不同的世界观人生观与价值观，而当这些不同的世界碰撞时，在面对他人与自己的不同时，需要我们学会求同存异。

有一条蛇，它的头部和尾部都想走在前面，互相争执不下，于是尾巴说：

"头，你总在前面，这样不对，有时候应该让我走在前面。"

头回答说："我总是走在前面，那是按照早有的规定做的，怎能让你走在前面？"

两者争执不下，尾巴看到头走在前面，就生了气，卷在树上，不让头往前走，它看到头放松的机会，立即离开树木走到前面，最后蛇掉进火坑被烧死了。

这条头尾相争的蛇，因为不知道求同存异的道理，伤害别人的同时，自己最终也受到了伤害。

这世上的事物千奇百怪，人与人之间也有着众多的差异，生活背景、生活方式、个性、价值观等的差异，让我们的相处也存在着或多或少的困难，无所谓希望或者失望、信任或者背叛，我们所能做的只能是相互尊重、相互包容、求同存异、真诚相对，不必强求一致。

弘一法师修的是佛法中的律宗，但他却一直在强调佛法各个宗派之间的密切联系，指出不同的宗派只是不同的道路，但所有的宗派的目的都是一样的，都是让人获得真正的智慧，这也就是所谓的殊途同归。

的确，佛法自创立以来，随着时间的推移和传播范围的扩大，出现了众多的佛法宗派。虽然各个宗派之间的教义稍有差别，而且修行的方式也大不一样，但是他们都有着一个共同的目的，那便是求得觉悟、能够成佛。不仅如此，佛法还一直将各宗派放到平等的位置上，使得各个宗派之间能够共存，并且共同求得发展。

世界上没有两片完全相同的树叶，佛法的各个宗派之间也都有差异，这也体现了自然界差异性存在的客观性。正是因为这种差异性的存在，在客观上便要求我们要做到"求同存异"，即寻找相互之间相同地方的同时尊重相互之间客观存在的差异性，从而实现相互之间的合作。因此，要做到"求同存异"，"尊重"是基础，而且还需要有耐心、能包涵、心胸开阔。如果能将这一条与取长补短、开诚布公协调运用，那么，不仅双方能表达得更为舒畅，而且还能从中学到不少新东西。

我们要逐渐学会求同存异，保留相同的利益要求，与人相处也要照顾别人的利益，在自己的利益与别人的利益之间求中间值，使自己的利益和别人的利益都得到实现。

如果我们不懂得求同存异，那么，我们就很有可能在面临差异与分歧的时候会不顾同根生而相煎太急，最终使双方都受到巨大的伤害。

在日常的生活和工作中，我们也该本着"求同存异"的原则与他人相处。寻找人与人之间的共同点往往是我们打造良好人际关系的开始，也是求同存异的前提条件，并且在共同点的基础之上相互尊重对方的差异性，只有这样才能与对方进行合作，并且最终取得双赢的局面。面对他人的不同，要学会理解，不信也别排斥，如此，人生的道路也会宽广许多。

嗔言碎语随风去

一个学僧问赵州禅师："听说你曾亲见过南泉禅师，是真的吗？"

赵州禅师回答说："镇州出产大梦萝卜头。"

一个学僧问九峰禅师："听说你亲自参拜过延寿禅师，是真的吗？"

九峰禅师回答说："山前的麦子熟了吗？"

赵州、九峰禅师，英雄所见略同。

一个学僧问赵州禅师："佛经上说，'万法归一'，那么一归何处？"

赵州禅师回答说："我在青州缝了一件青布衣服，有七斤重。"

又有一个学僧问赵州禅师："当身体死亡归于尘土时，有一个东西却永久留下。我知道这个东西，但这个东西留在什么地方呢？"

赵州禅师回答说："今天早晨刮风。"

有学僧问香林远禅师："什么是祖师西来意？"

他回答道："唉，坐久了，真感到疲劳啊！"

学僧问憨山禅师："佛是什么？"

他回答说："嘿！我知道怎样打鼓。"

学僧问睦州禅师："谁是各位佛祖的老师？"

他哼起了小调："叮咚咚咚……"

学僧又问他："禅是什么？"

他合掌念道："南无阿弥陀佛。"

但这学僧迷惘地眨着眼睛，不了解他的意思。

于是睦州禅师大喝道："你这可怜的孩子，你的恶业从何而来呢？"

这学僧仍无所悟。

睦州禅师就说："我的衣衫穿过多年之后，现在完全旧了，松松地挂在身上的碎片，已吹上天空了。"

又有一次，一个学僧问睦州禅师："什么是超佛越祖之说？"

禅师立刻举起手中的杖子对大家说："我说这是杖，你们说它是什么？"

没有人回答。

于是他再举起手杖问这个学僧："你不是问我什么是超佛越祖之说吗？"

一个学僧问洞山良价禅师："谁是佛？"

洞山良价禅师随口答道："麻三斤。"

佛陀教导弟子，不要妄生"嗔"念，其实就是在面对别人的怨怼和怒骂时不要计较太多，太计较就会平添怨气，那烦恼就会不请自来，那还何谈清静无为？洞山良价禅师的"麻三斤"，便是应世间万相烦恼的不嗔之法宝。

做人若能淡然处世，对别人的闲言碎语从不予以辩护，其实正是修养的功夫所在。如果别人依然纠缠不清，充耳不闻或指东打西，也是很好的应对之法，这样会使对方的攻击无所适从，最后对方也只能怏怏而退。

赵朴初居士曾在晚年时写了这样一首著名的《宽心谣》，读来发人深省：日出东海落西山，愁也一天，喜也一天；遇事不钻牛角尖，人也舒坦，心也舒坦；每月领取养老钱，多了喜欢，少也喜欢；少荤多素日三餐，粗也香甜，细也香甜；新旧衣服不挑拣，好也御寒，赖也御寒；常与知己聊聊天，古也谈谈，今也谈谈；内孙外孙同样看，儿也喜欢，女也喜欢；全家老少互勉励，贫也相安，富也相安；早晚操劳勤锻炼，忙也乐观，闲也乐观；心宽体健养天年，不是神仙，胜似神仙。

品读《宽心谣》，如同咀嚼橄榄，词清句畅，寄意深邃。生活中多份宽心而少份浮躁，添些喜悦而消些烦恼，人生就会变得豁然开朗，心态也能随之放宽。

同样的，一个人如果能够将外界的嗔言碎语当做耳边的一阵风一样，任它吹来，任它吹去，不为所动，就会省却很多烦恼，从而拥有一个清静圆满的人生。

在修禅的道路上深有体会的高僧多以"遇谤不辩"为自己的修行准则之一，即便被冠以恶名，仍能泰然自若，不加辩驳。于修行者来说，不妄语、不多嘴，自会令修行更进一步，即便遭人非议，但清者自清，随着时间的推移，真相是不可能被掩盖的，只要自己行得正坐得直，人格好坏立见，何必在意别人的背后私语。所以，对待毁谤的态度，应是一面深省自

己，一面保持沉默。深省的目的是看清自己的实力和本质；保持沉默、不去辩白，是对自己人格的信任。这种处世态度无疑为我们提供了一种解决问题的好方法。

面对毁谤或者他人的嗔言碎语时，我们有时很容易产生嗔怒。昭引和尚云游各地，被大家认做是一个行脚僧时，有信徒来请示："发脾气要如何改呢？""脾气皆由嗔心而来，这样好了，我来跟你化缘，你把脾气和嗔心给我好吗？"

嗔怒的锋刃对我们有什么益处呢？它既伤害别人，同时也伤害自己。嗔，这把双刃剑，剑锋所向，最终归结于我们自身。一个人如果能够每时每刻都用一颗宽容、豁达的心去面对世间的人与事，让他人的嗔言碎语随风而去，那么这个人的生活中就会除却很多烦恼，就能够时时拥有一颗宁静的心灵。

诗曰："不智之智，名曰真智。蠢然其容，灵辉内炽。用察为明，古人所忌。学道之士，晦以混世。不巧之巧，名曰极巧。一事无能，万法俱了。露才扬己，古人所少。学道之士，朴以自保。"人与人的言语交锋里，"麻三斤"这样的回答或许才是最好的回答。上面这段看似驴唇不对马嘴的几次问答，其实是几位禅师在讲述了这样一个道理——有些话不必说得明确，佛在心中，用语言是无法阐述清楚的，要看修行者的真心如何，只有不断反省，不断领悟，答案才在修行者的心中。

其实，"佛"就好比一个人的品质，别人不断地对这人的品格质疑，这人答什么都是有主观因素的，在别人看来都是辩驳，但如果这人什么都不说，或者说些风马牛不相及的话，让别人自己去猜测。那么，时间一久，这人的人格就会被世人慢慢看清，他是好是坏也就不必多加解释了。

毁谤是打倒不了一个人的，除非自己本身没有实力。面对毁谤的方法是不去辩白，对是非则默摈之。

面对他人的嗔言碎语，就请放宽心，让它随风而去吧。

被遗忘与被铭记的

泰山不让土壤，故能成其高；大海不择细流，故能成其深。唯有宽容大度，才能庄严菩提；唯有宽容大度，才能成就一切。

宽容，有时就是选择性忘记。忘记他人的不好，而铭记他的善行，在宽容他人的同时也释放了自己。但事实上，并不是所有人都能做到。人们有时往往只揪住他人的过失不放，却容易忽视他人的优点所在。

佛家教导我们要宽容大度，其实就是要我们学会选择哪些

该被遗忘，哪些该被铭记。而这些，都需要我们在生活中用心去体会。

铁匠和他的好朋友结伴去旅行，一路上两个人相互照顾。

有一天，他们在翻过一座大山时，铁匠不幸失足，在他滑向悬崖边的一瞬间，好朋友不顾自身危险，拼命拉住了他。铁匠于是在附近的一块大石头上刻下：某年某月某日，好朋友救了铁匠一命。

他们继续前行。一个月后，他们来到一处结冰的河边，他们为是踏冰而过还是寻桥而过争吵起来。一气之下，好朋友踢了铁匠一脚，铁匠跑到冰面上刻下：某年某月某日，好朋友踢了铁匠一脚。

有个过路的行人见了，好奇地问铁匠："你为什么把好朋友救你的事刻在石头上，而把他踢你的事刻在冰上？"

铁匠说："好朋友救了我，我永远都感激他；至于他踢我的事，我会随着冰上字迹的溶化而忘得一干二净。"

忘记那些该忘记的，铭记那些值得我们铭记的，这是宽容他人的体现。任何人，在具备"兽性"的同时也拥有"人性"。所谓"兽性"有时表现在一个方面——人是容易记仇的动物，他会把损害自己利益的人与事牢记于心；而在"人性"

方面的表现是，他能在"忘"与"记"之间作出正确的选择：很快忘掉不愉快的东西，永远牢记别人的"好"。人之所以为人，就是在"人性"和"兽性"的较量中，"人性"往往能占据上风，即或是暂时退却，但也会最终取得胜利。

学会忘记与铭记是人生的一门必修课。在人生的旅途中，要学会记住别人对你的帮助，忘却自己对别人的不满，即使是面对他人的过失，我们也要学会谅解和宽容。学会宽容才能让你活得更自在、更轻松，从而坦然地去面对旅途上的风风雨雨。

东汉时期，苏不韦的父亲苏谦曾做过司隶校尉。另一个官员李皓和苏谦素有嫌隙，因此怀着私愤把苏谦判了死刑。当时苏不韦只有18岁，他把父亲的灵柩送回家，草草下葬，又把母亲隐匿在武都山里，自己改名换姓，用家财招募刺客，准备刺杀李皓，以报杀父大仇，但刺杀一直没有成功。很久以后，李皓升为大司农。

苏不韦暗中和人在大司农官署的北墙下开始挖洞，夜里挖，白天则躲藏起来。干了一个多月，终于把洞打到了李皓的寝室下。一天，苏不韦和他的人从李皓的床底下冲了出来，不巧李皓出去了，于是杀了他的妾和儿子，留下一封信便离去了。李皓回房后，看到这个场面大吃一惊，以后他每天都在室内布置了许多荆棘，晚上也不敢安睡。苏不韦知道李皓已有准备，杀死他已不可能，就挖了李家的坟，取了李皓父亲的头拿到集市上去示众。李皓听说此事后，心如刀绞，又气又恨，却不敢声张，没过多久就吐血而死。

苏不韦的一生生活在仇恨之中，为报仇竭心尽力。李皓只因一点儿私人恩怨无法忍受，就置人于死地，结果招致老婆孩子被杀，死了的父亲也跟着受辱，自己最终气愤而死，被天下人耻笑，真是愚蠢至极。以怨报怨就是如此，仇恨双方都得不到好处，这是一种"双输"的行为。因此何不将"冤冤相报何时了"变成"相逢一笑泯恩仇"的双赢，用一颗宽容的心对待仇恨呢？

宽容是一种美德。正如法国19世纪的文学大师雨果曾说过的一句话："世界上最宽阔的是海洋，比海洋宽阔的是天空，比天空更宽阔的是人的胸怀。"我们相信即使是一个人有坏处，那也一定有值得我们同情和原谅的地方。要知道，宽恕别人所不能宽恕的，其实是一种异常高贵的行为。

宽容是一种美。深邃的天空容忍了雷电风暴一时的肆虐，才有风和日丽；辽阔的大海容纳了惊涛骇浪一时的猖獗，才有浩瀚无垠；苍莽的森林忍耐了弱肉强食一时的规律，才有郁郁葱葱。江河不择细流，方能成其大。宽容是壁立千仞的泰山，是容纳百川的江河湖海。

宽容也是一种幸福，我们饶恕别人，不但给了别人机会，也取得了别人的信任和尊敬，我们也能够与之和睦相处。宽容，是一种看不见的幸福。宽容更是一种财富，拥有宽容，是拥有一颗善良、真诚的心。宽容和忍让是人生的一种豁达，是一个人有涵养的重要表现。

遗忘别人的"不好"，铭记别人的"好"。当我们对别人宽容之时，即是对我们自己宽容。因此，哲人才说："人类尽管有这样那样的缺点，我们仍然要原谅他们，因为他们就是我们。"

海纳百川而自清，宽容能让你获得一片更广阔的天空。

心旷为福门，心狭为祸根

心旷为福之门，心狭为祸之根。心胸宽广的人，他的世界会比别人更加开阔，而那些心胸狭隘的人只会把自己局限在狭小的空间里，郁郁寡欢。

在生活中，也许我们每个人都曾因别人的恶意诽谤或其他打击而深受伤害，这些伤痛一直在我们的心底，从来没有被治愈过，我们可能至今还在怨恨那些伤害过我们的人。其实，怨恨是一种被动和侵袭性的东西，它像一个不断长大的肿瘤，使

我们失去欢笑，损害我们的健康。怨恨，更多地伤害怨恨者自己。而这怨恨，有待我们宽广的胸怀来化解。

一天，一位住在山中茅屋修行的禅师趁夜色到林中散步，在皎洁的月光下，突然开悟。他喜悦地走回住处，眼见到自己的茅屋遭小偷光顾。找不到任何财物的小偷要离开的时候在门口遇见了禅师。原来，禅师怕惊动小偷，一直站在门口等待。他知道小偷一定找不到任何值钱的东西，早就把自己的外衣脱掉拿在手上。

小偷遇见禅师，正感到惊愕的时候，禅师说："你走老远的山路来探望我，总不能让你空手而回呀！夜凉了，你带着这件衣服走吧！"说着，就把衣服披在小偷身上，小偷不知所措，低着头溜走了。

禅师看着小偷的背影穿过明亮的月光消失在山林之中，不禁感慨地说："可怜的人呀！但愿我能送一轮明月给他。"

禅师目送小偷走了以后，回到茅屋赤身打坐，他看着窗外的明月，进入空境。

第二天，他在极深的禅室里睁开眼睛，看到他披在小偷身上的外衣被整齐地叠好，放在门口。禅师非常高兴，喃喃地说："我终于送了他一轮明月！"

面对偷窃的盗贼，禅师既没有责骂，也没有告官，而是以宽广的心胸原谅了他，禅师的宽广胸怀和原谅也终于换得了小偷的醒悟。

送人一轮明月，我们的心中也会沐浴月光，这就是宽广胸怀的体现。心旷为福之门，心狭为祸之根。心胸宽广坦荡，不以世俗荣辱为念，不为世俗荣辱所累，不为凡尘琐事所扰，不为痛苦烦闷所惊，就会包容万物，容纳太虚，人也会活得轻松、潇洒、磊落、舒心。

心旷为福之门。心胸宽广能化解人和人之间的许多矛盾，增强人与人之间的友好情感。

世上只要有人的地方就有纷争，尤其是有"我"有"你"再加个"他"，你、我、他之间的纷争就更多了。所以，若能秉持"你好他好我不好，你大他大我最小，你乐他乐我来苦，你有他有我没有"这四句偈语中含有的精神，人与人便能和谐相处，正如《易经》中所言，地势坤，君子以厚德载物。

为人处世，面对摩擦和误会，我们若能心不存愤恨恶念，语不带尖酸刻薄，不伤害、诽谤他人，以宽广的心胸坚守善美的心念、清净的语言，便可在心地栽种一株株慈悲的草、宽容的花。如此，一朝人生的大原野就能绿意遍满，白云游天，驰骋其间，就是"只要自觉心安，东西南北都好"的潇洒自在。

心旷为福之门，心狭为祸之根。心胸宽广的人会受到更多人的喜爱和尊重，人生之路也会变得更加宽广。

身处泥泞，遥看满山花开

佛家常讲宽心，要人们即便身处泥泞之中，也能保持坦然乐观，当我们抬头时依旧可以看到远处山花烂漫。

人人都希望自己有更好的生活，过得很舒适快乐，但这首先最基本的就是要改变心态。想想看这其实也是我们自己的理想。但是，很多人在追求这种生活的过程中，不自觉地就陷入了一个可悲的圈子，开始把大把的时间放在了懦弱的抱怨上。换个角度想，无论是快乐还是痛苦，其实都是生活的一部分，只有心态调整好了，才会跳出这个圈子，去享受这一切，生存的要义非得打通这一关节。

一位年逾七旬的诗人曾经谈到，他的一生中有很多年轻貌美的异性朋友，她们都是些活泼天真可爱的姑娘。在他保留的相册中，有一张张青春无邪的笑脸，就像置身在大自然的鲜花绿草之中。"在逆境中，是她们告慰了我这颗行将衰老和绝望的灵魂"。老诗人鹤发童颜，目光中闪着睿智的光，"我对她们的迷恋是一种圣徒对自然天性的崇拜，是对虚伪人生的逃避，是对衰老与死亡的抗拒"。

苦中作乐不是自找麻痹、不是消极退却。如果大家都不那么锋芒毕露、以牙还牙，多一些理解、尊重，世界也就不会被扭曲。诗人流沙河曾写过一首诗：我们将平分欢乐与忧愁，在眉宇间看出对方的心事……

"欢乐的贫困是件美事！"古希腊哲学家伊壁鸠鲁老先生说过这样一句话。一个人是可以既征服着困难，又生活得很快乐的。有人曾经问过一些饱受磨难的人是否总是感到痛苦和悲伤，有的人答道："不是的，倒是很快乐，甚至今天我有时还因回忆它而快乐。"为什么会这样呢？这是因为他从心理上战胜了磨难，他从磨难中得到了生活的启示，他为此而快乐。换句话说，生活本来就是让人热爱的，真正的精彩不属于懦弱者。

有一位朋友，因为幼年时患了一场大病，命虽保住了，但下肢却瘫痪了。他的父亲是邮局干部，父亲在他中学毕业后设法在邮局给他安排了一份可以坐着不动的工作，工资及各种福利待遇都与常人无别。在这个岗位上，他干了三年。按说，一个重残的人，能有一份这样安稳有保障的工作，应该感到十分满足了。他的许多身体健康的同学，都还在为谋一份职业而四

处奔波求人呢。但他却辞职了，因为他在人们的眼光中，不但看到了同情，更看到了怜悯还有不屑。他的自尊心在这种目光中一次次被刺伤，所以纵是父亲的耳光和母亲的哭求都没能阻止他。

辞职后他先是开了一间小书店，但不到半年便因城市改造房屋拆迁而不得不关门。之后，他又与人合办了一家小印刷厂，也仅仅维持了一年多，便因合伙人背信弃义而倒闭。两次经商，都没成功，而且还债台高筑，这时他的父母和朋友们又来劝他说："你一个残疾人，就别胡折腾了，多少好手好脚的人都碰得头破血流呢，何况你！"父亲劝他趁自己还在领导岗位上，让他还是老老实实回邮局上班算了。但他还是没有回头，而是又选择了开饭店。这次他吸取前两次的教训，一年下来，小饭店竟赢利两万多元，于是他又开了两家连锁店。

10年之后，他的连锁饭店不但在他居住的城市生根开花，而且还不断在周边的大小城市一间间开张。他自然也就成了事业成功的老板，且娶了漂亮能干的姑娘。当有人问他成功的经验时，他说了很多，但他说最重要的，就是千万不要同情自己。别人同情你不要紧，若自己同情自己，就会成为懦夫，而没有勇气去奋斗，一辈子只能在别人的同情中生活。

生活有时候会显出他不公平的一面，使我们经历磨难，使我们遇见挫折。可是当我们想想这世间的美好，就会发现生活本来就是让人热爱的。那些磨难与挫折，不过是生活中一点或酸或辣的调味品而已。如果把目光集中在这个地方，生活反而会变得一团糟糕。

　　当我们遭受损失、挫折的时候，不要把焦点放在自己无法挽回的部分，而要把焦点放在"生活里还有那些值得感谢""还能为自己做些什么"的部分。当自己的情绪呈现负面或消极的时候，要确保自己的意念完全投注在解决办法上，而非问题上；学着即使在与不幸共存的时刻，还能够积极向上、活在此刻。其实生活，同样有酸甜苦辣，不一样的是人的心态。生活本来的面目就是如此，我们与其在埋怨中度过，不如转变一下态度，告诉自己生活本来就是让人热爱的。埋怨只能证明无奈，生活不相信懦弱。即使身处泥泞也要有个好心态，也要往远处的山上看，看那满山花开得美艳。

 # 不比较，不计较

心清净的一个含义就是"不可测、无障碍"。能够做到这一点并不容易，因为人们的心境太容易受到外界的干扰，恶人受丑陋之心的牵引而做坏事，普通人也可能因为执著心、愧疚心等而使自己陷入痛苦，无法自拔。因此，人生在世，不必太过计较，不要为了他人的眼光而活，应该尊重自己的选择，修清净心。

修炼一颗清净心

古语有云：镜明而影像千差，心净而神通万应。世间法也靠清净心。众生在世间，如果心清净，一定孝；心不清净，不孝。如果心清净，一定尊敬长上；如果心不清净，则不尊敬。不知敬人，同时也是对自己的亵渎。

心清净的一个含义就是"不可测、无障碍"。能够做到这一点并不容易，因为人们的心境太容易受到外界的干扰，恶人受丑陋之心的牵引而做坏事，普通人也可能因为执著心、愧疚心等而使自己陷入痛苦，无法自拔。因此，人生在世，不必太过计较，不要为了他人的眼光而活，应该尊重自己的选择，修清净心。

平常人想要净心的时候，往往习惯于用理性去控制，但这样做的结果可能适得其反。当我们告诉自己"不能动心，不能动心"，这个时候心已经正在动了；告诫自己"心不能随境转"，这个时候心已经转了。真正的净心不是特意去控制它，也不是刻意去把握它。什么时候都知道自己的心，心自然而然就不动了。心不动了，人就不会为外界的诱惑所动，从而达到净化自身的目的。

仰山禅师有一次请示洪恩禅师道："为什么吾人不能很快地认识自己？"

洪恩禅师回答道："我给你说个譬喻，如一室有六窗，室内有一猕猴，蹦跳不停，另有五只猕猴从东西南北窗边追逐猩猩。猩猩回应，如是六窗，俱唤俱应。六只猕猴，六只猩猩，实在很不容易很快认出哪一个是自己。"

仰山禅师听后，知道洪恩禅师是说吾人内在的六识（眼、耳、鼻、舌、身、意）和追逐外境的六尘（色、声、香、味、触、法），鼓噪繁动，彼此纠缠不息，如空中金星蜉蝣不停，如此怎能很快认识哪一个是真的自己？因此便起而礼谢道：

"适蒙和尚以譬喻开示，无不了知，但如果内在的猕猴睡觉，外境的猩猩欲与它相见，且又如何？"

洪恩禅师便下绳床，拉着仰山禅师，手舞足蹈似的说道："好比在田地里，防止鸟雀偷吃禾苗的果实，竖一个稻草假人，所谓'犹如木人看花鸟，何妨万物假围绕'。"

仰山禅师终于言下契入。

生活中，很多时候人们的心情都容易受到外界的影响，更有甚者，将对自己的认识和评价建立在他人的态度之上，更是本末倒置。其实，何必生活在他人的眼光里，面对选择和他人的干扰，不妨修清净心，尊重自己内心的选择就好。

为什么人最难认清自己？主要是因为真心蒙尘。就像一面镜子，被灰尘遮盖，就不能清晰地映照出物体的形貌。真心不显，妄心就会影响人心，时时刻刻攀缘外境，心猿意马，不肯休息。人体如一村庄，此村庄中主人已被幽囚，村庄为另外六个强盗土匪（六识）占有，他所在此兴风作浪，追逐六尘，让人不得安宁。

龙到了地上的时候，四爪着地，还有一爪抓着明珠不放；而蛟一落地，四爪抓住种种繁华，贪恋尘世，从此不愿离开。一个有明珠，自然其心光华，再次飞升；一个无明珠照耀，内心渐生污浊，想要再得飞升便很难了。

所以，人们只知争论龙与蛟的区别，究竟是五爪还是四爪。却不知更大的分歧在于二者对生活的态度。

其实，做人也是一样的。青云直上还是坠入深谷，全在一个人的选择。毕竟，承担后果的仍是自己。而这个时候做一个什么样的人，从事什么样的事业，本应完全在于我们自己内心的选择。

不同的人因价值观和世界观不同而选择了不同的生活，也造就了不同的结果。著名哲学家阿纳哈斯说："人生有不同的滋味，想要品尝到什么样的滋味，一切在于自己的选择。"

人生就像是一条路，我们所作的每一次选择就是这路上的一个岔道口，它们不停地延伸，把我们带向生命的终点。只有到了我们要离开这个世界的那一瞬间，我们才会知道自己归于何处。到了那个时候，我们心中会或多或少地有着某种遗憾或是懊悔："当初，如果我……就好了。"但我们却永远也无法再次回到起点。

所以，人生的路，如何走，那就看我们一开始的选择是怎样的。一旦作了选择，无论平步青云还是崎岖坎坷，我们都必须坦然接受。因此，人生不想太苦，需要提前作好准备，思前想后、仔细掂量，别看眼前，着眼未来，一旦决定，就要狠下

心面对，相信人生无憾，此生便不算蹉跎。

在面临选择时，不必太过在意他人的眼光。心不动才能真正认清自己，遇到顺境不动，遇到逆境也不动，在作出选择时才不容易受到外在的影响。但是现代人的状况大多相反，遇到顺境的时候太过高兴，遇到逆境的时候又太过痛苦，这只会给我们带来更多的痛苦。其实，我们遇到的任何外境都一样，如果我们能够了解这一点，就不会被六尘所诱惑，亦不会被六识所蒙蔽。

由此，我们应该明了，外面再美的景致，无法使我们真正休心息虑。我们穿上草鞋上路，是为了完成自己的人生旅程，为什么要为了沿途的眼光来决定我们的步态呢？若是那样，便只是空费草鞋钱。世间的杂志、书报，各项视听娱乐，无法使我们内在悠然清心，不过徒增声色的贪得、是非的爱染。看一池荷花，于污泥之中生，观者有人欢喜有人忧，然而一池荷花就在那里，不动，不痴，不染，荷花还是荷花。人如能像荷花一般，不为繁华蒙蔽，不为别人的眼光而活，活出真我，生活的禅便算是被参透了。

人生路漫漫，面对众多的困扰，我们要学会修炼清净心，不为他人的眼光而活，不必太过计较，跟着自己的心走，才能作出正确的选择。

心里放下，才是真放下

人若能一切随他去，便是世间自在人。世间万物，不必过于纠结，放手，有时反而是得救的最妙药方。

人们常说要提得起，才放得下。放下的本身，其实就已经包含了正在提着一些东西不放的意思。如果没有提起什么，也就无所谓放下了。

其实学佛法就是两条路，要求福德的成就，诸恶莫作，众善奉行，是提得起；要想智慧的成就，就是放得下。

提得起，放得下，是学佛成佛的必备要素之一。说般若境界，即一切万缘放下，诸恶莫作，众善奉行，修一切善法。放下心间的一切，乃是真正的放下。

赵州禅师是一位禅风非常锐利的法王，学者凡有所问，他的回答经常不从正面说明，总会要你从另一方面去体会。

有一次，一个信徒前来拜访他，因为没有准备供养他的礼品，就歉意地说道："我空手而来！"赵州禅师望着信徒说道："既是空手而来，那就请放下来吧！"信徒不解他的意思，反问道："禅师！我没有带礼品来，你要我放下什么呢？"赵州禅师立即回答道："那么，你就带着回去好了。"信徒更是不解，说

道："我什么都没有，带什么回去呢？"赵州禅师道："你就带那个什么都没有的东西回去好了。"

信徒不解赵州禅师的禅机，满腹狐疑，不禁自语道："没有的东西怎么好带呢？"赵州禅师这才方便指示道："你不缺少的东西，那就是你没有的东西；你没有的东西，那就是你不缺少的东西！"

信徒仍然不解，无可奈何地问道："禅师！就请您明白告诉我吧！"赵州禅师也无奈地说道："和你饶舌多言，可惜你没有佛性，但你并不缺佛性。你既不肯放下，也不肯提起，是没有佛性，还是不缺少佛性呢？"

是啊，我们缺少的东西，有时反而是我们实实在在拥有的东西。人们看不见自己的本真，无故寻愁觅恨，怨来怨去，不满足，不知足，追求一些怎样也追求不到的东西。就像那个骑着骡子数骡的人一样，数来数去都是少一只，原来是他忽略了自己胯下那一只呀。

我们不禁要问：人为什么有烦恼？为什么有痛苦？因为自己的妄执。所以禅宗说到所有的佛法，只有一句话："放下。"人们往往是知道了这一道理，但是有时却很难做到，原因就在于没有好好理解什么是真正的放下。

在唐代，有一位著名的禅僧布袋和尚。

一天，有一位僧人想看看布袋和尚有何修为，问道："什么是佛祖西来意？"布袋和尚放下口袋，叉手站在那儿，一句话也没说。僧人又问："只这样，没别的了吗？"布袋和尚又布袋上肩，拔腿便走。

那僧人看对方是个疯和尚，也就起身离去了。哪知刚走几步，却觉背上有人抚摸，僧人回头一看，正是布袋和尚。布袋和尚伸手对他说："给我一枚钱吧！"

布袋和尚放下口袋，是在警示我们要放下，随即又布袋上肩，是在教我们拿起。其实哪里有什么绝对的放下与拿起呢？只不过有时我们需要放下，有时需要拿起，而我们该拿起时拿不起，该放下时又放不下，这才是放下的难度所在。

该放手时须放手，不论是拿起与放下，都不要互相掺杂，这才是真自在。

佛说，放下就踏上了苦海之岸。放下，是人生的另一种境界。对活在忙碌紧张、名利缠绕的当代社会的我们而言，佛陀指示的"放下"，不失为一条跨越悬崖、朝清朗的幸福天宇飞翔的途径。

放下了，我们才有可能真正抓住生命本身的乐趣。放下了，我们才有可能得以释怀。放下时不执著于放下，自在；拿

起时不执著于拿起，也自在。世间万物，不必计较太多，就让我们跟着心走，心里放下了，我们也就真的放下了。

纷繁世界，心静如水

去除杂念，心静如水，人的天性便会出现。不求得心的平静，却一味追寻人的天性，那就像拨开波浪而去捞水中的月亮一样。

"非宁静而无以致远。"诸葛武侯如是说。静是什么？是泰山崩于前而色不变，是大胸襟，也是大觉悟，非丝非竹而自恬愉，非烟非茗而自清芬。

现代人品味了太多生活的紧张与焦灼，已很难品味到静的清芬与恬愉，人也变得渐渐浮躁起来，可是浮躁往往不利于事情的发展。因此，与其让浮躁影响我们正常的思维，不如放开胸怀，静下心来，默享生活的原味。毕竟唯有宁静的心灵，才不营营于权势显赫，不奢望金银成堆，不乞求声名鹊起，不羡慕美宅华第，因为所有的营营、奢望、乞求和羡慕，都是一相情愿，只能加重生命的负荷，加速心灵的浮躁，而与豁达康乐无缘。

宁静可以沉淀出生活中许多纷杂的浮躁，过滤出浅薄粗率等人性的杂质，可以避免许多繁杂的事情发生。宁静是一种气质、一种修养、一种境界、一种充满内涵的悠远。安之若素，沉默从容，显示了一个人的涵养和理智。

如何进入静之境？

我们可参悟佛学大师的智慧，不要轻易起心动念，如此才能达到"心静则万物莫不自得"的境界。其实，人生不必太过急功近利，不如将心跳放缓，随青山绿水而舞，见鱼跃鸢飞而动。此心常在静处，荣辱得失，谁能差遣我？

我们常人之间之所以有分别，完全因为起心动念。因此，心静则万物莫不自得，心动则万相差别立现眼前，如何达到动静一如的境界，关键就在吾人的心是否能去除差别妄想。

抗日战争时期，梁实秋滞留在四川成都，当时他所处的环境，可以说与一座"牢狱"没有多大差别。然而，他却将其住所取名为"雅舍"，且一住七年。豁达的心胸和踏实的生活态度，在梁实秋先生看来是为自己"减刑"的方法。正是在这样的环境中，梁实秋先生除完成中小学战时教材编写任务外，还创作了《雅舍》等十几篇小品文，翻译了莎士比亚的《亨利四世》等多部外国作品。在为散文集《雅舍》作序时，梁实秋先生说："我非显要，故名公巨卿之照片不得入我室；我非牙医，故无博士文凭张挂壁间；我不业理发，故丝织西湖十景以及电影明星之照片亦均不能张我四壁。"这些话表达了他对社会各

色人等自我炫耀和浮躁之陋习的讥讽，亦有对自我个性的张扬：我自有我的生活方式，我的人生趣味，对他人概不艳羡，亦不模仿。

正是这种踏实而不浮躁的生活态度，让困境里的梁实秋先生也能感受到生活的乐趣。

"淡泊明志，宁静致远。"拥有一颗宁静的心，我们才能从容地面对自己的生活。很多时候，当我们处在困窘的处境中，似乎会有更多的渴望，然而，太多不切实际的杂念，也往往是我们登上人生顶峰的最大阻碍。这时候，如果我们能够让我们的心态平和，不受外界的干扰，那么有可能可以得到我们想要的一切。

面对世间纷杂的事物，我们要保持内心的平静，避免受到外物的干扰。其实外物都是虚假的，正如《金刚经》所说，凡是叫得出名字的东西，都是虚幻不实的，"如来"是佛的一个名号，他告诉人们，叫得出名字的东西都是不真实的。为什么？因为只要有名字，就一定是有形象的具体事物，而一切形象状态，都是虚幻的。而对于这些外物，即使我们把它追到手，也不会感到满足，反而会使人生出更多、更大的欲望来。

此心常在静处，荣辱得失，谁能差遣我？心静如水，平静看待世间的计较与得失。

不嫉妒，得救赎

在佛家看来，嫉妒是修行的一大忌。对于每一个人而言，嫉妒是人生最容易碰到的事，而且嫉妒是一种病，患此病的人，一生都不得安宁。嫉妒犹如插在人心尖上的一把刀，让人时刻不得欢乐。

人的嫉妒心像一把双刃的刀，我们举起它时，虽满足了伤害别人的目的，但也使得自己鲜血淋漓。确实，嫉妒是损人不利己的双输行为，它是痛苦的制造者，在各种心理问题中是对人伤害最严重的，可以称得上是心灵的恶性肿瘤。如果一个人缺乏正确的竞争心理，只关心别人的成绩，同时内心产生严重的怨恨，嫉妒他人，时间一久，心中的压抑聚集，就会形成问题心理，对健康也会造成极大的伤害。

常言道：不嫉妒，得救赎。自己得不到就放不下心，心里好像有一股酸酸的味道，这便是嫉妒心。嫉妒别人其实是一种委实难受的滋味，虽然明白自己可能永远不可能得到对方的成果和美誉，但是嘴上不肯承认，还试图从对对方的藐视或者打击中获得平衡，这种酸酸的心理百害而无一利。

嫉妒，是平庸的情调对卓越才能的反感；是一种啃噬人的内心，让人欲罢不能的疾病；是一种于人有害、于己无益的消极情绪。不论你是高官显贵，还是平头百姓，都有可能被嫉妒这种病菌侵袭，且一旦沾染，就成为损害身体的毒。

　　在古远时代，摩伽陀国有一位国王饲养了一群象。象群中，有一头象长得很特殊，全身白皙，毛柔细光滑。后来，国王将这头象交给一位驯象师照顾。这位驯象师不只照顾它的生活起居，还很用心地教它。这头白象十分聪明、善解人意，过了一段时间之后，他们已建立了良好的默契。

　　有一年，这个国家举行大庆典。国王打算骑白象去观礼，于是驯象师将白象清洗、装扮了一番，在它的背上披上一条白毯子后，交给国王。

　　国王在一些官员的陪同下，骑着白象进城看庆典。由于这头白象实在太漂亮了，民众都围拢过来，一边赞叹，一边高喊着："象王！象王！"这时，骑在象背上的国王，觉得所有的光彩都被这头白象抢走了，心里十分生气、嫉妒。他很快地绕了一圈，然后就不悦地返回王宫。

　　一回王宫，他问驯象师："这头白象，有没有什么特殊的技艺？"驯象师问国王："不知道国王您指的是哪方面？"国王说："它能不能在悬崖边展现它的技艺呢？"驯象师说："应该可以。"国王就说："好。那明天就让它在波罗奈国和摩伽陀国相邻的悬崖上表演。"

隔天，驯象师依约把白象带到那处悬崖。国王就说："这头白象能以三只脚站立在悬崖边吗？"驯象师说："这简单。"他骑上象背，对白象说："来，用三只脚站立。"果然，白象立刻就缩起一只脚。国王又说："它能两脚悬空，只用两脚站立吗？""可以。"驯象师就叫它缩起两脚，白象很听话地照做了。国王接着又说："它能不能三脚悬空，只用一脚站立？"驯象师一听，明白国王存心要置白象于死地，就对白象说："你这次要小心一点，缩起三只脚，用一只脚站立。"白象也很谨慎地照做。围观的民众看了，热烈地为白象鼓掌、喝彩！国王愈想心里愈不平衡，就对驯象师说："它能把后脚也缩起，全身飞过悬崖吗？"

这时，驯象师悄悄地对白象说："国王存心要你的命，我们在这里会很危险。你就腾空飞到对面的悬崖吧？"不可思议的是，这头白象竟然真的把后脚悬空飞起来，载着驯象师飞越悬崖，进入波罗奈国。

波罗奈国的人民看到白象飞来，全城都欢呼起来。国王很高兴地问驯象师："你从哪儿来？为何会骑着白象来到我的国家？"驯象师便将经过一一告诉国王。国王听完之后，叹道："人的心胸为什么连一头象都容纳不下呢？"

真正的王者绝不会容不得他人的光芒存在，就像自己是一颗钻石一样，周围的珍珠只会衬托它的雍容、高度，而不会削减它的魅力。

嫉妒是一种危险的情绪，它源于人对卓越的渴望与心胸的狭窄。嫉妒可以使天才落入流言、恶意和唾液编织而成的网中被绞杀，也可能令智者陷入个人与他人利益的冲撞中而寻不到出路。它不但损害他人，也毁灭自己。

产生了嫉妒心理并不可怕，关键要看你能不能正视嫉妒，并将其转化为自己的动力。与其让嫉妒啃噬着自己的内心，不如升华这种嫉妒之情，把嫉妒转化为成功的动力，化消极为积极，做一个"心随朗月高，志与秋霜洁"，虚怀若谷、包容万千的人。

嫉妒作为人类的弱点，几乎人人都有，只是多与少的不同，这是人性中残存的动物性的一面。虽然嫉妒是人普遍存在的，也可以说是人天生的缺点，但我们绝不可因此而忽视它的危害性。如果任由嫉妒在自己心里蔓延开来，其产生的后果将是非常严重的。

禅师曾开释道：嫉妒，是弱者的名字。它使我们无法肯定自己的尊贵，同样地也丧失了欣赏别人的能力。嫉妒犹如一把锋利的双刃剑，伤人的同时也狠狠地刺痛了我们。

如果一直被嫉妒心理困扰，难以解脱，很可能会引来自身

的毁灭。

有一个人养了一只山羊和一头驴子。山羊发现驴子的食物比它丰富，便心生嫉妒。为了一解心中的不平，山羊便对驴子说："主人待你多么刻薄啊！一会儿要你在磨坊磨麦，一会儿又叫你运载重物。"山羊又进一步对驴子说："你不妨假装突然生病，故意跌到沟里，那么你就有机会可以休息了。"

驴子听了山羊的话，故意跌到沟里，却受了重伤。主人请来兽医为它医治。兽医说："必须用山羊的肺敷在驴子的伤处。"为了医好驴子，主人只好杀了山羊。

由此我们可以看出，嫉妒对一个人的伤害有多大，它是妨碍一个人取得成功的最大阻力，甚至会毁灭一个人。如果被嫉妒心理困扰，难以解脱，一定要控制住自己，不要有伤害别人的过激行为，因为那样做可能也会伤害到自己。

当嫉妒已经发展到很严重的地步时，内心产生的怨恨越积越多，久而久之会形成心理问题，对健康造成极大的伤害。

首先，对心理健康的危害。泛化了的嫉妒是一种病态，表现为人格的偏离。这种病态表现为极度的敏感，经常对身边的事物抱有毫无根据的怀疑。对别人特别嫉妒，又非常羡慕；对自己过分关心，又无端夸张自己的重要性；把自己的错误或不

慎产生的后果归咎于他人；因为嫉妒，所以总是过多过高地要求他人，但从来不信任别人的动机和意愿，认为别人心存不良，甚至认为别人对自己有不良的企图。

其次，对个人发展的危害。嫉妒对个人发展的危害是很明显的。由于人格偏离，常常不信任别人，好嫉妒，好归罪于他人。这必然会影响个体的人际关系和社会职能。从他人的角度来看，如果一个人对他不信任，将失败全归罪于他，对他存有嫉妒心，他怎么能与这个人友好相处及合作呢？从个体自己的角度来看，不信任别人、嫉妒他人，则不能与团队愉快合作。

嫉妒是个恶魔，它能使朋友间的"双赢"变成"双输"。嫉妒是团烈火，在燃烧了他人的同时也伤及了自身。嫉妒是个干扰物，它可以搅乱一个人的心性，让人时刻不得安宁，欢乐也就无从而来。所以，面对自己的嫉妒心，我们要将它早早地搬出自己的身体，让自己的心灵能腾出更多的空间来装载世间美好的东西，放开了嫉妒，自己也就解脱了。

嫉妒是把双刃剑，如果我们不想伤人伤己，就请早点把它抛掷了吧。

善待欲望，保持一颗清凉心

老虎和猎豹一同狩猎。天快黑了，猎豹说："虎弟，我们的猎物已够多的了，现在就回家吧。"

"再等一会儿，我还想猎一只羚羊什么的，才猎了几只野兔，你就觉得满足了，真是没出息。"

突然，一只羚羊从它们身旁一闪而过。老虎立即撒开四腿，猛追过去。却不曾想，天黑路滑，脚下一松劲，滚下了山坡。

等猎豹赶到山坡下时，老虎只剩下最后一口气了。

"猎豹兄，请告诉我儿子一句话：即使拥有整个世界，一天也只能吃三餐，睡一张床。"说完这句话后，老虎便断了气。

俗话说，人心不足蛇吞象。欲望，一方面是人们不懈追求的原动力，成就了"人往高处走，水往低处流"的箴言；另一方面也诠释了"有了千田想万田，当了皇帝想成仙"的人性弱点。其实，当人们肯细思量一番时，就会发现人一天需要的不过就是三餐饭，一张床，可惜的是老虎用自己的生命才明白了这个道理，不免为时已晚。

唐代文学家柳宗元曾写过一篇名为《蝜蝂传》的散文，文中提到了一种善于背负东西的小虫蝜蝂，它行走时遇见东西就拾起来放在自己的背上，高昂着头往前走。它的背发涩，堆放到上面的东西掉不下来。背上的东西越来越多，越来越重，不肯停止的贪婪行为，终于使它累倒在地。

　　人的心何尝不是这个小虫子啊！人心常常是不清净的，之所以混乱是因为物欲太盛。人生在世，很难做到一点欲望也没有，但是物欲太强，就容易沦为欲望的奴隶，一生负重前行。每个人都应学会轻载，更应学会知足常乐，因为心灵之舟载不动太多负荷。

　　从前，一个想发财的人得到了一张藏宝图，上面标明在密林深处有一连串的宝藏。他立即准备好了一切旅行用具，特别是还找出了四五个大袋子用来装宝物。一切就绪后，他进入那片密林。他斩断了挡路的荆棘，蹚过了小溪，冒险冲过了沼泽地，终于找到了第一个宝藏，满屋的金币熠熠夺目。他急忙掏出袋子，把所有的金币装进了口袋。离开这一宝藏时，他看到了门上的一行字："知足常乐，适可而止。"

　　他笑了笑，心想：有谁会丢下这闪光的金币呢？于是，他没留下一枚金币，扛着大袋子来到了第二个宝藏，出现在眼前的是成堆的金条。他见状，兴奋得不得了，依旧把所有的金条放进了袋子，当他拿起最后一条时，上面刻着："放弃了下一个屋子中的宝物，你会得到更宝贵的东西。"

　　他看了这一行字后，更迫不及待地走进了第三个宝藏，里面有一块磐石般大小的钻石。他发红的眼睛中泛着亮光，贪婪的双手抬起了这块钻石，放入了袋子中。他发现，这块钻石下面有一扇小门，心想，下面一定有更多的东西。于是，他毫不迟疑地打开门，跳了下去，谁知，等着他的不是金银财宝，而是一片流沙。他在流沙中不停地挣扎着，可是他越挣扎陷得越深，最终与金币、金条和钻石一起长埋在流沙下了。

如果这个人能在看了警示后立刻离开，能在跳下去之前多想一想，也许他就会平安地返回，成为一个真正的富翁，但他却因不知足而丧失了自己的生命。

物质上永不知足是一种病态，其病因多是权力、地位、金钱之类引发的。这种病态如果发展下去，就是贪得无厌，其结局是自我爆炸、自我毁灭。在生活中，人们总喜欢抓点什么，房子、金钱、名利……抓得世界五彩缤纷，抓得自己精疲力竭。实际上世间一切我们能抓住的只是很少的一部分，又何苦为了抓住一些而失去更多呢？

在现实生活中，我们需要有一种放弃欲望的清醒，要勇于放弃。如果抓住不放，贪得无厌，就会带来无尽的压力、痛苦不安，甚至毁灭自己。其实在物欲横流、灯红酒绿的今天，摆在每个人面前的诱惑都有许多。唯有保持一颗清凉心，并能善待欲望的人，才不会误入歧途。无尽的欲望只会让我们成为一口枯井。贪婪是耗尽人的能量，却永不让人满足的地狱。所以，我们一定要锁住自己的欲望，不要让它破坏掉我们的幸福。正如《伊索寓言》中的一句话："有些人因为贪婪，想得到更多的东西，却把现在所拥有的也失掉了。"

即使我们拥有整个世界，一天也只能吃三餐。这是人生思悟后的一种清醒，谁真正懂得它的含义，谁就能活得轻松；过得自在，白天知足常乐，夜里睡得安宁，走路感觉踏实，蓦然回首时没有遗憾！

佛经上说，人赤条条地来到这个世界上，不可能永久地拥有什么。现代西方经济学最有影响力的经济学家之一凯恩斯曾经说过，从长期来看，我们都属于死亡，人生是这样短暂，即使身在陋巷，我们也应享受每一刻美好的时光。

得意不忘形，失意不失态

佛说一切皆空，我们常说得意失意不过都是空幻，说白了，人生何曾有个什么"意"可得？所以一切只需放下，泰然处之，无论是得意忘形还是失意忘形，同样都是修养不够，换句话说，是心有所住。有所住，就被一个东西困住了，人就不能学佛了。真正学佛法，并不是崇拜偶像，并不是迷信，应无所住而行布施，是解脱，是大解脱，一切事情，物来则应，过去不留。

人在得意时需要打住，静静地内省，不能忘形，以免因此而使自己不慎犯错。

一只风筝在微风中飘然升起，越过了屋顶，飘过了树梢。这时，站在树上的花喜鹊对它说："风筝大哥，你飞得真好！"

"不。"风筝谦虚地说，"要不是有风，要不是有线牵着我，我是飞不好的！"

风越来越大了，线越放越长了，风筝也越飞越高了。等它飞过山顶的时候，心里就有些飘飘然了："啊！当我躺在屋里桌子上的时候，怎么也不知道我原来也是一个飞翔的天才！"

风筝随着风在不停地上升、上升，一直飞到了白云之上。当它俯视地面的时候，地上的房屋、树木、河流，甚至大山都显得那么渺小，就连平时高飞的雄鹰，现在也在它的脚下。它心里有一种说不出的滋味，仿佛自己的身体也在膨胀，变得高大起来。

"喂！"它毫不客气地对在它脚下盘旋的雄鹰说，"抬起头来看看我！过去人们总是赞扬你飞得高，现在怎么样？我比你飞得还要高！"

雄鹰抬头看看它，并没有与它争辩，只是意味深长地瞅了瞅它身下那根长长的线，微微一笑。

这样一来，风筝更沉不住气了，涨红了脸说："你这是什么意思？好像我离了线就不能飞似的！其实，我还可以飞得更高些，都怪这根可恶的线！"为了显示自己的才能，风筝拼命挣扎，只听得"嘭"的一声，拴在它身上的线断了。风筝很得意，心里想：这下可好了！我可以自由飞翔了，想飞多高就飞多高！果然，在断线的瞬间，它迅猛地向上冲了好大一截。但它很快便失去了重心，在风中身不由己地向下翻滚，最后一头栽进了臭水沟。

风筝离开了线便会跌跤，人过于忘形而脱离底线，就容易遭遇挫折。可见"得意忘形"会害人不浅。

不过，对于"得意忘形"，人们往往很容易理解，然而世间还存在一种情况——"失意忘形"。就是说有的人本来很好，富贵得意，对任何事情都处理得很好，然而一旦失意，却连人也不愿意见，自卑、烦恼接踵而至，完全像变了一个人一样。

一个人发了财，有了地位，有了年龄，或者有了学问，自然气势就很高，得意就忘形了，所以人要做到得意不忘形很难。但是还有另一面，有许多人是失意忘形，这种人可以在功名富贵的时候，修养蛮好，一到了没得功名富贵玩的时候，就都完了，都变了；自己觉得自己都矮了，都小了，从此再也爬不起来了。

所以，得意时须适时自省，而不致得意忘形；失意时须适时自勉，而不致消极度日。泰然面对得意与失意，人也能活得更加超然。

相信自己，轻如尘埃也能翩然起舞

小，不一定无用，小的威力可能极大。即使是轻如尘埃，也能拥有最美丽的飞翔姿态。所以，人活于世不要自怨自艾，不要感叹自己的渺小。因为一扇小小的窗户，可以射进阳光；一颗小小的星星，可以照亮夜空；一朵小小的花朵，可以满室芬芳；一件小小的善行，可以扭转命运；一点小小的微笑，可以传达情意；一句小小的慰言，可以安慰苦难。

在阳光下飞扬的尘埃、屋檐上滴滴答答落下的水珠、在地上爬来爬去的蝼蚁，虽然与这茫茫宇宙相比，它们太过微小，甚至可以忽略不计，但是，它们却往往能够创造令人瞠目结舌的奇迹。尘埃汇聚，可成千年古堡；水滴虽小，足以穿石；蝼蚁卑微，却能溃堤。这样的生命，难道不值得我们仰视？这样的生命，难道不该有一份属于自己的安乐与幸福？

有个人为南阳慧忠国师做了二十年侍者，慧忠国师看他一直任劳任怨、忠心耿耿，所以想要对他有所报答，帮助他早日开悟。有一天，慧忠国师像往常一样喊道："侍者！"侍者听到国师叫他，以为慧忠国师有什么事要他帮忙，于是立刻回答道："国师！要我做什么事吗？"国师听到他这样的回答，感到无可奈何，说道："没什么要你做的！"过了一会儿，国师又喊道："侍者！"侍者又是和第一次一样的回答。慧忠国师又回答他道："没什么事要你做！"这样反复了几次以后，国师喊道："佛祖！佛祖！"侍者听到慧忠国师这样喊，感到非常不解，于是问道："国师！您在叫谁呀？"国师看他愚笨，万般无奈地启示他道："我叫的就是你呀！"侍者仍然不明白地说道："国师，我不是佛祖，而是你的侍者呀！你糊涂了吗？"慧忠国师看他如此不可教化，便说道："不是我不想提拔你，实在是你太辜负我了呀！"侍者回答道："国师！不管到什么时候，我永远都不会辜负你，我永远是你最忠实的侍者，任何时候都不会改变！"慧忠的目光暗了下去。有的人为什么只会应声、被动，进退都跟着别人走，不会想到自己的存在？难道他不能感觉自己的心魂，接触自己真正的生命吗？慧忠国师道："还说不辜负我，事实上你已经辜负我了，我的良苦用心你完全不明白。你只承认自己是侍者，而不承认自己是佛祖。佛祖与众生其实并没有区别，众生之所以为众生，就是因为众生不承认自己是佛祖。实在是太遗憾了！"

　　慧忠国师一片苦心，他的侍者却不明白，真是可惜。他能够二十年如一日虔诚侍奉自己尊重的禅师，却从没有正确审视过自己的价值。做人，认识世界是必要的，而认识自己则更为重要。这就好比三兽渡河，足有深浅，但水无深浅；三鸟飞空，迹有远近，但空无远近。因此，任何人都不要把神仙看得太虚幻高远，更不必妄自菲薄。要知道，即使只是阳光下一粒小小的尘埃，也能够拥有最美丽的飞翔姿态，应该让每一次的飞翔，都在蓝天白云的映衬下释放出幸福的味道。

有一首诗这么说：佛在心中莫浪求，灵山只在汝心头。人人有个灵山塔，只向灵山塔下修。正如诗中所说，人人心中都有一座灵山塔，一个人只有自己尊重自己，自己相信自己，才能不外求诸像，最终修得正果。

"生活在世间的人，必须学会自尊。佛教教义其实和世间诸法很多相似，佛法也讲究自尊"。这句话的意思很明确，那就是说，一个人不能自己看轻自己，而应该自己尊重自己，相信自己的价值，只有这样才不会妄自菲薄，才会朝更高远的目标前进，才能创造出属于自己的成就。

水滴石穿，蝼蚁溃堤，聚沙成塔……大自然已向我们展示了微小也能产生巨大的能量。所以，我们每个人都应该对自己有一个正确的认识，不要过于自卑，要相信自己，充分认识到自己的价值，并让它发挥正确的作用，从而享受生活赋予我们的快乐和幸福。

简单本身就是幸福

在人的一生中，会有许多追求和憧憬。追求真理，追求理想的生活，追求刻骨铭心的爱情，追求金钱，追求名誉和地位。有追求就会有收获，我们会在不知不觉中拥有很多，有些是我们必需的，而有些却是完全用不着的。那些用不着的东西，除了满足我们的虚荣心外，最大的可能就是成为我们的一种负担。

人心随着年龄、阅历的增长而越来越复杂，但生活本身其实十分简单。保持自然的生活方式，不因外在的影响而痛苦抉择，便会懂得生命简单的快乐。幸福与快乐源自于内心的简约，简单使人宁静，宁静使人快乐。

一日，有个叫玄机的和尚对自己的苦心修行非常不满，心道："我整日打坐，是逃避吗？打坐，就是为了心无杂念，如果靠打坐才能达到这样的效果，打坐和吸食鸦片有什么两样呢？"

他眼神中充满了迷惘，目光渐渐暗淡了。他起身去拜见雪峰禅师，希望能从他那里得到答案。

雪峰禅师看着眼前的这个人，觉得他虽然有向佛之心，但是本性中有许多缺点不自然地表露了出来，于是点点头，问道："你从哪里来？"

"大日山。"雪峰微笑，话里暗藏机锋："太阳出来了没有？"意思是问他是否悟到了什么禅理。

玄机以为雪峰是在试探他，心想："连这个我都答不上来的话，这几年学禅，岂不是白白浪费时间了吗？"便扬着眉毛说："如果太阳出来了，雪峰岂不是要融化？"雪峰叹息着又问："您的法号？"

"玄机。"雪峰心想："这个和尚太傲了，心里装的东西也太多了，且提醒他一下吧！"于是问道："一天能织多少？"

"寸丝不挂！"玄机心想："就这个也能考住我玄机和尚，真是太小瞧我了！"

雪峰看他这样固执，不由得感叹道："我用机锋来提醒他，他却和我争辩口舌，自以为是，却不知心中已经藏了多少名利的蛛丝！"

玄机看雪峰无话可说，便起身准备离去，脸上还是那样得意的神态。

他刚转过身去，雪峰禅师就在身后叫道："你的袈裟拖地了。"玄机不由自主地回过头来，见袈裟好好地披在身上，只见雪峰哈哈大笑："好一个寸丝不挂！"

雪峰禅师的一句"寸丝不挂"，看似讽刺玄机，其实是告诉玄机心中有杂念，因此不能成佛。其实，寸丝不挂的意思是指心里不要装载太多的杂念和欲求。对于我们来说，寸丝不挂就是少思寡欲，活得简单。生活越不复杂，我们才能活得越宽慰。

佛家强调在修习佛法的过程中，看到简易的话语切不可以为佛法就是如此简易好学。因为简单的话语有可能包含着十分深刻的道理，千万不要轻视简单的力量。

其实，大凡简单而执著的人常有充实的人生。一个人若时常追求复杂而奢侈的生活，苦难则没有尽头，不仅贪欲无度，烦恼缠身，而且日夜不宁，心无快乐。因为复杂往往浪费了宝贵的时间；奢侈极有可能断送美好的人生。反而因为简洁，每每能找到生活的快乐；因为执著，时时能感觉没有虚度每一天。平凡是人生的主旋律，简洁则是生活的真谛。

人活在世上都要扮演一定的角色，或许我们的生活很简单，但是也会有自己的幸福。

有些人，他们活着，却没有时间去多愁善感；爱着，他们却不懂怎么诠释爱情；他们满足，因为他们没有奢望生活过多的给予；他们简单，不用在人前掩饰什么。他们也许连幸福是什么都不知道，然而真正幸福的就是这么一群简单的人。

　　人之所以不幸福，就是因为不能够活得单纯。不要去刻意追求什么，不要向生命去索取什么，不要为了什么去给自己塑造形象，其实，简单本身就是一种幸福。

以舍医贪，放下一颗尘心

医治"贪"病要用"舍"字。一切都是为自己着想，不肯予利益于别人，天下可爱的东西恨不得完全归诸自己一人，管什么别人的幸福，谈什么别人的安乐，他人的死活存亡都与自己没有关系，因此贪病就缠绕到我们的身上来了。假若懂得了舍，见到别人精神或物质上有苦难，总很欢喜地把自己的幸福安乐利益施舍给人，这样，贪的大病当然就不会生起了。

摊开手掌，才不致财富压身

真正的富人不一定是有钱人，有钱人钱财很多，房屋田产很多，但是一个人如果没有道德、智慧，也算不得是富有的人。

很多富人把手里的金钱当做保持自由的一种工具，以为追求金钱就是追求自由，久而久之却使自己成为金钱的奴隶，偏偏丧失了自由。金钱能够带来物质上的享受，却也能使人们在追求金钱的旋涡中无形地失去了自己，不知不觉陷入贪婪的深渊，阻隔了个人心灵世界的丰富。

"贪"为人生三毒之首，贪名、贪利、贪感情，贪这个世界上的一切，都是属于贪。贪婪没有满足的时候，越加满足，胃口就越大。贪婪的人每天都生活在殚精竭虑、费尽心机的算计中，更有甚者可能会不择手段、走极端。而贪婪的人在这个过程中是无法知道贪婪的结果的，因为贪欲早已迷惑了他的心，遮住了他的眼，他不知道自己该在什么时候停下来，他就像一头拉磨的驴，只顾一个劲儿地往前走，此时再富有的人也是心灵上的乞丐。

假期里，一位富翁父亲带着儿子去农村体验生活，他想让从小锦衣玉食的儿子知道什么是穷人的生活。

他们在一个最穷的人家里待了两天。

回来后，父亲问儿子："旅行怎么样？"

"好极了！"

"这回你知道穷人是怎么过日子的了？"

"是的！"

"有何感想？"

儿子兴致勃勃地说："真是棒极了，他们一家人真富有啊！咱家只有一只猫，我发现他们家里有三只猫；咱家仅有一个小游泳池，可他们竟有一个大水库；我们的花园里只有几盏灯，

可他们却有满天的星星；还有，我们的院子只有前院那么一点草地，可他们的院子周围全是大片大片的草地，还有好多好多的牛羊鸡鸭、瓜果蔬菜！"

儿子说完，父亲哑口无言。

接着儿子又说道："感谢父亲让我明白了我们有多么贫穷！"

孩子眼中总有大人看不到的世界，当这位富翁父亲陶醉于自己经营而来的富裕生活时，他可能从来没有想到过在儿子的眼里，自己是多么的贫穷！

一个有钱的富人，可以用金钱买到胭脂、花粉，可是买不到气质；可以用金钱买到山珍海味，可是买不到食欲；可以用金钱买到华美服饰，可是买不到美丽；可以用钱买到舒适床铺，可是买不到睡眠；可以用钱买到书本，可是买不到智慧；可以用钱买到酒肉朋友，可是买不到患难之交；可以用钱买到别墅豪宅，但是买不到幸福家庭。

如果一味贪图金钱财富，沾染上贪的习气，不仅会陷入欲望的深渊中不能自拔，欲望阴云也会彻底覆盖一个人的本心。

暴雨刚过，道路上一片泥泞。一个老太婆到寺庙进香，一不小心跌进了泥坑，浑身沾满了黄泥，香火钱也掉进了泥里。

她不起身，只是在泥里捞个不停。一向慈悲的富人刚好坐轿从此经过，看见了这个情景，想去扶她，又怕弄脏了自己身上的衣服，于是便让下人去把老太太从泥潭里扶出来，还送了一些香火钱给她。老太太十分感激，连忙道谢。

一个僧人看到老太太满身污泥，连忙避开，说道："佛门圣地，岂能玷污？还是把这一身污泥弄干净了再来吧！"

瑞新禅师看到了这一幕，径直走到老太太身边，扶她走进大殿，笑着对那个僧人说："旷大劫来无处所，若论生灭尽成非。肉身本是无常的飞灰，从无始来，向无始去，生灭都是空幻一场。"

僧人听他这样说便问道："周遍十方心，不在一切处。难道连成佛的心都不存在吗？"

瑞新禅师指指远处的富人，嘴角浮起一抹苦笑："不能舍、不能破，还在泥里转！"

那个僧人听了禅师的话，顿时感到无比惭愧，垂下了目光。

瑞新禅师回去便训示弟子们："金钱珠宝是驴屎马粪，亲身躬行才是真佛法。身躬都不能舍弃，还谈什么出家？"

心存取舍，则有邪见与妄行；凡成就大事之人，无不是心中存善念，行善事者。

金钱一向被认为是财富的象征，但是对金钱的欲望太多，人生就会变得疲惫不堪。每个人都应学会轻载，更应当学会适可而止，因为心灵之舟载不动太多的重荷。

穷人可以富贵，富人也可能困窘。富人的慈悲不应该仅仅是金钱上的施舍，还应该包括心灵的布施，既是对他人的关爱，也是对自己的成全。当我们拥有财富时，与其握着拳头，只能看到掌中的世界，不如摊开手掌，欣赏整个浩瀚的天空，才不至于财富压身，成为贫穷的富人。

尘世有因才有果，有耕耘才有收获

凡事有因有果，世间没有不劳而获的道理，即使中奖了，发财梦实现了，也要有福报才能消受。我们希求财富，但财富不会从天上掉下来。

清代叶廷琯在《鸥陂渔话·葛苍公传》写过这样一句话："欲使他人干事，彼坐享其成，必误公事。"意思是说想要坐享他人的成果，必定会误了大事。世事有因必有果，没有来由的钱财和好处到了人手中，人们往往会在得到它的时候付出更多。只有那些通过自己的双手创造出的财富，才能让人用得心安理得，不被人嫉妒和觊觎。

现在的社会流行"乐透"彩券，不少人都希望自己能奇迹似的中了"乐透",一夕致富。其实,"乐透"的背后不一定都是好的,一种彩券的发行,并非"几家欢乐几家愁",而是"少数欢喜多家愁"。即使真正中奖了,也难免会担心税金多缴,害怕邻居觊觎,唯恐"不乐透"的人来找麻烦。所以"乐透生悲"的事情,也经常发生在人们的身边。

话说有一个乞丐,省吃俭用买来一张奖券,结果居然幸运地中了特奖。他欣喜之余把奖券塞在平时片刻不离手的一根拐棍里。一日走过一条大江,想到一旦领了奖金,就可以永远摆脱贫穷,再也用不着这根拐棍了,于是随手把拐棍往江心一丢。回到家,忽然想起,奖券还在拐棍里……

一场发财梦正好应验了"荣华总是三更梦,富贵还同九月霜"的谚语。

比尔·盖茨曾说:"你活着的每一天,都应该努力去追求财富。只要你创造的财富是正大光明的,你会得到所有人的尊敬与赞扬。"可见,财富的获得也要通过正确的途径。所以,我们想要收获,就先要播种,想要发财,还是要脚踏实地努力工作。要知道人心不足蛇吞象,奢求太多,对自己实在没有什么好处。

有个人名叫王妄,三十余岁一无所成,也未娶妻,靠卖草

来维持生活，穷困潦倒。有一天，王妄到村北去拔草，发现草丛里有一条七寸多长的花斑蛇受了伤，动弹不得，王妄遂救了此蛇，带回家中。蛇苏醒之后，为了表达感激之情，向王氏母子俩颌首点头。王氏母子见状非常高兴，为蛇编了一个小荆篓，小心地把蛇放了进去。从此王氏母子精心照顾小蛇，蛇慢慢长大了。

一天，小蛇爬到院子里晒太阳，被阳光一照变得又粗又长，像根大梁，这情形被王氏看见，惊得昏死过去。等王妄回来，蛇已回到屋里恢复了原形，着急地说："我今天失礼了，把母亲给吓死过去了，不过别怕，你赶快从我身上取下三块小皮，再弄些野草，放在锅里煎熬成汤，让娘喝下去就会好。"王妄说："不行，这样会伤害你的身体，还是想别的办法吧！"花斑蛇催促地说："不要紧，你快点，我能顶得住。"王妄只好流着眼泪照办了。母亲喝下汤后，很快苏醒过来，母子俩又感激又纳闷，可谁也没说什么，王妄再一回想每天晚上蛇篓里放金光的情形，更觉得这条蛇非同一般。

此时乃宋仁宗当政，仁宗整天不理朝政，对宫内生活深感枯燥，想要一颗夜明珠赏玩，公告天下谁能献上一颗，就封官受赏。王妄听闻此事，回家对蛇一说，蛇沉思了一会儿说："这几年来你对我很好，而且有救命之恩，总想报答，可一直没机会，现在总算能为你做点事了。实话告诉你，我的双眼就是两颗夜明珠，你将我的一只眼挖出来，献给皇帝，就可以升官发财，老母也就能安度晚年了。"王妄听后非常高兴，可他毕竟和蛇有了感情，不忍心下手，说："那样做太残忍了，你会疼得受不了的。"蛇说："不要紧，我能顶住。"于是，王妄挖了蛇的一只眼睛，把宝珠献给皇帝。宝珠在夜晚能够发出奇异的光彩，把整个宫廷照得通亮，皇帝非常高兴，封王妄为大官，并赏了他很多金银财宝。

皇上得到宝珠后，娘娘也想要一颗，于是宋仁宗下令寻找另一个宝珠，并说把丞相的位子留给第二个献宝的人。王妄遂起了歹念，想要蛇的另一只眼睛。于是，他回到家中去找蛇商量，但是蛇无论如何不给，劝说王妄道："我为了报答你，已经献出了一只眼睛，你也升了官，发了财，就别再要我的第二只眼睛了。人不可贪心。"

王妄早已鬼迷心窍，根本不听劝，无耻地说："我不是想当丞相吗？你不给我怎么能当上呢？况且皇帝已经允诺我了，如果我不把你的眼睛交出去，如何向皇帝交代。帮人帮到底，你就成全我吧！"他执意要取蛇的第二只眼睛，蛇见他变得这么贪心残忍，只好说："那好吧！你拿刀子去吧！不过你要把我放到院子里去再取。"王妄闻言心中一喜，立刻将蛇放到院

子里，转向回屋取刀子。等他出来剜宝珠时，蛇已变成了大梁一般粗，一口将这个贪心的人吞了下去。

王妄不知餍足，不断地祈求不劳而获，最终落得身入蛇口的下场。

世间怎么可能会有人能无限制地任我们予取予求呢？人们想要得到财富，想要过上好生活，就必须要自己动手，付出辛勤的努力，才能耕耘出甜美的果实。那些每天坐等天上掉馅饼的人，是多么可悲而又可笑。正所谓尘世有因才有果，不问耕耘只问收获，哪里有这样的好事呢！

世上没有免费的午餐，我们要想收获，必先付出。

莫让贪毒入膏肓

当我们为自己着想时，也不忘给予别人，所得的不仅仅是物质上的享受，还能得到心灵的宽慰，生命就在收手和放手之间寻求着平衡。

人生常患大病，病由"贪"字而来。无论是金钱、物质还是情感上，人们一旦享受过多，所求便会更多。然而贪字却令人不知餍足，最后为了奢求和不择手段，这一个"贪"字，竟是折磨人，的确应当戒之。

能得能舍，不被贪毒腐化的人，历史上也有不少，明朝的彭泽便是其中一位。

彭泽少时家贫，苦志励学，明孝宗弘治三年考中进士，曾官至刑部郎中，后因得罪有势的宦官，被外放为徽州知府。

彭泽的女儿临出嫁，彭泽便用自己的俸银做了几十个漆盒当做陪嫁，派属吏送回家中，彭泽的父亲见后大怒，立刻把漆盒都烧了，自己背着行李奔波几千里来到徽州。

彭泽听说父亲突然来到，不知家中出了什么大事，忙出衙相迎，却见父亲怒容满面，一句话也不说。

彭泽见状，也不敢造次发问，见父亲满面风尘，又背负行李，便使眼色让手下府吏去接过行李。

彭泽的父亲更是有气，把行李解下，掷到彭泽的脚下，怒声道："我背着它走了几千里地，你就不能背着走几步吗？"

彭泽被骂得哑口无言，抬不起头来，只得背着行李把父亲请进府衙。

彭泽父亲进屋后，既不喝茶，也不落座，反而命令彭泽跪在堂下，府中官吏们纷纷上前为知府大人求情，全不济事，彭泽只得跪在父亲面前，却还不知为了何事。

彭泽的父亲责骂彭泽："你本是清贫人家子孙，如今做了几天官，就把祖宗家风全忘了，皇上任命你当知府，你不想着怎样使百姓安居乐业，却学着贪官的样儿，把宫中财物往自己家搬，长此下去，岂不成了祸害百姓的贪官？"

彭泽此时方知父亲盛怒是为了何事，却不敢辩解，府中衙吏替他辩白说东西乃是大人用自己俸银所买，并非官家钱物。

彭泽的父亲却说："开始时用自己的俸银，俸银不足便会动用官银，现在不过是几十个漆盒，以后就会是几十车金银。向来贪官和盗贼一样，都是从小开始，况且府中官吏也是朝廷中人，并不是你家奴仆，你却派人家几千里地为自己女儿送嫁妆，这也符合道理吗？"

彭泽叩头服罪，全府官吏也苦苦求情，彭泽父亲却依然怒气不解，用来时手拄的拐杖又痛打彭泽一顿，然后拾起地上还未解开的行李，径自出府，又步行几千里回老家去了。

彭泽受此痛责，不但廉洁自守，不收贿赂，而且不再挂心家里的事，一心扑在府中政务上，当年朝廷审核官员业绩，以徽州府的政绩最高。

彭泽受此庭训，可称得上是当头棒喝，他以后为官一生，历任川陕总督、左都御史、提督三边军务、兵部尚书等要职，都是掌握巨额军费，不要说有心贪污，即便按照常例，也会积累一笔十代八代享用不尽的财富。彭泽却为将勇，为官廉，死后破屋几间，妻子儿女的生活都成问题。之所以能清廉如此，自当归功于他父亲的教育。

彭泽清廉一世，值得借鉴，只可惜难有人做到。事实上人人都有欲望，想过美满幸福的生活，希望丰衣足食，在所难免，但不能把欲望变成不正当的欲求，变成无止境的贪婪。而且，在自己得到幸福的时候，别忘了给予他人帮助，这便是佛家所说的布施。

布施并不是要我们倾尽所有，而是一种依靠舍得来消除奢求的弊病，让自己的心胸敞开，而不要因为小名小利而变得心胸狭窄，惹人生厌。佛学给世人的启示正是通过舍来医治人们内心的贪婪，帮助人们回归真善美的本性。其实，我们可以换一个方法思考自己的"失去"，须知有舍才有得，安知失去就不是福呢？

医治"贪"病要用"舍"字。一切都是为自己着想，不肯把利益给别人，天下可爱的东西恨不得完全归诸自己一人，管什么别人的幸福，谈什么别人的安乐，他人的死活存亡都与自己没有关系，因此贪病就缠绕到我们的身上来了。假若懂得了舍，见到别人精神或物质上有苦难，总很欢喜地把自己的幸福安乐利益施舍给人，这样，贪的大病当然就不会生起了。

钱也要能进能出

人，从出生到死亡，不过是"赤条条来去无牵挂"，在生命的过程中，如果只想着做一个守财奴，那么赚再多的钱也没有任何意义，它只是暂时聚集在你这里的一堆数字，死后不知又成了谁的枷锁。不如舍去，换取世人更多的温暖。那些用了的钱财，才是你自己的。

古希腊称霸天下，征服大半个天下的亚历山大大帝死的时候，在棺材两侧各挖一个洞，将手伸出来，表明他也是两手空空走向死亡的。

所以人们在活着的时候对名利和财富牵挂异常，到死都不肯放手，但事实上死后的名利钱财也将不再属于自己，那么活着的时候吝啬物质上的付出又有什么意义呢？在这里并不是告诉人们，在活着的时候不去享受物质，非要把千金散尽，而是人们对待财物的态度要自然一些，不要太吝啬。

金钱和财富虽然美好，常令人们对其趋之若鹜，不遗余力地追求。不过，金钱不是万能，财富也未必总能令人快乐，只有超越其存在，才能享受人生。真正的金钱观，是要对金钱等物质上的东西喜于接受，也喜于付出。

有位信徒对默仙禅师说："我的妻子贪婪而且吝啬，对于做好事行善，连一点儿钱财也不舍得，你能慈悲到我家里来，向我太太开示，行些善事吗？"

默仙禅师是个痛快人，听完信徒的话，非常慈悲地答应下来。

当默仙禅师到达那位信徒的家里时，信徒的妻子出来迎接，可是却连一杯水都舍不得端出来给禅师喝。于是，禅师握着一个拳头说："夫人，你看我的手天天都是这样，你觉得怎么样呢？"

信徒的夫人说："如果手天天这个样子，这是有毛病，畸形啊！"

默仙禅师说："对，这样子是畸形。"

接着，默仙禅师把手伸展开，并问："假如天天这个样子呢？"

信徒夫人说："这样子也是畸形啊！"

默仙禅师趁机立即说："夫人，不错，这都是畸形，钱只能贪取，不知道布施，是畸形；钱只知道花用，不知道储蓄，也是畸形。钱要流通，要能进能出，要量入而出。"

握着拳头暗示过于吝啬，张开手掌则暗示过于慷慨，信徒的太太在默仙禅师这么一个比喻之下，对做人处世、经济观

念、用财之道，豁然领悟了。握着拳头，你只能得到掌中的世界，伸开手掌，你能得到整个天空。

有的人过于贪财，有的人过分施舍，这都不是禅道里所讲的财富观。吝啬、贪婪的人应该知道喜舍结缘是发财顺利的原因，因为不播种就不会有收成。布施的人应该在不自苦、不自恼的情形下去做，同时也别忘了是在自己力所从心的情况下帮助别人，否则，就不是纯粹的施舍。

真正的施舍能让他人得到必要的帮助，自己也会因此获得快乐。

一个男子坐在一堆金子上，他向每一个过路的行人伸出手乞讨。仙人吕洞宾看到后走了过来，这位男子向他伸出双手。

"孩子，你已经拥有了那么多的金子，难道你还要乞求什么吗？"吕洞宾问。

"唉！虽然我拥有如此多的金子，但是我仍然不幸福，我乞求更多的金子，我还乞求爱情、荣誉、成功。"男子说。

吕洞宾从口袋里掏出他需要的爱情、荣誉和成功，送给了他。

一个月之后，吕洞宾又从这里经过，那男子仍然坐在一堆黄金上，向路人伸着双手。

"孩子，你所求的都已经有了，难道你还不幸福么？"

"唉！虽然我得到了那么多东西，但是我还是不幸福，我还需要快乐和刺激。"男子说。吕洞宾又把快乐和刺激给了他。

一个月后，吕洞宾从这里路过，见那男子仍然坐在那堆金子上，向路人伸着双手，尽管有爱情、荣誉、成功、快乐和刺激陪伴着他。

"孩子，你已经拥有了你所希望拥有的，难道你还要乞求什么吗？"

"唉！尽管我拥有了比别人多得多的东西，但是我仍然不能感到幸福。老人家，请你把幸福赐给我吧！"男子说。

吕洞宾笑道："你需要幸福吗？孩子，那么，请你从现在开始学着付出吧，你可以把金子分给需要的人。"

一个月后，吕洞宾又从此地经过，只见这男子站在路边，他身边的金子已经所剩不多了，他正把它们施舍给路人。

他把金子给了衣食无着的穷人；把爱情给了需要爱的人；把荣誉和成功给了惨败者；把快乐给了忧愁的人；把刺激送给了麻木不仁的人。现在，他一无所有了。

看着人们接过他施舍的东西，满含感激而去，男子笑了。

"孩子，现在，你感到幸福了吗？"吕洞宾问。

"幸福了！幸福了！"男子笑着说。

男子虽然一无所有了，但是却变得幸福和快乐，这就是施

舍的魅力所在。

在现代社会，许多有钱人都乐善好施，对金钱可以慷慨抛掷。他们认为，钱财并不总是给他们快乐，而散财、做慈善事业，反而让他们找回了幸福感。这是一种正确的金钱观和布施方式。

对于普通的人来讲，虽然没有大笔的财富，但也不必要为了金钱而变得锱铢必较。钱财是为了让自己的日子越过越好，而不是让自己变得越来越提心吊胆，或者终日汲汲而求。在这个世界上，只有被自己用出去的钱财才是自己的，那些被我们牢牢攥在掌心的财富不去被运用，到最后不可能永远为我们所拥有。

金钱，要能接受，也要能喜舍。金钱本为身外物，我们要学会以正确的态度来对待它，让金钱能进也能出。

真诚布施者得吉祥

一句温暖的话，一只扶持的手，一个引导的箭头……生活在万千世界，每一次醉人的回眸，深情的拥抱，哪怕是陌生人一个善意的微笑，都是一种给予。而千万种给予中，真诚的给予便是布施。

王舍城旁住有一位非常穷苦的老太婆，名叫南陀。在一个每隔百年才能见到一次佛祖的日子里，南陀很想供养一盏灯火。但她用全部的钱却只能买到一点点灯油。南陀就带着那盏小灯跟着其他富有的信徒来到佛祖处，点燃灯火后诚心参拜。说也奇怪，那天晚上城中无故刮了一阵强风，将所有供奉佛祖的灯火都熄灭了，唯有南陀的那盏小灯火，依然在那里燃烧，大放光明。

这是佛教经典之一《贤愚经》中的一则小故事。它告诉人们的道理朴实而平凡，那便是：供奉神佛，重要的并不在于供物的大小，而在于是否虔诚。曾有个江洋大盗给禅院布施香火钱，要求借宿，被禅师断然拒绝了。原因就在于禅师认为凡他所漂白的都将被大盗弄黑，不同类的人很难相处在一起。可见，并不是所有的给予都会被人所接受，还要看这个给予是否是真诚的。

《吉祥经》中有这样一句话：布施好品德，帮助众亲眷，行为无瑕疵，是为最吉祥。一般而言，所谓布施是指散发自己的财物来救济穷苦的人。所以有"贫穷布施难"的说法，因为自己的财物尚且不够用度，又如何谈到布施他人呢？

这里，且举另一则公案为例。

在释迦牟尼佛住世的时候，有一对夫妇生活极其贫苦，他们只能住在一个小破房子里，没有饭吃，没有衣服穿，于是只好天天到街上去乞讨。乞讨并不是很难的一件事，难的是夫妇俩没有衣服穿，只有一条裤子。没办法，他们只能轮流着穿。假如今天丈夫出去讨饭，就穿这条裤子出去，讨回来的饭，夫妇分着吃。明天呢，就是太太出去讨饭，也穿上这条裤子。日子也就这样马马虎虎地一天天过了下去。

有一位辟支佛，他有宿命通，能观察人的前世宿命，他看到这对夫妇穷成这个样子，于是用心观察一番，发现这两个人在宿世之中不肯布施，所以今生就只有受穷，穷得要两个人穿一条裤子。"啊！这回我要度他们去！"这位辟支佛就发愿要度两个人，让他们有机会种福，于是到这对夫妇的门前来化缘。

这位辟支佛是一个比丘的样子，托着钵，站在门口。这对夫妇看见有个和尚来化缘，而自己家里除了一条裤子什么都没有，于是丈夫就对太太说："唉！我们都要发一点布施心来求求福。为什么我们这么穷呢？就是因为以前我们不肯布施，所以现在穷成这个样子，今天我们应该做个布施。"

太太说："做布施？我们有什么可以布施？"丈夫就说："我们还有一条裤子啊！可以布施给这个出家人。"太太听了之后就发了脾气，说："你真是混账、糊涂！我们就一条裤子，如果布施给比丘，连这出去要饭的本钱都没有了，不能出去要饭，我们怎么活呢？"丈夫就劝他太太："不错，这确实很不容易，但是你看，那比丘在这儿也不走。再说我们生活已经如此贫苦，简直是生不如死，还不如布施掉这条裤子，我们在这里饿死算了。"太太一听，叹了一口气说："唉！好吧，你喜欢布施，就布施好了！"这夫妇俩就把这一条裤子从窗户递给了比丘。

比丘接过裤子后，就到释迦牟尼佛那里去，辗转供养释迦牟尼佛，说："这是我方才在一个穷苦人家化来的一条裤子，这条裤子是他们全家的财产，可是布施给我了。"

释迦牟尼佛接受了这条裤子，然后对人说："他家里就这么一条裤子，都能布施出来，尤其供养的是辟支佛，所以将来能得福无量。"

当时在释迦牟尼佛这个法会里，国王也在这儿，国王一听，就想："自己国家有这么一个穷得连饭也没得吃、连衣服也没得穿的人家，自己在皇宫里吃得好，穿得暖，这怎么能对得起百姓呢？"于是，国王生了大惭愧心，就派人给这穷苦的家庭去送米、送面、送吃、送穿。

两夫妇只布施一条裤子，便即刻得到了许多的回报，心里非常感动。于是便去拜见佛祖，佛就为他们说法，两个人经历了贫困的种种波折，一听到佛法，立刻就了悟了。

贫穷布施难。人在困难的时候仍能布施，这才是真正有布施心；越难越能做，这才具有真正的价值。

很多人总害怕别人劝他布施，以为这样自己便会失去很多。其实，布施是多方面的，并不一定非要把财物给人才叫做布施，就算是我们贫穷得一无所有，仍可以布施。比如说，见到人的时候，主动与人打招呼，长此以往地坚持下去，不但会有很好的人缘，而且这也是在行"语言的布施"。除此之外，见到人时含笑、慈颜、注目，这就是"容颜的布施"。见到人迷路时，指引他或者带他去；见到有人拿不动东西，事情做不了时，去帮助他，代他做，这就是"身行的布施"。见人受苦心生怜悯，见人布施心生欢喜，这就是"心意的布施"。

这里所举出的语言、容颜、身行、心意等的布施，只要愿意，任何人都可以做到。佛法不是陈列品，不是贵族的，佛法是大众化的，佛法是人人都能奉行的。

所以，"人世间，不管贫富，一直贪图拥有，即使有钱，也是富有的穷人；一个人虽然物质贫乏，但他乐于给人、助人，在精神上就是贫穷的富人"。

给，不是锦上添花；给，要雪中送炭。给，能给得不勉强，给得不后悔，甚至给得皆大欢喜，是无上的修养，也是无

上的智慧。

真诚的给予不但让人能一解燃眉之火，还能让人从心底来感知我们的一片慈悲之心。真诚的给予便是布施，布施也让给予变得更加美好、更加有益。

有钱是福报，花钱是智慧

人人都想"拥有"，但问题在于人的欲望是无止境的，填饱了肚子，又求珍馐；娶了娇妻，又求美妾；有了房舍，又求华厦；谋得一职，又求升官；得到千钱，又求万金……

其实有钱是福报，而花钱更是一种智慧。宝贵的一生就在无止境的追求"拥有"中，苦恼地度过了。

每个人都希望拥有自己的房子，但若不能和至爱家人住在一起，别墅是否会有家的感觉？每个人都希望有自己的田产，但若不在其中播撒种子，一块荒地存在的意义又是什么？每个人都希望能够拥有巨额财富，但如果只是紧紧握在手中而不使用，一张永远不能支取的存折的价值在哪里呢？

以前，有一对兄弟，他们自幼失去了父母，相依为命，家境十分贫寒。他们俩终日以打柴为生，生活十分艰苦。即便如此，兄弟俩也从来没有抱怨过，他们起早贪黑，一天到晚忙得

不亦乐乎。而且，哥哥照顾弟弟，弟弟心疼哥哥，生活虽然艰苦，但过得还算舒心。

观世音菩萨得知了他们二人的情况，为他们的亲情所感动，决定下界去帮他们。清晨时分，菩萨来到兄弟俩的梦中，对他们说："远方有一座太阳山，山上撒满了金光灿灿的金子，你们可以前去拾取。不过路途非常艰险，你们可要小心！并且，太阳山温度很高，你们一定要在太阳出来之前下山，否则，就会被烧死在上边。"说完，菩萨就不见了。

兄弟二人从睡梦中醒来，非常兴奋。他们商量了一下，便起程去了太阳山。一路上，他们不但遇到了毒蛇猛兽、豺狼虎豹，而且天空中狂风大作、电闪雷鸣。兄弟俩咬紧牙关，团结一致，最终战胜了各种艰难险阻，来到了太阳山。

兄弟俩一看，漫山遍野都是黄金，金灿灿的，照得人睁不开眼。弟弟一脸的兴奋，望着这些黄金不住地笑，而哥哥只是淡淡地笑。

哥哥从山上捡了一块黄金，装在口袋里，下山去了。弟弟捡了一块又一块，就是不肯罢手。不一会儿整个袋子都装满了，弟弟还是不肯住手。此时，太阳快出来了，可是弟弟仍在不住地捡。

一会儿，太阳真的出来了，山上的温度也在渐渐升高。这时，弟弟才慌了神，急忙背着黄金往回跑，无奈金子太重，压得他根本跑不快。太阳越升越高，弟弟终于倒了下去，被烧死在太阳山上。

哥哥回家后，用捡到的那块金子当本钱，做起了生意，后来成了远近闻名的大富翁。可弟弟永远留在了太阳山。

弟弟一心"拥有"，而哥哥聪明"用有"，哥哥因为不贪而享受了富有的恩赐，弟弟因贪得无厌而命丧黄泉。

河水要流动，才能涓涓不绝；空气要流动，才能生意盎然。拥有，还须"用有"才有意义，如能以"用有"的胸怀，来应真理；以"用有"的财富，顺应人间，让因缘有、共同有，来取代私有的狭隘；让惜福有，感恩有，来消除占有的偏执，即所谓"拥有，是富者；用有，才是智者"。富而加智，岂不善矣。

多贪多欲的人，纵然富甲天下，无法满足，等于是穷人。法国杰出的启蒙哲学家卢梭认为现代人物欲太盛，他说："十岁时被点心、二十岁被恋人、三十岁被快乐、四十岁被野心、五十岁被贪婪所俘虏。人到什么时候才能只追求睿智呢？"

人心不能清静，是因为物欲太盛。人生在世，不能没有欲望。除了生存的欲望以外，人还有各种各样的欲望，欲望在一定程度上是促进社会发展和自我实现的动力。可是，欲望是无止境的，尤其是现代社会物欲更具诱惑力，如果管不住自己的欲望，任它随心所欲，在行走时，就会因为身背重负而寸步难行。他们拥有的是痛苦的根源而非幸福的靠山；而少欲知足善用的人，会真正享受到富裕的生活。拥有财物而不用，和"没有"有什么差别呢？拥有财物而不会用，和"无用"有什么不同呢？

求财有止有度

正直的人不会吝啬接受财富，但对不义之财却从不沾惹。因为"不义之财"既会让自己受到欲望的牵制，也会让自己受到他人的牵制，落得一生不得自由。就像说了一句谎话，需要更多的谎话去填补这个窟窿。

"君子爱财，取之有道。"财富是人人皆爱之的东西，但对待财富的态度，便人所不同了。有的人为了敛财而疯狂，不惜做出伤风败俗、有违人性的事情；有的人则是通过艰辛的耕耘得到钱财，满足物质生活的需要。一个人的财富观，决定了这个人的人品及其名声和地位。佛家智慧教导世人，要懂得在获得财富时有止有度，否则就是杀鸡取卵，幸福一朝断送在自己贪吝的刀下。

许多富有人都非常谨慎地对待他们的财富来源和财富

去处。

明朝的开国皇帝朱元璋曾给他的下属算过一笔账：老老实实地当官，守着自己的俸禄过日子，就好像守着"一口井"，井水虽不满，但可天天汲取，用之不尽。朱元璋的这个账算得颇有哲理，"一口井"哲学说出了明哲保身的财富哲学，靠自己的劳动获取财富最踏实，不义之财最终葬送的是整个人生。

在这个世界上，很多人在追求财富。金钱是我们可以用最适合携带的形式来消化的个人能源，这种能源独一无二。或者可以这么说，金钱是一种可即刻伸缩的能源，我们只要加进一点爱和智慧，并将它送到它应该去的地方，它就能为我们带来更多的财富，就如同传说中的摇钱树一样。

人们只有对阳光下的财富心怀敬意，因此，阴暗中的财富自然会遭到人们的质疑。求富贵、去贫贱都应以义为准绳，以义导利，以义去恶，否则将适得其反。

古往今来，被法办的贪官，都有一个最大的教训，就在于守不住自己那口"井"，贪得无厌之徒，总嫌"水井"不满，于是利用职权，贪赃枉法，不择手段地谋取不义之财，当他们的不义之财如大江大河之水滚滚而来时，也常常就是连同他们自己也一起毁灭之日。此时，不仅大量的金钱财宝自己享受不到，就连浅浅一口井的水也丧失了，正是"机关算尽太聪明，反误了卿卿性命"。

人生的辩证法是无情的，有得必有失，想得到的更多，反而失之更惨。过于贪心的人不仅享受不到"一口井"给自己带来的幸福，而且弄不好最终还会把自己的脑袋也搭进去。有人说，在一个高速发展带来巨额财富的时代，想明白财富在哪里，是一件再正常不过的事；在一个社会急剧转型、贫富悬殊已损害社会公平的时代，追问财富、透视财富，是财富得以久远保持的正义保障。

一个铁匠技艺名满天下，收了很多徒弟，但他从不教给他们应该怎样做，每天只是默默地抡锤打铁。有一天他突患重病，奄奄一息，徒弟们都围在他的四周，希望能听到他最后说出秘不外传的绝招，铁匠用尽全身的力气断断续续地说："记住，铁热的时候，别用手摸……"

铁热的时候千万别用手摸，看到不义之财的时候也应该断然回避。

岳飞曾赞一匹千里马："受大而不苟取，力裕而不求逞，致远之才也。"它食量大而不苟取，拒食不精不洁之物，力量充裕而不逞一时之能，称得上负重致远之才。人亦是如此，不义之财毋纳，不正之道毋走，才能肩负重任，有所成就。

世上的路千千万万，但只有两个方向可以选择，即正与邪。很多人对"君子爱财，取之有道"产生了质疑，从而选择邪道走下去，一步步迈向黑暗的沼泽地，到了万劫不复之时，才发现自己曾经拥有最珍贵的幸福——自己动手，丰衣足食。

收取他人贿赂的钱财，自己将永远受制于人。人生的辩证法是无情的，有得必有失，想得到更多，反而失去更多。过于贪心的人不仅享受不到"一口井"给自己带来的幸福，弄不好还会把自己的生命也搭进去。

爱财之心，人皆有之，而君子取财，得之正道。这样的财来得心安理得，来得理所当然，对自己、对他人都没有坏处，用起来自然身心舒坦，别人也无从挑剔。

在名利旋涡中寻回自己

名利的旋涡容易让人迷失自己。正如佛家所言，在无常的人生里，山河大地危脆，世间不断遭到破坏。佛陀要我们时时警惕，照顾好自己的心，不要与身外的名利、地位等纠缠不清，心若有贪念——贪名利、地位、权势，等等，这一生不仅不会快乐，还会过得很辛苦。凡夫就是时时在名利的旋涡里打转，才会由不得自己。

佛说人有二十难，而富贵学道就是第二难。在其中，佛提

到：凡夫易被名利牵，贡高只因权势显；谦和好礼心有爱，富贵学道也不难。

这句话告诉人们，在学佛路上，最重要的是调适身心，身心调好，世间就没有难以解决的困难。人生最大的烦恼是心中有贪欲，佛陀告诉我们，生命不久长，寿命一期期不断地轮转，我们容易在无常、短暂的生命中起惑造业，因业力、烦恼的牵缠，让人心性颠倒迷失。知道富贵学道比较困难，这很容易理解，因为富贵的人容易迷失道心。世间有多少人，在尚未显达前非常努力，低声下气，认真地付出自己的能力，以争取他人信任。有朝一日，当他财、名、利共聚时，傲慢之心就随之而生，忘了当初困顿的生活，这是因权势名利牵缠着他的心。

很久以前，佛教创立后，很多的国王、大臣也皈依三宝，虽然他们处于富贵名利当中，但是经过佛法的洗练后，逐渐了解佛法的真理，进而成为一国仁王、仁臣。

不过，在佛法普遍人心的同时，也有人燃起了利欲之心。譬如提婆达多，他原本是佛陀的弟子，在皈依出家后，看到佛陀受到很多人尊重敬仰，许多国王、大臣、长者都来皈投佛陀座下。佛陀能统理大众，提婆达多看在眼里，羡慕在心里，于是就开始生起贡高之心。因为他本身的条件不仅是释迦种族，也是王子之一。他想：既然佛能得到天下人的尊重，难道我就不可以？于是，为了要超越佛陀，他开始追求利养。当时频婆娑罗王的太子阿阇世年轻气盛，也有着贡高我慢的心态，又受提婆达多的影响、唆使，两人意志相投，最后竟衍变成一个篡夺王位、杀父害母，另一个则是出佛身血，屡次想尽办法要伤害佛陀，分散佛陀的僧团。可后来只得以失败告终。

所以说，人心一旦被名利牵制，将造成不堪设想的后果。有智慧的人，在短暂的人生里，视荣华富贵如同浮云、梦境，也如草上的露水。而愚痴者则是被权势名利所迷惑。

就比如说释迦牟尼佛，他原是一个国家的太子，他能享尽天下的富贵荣华，但是一个真正的智慧者，所要追求的却是纯真的人生，以及内心的觉性。

颜回家境极其贫困，但内心却快乐无比，这种精神连孔子都不禁不赞叹、折服。而在现实中，能做到这点的人少之又少，不过唯其如此，这类人才更值得人们钦佩欣赏。

一对夫妻年轻时共同创业，到了中年终于小有成就，公司净资产一千多万，而且发展势头良好，提起这对夫妻，商界的人都伸大拇指。然而就在他们的事业如日中天的时候，两人却隐退了，他们辞去了董事长、总经理的位置，将大部分股份卖给一个他们平时就很欣赏的企业家，将房子和车委托给好朋友照管，两个人潇洒地环游世界去了。消息传出后，大家都觉得太可惜，一些亲戚朋友也不理解，讽刺他们说："年龄这么大了，办事却像小孩一样，那么大的家业说丢就丢，放着好好的老总不做，偏要去环游世界！"

在一些人眼里，这对夫妻从此以后，再也体验不到当老总的风光及大把大把赚钱的乐趣了。其实，环游世界一直就是这对夫妻的理想，他们抛弃了虚名浮利得到了生活的真正乐趣，名利被他们看做是生命的修饰物，而不是人生的最终目的。

一个人如若养成看淡名利的人生态度，那么面对生活，他也就更易于找到乐观的一面。如此方能在纷繁的世界里，在自己的心中，构筑一片宁静的田园。

真正的快乐与金钱或地位是没有直接联系的。人类烦恼多半来自对名利的追逐。若身陷追逐名利的繁杂事务中，即使地位显赫，也没有快乐可言。

人们常说："富不过三代人。"可见富与贵并不是永恒的。只有在名利的旋涡中，寻回单纯的自己才是最明智的。

欲望是毒，放下是唯一的解药

古时候，有户人家有两个儿子。当两兄弟都成年以后，父亲把他们叫到面前说："在群山深处有绝世美玉，你们都成年了，应该做探险家，去寻求那绝世之宝，找不到就不要回来了。"

两兄弟次日就离家出发去了山中。

大哥是一个注重实际、不好高骛远的人。有时候，即使发现的是一块有残缺的玉，或者是一块成色一般的玉，甚至那些奇异的石头，他也统统装进行囊。

过了几年，到了他和弟弟约定会合回家的时间，此时他的行囊已经满满的了，尽管没有父亲所说的绝世完美之玉，但造型各异、成色不等的众多玉石，在他看来也可以令父亲满意了。

后来弟弟来了，两手空空，一无所得。弟弟说："你这些东西都不过是一般的珍宝，不是父亲要我们找的绝世珍品，拿回去父亲也不会满意的。"

弟弟拒绝回家，为了找到父亲口中的绝世珍宝，他决定继续去更远、更险的山中探寻，立誓一定要找到绝世美玉。

哥哥带着他的那些东西回到了家中。父亲建议他开一个玉石馆或一个奇石馆，那些玉石稍一加工，就是稀世之品，那些奇石是一笔巨大的财富。

短短几年，哥哥的玉石馆已经享誉八方，他寻找的玉石中，有一块经过加工成为不可多得的美玉，被国王御用做了传国玉玺，哥哥因此也成了倾城之富。

在哥哥回来的时候，父亲听了他介绍弟弟探宝的经历后说："你弟弟不会回来了，他是一个不合格的探险家。他如果幸运，能中途醒悟，明白至美是不存在的这个道理，是他的福气。如果他不能早悟，便只能以付出一生为代价了。"

很多年以后·，父亲的生命已经奄奄一息，哥哥对父亲说要派人去寻找弟弟。

父亲说："不要去找了，如果经过了这么长的时间和挫折他都不能顿悟，这样的人即便回来又能做成什么事情呢？世间没有最纯美的玉，没有完善的人，没有绝对的事物，为追求这种东西而不知自止，何其愚蠢啊！"

对于一个不知足的人来说，天下没有一把椅子是舒服的，没有一块美玉是最无瑕纯净的。为了欲望，人们奔来奔去、忙里忙外，难有停息的时候，幸福和快乐也就无暇顾及。

禅语说：屋顶盖得粗糙，房子会遭雨水侵蚀，未经修养调御的心，欲望贪念会入侵。

佛说人有八苦，其中之一便是求不得。有欲而求，无奈求之不得，所以人生陷入万劫不复的痛苦深渊。而欲望，永不满足的欲望，便成了"有了千田想万田，当了皇帝想成仙""人心不足蛇吞象"的人性弱点。

正如悲观主义哲学家叔本华所说，欲望是痛苦之源，烦恼之根。人的欲望是永远无法满足的，痛苦与生命是无法分离的。人世间真正的痛苦往往源自于对欲望的执著。

传说，在西方极乐世界的佛国，空中时常发出天乐，地上都是黄金装饰的。有一种极芬芳美丽的花称为曼陀罗花，不论昼夜没有间断地从天上落下，满地缤纷。《法华经》也记载说：佛说法时，天雨曼陀罗花、摩柯曼陀罗花、曼殊沙花、摩柯曼殊花。

初见曼陀罗的人，都会惊诧于她的美丽，然而，谁都不会想到的事，如此美丽的花，却有剧毒，犹如充满诱惑力的欲望，掩盖的却是万丈深渊。另一方面，欲望也不全是可怕的，人生也是活在欲望里的，但要是让欲望无穷无尽地蔓延开来，人生也就变得欲壑难填，这样的人生也会变得可悲。

有一对即将结婚的未婚夫妻，兴奋地憧憬着未来的美好日子，因为他们中了一张高额彩券，奖金是7.5万美元。可是，这对马上要结婚的新人，在中奖后隔天，就为了"谁该拥有这笔意外之财"而闹翻了。两人大吵一架，并不惜撕破脸，闹上法庭。为什么呢？因为这张彩券当时是握在未婚妻的手中，但是未婚夫则气愤地告诉法官："那张彩券是我买的，后来她把

彩券放入她的皮包内，但我也没说什么，因为她是我的未婚妻嘛！可是，她竟然这么无耻、不要脸，说彩券是她的，是她买的！"

这对未婚夫妻在法庭上大声吵闹，各说各话，丝毫不妥协、不让步，所以也让法官伤透脑筋。最后，法官下令，在尚未确定谁是谁非之时，发行彩券单位暂时不准发出这笔奖金。而两位原本马上要结婚的佳偶因争夺奖券的归属而变成怨偶，双方也决定取消婚约。

欲望容易蒙蔽人的眼睛，使其是非难辨，幻想与现实不分。过度的欲望，只能令人陷于痛苦的深渊。故事中的未婚夫妻正是被欲望填充了心房，而忘却了彼此间的幸福与爱情所在。

托尔斯泰说"欲望越小，人生就越幸福"，同理，我们也可以说欲望越大，就越容易致祸。的确，古往今来，多少人欲壑难填，多少人被贪婪打败，所以，生活中，我们一定要减轻欲望，懂得舍弃，只有这样才能从贪婪中解脱，从而获得心里安宁。

欲望是魔鬼免费赠送的一剂穿肠毒药，看我们谁能免疫。饮鸩不能止渴，为了摆脱痛苦，就要认清痛苦源于对欲望的执著。为了幸福，为了更好地生活，要学会满足于所拥有的。欲望越大，痛苦也会越大。

欲望是一朵带着剧毒的曼陀罗花，我们都中了它的毒，唯有放下是唯一的解药。世间万物，不必计较太多的东西，知足就好。

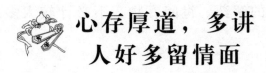

心存厚道，多讲人好多留情面

佛陀眼中，众生平等，所以每个人都可以本着一颗向佛之心步入佛堂。既是如此，那么生活中的人们又何必为了区区小事而与他人争来夺去的呢？不如像佛祖所说的，结恩不结怨，遇事多留些余地予人，自己也能因此获益。事不可做绝，凡事留三分余地予人。心存厚道对人，他人也会因此而回报我们。

三分薄面留予人，脚下余地有七分

探戈是一种讲求韵律节拍，双方脚步必须高度协调的舞蹈。探戈好看，但要跳好绝非一件轻而易举的事，很多高手均须苦练数年才能练就炉火纯青的舞技。跳探戈与处世，有着许多异曲同工之处，亲子、朋友、同事、上下级之间，如果能用跳探戈的方式彼此相处，彼此协调，知进知退，通权达变，不但要小心不踩到对方的脚，而且要留意不让对方踩到自己的脚。这样，人与人之间才能和睦相处，恰到好处。

人生是一场华丽的舞会，聪明人往往选择跳探戈，自始至终保持着优雅奔放、进退自如的姿态。做事亦是如此，聪明人明白事不可做绝，凡事留三分薄面给他人，当时看也许自己吃亏了，但是低头看，自己脚下却多了七分余地。所以佛家要人心存厚道，多讲人好话，多给人留情面，因为种什么因结什么果，其实这就是给自己留一处空间。

我们无论处于何时何地，都会遇到各种各样的人，都要与各种各样的人相交相处。在人际关系中，难免会出现磕磕碰碰，难免会发生问题。只要有人的地方，就会有争斗。有的人在争斗的时候往往为顾及自己的利益而去伤害他人，最终连自己也受到了伤害。

一个青年到河边钓鱼，遇到一捕蟹老人，身背一个大蟹篓，但没有上盖。他出于好心，提醒老人说："大伯，你的蟹篓忘了盖上。"

老人回头看了他一眼，微微一笑："年轻人，谢谢你的好意。不过你放心，蟹篓可以不盖。要是有蟹爬出来，别的蟹就会把它钳住，结果谁都跑不掉。"

那一篓互相钳制的螃蟹是否曾想到，钳住别人也就堵住了自己的出路？

佛教讲究善恶轮回，因果报应。其实在现实生活中，这种所谓的"因果报应"存在于自己身边的每一个角落。留三分余地给别人，就是留三分余地给自己。

世间不公平的事有很多，都是公说公有理，婆说婆有理，很难寻求到真实客观的公平。所以人和人在相处之时，为了各自所坚持的"真理"，难免会起冲突。但是，佛家法师本着一颗慈悲之心告诫众人，与人相处时结恩不结怨。冤家宜解不宜结，与人结怨，不如施恩于人。

结恩不结怨，本就是一颗菩萨心。《华严经》中有语："菩萨未曾染着色，受想行识亦如是；不住一切诸三昧，所有功德悉回向。"慈悲的佛陀，智慧的禅者，总是能够将自己从红尘诸欲的束缚中解脱出来，并指引其他向佛人。

佛陀眼中，众生平等，所以每个人都可以本着一颗向佛之心步入佛堂，既是如此，那么生活中人们又何必为了区区小事而与他人争来夺去的呢？不如像佛祖所说的结恩不结怨，遇事多留些余地予人，自己也能因此获益。

事不可做绝，凡事留三分余地予人。心存厚道对人，他人也会因此而回报我们。

心存厚道，宽容他人

古人曾经咏叹零落成泥的落花，说："碾我入尘土，依旧笼乾坤。"意思是说，虽然被千人车马犬彘践踏，却并不抱恨，依旧用自己的香气笼罩乾坤天地，这种气质和胸襟着实令人敬佩。

其实这就是佛家常说的宽容、包容的精神。正所谓"宽可容人，厚可载物"，涵养包容不仅是立业之道，也是待人处世的良方。人人以慈悲安住身心，包容与我不同思想、不同信仰、不同性别、不同种族的人，如此社会自然祥和。

学会宽容，意味着我们不再患得患失。宽容，也包括对自己的宽容。只有对自己宽容的人，才可能对别人宽容。承认自己在某些方面有不足，才能扬长避短，才能心平气和地工作与生活。人的烦恼一半源于自己，即所谓画地为牢、作茧自缚。芸芸众生，各有所长，各有所短。争强好胜达到一定程度，往往会受身外之物所累，失去做人的乐趣。

懂得宽恕别人的人，自己也会得到真正的快乐。佛陀告诉我们："如果一个人的快乐，是希望从别人身上去获得，那会比一个乞丐沿门托钵还痛苦。"所以，快乐由宽恕别人而来，宽恕是升华自己的本源，两者相辅相成，若能如实地运用在生活中，便能与佛法相应而不背离了。在《三国演义》中蜀国宰相蒋琬在这方面就做得很出色。

蒋琬凭借其"以安定民众为根本，为政重实效，不做表面文章"的务实、稳重的作风，深得诸葛亮的赏识，留下遗言推荐他继任丞相一职。蒋琬上台后，有许多人不服气。蜀国另一位大臣杨仪，自认为做官的资历比蒋琬高，官阶却位于他之下，并且未得到重赏，所以经常口出怨言，对别人说要是在诸葛丞相初亡时，自己带着人马投靠魏国，就不会有如此抑郁不得志的下场了。后主刘禅听到此传言，大怒，要治他的罪问斩。蒋琬虽知杨仪不服自己，但罪不该死，反而替他求情。蒋琬手下有个谋士杨戏，蒋琬和他讨论事务时，他常常一声不响。有人借机中伤杨戏，向蒋琬告密说他傲慢无礼，不把现任丞相放在眼里。蒋琬深知一个人若对另一个人没有好感，甚至怀有敌意的话，那么无论用何种方式都很难改变对方，而且，若计较一时一事，就有可能演变成门派斗争，不利于国家安定。于是他反过来替杨戏辩解说："杨戏不过是性情内向，言语谨慎罢了。以后不许在我面前说人是非。"

蒋琬就是以其宽容大度、求同存异的处事气度，赢得了众人的敬仰，赢得了广泛的人脉，在诸葛亮去世后的一段时间里，对稳定蜀国民心起了很大的作用。

陆放翁词《卜算子·咏梅》曰："零落成泥碾作尘，只有香如故。"同样西方也有一句："当紫罗兰被脚踩扁的时候，却把芳香留给了它。"这是美国作家马克·吐温给宽容作的一个最为形象的注解。其实，宽容别人的同时，也是在升华自己。

中国台湾作家罗兰说："宽宏大量是一种美德。它是由修养和自信、同情和仁爱组成的。一个宽宏大量的人快乐必多，烦恼必少。"宽容是一种俯瞰的姿势，是一种善与美的投入，更是一种智慧。这种智慧的源泉来自于文化的修养和思想的明智与深刻。拥有宽容之心的人，一定有一种祥和的心境，这种心境来自于他的阅历和沧桑。如果他的阅历很浅而又未曾经历过任何沧桑，那么他肯定有着一种不争的人生态度和一颗善良仁慈的心。

有了宽容，才有了人生的快乐和放松，这就是宽容的真谛。所以人生的宽容是一种建立在认识现实基础上的心安理得的生活方式。宽容是不抱怨，而不是虚假的开心、欺骗的宽容和不老实的异想天开。我们宽容了别人，自然就会放下情感的包袱，升华自己的心灵和人生。

宽可容人，厚可载物。能宽容他人的人，也会心存厚道，在为人处世中注意为他人留情面，既顾及他人，也保全了自己的利益。

静察己过，不论人非

佛家修行，认为人应该做到静察己过，勿论人非。要知道，佛祖释迦牟尼最痛恨的就是谈论他人的是非。的确，论是非并不是一个好的行为方式，难怪古人曾如此告诫世人："时时检点自己且不暇，岂有工夫检点他人。"而且圣人孔子也曾说过："躬自厚而薄责于人。"其意思无非是想让我们在静察己过的同时勿论人非。

佛家告诫我们，不做是非的传播者，不道听途说。因为亲眼看见也不一定就是事情的真相，更何况是道听途说呢？道听途说本身就是一种背离道德准则的行为，而这种行为自古以来就存在。在佛家理念中，慎言是持戒的第一要义。一个人只有谨言慎行，不做是非的传播者，才谈得上修身悟道。

大哲学家苏格拉底曾说："不要听信搬弄是非的人或诽谤者的话！因为他不会是出自善意告诉你的，他既然会揭发别人的隐私，当然也会同样地对待你。"

智者给出了说话前的三个筛子，不做始作俑者，当然也不要受人利用，成为是非的传播者。生活中许多经验都告诉我们，说话也要注意场合、时间，万不可做那个道听途说、搬弄

是非的人。

"静坐常思自己过，闲谈莫论他人非"，这是古人修身的名言，告诫人们要常怀自省之心，检讨自己的过失，闲谈之时，不要谈论他人是非。提高品德修养，常怀宽阔胸襟，严于律己，宽以待人，这于个人修身确实重要。

祖孙俩买了一头驴，爷爷让孙子骑着走时，别人议论孙子不懂孝敬；孙子让爷爷骑着走时，有人指责爷爷不疼爱孙子；祖孙俩干脆都不骑了，又有人笑话他俩放着驴不骑是傻瓜；祖孙俩同时骑在驴背上，又有人指责他们不爱护动物。结果，不知所措的爷孙俩只好绑起驴，扛着走了。

这祖孙俩就是深为那些"是非"所累。的确，所谓的"是非"本身就是极其无聊的谈资，没有任何意义。那些喜欢在背后议论他人、搬弄是非的人往往也是最可恶的人。背后议论别人并非好事，也不是正人君子的作风，做人就应该光明磊落，有话就当其面说，不要在背后搞任何的小动作。要知道，一味地去搬弄是非不仅是害人，对于自身而言也没有任何好处，反而让人看不起。所以说做人要常常善于省察己过，而不是把心力放在议论他人是非上。

佛家就十分提倡自省自悟之道，自省就在于不断地反省自我，善于承担生命给你的那一份责任。

许多人不善于反省自己的过错，总是把过错推给别人，推给上天。生活中这类人太多了，如夫妻吵架，相互指责对方的不是，却很少有人能够反省自己的过错。

中国有句俗语："宁在人前骂人，不在人后说人。"别人有缺点和不足之处，我们可以当面指出，令他改正，但千万不可当面不说，在背后说个没完。我们应该时刻谨记："静察己过，勿责人非。"要做个堂堂正正的人。

说话反映一个人的智慧，心存厚道，谨言慎行，言之有物是说话智慧的最高准则，这会让我们一生受用无穷。

美言是润人心田的甘泉

好美言，恶恶语，是人的本性，所谓"人之初，性本善"，好美言是人之善。美言往往可以鼓舞人心而提高志气，并且可以悦人容颜，恶语可伤人心而损害人的情绪。因此，有谚语曰：美言美语受人敬，恶言恶语伤人心。证严法师也说："心地再好，嘴巴不好，也不能算是好人。"

良言一句三冬暖，恶语伤人六月寒，若是一颗豆腐心却带着一张刀子口，任谁都不敢多交谈，想帮人有可能反而会变成害人。说话的最高境界其实是"说好话"，不是曲意奉承，不是马屁狗腿，而是诚恳讨论、热心关怀，用最温暖的语汇，表达最真挚的心意，如此而已。

美言入心三冬暖，纵然他人用尖酸刻薄的语言来打击自己，也不要想着以牙还牙、以眼还眼，而是用柔和、宽厚的态度回应，善尽自己的一切努力，来转变因缘，既保护了别人，也保护了自己，这也正可看成是对《法句经》偈语的阐释："是以言语者，必使己无患，亦不克众人，是为能善者。"

恶语与美言犹如人的牙齿和舌头。牙齿坚硬刚强，从不示弱，无坚不摧，而舌头恰恰相反，软弱无力，避实就虚，知难而退，不敢争锋，一生被认定是软弱的代表。然而，当人白发苍苍之时，牙齿早已掉得精光，而舌头却依然还在。这也正说明，坚硬的东西往往容易破碎、断裂，甚至粉身碎骨，给人带来的伤害也更大；但柔软的东西绵长，经世耐用，也更容易让人接受。恶语与美言也是如此，恶语伤人，六月天也有如三九，而美言耐听，寒冬里也能感受到温暖。

在茂密的山林里，一位樵夫救了一只小熊。母熊对樵夫感激不尽。有一天樵夫迷路借宿到熊窝，母熊安排他住宿，还以丰盛的晚餐款待了他。翌日清晨，樵夫对母熊说："你招待得很好，但我唯一不喜欢的地方就是你身上的那股臭味。"母熊心里快快不乐，但嘴上说："作为补偿，你用斧头砍我的头

吧。"樵夫按要求做了。若干年后樵夫遇到了母熊，问她头上的伤口好了没有，母熊说："噢，那次痛了一阵子，伤口愈合后我就忘了。不过那次你说过的话，我一辈子也忘不了。"

的确，听到好的话语，会令人感到愉悦，使人感到世界之美好、人情之温暖；听到恶毒话语，令人感到伤心、气愤，不但使人感到世道之苍凉、人心之险恶，而且还会有受到伤害的感觉。

其实，生活中很多人都会犯樵夫所犯的错误，常常只顾着自己痛快，话出口之后才发现不小心伤害到了别人。也许当时我们并不想这么做，但是却往往因为管不住自己的嘴而对人恶语相向，实际上，恶语虽是一句但却十分伤人。与人为难，必然会与人结怨。

反省自己，赞美他人，这才是与人相处之道。不说伤人的"恶语"，而是去发掘别人的优点，并给予赞美，便会"美言入心三冬暖"。

一天夜里，刮起了十分凶猛的台风。由于风势的猛烈，整个市区都停了电，陷入一片漆黑之中。就在这天晚上临睡之前，女儿赤着脚丫举着一支蜡烛来到母亲的面前，对她说："妈妈，我最喜欢的就是台风。"

"你为什么喜欢台风？难道你不知道吗，每刮一次大风，就会有很多屋顶被掀跑，很多地方被淹水，铁路被冲断，家庭主妇望着六十元一斤的白菜生气，而你却说喜欢台风？"母亲生气地说道。

"因为有一次，台风来的时候停电……"

"你是说你喜欢停电？"

"停电的时候就可以点蜡烛。"

"蜡烛有什么特别的？"母亲继续好奇地问。

"我拿着蜡烛在屋里走来走去，你说我看起来很像仙女……"

听了女儿的解释，母亲终于在惊讶中静穆下来。

"也许以她的年龄，她对仙女是什么也不甚了解，她喜欢的只是我那夜夸她时那赞美的语气。"

这便是语言的力量。在日常生活中，我们都有可能遇到类似的事情，一句不经意的赞美，却有可能改变很多事情，对方的心情，彼此的印象，事件的格局，乃至创造一个奇迹。

所以，不要吝啬自己的美言，也许你的一句话会令对方受益终生。每一个角落都在等待阳光的照耀，每一个人都在等待美好时光的到来，每一颗心都在等待心灵的碰撞。赞美别人也是一种善行。为别人鼓掌喝彩，就是尊重别人的价值，让别人在无情的竞争中获得一份温情。也许他是一只煅烧失败、一经出世就遭冷落的瓷器，没有凝脂般的釉色，没有精致的花纹，无法被人藏于香阁。但是，你对他的安慰和鼓励，可能给他一片灿烂的艳阳天。

《华严经》中将"口出恶言"当做是佛教中的第六大恶行。因此，在日常与人交往中，我们不妨心存善念和厚道，多说美言，少些恶语，给他人多留些情面。

与人为善，与己为善

善待他人，就是与己为善。与人为善，可以让自己得到他人的善待，可以让自己多些快乐和幸福的感觉。

在佛家看来，善待他人就是善待自己。更进一步说，人生在世，不仅要善待自己，更要善待别人。人往往是自私的，普通人大都有这样的通病：自己不愿意的，却推给别人。世界是由许多人组成的一个整体，人与人之间需要尊重和理解。你可能有权利非公平地对待其他人，但你这种非公平的态度，将会使你最终"自食其果"，因为别人也会可能用同样的方式对待你。因此，要想让他人以善对你，需要你先去善待别人，换句话说就是把自己当成别人，当我们能做到这样的时候，就会发现其实人与人之间很简单就可以彼此愉快。

一位 16 岁的少年去拜访一位年长的智者。他问："我如何才能变成一个自己愉快也能够给别人愉快的人呢？"智者笑着望着他说："孩子，在你这个年龄有这样的愿望，已经是很难得了。很多比你年长的人，从他们问的问题本身就可以看出，不管给他们多少解释，都不可能让他们明白真正重要的道理，就只好让他们那样好了。"

少年满怀虔诚地听着，脸上没有流露出丝毫得意之色。智者说："我送给你四句话。第一句话是：把自己当成别人。你能说说这句话的含义吗？"少年回答说："是不是说，在我感到痛苦忧伤的时候，就把自己当成是别人，这样痛苦就自然减轻了；当我欣喜若狂之时，把自己当成别人，那些狂喜也会变得平和中正一些？"智者微微点头，接着说："第二句话，把别人当成自己。"少年沉思一会儿，说："这样就可以真正同情别人的不幸，理解别人的需求，并且在别人需要的时候给予恰当的帮助？"智者两眼发光，继续说道："第三句话，把别人当成别人。"少年说："这句话的意思是不是说，要充分地尊重每个人的独立性，在任何情形下都不可侵犯他人的核心领地？"智者哈哈大笑："很好，很好。孺子可教也！第四句话是，把自己当成自己。这句话理解起来太难了，留着你以后慢慢品味吧。"少年说："这句话的含义，我是一时体会不出。但这四句话之间就有许多自相矛盾之处，我用什么才能把它们统一起来呢？"智者说："很简单，用一生的时间和经历。"少年沉默了很久，然后叩首告别。

不久，少年变成了壮年人，继而又变成了老人。再后来在他离开这个世界很久以后，人们都还时时提到他的名字。人们都说他是一位智者，因为他是一个愉快的人，最重要的是他也给每一个见到过他的人带来了愉快。

因为给予，使人铭记。给予看似吃亏，其实是最大的获得。少年能够成为智者，在于他在探索人际相处模式的过程就是熟谙给予对方足够尊重和腾挪空间的道理，妥善处理了与他人的交往关系。

由此可见，与人为善、善待他人是我们在寻求成功的过程中必须去遵守的一条所谓的基本准则。而在当今这样一个合作的社会中，人与人之间更是有着一种密切的互动关系。只有我们先去善待别人，善意地去帮助别人，才能处理好复杂的人际关系，从而获得与他人的愉快合作。

善待他人，其实就是善待自己。正如亚里士多德所说的："应当像我们希望他们如何对待我们一样去对待他们。"也就是说，你希望别人怎样对待你，那么，你也要怎样去对待别人。

佛法是十分强调与人为善的，其实，与人为善是一种莫大的智慧，要知道，在善待别人的同时往往也在善待自己。有句话说得好："幸福并不取决于你拥有财富、权力和容貌，而是取决于你和周围的人的相处。"因此，当我们与他人相处的时候一定要记得去善待他人。

有一个孩子，他不知道回声是怎么回事。有一次，他独自站在旷野中，大声叫道："喂！喂！"附近的小山立即有了回声："喂！喂！"他又叫："你是谁？"回声答道："你是谁？"他又尖声大叫："你是笨蛋！"山上立刻传来"你是笨蛋"的回声。孩子十分愤怒，向小山骂起来，然而，小山仍旧毫不客气地回敬他。

孩子气冲冲地回家对母亲诉说，母亲对他说："孩子呀，那是你做得不对。如果你恭恭敬敬地对它说话，它就会和和气气地对待你。"孩子说："那我明天再去那里说些好话。""应该这样，"他的母亲说，"在生活中，不论男女老幼，你对别人好，别人便会对你好；如果我们自己粗鲁，别人就不会对我们友善。"

的确，人与人之间就正如这山谷的回音，倘若我们能去善待他人，那么别人也必定会善待我们；倘若对他人恶语相向，那么他人也必定会对他恶语相向。因此，在与人相处的过程中

还是应该去善待他人。

"君子莫大乎与人为善。"那些慷慨付出、不求回报的人，往往容易获得成功，而那些自私吝啬、斤斤计较的人不仅找不到合作伙伴，甚至可能被孤立。

只有当一个人懂得善待他人的时候，他的人际关系才会和谐友好、充满温情。对于他人，假如你遇事往好处想，多感念别人的恩德，即使别人冒犯了你，也不介意，这样，别人自然会被你的诚意所感动，进而回报你以真诚；假如你遇事往坏处想，以一种敌视的眼光看待别人，即使别人无意中冒犯了你，你也耿耿于怀，甚至伺机进行报复，那么，即使别人本无敌意，也会最终被你推到敌对的立场上去。

善待他人，营造出和谐、融洽的人际关系，会使人如沐春风，左右逢源。

善待他人并没有我们想象的那么难，与他人交往时，把自己真诚的心拿出来，发自内心地与他人交流沟通。改变自己的冷漠态度，打心底善意地去接受他人，真诚面对他人。不要把自己圈在自己的圈子里，自我封闭。善待他人，从善待身边的人开始，慢慢地你会发现自己也会得到他人对你的善待。

善待自己，更要善待他人，心存善意，善待身边的一切。

水至清则无鱼，人至察则无徒

有一个人自命清高，看不惯尘世，去找禅师诉苦，禅师告诉他：知道"水至清则无鱼"吗？美玉还暗藏瑕疵呢，有雅量、懂包容才是大器，君子亦如是。

古人云：水至清则无鱼，人至察则无徒。水太清了，鱼就无法生存；对别人要求太严了，自己就会没有伙伴。这正是古人眼中与人相处的"中道"。水清当然好，但太清的水，容不了任何微生物生存，也没有任何隐蔽，因此，鱼就无法存活。现实社会里，人能明察是非、分清善恶，当然好，但过分明察秋毫，对别人太过苛刻，就变成了对人求全责备的严苛挑剔，就不能容人了。

圣人曰："君子周而不比，小人比而不周。"周是指包罗万象，好比一个圆满的圆圈，各处都统一；比则是指经常将别人与自己作比较，容不得别人有与自己不同的地方。一个君子的为人处世，就应该平等地对待每一个人，全面看待，并以公正之心待人。如果都希望别人完全和自己一样，则容易流于偏私。比而不周，如果斤斤计较，只和自己友好的、符合自己要求的人做朋友，凡事都以"我"为中心、为标准，这是小人的作为，事物的差异性决定了每个人都不可能是完全一样的，朋

友亦是如此。更何况，人无完人，或多或少都会犯些错误。因而，我们对朋友的要求不能太过严苛，对于小的过失、缺陷，应该予以包容、谅解，并尽量欣赏、鼓励朋友，包容原谅他们的无心或情有可原的小过失，这才是应有的处世待人之道。相比之下，因为一点瑕疵就与朋友划清界限，则称不上是明智之举。

汉末魏初的名士管宁、华歆是从小到大的好朋友，恰同学少年结伴读书。一次，两人一同在园中锄菜，地上有块金子，管宁视而不见，继续挥锄，视非己之财与瓦砾无异，华歆却将金子拾起察看，仔细想过之后又将金子丢弃了。此举被管宁视为见利而动心，非君子之举。

还有一次，两人同席读书，外面路上有官员华丽的轿舆车马经过，前呼后拥十分热闹，管宁依旧同往常一样安心读书，华歆却忍不住将书本丢到一边，跑出去看了一下热闹。此举被管宁视为心慕官绅，亦非君子之举。于是，管宁毅然将两人同坐的席子割开，与华歆分坐，断了交情，说："你不再是我的朋友。"

华歆真如管宁认为的那样不是君子、不值得一交吗？事实并非如此。据史书记载：

华歆自离开管宁后，便出仕为官，并且始终廉洁自奉。当初他受曹操征召将行，"宾客旧人送之者千余人，赠遗数百金"。华歆推辞不过，就暗暗在礼品上做上记号，事后一一送还。魏文帝时，华歆官拜相国，但他一直过着简朴的生活，得到的俸禄大多拿来接济穷苦的亲戚，以至于自己家一直很贫穷。

　　而且，两人绝交后，华歆并不因当初的难堪迁怒于管宁，而是多次向朝廷推荐管宁，鼓励管宁出仕，为社会出力，但管宁拒不接受。

　　从这一点上至少可以看出，华歆这个人是非常豁达、心胸宽广的。而管宁，虽然自比为君子，但显然，他只是一个不合格的、流于偏私的"君子"。

　　倘若我们像管宁一样不能容忍朋友的缺点，看到朋友有一点瑕疵，就否定他，那么估计也没有人愿意和我们成为要好的朋友了。要求所有的人都和自己一样，或者所有的人都那么完美，这只能是一相情愿的想象。照此发展下去，我们就有可能因太过苛刻而流于偏私，从而失去真正值得结交的朋友。

　　交友如此，做人亦是如此。生活中，如果你以严苛、挑剔的眼光看待周围，那么你看到的将是一个不完美的世界，自己也很容易陷入其中。而如果我们善待周围的一切，以宽容、欣赏的眼光来看待这个世界，就会发现你生活的环境是多么的美好。

一位老禅师和一位老农坐在一个小城镇的道路旁下棋。一位陌生人骑马来到他们的身边，把马停下来，向他们问道："师父，请问这里是什么镇？住在这里的居民属于哪种类型？我正想决定是否搬到这里居住。"

老禅师抬头望了一下这位陌生人，反问道："你刚离开的那个小镇上住的人，是属于哪一类的人呢？"

陌生人回答说："住的都是些不三不四的人，素质十分低下，我住在那儿感到不愉快，因此打算搬到这儿来居住。"

老禅师说："施主，恐怕你搬到这里来住也会感到失望的，因为这个镇上的人与你离开的那个镇上的人完全一样。"

过了不久，又有另一位陌生人向老禅师打听同样的情况，老禅师又反问他同样的问题。这位陌生人回答说："啊，我以前居住的小镇上的人都十分友好，我的家人在那儿度过了一段美好的时光，但我正在寻找一个比我以前居住地方更有发展机会的城镇，因此我们搬出来了，尽管我们还很留恋以前的城镇。"

老禅师说道："年轻人，你很幸运，在这里居住的人都是跟你差不多的人，相信你会喜欢他们，他们也会喜欢你的。"

一旁的老农不明白，为什么同样的问题，老禅师给出了不同的答案，甚至是两个截然相反的答案。

老禅师告诉他："念由心生，如果你以欢喜之心待人，自然看万事万物都欢喜，如果你以悲苦之心待人，自然看万事万物都悲苦。"

正如故事中老禅师所说的，如果以欢喜、欣赏的眼光看待这个世界，我们看到的将是美好的风景；而如果以悲苦、挑剔的眼光来对待，我们看到的也将是不尽如人意的景象。

虽然每个人心目中所认为应该的，或我们对每个人所认为应该的，各有不同，但包含"应该"之念是一致的。换言之，我们大多数人常以理想的眼光来看待别人，来要求这个世界的变化。然而，我们却也由此对别人、对世界产生了失望之情。所以，对待世间的人和事，我们应抱有客观公正的态度，既能看到他人的优点，也能包容和理解他人的不足。

水至清则无鱼，人至察则无徒。不妨心存厚道，多以宽容之心待人，君子和而不同，这样我们在交友与交际上也能变得更加游刃有余。

傲气太盛，惹祸上身

有一种人，他们知识非常渊博，便恃才自傲，自视甚高，不懂得尊重别人，甚至对自己也不够自重，非常放荡、任性，所谓"名士风流大不拘"。

这种人在现实中有很多，他们不认为这是缺点，反而常常引以为傲，觉得自己很有个性，却在不知不觉间得罪人，或者根本不在意得罪人，结果往往遭到报复。

智利作家尼高美德斯·古斯曼说过："尊严是人类灵魂中不可糟蹋的东西。"俄国作家陀思妥耶夫斯基也说过："如果你想受人尊敬，那么首要的一点就是你得尊重别人。只有尊重别人，才能赢得别人的尊重。"

可见，尊重他人，才能获得他人的尊重，一定意义上也才能保护自己，否则就算你再有才，也会招来别人的鄙视。

东汉末年的祢衡很有文才，在社会上非常有名气，但是，他恃才傲物，从来不把别人放在眼里，经常放言除了孔融和杨修，"余子碌碌，莫足数也"。他容不得别人，别人自然也容不得他。所以，他"以傲杀身"，被黄祖杀了。

有一次，祢衡经过孔融的推荐，去见曹操。见礼之后，曹操并没有立即让祢衡坐下。祢衡仰天长叹："天地这么大，怎么就没有一个人！"曹操说："我手下有几十个人，都是当今的英雄，怎么能说没人呢？"祢衡说："请讲。"曹操说："荀彧、荀攸、郭嘉、程昱机深智远，就是汉高祖时候的萧何、陈平也比不了；张辽、许褚、李典、乐进勇猛无敌，就是古代猛将岑彭、马武也赶不上；还有从事吕虔、满宠，先锋于禁、徐晃；又有夏侯惇这样的奇才、曹子孝这样的人间福将。怎么能说没人呢？"祢衡笑着说："您错了！这些人我都认识，荀彧可以让他去吊丧问疾，荀攸可以让他去看守坟墓，程昱可以让他去关门闭户，郭嘉可以让他读词念赋，张辽可以让他击鼓鸣金，许褚可以让他牧羊放马，乐进可以让他朗读诏书，李典可以让他传送书信，吕虔可以让他磨刀铸剑，满宠可以让他喝酒吃糟，于禁可以让他背土垒墙，徐晃可以让他屠猪杀狗，夏侯惇称为'完体将军'，曹子孝叫做'要钱太守'。其余的都是衣架、饭囊、酒桶、肉袋罢了！"

曹操听了很生气，说："你有什么能耐？竟敢如此口出狂言？"祢衡说："天文地理，无所不通，三教九流，无所不晓；上可以让皇帝成为尧、舜，下可以跟孔子、颜回媲美。怎能与凡夫俗子相提并论？"这时，张辽站在旁边，拔出剑要杀祢衡，曹操阻止了张辽，悄声对他说："这人名气很大，远近闻名。要是把他杀了，天下人必定说我容不得人。他自以为很了不起，所以我要他任教吏，以便侮辱他。"

一天，祢衡去面见曹操，曹操特意告诉看门人："只要祢衡到了，就立刻让他进来。"祢衡衣衫不整，还拿了一根大手杖，坐在营门外，破口大骂，使曹操侮辱祢衡的目的没能达到。有人又对曹操说："祢衡这小子实在太狂，要杀他还不容易？"曹操说："不过，他在外总算是有一点名气。我把他送给刘表，看看结果又会怎么样吧。"就这样，曹操没有动祢衡一根毫毛，让人把他送到刘表那儿去了。

到了荆州，刘表对祢衡不但很客气，而且"文章言议，非衡不定"。但是，祢衡骄傲之习不改，多次奚落、怠慢刘表。后来，刘表无奈，只好又派人把祢衡送给了江夏太守黄祖。

到了江夏，黄祖也能"礼贤下士"，待祢衡很好。祢衡常常帮助黄祖起草文稿。有一次，黄祖曾经握住他的手说："大名士，大手笔！你真能体察我的心意，把我心里想说的话全写出来啦！"但是，后来在一条船上，祢衡又当众辱骂黄祖，说黄祖"就像庙宇里的神灵，尽管受大家的祭祀，可是一点儿也不灵验"。黄祖下不了台，恼怒之下，把祢衡杀了。祢衡死时不到30岁。曹操知道后说："迂腐的儒士摇唇鼓舌，自己招来杀身之祸。"

祢衡似乎以自己的狂妄自大为傲，以蔑视侮辱他人的方式来树立自己的名声，却不知这是自掘坟墓。

尊重他人才能保护自己，侮辱别人必会招致别人的报复。正所谓"人敬我一尺，我敬人一丈"，以牙还牙，以眼还眼，这是大多数人的共同心理。一个人无论地位和才干平凡还是卓越，只有懂得尊重别人，才能够赢得别人的尊重。

　　每个人都是独立的个体，都应该做天地间大写的人。每一个人都很在意自己的尊严，给别人以尊重胜过给别人以黄金。尊重能换来情感，情感却不是黄金能买到的。黄金能使人弯下自己的腰，尊重却能使人付出自己的心。一个懂得尊重别人的人，才是真正能虏获别人心灵的人。

 ## 满怀一颗好心，满手都是慈悲事

愿做一棵树，给行路人乘凉；愿是一道桥梁，让众生渡过河流到他们的目的地；愿做一盏灯，给众生光明及正确的方向。佛陀教会我们要以慈悲心待人，满怀一颗好心，多做些善事，对人对己都是件好事。多情乃佛心，当我们对世间的人与物用情，多行善事，我们也能像佛陀那样满手都是慈悲事。

慈悲是最大的爱

在广州白云山能仁寺中有这样一副对联，"不俗即仙骨，多情乃佛心"，佛本多情，将天下苍生的喜忧福祸放在心中，这是禅法的心意。

佛本多情，时时惦记着天下苍生。修禅者的心境，是以慈悲之心，普度众生。佛法中的慈，是慈爱众生并给予快乐；而悲则是同感其苦，怜悯众生，并拔除其苦，二者合称为慈悲。大慈大悲正体现了佛心的深情，一个真正成佛的人往往是用情最深的人。

　　佛的慈悲心就像是环绕周身的清新空气，从来不曾远离世间所有生灵。

　　相传释迦牟尼佛在前一世是一位修行者。他日夜不断，诚心诚意，锲而不舍，勇猛精进地修行菩萨道，惊动了天界。天帝为了测试他的诚心，即令侍者化成一只鸽子，自己则变成一只鹰，在鸽子后面穷追不舍。

　　修行者看到鸽子的危难情况，挺身而出，把鸽子放进怀里保护着。老鹰吃不到鸽子，很是不满，责问修行者说："我已经好几天没吃的了，再得不到吃的就会饿死。修行人不是以平等视众生吗？现在你救了它的命，却会害了我的命啊！"

　　修行者道："你说得也有道理，为了表示公平起见，鸽子身上肉有多重，你就在我身上叼多少肉吃吧！"

　　天帝使用法力使放在天平秤上的修行者的肉总是比鸽子肉轻。修行者还是忍痛割下自己的肉，直到割光全身的肉，两边重量还是无法相等。修行者只好舍身爬上天平秤以求均等。

　　天帝看到修行者的舍身，老鹰、鸽子全部变回了原形。天帝问修行者："当你发现自己的肉已割尽，重量还是不相等，你是否有丝毫的悔意或怨恨之心呢？"

　　修行者答道："行菩萨道者应有难行难修、人溺己溺的精

神，为了救度众生的疾苦，即使牺牲生命也在所不惜，怎会有后悔怨恨之心呢？"天帝被他的慈悲心以及无畏的精神所感动，又使用法力，使他恢复原来的健康。

鸽子的生命很重要，老鹰的饥饱也很重要，只有自己不重要，这种"我不入地狱，谁入地狱"的慈悲心使释迦牟尼佛能够坦然地舍弃自我，舍生取义救护众生。

佛陀能以这样的慈悲心待人，正是因为他心中自始至终都有一种"你重要，他重要，我不重要"的观念。佛学大师们也一直以此为自己生活修行的准则，他们认为，正因为内心对佛陀慈悲精神的无限敬仰与憧憬，并以此为言行准则，不知结了多少人缘，免除多少纷争，给人多少希望，予人多少欢喜。所以，佛家大师一向提倡"你大我小，你有我无，你乐我苦，你对我错"，若人人都能如此，人间何愁有什么问题不能解决呢？

一个再平常不过的清晨，洒水车司机发现了一个衣衫褴褛的小男孩一直尾随其后，一条街，又一条街。司机终于忍不住好奇，停车询问。原来小男孩是个孤儿，今天是他的生日，而洒水车放出的音乐，正是那首《祝你生日快乐》。司机得知原委，双眼潮热，邀请小男孩坐在驾驶室。那个清晨，整个城市便飘荡着温馨的生日歌。

生命因有了爱，而更加富有，因付出了爱而更有价值，更为芬芳。不过一首生日歌，就给一个小孩带来了莫大的快乐，温暖着小男孩，其实也温暖着每一个读到这个故事的人。慈悲的力量，其大不可描摹，不可估量，由此可见一斑。

俗话说，"投我以桃，报之以李"，今天我们帮助他人，给予他人方便，他人可能不会马上报答我们，但他会记住我们的好，也许会在我们不如意时给以回报。退一万步来说，我们帮助别人，他即使不会报答我们，但可以肯定的是，他日后至少不会做出对我们不利的事情。如果大家都不做不利于我们的事情，这不也是一种极大的帮助吗？

生活的目标是善良，这是我们的灵魂所固有的一种感情。行善是一种美德。善行既可以帮助身处困境中的人，又可以使自己的心灵得到安慰，使自己的修养得到提升。

当我们将手中的鲜花送与别人时，自己已经闻到了鲜花的芳香；而当我们要把泥巴甩向其他人的时候，自己的手已经被污泥染脏。与其在自我中心导致的疏远冷漠中承受孤单，不如走出自我封闭的心门，在融洽的互相交往中感受快乐——彼此的快乐。

愿做一棵树，给行路人乘凉；愿是一道桥梁，让众生渡过河流到他们的目的地；愿做一盏灯，给众生光明及正确的

方向。

　　佛陀教会我们要以慈悲心待人，满怀一颗好心，多做些善事，对人对己都是件好事。

　　多情乃佛心，当我们对世间的人与物用情，多行善事，我们也能像佛陀那样满手都是慈悲事。

本是仙佛种，随处可开花

　　几百年前，有一位读书人到处拜佛求仙，访到宜兰一座山上，就在崖上题了一首诗：三十三天天重天，白云里面有神仙。神仙本是凡人做，只怕凡人心不坚。

　　这是怎样的一个道士，又是怎样的一颗了悟之心才能写下这样的一首诗呢？

　　在智者的眼中，佛本来就是凡人修的，所以他如此平凡。人人皆可成仙、成佛、成鬼、成神；所有的变化都起源于自己的智慧。只要你这个人是向上的，心生欢喜，心生平等，心生慈悲，便能随处开花得果，提升自己的生命境界，最终成佛。

　　因为，每个人都是佛在尘世洒下的一粒种子，都可能开花，每个人都可成仙成佛。

　　佛在《占察善恶业报经》中云："如来法身自性不空，有真实体，具足无量清净功业，从无始世来自然圆满，非修非作，乃至一切众生身中亦皆具足，不变不异，无增无减。"因此，在佛教中的"佛"并非"禅"而是人，并且佛陀当初在证悟真理时，第一句宣言就说："一切众生皆有佛性！"众生由于因果业报千差万别，众生的本体自性却并无二致。所以说，任何人都不必妄自菲薄，也不要把神仙看得太虚幻，只要你想，你也能修成佛法。

在人类这个生命的小宇宙里，所有生物的生命现象，人都具备了，只是大家没有回转来分析自己罢了。其实，人与佛的差异都是人所定的。人人心中皆有佛性。

有个小和尚曾满怀疑惑地去见师父："师父，您说好人坏人都可以度，问题是坏人已经失去了人的本质，如何算是人呢？既不是人，就不应该度化他。"

师父没有立刻作答，只是拿起笔在纸上写了个"我"，但字是反写的，如同印章上的文字左右颠倒。

"这是什么？"师父问。"这是个字。"小和尚说，"但是写反了！"

"什么字呢？"答："'我'字！"

"写反了的'我'字算不算字？"师父追问。

"不算！"

"既然不算，你为什么说它是个'我'字？"

"算！"小和尚立刻改口。

"既算是个字，你为什么说它反了呢？"

小和尚怔住了，不知怎样作答。

"正字是字，反字也是字，你说它是'我'字，又认得出那是反字，主要是因为你心里认得真正的'我'字；相反，如果你原不识字，就算我写反了，你也无法分辨，只怕当人告诉你那是个'我'字之后，遇到正写的'我'字，你倒要说是写反了。"师父说，"同样的道理，好人是人，坏人也是人，最重要的是你须识得人的本性。于是，当你遇到恶人的时候，仍然一眼便能见到他的'本质'，并唤出他的'本真'；本真既明，便不难度化了。"

师父的意思再明白不过，在这个世界上，佛与众生没有任何差别，每个人都是佛。每个佛也都是最平凡的人，一个人只要体悟到般若的智慧，就和佛无差别了，因此，如果要去度人，当然也要度坏人，如果这世上都是好人，还需要去度谁呢？

清末民初的国学巨擘章太炎先生在《齐物论释》一书中，阐述了"万物都是平等的，没有高低贵贱之分"这样一个观点。我们可以从中引申出这样一个结论，既然万物都是平等的，没有高低贵贱，那么每个个体就都是一个自在自足的个体，就像佛家所说的那样，自性自然圆满。

心、佛、众生原无差别，只是人的心理在作怪。

一大早，寺院门口就吵闹不休，玄素禅师前去询问，了解到原来是一个屠夫想要进寺烧香拜佛，但是寺里的僧人嫌他满手血腥，不肯让他进殿，于是双方就发生了争执。玄素禅师看到这个情景，立刻阻止了众僧人。

他问道："为何事在这里吵闹？"

旁边的僧人说道："这个屠夫每天杀猪宰牛，双手沾满了血腥与罪孽，怎么能让他破坏佛门的清净呢？"

旁边的人也附和道："每天晚上，他家里就会传来猪狗牛羊的哀叫声，听得人心烦，让人无法入睡，像他这样的人怎么可以到这里来呢？"

玄素禅师说道："你们这样说就不对了，他身为屠夫，为了生计被迫屠宰生灵，一定于心不安，有很多罪需要忏悔。佛门为十方善人而开，也为度化十方恶人而开。"

屠夫满面感激，来到禅师面前说："方丈慈悲，我杀孽太重，于心不安，于是我想要请方丈和各位法师到我家里去，我准备在家里办斋供养各位，以安慰我不安的心。我们全家斋戒沐浴三日，恳请各位光临寒舍，助我完成这个心愿。"

众人听了他的话，摇头不止。玄素禅师却用微笑化解了，

他说道："在佛面前，人人平等，每个人都有同样的机会，只要与佛有缘，就可度他，佛门慈悲，不会舍弃任何人。"

屠夫也好，显贵也罢；刽子手也好，慈善家也罢，在佛陀眼里，皆为平等，哪里分谁聪明，谁愚钝，谁善良，谁凶恶呢？所以玄素禅师不但毫不犹豫，而且欣然愉快地接受屠夫的邀请去屠夫家做客。

将人分为三六九等，认为觉悟正道，得超得度只是少数特权者的专利，仅仅是人的妄想，违背了佛的本意。有尊卑贵贱分别之心的人，永远不能成为悟者。

心、佛、众生是没有差别的，每个人都是佛在尘世洒下的一粒种子，只是很多人沉沦于俗世，不能自拔，所以迷失了自己的本性，误认为佛和人不同。

因此，每个人都不必妄自菲薄，只要人们愿意满怀一颗慈悲之心，舍弃一切去修行，一样能够有所了悟。

怀一颗平等心待人待己

佛经说："心、佛、众生，三无差别，平等平等。"但也有人说："世间没有完全平等的事情。"诚然，事相上的平等很难达成，但我们可以从心理上建立平等的观念。世间大小尊卑岂有一定的标准？我们唯有摒除成见，彼此共尊，人我同等，怀待己之心去待人，相互接纳，才能和平相处，共享安乐，也才能真正领悟佛法中"众生平等"的真谛。

佛道求真性，尊重人的自性与本性，这也是佛家中尊重人的地方。佛重视发展人的自身潜能，主张自修自悟。同样的道理，用自己的心推及别人，自己希望怎样生活，就想到别人也会希望怎样生活，怀着待己之心去对待他人，做到众生平等，那么也就能很好地理解所看到的一些事情了。

如果没有平等，便谈不上善良。这正如一个高高在上的有钱人施舍一点残羹冷炙给乞丐，这不是善良，而是怜悯。佛法中的慈悲与善良之所以伟大，就在于佛祖是站在与众生平等的位置上来展示自己的慈悲与善良的。

凡事能怀着待己之心来对待他人，平等对待世间事物，这是一种高尚的人格修养，也是一种同理心的表现。在与人交往的过程中，要能够体会他人的情绪和想法、理解他人的立场和感受，并站在他人的角度来思考和处理问题。做到平等待人，也就容易获得他人的尊重。

周文王是商末西方诸侯之首，他为了作好兴周灭商的准备，在政治上广泛收罗人才，礼贤下士。

有一天，周文王到位于渭水不远的地方打猎，在溪边看见

一个老人端坐在潭边垂钓。此人长须飘拂，仪态安详怡然。只见他一本正经，目不斜视地垂钓，文王走到近旁也不敢惊动。过了一会儿，老人把渔竿向上一提，没见提上鱼来，却见尾端系着一个直钩，文王不禁地说："直钩钓鱼能钓上来吗？"老人慢条斯理地说："我做事从不强求，愿者上钩嘛。"

文王见此人见识不凡，便上前深施一礼，并问起他的姓名。在交谈中文王才知道他姓姜名尚，又名牙，人称姜子牙。此人曾在商都朝歌屠牛卖肉，又在各处卖酒，一直穷困潦倒，连妻子也离他而去另嫁他人，年过花甲仍无用武之地。他听说文王礼贤下士，就来投奔。但无人引见，只好天天在渭水边钓鱼，等待时机。

他与文王一番谈话很有见地。文王丝毫不因为他的贫贱而产生傲慢心理，他说："当年我的先祖太公曾说过，将来一定会有圣人来到我们这里，帮助我们兴旺发达起来。先生恐怕就是那位圣人吧？从我们太公起，到先父，到我，盼望您很久了。"于是姜子牙随文王回国都，尽心辅佐周文王。

文王渭水屈身访贤的故事传遍全国，许多有本事的人知道文王礼贤下士，纷纷前来归附。文王对所有贤士都很恭敬、信赖，不讲地位、身份、贵贱，使众谋士鞠躬尽瘁忠心辅助文王。

周文王正是做到了礼贤下士，平等对待每一个人，才得到了这么多贤士的拥戴和辅佐，终成就了一方霸业。

　　在与人交往中，想要建立好人缘，需要我们敞开心扉，摆脱世俗的偏见，而不能有高低贵贱的想法在心中。因为只有平等待人，别人才愿意接纳我们，也才能够赢得别人的尊重。如果总是以居高临下的姿态去对待别人，就会失去很多愿意和我们做朋友的人。

　　在生活中，我们少不了要与人合作。这就需要我们平等地对待他人，并且要互相尊重、互相理解，这样我们的交流与合作才能顺畅进行。

　　众生皆平等。生活中，需要我们以平等、真诚的心待人，学会换位思考，以待己之心去对待他人。

慈悲无处不在

　　古诗有云："慈悲兹心亦非心，无心慈悲是真心，真心慈悲无兹心，无心权作有心心。"意思是说，真正的慈悲之心是忘我的，没有任何私心杂念的。在佛家的眼中，宁可失去一切，也不能没有慈悲。慈悲无处不在，即使是一滴水中也有大慈悲。

　　世界是一个统一的整体，我们从来都是与我们周围的事物

和自然融于一体的，对它们进行关怀，实际上也是在关怀我们自身。万事万物在自然界原本都是应该享有自由的。因此，常存一颗悯物的心，不仅仅是一种博大的情怀，更是对人生与自然的一种理解和顿悟。

出家人以慈悲为怀，他们视众生为平等，也望众生彼此平等以待，互尊互敬，这份慈悲之心不言而喻。佛法十分注重慈善之心，而且一直都教导人们一心向善。佛法对善良的理解往往要比我们在世俗中的理解深刻得多，这也正是佛法的高深所在。佛法中的慈悲与善良之所以伟大，就在于佛是站在与众生平等的位置上处处来展示自己的慈悲与善良的。但凡在修习佛法上得道的高僧，其慈悲之心皆不输佛。比如历史上有一位如滴水和尚，便是在慈悲中豁然开悟。

滴水和尚19岁时就上了曹源寺，拜仪山和尚为师，刚开始时，只被派去替和尚们烧水洗澡。

有一次，师父洗澡嫌水太热，便让他去提一桶冷水来冲凉。他便去提了凉水来，把热水调凉了，他先把部分热水泼在地上，又把多余的冷水也泼在地上。

师父便骂他："你这么冒冒失失的，地下有多少蝼蚁、草根，这么烫的水下去，会坏掉多少性命。而剩下的凉水，用来浇灌，可活草、树。你若无慈悲之心，出家又为了什么呢？"

他于是开悟了，并以"滴水"为号。

这就是"曹源一滴水"的故事。曹源既是曹源寺，也是曹溪的源头，这正是真禅的源头，即后来六祖慧能修身过的曹溪。

佛法对人是十分讲究慈悲的，甚至延及所有生灵，即使是再小再卑微如一只毫不起眼的小蚂蚁，在佛家眼中那也是一条生命，它与我们人类的生命本质上并没有什么区别，也应该享有生命的权利和尊严。

佛的戒律规定，佛家弟子们不但不做饭，连种田也是犯戒的，一锄头下去，泥土里不晓得死多少生命，所以不准种田。夏天，弟子们集中在一起修行、打坐，不准出来。因为印度是热带，夏天虫蚁特别多，随便走路踩死了很多生命，故不准许。在夏天以前先把粮食集中好了应用，到了秋凉以后才开始化缘。

佛法中不杀生、众生平等的观念、教义都极为深刻地体现了佛法对宇宙间生命的尊重与关怀。释迦牟尼佛曰："一滴水中有四万八千虫。"一个生命，无论其多么卑微，在这个世界上都应该有自己的一席之地。即便是水中看不见的生物，一样应该得到人的敬重，一滴水中也有三千慈悲。

在这偌大的一个地球当中，人们与身边的人、事、物有着

藕断丝连的关系，既然共生于同一个空间，我们就应该互尊互敬，平等友爱。生命的联系当中存在着一个又一个的蝴蝶效应。可能因为我们的某一件错事，引发了一连串的反映，最后遭殃的还是我们。所以对众生抱有慈悲之心，对生活抱着平和度日的态度，不但世界可以消除争端，人的内心也会自在。

但是慈悲也必须以智能为前导，否则便会弄巧成拙。只有慈悲，没有智能，好比飞鸟片翼、车舆单轮，无法飞翔行走，圆满成功。没有智慧引导的慈悲，便很可能会泛滥。所以，在大师的眼中，真正的慈悲，不仅是微笑、赞美而已，有时严厉的折服也是慈悲。

一般来说，常常到寺院中拜佛的人会发现这样的细节：一进山门，首先便会看到一尊弥勒佛，他笑容满面，在山口欢天喜地地迎接所有信徒；但进入山门之后，便会看到威严的韦陀护法天将，他手拿金刚杵，身穿盔甲，面色严肃令人不由得心生畏惧。

"有的人在爱的慈悲鼓励中可以进步，有的人在严厉的折服里有所警惕。"所以，严厉有时候也是一种慈悲。

不管是严厉的慈悲，还是微笑的慈悲，都是众生的大慈悲。

只要我们有一念之慈，万物皆善；只要我们有一心之慈，万物皆庆。一念慈悲，不会伤害万物，万物当然欢喜；一心实践慈悲，万物受到爱护，当然就会庆幸。

一滴水珠中也有三千慈悲，希望我们都能满怀慈悲之心对待他人，世界也将充满慈悲。

生是一连串的责任累积

责任，是一种天赋的使命。每个人来到这个世上，都需要承担责任，没有责任的人生是空虚的，不敢承担责任的人是脆弱的。敢于承担责任，才能获得别人的尊敬和信任，获得人生的成就感和自豪感。

每个人来到这个世上，都需要承担责任，其实，生命就是一连串的责任的不断累积。为人的一生，要对自己负责，要对父母负责，要对子女负责，要对工作负责，要对社会和国家负责。没有责任的人生是空虚的，不敢承担责任的人生是脆弱的。

责任就是一种使命，每个人都有责任感，每个人都为不辱使命而努力。责任能激发人的潜能，也能唤醒人的良知。给人责任，也就是给了信任和真诚；有责任，也就成就了尊严和使命。

一个劫犯在抢劫银行时被警察包围，无路可退。情急之下，劫犯顺手从人群中拉过一个人来当人质。他用枪顶着人质的头部，威胁警察不要走近，并且喝令人质要听从他的命令。警察四面包围，劫犯挟持着人质向外突围。突然，人质大声呻吟起来。劫犯忙喝令人质住口，但人质的呻吟声越来越大，最后竟然成了痛苦的呐喊。劫犯慌乱之中才注意到人质原来是一个孕妇，她痛苦的声音和表情证明她在极度惊吓之下马上要生产了。鲜血已经染红了孕妇的衣服，情况十分危急。

一边是漫长无期的牢狱之灾，一边是一个即将出生的生命。劫犯犹豫了，选择一个便意味着放弃另一个，而每一个选择都是无比艰难的。四周的人群，包括警察在内都注视着劫犯的一举一动，因为劫犯目前的选择是一场良心、道德与金钱、罪恶的较量。

终于，他将枪扔在了地上，随即举起了双手。警察一拥而上，围观者竟然响起了掌声。

孕妇不能自持，众人要送她去医院。已戴上手铐的劫犯忽然说："请等一等好吗？我是医生！"警察迟疑了一下，劫犯继续说："孕妇已无法坚持到医院，随时会有生命危险，请相信我！"警察终于打开了劫犯的手铐。

一声洪亮的啼哭声惊动了所有听到它的人，人们高呼"万岁"，相互拥抱。劫犯双手沾满鲜血——是一个崭新生命的鲜血，而不是罪恶的鲜血。他的脸上挂着职业的满足和微笑。人们向他致意，忘了他是一个劫犯。

警察将手铐戴在他手上，他说："谢谢你们让我尽了一个医生的职责。这个小生命是我从医以来第一个从我枪口下出生的婴儿，他的勇敢征服了我。我现在希望自己不是劫犯，而是一名救死扶伤的医生。"

责任，是天地交给我们的使命，在我们的血液里不息地流淌……一个罪犯的良知在面对责任时竟变得纯洁和虔敬，故事中的医生在职责的召唤中，终于选择了复活。这就是责任的力量！

责任的力量是无与伦比的：是责任使落叶归根，是责任使乌鸦反哺，是责任促使运动场上的英雄为了祖国而狂声呐喊……无论是罪恶还是污秽，一旦遭遇责任这样的主题，都会如阴暗角落里的螨类，在阳光中无处可逃。

生是一连串的责任累积，责任是来自自我的要求和别人的期许。

爱出者爱返，福往者福来

有一个青年苦于现实生活的郁闷、惆怅，情绪非常低迷，

于是便到庙里走一走。

到了寺院，但见寺庙里香客不断，檀香馥郁。再看香客们的脸，一张张都写满坦然、安详、幸福，他有些迷惑：莫非佛门真乃净地，果真能净化众生的心灵？

流连寺院中，但见一位在枯树下潜心打坐的佛门老者，那入迷之态止住了他的脚步。走近细看，老者那面露慈祥却心纳天下的表情强烈地震撼了他——原来一个人能超然物外地活着是多么美好！

他悄然坐在了老者身边，请求老者开示。他向老者谈了他心中的苦痛，然后问："为什么现代人之间钩心斗角，纷争不已？"

老者拈须而笑，铿锵而悠长地说："我送你一句佛语吧。"老者一字一顿说的是："爱出者爱返，福往者福来！"

青年幡然醒悟！听佛门一偈语，胜读十年书啊！如果芸芸众生都能明白这个道理，这个世界岂不成了人间净土，又何来那么多的失意、忧烦、痛苦啊？

正如老者所言的，人们之所以不快乐，是因为他们不明白爱出者爱返，福往者福来的道理啊。如果心中有爱，胸中有福，只是一人独享，而却不与人分享，那人生又有什么快乐可言呢？

"爱出者爱返，福往者福来。"这是佛家对善念的推崇，为他人奉献善心，为社会造福祉，他人和社会必定会以善回报于我们。这就好比因果循环，我们种下了什么样的因，也将会收获什么样的果。

福往与福来犹如一对因果。追前因，才能逐后果，不执著于世俗的成果，才能找到人生的真谛。人们往往忽视了自己也是需要付出的，而去一味地寻求结果，结果只会导致不分青红皂白地怨天尤人，抱怨自己没有得到福来。福往与福来间，我们都要为自己的举动负责，因果之间不只是简单的报应关系，而是一种对责任的深化。

因果报应作为佛法教义中非常重要的一部分，是佛法世界观、人生观的精华所在。但在中国，这种思想并不是起源于佛教。《易经》中很早就有了这种思想，如："积善之家，必有余庆，积不善之家，必有余殃。"而孟子在与邹穆公对话时，引用了曾子的话，"出乎尔者，反乎尔者也"，这都是因果报应的观念。古今中外，一切事情都逃不开这个因果律。

因果，最简单的解释，就是"种什么因，得什么果"，这是自然界的普遍法则，世界上没有任何一种结果不是从它的原因生成，正所谓"种瓜得瓜，种豆得豆"，福往者才能福来。关于因果之缘的古今轶事，实在不胜枚举。

　　春秋时期，秦穆公在岐山有一个王室牧场，饲养着各种名马。有一天几匹马跑掉了，管理牧场的牧官大为惊恐，因为一旦被大王知道，定遭斩首。牧官四处寻找，结果在山下附近的村庄找到了部分疑似马骨的骨头，心想，马一定是被这些农民吃掉了。牧官大为愤怒，把这个村庄的三百个农民全部判以死刑，并交给穆公。

　　牧官怕秦穆公震怒，于是带领这些农民向穆公报告说，这些农民把王室牧场里的名马吃掉了，因此才判他们死刑。穆公听了不但不怒，还说这几匹名马是精肉质，就赏赐给他们下酒。结果这三百个农人被免除了死刑，高兴地回家了。

　　几年后，秦穆公与晋惠公交战，陷入绝境，士兵被敌军包围，眼看快被消灭，穆公自己也性命堪忧。这时敌军的一角开始崩裂，一群骑马的士兵冲进来，靠近秦穆公的军队协助战斗，这些人非常勇猛，只见晋军节节败退，最后只得全部撤走，穆公脱离险境。到达安全地点后，穆公向这些勇敢善战的士兵表达自己的谢意，并问他们是哪里的队伍。他们回答说：我们是以前吃了大王的名马，而被赦免死罪的农民。

　　这个故事正是验证了佛语所云的福往者福来，你对别人付出，总有一天也会收到他人对你的回报。因果即此理也，一念之善救人救己，人生就是如此。

一个人在其漫长的一生中所走的每一步，都已为明天埋下了伏笔。我们所做的每一件事，都如同我们撒下的一粒种子，在时光的滋润下，那些种子慢慢生根、发芽、抽枝、开花，最终结出属于自己的果实。我们自己所种下的因，遇到适合的条件就会产生一个结果。在这个世界上，因果自有定，做人不执著，不自私，不占有，为而无为，所得与所想，虽常不一致，但皆由人自己制造。

我们种了什么种子，自然结出什么果子。善得善果，恶得恶果。因果不辜负人，同时也在教育着人。这是佛法的智慧，也是人们应该认真思考的哲学观点。

因果是由万法因缘所起的"因力"操纵，由诸法摄受所成之"因相"主使，有其超然独立的特性。人可以改变天意，但不能改变天理，也就是不能改变因果；因分果分，是佛陀证悟之性海，为三际诸佛自知之法界，是不可妄加厘测的。

世间的爱就犹如这因果一样可以循环。爱，给予别人，不见得有直接的回报，但最终也会循环到自己身上。如果每个人在爱护自己的同时，也去关爱别人，那么最终自己也能得到更好的爱护。

爱出者爱返，福往者福来。世间的爱与福皆在这因果当中，留等我们去播撒与收获。

慈悲没有形式

内心的戒律往往胜过外在的拘束。佛法用慈悲心和智慧心来面对生活，力行实证，让我们在繁忙中领悟到源自内心的人生幸福真谛。慈悲心像是苦海的舟航、黑夜的明灯、救世的良方。也因此，慈悲布施不一定非要遵循某种固定的形式，只要守住心戒，保持理智，坚守内心的戒律，形式大可不必拘泥。所谓慈悲没有形式。我们不妨来看看这三兄弟是怎么做的。

有兄弟三人，虽然没有出家，但是喜好打坐参禅，时日一久，为了求更高的悟境，一起相约出外行脚云游。

有一天，在日落时他们借宿于一个村庄，恰巧这户人家的妇人刚死去丈夫，带了七个子女生活，第二天三兄弟正要上路的时候，最小的弟弟就对两位哥哥道："你们两位前往参学吧！我决定留在这里不走了。"两位哥哥对于弟弟的变节非常不满，认为他太没有志气，出外参学见到一个寡妇就动心想留下来，于是他们气愤地拂袖而去。

寡妇看到弟弟一表人才，就自愿以身相许。弟弟说："你丈夫刚死不久，我们马上就结婚实在不好，你应该为丈夫守孝三年，再谈婚事。"三年以后，女方提出结婚的要求，弟弟再次拒绝道："如果我和你结婚实在对不起你的丈夫，让我也为他守孝三年吧！"三年后，女方又提出结婚要求，弟弟再度婉拒道："为了彼此将来的幸福美满，无愧于心，我们共同为你的丈夫守孝三年再结婚吧！"三年、三年、再三年，经过九年，这一户人家的小儿小女都长大了，弟弟看到他助人的心意已完成，就和妇人道别，独自走上求道的路，最终他成就了佛果。

一个妇道人家要独自抚育七个年幼的孩子实在不容易，幸好有人愿意帮助她。最小的弟弟虽然不入山打坐，但甘心帮助一家孤儿寡母，不为世间的五尘六欲所转，反而将秽土转变为净域，可以说这位弟弟才是真正懂得佛的慈悲的人。而当初误以为他贪恋女色的两位兄长又怎么懂得他内心的真实想法呢？

慈悲的方式多种多样，只要出于慈悲、守住心戒，即使违背了修行中某些形式上的戒律，也依然能够修成正果。关于慈悲和守戒，还有一段荣西禅师的往事：

有一次，一个穷人来到荣西禅师面前，向他哭诉："我们家已经好几天揭不开锅了，上有老，下有小，一家人眼看就要饿死了，请师父发发慈悲，救救我们吧，我们一家人将感激不尽，永远记得师父的恩德……"

荣西禅师面露难色，虽然他想救这家人，可是连年大旱，

寺里也是吃了上顿没下顿，让他如何救这家可怜的穷苦人呢？荣西禅师一时束手无策。

突然，他看到身旁的佛像，佛像身上是镀金的，于是他就毫不犹豫地攀到了佛像上，用刀将佛像上的金子刮了下来，用布包好，然后交给穷汉，说道："这些金子，你拿去卖掉，换些食物，救你的家人吧！"

那个穷人看到禅师这样，于心不忍地说道："我这是罪过呀，逼得禅师为难！"

荣西禅师的弟子也忍不住说："佛祖身上的金子就是佛祖的衣服，师父怎可拿去送人！这不是冒犯佛祖吗？这不是对佛祖大不敬吗？"

荣西禅师义正词严地回答："你说得对，可是我佛慈悲，他肯定愿意用自己身上的肉来布施众生，这正是我佛的心愿啊，更何况只是他身上的衣服呢！这家人眼看就要饿死了，即使把整个佛身都给了他，也是符合佛的愿望的。如果我这样做要入地狱的话，只要能够拯救众生，那我赴汤蹈火也在所不辞！"

虽然荣西禅师的行为看起来已经破戒，但是这种不顾个人修行，只为他人着想的胸怀，不正是慈悲的菩萨行为吗？

斑斓的蘑菇看上去很美，但却是有毒的，只能远观而不可品尝；绚烂的花朵令人欣羡，却可能是捕食其他生命的陷阱。世间的美并非都与善相关，而所有的善行，即使没有光鲜的外表，却都是美丽的。

所以，佛家讲究的慈悲并不是只有单一的形式。为了心中坚持的信念，有很多人选择了怒目金刚，舍身入地狱。慈悲不是一味地后退与忍让，不是毫无原则地迁就，而是面对给众生带来大苦难的罪恶能毫不犹豫地举起手中的屠刀捍卫无辜。佛说："放下屠刀，立地成佛。"然而，怒目的金刚宁愿拿起禅杖，扫荡一切妖魔，换来苍生的安宁。

所以，慈悲也可以有不一样的形式，有些看似严厉的行为却是大慈大悲。慈悲很重要，但重要之处并不在于形式，而是发自内心的善，就如戒律之严在于心，而不全在参禅打坐之间。

只要我们能心怀慈悲，保持理智，坚持心戒，那么慈悲的形式也就变得没那么重要了。

满怀好心，多行善事

世间什么最美，我们也许能从下面这段对话得到答案。

弥兰王曾向那先比丘求道："请问大师，世间哪里的水比

大海之水更多呢？"

"比大海之水还要多的是佛法甘露的一滴水。"那先比丘回答说。

"为什么？"弥兰王百思不解。

"这一滴水，可以消除众生罪业，洗净身心，所以比大海之水更加有力，更加充沛。"

禅机总是简单而深邃的。一滴水便是一颗饱满的慈心，比大海更有力，更充沛。

曾经从竹林旁经过的人，会得出这样一份意外的发现。几场春雨过后，春笋从湿润的泥土中探出头来，鲜嫩的绿色瞬间充溢了全部的视野；初夏时节，竹林绿荫成片，绿的叶，青的竿，投下一片浓浓的绿荫；秋风拂过，竹林一片金黄，竹叶在微风的轻抚下翩翩起舞；隆冬来临，积雪覆盖之下，有无数生命正等待春暖花开，蓄势待发。

从为世人贡献的角度来看，竹子是世间最美好的植物，它以根、枝、叶、茎丰富人之所需，无私的奉献，得到世人的普遍喜爱。夏竹迎风摇曳，有招风驱暑之妙；竹声有如天籁，竹笛奏出美妙的乐音，给人间平添悠扬旋律。竹子的自在，竹子的柔美，竹子的宁静，竹子的节操，所谓"青青翠竹无非般若"，正是修身养性之妙用。

竹子的品质，不仅体现在那高洁傲岸的情操，还在其默默奉献的精神中。"出世予人惠，捐躯亦自豪"，它以其短暂的一生，从根到梢，从竿到叶，默默地奉献出来，无怪乎人们对其毫不吝啬地赞美。

佛陀降生于古印度，成道后，四处游化，阐释着人生的真理，广说佛法之要，教化了无数的弟子。他就像是慈父，也如同黑暗中的一盏明灯！

这一天，佛陀亲自巡视弟子的房间，看见一位比丘躺在床上，于是问道："你的身体是否安好，心中是否有烦恼？"这位比丘很想向佛陀恭敬地礼拜，于是努力地想撑起身子，但是因为疲惫不堪，所以根本无法起身。

佛陀见状，慈悯地来到比丘身旁慰问："你怎么病得这么重，却无人照顾呢？"比丘说："出家至今，我生性懒散，看见病人也不曾细心照料、关怀他人，所以自己生病了，也就没有人愿意前来关心，我真是感到惭愧啊！"

佛陀听完后，便亲自清理比丘的排泄秽物，把比丘的房间打扫得干干净净。

这时帝释天看到佛陀的慈心，也前来用水洗浴比丘的身体，而佛陀也以手轻轻地抚摸比丘。顿时，比丘身心安稳、全身舒畅，一切苦痛顿时化为清凉。佛陀这时对比丘说："你出

家至今甚为放逸，不知勤求出离生死、解脱烦恼，所以才会身染疾苦，希望你从今天起，要精进用功。"比丘听后，便至诚地向佛陀顶礼忏悔："佛啊！承蒙您的探望与庇佑，如果不是佛光普耀、慈悲摄受，恐怕弟子早已身亡，轮回六道了。弟子从今日起，一定会发大心，上求佛道、普度群迷。"比丘真心忏悔并且精勤办道，后来即得证阿罗汉果。

佛陀不畏劳苦、不避污秽的行为感动了比丘，让他从内心深处产生一种向佛的力量，正是这种力量，敦促他修成正果。

佛法大乘菩萨道的精神，就是为利益一切众生而有所作为，处处牺牲自我，成就他人，应如是布施，应万缘放下，利益他人的身心。这才是生命的最高道德，也是宗教最闪耀的情怀，是世间最美丽的心灵。

播下慈悲的种子，世人都可享用丰硕的果实；留下几句仁爱的语言，世间都将充满温暖的和风。种子探头笑，和风拂柳枝，此中风情，此间美丽，都令人心中漾满欢喜。

法水清净明澈，能洗涤众生罪业，所以比大海之水更加有力、充沛。而世间之最美，皆由内心出发。美丽的容颜无法历久不衰，美丽的心却能永远动人，唯有心善、心真、心慈，显现于外的相貌、举止、气质才让人动心。

世间最美，皆由心生，愿人人都能有此感悟，并以此为自己做人的准则，满怀好心，多行善事。

做一辈子善事才是觉悟

"欲得净土，当净其心，随其心净，即佛土净"。净心不仅要去除怒心、嗔心、淫心，还要从根本上去除私心。

去除私心不一定要在表面上标榜大仁大义，而应该是一种由内而外的自然而然的心灵净化，从心底里为他人着想，把他人的苦痛当成自己的苦痛，为了让他人脱离苦海，而甘愿牺牲自己的利益。拥有清净心的人，必定由此清净心而生出无尽的大爱。

做人修行，做一件善事、一天善事并不难，难的是一辈子行善，在佛家看来，前者是布施积福，后者才是真正的觉悟。正所谓大爱无私，至善无痕也正是想成佛之人所必须拥有的品质。大爱无私，并依循行为上的善行成就，福德成就，自然可以成佛。所以学佛只有两种要事，一个是智慧资粮，一个是福德资粮。譬如我们现在研究《金刚经》，以及所有的佛经，都是找智慧，就是储备智慧的资粮。诸恶莫作，众善奉行，是找福德的资粮，智慧不够不能成佛，虽有智慧，福报不够也不能成佛。

那么究竟怎样才能成佛呢？参禅打坐，云游四海？成佛很困难吗？需要几十年甚至一生的艰苦修行？佛学大师给出的答案是："浩瀚的佛经有九千多卷，其实只要我们能谨守这八字真言——'诸恶莫作，众善奉行'即可消灾免难，如意安康。"

唐代诗人白居易喜欢佛法，有一次，他听说鸟巢禅师的修行相当高，于是专程到鸟巢禅师的住处去请教。白居易问鸟巢禅师："佛法的大意是什么？"鸟巢禅师答："诸恶莫作，众善奉行。"白居易鼻孔里哼了一声，说："这个，三岁的小孩也知道这样说。"

鸟巢禅师说："虽然三岁的小孩也说得出，但未必八十的老翁能够做到。"白居易心中服膺，便施礼退下了。

"诸恶莫作，众善奉行。"白居易听到禅师的答案，不以为然，认为佛法就这么简单吗？但禅师的回答却是发人深省的，道理虽然简单，但是又有几个人能够真正奉行呢？如果有人能真正的奉行，那他就真的离成佛不远了。

成佛需要莫作诸恶，并尽量做到至善。这就要求能够大爱无疆，把他人的痛苦看得和自己的一样重要，想他人之所想，尽心行善，至善了无痕。

做人也是如此，成就圆满，就要有至善的心，以一颗爱心惠及他人，不仅可以温暖他人，也能实现自己的生命价值。

小镇上有一家菜摊，平时顾客不多，因为这里的人都比较穷，买不起菜。不过，经常有些穷人家的孩子来这里转悠。虽然他们只是玩，可店主还是像对待大人一样与他们打招呼。"孩子们，今天还好吧？"

　　"我很好，谢谢。老板，这些马铃薯看起来真不错。"

　　"可不是嘛。你妈妈身体怎么样？"

　　"还好，一直在好转。"

　　"那就好。你想要点什么吗？"

　　"不，先生。我只是觉得你的马铃薯真新鲜！"

　　"你要带点儿回家吗？"

　　"不，先生。我没钱买。"

　　"用东西交换也可以呀！"

　　"哦……我只有几颗赢来的玻璃球。"

　　"真的吗？让我看看。"

　　"给，你看。这是最好的。"

　　"看得出来。嗯，只不过这是个蓝色的，我想要个红色的。你家里有红色的吗？"

　　"差不多有吧！"

　　"这样，你先把这袋马铃薯带回家，下次来的时候让我看看那个红色玻璃球。"

"一定。谢谢你，老板。"

每次店主和这些小顾客交谈时，店主太太就会默默地站在一旁，面带微笑地看着他们。她熟悉这种游戏，也理解丈夫所做的一切。

镇上很多贫困的人家没有钱买菜，也没有任何值钱的东西可以交换。为了帮助他们，他就这样假装着和孩子们为一个玻璃球讨价还价。就像刚才的这个孩子，这次他有一个蓝色的玻璃球，可是店主想要红色的，下次他一准儿会带着红色玻璃球来，到时候店主又会让他再换个绿的或橘红的来。当然打发他回家的时候，一定会让他捎上一袋子上好的蔬菜。

许多年过去了，店主因病去世。镇上所有的人都去向他的遗体告别，包括以前那些和他交换东西的孩子们，而今他们都已经成了社会上的成功人士。

店主太太站在丈夫的灵柩前，小伙子们走上前去，逐一拥抱她，亲吻她的面颊，和她小声地说几句话。然后，她泪眼蒙蒙地目视他们在灵柩前停留，看着他们把自己温暖的手放在店主冰冷苍白的手上。

一个人做一件好事容易，做一天好事也容易，最难的是做一辈子好事。这位店主便是以一生来行善，在佛家看来，这才是最大的行善，是真正的觉悟。

我们很难估量做善事对一个人生命价值的影响有多大。大爱无私，做善事并不是为了引起别人的关注，生命需要我们做的是敞开心扉爱他人，真诚地爱他人，去宽慰失意的人，安抚受伤的人，激励沮丧泄气的人。至善无痕，让施与心就像玫瑰花一样散发芬芳吧。

定义一个人的一生是否成功，不一定是用地位和财富来界定，而应该是看他是否能坚持良善的真心，利益他人的信念，不受动摇，至情无悔。

大爱无私，至善无痕。我们都应该怀着一颗慈悲的心，以一己之力帮助他人，做到至善至美，这也是人生之一大境界也。

耐得住烦恼，
心安才能身安

"天地有大美而不言。"美到处都有，生活中不是缺少美，只是缺少发现美的眼睛。我们唯有秉持一颗单纯心，才能将世情看破，听无声的声音，看无色的世界，处不动的环境，做到佛经所提点的那般：犹如木人看花鸟，何妨万物假围绕。当我们心生清净，便会明白"心静佛土净，心安身也安"的道理。

心身不定时，烦恼不招自来

古代有个比丘学习入定，可是每当入定不久，就感到有只大蜘蛛钻出来捣乱。他感到很苦恼，可又没有解决的办法，只得请教老和尚去。"我一入定，就有大蜘蛛出来捣乱，赶也赶不走它。搅得我心烦意乱，我该怎么办呢？""下次入定时，你拿支笔在手里，如果大蜘蛛再出来捣乱，你就在它的肚皮上画个圈。看看是哪路妖怪？"老和尚出主意说。

得到老和尚的传授，比丘准备了一支笔。一次刚刚入定，

果然大蜘蛛又跑出来了。比丘见状毫不客气，拿起笔来就在蜘蛛的肚皮上画了个圈圈。谁知刚一画好，大蜘蛛就消失了，并且再没出来捣乱。因为没了大蜘蛛，比丘安然入定，再无困扰。

后来，比丘出定了，他很想找到刚才的那只大蜘蛛，他按刚刚划的圈记寻找，却惊奇地发现本该画在大蜘蛛肚皮上的圆圈竟然在自己的肚脐周围。

这时，比丘恍然大悟，入定时的那个破坏分子大蜘蛛，不是来自于外界，而是自己心身不定造成的。

可见，我们的烦恼和困扰皆来自于自身的不安定。世界上的事往往就是这样，外因是变化的条件，只有内因才起决定作用。正如故事中的比丘一样，我们之所以烦扰，皆因心不安守本分造成的。

烦恼如贼，偷窃人生。

是非天天有，不听自然无，是非天天有，不听还是有，是非天天有，我们怎么办？真正的开悟，就是把烦恼、忧虑、分别和执著心通通放下。

这是个众生喧哗的时代，人潮汹涌，熙来攘往，忙碌与奔波充塞，不安和烦躁缠绕，心里总不是个滋味，却又说不出为

何如此。可见，烦恼对人的困扰有多大。

烦恼如丝千千结，何苦自寻这么多烦恼呢？我们每天到底在烦恼些什么呢？怎样才能少些烦恼、多点洒脱呢？

清空内心的烦恼和忧虑，人的心灵也将变得舒畅，这也是摆脱心理压力的一个好方法。

关于烦恼的由来，曾有人给出了答案，乃因我们"无故寻愁觅恨"，真是一针见血啊！古人有一句诗形象地说："百年三万六千日，不在愁中即病中。"在这个世界上，本来苦楚烦愁已经够多了，我们自己却偏偏"身在此山中，云深不知处"，总是火上浇油、愁上添愁。"抽刀断水水更流，举杯消愁愁更愁"，诗仙李白如是说，他又是怎么做的呢？"人生在世不得意，明朝散发弄扁舟。"我们凡夫俗子当然没有这样的透彻和飘逸，因而每天都在为各种各样的事情而烦恼，学业、工作、婚姻、健康、财富……层层相印，无穷无尽。我们就像过滤器，烦恼的渣滓留驻了，却不知怎样除空洁净。这并非大家都多愁善感，实在是众生本相。

佛对众生充满怜悯，世间之人皆被烦恼所困扰，佛怎么忍心呢？为了解脱众人，佛就会挥慧剑，果决斩断烦恼丝。世人却不识自己的"庐山真面目"，只有继续"长恨此身非我有"，被各种各样莫名其妙的忧愁烦恼占据身心，心灵不得解脱，没有安宁静穆的时候，不管醒时睡时、忙时闲时。

《西厢记》中就有过描写人心理情绪的词句：花落水流红，闲愁万种，无语怨东风。无语怨东风，连东风都要怨，把人情世故描写到了极点。

一念万年，万年一念。一刹那就是永恒无尽的象征。这是我们讲到人的心念，一念之间，包含了八万四千的烦恼，这也就是我们的人生。解脱了这样的烦恼，空掉一念就成佛了，就是那么简单。

人不是佛，若没有烦恼，人也不成其为人啊！佛为何在莲花宝座上拈花微笑呢？也许就是世人都在烦恼吧。西语有云，人类一思考，上帝就发笑。情意相通也。是人皆有烦恼，得道高僧也不例外。

有僧人向善昭禅师问过类似的问题："心地未安，该怎么办好？"禅师反问道："谁在扰乱你？"僧人接着又追问："有什么解决的办法吗？"禅师回答："自作自受。"

的确，"天下本无事，庸人自扰之"，俗世中人为什么难得心安呢？因为放纵情绪如同脱缰的野马，心里堆满了各样繁杂事物，总是有千种思虑、万般妄想，也难怪人们感到处处烦恼了。

告别庸人自扰，才能追求快乐人生。有些时候，并不是烦

恼在追着我们跑，而是我们追着它不放，既然如此，何不放开烦恼，让心灵得到安定呢？

屋宽不如心宽，身安不如心安

佛祖有云：身安不如心安，屋宽不如心宽。当今社会，世水流急，清净难寻。所谓"诗意地栖居"，说的不是身体，而是人的心灵。

身处嘈杂的现代化都市，要是能够心生清净，不受外界干扰，踏踏实实做好自己，实在是一件幸事。

佛经中说："清净心植众德本。"一切功德从清净心中来。要想往生西方，心一定要清净。如果人对于外界的事情心有挂碍，并由此生出了懊恼心、欢喜心，那么这颗心就失去了它的本来面目。

从前，在舍卫国里住着一个老人，他和儿子相依为命，日子过得十分艰苦。后来老人受到佛陀教义的启发，就和儿子一起出家，老人当了比丘，他的儿子当了小沙弥，两人成为师徒。这天，老比丘带着小沙弥一起出去化缘，师徒俩不知不觉越走越远，等他们想到要回去时，天已经快黑了。师父年纪大，走得很慢，徒弟就上前来挽着师父走。天色越来越黑，当他们来到一片树林中时，天已经黑得伸手不见五指了，只能听见师徒俩行走的脚步声和树叶的沙沙声，还有从远方传来的各种野兽凄厉的叫声。小沙弥知道树林中常有野兽出没，为了保护师父，就紧紧抱住师父的肩膀，连扶带推地快步向树林边缘走去。师父年老力衰，又东奔西走了一整天，早就累得走不动了，加上看不清楚道路，一个跟跄跌倒在地，头刚好磕在硬石头上，一下子就死去了。

小沙弥看到师父倒在地上，赶忙把他拉起来，可是见他没什么反应，才发觉师父已经死了，不禁大吃一惊，痛哭失声！天亮以后，小沙弥独自一人回到寺庙。寺里的比丘们知道事情的经过后，纷纷谴责小沙弥："你看！都是你不小心，害死了自己的父亲。""就是说嘛！竟然把自己的父亲推去撞石头，真是个不孝子！"小沙弥有口难辩，心中觉得很委屈，就去找佛陀诉苦。佛陀让小沙弥坐下，说道："你要说的话我全都知道了，你师父的死不是你的错。"话虽如此，但小沙弥还是眉头紧皱，无精打采的。

佛陀看了，微笑着继续说："我讲个故事给你听吧！从前有一个父亲生了重病，儿子很着急，到处求医问药。每天他服侍父亲吃过药后，就扶父亲上床躺下，让父亲睡个好觉。可是他们住的是一间茅草屋，地上又潮湿，引来许多蚊蝇，整天嗡

嗡地飞来飞去，打扰父亲睡眠。儿子见父亲在床上睡不着，马上找来苍蝇拍到处追打蚊蝇，却怎么也打不完。儿子又急又气，转身抄起一根大棍子挥舞着，对着空中的蚊蝇拼命追打。恰巧有一只蚊蝇落在父亲的鼻子上，儿子一时没看清楚，慌忙一杖打去，父亲就这样被棍子重重揍了一下，连哼都来不及哼一声，就死去了。"佛陀停了一会儿说，"孝顺的儿子在无意中伤人性命，只能算是一个意外，不能因此指责儿子是杀人犯，否则可就冤枉他了。"佛陀看到小沙弥听得很认真，似乎有所感悟，就进一步问："你使劲推你的师父，是怕师父遭到野兽的袭击，想赶快离开树林，并不是心存恶念，故意要伤害他的性命，是吗？"小沙弥点头称是。佛陀说："我讲的故事和你所经历的事有些不同，但道理是一样的。佛法是慈悲的，你安心修行吧！"小沙弥听了佛陀的话，心中获得了安慰，从此更加勤奋修行了。

其实，正如故事中佛陀所讲的道理一样，世间最可怕的不是错事，而是错心。事情错了，可以改正，心错了，就会继续做错事。所以，凡事要注意自己的心有没有出错。

世间事物万分，人们常常抱怨尘世的困扰打乱了自己的心绪。但在佛的眼里，和乐无争、平安健康、富贵有钱、继往开来、善缘广结、人格满分是人间净土的几点特征，但这也只是根据芸芸众生的普遍心态而呈现的表面层次，真正的人间净土主要还是在人的内心，只要心中是净土一片，又怎么会被世俗的尘埃沾染呢？由此看来，心静和心安才是最重要的。

有人说"心是最有反应、最有感觉的器官。我们看大自然的山川鸟兽、花开花落，我们看人生的生老病死、苦乐无常，我们看世间的生住异灭、轮回流转等待，都会因心的触动而有喜怒哀乐的表现"。世间的风动幡动，其实都是因为心动罢了。起心动念间，如果我们自己身心茫然，就会像小沙弥一样，不知所住，不知所往，甚至连自己究竟是对是错都分辨不清。

世间纷纷扰扰，唯有秉持一颗初心，才能将世情堪破，身安不如心安，心安才能身安。懂得了这个道理，人们的生活也能变得更加平静舒畅了。

脱去抱怨的心灵枷锁

抱怨是一种心理不平衡的反应，是一种追求完美的心理和情绪化心态的外在表现。"抱怨"存在于我们生活中每一个角落，就好像美丽也总是在不经意间闯入我们的视野一样。抱怨会带来烦恼、痛苦，会像滚雪球一样，越来越大，越来越沉重。抱怨也就成了人们心灵的一个沉重枷锁。

要想摆脱抱怨的情绪，我们不如像佛家大师开示的那样去做：不要抱怨别人，倾听别人的抱怨，接受别人的抱怨。有一颗不抱怨的心，美丽便会尽收眼底。

佛陀经过了多次轮回才终得正果，他想知道世间其他生命如何看待自己这一世的修行，便询问众生，假如可以重新选择，将会怎样选择今生的生活。

众生的回答令佛陀大吃一惊。

猫说："假如让我再活一次，我要做一只鼠。我偷吃主人一条鱼，会被主人打个半死。而老鼠呢，可以在厨房翻箱倒柜，大吃大喝，人们对它也无可奈何。"

鼠说："假如让我再活一次，我要做一只猫。吃皇粮，拿官饷，从生到死由主人供养，时不时还有我们的同类给它送鱼送虾，很自在。"

猪说："假如让我再活一次，我要当一头牛。生活虽然苦点，但名声好。我们似乎是傻瓜懒蛋的象征，连骂人也都要说蠢猪。"

牛说："假如让我再活一次，我愿做一头猪。我吃的是草，挤的是奶，干的是力气活，有谁给我评过功，发过奖？做猪多

快活，吃罢睡，睡罢吃，肥头大耳，生活赛过神仙。"

鹰说："假如让我再活一次，我愿做一只鸡，渴有水，饿有米，住有房，还受主人保护。我们呢，一年四季漂泊在外，风吹雨淋，还要时刻提防冷枪暗箭，活得多累呀！"

鸡说："假如让我再活一次，我愿做一只鹰，可以翱翔天空，任意捕兔捉鸡。而我们除了生蛋、报晓外，每天还胆战心惊，怕被捉被宰，惶惶不可终日。"

最有意思的是人的答卷。

不少男人一律填写："假如让我再活一次，我要做一个女人，可以撒娇，可以邀宠，可以当妃子，可以当公主，可以当太太，可以当妻妾……最重要的是可以支配男人，让男人拜倒在石榴裙下。"

不少女人的答卷一律填写："假如让我再活一次，一定要做个男人，可以蛮横，可以冒险，可以当皇帝，可以当王子，可以当老爷，可以当父亲……最重要是可以驱使女人。"

佛陀看完，重重地叹了一口气："为何人人只懂抱怨？若是如此，又怎会有更加丰富充实的来世？"

佛陀的叹息，引人沉思。就如故事中所说的一样，每个动物都有自己的不满，人也一样。每个人都有自己要抱怨的事

情，似乎每个人都理直气壮，却忽略了幸福源自珍惜，生活不是攀比。当这些牢骚与抱怨化作心灵天窗上厚厚的尘埃时，灿烂的阳光又怎能照进心田？那漫天的花雨你又能看见几许？

一位哲人说，世界上最大的悲剧和不幸就是一个人大言不惭地说："没人给过我任何东西。"许多人都抱怨过处境艰难，毫无疑问，抱怨是无济于事的，反而是乐观旷达的心态能解开心灵的枷锁。抱怨相当于赤脚在石子路上行走，而乐观是一双结结实实的靴子。

有个寺院的方丈，曾立下一个奇怪的规矩：每到年底，寺里的和尚都要面对方丈说两个字。第一年年底，方丈问新和尚心里最想说什么，新和尚说："床硬。"第二年年底，方丈又问新和尚心里最想说什么，新和尚说："食劣。"第三年年底，新和尚没等方丈提问，就说："告辞。"方丈望着新和尚的背影，自言自语地说："心中有魔，难成正果。"

心中有魔，难成正果。"魔"就是新和尚心里永无止境的抱怨。像新和尚这样的人在现实生活中有很多，他们总是怨气冲天，牢骚满腹，总觉得别人和社会都亏欠了他们，从来感觉不到别人和社会为他们的生活所做的一切。这样的人只会心里抱怨，因此也很难有所成就。在抱怨中放纵，无异于燃烧自己有限的生命。人生苦短，值得我们用心去品尝的东西实在太多，耗费时间和精力去抱怨，其实是非常不明智的举动。少些抱怨，少些烦恼，我们的身心也会变得心静安康。

有句话说得好："天地有大美而不言。"美到处都有，生活中不是缺少美，只是缺少发现美的眼睛。通过万花筒看世界，美得变幻无穷；通过污秽的窗子看人生，到处都是泥泞。到底你的生命画布如何着色，要看你拥有一颗怎样看待世界的心。不抱怨，把天地装在心中，就能看见自然的美。

其实，人生多一点豁达，多一点宽容，多一点感悟，多一点理性，抱怨的情绪便会逐渐化为虚无。让我们脱去抱怨的心灵枷锁，使生命中的每分每秒都有所作为，每一步都留下坚实的脚印，人生也会因此变得更加美好。

修行先修一颗韧心

命运掌握在自己的手里，但未必每个人都能真正地主宰自己的命运而获得成功。

滴水能把石穿透，万事功到自然成。一个人成功与否，关键在于之前的积累。一个人积累的知识、积累的智能达到一定程度后，就会在一瞬间获得成功。正所谓持之以恒方可登峰造极。

"努力才是一个人的幸运之星，一个人不该把时间浪费在卜卦和选择黄道吉日上，自己才是自己的主。"成功靠我们自己去把握、去努力。

做人与修行一样，只要工夫深，铁杵磨成针。世间无难事，只要有恒心和毅力，一切困难都可以迎刃而解。这种学习方式看似简单，操作起来却并不简单。并且，持之以恒地坚持做一件事，其实际的意义并不在于事情本身，而在于做这件事情的过程对人的意志品质的修炼。一如既往地做好简单的事情，是坚持，是积累，时间长了，便会内化成人的一种韧性。

许多伟大的人之所以成功，关键并不在于他们有何特殊的过人之处，而是在于他们在无人监督与无人苛责之下，没有随波逐流，而是承诺有信，坚持到底。

坚持是最容易的，因为每个人都可以做到；坚持又是最困难的，毕竟没有几个人能够坚持下来。

世间的道理大多相同，一个人要想获得成功，千万不能心存侥幸，只有通过实实在在的努力，持之以恒，才可能在一瞬间实现人生的飞跃，获得人生的辉煌。凡事为人所不肯为，才能成人所不能成。

圣人曾经说过："故天将降大任于斯人也，必先苦其心志，劳其筋骨，饿其体肤，空乏其身，行拂乱其所为。"的确，一个肯做别人所不愿意去做的事情并且能将该事情做好的人必将有所成就。

佛家注重悟，更看重"行"。行动胜过语言，一万句空话也比不上一个有力的行动。所以要想修行，必须先修一颗坚定坚韧的心，否则这条漫漫修途是很难坚持到底的。面对天下的难为之事，只有勇于尝试别人所不敢做或不屑于做的事，才能收获别人所无法体会的成就和辉煌，生命也会变得更加圆满。

归省禅师担任住持期间，由于天旱，很少有人能拿粮食来养活这些僧人，僧人们只能每天喝粥吃野菜，个个面黄肌瘦。

有一日，归省禅师外出化缘，法远就召集大家取出柜里储藏的米做起粥来，粥还没做好，归省禅师就回来了，小师弟们一下就消失得无影无踪。归省禅师看到法远居然把应急用的米都用了，生气地说："谁让你这么做的？"

法远毫无惧色地说："弟子觉得大家面如枯槁，无精打采，于是就把应急用的米拿出来煮了，请师父原谅。"

归省严厉地说："依清规打三十大板，驱逐出寺！"

法远默默地离开了寺院，但他没有下山，而是在院外的走廊觅了个角落栖息下来。无论刮风下雨，都不曾动摇他向佛的决心。

归省禅师有一次偶然看见他在寺院的角落睡觉，十分吃惊地问道："你住这里多久了？""已半年多了！"

"给房钱了吗？"

"没有。"

"没给房钱你怎么敢住在这里！你要住，就去交钱！"

法远默默托着钵走向市集，开始为人诵经、化缘，赚来的钱全部用来交房钱。

归省禅师笑着对大众宣布："法远乃肉身佛也！"

后来法远继承了归省禅师的衣钵，将佛学发扬光大。

欲修佛，先修一颗坚韧之心，因为修行是一生的事，托钵化缘乃为肉身佛。人生亦然，都不是一蹴而就的。而这都需要我们能耐得住烦恼，以持久韧心去做事。在人生中，能够去做别人所不愿意做的事情，不仅需要巨大的勇气，更需要我们踏踏实实地去做的一种精神。但是，机遇往往蕴涵在别人不愿意去做的事中，正因为别人不愿意去做，因此机会才会被愿意做的人所把握。因此，我们要养成认真仔细的习惯，对任何的事情都抱有认真负责的态度，相信，机遇和成功终究会悄然而至。

命运靠自己去把握，成功靠自己去努力。在成功的道路上不必着急，心安才能身安。不妨一步一个脚印，持之以恒地坚持努力，成功就在不远处。

勤勉认真，充实人生

无数人都在为了充实的人生而不断追求，不断努力着。这其中就包括人们为了修行而不断追求真理的过程。

佛经中谈到："若人寿百岁，邪学志不善，不如生一日，精进受正法。"其意思是说：如果能活一百岁，却学不好的东西，还不如活一天，去勤奋追求真理。

古人云："朝闻道，夕死可矣！"可见真理对于人而言是多么的重要。

佛祖为了求得佛法而甘愿献出自己的血肉，以此获得真理和智慧；古人为了寻求真理而头悬梁，锥刺股……而我们已经不需要像佛祖那样以生命为代价去寻求真理，得享快乐而充实的人生。

这些表明，真理的魅力与吸引力是巨大的，否则，不会有那么多人为此而前赴后继。可见，那些得到真理、明心见性的人从真理中找到了自己的未来面目，并且得到了精神上的满足，从而超越了生命，进而把握了生死。在佛经中，记载了这样一个动人的故事：

久远劫前是一位善根深厚的太子，名叫昙摩钳，他好乐善法，派人四处寻觅懂得佛法的善知识，却苦无所获。忉利天王知道他的愿心，想试验他的发心是否坚固，于是化作凡人优塞来到王宫，表示能解佛法。太子得知立刻出迎，顶礼接足奉为上座。

"我这法世间稀有难得，恐怕太子您不愿意付出代价！"优塞为难地说。太子立即表示不惜倾所有一切，只愿听闻佛法，解除烦恼痛苦。优塞要求说："那么请太子挖一大火坑，投身供养法宝，便能传授。"昙摩钳毫不犹豫地命令侍卫，挖掘深坑，并燃火于坑中。国王臣民们，见太子为了听闻佛法牺牲身躯，便向他哀求："请看在国家前途上不要牺牲自己，我们愿意做奴仆供优塞差遣。"而太子却坚定地说道："我累劫以来历经无数生死投转，以这色身在人道造贪嗔痴恶业，在畜生道受人鞭打负重、为人所食，在地狱一日间丧身无数，痛彻心髓，苦无间断。从未发心为法布施，今日此造业之身能供养法，实在是因缘殊胜，希望大众成就我上求佛道的愿心！"

优塞于是升座说法道："常行于慈心，除去恚害想；大悲愍众生，矜伤为雨泪；修行大喜心，同己所得法；救护以道意，乃应菩萨行。"太子闻后便奋身跃入火坑，但炽热的火坑却刹那间化成清凉的莲池，太子端坐于清净芬芳的莲台上。昙摩钳悟出祸福无常、流转为苦的道理，为求真理为法忘躯，真是精进无畏的大菩萨！

的确，所谓"朝闻道，夕死可矣"，太子昙摩钳之所以愿意为了求得佛法而放弃自己的生命是因为他深深地明白要想求得真正的智慧是非常不容易的，因此，一定要懂得珍惜。这便是为法忘躯。

正是因为真理的可贵，才使得很多人在真理面前都发出了"朝闻道，夕死可矣"的人生感叹。"山重水复疑无路"，在寻求真理的道路上，并不会一帆风顺，而是充满艰难险阻并布满荆棘的，有的时候甚至要为此而付出生命的代价。正因为如此，真理更是难能可贵，才会有无数的人不畏艰难而孜孜不倦地追求着真理，哪怕是付出生命的代价。

的确，一个洞悉了人生百态，达到智慧圆融境界的人又怎么会在乎追求真理之路的艰辛或者自身的安危呢？对于他们而言，真理和智慧的价值远远高于生命本身。而一个掌握了真理的人必将是一个快乐、生命充实而丰盛的人。

修行中，除了强调要追求真理，佛教还主张勤勉精进，对于任何事情都要有一种认真负责的态度，这样才能提升自我，进入佛境。人生只有一次，而且时光短暂易失，没有比这仅有一次的人生更加值得我们去认真对待的了。不管我们的人生发生什么事情，遇到什么样的人，我们都应该认认真真地对待我们生命中的每一分、每一秒。人生原来也只是一个过程而已，因此，不管结果如何，我们都应该认真地对待每一件事情，力求将其做到最好。

也许"认真"是一项无法保证丰收的艰苦耕耘。认真是行而下层面的行为，它收获的往往是行而上层面的满足，它使人生的原生态得以展示，亦使人生的丰富性得以体现。

世界上怕就怕"认真"二字。而德国人向来是以认真严谨著称。如果在德国问路，他们不会随意指给人们，而是会精确地告诉你"走50米后向左转"，也正是因为如此，德国人才能制造出享誉世界的奔驰、宝马。意大利的皮鞋有名是因为它的设计好，这个世界上最耐穿的皮鞋还是德国的皮鞋。认认真真、踏踏实实是人生中一个既简单又深奥的哲理。只有认真地去对待生活，我们才能从生活中收获更多。

认真是我们对生活、对人生的一种态度，一个懂得事事都认真的人，一定是一个热爱生活且懂得生活的人，他也许会是一个平凡的人，但绝对不会是一个平庸的人，他的生命将因为他的认真而变得丰满而充实。他的人生没有虚度，而且在认真对待每一件事情中赋予了巨大的意义。

追求真理，认真修行，能为法忘躯、勤勉不辍的人，才能在不断的进取中提升自己，让自己在纷杂世界中得以心安，人生也会因此得以充实。

心性专一，有始有终

相传，一位得道高僧来到一座无名荒山，山间茅屋中闪烁金光，高僧料定此间必有高人，遂前往一探究竟。原来，茅屋中有一位老人，正在虔诚礼佛。老人目不识丁，从未研读佛经，只是专注地念着大明咒："唵嘛呢叭咪吽。"高僧深为老人的修为所动，只是他发现老人将六字真言中的两个字念错了，他指点了老人正确的梵音读法后便离开了，想老人日后的修为定能更上一层楼。然而，一年后，他再次来到山中，发现老人仍在屋中念咒，但金光已不再。高僧疑惑万分，与老人攀谈得知，老人以往念咒专心致志，心无旁骛，而得高僧指点后总是过于关注其中两字的读法，不由心绪烦乱。

念咒和做人做事的道理也一样，若不能专心致志，心性烦乱，事情也会变得一团糟。古人有云："杂则多，多则扰。扰则忧，忧而不救。""杂则多"，欲望多了，懂得多了，有时便会流于表面，不专一，不深入，博而不专；"杂则多，多则扰"，考虑得太多，困扰了自己，也困扰了他人；"扰则忧，忧而不救"，思想复杂了，烦恼太多了，痛苦太大了，连自己都救不了，又怎么救他人？正所谓"一屋不扫，何以扫天下"？

明代莲池大师在《竹窗随笔》中说道：宋代书法家米芾说过，学习书法必须专一于书法，不要再有其他爱好分心，方能有成就。与此类似的是，古代善于弹琴的人，也说必须专攻两三支曲子，方能进入精妙的境界。这里说的虽是小事，但也可以借喻大的方面。佛说把心集中在一个地方，那么没有办不到的事。所以说，心意开了叉，事情也不能成，心性专一，志向坚定，三昧就能很快得到。参禅和念佛的人，不能不明白这个道理。

综观世间学有专长之人，都是由于其对某一领域有所偏好，专注于心，穷根究底，终于"守得云开见月明"，学有所成。

因此，立于人世，不管做哪一行，无论做什么事，都要精神专一、有始有终。这正如修行之人想修成正果，须一门深入，方法毋杂。方法多了，智慧不及，不能融会贯通，反而一无所成。

专注于心是做人做事的大原则，博而不专，杂而不精，必会制约人生发展的高度。

有一只兔子，身材很修长，天生就很会"跳跃"，所以它一直以"跳远第一名"的荣誉感到无比自豪和光荣。一天，小森林的国王宣布，要举办运动会，来提倡全民运动。于是，兔子就报名参加"跳远"项目，果然兔子又击败了鸡、鸭、鹅、小狗、小猪等动物，再次得到"跳远金牌"。

后来，有一只老狗告诉兔子："兔子啊，其实你的天分资质很好，体力也很棒，你只得到跳远一项金牌，实在很可惜；我觉得，只要你好好努力练习，你还可以得到更多比赛的金牌啊！"

"真的啊？你觉得我真的可以吗？"兔子似乎受宠若惊。

"只要你好好跟我学，我可以教你跑百米、游泳、举重、跳高、推铅球、马拉松……你一定没问题啊！"老狗说。

在老狗的怂恿下，兔子开始每天练习"跑百米"，早晚也跳下水"游泳"，游累了，又上岸，开始"练举重"；隔天，跑完百米，赶快再"练跳高"，甚至撑着竿子不断往前冲，也想在"撑竿跳"中夺魁。接着，又掷铅球、跑马拉松……

到了第二届运动大会，兔子报了很多项目，可是它跑百米、游泳、举重、跳高、掷铅球、马拉松……没有一项入围，连以前它最拿手的"跳远"，成绩也退步了，在初赛中就被淘汰了。

这只小兔子的教训是深刻的，有些人很有"企图心和欲望"，想让自己很有名、出尽风头；就像兔子一样，在别人的怂恿下，即变得信心十足，觉得自己没问题，既可以做这个，又可以做那个，到头来，一样都没有做好。其实，兔子"跳远第一名"，就是专注在跳远领域的"顶尖成就"，何必一定要去跑百米、游泳、跳高、举重、掷铅球、跑马拉松……贪心得什么都要拿第一名呢？

是的，人一生的时间和精力都是极其有限的，如果我们想去做成一件事情，我们就必须将自己仅有的时间和精力集中地投入到一件事情中去，要知道只有一心一意地去做一件事情，才能让我们最终把事情做好。

法国科学家居里说："当我像嗡嗡作响的陀螺般高速运转时，就自然排除了外界各种因素的干扰。"人，一旦进入专注状态，整个大脑就围绕一个兴奋点活动，一切干扰统统不排自除，除了自己所醉心的事业，生死荣辱，一切皆忘。

我们要想学有所成，做事情时就应该专心致志，坚持不懈。心静心安，心性专一，有始有终，才能守得云开见月明。

安心精进，永不停息

鬼逼禅师本来是个专门赶经忏的和尚，每每忙到三更半夜，才踩着月光归去。

某一晚，他刚赶完一堂经忏，回程中路过一户人家，院子里的狗不断地向他咆哮着，他听到屋子里传来女人的声音："快出去看看，是不是贼？"接着听到屋子里的男人说："就是那个赶经忏鬼嘛！"他听了羞赧地想着："怎么给我起这么一个不好听的名字呢？我为亡者念经祈福，他们却把我叫做鬼！"这时候，正巧下雨了，他便跑到桥下避雨，顺道也打打坐，养养神，就双盘而坐。

这时真正来了两个鬼，一个鬼说："这里怎会有一座金塔？"另一鬼说："金塔内有舍利，我们快顶礼膜拜，以求超生善道！"于是两个鬼便不停地拜他。

这个出家人坐了一会儿，觉得腿痛，于是放下一条腿来，改成单盘。一个鬼就说："怎么金塔忽然变成银塔呢？"另一个鬼说："不管是金塔、银塔，皆有舍利在内，礼拜功德一样不可思议！"于是继续膜拜。

过了一段时间，这位和尚感到腿痛难忍，于是把另一条腿也放下来，随便散盘而坐。这时两个鬼齐声大叫："怎么银塔变成土堆了？竟敢戏弄我们，真是可恶！"

和尚听到两个鬼生气了，立刻又把双腿收起来，双盘而坐。两个鬼又叫："土堆又变成了金塔，一定是佛在考验我们的诚心，赶紧继续叩头啊！"

这时雨停了，这位和尚自忖：我结双盘，就是金塔；结单盘，就是银塔；随便散盘坐，就变成了泥巴，这跏禅坐修行的功德真是不可思议！

从此以后，他再也不赶经忏了，只管专心、精进修行，不久便智慧大开，获得神通，自号"鬼逼"，因为是鬼逼而成就自己的修行。

精进修行是佛门弟子一生的功课，故事中的和尚正是因为安心精进、永不停息地努力修行，最终获得顿悟，也成就了自己的修行。

古人云："圣贤之学，固非一日之具，日不足，继之以夜，积之岁月，自然可成。"这就是说，圣贤的学问，本来就不是一天就可以通足的。白天不够用，就用夜晚来继续学习，日日月月地积累起来，自然可以完成。

学习从来都不是一蹴而就的，而是一件终生的事情。一个人的为学精神只有永远年轻，才能够"苟日新，日日新，又日新"。因为终生不倦地学习，才能时时保持进步的状态，随时都会有新的境界。

专心和坚持是成功道路上的一对好伙伴。持之以恒，坚持不懈，滴水也能穿石。相反的，半途而废，浅尝辄止，只会让人止步不前，也得不到进步和发展。

学习亦是如此，它也正如逆水行舟一样，不进则退。有大学问的人，贵在有勤勉和持之以恒的努力。在一点成就面前就沾沾自喜、骄傲自满，自认为比别人高人一等，再聪明的人也会有栽跟头的那一天。

学无止境，学历只代表过去，只有学习能力才能代表将来。持续学习、虚心请教，才能少走弯路；盲目自大，放弃学习，放不下架子向别人请教，结果就很可能会摔跟头。

生命有限，知识无穷，任何一门学问都是无穷无尽的海洋，都是无边无际的天空，需要我们不断地去进取和钻研。

佛家修行讲究精进，人生亦是如此。安心精进，永不停息地努力和学习，我们的成功也会指日可待。

学佛在自心，成佛在净心

杨绛先生有一篇散文叫做《洗澡》，文中的内容很特别，她说的洗澡不是沐浴，而是给心灵洗澡，也就是净化和荡涤身心，与佛家所讲的"净心"有异曲同工之处。

生活在现代文明之中的人，心灵都被蒙上了一层厚厚的物质的尘垢，洗去心灵的尘垢，能够让我们以一种轻松快乐的心态去直面现实的人生。

其实，对于俗世中的人来说，净心并不玄妙，它实际上就是生命的一种积极、快乐、简单的状态。

注重加强自身的心灵建设，持续不断地净化心灵，人们能够得到单纯而简约的幸福。

人的心灵变化是无限的，从肮脏的心灵产生出肮脏的世界，从纯洁的心灵中产生出清净世界，这正是"心净则佛土净"的含义。

佛陀所创造的世界，是脱离了烦恼的清净世界，所以他解脱了一切烦恼。

因而，学佛在自心，成佛在净心。佛教的一切法门，主要是使人明白自心，佛教的一切修行方法，主要是使人清净自心。

　　释迦牟尼到了一个叫逝多林的地方，他看见地上不是很干净，于是立即自己拿起扫帚，准备清扫。这时，佛祖的弟子舍利子大目犍和大迦叶阿难陀等都闻讯赶了过来，看到佛祖亲自扫地，于是大家都纷纷效仿佛祖，一起扫地。扫完后，佛祖和众弟子便一起来到了佛殿，坐了下来。这时，佛祖说道："其实，扫地有至少五种好处，一是可以让自己的心更加清净，二是可以让他人的心更加清净，三是可以方便大家，四是可以让劳动成为一种习惯，五是培养一种美好的品德。"

　　对于普通人来说，扫地是一件枯燥劳累之事，但对有心人来说，扫地也是一种修行的方式，也能让人的心灵得以清净。

　　"本来无一物，何处惹尘埃。"六祖慧能的这两句偈子讲的正是清净心与平等心。清净心不染，心地清净，毫无牵挂，心里"本来无一物"。以清净心一心念佛，决定自在往生。

　　其实，人类在任何时代都需要一颗清净心。清净心，即无垢无染、无贪无嗔、无痴无恼、无怨无忧、无系无缚的空灵自在、湛寂明澈、圆融无住的纯净妙心。也就是离烦恼之迷惘，即般若之明净，止暗昧之沉沦，登菩提之逍遥。有了清净心，则失意事来能治之以忍，快心事来能视之以淡，荣宠事来能置

之以让，怨恨事来能安之以忍，烦乱事来能处之以静，忧悲事来能平之以稳……

如能清除妄心，回归真心，则学佛之人必修成正果；世俗之人，也能除去烦恼，自在逍遥。

一座县城里，有一位老和尚，每天天蒙蒙亮的时候，就开始扫地，从寺院扫到寺外，从大街扫到城外，一直扫出离城十几里。天天如此，月月如此，年年如此。小城里的年轻人，从小就看见这个老和尚在扫地。那些做了爷爷的，从小也看见这个老和尚在扫地。老和尚虽然很老很老了，就像一株古老的松树，不见其再抽枝发芽，可也不见其衰老。

有一天，老和尚坐在蒲团上，安然圆寂了，小城里的人谁也不知道他活了多少岁。过了若干年，一位长者路过城外的一座小桥，见桥石上镌着字，字迹大都磨损，老者仔细辨认，才知道石上镌着的正是那位老和尚的传记。根据老和尚遗留的度牒记载推算，他享年137岁。

据说，军阀孙传芳的部队中有一位将军在这小城扎营时，突然起意要放下屠刀，恳求老和尚收他为佛门弟子。这位将军拿着扫把，跟在老和尚的身后扫地。老和尚心中自是了然，向他唱了一首偈：

扫地扫地扫心地，

心地不扫空扫地。

人人都把心地扫，

世上无处不净地。

也许那些物欲太盛的人会讥笑这位老和尚除了扫地，扫地，还是扫地，生活太平淡、太清苦、太寂寞、太没劲。其实这位老和尚就是在这与世无争的生活中，给小城扫出了一片净土，为自己扫出了心中的清净，扫出了 137 岁高寿，扫出了一生的平淡美。

世人心中之所以有诸多痛苦和烦恼，都是因为自己的心不净，如果不能去除淫心、贪心、怒心，人就会陷入尘世的各种诱惑、迷惘中不能自拔，从而难以享受生命中最本真的快乐。

人行走于世，心灵难免在红尘俗世中遭尘埃污浊，一旦心惹尘埃，人生之路也坎坷不平，此时，不妨扫一扫我们的心底，还我们一颗纯净的初心，也就还我们一个平坦宽广的人生大道。

不急不急，
从容人生靠自己

所谓事在人为，禅在人心。禅的智慧，是要运用到现实生活中的，而不光是在打坐的时候才用到禅。所以，滚滚红尘中，也可以修成正果，得到至上的正道。真正得悟之人，在纷乱尘世中，也能如风一般自由来去，如"孤云出岫，去留一无所系；朗镜悬空，静躁两不相干"。即使整天吃饭，却从没咬到一粒米；即使整天走路，也没有踩到一块土。

心态平和，笑看人生

一天傍晚，一位学僧在寺庙的树下静坐，突然闻到柔和的晚风里夹杂着一阵一阵的花香。这些花香使学僧非常感动，从黄昏静坐到深夜舍不得离开。

寺庙隔壁就是一个繁花似锦的花园，为什么平时闻不到花香呢？平常有风吹着花香的时候，由于心绪波动，不一定能闻到花香。当心静下来的时候，又不一定有风吹来，所以也嗅不到花香。然而在这个黄昏，学僧的心情特别的宁静，又恰逢是花朵竞相绽放的春天，还有柔柔的春风缓缓吹送——在这么多原因的配合下，学僧闻到了有生以来最美妙的花香。

在静谧的时光里，花香如和缓的流水围绕着学僧，流过他的身心，然后流向不可知的远方。在这无边的宁静中，学僧的心也随花香飘动起来，他想到了一些从未想过的问题：草木都是开花的时候才会香，有没有不开花就会香的草木呢？花朵送香都限制在一个短暂的因缘，有没有四季芬芳不败的花朵呢？花朵的妙香飘得再远也有一个范围，有没有弥漫世界的香气呢？所有的花香都是顺风飘送，有没有在逆风中也能飘送的香呢？

学僧沉溺于这些问题中，竟然接下来的几天都无法静心。

有一天，学僧又坐在花香中出神，方丈走过他静坐的地方，就问他："你的心绪波动，到底是为了什么呢？"学僧就把自己苦思而难解的问题请教了方丈。

方丈开示说："守戒律的人，不一定要开花结果才有芬芳，即使没有智慧之花，也会有芳香。有禅定的心，就不必要在因缘里寻找芬芳，他的内心永远保持喜悦的花香。智慧开花的人，他的芬芳会弥漫整个世界，不会被时节范围所限制。一个透过内在开展戒、定、慧的质量的人，即使在逆境里也可以飘送人格的芬芳呀!"

学僧听了,垂手肃立,感动不已。

方丈和蔼地说:"修行的人不只要闻花园的花香,也要在自己的内心开花——有德行的香。这样,不管他居住在城市或山林,所有的人都会闻到他的花香!"

我们活在世上,每一刻都有无限可能,每一刻都有无限美好。如方丈所言,有德行的人,所有人都能闻到他的花香。其实,人只要心中春风荡漾,人生的哪一刻不是春意盎然?只要在心田栽下美丽的花朵,人生的哪一天不在最美好的花季?烦恼、忧愁都是落于镜上的微尘,轻轻拂拭,心境便可光洁如新。

乱花迷人眼,唯淡定能度我一生。生活本该这样。

宋代苏轼在江北瓜州地方任职,和江南金山寺只一江之隔,他和金山寺的住持佛印禅师经常谈禅论道。一日,苏轼自觉修持有得,撰诗一首,派遣书童过江,送给佛印禅师印证。诗云:"稽首天中天,毫光照大千;八风吹不动,端坐紫金莲。"八风是指人生所遇到的"嗔、讥、毁、誉、利、衰、苦、乐"八种境界,因其能侵扰人心情绪,故称之为风。

佛印禅师从书童手中接过,看了之后,拿笔批了两个字,就叫书童带回去。苏轼以为禅师一定会赞赏自己修行参禅的境界，急忙打开禅师之批示，一看，只见上面写着"放屁"两个字，不禁无名火起，于是乘船过江找禅师理论。船快到金山寺时，佛印禅师早站在江边等待苏轼，苏轼一见禅师就气呼呼地说："禅师！我们是至交道友，我的诗、我的修行，你不赞赏也就罢了，怎可骂人呢？"禅师若无其事地说："骂你什么呀？"苏轼把诗上批的"放屁"两字拿给禅师看。禅师呵呵大笑说："言说八风吹不动，为何一屁打过江？"苏轼闻言惭愧不已，自认修为不够。

"言说八风吹不动，为何一屁打过江？"一句话参透人的修为。

从来圣贤皆寂寞，是真名士自风流。只有做到了宠辱不惊、去留无意方能心态平和，恬然自得，方能达观进取，笑看风云。

乱花渐欲迷人眼，我们要抱着淡定和从容的姿态来面对。

门上写"门"字，窗上写"窗"字

从前，有一个小沙弥一心求悟，他在门上写"心"字，在窗上也写"心"字，在墙上还是写"心"字。

一天，文益禅师从他的禅房前经过，看到这般景象，便轻轻地叩开了他的房门。文益禅师笑着说："门上应该写'门'字，窗上应该写'窗'字，墙上应该写'墙'字。"

心中有佛，即为净土。人生当如行云流水，不以物喜，不以己悲，不因一时耀眼光环而狂傲，不因瞬间挫败打击而低迷。太过在乎必有牵累，太过执著自受羁绊，不如抛却杂念，自求随心。小沙弥一心求悟，所以总写心字，其实是一种执著，是开悟的障碍。相反，文益禅师告诉他在门上写"门"字，窗上写"窗"字，不过是要他遵从世界原本的秩序，不必强求，其实佛智就在此刻的心中。

其实，人生像是一株焕发着生机的植物，当大自然将每个生命送到人间时，都赋予了他强壮的身躯和充沛的精力。汲取天地万物之灵气，便能在最短的时间内撑开一片最广阔的绿荫；而世俗酒色就好像一把斧子，一旦触及，便很容易失去所有青枝绿叶，只留下一具干枯的枝干。

而事实上，心中有信仰，佛祖自在身边，正如狮头山法语所言："一炷清香不如一瓣心香，一束鲜花不如一脸微笑，一杯净水不如一念净信，一串佛珠不如一句好话。"其实，供佛并不一定要上香，心香一瓣，汇聚信仰十方。心中无碍，去染成净，便能自在地徜徉于蓝天白云之间，快乐地聆听风之倾

诉、水之潺潺。

三伏天，禅院的草地枯黄了一大片。"快撒点草种子吧！好难看哪！"小和尚说。

师父挥挥手："随时！"

中秋，师父买了一包草子，叫小和尚去播种。

秋风起，草子边撒、边飘。"不好了！好多种子都被吹飞了。"小和尚喊。

"没关系，吹走的多半是空的，撒下去也发不了芽。"师父说，"随性！"

撒完种子，跟着就飞来几只小鸟啄食。"要命了！种子都被鸟吃了！"小和尚急得跳脚。

"没关系！种子多，吃不完！"师父说，"随遇！"

半夜一阵骤雨，一早小和尚便冲进禅房："师父！这下真完了！好多草子被雨冲走了！"

"冲到哪儿，就在哪儿发芽！"师父说，"随缘！"

一个星期过去了。原本光秃的地面，居然长出许多青翠的草苗，一些原来没播种的角落，也泛出了绿意。

小和尚高兴得直拍手。

师父点头："随喜！"

老和尚的"随心"并无"所欲"，而是一种大智慧。这是禅宗对俗世人生的开示，正如禅宗六祖慧能所说：若能钻木出火，淤泥定生红莲。我们处世若能以一颗佛家的"随心"，做到随遇而安，随缘生活，随心自在，随喜而作，便自然得从容人生，处处红莲。这其中都包含着一种同样的淡泊心。

而佛家认为，欲修得随心，就必须放弃心中的杂念，清空心灵里面的世俗生活积存下来的枯枝败叶。因为，只有清空了心灵，才能最大限度地获得生命的自由和独立。才算是随心无住。正所谓，过去心不可得，现在心不可得，未来心不可得，不可得的也不可得，是名不可得，不可得就是不可得！

司马禅师想要选一个人到大沩山去当住持。

他下令敲钟集合全寺僧人，然后宣布说："你们中间谁能当着大家的面出色地回答我一句话，我就让他去大沩山当住持。这里的每一个人都有机会，但是要看你们的本事了。"

司马禅师拿起一个净瓶，说道："这个不是净瓶，是什么？有谁能回答？"

众僧抓耳挠腮，面面相觑，分明是净瓶，却不能称做净瓶，那称做什么呢？华林和尚也在那里不知所措。

这时候，来了一个蓬头垢面的和尚，他说："让我来试试！"

众人一看，原来是寺内专干劳役的杂务僧，都哈哈大笑起来，说道："烧火做饭的，居然也想试试！"

司马禅师问道："你叫什么？"和尚沉静地答道："灵佑。"

于是灵佑和尚就走上前去，从禅师手中接过净瓶，放在地上，然后一脚把它踢出了院墙，转身就退了回去。

司马和尚惊喜地叫起来："这正是大沩山的住持啊！"

既然不是净瓶，那就一脚踢翻好了，何必多说？众僧目睹了灵佑深得禅机，个个心服口服。后来灵佑和尚便去大沩山当了住持，创立了中国禅宗五大宗派之一的沩仰宗。

灵慧的灵佑和尚独具禅眼，他直来直去，在充满佛气的寺院里，像一朵淤泥中的白莲花。心地清净，不着一物，故能以伙夫身份开创中国禅的沩仰宗。他本无意去争夺这个住持位置，他有的是一颗璞玉一般的心。

快乐是人生智慧结出的甜美果实。有所得固然会带来快乐，无所得也是一种充实。古人说"非淡泊无以明志，非宁静无以致远"，淡泊是一种真我，是英雄本色。追求随缘境界、自在人生的淡泊者，生活的道路上永远开满鲜花，永远芳香四溢；陷于虚名浮利泥淖中的人，生活的道路上会遍布陷阱，即使在生命终结的刹那蓦然回首，可能也无法体会到那难以把握的快乐滋味。

禅是一种智慧，智慧的种子既在高僧大德的手中，也在红尘闹市里每个怀有佛心的人身边。也许，很多人一辈子都不会走进庙宇之中烧香拜佛，但只要存着那一瓣心香，佛祖就在身边，心灯自会照亮前程。

万花丛中过，片叶不沾身

所谓事在人为，禅在人心。禅的智慧，是要运用到现实生活中的，而不光是在打坐的时候才用到禅。所以，滚滚红尘中，也可以修成正果，得到至上的正道。

真正得悟之人，在纷乱尘世中，也能如风一般自由来去，如"孤云出岫，去留一无所系；朗镜悬空，静躁两不相干"。即使整天吃饭，却从没咬到一粒米；即使整天走路，也没有踩到一块土。

云从水出，水化为云，水性向下流是人人皆晓的常识，水无往上升，也是童叟皆知的常识。升降之间，谁在做主呢？云水的升降，自然做主，而人的人生，可以自由决定。那么出世和入世，到底怎样才能够更好地修行呢？有人认为只有完全脱离了现代生活的凡尘俗世，才能真正参禅修行，其实不然。参禅打坐首在修"心"，不离入世，不废出世，出世与入世非但没有绝对的界限，而且是相辅相成的，须臾不可离。

倘若一个人入世太深，久而久之，必将陷于生活的烦琐和苦恼之中，在现实生活中的恩怨、情欲、得失、利害、关系、成败、对错里纠缠辗转，难以超脱出来；反之，若是只一味地出世，一味地冷眼旁观，一味地自恃清高，一味地不食人间烟火，而不去做一点入世的、利于社会的事情，到头来也只能是"等闲白了少年头"，这样的出世又有何意义呢？因此，用出世的态度或精神，来作入世的事业，立足于尘世，却心怀着出世的人生追求，同样也能很好地修行。对此无相禅师曾有的一段经历。

无相禅师行脚时，因口渴而四处寻找水源，这时看到有一个青年在池塘里打水车，无相禅师就向青年要了一杯水喝。

青年以一种羡慕的口吻说道："禅师！如果有一天我看破红尘，我肯定会跟您一样出家。不过，我出家后不会像您那样到处行脚、居无定所，我会找一个隐居的地方，好好参禅打坐，不再抛头露面。"

无相禅师含笑问道："那你什么时候会看破红尘呢？"

青年答道："我们这一带就数我最了解水车的性质了，全村的人都以此为主要水源，如果有人能接替我照顾水车，让我无牵无挂，我就可以出家，走自己的路了。"

无相禅师问道："最了解水车的人，我问你，水车全部浸在水里，或完全离开水面会怎样呢？"

青年答道："车是靠下半部置于水中，上半部逆流而转的原理来工作的，如果把水车全部浸在水里，水车不但无法转动，甚至会被急流冲走；同样的，水车若完全离开水面也不能车上水来。"

无相禅师说道："车与水流的关系不正说明了个人与世间的关系？如果一个人完全入世，纵身江湖，难保不会被五欲红尘的潮流冲走；倘若全然出世，自命清高，不与世间来往，则人生必是漂浮无根。同样，一个修道的人，要出入得宜，既不袖手旁观，也不投身粉碎。"

无相禅师所言甚是。入世与出世不是截然分开的，出世是为了更好地入世。佛法讲求入世，通过入世修行，教化大众以求正果。修学佛法也并不一定要离尘出家，在家之人同样可以用佛法来指导人生，利益世间。

只要有一颗不断追求禅理的心，在哪里修行并不是一个十分重要的问题。重要的是，如果人人都能够有仁心、做仁事，那么，入世则能仁慈仁孝，出世则能够仁爱仁德，"山高水自流，不为什么；无心云出岫，如来如去"。因缘如此，自然如此。这不正是诸佛菩萨的功德吗？

"花落水流红，闲愁万种，无语怨东风。"人生之舟载着太多的愁，因此愁来愁去，甚至成了习惯，竟然犯起闲愁，把无辜的东风抱怨。我们的人生真的离不开这个"愁"字吗？

其实不然，乍一看我们有那么多忧愁的理由，细细想想，所谓的忧愁不过是自寻烦恼。即使是研习佛法的僧侣，在开悟前也会被这些虚幻不实的烦恼所迷惑。

白云守端禅师在方会禅师门下参禅，几年内都无法开悟，方会禅师怜他迟迟找不到入手处，一天，借着机会，在禅寺前的广场上和白云守端禅师闲谈。

方会禅师问："你还记得你的师傅是怎么开悟的吗？"

白云守端回答："我的师傅是因为有一天跌了一跤才开悟的。悟道以后，他说了一首偈语：'我有明珠一颗，久被尘劳封锁。而今尘尽光生，照破山河万朵。'"

方会禅师听完以后，故意发出嘲弄的笑声，径直而去，留下白云守端愣在当场，心想："难道我说错了吗？为什么老师嘲笑我呢？"

白云守端始终放不下方会禅师的笑声，几日来，饭也无心吃，睡梦中也经常会无端惊醒。他实在忍受不了，就前往请求老师明示。

方会禅师听他诉说了几日来的苦恼，意味深长地说："你看过庙前那些表演猴把戏的小丑吗？小丑使出浑身解数，只是为了博取观众一笑。我那天对你一笑，你不但不喜欢，反而不思茶饭，梦寐难安。像你对外境这么认真的人，连一个表演猴把戏的小丑都不如，如何参透无心无相的禅呢？"

随随便便的一个微笑，都能成为忧愁的理由，我们岂不是要被堆积如山的烦忧所压垮？

正是无心云出岫，学禅家做人处世，就要学习修一颗如来如去的从容心，所谓万花丛中过，片叶不沾身，不要太在乎生活里的是是非非。正如弘一法师曾说的："要试图放宽心量，包容世间的丑恶。人家赞美我，我心生欢喜心，但不为欢喜激动；也许这欢乐之后，便是悲伤。人家辱骂我，我不加辩白，让时间去考验对方……"

行云流水，泽被群生，无住无着，无我无人，但确又是适如其时、适如其处、适如其分地或降为水，或升为云，只要众生得益，管他是水是云。

身在尘世，心在禅中

马祖道一在衡山怀让禅师那里参学时，很勤奋地盘腿坐禅，雷打不动，心无旁骛。时日久了，并不见什么成效。

怀让禅师有心开悟他，就问："你坐禅是为了什么？"

马祖道一说："坐禅是为了成佛。"

怀让禅师于是拿了一块砖头在庵石上磨。

马祖道一非常惊讶，问："师父，您磨砖头干什么？"

怀让禅师说："我想把它磨成镜子。"

马祖道一更加吃惊了，说："砖块怎么能磨成镜子呢？"

怀让禅师微笑着回答："砖块既然磨不成镜子，那坐禅就能成佛吗？"

马祖道一说："那么怎么样才对呢？"

怀让禅师说："这道理就好比有人驾车，如果车子不走了，你是打车还是打牛？你是学坐禅，还是学坐佛？如果学坐禅，禅并不在于坐卧的形式。如果是学坐佛，佛性无所不在，佛并没有固定的形象。在绝对的禅宗大法上，对于变化不定的事物不应该有执著的取舍，你如果学坐佛，就是扼杀了佛，如果你执著于坐相，就是背道而行。所以，坐禅不可能悟道成佛。"

马祖道一恍然大悟。

马祖的打坐参禅并没有对他的开悟有什么帮助，相反使他在"坐禅"这一歧途上做了许多无用功。其实，佛家所说的禅定，不是整个人像木头、石头一样死坐着，而是一种身心极度宁静、清明的状态。离开外界一切物相，是禅；内心安宁不散乱，是定。反之，便是佛家所说的执著。

固然，人们一般认为执著是好事，因为它能够让我们克服困境，使生命达到超越自我甚至超越前人的高度。但是，如果方向不正确，无异于缘木求鱼，过分的执著只能形成阻碍而非助力。砖块怎能磨成镜子呢？古代的镜子是金属做成的，经常打磨才会有光亮，能映照出更清晰的人影。可是做镜子的前提是要有光亮度好的金属，砖块显然不具备这些条件。如果执著人间的物相，内心即散乱；如果离开一切物相的诱惑及困扰，心灵就不会散乱了。

慧能禅师见弟子整日打坐，便问道："你为什么终日打坐呢？"

"我参禅啊！"

"参禅与打坐完全不是一回事。"

"可是你不是经常教导我们要安住容易迷失的心，清静地观察一切，终日坐禅不可躺卧吗？"

禅师说："终日打坐，这不是禅，而是在折磨自己的身体。"弟子迷茫了。

慧能禅师紧接着说道："禅定，不是整个人像木头、石头一样死坐着，而是一种身心极度宁静、清明的状态。离开外界一切物相，是禅；内心安宁不散乱，是定。如果执著人间的物相，内心即散乱；如果离开一切物相的诱惑及困扰，心灵就不会散乱了。我们的心灵本来很清净安定，只因为被外界物相迷惑困扰，如同明镜蒙尘，就活得愚昧迷失了。"弟子躬身问："那么，怎样去除妄念，不被世间迷惑呢？"

慧能说道："思量人间的善事，心就是天堂；思量人间的邪恶，就化为地狱。心生毒害，人就沦为畜生；心生慈悲，处处就是菩萨；心生智慧，无处不是乐土；心里愚痴，处处都是苦海了。在普通人看来，清明和痴迷是完全对立的，但真正的人却知道它们都是人的意识，没有太大的差别。人世间万物皆是虚幻的，都是一样的。生命的本源也就是生命的终点，结束就是开始。财富、成就、名位和功勋对于生命来说只不过是生命的灰尘与飞烟。心乱只是因为身在尘世，心静只是因为身在禅中，没有中断就没有连续，没有来也就没有去。"

弟子终于醒悟。

禅师的话像暮鼓与晨钟唤醒了碎裂在生活碾磨里的人。所以，苦修向来不是开悟的快捷方式。同理，人生的从容也不是靠着一味地埋头蛮干与盲目执著所能得到的。

佛家说的好：心为修行初渡头。其实，不管儒家、佛家、道家，以及世界上其他一切宗教，人类的一切修养方法，都是这三个字——善护念。就是好好照应的心念，起心动念，都要好好照应你自己的思想。

正如佛经上说，"心净则国土净"，处处都是净土，处处都是极乐世界，只要心净国土就净。打坐与参禅只是外在的形式而已，禅就是禅，无形无象，只能用心体悟。

禅是载我们渡过苦海的舟，禅是我们脚下的岸，而心是扬帆起航之初渡头。因为佛本来在我们心中，回到我们的自性，人人都能成佛。而不是每日间空空的打坐冥想，就像一块砖无论怎样打磨都无法变成镜子一样，人生需要切切实实地把心安住在平实的生活中，更何况活生生的世界里太多我们做不完的好事，磨砖所谓何故哉！所以，唯有安分平实地做事，如此才能使自己远离烦恼恶念，身在尘世，心在禅中，这才是禅定的功夫，是我们真正要从佛家那里借鉴的智慧，以禅定的心从容处世。

反观真实的自己

漫漫人生道路，我们总是忙于不断追求各种利益来满足物质上的种种欲望，却忘记审视内心，想想生存的真正意义；我们也常常忙着左顾右盼地评判别人，却忘了应该先审视自身、认识自己。许多人或许从不曾真正面对过"自己"，不曾认真地审视过那个真实的"我"是什么。

相信没有人会承认自己不知道自己是谁。当别人问起我们是谁的时候，我们一定会毫不犹豫地说出自己的名字，但是那只是我们的名字而言，而真正的我们是什么呢？我们可能还会回答出我们的思想、地位、能力、财产、观念……试图以此来描述出我们自己。但是可曾想过，我们所认为的"我"和真正的"自我"是否有差别呢？

事实上，我们根本不知道自己是谁，因为从小就被各种外在的价值观念所支配，跟着物质环境的脚步前进，不断地被外在环境奴役而不自知。仔细回想一下会发现，我们刚出生时，头脑中本来没有知识、学问，也没有记忆，但是随着后天不断地努力和学习，渐渐地会辨别事物的名称、形象以及数量的多少。但我们所知的，却并非我们自己。

有一天，一位禅师为了启发他的弟子，给了他的徒弟一块石头，让他去蔬菜市场，并且试着卖掉这块很大、很好看石头。但师父紧接着说："不要卖掉它，只是试着去卖。注意观察，多问一些人，回来后只要告诉我在蔬菜市场它最多能卖多少钱。"于是这位弟子去了。在菜市场，许多人看着石头想：它可以做很好的小摆件，我们的孩子可以玩，或者可以把它当做称菜用的秤砣。于是他们出了价，但只不过是几个小硬币。徒弟回来后对老禅师说："这块石头最多只能卖得几个硬币。"师父说："现在你去黄金市场，问问那儿的人。但是不要卖掉

它，只问问价。"从黄金市场回来后，这个弟子很高兴地说："这些人简直太棒了，他们乐意出到一千元。"师父说："现在你去珠宝商那儿，问问那儿的人。但不要卖掉它，同样只是问问价。"于是徒弟去了珠宝商那儿，他们竟然愿意出5万元来买这块石头。徒弟听从师父的指示，表示不愿意卖掉石头，想不到那些商人竟继续抬高价格——出到10万元，但徒弟依旧坚持不卖。珠宝商们说："我们出20万元、30万元，只要你肯卖，你要多少我们就给你多少！"徒弟觉得这些商人简直疯了，竟然愿意花这么一大笔钱买一块毫不起眼的石头。徒弟回到禅寺，师父拿着石头后对他说："现在你应该明白，我之所以让你这样做，是想要培养和锻炼你充分认识自我价值的能力和对事物的理解力。如果你是生活在蔬菜市场里的人，那么你只有那个市场的理解力，你就永远不会认识更高的价值。又或者你自己就是这块被人们不断改写价码的石头，它究竟值多少钱呢？"

读罢这故事，我们可以反问自己，是生活在蔬菜市场、黄金市场，抑或是珠宝市场呢？在同样的一个物质世界里，我们自身的价值标准应该怎么来衡量呢？这需要我们不断地认识自己、探究真实的自己，才能更全面、更准确地把握我们成长的轨迹。

古往今来的哲学家，不断提醒人们要"认识自己"，但是古圣先哲却没有提出具体准则，让我们知道如何行动才能获致足以支配个人命运的"自我了解。"其实，只有当我们把这个外在的价格剥离开来之后，看到的才是生命真正的价值。

古希腊德尔菲的女祭司说"认识自己"时，她并非只对希腊人而说，这句话也对全人类点出了认识自己的重要性。认识自己之于个人生存，就如同食物、衣服、遮风避雨处之于肉体生存。

演讲家西塞罗也说过，"认识自己"的格言不仅旨在防止人类过度骄傲，也在于使我们了解自己的价值何在，因为只有了解了自我价值，才能更进一步的走向成功。

一个人的成功并非一蹴而就的事，会面临很多意想不到的波折。有的时候，路走不通，问题并不在别人或者事情本身，相反，可能恰恰在我们自己身上。现代人也许会发现，因为买了一些不具备实用价值的物品而令自己手头拮据；即使感觉到自己的生活出了严重的错误，也不愿意承认自己的过失。

我们习惯了目光向外，习惯了先看别人再看自己，习惯了比较，习惯了自己站在高处的优越感。而我们现在需要具备的恰恰是一种反向思维，反观自己，认识真实的自己，这样才能看到问题的核心。也可以说，认识自己，是通往成功的第一步。越接近自己的内心，离成功的距离也就越来越近了。

不做船长，可以是最好的水手

人生如戏，每个人都在舞台上热情地演绎自己的生命。有的人是主角，台词很多，追光灯打在他神采飞扬的脸上，翩翩身影，赢得无数的鲜花、赞赏与掌声。但也有一些人，由于时间、地点、学识、经历，抑或只是一个小小的缺憾，都做不成这场戏的主角。他们只能掀开帘布的一角，望着主角的辉煌，叹息自己的悲哀。

可是，人们似乎忘记了，天上星群闪耀，但月亮却只有一轮。人生难道不是这样吗？做不成参天大树，我们同样可以做一株快乐的小草。做不成青松，也可以做最好的灌木。

世间生命多种多样，天上飞的、水中游的、陆上爬的、山中走的……所有生命，都在时间与空间之流中兜兜转转。生命，总以其多彩多姿的形态展现着各自的意义和价值。

智慧的禅光在众生头顶照耀，生命在闪光中见出灿烂，在平凡中见出真实。

每一个的生命都应得到祝福。

"若生命是一朵花就应自然地开放，散发一缕芬芳于人间；若生命是一棵草就应自然地生长，不因是一棵草而自卑自叹；

儒家佛家道家经典

佛家修心

五九四

若生命不过是一阵风则便送爽；若生命好比一只蝶，何不翩翩飞舞？"作家梁晓声笔下的生命皆有一份怡然自得、超然洒脱。

如佛家大师所言，人生就像是一个舞台，每个人都在饰演着不同的角色，不管饰演什么角色，每个人来到世上，都希望演绎出辉煌的成就和有个性的自我，希望自己的一颦一笑、风度学识或是动人歌喉、翩翩身影，能够得到别人的认可和掌声，但并不是每个人都能神采飞扬地站在灯火闪烁的舞台上，成为万众瞩目的主角。作为一个平凡的个体，大多数人也许只能在镁光灯的背后呢喃自己的独白，没有人会关注，没有人会在意，没有人会给予簇拥的鲜花和热烈的掌声。

面对此情此景，有些人往往会嗟叹自己的渺小与平庸，感怀别人的优秀与成功。其实又何必艳羡那些鲜花和掌声呢？鲜花虽然美丽，掌声固然醉人，但他们只能肯定某些人的成就，但却无法否定多数人的价值。只要我们在真真实实地生活，活出一个真真正正的自我，那么即使所有的人把目光投向别处，我们还拥有一个最后的观众，我们还可以为自己鼓掌。重要的是我们是否能够以主角的心情上台尽力演出，从而活出一个无怨无悔的人生。

芸芸众生，既不是翻江倒海的蛟龙，也不是称霸林中的雄狮，我们在苦海里颠簸，在丛林中避险，平凡得像是海中的一

滴水、林中的一片叶。海滩上，这一粒沙与那一粒沙的区别你可能看出？旷野里，这一抔黄土和那一抔黄土的差异你是否能道明？

有这样一个寓言，让我们懂得：每个生命都不卑微，都是大千世界中不可或缺的一环，都在自己的位置上发挥着自己的作用。

一只老鼠掉进了一只桶里，怎么也出不来。老鼠吱吱地叫着，它发出了哀鸣，可是谁也听不见。可怜的老鼠心想，这只桶大概就是自己的坟墓了。正在这时，一只大象经过桶边，用鼻子把老鼠吊了出来。

"谢谢你，大象。你救了我的命，我希望能报答你。"

大象笑着说："你准备怎么报答我呢？你不过是一只小小的老鼠。"

过了一些日子，大象不幸被猎人捉住了。猎人用绳子把大象捆了起来，准备等天亮后运走。大象伤心地躺在地上，无论怎么挣扎，也无法把绳子扯断。

突然，小老鼠出现了。它开始咬着绳子，终于在天亮前咬断了绳子，替大象松了绑。

大象感激地说："谢谢你救了我的性命！你真的很强大！"

"不，其实我只是一只小小的老鼠。"小老鼠平静地回答。

每个生命都有自己绽放光彩的刹那，即使一只小小的老鼠，也能够拯救比自己体型大很多的巨象。故事中的这只老鼠正是人们所说的"有道者"，一个真正有道的人，即使别人看不起他，把他看成是卑贱的人，他也不受影响，因为他知道自己的人格、道德，不一定要求别人来了解、来重视。他依然会在自我的生命旅途中将智慧的种子撒播到世间各处。

也许我们是一只煅烧失败、一经出世就遭冷落的瓷器，没有凝脂般的釉色，没有精致的花纹，无法被人藏于香阁，可当我们摒弃了杂质，由一个泥胚变成一件瓷器的时候，我们的生命就已经在烈火中变得灼人而又亮丽，我们就应该为此而欣慰。也许我们是一块矗立山中、终日承受日晒雨淋的顽石，丑陋不堪而又平凡无奇，沧海桑田的变迁中，被人千百年地遗忘在那里，可我们同样应为自己自豪，长久地屹立不倒，便是我们永恒的骄傲。

也许……也许我们只是广袤宇宙中的一粒尘埃，只是海滩上的一颗沙粒，只是茫茫人海中最平凡的一个行人，但是，只要我们拥有一双，哪怕只剩下一只手，我们都要勇敢地为自己鼓掌。

也许我们只是一朵残缺的花，只是一片熬过旱季的叶子，或是一张简单的纸、一块无奇的布，也许只是时间长河中一个

匆匆而逝的过客，不会吸引人们半点的目光和惊叹，但只要拥有自己的信仰，并将自己的长处发挥到极致，就会成为成功驾驭生活的勇士。

也许我们不是船长，但可以做最好的水手。

生命的价值，是以一己之生命，带动无限生命的奋起、活跃。在人生的舞台上，无论扮演什么角色，我们都应以主角的心情上台尽力演出。

以主角的心态，我们将勇往直前。当我们碰壁时，我们低下已昂得高高的头；当我们遭遇失败时，我们灰心丧气，万分沮丧；当我们为现实而回头张望时，我们已失去了自尊。然而人生的道路上到处充满荆棘，即使再平静的海面也会有波涛汹涌的一天。相信自己，用一颗勇敢的心去面对。一次失败并不代表最后的失败，谁笑到最后才是笑得最灿烂的。胜利了，我们一笑而过，跌倒了，我们忍痛爬起，继续我们的人生之旅。或许胜利的旗帜就在前方向我们挥手；或许下一站就是成功；或许明天又是美好的一天。所以我们应该不怕困难，勇往直前去开拓通往未来的七彩之路。

随处是机缘

佛家讲因缘和合而生，其实这个因缘都是有前因才有后果，种什么样的因，结什么样的果，空空地等待，是不会有任何收获的。其实这也是人们常说的：机会不是完全靠别人给予，也不会有上天赐予，机会还是要靠自己创造。所谓机会，需要缘分，所谓机缘，也需要把握。

正如一位哲人曾说过的：如果你正在等待机遇的垂青，正在期待快乐的降临，那么，不要求诸于人，先求自己吧！

有一种鸟，它能飞越太平洋，依靠翅膀，依靠风，还有一小截不可缺少的树枝。

从此岸到彼岸，是一段遥远而漫长的旅程。出发时，它会把树枝衔在嘴里。当它累了，就会把树枝放到水里，然后站在上面休息一会儿；困了，就在上面睡觉；饿了，就站在上面捕食。

谁能想到，一只鸟飞越太平洋所依靠的仅仅是一截树枝呢？

这只小小的鸟儿，难道不是生活的智者吗？当它等不到跨洋越海的顺风船时，便聪明地为自己造了一艘由一截树枝做成的船，乘风破浪，果断前行。如果只是静静地等候万事俱备，甚至企望着搭上一艘所谓的"顺风船"，只怕耗尽余生也无法得偿所愿。

拥有佛智的人，不会把光阴消耗在无谓的等待中，他们总是能够在过程中寻找到恰当的时机和方式，从而将一切推向高潮或导向更完美的福地。

有一只灰兔正在山坡上玩，发现狼、豺、狐狸鬼鬼祟祟地向自己走来，急忙钻到自己的洞穴中避难。灰兔的洞一共有三个不同方向的出口，为的是在情况危急时能从安全的洞口撤退。今天，狼、豺、狐狸联合起来对付灰兔，它们各自把守一个出口，把灰兔围困在洞穴中。

狼用它那沙哑的嗓子，对着洞中喊道："灰兔你听着，三个出口我们都把守着，你逃不了啦，还是自己走出来吧。不然我们就要用烟熏了，还要把水灌进去！"

灰兔想，这样一直困在洞里也不是个办法，如果它们真的用烟熏、用水灌，情况就更加不妙。忽然，灰兔灵机一动，想出了一个妙计。它来到狐狸把守的洞口，对着洞外拼命地尖叫，就像被抓住后发出的绝望惨叫声。

狼和豺听到灰兔的尖叫声，以为灰兔被狐狸抓住了。它们担心狐狸抓到灰兔后独自享用，不约而同地飞奔到狐狸那里，想向狐狸要回属于自己的那份。聚到一起后，狼、豺、狐狸忽然意识到灰兔可能是用声东击西之计时，急忙又回到各自把守的洞口继续把守。它们哪里知道，灰兔趁狼到狐狸那里去的时

候，早已飞奔出来，躲到了安全的地方。

灰兔把自己脱险的经过告诉了刺猬，刺猬说："你真聪明，你是怎么想出这个妙计来的呢？"灰兔说："因为我知道，狼、豺、狐狸虽然结伙前来对付我，但它们都有贪婪的本性，互不信任，各怀鬼胎，我正是利用了这一点。"

三窟狡兔也有被困在洞中的时候，如果静候无疑等于坐以待毙，抓住对方的弱点，也许时机中仍然险象环生，并无充分的把握，但是一味等待，到头也许是连这唯一微小的逃生机会都失去了。著名剧作家肖伯纳也曾说过："人们总是把自己的现状归咎于运气，我不相信运气。出人头地的人，都是主动寻找自己所追求的运气；如果找不到，他们就去创造运气。"

所以说，人生随处是机缘，我们做事不必要非等到万事俱备才去做，不如随机而动，机缘就在其中。而若是不知把握时机，总是等待万事俱备时，才肯动手做事，机缘其实早已悄然离我们而去了。

有一位农夫欲上山去砍树，却忽然想到脚上的草鞋很陈旧了，于是匆匆忙忙地搓绳打草鞋。忙完草鞋又检查斧锯，发现斧子太钝；锯子已锈，于是决定重新订购斧子和锯子。后来又嫌新斧子的材质不好……等到他万事俱备准备出发时，大雪已

经封山。于是农夫就抱怨：我的运气真是不好。

其实这个农夫的问题不在于运气的好坏，而是他在确立目标时思考的方法不当。他原定的目标是在大雪封山之前完成砍树的任务，鞋子的新与旧并不重要，斧子太钝、锯子已锈可以立即动手磨快，并不需要订购新的。但是，他仍然一味地要立即亲自处理好所有的细节，结果等一切俱备时，时机早已不在，大雪封山，砍柴这个最终目标终成泡影，真是空忙一场。

这个故事虽小，但却发人深省。现实生活中，我们许多时候又何尝不是在做着像农夫一样的傻事。

其实，如佛所言，机会在心里，在能力里，在理想里，在结缘里。

人生无南北，泰然以自处

"譬如空中飞鸟，不知空是家乡；水中游鱼，忘却水是生命。"（《五灯会元》）白兆圭禅师的这段话说的正是一种对待生活的态度，其中深意很值得我们思考。

空中飞鸟翱翔天际，本身即在天空中，它并未想过向生活索取更大的空间，因为天空够宽了；水中游鱼，水对它是非常重要的东西，而它并未一味因其重要而操心忧虑。若能以这种积极的态度努力生活，而非处处起烦恼，生活必然愉快，面对人生的失意也能更加泰然处之。

古诗云：飘飘何所似，天地一沙鸥。做人生死融入不挂于心之时，便能如这空中鸟，水中鱼，自在遨游。又如俗话说得好，人生失意无南北，宫殿里也会有悲恸，茅屋里同样会有笑声。只是，平时生活中无论是别人展示的，还是我们关注的，总是风光的一面，得意的一面，这就像女人的脸，出门的时候个个都描眉画眼，涂脂抹粉，光艳亮丽，这全是给别人看的。回家以后，一个个都素脸朝天。

于是，我们站在城里，向往城外，而一旦走出了围城，就会发现生活其实都是一样的，有许多我们一直在意的东西，在别人看来也许根本就不算什么。所以，与其不停地长吁短叹，不如欣赏一下自己的人生，静心体会生活的快意。

在一条河的一边住着凡夫俗子，另一边住着僧人。凡夫俗子看到僧人每天无忧无虑，只是诵经撞钟，十分羡慕他们；僧人看到凡夫俗子每天日出而作，日落而息，也十分向往那样的生活。日子久了，他们都各自在心中渴望着：到对岸去。

一天，凡夫俗子和僧人达成了协议。于是，凡夫俗子过起了僧人的生活，僧人过上了凡夫俗子的日子。

几个月过去了，成了僧人的凡夫俗子发现，原来僧人的日

子并不好过，悠闲自在的日子只会让他们感到无所适从，便又怀念起以前凡夫俗子时的生活来。

成了凡夫俗子的僧人也体会到，他们根本无法忍受世间的种种烦恼、辛劳、困惑，于是也想起做和尚的种种好处。

又过了一段日子，他们各自心中又开始渴望：到对岸去。

可见，我们眼中他人的快乐，并非真实生活的全部。每个生命都有欠缺，人生失意无南北，每个人都有可能遭遇失意，所以不必与别人作无谓的比较，珍惜自己所拥有的一切就好。人生如海，潮起潮落，既有春风得意、高潮迭起的快乐，也有万念俱灰、惆怅漠然的凄苦。如果把人生的旅途描绘成图，那一定是高低起伏的曲线。"人生得意须尽欢，莫使金樽空对月。"当我们快乐时，不妨尽情享受快乐，珍惜所拥有的一切。而当生活的痛苦和不幸降临到我们身上时，也不要怨叹、悲泣，哪怕只剩下一个柠檬，也可以做一杯柠檬汁。

生于尘世，每个人都不可避免要经历苦雨凄风，失意与痛苦。面对艰难困苦，想开了就是天堂，想不开就是地狱。而积极乐观的心态就是一副良药，它能愈合我们的伤口，笑对失意，让我们能怀着新的希望上路，就像一趟旅行，沿途中有数不尽的坎坷泥泞，但也有看不完的春花秋月。如果我们的一颗心总是被灰暗的风尘所覆盖，干涸了心泉、暗淡了目光、失去了生机、丧失了斗志，我们的人生轨迹岂能美好？若我们能保持一种健康向上的心态，那么，即使我们身处逆境、四面楚歌，也一定会有"山重水复疑无路，柳暗花明又一村"的那一天。

圣严法师小时候，有一次与父亲在河边散步，河面上有一群鸭子，游来游去，自由畅快。他站在岸边，非常美慕地看着这群与自己水中倒影嬉戏的鸭子。

父亲停下脚步，问道："你从中看到了什么？"

面对父亲的询问，他心中一动，却也不知道如何表达自己的想法。

父亲说："大鸭游出大路，小鸭游出小路，就像是它们一样，每个人都有自己的路可以走。"

大鸭游出的是大路，小鸭游出的是小路，人也是如此，每个人都有自己的路，即使起点不同，出身不同，家境不同，遭遇不同，也可以抵达同样的顶峰，不过这个过程可能会有所差异，有的人走得轻松，有的人一路崎岖，但不论如何，艳阳高照也好，风雨兼程也罢，只要怀揣着抵达终点的希望，每个人都可以获得自己的精彩。

暂时的落后一点都不可怕，自卑的心理才是最可怕的。人

生的不如意、挫折、失败对人是一种考验，是一种学习，是一种财富。我们要牢记"勤能补拙"，既能正确认识自己的不足，又能放下包袱，以最大的决心和最顽强的毅力克服这些不足，弥补这些缺陷。人的缺陷不是不能改变，而是看其愿不愿意改变。只要下定决心，讲究方法，就可以弥补自己的不足。在不断前进的人生中，凡是看得见未来的人，都能掌握现在，因为明天的方向他已经规划好了，知道自己的人生将走向何方。留住心中的希望种子，相信自己会有一个无可限量的未来，心存希望，任何艰难都不会成为我们的阻碍。只要怀抱希望，生命自然会充满激情与活力。

人生失意无南北，我们又何必太过沮丧，不如泰然处之，笑对人生。

人生如吃饭，要尝出味道

人生如吃饭，饭要自己吃才能尝出味道，生活也要自己感受才能体会到其中的快乐。看似简单，却有着深远的寓意在里面。人生原本是一种享受，有的人却要处处虚伪，甚至于打肿脸充胖子。他们认为这才是品位，才是面子，才是交往，其实虚伪的表演很容易被看穿，随之而来的只能是轻视。

与其虚伪度日，不如活出真我风采，真切感受生活的滋味，还会因此有可能成为佛。

但佛并不是到处可寻，在自然世界，在心灵深处，我们能真切感受到佛，但它无踪迹可寻，没有固定模式。像万里阳光，晴空不挂一片云；如清净之水，清溪见底看入"空无"。但这又确确实实存在，真叫人难以捉摸！

有一次，一位学僧问惟宽禅师："狗有佛性吗？"惟宽禅师回答道："狗是有佛性的。""马有佛性吗？"答："马是有佛性的。"

"为什么这些动物都有佛性呢？""因为他们都是众生，众生均有佛性。"

"既然这样，那么，你有佛性吗？""我没有佛性。"

"那为什么一切众生皆有佛性，而你没有？""因为我不是你所说的众生。"

"你不是众生，你是佛吗？""我不是佛。"

"那你究竟是什么？""我不是一个'什么'！"

"佛性到底是什么？是我们能看到，或是能想到，或是能感觉到的吗？""什么也不能，只能悟到。"

惟宽禅师反过来问这位学僧："荒田没有水，瘠土没有肥，能耕吗？"学僧答曰："不能。""往荒田里注水，往瘠土上施肥，就一定能种出粮食吗？"，答："恐怕不能吧！"

"香里有没有佛？油里有没有佛？""没有。"

"买香油、买油烧能烧出佛吗？""当然不能！佛到底是什么？"

惟宽禅师最后说："真正的佛，是一种澄静的智慧，一种明亮的作为，不是烧香磕头就能得到的。事事妙圆，处处空寂，无争执无欲望，一切都可放下或牺牲，这就是真佛！众生平等，皆可成佛。真我就是佛，佛就是真我。"

佛性就是人的自性，就是真我的风采。不必磕头烧香，佛性本来就在我们心中。只要我们能如惟宽禅师所说，做到处处空寂，无争无执无欲，那便是成佛的境界。

释迦牟尼佛其实就是一个最平凡同时也最伟大的人，这也体现了平常就是真道，真正的真理是在最平凡之间；真正仙佛的境界，是在最平常的事物上。所以真正的人道完成，也就是出世、圣人之道的完成。

平常即真，人生如吃饭，要尝出味道，慢慢去体会，活出真我。

慢慢来，忙中安心立命

我们所处的环境，无论好坏，都像是火宅一样，充满各种躁动的情绪和难测的危险。所以《法华经》说："三界无安，犹如火宅；众苦充满，甚可怖畏。"所以，人心安定，环境即太平，便见世外桃源，尘世中的忙碌便为欢喜。忙碌是一种生活状态，但不应该成为心灵的常态。若只能从忙碌中体会到烦恼与纷扰，便很难体验到游刃有余、自由洒脱的心境。

忙得快乐，乐得欢喜

我们所处的环境，无论好坏，都像是火宅一样，充满各种躁动的情绪和难测的危险。所以《法华经》中有这样一句偈语："三界无安，犹如火宅；众苦充满，甚可怖畏。"

在佛家的理论系统里，三界都是水深火热的环境，而现实人生中需要处理的烦恼尤其多。但是，一切境界，出于心造，源于心受，心境烦恼，便处于火宅之中，心境清凉，便生于佛国净土。所以，人心安定，环境即太平，便见世外桃源，工作中的忙碌便为欢喜。

忙碌是一种生活状态，但不应该成为心灵的常态。若只能从忙碌中体会到烦恼与纷扰，便很难体验到游刃有余、自由洒脱的心境。

在忙碌的世俗生活中，保持一种平常心，将忙碌的劳累与不快沉淀到心底，并用岁月将其风干成一种曾经奋斗的记忆，才是在工作中获得快乐的方法。

人心就如一个水瓶，保持瓶中水的静止，也是保持自己内心的安定。保持一颗平常心，和其光，同其尘，愈深邃愈安静。

现代人，应该养成一种如水的心态，容纳万物，也容纳自我的烦恼。若能将水柔弱的特性发挥得淋漓尽致，便可谓是完人了，正是"上善若水，厚德载物"，才能在忙碌的生活中获得欢喜，否则，便会因为忙碌而失去发掘幸福的心情。

有个后生从家里到一座禅院去，在路上遇到了一件有趣的事，他想以此去考考禅院里的老禅师。

来到禅院后，后生与老禅师一边品茶，一边闲谈，冷不防问了一句："何为团团转？"

"皆因绳未断。"老禅师随口答道。

后生听到老禅者这样回答，顿时目瞪口呆。老禅者见状，

问：“什么使你这样惊讶啊？”

“不，老师父，我惊讶的是，你怎么知道的呢？”后生说，“我今天在来的路上，看到一头牛被绳子穿了鼻子，拴在树上，这头牛想离开这棵树，到草地上去吃草，谁知它转过来转过去都不得脱身。我以为师父没看见，肯定答不出来，哪知师父一下就答对了。”

老禅师微笑着说：“你问的是事，我答的是理，你问的是牛被绳缚而不得解脱，我答的是心被俗务纠缠而不得超脱，一理通百事啊！”

想想我们自己，其实也是被一根无形的绳子牵着，像老牛一样围着树干团团转，总解脱不了。我们的处境又比老牛好到哪儿去呢？

为了钱，我们东西南北团团转；为了权，我们上下左右转团团；为了欲，我们上下奔窜；为了名，我们日夜窜奔。名是绳，利是绳，欲是绳，尘世的诱惑与牵挂都是绳。人生三千烦恼丝，斩断才能自在啊！

对活在忙碌紧张、名利缠绕的现代社会的我们而言，肩上的重担，心中的压力，将我们缠绕其中，密不透风，使我们与快乐背道而驰，越走越远。

在忙碌的工作中，放下心中的烦恼，放下心中的欲望，便会得到一双跨越悬崖，朝着晴朗的快乐天空自由飞翔的翅膀！

充实的生活才能安身立命

一个青年有一阵子待业在家，早上 10 点多还躺在床上，不时地叫头疼。那么健壮的他，稍不注意就会生点小病。现在他找到一份图书发行的工作，一天从早到晚忙个不停，却精力充沛，无病无痛。他深有感触地说："只有工作才是治疗年轻人所有疾病和痛苦的灵丹妙药。"

可见，一个人，唯有在充实的生活里，生命才有办法安住，活得才有意义。人，就像一台机器，长久不用就会生锈，而一个年轻人不去工作的话，心志就会消沉，意志力也会磨损，久而久之就会变得衰弱不堪。

佛家反对空想，主张一个人只有在实实在在的日常生活事务中，才能实现安身立命的目的。对于任何人而言，唯有真实、充实的工作才是实现人生价值的最根本途径。不管他从事的是什么行业，叱咤风云的商界巨子，或者举世瞩目的政治英才，是学界教育的名宿，是建筑师，是园艺人，是农夫，是渔人，是画家，是音乐家、医生、志愿者、筑路工人，抑或不起眼的一名小职员……工作都是他们安身立命的根本所在，可以说，没有工作，一个人将一无所成，生命将毫无光彩。唯有在工作中，生命才能安住。

现实中，有人把工作当成毕生的事业，有人把工作的成绩当成人生的乐趣，但也有人把工作看成赚钱的机器。以什么心态来生活，以何种效率来工作，用佛家的眼光来看这是个重要的问题。

生活中有两类人：一类是躺着过日子，一类是站着干工作。躺着过日子的人，感到身体舒服，可宝贵的生命在舒服之中失去了光泽，做人的精神在舒服之中消磨了锐气；站着干工作的人，付出代价，而生命在付出中换来了辉煌，精神在付出中换来了不朽。

鲁迅先生曾严肃地指出："我觉得，那么躺着过日子，是会无聊得使自己不像活着的。我总这样想，与其不工作而多活几年，倒不如赶快工作少活几年的好，因为结果还是一样，多活几年也是白活的。"

大多数人一生中会把30至40年的时间花在家庭以外的工作上。对于人们来说，工作不仅具有经济上的意义，还有心理上的意义。"中了500万大奖，你会做什么？"人们的答案千奇百怪，但他们要做的第一件事，却是辞职。有趣的是，如果追问他们辞职后想做什么，大部分人的回答又会通通回到工作上。有的想出国旅行，休息一阵子；有的想游学充电，回味一下学生生活。但做完这些事情后，他们还是想要有一份工作。

可见，工作的目的并不单纯为了挣钱，否则众多富豪，早就可以收山养老了，何苦在世界各处飞来飞去、忙碌不已？对他们来说，银行账户里的数字，多一个零或者少一个零，对生活并无影响，那他们为什么还要为工作而奔波呢？

在一些聚会中，新认识的朋友问的第一句话常常是："你做哪一行？"他的工作已成为建立自我认同的最重要的方法之一了。工作是为了体现自己的价值，而做自己想做的事情，无疑是最开心地体现自身价值的方式，没有勉强、没有逼迫，在无拘无束的快乐心情中实现自己的价值。失业不只代表失去薪水，而且连社会价值也可能受到他人否定。失业使我们感到迷惘，感到自己没用。随着社会的发展与工作的多样性，就连那些年老退休的人，也开始期待在退休之后能够有一份力所能及的工作，可以在悠闲的生活外，实现自己更多的价值。

大文豪高尔基说过："工作如果是快乐的，那么人生就是乐园；工作如果是强制的，那么人生就是地狱。"任何一个人的成功，绝不是从安逸享受中得来，而是从刻苦勤劳的奋斗中获得的。"各人吃饭各人饱，各人生死各人了。"必须自己从勤劳奋斗中去创造光明，从勤劳奋斗中去完成自己的理想。当然话虽如此说，要做到就不那么简单了。当我们徘徊在忙碌于厌倦的工作生活中时，听一听前辈人的忠告或许能有所启发。

撞钟时只想着撞钟

钟是佛教丛林寺院里的号令，清晨的钟声是先急后缓，警醒大众，长夜已过，勿再沉睡。而夜晚的钟声是先缓后急，提醒大众觉昏衢，疏昏昧！故丛林的一天作息，是始于钟声，止于钟声。

有一天，奕尚禅师从禅定中起来时，刚好听到阵阵悠扬的钟声，禅师特别专注地竖起心耳聆听，待钟声一停，忍不住召唤侍者，询问道："早晨司钟的人是谁？"侍者回答道："是一个新来参学的沙弥。"于是，奕尚禅师就让侍者将这沙弥叫来，问道："你今天早晨是以什么样的心情在司钟呢？"沙弥不知禅师为什么要这么问他，他回答道："没有什么特别的心情！只为打钟而打钟而已。"

奕尚禅师道："不见得吧？你在打钟时，心里一定念着些什么，因为我今天听到的钟声，是非常高贵响亮的声音，那是正心诚意的人，才会发出的声音。"沙弥想了又想，然后说道："报告禅师！其实也没有刻意念着，只是我尚未出家参学时，家师时常告诫我，打钟的时候应该要想到钟即是佛，必须要虔诚、斋戒，敬钟如佛，用入定的禅心和礼拜之心来司钟。"

奕尚禅师听了非常满意，再三地提醒道："往后处理事务

时，不可以忘记，都要保有今天早上司钟的禅心。"这位沙弥从童年起就养成了恭谨的习惯，不但司钟时如此，做任何事，动任何念，一直记着老师和奕尚禅师的开示，保持司钟的禅心，他就是后来的森田悟由禅师。

奕尚禅师不但识人，而且还从钟声里听出了一个人的品德，这也由于他自己是有禅心的人。谚云："有志没志，就看烧火扫地。"沙弥年纪虽小，连司钟时都知道敬钟如佛的禅心，可见其长大之后成为禅师是一种必然。

可见，做人处世如欲安身立命，首要的一点便是脚踏实地，就如故事中的小沙弥，敲钟时正心诚意，心中只存佛，手下只做敲钟的事。正所谓，天地有大美而不言，有些看似朴素的话却常常是最深刻的道理。人间多少成功事，回想起来其实不过这八个字：一心一意，脚踏实地。

现代人都很聪明，并尤其爱玩小聪明，他们大都视虔诚为痴傻或缺心眼儿。因此，看不起老实人，把老实人视为低能；他们更期望以最小的投入去攫取最大的利润，而不具有倾注一切心血、集中全部精神的虔敬心。这种心态本身就是不正不敬的，无论修佛还是求成，都难以实现目标。而虔诚的人，却能凭借虔敬带来的韧性和智慧，创造数不清的辉煌，这对于那些崇尚机巧的所谓"聪明人"，真是一种有力的嘲讽。

森田悟由禅师，在他还是一个小沙弥的时候，就懂得应该正心诚意地撞钟。也许在外人看来，这有几分愚呆的傻气。但实际上，只有一个人专注地做事，才能收心敛性，将事情做到最好。

　　歌德曾这样劝告他的学生："一个人不能同时骑两匹马，骑上这匹，就要丢掉那匹，聪明人会把凡是分散精力的要求置之度外，只专心致志地去学一门，学一门就要把它学好。"鲁迅说过："如果一个人，能用十年的时间，专注于一件事，那么他一定能够成为这方面的专家。"成就大事的人不会把精力同时集中在几件事情上，而只是关注其中之一。手里做着一件事，心里又想着另一件事，只能让每件事情都做不好。

　　黑格尔认为，那些什么事情都想做的人，其实什么也不能做。

　　一个人在特定的环境内，如果欲有所成，必须专注于一件事，而不分散他的精力在多方面。当人类把所有的精力都集中到一点时，就很少存在不能解决的事情，也没有什么突破不了的难关。这个问题解决了，"触类旁通"的事情也会发生，与问题有关联的其他事情也能迎刃而解。可见，专注无论在搞研究、做学术还是生活、事业中，都有极为重要的意义。

　　撞钟时就想着撞钟，专注使人成功，专注也容易产生快乐。当我们用心去做一件事的时候，会产生更大的能量。

路不通时，换一条走

人们常常执著于某种念头，不到黄河心不死，却往往忽视了人生的道路上本就有很多的岔路口，适当的转弯也许能够带来更加美丽的风景。

佛的智慧告诉我们，"方便有多门，归元无二路"，人生路上，只要能达到目的，何必非要执著于一条路不可呢？路不通时，为何不换一条来走。在看似忙碌苦闷的现实人生中，方便之门随时都在开启。

有两个不如意的年轻人，一起去拜望一位禅师。"师父，我们在办公室被欺负，太痛苦了，求您开示，我们是不是该辞掉工作？"两个人一起问道。禅师闭着眼睛，隔半天，吐出五个字："不过一碗饭。"然后挥挥手，示意年轻人退下了。

回到公司，一个人递上辞呈，回家种田，另一个却没动。日子过得真快，转眼 10 年过去。回家种田的，以现代方法经营，加上品种改良，居然成了农业专家。另一个留在公司里的也不差，他忍着气、努力学，渐渐受到器重，后来成为经理。

有一天两个人相遇了，互相谈论过自己的近况之后，不由得感叹起来。

"奇怪！师父给我们同样'不过一碗饭'这五个字，我一听就懂了，不过一碗饭嘛！日子有什么难过？何必非待在公司？所以辞职。"农业专家问另一个人："你当时为什么没听师父的话呢？"

"我听了啊！"那经理笑道，"师父说'不过一碗饭'，多受气、多受累，我只要想'不过为了混碗饭吃'，老板说什么是什么，少赌气、少计较，就成了！师父不是这个意思吗？"

大惑不解中，两个人又去拜望禅师，禅师已经很老了，仍然闭着眼睛，隔半天，答了五个字："不过一念间。"然后，挥挥手。

在相同的指引下，两个年轻人各自寻找到了不同的生活方式，一个选择继续直行，在原来的公司得到升职，成为经理；而另一个则选择了在原来的道路上转个弯，从别处寻觅自己生命的价值所在。

"不过一念间"，看上去他们都摆脱了原来不如意的状态，获得了快乐，但是细细品味，两人的心境仍旧有着很大的差别：农业专家彻底从原来"难过"的日子中解脱了出来，重新给自己作出了定位；另外一个年轻人看似洒脱，实则仍然处于被动中，只不过他自己也已将那种无奈的心情屏蔽在了个人意识之外。说起来，也未尝不是寻得了另一道安身立命的方便之门。

人的一生，总要经风历雨，横冲直撞，一味拼杀是莽士；运筹帷幄，懂得变通寻找方便之门的人才是智者。正如佛家所说，在生命的春天中，我们尽可以充分享受和煦的春风、温暖的阳光，而遭遇寒冬之时，要及时调整步速，不急不躁地把握住生命的脉搏。

从前有一个穷人，他有一个非常漂亮的女儿。穷人家境拮据，妻子又体弱多病，不得已向富人借了很多钱。年关将至，穷人实在还不上欠富人的钱，便来到富人家中请求他拖延一段时间。

富人不相信穷人家中困窘到了他所描述的地步，便要求到穷人家中看一看。

来到穷人家后，富人看到了穷人美丽的女儿，坏主意立刻就冒了出来。他对穷人说："我看你家中实在很困难，我也并非有意难为你。这样吧，我把两个石子放进一个黑罐子里，一黑一白，如果你摸到白色的，就不用还钱了，但是如果你摸到黑色的，就把女儿嫁给我抵债！"

穷人迫不得已只能答应。

富人把石子放进罐子里时，穷人的女儿恰好从他身边经过，只见富人把两个黑色石子放进了罐子里。穷人的女儿刹那

间便明白了富人的险恶用心，但又苦于不能立刻当面拆穿他的把戏。她灵机一动，想出了一个好办法，悄悄地告诉了自己的父亲。

于是，当穷人摸到石子并从罐子里拿出时，他的手"不小心"抖了一下，富人还没来得及看清颜色，石子便已经掉在了地上，与地上的一堆石子混杂在一起，难以辨认。

富人说："我重新把两颗石子放进去，你再来摸一次吧！"穷人有些犹豫，富人趁机说道："如果不愿意，那就不用摸了，就当你摸到的是黑子，欠我的债也就不用还了。两样你都不吃亏怎么样？"

穷人的女儿在一旁说道："不必了！只要看看罐子里剩下的那颗石子的颜色，不就知道我父亲刚刚摸到的石子是黑色的还是白色的了吗？"说着，她把手伸进罐子里，摸出了剩下的那颗黑色石子，感叹道："看来我父亲刚才摸到的是白色的石子啊！"

富人顿时哑口无言。

"重来一次"意味着穷人摸到黑、白石子的几率仍然各占一半，而穷人面临的只有两个选择，要么重新摸一次，要么接受富人的条件，事实上，两个选择穷人都必输无疑。而聪明的女儿则通过思维的转换成功地扭转了双方所处的形势。所以很多时候与其硬来，不如跳出这个二元选择，从一个更高的或者侧面的角度作出选择，反而是一条绝处逢生的出路。

在佛家的无上智慧中，非二元论是个重要的发现，它要求人们在具体的事件中，跳脱出非此即彼的二元选择，从而作出一个更智慧的选择。某种程度上，我们也可以把这种智慧俗化理解成转弯。佛家所主张的转弯是一种高妙的艺术，现实路途可以转，人的思维同样也可以转。所谓殊途同归，若都是为了寻找生命中的快乐与生活的意义，又何必非要走那一条路呢？

方便有多门，适当转个弯，虽不是绝处逢生，却也能在陌生的地方领略到更美的风景。

心无二念，脚踏实地

"昨天付出是昨天的事，如果今天尚未付出，就不要期待收获"，无独有偶，对百丈怀海禅师"一日不作，一日不食"的禅门家风，文益禅师有着十分相似的见解。

有位和尚问文益禅师："您在一整天的生活中是如何修行的呢？"

文益禅师回答说："步步踏着。"

步步踏着，步步踏实。很多禅修者，秉承着这一古训，过着清苦的生活，平淡、辛勤而又虔诚地生活着。

"深泥田里好相聚，拽耙鞭牛真快活。"这是源自《田歌》中的一句，描写了江西真如禅寺中僧侣的农禅生活，从唐代以来，众多僧人继承了"师凡作务，执劳必先与众"的禅风，在每日的劳作中寻求着充实与安宁。

百丈禅师倡导"一日不作，一日不食"的农禅生活，曾经也遇到许多困难，因为佛教一向以戒为规范生活，而百丈禅师改进制度，以农禅为生活，甚至有人批评他为外道。

百丈禅师每日除了领众修行外，必亲执劳役，勤苦工作，对生活中的自食其力，极其认真，对于平常的琐碎事务，尤不肯假手他人。

渐渐地，百丈禅师年纪大了，但他每日仍随众上山担柴、下田种地。因为农禅生活，就是自耕自食的生活。弟子们毕竟不忍心让年迈的师父做这种粗重的工作，因此，大家恳请他不要随众劳动，但百丈禅师仍以坚决的口吻说道："我无德劳人，人生在世，若不亲自劳动，岂不成废人？"

弟子们阻止不了禅师工作，只好将禅师所用的扁担、锄头等工具藏起来，不让他做工。

百丈禅师无奈，只好用不吃饭的绝食行为抗议，弟子们焦急地问他为何不饮不食。

百丈禅师道："既然没有工作，哪能吃饭？"

弟子们没办法，只好将工具又还给他，让他随众生活。

戒律是禅，劳动是禅，生活亦是禅。百丈禅师正是明白了这一点，才会坚持"一日不作，一日不食"，以求在劳动之中磨炼自己的心性，度化自身。

在时光的洪流中，唯有充实地度过每一天，才能得到真正的解脱。

步步踏着，这四个平实而淡然的字，却有着重大的意义：人走路时都是一步一步向前走的，只有脚下踩得很实在，心无二念，才是最好的修行。人生中的每一件事，又何尝不是如此？

生命只在一呼一吸间，每一个"现在"都是生命中最重要的时光，都需要用心体会。春风秋雨，花开花落，人们总是对不经意间消逝的美丽扼腕叹息，却不愿意为身边的美驻足赞美，待其逝去，方才翻然悔悟。这种人生是多么悲哀啊！

印度大诗人泰戈尔说："如果你因错过了太阳而流泪，那么你也将错过群星。"

做事忙中有序，分清轻重缓急

有一个小和尚，在树林中坐禅时看到草丛中有一只蛹，蛹已经出现了一条裂痕，似乎就能看见正在其中挣扎的蝴蝶了。

小和尚静静地观察了很久，只见蝴蝶在蛹中拼命挣扎，却怎么也没有办法从里面挣脱出来，几个小时过去，小和尚依然坐在那里静静地看着。

这时候，护林人家的孩子跑了过来，看到地上挣扎的蛹，不由分说地捡起来将蛹上的裂痕撕得更大了，小和尚甚至来不及阻止。

小孩子数落着和尚："师父，你是出家人，怎么连点慈悲心也没有呢？"

小和尚无奈地叹了口气，说道："你为何这般性急呢？蝴蝶还没有着急，你为什么这么鲁莽地改变它的生命呢？"

果然，当蝴蝶出来之后，因为翅膀不够有力，变得很臃肿，飞不起来，只能在地上爬。

小孩子本想帮蝴蝶的忙，结果反而害了蝴蝶，正是"欲速则不达"。由此不难看出，急于求成往往导致最终的失败。所以，我们不论是在工作，还是在生活中，都不妨放远眼光，注重积累，厚积薄发，自然会水到渠成，实现自己的目标。

对于"一万年太久，只争朝夕"的人来说，最容易犯的毛病就是"欲速则不达"。放眼整个社会，大多数人都知道这个道理，而最终背道而行的人仍是大多数。

现代人往往急于求成，做事一味追求速度，却不知脚踏实

地才能让人走得更远，更顺畅。所以，人生要"赶"，但不要"急"，应该忙中有序地做事，而不要紧张兮兮地抢时间。

任何事积累到一定程度都会形成压力，心中背负着太多东西的人往往容易乱了分寸，无法静下心来理清思路，所以容易焦躁、抱怨，甚至愤怒。与其被忙不完的工作所驱使，不如在自己的能力范围之内，坦然面对，做得到的去做，做不到的不强求。

明智的人，总是能够将手头的工作理出大小内外，轻重缓急，从而按部就班、有次序地一件一件解决，这样做，既可以保证工作速度，又能保持从容不迫的心情，所以佛家主张人应当忙中有序地生活，而不要紧张兮兮地抢时间。

有一个农夫挑着一担橘子进城去卖。天色已晚，城门马上就要关了，而他还有二里地的路程。这时迎面走来一个僧人，他焦急地赶上前去问道："小和尚，请问前面城门关了吗？"

"还没有。"僧人看了看他担中满满的橘子，问道，"你赶路进城卖橘子吗？"

"是啊，不知道还来不来得及。"

僧人说："你如果慢慢地走，也许还来得及。"

农夫以为僧人故意和自己开玩笑，不满地嘀咕了两声，又匆忙上路了。他心中焦急，索性小跑起来，但还没跑出两步，脚下一滑，满筐橘子滚了一地。

僧人赶过来，一边帮他捡橘子，一边说："你看，不如脚步放稳一些吧？"

农夫急于求成，一味求快，结果却恰恰相反。工作亦是如此，积极与速度并非同义词，速度与效率也往往不成正比，与其在手忙脚乱中浪费时间，不如张弛有度，井然有序地设计好每一步要踏出的距离。一味求快，往往会造成恶果。

"涓流积至沧溟水，拳石垒成泰华岑。"这一出自宋代陆九渊《鹅湖教授兄韵》的诗句，劝喻人们：涓涓细流汇聚起来，就能形成苍茫大海；拳头大的石头垒砌起来，就能形成泰山和华山那样的巍巍高山。只要我们一步步勤勉努力地往前赶，就能够到达成功的彼岸。

现代人，并非高速运转的现代机器，莫不如以一种骑士精神尽展潇洒，纵横驰骋于纷乱的生活，却保持一种美丽的心情，采一柱大漠的孤烟映照黄昏的落日，捉一轮浑圆的清月放飞自由的心灵！

从容不是安逸

在红尘中摸爬滚打多年的人，常常希望获得一份安逸的生活，却容易忘记"居安思危"的道理。

有两只老虎，一只在笼子里，一只在野地里。

在笼子里的老虎三餐无忧，在外面的老虎自由自在。

笼子里的老虎羡慕外面老虎的自由，外面的老虎却羡慕笼子里的老虎安逸。一日，一只老虎对另一只老虎说："咱们换一换。"另一只老虎同意了。

于是，笼子里的老虎走进了大自然，野地里的老虎走进了笼子。从笼子里走出来的老虎高高兴兴，在旷野里拼命奔跑；走进笼子的老虎也十分快乐，它再不用为食物发愁了。

但不久，两只老虎都死了。

一只是饥饿而死，一只是忧郁而死。从笼子中走出的老虎获得了自由，却没有同时获得捕食的本领；走进笼子的老虎获得了安逸，却没有获得在狭小空间生活的心境。

两只老虎，不同的选择，不同的命运。笼中的老虎在长期安逸的生活中丧失了求生本领，笼外的老虎则无法适应那种失去自由的安逸，两只老虎都因这陷阱般的安逸而失去了性命。

每个人都向往安逸的生活，经过长途跋涉，短暂的安逸生活可以使我们得到休息和宁静。但是长期的安逸，会磨灭人的理想，摧毁人的斗志，最终毁掉其一生。一开始就选择享受的人和一开始就执著奔波、千锤百炼的人，最后的结局往往是后者成了珍品，前者成了废料。

无德禅师在收学僧之前，叮嘱他们把原有的一切都丢在山门之外。禅堂里，他要学僧"色身交予常住，性命付给龙天"。但是，有的学僧好吃懒做，讨厌做活；有的学僧贪图享受，攀缘俗事。于是，无德禅师讲了下面这个故事：

　　有个人死后，灵魂来到一个大门前。进门的时候，司阍对他说："喜欢吃吗？这里有的是精美食物。你喜欢睡吗？这里想睡多久就睡多久。你喜欢玩吗？这里的娱乐任你选择。你讨厌工作吗？这里保证你无事可做，没有管束。"

　　这个人很高兴地留下来，吃完就睡，睡够就玩，边玩边吃。三个月下来，他渐渐觉得没有意思，于是问司阍道："这种日子过久了，也不是很好。玩得太多，我已提不起什么兴趣；吃得太饱，使我不断发胖；睡得太久，头脑变得迟钝。您能给我一份工作吗？"

　　司阍答道："对不起！这里没有工作。"

　　又过了三个月，这人实在忍不住了，又问司阍道："这种日子我实在没法忍受，如果没有工作，我宁愿下地狱！"

　　司阍带着讥笑的口气问道："这里本来就是地狱！你以为这里是极乐世界吗？在这里，你没有理想，没有创造，没有前途，没有激情，你会失去活下去的信心。这种心灵的煎熬，更甚于上刀山下油锅的皮肉之苦，你当然受不了啦！"

过于安逸的生活真如地狱一般，甚至比地狱更加可怕。当一个人所有的智慧与能力都在这样的地狱中消磨殆尽的时候，再后悔已经来不及。

人的一生，都要经受安逸的诱惑。三伏天，酷暑难当，暴晒的烈日之下与凉风习习的河边，如果让我们来选的话，我们会选择哪一个呢？三九日，冰天雪地，寒风凛冽的狂野与温暖如春的炉火旁，我们又会如何取舍？只怕，大多数人都会选择后者，这种安逸正是人生的软陷阱。

安逸是通往成功之路的最大障碍，而艰难困苦，玉汝于成。如何取舍，是否所有人都已经明白了呢？

人在安逸中常常忘记了自己的使命，甚至原来的自己；在安逸中常常不能忍受挫折，心也容易受影响、受波动；在安逸中自己的信心也很容易流失，甚至失去原本光明的本性，所以，居安思危，安逸之人一定要守住自己的本心。

体会细微处的快乐

在一个小镇上，有个年轻人，他想追求幸福，但是又不知道什么是幸福，于是经人指引，找到了智者。当智者了解了年轻人的来意后，交给他一把盛满水的汤匙。年轻人不明白智者的意思，便向他请教，智者并没说什么，只让这个年轻人拿着

装满水的汤匙外出游走一回，路上看到有什么风景回来告诉智者就行。年轻人端着汤勺边走边看，他经过热闹的集市，看到琳琅满目的商品，欣赏到悦目的景色，还有一个个如花似玉的美丽女子。年轻人将这些景物一个不落地记在心底，下午，他回到了智者的家中。年轻人滔滔不绝地向智者讲述了自己所看到的一切，当他说完后，发现手中的汤匙早已滴水未剩。智者让他再去外面走一圈，这一次，年轻人小心翼翼地呵护汤匙，唯恐汤匙里的水流到外面，但是当他回来时，发现汤匙里的水虽然还在，但是脑子里面却是一片空白。这时候，智者对年轻人说道："幸福就是你欣赏了美景的同时也守住了这匙中的水。"

智者的话发人深省，我们的美景在哪里，我们的水又是什么？实际上，美景一如美酒佳肴，风光迤逦，每时每刻都在挑拨着我们无穷的欲望，而那汤匙里的水，就是我们内心的归宿。

邻里团结，家庭美满，职业安定，环境优美，这是众生应求的幸福。能慷慨地施舍，能诚心地服务，无怨无悔，这是佛家所倡导的最大的幸福。在不同的人看来，幸福有不同的定义。

幸福并非是三年小成、五年大成后的满足，因为大多数的

人都生活在平凡的俗世中，正因如此，幸福的真谛就是发于真性情，做自己喜欢做的事情，由此得到的小小快乐即是幸福。这种幸福简单而不花哨，真实而不虚浮，看得见摸得着。

许多时候，我们根本无需急急忙忙，其实生活的美就在我们不断经过的点滴事物中。只要我们肯放下脚步，就很容易发现它们。

有一对父子一起耕作一片土地。一年一次，他们会把粮食、蔬菜装满那老旧的牛车，运到附近的镇上去卖。但父子二人相似的地方并不多。老人家认为凡事不必着急，年轻人则性子急躁、野心勃勃。

一天清晨，他们套上了牛车，载满了一车子的粮食、蔬菜，开始了旅程。儿子心想他们若走快些，当天傍晚便可到达市场。于是他用棍子不停催赶牛车，要牲口走快些。

"放轻松点，儿子，"老人说，"这样你会活得久一些。"

"可是我们若比别人先到市场，我们便有机会卖个好价钱。"儿子反驳。

父亲不回答，只把帽子拉下来遮住双眼，在牛车上睡着了。年轻人很不高兴，愈发催促牛车走快些，固执地不愿放慢速度，他们在快到中午的时候，来到一间小屋前面，父亲醒来，微笑着说："这是你叔叔的家，我们进去打声招呼。"

"可是我们已经慢了半个时辰了。"儿子着急地说。

"那么再慢一会儿也没关系。我弟弟跟我住得这么近，却很少有机会见面。"父亲慢慢地回答。

儿子生气地等待着，直到两位老人慢慢地聊足了半个时辰，才再次启程，这次轮到老人驾牛车。走到一个岔路口，父亲把牛车赶到右边的路上。

"左边的路近些。"儿子说。

"我晓得，"老人回答，"但这边路的景色好多了。"

"你不在乎时间？"年轻人不耐烦地说。

"噢，我当然在乎，所以我喜欢看漂亮的风景，把时间都享受起来。"

蜿蜒的道路穿过美丽的牧草地、野花，经过一条清澈河流——这一切年轻人都视而不见，他心里翻腾不已，十分焦急，他甚至没有注意到当天的日落有多美。

他们最终也没有在傍晚赶到。黄昏时分，他们来到一个宽广、美丽的大花园。老人呼吸芳香的气味，聆听小河的流水声，把牛车停了下来。"我们在此过夜好了。"

"这是我最后一次跟你做伴，"儿子生气地说，"你对看日落、闻花香比赚钱更有兴趣！"

"对了，这是你这么长时间以来所说的最好听的话。"父亲微笑着说。

几分钟后，父亲开始打呼噜——儿子则瞪着天上的星星，长夜漫漫，儿子好久都睡不着。天不亮，儿子便摇醒父亲。他们马上动身，大约走了一里路，遇到一个农民正在试图把牛车从沟里拉上来。

"我们去帮他一把。"老人低声说。

"你想浪费更多时间？"儿子有点生气了。

"放轻松些，孩子，有一天你也可能掉进沟里。我们要帮助有所需要的人——不要忘了。"

儿子生气地扭头看着一边。

等到另一辆牛车回到路上时，已是大天亮了。突然，天上闪出一道强光，接下来似乎是打雷的声音。群山后面的天空变得一片黑暗。

"看来城里在下大雨。"老人说。

"我们若是赶快些，现在大概已把货卖完了。"儿子大发牢骚。

"放轻松些……这样你会活得更久，你会更享受人生。"仁慈的老人劝告道。

到了下午，他们才走到俯视城镇的山上。站在那里，看了好长一段时间。两人都不发一言。

终于，年轻人把手搭在老人肩膀上说："爸，我明白您的意思了。"

他把牛车掉头，离开了那个叫做广岛的地方。

有人早出晚归，披星戴月，想要一番作为，这固然不错，但同时却又失去了平常生活中的平常乐趣，所谓幸福的滋味也就再也找不回来了。其实，当我们肯定下来细细体味的时候，就会发现，安身立命就是放下脚步，在缓缓中体会生活细微处的满足与快乐。这对父子各自用不同的方式对待生活，显而易见，父亲境界高人一筹。

我们会发现，幸福并不是什么高不可攀的人生终极理想，也不是某种特权。就像我们垂钓于江河，但见水波连连；躺身于绿野，望云彩之飘摇。幸福亦是如此，很多人以为香车宝马，美人锦食伴身，谈笑有鸿儒，往来无白丁，抑或闲趣于江湖，抚琴弄箫，不亦快哉？这当然是美好而令人羡慕的好事，但我们也看到，这种"欲"过于庞大，让人不易消化，它需要人们在追求这些东西的同时，放弃一些原本宝贵的东西，比如时间，比如爱好，比如简单的人际关系。当这些同样美好的事物逐渐被我们丢弃的时候，我们还能体会到生活细微处的满足与快乐吗？没有这些小小的满足与快乐，幸福又从何而得？

随心随缘不随便

"苦乐逆顺道在其中，动静寒温自愧自悔。"将自我完全投入当下的生活，缘起缘灭，得到失去，好或不好，都是生命的常态。心在莲池，纵使有风经过，也不会惊起涟波。面对枯荣人生，成败与得失纷纷扰扰，我们不妨随常以待，以一颗平常心看尽世间万物。凡此种种，随心就好。

随缘不随便

佛家讲究随心随缘，但不是随便，不是意味着可以失去原则。就好比虽然现代社会厚黑学、潜规则大行其道，但正直等品格还是一个人称其为人的根本。自古以来，受人爱戴，被人传唱的依然是那些富有正义感，知道何事当为、何事不当为的人。如吟唱"天地有正气，杂然赋流形"的文天祥，"我自横刀向天笑，去留肝胆两昆仑"的谭嗣同，"横眉冷对千夫指，俯首甘为孺子牛"的鲁迅，他们被称为"中国的脊梁"。

正直意味着具有道德感并且遵从自己的良知。一个正直的人考虑别人多于考虑自己，他不会因为一些短浅的私利而违背

自己的良知。

君子身处世间，心中都应该有一个行事的准则，天下事有的应该做，有的则不应该做，一旦遇到违背自己的良心与正义的事情，就算可以给自己带来巨大的财富和利益，仍然要坚决拒绝。

对于现代社会的人而言，在保证自己不受伤害、坚守自己的价值观的前提下还能保持正直的原则确实是一件不容易的事。一个人如果能够做到处世圆润，而内心始终固守着最初的人生观、价值观，那么表示他的人生境界已经达到了一定的高度。要做到这一点，佛家讲究清净随缘，也就是要做到"内直"。

但是佛家的清净随缘，并不意味着为人处世毫无原则。那样的人只会沦为人们口中的"好好先生"。

人上一百，形形色色。做事情很小心，就怕得罪人，因为过分的小心而变得畏首畏尾，软弱无能。这就是所谓的"好好先生"。

东汉末年有个叫司马徽的人，无论别人讲什么事，他一律回答"好"。久而久之，别人送他一个"好好先生"的绰号。"好好先生"讲面子不讲人格，讲人情不讲原则，认为"坚持原则是非多，碰着硬茬麻烦多，平平稳稳好处多，拉拉扯扯朋友多"。他对任何人都恭恭敬敬的。别人问他对某件事情的看法，他从来都不会给出一个准确的答案，而是以模棱两可的态度搪塞过去。

这种处世态度不但误己，还有可能害人。因为害怕得罪人，他们永远都不愿也不会指出别人的错误。这样的人，在职场中，领导说好，他们就说好；领导说不好，他们就忙于论证不好的理由，最后牵强附会，说领导的考虑实在英明。处事毫无原则，这样的人既不会得到他人的尊重，自己的生活也将受到影响。

因此，人立于世还是要坚持一定的原则，随缘但也要坚持自己的价值观和判断力。为人须当行则行，当止则止，有所为，有所不为，不可任意妄为，这样才能仰不愧天，俯不怍地，堂堂正正，光明磊落、了无遗憾地走一生。

随缘不是失去原则的纵容，所以我们在为人处世的时候要有所选择，有所为有所不为。

有个房客，见到房东正在挖屋前的草地，他有点不相信自己的眼睛："这些草你要挖掉吗？它们是那么漂亮，而你又花了多少心血呀！""是的，问题就在这里。"他说，"每年春天我要为它施肥、透气，夏天又要浇水、剪修，秋天要再播种。这草地一年要花去我几百个小时，谁会用得着呢？"

现在，房东在原先的草地种上了一棵棵柿子树，秋天里挂满了一只只红彤彤的小灯笼，可爱极了。这柿子树不需要花什么精力来管理，使他可以空出时间干些他真正乐意干的事情。

有选择的放弃，让房东得以腾出更多的时间来做自己想做的事。生活亦是如此，我们强调要随缘，要随性，但这并不意味着失去所有的原则。我们还是可以在尊重自己内心的前提下作出一定的选择。

很多时候我们希望选择，但是我们却不愿意放弃，例如感情：有些人选择了新的感情，却不愿意放弃旧的感情，因为不甘心，不甘心自己曾经得到而又失去，但假如要放弃新的感情自己又不愿意，于是不仅折磨自己，又折磨别人。人生总是有失有得，所以，我们要坚持这样的原则，要选择新的生活就必须懂得放弃，不舍得放弃的人只能生活在旧梦里，而永远不会得到新的幸福。

我们都应该问问自己："为了能够更有效、更简单地生活，我必须放弃哪些事情？为了使我的生活更加有意义、有价值，我必须停止哪些事情？"当我们能够以这样的思考模式来转换我们的思想，来改善我们的行动方案时，我们就会轻松地放弃很多不必要的事情，让自己过上一种轻松、简单、有意义的生活。

人我相处之道重在随缘，但在有利害得失之前，则要能"不变随缘"，凡事能有所为，有所不为。

随缘但又不失原则，能让我们在保持自己人生观和价值观的基础之下，既能坚持一定的原则，又能随性随缘地活着。

海棠无香也是美

苏轼在《水调歌头》中写道"人有悲欢离合，月有阴晴圆缺，此事古难全"，道出了人生的不圆满和不完美。

人生，永远都是缺憾的。佛学里把这个世界叫做"婆娑世界"，翻译过来便是能容纳许多缺陷的世界。本来这个世界就是有缺憾的，如果没有缺憾就不能称其为"人世间"。在这个缺憾的世间，便有了缺憾的人生。

人生如月，总有阴晴圆缺，就像人不可能是尽善尽美的一样。人的弱点总是与优点相伴而生，雷厉风行的男人可能粗率，文静的女孩可能不善于交际，体贴的男人可能太过细腻，有主见的女人则多固执。正如苏轼希望"鲈鱼无骨海棠香"的那种完美，而在现实中恰恰是：鲈鱼鲜美却多骨，海棠娇媚但无香。

面对人生缺憾，人们主张该留有余地，他们认为尽善尽美并不是绝对好，这与清人李密庵主张所谓"半"的人生哲学一样，都在告诫世人不要过度追求圆满。日本有一派禅宗书道在挥毫泼墨时总留下几处败笔，都是意在暗示人生没有百分之百的圆满完美。更有日本东照宫的设计者因为自觉太完美，恐怕会遭天谴，故意把其中一支梁柱的雕花颠倒。

世间万物似乎都被上苍划出了一道缺口，所以这个世界中的所有事物都是不圆满的，因此，人要正视自己的不完美，不要过度追求圆满。

台湾作家刘墉先生写过这样一篇文章：

他有一个朋友，单身半辈子，快50岁了，突然结了婚，新娘跟他的年龄差不多，徐娘半老，风韵犹存。只是知道的朋友都窃窃私语："那女人以前是个演员，嫁了两任丈夫都离了婚，现在不红了，由他捡了个剩货。"话不知道是不是传到了他朋友耳里。

有一天，朋友跟刘墉出去，一边开车，一边笑道："我这个人，年轻的时候就盼着开奔驰车，没钱买不起，现在呀，还是买不起，买辆二手车。"他开的确实是辆老车，刘墉左右看着说："二手？看来很好哇！马力也足。"

"是啊！"朋友大笑了起来，"旧车有什么不好？就好像我太太，前面嫁了个四川人，又嫁了个上海人，还在演艺圈二十多年，大大小小的场面见多了，现在，老了，收了心，没了以

前的娇气、浮华气，却做得一手四川菜、上海菜，又懂得布置家。讲句实在话，她真正最完美的时候，反而都被我遇上了。"

"你说得真有理，"刘墉说，"别人不说，我真看不出来，她竟然是当年的那位艳星。""是啊！"他拍着方向盘。"其实想想自己，我又完美吗？我还不是千疮百孔，有过许多往事、许多荒唐事？正因为我们都走过了这些，所以两个人都成熟，都知道让，都知道忍，这不完美正是一种完美啊！……"

是啊，"不完美"正是一种完美！刘墉先生的文字可谓道出了这个平常而又深邃的道理。

我们老了，都锈了，都千疮百孔，总隔一阵子就去看医生，来修补我们残破的身躯，我们又何必要求自己拥有的人、事、物，都完美无瑕、没有缺点呢？

人生原来就是不圆满的，能够认识到这一点，我们便不会去苛求我们的人生，也不会去苛求他人。只有一个懂得接受的人才会更懂得去珍惜。

的确，生命就像是一首高低起伏的乐章，高低错落才会显得生动而鲜活，所谓"如不如意，只在一念间"。人生的真相便是"不如意之事十有八九"。人生的不圆满是需要我们去面对和承认的事实，但另一方面，我们也可以换一个角度来对此进行分析：其实人生的缺陷和不圆满也是一种美，太过一帆风顺、太过于完美，反而会令我们感到腻味无限，心生厌倦而不值得珍惜了。

亚历山大大帝因为没有可征服的土地而痛哭；喜欢玩牌者若是只赢不输就会失去打牌的兴趣。正如西方谚语所说："你要永远快乐，只有向痛苦里去找。"

最辉煌的人生，也有阴影陪衬。我们的人生剧本不可能完美，但是可以完整。当我们感到了缺憾，也就体验到了人生五味，便拥有了完整人生——从缺憾中领略完美的人生。

法国诗人博纳富瓦说得好："生活中无完美，也不需要完美。"我们只有在鲜花凋谢的缺憾里，才会更加珍视花朵盛开时的温馨美丽；只有在人生苦短的愁绪中，才会更加热爱生命，拥抱真情；也只有在泥泞的人生路上，才能留下我们生命坎坷的足迹。

佛说，不圆满的人生才是完美的人生。在这个世界上，每个人都有自己的缺憾。只有缺憾人生，才是真正的人生。

人生本如月，总有阴晴圆缺，不如让我们随心随缘，生活也会变得更加美妙。

四时无闲事，皆是好时节

人们常以为佛是高高在上、遥不可及的，但其实佛就在我

们平凡的人间，而并不是脱离这个世界的虚无缥缈的神仙。那神仙又是什么呢？神仙就是怀着一颗平常心，在生活中激情四射。

"春有百花秋有月，夏有凉风冬有雪。若无闲事心头挂，便是人间好时节。"这是宋朝无门慧开的作品，意即"平常心是道"。

的确，拥有一颗平常心才是大道，平常心是一种生活的大智慧，是踏踏实实行走在生命路途上诚挚的热情。

有句话说得好：人生自守，枯荣勿念。人生在世，得志与失意在所难免，不妨以一颗平常心来对待，不必在意那么多的得与失。

看待世间万物亦需要一颗平常心。世间万物本来一样，无高低贵贱之分，草木也不分枯好还是荣好，人与人之间皆是平等的，人的身份只是人，并没有贵人、普通人之分。因此，我们在面对荣枯人生时，也应该抱着一颗平常心，如此，世间的事物也将变得更加美好持久。土地转化了粪便的性质，人的心灵则可以转化苦闷与失意的流向。在这转化中，每一场沧桑都成了他唇间的美酒，每一道沟坎都成了他诗句的源泉。他文字里那些明亮的妩媚原来是那么深情、隽永，因为其间的一笔一画都是他踏破苦难的履痕。

粪便是脏臭的，如果我们把它一直储在粪池里，它就会一直这么脏臭下去。但是一旦它遇到土地，就和深厚的土地结合，就成了一种有益的肥料。之所以会有两种截然不同的结果，就在于人们对待它的方式。对于人而言，失意也是这样。如果把失意只视为失意，那它只会让我们变得更加苦闷。但是如果让它与我们的精神世界里最广阔的那片土地去结合，它就会成为一种宝贵的营养，让我们在失意的时候也能感受到生命的希望，最终能如凤凰涅槃般，体会到人生的甘甜和美好。因此，即使是面对粪便，拥有一颗平常心，也能让我们感受到世间事物的美好。

而有时人们之所以不能以平常心对待世间万物，皆因他们的内心抱有"差异心"。

律宗著名大师弘一法师就认为所有宗派的目的都是一样的，都是让人获得真正的智慧，正是殊途同归。

世界上没有两片完全相同的树叶，更不会只存在一种树木、一类植物，这就是世间万物的差异性，世界本因差异而精彩，因为差异而进步。然而世间万物又是一个整体，虽然存在着巨大的差异，但是本质上依然相同。

人与人之间也有着众多的差异，生活背景、生活方式、个性、价值观等的差异。如何在差异中寻找平衡点呢？如何做到相互包容、求同存异、真诚相对？需要的只是一颗平等心。无论是贫贱、荣辱、得势失势，到头来，终究是一场空。去掉差

别心，以平等的心态对待人和事，于是，一颗心变得平和了，变得开阔了，人在我眼中也变得可爱了，世界成了一片琉璃色，佛心由此而生。

面对枯荣人生，成败与得失纷纷扰扰，我们不妨随常以待，以一颗平常心看尽世间万物。凡此种种，随心就好。

执著于自我等于作茧自缚

佛家认为，有求皆苦，无求乃乐，打破执著，是"无所求行"，让自己从苦海解脱出来，用法净之理作为指导，是"称法行"。可见，执著是妨害人们脱离苦海的一大因素。

因为执著，人们往往心生烦恼。而世间事，常常就是因为求不得而心生烦恼，进而生痛苦、生贪婪；贪婪不灭，人就起罪恶心，如此循环，恶果便接踵而来。

一旦破除"我执"，则一切烦恼痛苦事即时消失，禅定境界立现于眼前。

庸人自扰，自寻烦恼；愚人自缚，自绑天足。这是世间天天不断上演的悲剧。我们常常像蚕蛹一样，忙碌地为自己编织一个精致难破的茧。

究其根底，那就是一切都是为了一个"我"，最放不下的也是这个"我"。于是所有人都拼尽一生，去赚取这个"我"

所需要的物质享受和精神享受，最终衍生出无穷无尽的痛苦。

过于执著于自我，就会常让人被外物牵着鼻子走。用一个成语来形容，就是作茧自缚。

宋代词人苏轼到金山寺和佛印禅师打坐参禅，苏轼觉得身心通畅，于是问禅师道："禅师！你看我坐的样子怎么样？"

"好庄严，像一尊佛！"

苏轼听了非常高兴。

佛印禅师接着问苏轼道："学士！你看我坐的姿势怎么样？"

苏轼从来不放过嘲弄禅师的机会，马上回答说："像一堆牛粪！"

佛印禅师听了也很高兴！

禅师被人喻为牛粪，竟不以为忤，苏轼心中以为赢了佛印禅师，于是逢人便说："我今天赢了！"

消息传到他妹妹苏小妹的耳中，妹妹就问道："哥哥！你究竟是怎么赢了禅师的？"苏轼眉飞色舞、神采飞扬地如实叙述了一遍他与佛印的对话。

苏小妹天资聪颖，才华出众，她听了苏轼得意的叙述之后，说道："哥哥，你输了！禅师的心中如佛，所以他看你如佛；而你心中像牛粪，所以你看禅师才像牛粪！"

苏轼哑然，方知自己禅功不及佛印禅师。

苏轼为什么会输给佛印？原因就在于他心中还有一个执著于"我"的羞耻心，别人说他是佛就喜笑颜开；自己说别人是牛粪就沾沾自喜。如果换做别人说他是牛粪，苏轼估计就火冒三丈了，这恰恰是执著于"我"的表现。而最终苏小妹指明了苏轼看佛印禅师像牛粪是因他心中像牛粪时，也看出了苏轼的修炼不及佛印禅师。

人总是趋向于保护自我，相信自我，信赖自己的感觉，凭自己旧有的经验行事，将自己抓得紧紧的。殊不知，世人所执著的"我"并不是那个真我，而是自性的一个幻影。因此，才有佛学大师说："人类社会发展到当今，给我们的启示是：要用智慧去庄严一切，不要用我执我见去分裂。"

那么如何放弃"我执"心呢？我们来听药山禅师是如何说的。

一次，药山禅师在山上散步，看到了两棵树，一棵很茂盛，另一棵却已枯萎。

这时，药山禅师的两位徒弟道吾禅师和云岩禅师恰巧走过来，药山禅师就问他们："你们看哪一棵树好看？"

道吾禅师首先说道："茂盛的这棵好看！"药山禅师听后，点点头。

云岩禅师接着便说："我倒是觉得枯的那棵好！"药山禅师听后也点点头。

侍者则不解地问药山禅师："师父，您都点头，到底哪一棵好看啊？"

药山禅师于是反问侍者说："那么，你认为哪一棵好看呢？"

侍者想了想，回答道："枝叶茂盛的那棵固然生气勃勃，枝叶稀疏的那棵也不失古意盎然。"

药山禅师听后微笑不语。

确实，真正的禅者不会以"我"的标准和偏见去要求万物，因此在他们的心中，万物平等，并没有高下之分，没有善恶美丑、高下贵贱的分别，因此荣枯是一样美好的。

所以真正的智者是要用智慧去庄严一切，而不要用我执我见去分裂。破除"我执"也是如此，首先要冲出"我"的束缚，打破私欲、拓宽胸怀、提升境界，经常反省自我，学会站在别人和对方的角度看问题，学会关爱他人、关爱有情众生，甚至关爱无情众生。这就是《金刚经》里所讲的："无我相、无人相、无众生相、无寿者相。"只有这样，才能破除"我执"。

破除我执后，顺本心而游于万物，烦恼不生，心莲绽放。

破执著，去烦恼，我们也能够活得随心随缘些。

以平常心看苦乐顺逆

佛家认为修行的至境乃是不苦不乐，苦乐一同。所以叫人们要去享受生命的盛宴，活在生命的苦乐之中。当我们快乐时，要想到快乐不是永恒的。当我们痛苦时，要想到痛苦不是永恒的。如此这般，痛苦与快乐也就没那么严重的区别了，苦乐自在生活其中。

人生苦乐逆顺道在其中，既然如此，我们何不努力去追求快乐，抛弃那些被称之为苦的东西呢。快乐是每个人的天职。但人生快乐绝不是自甘堕落、随意懒散的享乐主义。人在追求快乐时也要拥有智慧。

云照禅师是一位得道高僧，他面容慈祥，常常带着微笑，生活态度非常积极。每次与信徒们开示时，他总是会说："人生中有那么多的快乐，所以要乐观地生活。"

云照禅师对待生活的积极态度感染着身边的人，所以在众人眼中，他俨然已经成为快乐的象征。可是有一次云照禅师生病了，卧病在床时，他不住地呻吟道："痛苦啊，好痛苦呀！"

这件事很快传遍了寺院，住持听说了，便忍不住前来责备他："生老病死乃是不可避免的事情，一个出家人总是喊

'苦'，是不是不太合适？"

云照禅师回答："既然这是人生必不可少的经历，痛苦时为何不能叫苦？"

住持说："曾经有一次，你不慎落水，死亡面前依然面不改色，而且平时你也一直教导信徒们要快乐地生活，为什么一生病就反而一味地讲痛苦呢？"

云照禅师向着住持招了招手，说："你来，你来，请到我床前来吧。"

住持朝前走了几步，来到他床前。云照禅师轻轻地问道："住持，你刚才提到我以前一直在讲快乐，现在反而一直说痛苦，那么，请你告诉我，究竟是说快乐对呢？还是说痛苦对呢？"

快乐与痛苦都没有对错。对这则故事，佛学大师的解读是："人生有苦乐的两面，太苦了，当然要提起内心的快乐；太乐了，也应该明白人生苦的真相。热烘烘的快乐，会乐极生悲；冷冰冰的痛苦，会苦得无味；人生最好过不苦不乐的中道生活。"

不苦不乐的中道生活不是我们每个凡夫都能得到的，但却可以追求。人这一生，快乐与痛苦相伴而生，若一味享受快乐的精彩，必然会在安逸的陷阱中丧失警惕；若长期沉溺于痛苦

的深渊，又将在绝望的泥沼中无法自拔。生活总是苦乐参半的，不要期待只有快乐而没有痛苦，也不要偏执地认为人生毫无快乐可言。正视快乐的短暂，不回避痛苦的现实，在快乐中保持清醒，在痛苦时积极应对，这才是智慧的人生。

智慧的人生要求我们对万事万物抱有豁达和穿透一切的力量，别人看到外，我们要看到内；别人看到相，我们要看到理；别人看到点，我们要看到面。如此，我们就会发现苦乐逆顺道在其中。而作为律宗一代高僧，弘一法师的一生便是在苦乐顺逆中辗转流移，而他也确实做到了随遇而安。

弘一法师家庭环境十分优越，他的父亲去世时，甚至连直隶总督李鸿章都来操办丧礼，可见家族之豪富。法师年轻时家中经营多家银号，出手阔绰。当他留日归来后，家族事业即告破产，富贵日子一去不返，经济条件一落千丈。但他依然安然度日，靠工作养活家人，还不时挤出一部分钱接济贫困学生，真正做到了随遇而安，心态之好让人佩服。

待到开悟出家时，弘一法师更是决绝，不仅舍弃了家庭，还把自己的财物奉送出去，其中有很多珍贵的书画。比如他赠送给北京美术学校极其珍贵的西洋油画，美术书籍能堆满半个屋子，送给杭州西泠印社的是多年积下的印章，送给同事夏丏尊的是平生所藏字画，甚至连十年收集的音乐、书法作品都分给了学生，真所谓赤条条来去无牵挂。

法师出家后，僧衣、铺盖都很简单。一次，法师应邀去青岛湛山寺弘法，寺中的一位火头僧认为他是一代高僧，必然前簇后拥，吃穿用度都非常华贵，谁知与法师亲见后，发现他衣着极为普通，不禁大为惊疑，认为有作秀之嫌。有一天，这火头僧抓机会悄悄走进大师所住的察房细细细查探，结果看到房内异常朴素，床上是破旧的衣服和被褥，桌上只有几部经书，毛笔已经用秃了。

众所周知，弘一法师修行的是律宗，克己甚严。法师长期坚持日食一餐、过午不食的戒律，而且他只吃萝卜白菜之类的便宜蔬菜，不吃价格昂贵的冬笋、香菇等素馔。

法师还视钱财如粪土，对于钱财，他随到随舍，不积私财。除了几位故旧弟子外，他极少接受其他信徒的供养。据说曾经有一次，夏丏尊先生赠给他一副美国出品的真白金水晶眼镜使用。他马上将其拍卖，卖得五百元，把钱送给泉州开元寺购买斋粮。

富日子有富日子的过法，穷日子有穷日子的过法。像弘一法师这样随缘、随心，不因外在变故而在心态上不平衡。"苦乐逆顺道在其中，动静寒温自愧自悔"，将自我完全投入当下的生活，心在莲池，纵使有风经过，也不会惊起涟波。

人生总有得意和失意的时候，一时的得意并不代表永久的得意；然而，在一时失意的情况下，如果我们不能把心态调整过来，就很难再有得意之时。

所以，面对生活，我们都应抱有乐观的心态，随心随缘，苦乐逆顺自在其中。

造化弄人，不必太认真

人生像一场梦，无定，虚妄，短促，还要承受某些无法避免的痛苦。

《空花水月》中提到："从苦难中走出来的人，即使正在受苦，也不会觉得那么痛苦，因为对于他来说，已没有困难这回事。能不以苦难为苦难，这就是真正的灭苦。因此，消极的出世，并不能带来真正的快乐。只有积极的知苦、体会苦，从苦难中成长，才可以真正的离苦得乐。"

人生就像天气一样变幻莫测，有晴有雨，有风有雾。无论谁的人生，都不可能一帆风顺，况且，一帆风顺的人生，就像是没有颜色的画面，苍白枯燥。

等人老了的时候，回过头看看自己走过的路，开心的、伤心的，不都成了过眼云烟吗？一路走过来，难免会有许多辛酸的泪水，难免会有许多欢乐的笑声，当一切成为过去，谁还记得曾经有多痛，曾经有多快乐？

按照这种思路想来，一切都会过去的。那么，对于眼前的不幸，又何必过于执著？世间万事，来不可阻挡，去也不必挽留。生生死死，哭哭笑笑，一切的幸与不幸，都只是一个过程。

佛印正坐在船上与苏轼把酒话禅，突然听到："有人落水了！"

佛印马上跳入水中，把人救上岸来，被救的原来是一位少妇。

佛印问："你年纪轻轻，为什么寻短见呢？"

"我刚结婚三年，丈夫就抛弃了我，孩子也死了，你说我活着还有什么意思？"

佛印又问："三年前你是怎么过的？"

少妇的眼睛一亮："那时我无忧无虑、自由自在。"

"那时你有丈夫和孩子吗？"

"当然没有。"

"那你不过是被命运送回到了三年前。现在你又可以无忧无虑、自由自在了。"

少妇揉了揉眼睛，恍如一场梦。她想了想，向佛印道过谢便走了。以后，这位少妇再也没有寻过短见。

　　三年前少妇是快乐的，三年中有丈夫和孩子的相伴，她也是幸福的；而三年后一旦失去，却陷入了痛苦的泥潭，不能自拔。缘起缘灭，得到失去，都是人生中的一段经历。世人痴迷，三年前的快活犹在心中，却难以抵消三年后的苦恼。苏轼曾在赤壁慨叹道："人生如梦，一樽还酹江月。"既是如此，又何苦执著？一切都将过去。

　　众生苦苦寻求，就是为了离苦得乐，然而，什么才是快乐的真正法门？也许我们可以从这句话找到答案："不要讨厌坏境界，也不要贪求好现象，只有不忮不求，才能无欠无赊，才能体会到真正的快乐。"命运弄人，它总是喜欢以玩笑来捉弄世人，那么，我们又何必太较真呢？有时候不妨也以游戏的心态面对。"游戏"不是态度，而是一种心情。逆境中要勇于承担，切不可自暴自弃；顺境中要谦卑恭谨，切不可得意忘形。

　　缘起缘灭，得到失去，好或不好，都是生命的常态，然而这一切都将过去。所以，在顺境中，不可得意忘形；在逆境中，不要自暴自弃，以心灵的常态对待生命就可以了。

　　有个僧人要求下山云游，元安禅师考问他："四面都是山，你要往何处去？"

　　他参悟不出其中禅机，便愁眉苦脸地转身而去。路过菜园时，恰巧遇到善静和尚正在园中劳作。

善静和尚问他："师兄，你为何闷闷不乐？"

僧人便将发生的事情一五一十地告诉了他。

善静和尚微笑着说："竹密岂妨流水过，山高怎阻野云飞。"

是啊，不管人生遭遇了怎样的困境，即使群山环绕，只要有决心，依然能够将座座高山踏在脚下。

命运总是喜欢和人开玩笑，我们又何必太认真呢？反正我们是赤条条地来，赤条条地去，把一切不幸都看成一种难得的体验好了。即使明天就是世界末日，也要为我们能在有生之年体验末日而感到幸运。

人生就如善变的天气，有晴有雨，有风有雾。这既是莫测的苦，又是多彩的乐。从生到死，就像一场风吹过，走过春夏，卷过秋冬，走过悲欢，卷过聚散，走过红尘遗恨，卷过世间恩情，人生如梦，梦如人生。

一切不幸都只是人生的过程，生命尽头，多少事，都付笑谈中。

以坦荡心境面对诽谤

所谓浊者自浊、清者自清。为人处世，面对毁谤不需要汲汲务求去澄清，只需要自己心境坦荡，谣言毁谤自然不攻自破。

"所谓夫大道不称，大辩不言，大仁不仁，大廉不嗛，大勇不忮。道昭而不道，言辩而不及，仁常而不成，廉清而不信，勇忮而不成"。这句话的意思是指，至高无上的真理是不必称扬的，最了不起的辩说是不必言说的，最具仁爱的人是不必向人表示仁爱的，最廉洁方正的人是不必表示谦让的，最勇敢的人是从不伤害他人的。真理完全表露于外那就不算是真理，逞言肆辩总有表达不到的地方，仁爱之心经常流露反而成就不了仁爱，廉洁到清白的极点反而不太真实，勇敢到随处伤人也就不能称为真正勇敢的人。

能具备这五个方面的人可谓是了悟了做人之道。所谓是真理不必称扬，会做人不必标榜。真正有修养的人，即使在面对诽谤时也是极其具有君子风度的。以坦然心境面对诽谤，古往今来，能做到这点的也不乏其人，但能达到像白隐禅师那种境界的，则恐怕是凤毛麟角了。

有位修行很深的禅师叫白隐，无论别人怎样评价他，他都会淡淡地说一句：就是这样的吗？

在白隐禅师所住的寺庙旁，有一对夫妇开了一家食品店，家里有一个漂亮的女儿，无意间，夫妇俩发现尚未出嫁的女儿竟然怀孕了。这种见不得人的事，使得她的父母震怒异常！在

父母的一再逼问下，她终于吞吞吐吐地说出"白隐"两字。

她的父母怒不可遏地去找白隐理论，但这位大师不置可否，只若无其事地答道："就是这样吗？"孩子生下来后，就被送给白隐，此时，名誉虽已扫地，但他并不以为意，只是非常细心地照顾孩子——他向邻居乞求婴儿所需的奶水和其他用品，虽不免横遭白眼，或是冷嘲热讽，他总是处之泰然，仿佛他是受托抚养别人的孩子一样。

事隔一年后，这位没有结婚的妈妈，终于不忍心再欺瞒下去了，她老老实实地向父母吐露真情：孩子的生父是住在同一幢楼里的一位青年。

她的父母立即将她带到白隐那里，向他道歉，请他原谅，并将孩子带回。

白隐仍然是淡然如水，他只是在交回孩子的时候，轻声说道："就是这样吗？"仿佛不曾发生过什么事；即使有，也只像微风吹过耳畔，霎时即逝！

白隐为给邻居女儿以生存的机会和空间，代人受过，牺牲了为自己洗刷清白的机会，受到人们的冷嘲热讽，但是他始终处之泰然，只有平平淡淡的一句话——"就是这样吗？"

在现实生活中，口舌之交是人际沟通中最重要的一种方式。在这个沟通过程中，言来言去，自难免失真之语。诽谤就是失真言语中的一种攻击性恶意伤害行为了。俗语云：明枪易躲，暗箭难防。也许，在很多时候，诽谤与流言并非我们所能够去制止的，甚至是有人群的地方就有流言。而我们对待流言的态度则显得尤为重要，正如曾任美国总统的林肯所说："如果证明我是对的，那么人家怎么说我就无关紧要；如果证明我是错的，那么即使花十倍的力气来说我是对的，也没有什么用。"这与白隐禅师对待诽谤的态度——遇谤不辩，是如出一辙。

当诽谤已经发生，一味地争辩往往会适得其反，不是越辩越黑便是欲盖弥彰。还是鲁迅先生说得好：沉默是金。的确，对付诽谤最好的方法便是保持沉默，让清者自清而浊者自浊，这才是明智的选择。

《新唐书》中有一则武则天与狄仁杰的故事：武则天称帝后，任命狄仁杰为宰相。有一天，武则天向狄仁杰道："你以前任职于汝南，有极佳的表现，也深受百姓欢迎。但却有一些人总是诽谤诬陷你，你想知道详情吗？"狄仁杰立即告罪道："陛下如认为那些诽谤诬陷是我的过失，我当恭听改之；若陛下认为并非我的过失，那是臣之大幸。至于到底是谁在诽谤诬陷？如何诽谤，我都不想知道。"武则天闻之大喜，推崇狄仁杰为仁师长者。

做人难，难在如何面对诽谤诬陷。狄仁杰被认为是武周一代名臣，是很有道理的，从这段文字中我们也可以窥出几分。俗话说：流言止于智者，真正有智慧的人是不会被流言中伤的。因为他们懂得用沉默来对待那些毫无意义的流言诽谤。鲁迅先生曾经说过："沉默是最好的反抗。这种无言的回敬可使对方自知理屈，自觉无趣，获得比强词辩解更佳的效果。"在20世纪三四十年代，巴金先生曾受到无聊小报和社会小人的谣言攻击。巴金先生说：我唯一的态度，就是不理！

用沉默来应对诽谤，让浊者自浊、清者自清，诽谤最终会在事实面前不攻自破的。这是我们从圣人的思想中撷取的智慧之花，在现实生活中，做人拥有"不辩"的胸襟，就不会与他人针尖对麦芒，睚眦必报；拥有"不辩"的情操，友谊永远多于怨恨。

助人为乐，得助亦乐

世上无完美的人，一个人的才能和力量总是有限的，很多时候我们都需要别人的帮助，在必要的时候接受别人的帮助就像战士要保护自己的城池一样是在履行自己的职责。在战场上，如果我们拒绝别人的帮助就会使自己处于孤立无援的位置，有可能失去城池甚至是自己的生命，因此接受别人的帮助没有什么好羞愧的，我们应该坦然来面对。

　　所谓万事随缘，不必强求，做人不管是助人还是被助，其本身都是一桩乐事。只是我们心中存着一份感激便足够了。

　　一个小男孩在沙滩里玩耍。他身边有他的一些玩具——小汽车、货车、塑料水桶和一把亮闪闪的塑料铲子。在松软的沙堆上修筑公路和隧道时，他发现一块很大的岩石挡住了去路。小男孩开始挖掘岩石周围的沙子，企图把它从泥沙中弄出去。他是个很小的孩子，而岩石对他来说却相当巨大。他手脚并用，花尽了力气，岩石却纹丝不动。小男孩下定决心，手推、肩挤，左摇右晃，一次又一次地向岩石发起冲击，可是，每当他刚把岩石搬动一点点的时候，岩石便又随着他的稍事休息而重新返回原地。小男孩气得直叫唤，使出吃奶的力气猛推猛挤。但是，他得到的唯一回报便是岩石滚回来时砸伤了他的手指。最后，他筋疲力尽，坐在沙滩上伤心地哭了起来。

　　这整个过程，他的父亲从不远处看得一清二楚。当泪珠滚过孩子的脸庞时，父亲来到了他的跟前。父亲的话温和而坚定："儿子，你为什么不用上所有的力量呢？"男孩抽泣道："爸爸，我已经用尽全力了，我已经用尽了我所有的力量！""不对，"父亲亲切地纠正道，"儿子，你并没有用尽你所有的力量。你没有请求我的帮助。"说完，父亲弯下腰抱起岩石，

将岩石扔到了远处。

这个故事就是要告诉我们，在我们尽了自己所有的努力仍然没有完成任务时，接受别人的帮助往往会事半功倍。可是在现实生活里，人们却常常不喜欢主动请求别人的帮助，觉得寻求别人的帮助是一件很不好的事情。其实这也是我们的思维误区。所谓助人为乐，接受别人的帮助同样也是一件乐事。我们做人当随心随缘，不必刻意执著着什么。克契就有一段亲身经历，恰好反映了这种心态。

克契到佛光禅师那里学禅也有好一段时间了，由于个性客气，遇事总会想办法自己解决，尽可能不麻烦别人，就连修行，也是一个人闷着头默默地进行。一天，佛光禅师问他说："你来我这儿也有12个年头了，有没有什么问题？要不要坐下来聊聊？"

克契连忙回答："禅师您已经很忙了，学僧怎好随便打扰呢？"

时光荏苒，岁月如梭，一晃眼，又是三个秋冬。

这天，佛光禅师在路上碰到克契，又有意点他，主动问道："克契啊！你在参禅修道上可有遇到些什么问题吗？有的话就要开口问。"

克契答道："禅师您那么忙，学僧不好耽误您的时间！"

一年后，克契经过佛光禅师禅房外，禅师再对克契语道："克契你过来，今天我有空，不妨进禅室来谈谈禅道。"

克契禅僧赶忙合掌作礼，不好意思地说："禅师很忙，我怎能随便浪费您的时间？"佛光禅师知道克契过分谦虚，这样的话，再怎样参禅，也是无法开悟的，得采取更直接的态度不可了，所以当佛光禅师再次遇到克契的时候，便明白地对克契说："学道坐禅，要不断参究，你为何老是不来问我呢？"

只见克契仍然应道："老禅师，您忙！学僧实在是不敢打扰！"

这时，佛光禅师大声喝道："忙！忙！我究竟是为谁在忙呢？除了别人，我也可以为你忙呀！"佛光禅师这一句"我也可以为你忙"的话，顿时打入克契的心中。

自己的力量是有限的，只有善假于物，必要的时候接受别人的帮助，才能使事情事半功倍。若想在自己困难的时候有人愿意帮助我们，平时我也应该做到这几点，关心别人，做到心中有他人。给人适当的关心，会让人对我们产生信任。当我们有困难的时候，别人也会给予及时的帮助。助人为乐，得助亦乐，心存感激，彼此随缘。做到这样便是又得了一份禅机了。

老拙穿破祆，淡饭腹中饱

在这个世界上，每个人每天同样拥有二十四小时，有的人活得很惬意，有的人却过得很苦恼。如何随性洒脱生活？

佛家大师为困惑中的人们指明了正确的方向：对感情要不执不舍，对五欲要不拒不贪，对世间要不厌不求，对生死要不惧不迷。

"幸为福田衣下僧，乾坤赢得一闲人；有缘即住无缘去，一任清风送白云。"这是百丈怀海禅师曾作的一首禅诗。在乾坤天地之间，有一个清闲自在的人，沐浴阵阵清风，仰观缕缕白云，随性而来，随缘而去，多么潇洒自在！此中情境，令人向往。

什么是真正的自在？

唐代有一位丰干禅师，住在天台山国清寺。一天，他在松林漫步，山道旁忽然传来小孩啼哭的声音，他寻声一看，原来是一个稚龄的小孩，衣服虽不整，但相貌奇伟，问了附近村庄人家，没有人知道这是谁家的孩子，丰干禅师不得已，只好把这男孩带回国清寺，等待人家来认领。因为他是丰干禅师捡回来的，所以大家都叫他"拾得"。

拾得在国清寺安住下来，长大以后，上座就让他做行堂

（添饭）的工作。时间久后，拾得也交了不少道友，与其中一个名叫寒山的贫子，相交最为莫逆，因为寒山贫困，拾得就将斋堂里吃剩的饭用一个竹筒装起来，给寒山背回去。

有一天，寒山问拾得说："如果世间有人无端地诽谤我、欺负我、侮辱我、耻笑我、轻视我、鄙贱我、恶厌我、欺骗我，我要怎么做才好呢？"

拾得回答道："你不妨忍着他、谦让他、任由他、避开他、耐烦他、尊敬他、不要理会他。再过几年，你且看他。"

寒山再问道："除此之外，还有什么处世秘诀，可以躲避别人恶意的纠缠呢？"

拾得回答道：

"弥勒菩萨偈语说——

"老拙穿破袄，淡饭腹中饱，补破好遮寒，万事随缘了；

"有人骂老拙，老拙只说好，有人打老拙，老拙自睡倒；

"有人唾老拙，随他自干了，我也省力气，他也无烦恼；

"这样波罗蜜，便是妙中宝，若知这消息，何愁道不了？

"人弱心不弱，人贫道不贫，一心要修行，常在道中办。

"如果能够体会偈中的精神，那就是无上的处世秘诀。"

有人谓寒山、拾得乃文殊、普贤二大士化身。台州牧间丘胤问丰干禅师，何方有真身菩萨？告以寒山、拾得，胤至礼拜，二人大笑曰："丰干饶舌，弥陀不识。"

意指丰干乃弥陀化身，惜世人不识。说后，二人隐身岩中，人不复见。胤遣人录其二人散题石壁间诗偈，今行于世。

寒山、拾得二大士不为世事缠缚，洒脱自在，其处世秘诀确实高人一等。

生活对于每个人来说，蕴藏着无限的哲理与深意，它就像一本书，只有用心去读，才能品味到生活中的学问。只有驾驭生活中的真理，眼光才能看得更远，深知生活中的诀窍，才能活得越自在，越洒脱。生活闪现着智慧与学问，只有用心去领悟，才能体验到自在的真谛。

竹杖芒鞋轻胜马，饥来吃饭困来眠，观潮起潮落，看清风送云。这又何尝不是禅者的智慧生活呢？

但是生活中，我们却往往被世俗所牵绊，迫于世俗的种种压力，真实的自我被裹上了厚厚的外衣，让人无法看到真正的面目，我们也只好过着虚伪的日子。

面对世俗的牵绊，我们应该找到内心尘封的珍珠，躲开人性的误区，一切随缘，褪尽浮华，正视富贵，宠辱不惊，厚德载物，于山水中体验人生智慧，在世间寻求生命真谛，面对尘世纷扰，静心以待，抛开世俗牵绊，换得自在洒脱。

不为世俗所牵绊，做真实的自己，活出自己的性格，才能得到发自内心的快乐。

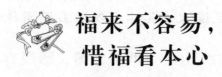

福来不容易，惜福看本心

人生百年，几多春秋。向前看，仿佛时间悠悠无边；猛回首，方知生命挥手瞬间。时间是最平凡的，也是最珍贵的，金钱买不到它，地位留不住它，每个人的生命都是有限的。它一分一秒，稍纵即逝，与其每天长吁短叹，不如将其牢牢地把握，才能在有限的时间桎梏下获得最大的自由、最洒脱的幸福。

珍惜当下

有这样一句话："活着一天就是有福气，就该珍惜，当我哭泣着没鞋子穿的时候，我发现有人没有脚。"

这告诉我们要惜福，珍惜点点滴滴，皆是修福缘。

因为惜福，所以我们懂得尊重每一件事物，尊重一朵花的恣意开放，尊重每一个生命的独立与自由。因为惜福，所以知道人与物、人与人，都是在一个特定的时空里相遇，一切皆是缘，惜缘就是惜福。

惜福让我们知道福来不容易，要珍惜当下，当下即是佛境。

所谓"当下"，就是指我们现在正在做的事、待的地方、周围的人；"活在当下"就是要我们把关注的焦点集中在这些人、事、物上面，全心全意认真去接纳、品尝、投入和体验这一切。

人生最值得珍视的是什么？是不可追回的过去吗？是遥不可及的未来吗？其实都不是。人生最值得珍视的就是当下的实在。

雪停之后，文益前来告辞，桂琛禅师把他送到了寺门口，说道："你平时常说'三界由心生，万物因识起'。"然后指着院中的一块石头说，"你且说说，这块石头是在心内，还是在心外？"

文益："在心内。"桂琛："一个四处行脚的出家人，为什么要在心里头安放一块大石头呢？"

文益大窘，一时语塞，无法回答，便放下包裹，留在地藏院，向罗汉桂琛禅师请教难题。一个多月来，文益每次呈上心得，罗汉桂琛都对他的见解予以否定。直到文益理尽词穷，罗汉桂琛才告诉他："若论佛法，一切现成。"

这一句话，使文益恍然大悟。

高明的法师们、大师们，接引众生往往用三心切断的方法，使人们了解初步的空性，把不可得的过去心去掉，把没有来的未来心挡住，就在现在心，当下即是。文益的大悟得桂琛点醒，亦是如此。所以我们要认清楚自己的心，才好修道。

真如本身是活泼的，只能形容是真如不动。认识自己的当下心就是要求我们抓住那活泼的自在，守住了它就守住了真如。

珍惜眼前人与事，珍惜当下，还因为人的生命是有限的，时间即是生命。

人生百年，几多春秋。向前看，仿佛时间悠悠无边；猛回首，方知生命挥手瞬间。

时间是最平凡的，也是最珍贵的，金钱买不到它，地位留不住它，每个人的生命都是有限的。它一分一秒，稍纵即逝，与其每天长吁短叹，不如将其牢牢地把握，才能在有限的时间桎梏下获得最大的自由、最洒脱的幸福。

自古以来，人生八苦中"死"是最让人惧怕的，所以秦始皇会派徐福出海寻药，一代枭雄曹操会慨叹"人生几何"。人生正如清晨的露珠，"去日苦多"，晶莹璀璨都只曾在瞬间绽放，微风拂过，生命就会陨落，阳光轻吻，生命便会干涸。生死常常就在一线之间，这一线，捆绑住了无数人的心，让他们无法摆脱对死亡的恐惧，对生存的留恋。珍惜眼前人与事，学会惜福，我们此生不会荒度。

人终归都要走向死亡，人死如灯灭，该熄灭的自然会熄灭。这是谁也改变不了的生命规律。世人一晌贪欢，又有几个人能够领悟寂灭的境界？

正像另一位禅师所说："生死，在一般世人眼里，生之可喜，死之可悲，但在悟道者的眼中，生固非可喜，死亦非可悲。生死是一体两面，生死循环，本是自然之理。不少禅者都说生死两者与他们都不相干。"生者寄也，死者归也。生死有命，我们能把握的只有当下，所以不如珍惜眼前人与事，最后不妨援引一段圣严法师的人生经历与他的文字，让我们从中寻得几分省思与领悟。

1938年，圣严法师刚刚8岁，南方地区雨水绵绵，长江决堤，很多地方遭受了严重的洪灾。大雨过后，他跟随父亲去了灾情最为严重的村庄探望亲戚。到达目的地之后，眼前的一切让年纪尚幼的圣严法师大吃一惊：洪水还未退去，肮脏的水包围着村庄里仅剩的几间房屋，其他房舍大多已经被冲毁，村民们聚在房顶上等待着救援，水面上漂浮着人和牲畜的尸体，有的已经肿胀发臭。

从那时候开始，圣严法师就感受到了生命的无常。

后来，圣严法师在他的传记《风雪中的行脚僧》里写道："当时我并无宗教信仰。但眺望着那江水，看着尸体漂过，我

突然领悟到我们任何人，任何时候都可能死亡。在那年纪，我已知道死亡来临时，我们什么也做不了，唯有接受。担心死亡是没有用的。重要的是，直至死亡来临，要活得充实。"

相爱是缘分，用心去经营

杭州城隍山城隍庙门口有一副对联。上联是：夫妇本是前缘，善缘、恶缘，无缘不合。下联是：儿女原是宿债，欠债、还债，有债方来。可以说这两联对夫妻儿女的关系分析是很透彻的，其实夫妻之间不一定是好姻缘，有的吵闹一辈子，痛苦一辈子。

但是缘分归缘分，感情还需要经营。人都说某某怎么样是修来的缘分，其实经营就是修缘分。有缘分的人应该一起度过，但是正如佛家所言，有缘不一定是善缘，我们应该珍惜今生，度人度己，如若心诚，一份恶缘化为一份善缘也未尝不可。理想的家庭都得家人齐心协力去维系，尤其是夫妻之间更是如此。

一个女人是非常好的人，从结婚之日起就努力操持一个家。她会在清晨五点钟就起床，为一家老小做早饭；每天下午，她总是弯着腰刷锅洗碗，家里的每一只锅碗都没有一点污垢；晚上，她蹲着认真地擦地板，把家里的地板收拾得比别人家的床还要干净。

一个男人也是非常好的人。他不抽烟、不喝酒，工作认真踏实，每天准时上下班。他也是个负责任的父亲，经常督促孩子们做功课。

按理说，这样的好女人和好男人组成一个家庭应该是世界上幸福的了。

可是，他们却常常暗自抱怨自己的家不幸福。常常感慨"另一半"不理解自己。男人悄悄叹气，女人偷偷哭泣。

这个女人心想：也许是地板擦得不够干净，饭菜做得不够好吃。于是，她更加努力地擦地板，更加用心地做饭。可是，他们两个人还是不快乐。

直到有一天，女人正忙着擦地板，丈夫说："老婆，来陪我听一听音乐。"女人想说"我还有事没做完呢"。可是话到嘴边突然停住了——她一下子悟到了世上所有"好女人"和"好男人"婚姻悲剧的根源。她忽然明白，丈夫要的是她本人，他只希望在婚姻中得到妻子的陪伴和分享。

刷锅、擦地板难道要比陪伴自己的丈夫更重要吗？于是，她停下手上的家务事，坐到丈夫身边，陪他听音乐。令女人吃惊的是，他们开始真正地彼此需要。以前他们都只是用自己的方式爱对方，而事实上，那也许并不是对方真正需要的。

幸福更多的来自于众人所给予的爱的温暖，"没有什么比围炉团聚更愉快的事了"，能够在壁炉旁看到一幅其乐融融的画面是高质量家庭的最好证明。不停地操劳只能维持家的外观及形式，而最主要的，是要注重家庭里特有的——充满了爱、温暖与明朗的气氛。

建立和巩固家庭的是爱，是心灵的相通和无私的充分发挥。简单的激情是自私的，也不会长久，爱则会随着时间的流逝，日久弥深，越来越香醇。

夫妻之间的爱是每个家庭的基础。如果他们的爱是真切的、忠诚的，这个家庭就会是安全的、圣洁的。如果爱偏离了轨道，这个家庭就会面临悲惨和毁灭。

在不快乐的家庭里，存在着夫妻之间都没有感觉到的裂痕。如果他们了解几条简单的事实，灾难就可以避免：很多的对立都来源于粗鲁的态度和方式。

如果想要爱经得起风雨的考验，我们就必须投入自己的耐心、怜悯和自制。而最主要的则是"心灵相通"，这种心灵相通是好感和幽默的结合体。

如果我们把快乐作为自己的目标和权利，我们一定得不到快乐，并且可能毁了整个家庭。我们有权利追求快乐，但是，我们没有权利把这种快乐建立在他人不快乐的基础之上。

因此，在家庭中我们必须要牺牲自己自私的快乐，来换取真正有价值的快乐。如果我们去爱，去探究，我们的孩子将会把事实真相告诉我们。因为，虽然孩子是我们的，但孩子却并非属于我们，他们拥有自己的权利。我们不应该把他们培养得与自己一模一样。我们越是生活在一起，越应该互相体贴，并且注意自己的处事方式。我们永远也不应该忘记：每个人都有他害羞与孤独的天性，我们应该尊重，没有权利去破坏。

如果我们连家人都无法容忍，不能保持一种平和的心态，那么，我们与他人生活在一起时，也一定会发生摩擦。幸福家庭的秘密深藏于每个家庭成员的心中。他们彼此心灵相通，对孩子来说，家庭应是歇憩的场所，培养丰富的人性的土壤以及明亮无比的孩子之梦的温床；对夫妻来说，家庭是双方共同经营的葡萄园，两人一同培植葡萄，一起收获。

当真正的困难来临的时候，我们通常能够勇于面对，反倒那些小烦恼恰恰是影响我们的元凶。它们虽小，却很烦人。它们就像小虫子，到处飞，到处咬，弄得人们心神不宁。它们阻挡我们前行的道路，占用我们的时间，使我们大部分时间都在对付它们。

如果我们能够在大量的小困难面前保持心境平和，我们就一定能承受更大的考验。

生命是否丰富多彩在更大程度上取决于小事情而不是大事情，抱有这种观点的人才是聪明的。因为，只有这些细小的事

物才能描绘出生活的细节。

世界上没有什么地方比自己的家更舒适，它不仅是一处住所，不仅是工作之余休息的地方，更是心灵唯一的绿洲和安憩之地。能够用爱去经营维持家庭，是了不起的本事。

不留恋过去，不执著未来

佛："世间何为最珍贵？"弟子："已失去和未得到。"佛不语。经数载，沧桑巨变。佛再问之，答曰："世间最珍贵的莫过于正拥有！"

世间最珍贵的不是"得不到"和"已失去"，因为得不到的是幻象，已失去的是空空，而只有"现在"才是能把握的幸福。如果我们不想在这样的生活中匆匆老去，并想了解如何享受已经拥有的时间、金钱和爱，答案其实很简单，那就是让自己过好今天，把今天的事做好。

所谓"十年修得同船渡，百年修得共枕眠"。佛是在用他唯美的文字告诉世人应该要懂得去珍惜，不仅仅是珍惜自身，更要去珍惜他人，珍惜身边的每一件东西、每一件事物，即使它现今已变得残旧或者失去了价值，但依然不要去随便丢弃它。

从前，有一座圆音寺，每天都有许多人上香拜佛，香火很旺。在圆音寺庙前的横梁上有只蜘蛛结了张网，由于每天都受到香火和虔诚的祭拜的熏陶，蜘蛛便有了佛性。经过了一千多年的修炼，蜘蛛佛性增加了不少。

忽然有一天，佛祖光临了圆音寺，看见这里香火甚旺，十分高兴。离开寺庙的时候，不经意间看见了横梁上的蜘蛛。佛祖停下来，问这只蜘蛛："你我相见总算是有缘，我来问你个问题，看你修炼了这一千多年来，有什么真知灼见。怎么样？"蜘蛛遇见佛祖很是高兴，连忙答应了。佛祖问它："世间什么才是最珍贵的？"蜘蛛想了想，回答道："世间最珍贵的是'得不到'和'已失去'。"佛祖点了点头，离开了。

就这样，又过了一千年的光景，蜘蛛依旧在圆音寺的横梁上修炼，它的佛性大增。一日，佛祖又来到寺前，对蜘蛛说道："你可还好，一千年前的那个问题，你可有什么更深的认识吗？"蜘蛛说："我觉得世间最珍贵的是'得不到'和'已失去'。"佛祖说："你再好好想想，我会再来找你的。"

又过了一千年，有一天，刮起了大风，风将一滴甘露吹到了蜘蛛网上。蜘蛛望着甘露，见它晶莹透亮，很漂亮，顿生喜爱之意。蜘蛛每天看着甘露很开心，它觉得这是三千年来最开心的一天。突然，又刮起了一阵大风，将甘露吹走了。蜘蛛一下子觉得失去了什么，感到很寂寞和难过。这时佛祖又来了，问蜘蛛："蜘蛛，这一千年，你可好好想过这个问题：世间什么才是最珍贵的？"蜘蛛想到了甘露，对佛祖说："世间最珍贵的是'得不到'和'已失去'。"佛祖说："好，既然你有这样的认识，我让你到人间走一遭吧。"

就这样，蜘蛛投胎到了一个官宦家庭，成了一个富家小姐，父母为她取了个名字叫蛛儿。一晃，蛛儿长到16岁，已经是个婀娜多姿的少女了，而且长得十分漂亮，楚楚动人。

这一日，皇帝决定在后花园为新科状元甘鹿举行庆功宴。来了许多妙龄少女，包括蛛儿，还有皇帝的小公主长风公主。状元郎在席间表演诗词歌赋，大献才艺，在场的少女无一不被他吸引。但蛛儿一点也不紧张和吃醋，因为她知道，这是佛祖赐予她的姻缘。过了些日子，说来也巧，蛛儿陪同母亲上香拜佛的时候，正好甘鹿也陪同母亲而来。上完香拜过佛，两位长者在一边聊天。蛛儿和甘鹿便来到走廊上聊天，蛛儿很开心，终于可以和喜欢的人在一起了，但是甘鹿并没有表现出对她的喜爱。蛛儿对甘鹿说："你难道不曾记得16年前，圆音寺蜘蛛网上的事情了吗？"甘鹿很诧异，说："蛛儿姑娘，你漂亮，也很讨人喜欢，但你的想象力未免太丰富了一点吧。"说罢，和母亲离开了。

蛛儿回到家，心想，佛祖既然安排了这场姻缘，为何不让他记得那件事，甘鹿为何对我没有一点感觉呢？

几天后，皇帝下诏，命新科状元甘鹿和长风公主完婚；蛛

儿和太子芝草完婚。这一消息对蛛儿来说如同晴天霹雳，她怎么也想不通，佛祖竟然这样对她。几日来，她不吃不喝，苦苦思索，灵魂即将出壳，生命危在旦夕。太子芝草知道了，急忙赶来，扑倒在床边，对奄奄一息的蛛儿说道："那日，在后花园众姑娘中，我对你一见钟情，我苦求父皇，他才答应。如果你死了，那么我也就不活了。"说着就拿起宝剑准备自刎。

就在这时，佛祖来了，他对快要出壳的蛛儿灵魂说："蜘蛛，你可曾想过，甘露（甘鹿）是由谁带到你这里来的呢？是风（长风公主）带来的，最后也是风将它带走的。甘鹿是属于长风公主的，他对你来说不过是生命中的一段插曲。而太子芝草是当年圆音寺门前的一棵小草，他看了你三千年，爱慕了你三千年，但你却从没有低头看过它。蜘蛛，我再来问你，世间什么才是最珍贵的？"蜘蛛听了这些话之，好像一下子大彻大悟了，她对佛祖说："世间最珍贵的不是'得不到'和'已失去'，而是现在能把握的幸福。"刚说完，佛祖就离开了，蛛儿的灵魂也回位了，她睁开眼睛，看到正要自刎的太子芝草，她马上打落宝剑，和太子深情地拥抱着……

人们往往为"得不到"和"已失去"而惋惜不已，却忽略了我们正拥有的东西。就像蛛儿和太子芝草的故事一样，世间最珍贵的东西其实是当下拥有的，如果连这都不知珍惜，而去

追逐那些不切实际的"得不到"和"已失去",人生又有何意义呢？

饱尝岁月风霜后,人们会发现,现在切实拥有的东西才是世间最珍贵的。福来不容易,惜福看本心,我们都要学会珍惜。一个人越是懂得去珍惜那些常人看来不值得珍惜的东西,他越是懂得去珍惜自己、珍惜人生,他也就会获得真正的幸福。

好好活着,便是惜福

古人说,一寸光阴一寸金,寸金难买寸光阴。生命也诚如这难买的光阴,一旦逝去,无法挽回。所以我们要好好珍惜生命,但惜生并不意味着畏死。既然死是无法避免的,那我们不如以必死之心好好活着,如此便是惜福。

"是日已过,命则随减;如少水鱼,斯有何乐?"世事无常,生命的消逝似乎总让人充满了消极悲观的情绪,但佛家法师告诉我们,那些生活在浅水中的鱼,即使水越来越少,它们也快乐,因为,鱼和水每一次相逢,都是得其所哉,死在眼前,也可以活得快乐。

不如意事常八九,可与人言无二三,人生总是如此。世事没有一帆风顺的,但人仍然要在这不如意中度过人生的几十个寒暑。人与人生命的长度大致相同，但宽度却大相径庭：撑着不死，还是好好活着，表面看来没什么区别，其实实质大不一样。

大热天，禅院里的花被晒萎了。

"天哪，快浇点水吧！"小和尚喊着，接着去提了桶水来。

"别急！"老和尚说，"现在太阳晒得很，一冷一热，非死不可，等晚一点再浇。"

傍晚，那盆花已经成了"霉干菜"的样子。

"不早浇……"小和尚见状，咕咕哝哝地说，"一定已经干死了，怎么浇也活不了了。""浇吧！"老和尚指示。

水浇下去，没多久，已经垂下去的花，居然全站了起来，而且生机盎然。

"天哪！"小和尚喊，"它们可真厉害，憋在那儿，撑着不死。"

老和尚纠正："不是撑着不死，是好好活着。"

"这有什么不同呢？"小和尚低着头，十分不解。

"当然不同。"老和尚拍拍小和尚，"我问你，我今年八十多了，我是撑着不死，还是好好活着？"

小和尚低下头沉思起来。

晚课完了，老和尚把小和尚叫到面前问："怎么样？想通了吗？"

"没有。"小和尚还低着头。

老和尚严肃地说："一天到晚怕死的人，是撑着不死；每天都向前看的人，是好好活着。得一天寿命，就要好好过一天。那些活着的时候天天为了怕死而拜佛烧香，希望死后能成佛的人，绝对成不了佛。"

说到此，老和尚笑笑："他今生能好好过，却没好好过，老天何必给他死后更好的生活？"

对于禅院里的花来说，"和尚没浇水"虽然很不如意，但那是和尚的事，"好好生长"才是它自己的事。这盆向前看的花，得一天寿命，便好好过一天，真正理解了生命的意义。

哀莫大于心死，撑着不死其实就是已经心死。既然生活在这个世界上时都没有领悟何为真生命，那还能指望他在死后获得全新的生命吗？

好好活与撑着不死是对同一种处境的不同选择，因为我们的生命必然终结，所以我们应该揣着一颗必死之心，能够直面生死才不会在逆境面前瞬间崩溃，而好好活着是一种积极的心态，追求一天比一天精彩的生活，只要眼睛还有光泽，心灵就永远不会荒芜。

当我们感觉到生活的枯燥或者痛苦时，并不是因为山河不

够壮丽，也不是因为世界不够美丽，更不是人生不够绚丽，只是我们的心灵被束缚得不自由了。

好好活着，因为在死亡面前，我们别无选择。所以我们要珍惜生，但也不畏惧死。

"对酒当歌，人生几何？譬如朝露，去日苦多。"曹操写的这一名句被传唱了千年，诗句在雄壮之中道尽了对人生短促的无奈。弘一法师对生命有着深深的喜悦，留下了"华枝春满，天心月圆"的感悟。然而，在他面临死亡的时候，却是不惧不畏，安然视之。他留给我们的最好的福泽莫过于对待生命与死亡的态度：珍惜生，但并不畏惧死。

生命短暂，所以我们要珍惜；死亡无可避免，所以我们不要畏惧。能好好活着，便是真懂得惜福了，能做到这一点的人，他的人生将会是乐观而豁达的。

满怀爱心，常常感恩

万物皆有灵性，我们要常常惜福，时时感恩。

世间被创造的万事万物的存在自有其存在的理由，也都是去值得珍惜的，哪怕只是一片小小的菜叶。

雪峰、岩头、钦山三位禅师结伴而行，有一天经过一条河流，正商量到哪里去化缘、讲法，突然看到有一片碧绿新鲜的菜叶，缓缓从上游漂来。

三个人议论开了。

钦山："你们看！河中有菜叶漂流，可见上游有人居住，我们向上游走，就会有人家了。"岩头："这么好的一片菜叶，竟让它流走，实在可惜！"

雪峰："如此不惜福的村民，不值得教化，我们还是到别的村庄去吧！"

三人谈得正热闹，一个人匆匆地从上游那边跑来，问："师父！你们看到水中的一片菜叶了吗？我刚刚洗菜时，不小心把它洗掉了，我一定要找到它，不然实在太可惜了。"

雪峰等三人听后，哈哈大笑，不约而同地说："我们就到他家去讲法吧！"

一片菜叶能值多少钱？但我们若对万事万物都以金钱的多少来加以计量，那么，我们永远都不懂得珍惜。要知道，哪怕只是一片小小的菜叶，那也是自然界的馈赠，我们也应该去珍惜它。

人生欲壑难填，惜福让我们懂得勤俭节约，更加珍惜自己当下拥有的，少一些攀比，从而就不会放纵自己的欲望，学会知足常乐，让心灵保持一种从容而优裕的境界。用感恩的心去感受富足，包容一切，感激一切，所以幸福不忘艰苦奋斗，勤俭节约。有福分固然重要，但不知爱惜，最后还是竹篮打水一场空。

惜福之人同时也会感谢生命之恩。

拥有感恩之心的人，即使仰望夜空，也会有一种感动，正如康德所说："在晴朗之夜，仰望天空，就会获得一种快乐，这种快乐只有高尚的心灵才能体会出来。"生活中确实需要感恩，不懂得感恩，生活便会黯然失色，人生便没有滋味。不知感恩，永难幸福。不仅如此，"感恩"是一种认同，是对世界万物，一花一草的深切的认同，更是一种回报。当我们从母亲的子宫里出来以后，母亲用乳汁将我们哺育成长，给予我们无私的母爱，我们更应该去懂得珍惜和回报这份恩赐、这份爱。

人是需要懂得"知恩图报"的，感恩的第一步便是知恩，只有先知恩，才能去报恩。这也是我们人类与生俱来的本性，是一个人不可磨灭的良知。

有成就的人都懂得要知恩图报，要报答恩人。正因为如此，他们得以树立了威望，成就了他们的事业。

一般的感恩都使我们的注意力集中在上天庇佑我们的好运道上，当我们身处顺境的时候，我们很容易发出感恩的言辞，然而，真正的感恩并不仅仅限于在顺境的情况下拥有一颗感恩的心，而是在逆境中也同样懂得去感恩。拥有一颗感恩的心，才能更懂得尊重：尊重生命、尊重劳动、尊重创造。

生活中人们往往不停地索取而仍不满足。是我们的生活越来越不幸了吗？是我们生存的环境更加艰难了吗？还是世界上不幸的人越来越多了？究竟有几个不幸的人，到底谁最不幸，每个人心中都有自己的答案。然而，我们的答案又是正确吗？不知满足不知感恩的人，永难幸福。

幸福本没有绝对的定义，许多平常的小事往往能撼动我们的心灵。能否体会幸福，只在于我们的心怎么看待。想要拥有幸福的生活，就要懂得常常惜福，时时感恩。

日日是好日

禅宗说："日日是好日。"一生的幸福也往往来自每一日快乐的积累。所以，我们要好好珍惜，过好每一日。

如何才能过好每一日的生活呢？佛学大师认为，应当每日说好话，每日行善事，每日常反省，每日多欢喜，只有今天把今天过好，明天把明天过好，才能一月一月、一年一年地过好，才会一生过好。日日是好日，每一日、每一分都应珍惜。

两千多年前，先圣在河边说道："逝者如斯夫，不舍昼夜。"逝水是不会有重归的，时间也不会重返，所以若想在每一天都获得充盈的快乐，就要有意识地珍惜从自己手指间溜过的每一秒钟。

一寸光阴一寸金，寸金难买寸光阴。众所周知，弘一法师的惜时精神令人钦佩，不过这都源于他的一段真实经历：

我于 1936 年的 1 月，扶病到南普陀寺来。在病床上有一只钟，比其他的钟总要慢两刻，别人看到了，总是说这个钟不准，我说："这是草庵钟。"

别人听了"草庵钟"三字还是不懂，难道天下的钟也有许多不同的吗？现在就让我详详细细地来说个明白：

我那一回大病，在草庵住了一个多月。摆在病床上的钟，是以草庵的钟为标准的。而草庵的钟，总比一般的钟要慢半点。

我以后虽然移到南普陀，但我的钟还是那个样子，比平常的钟慢两刻，所以"草庵钟"就成了一个名词了。这件事由别人看来，也许以为是很好笑的吧！但我觉得很有意思！因为我看到这个钟，就想到我在草庵生大病的情形了，往往使我发大惭愧，惭愧我德薄业重。

我要自己时时发大惭愧，我总是故意地把钟改慢两刻，照草庵那钟的样子，不止当时如此，到现在还是如此，而且愿尽形寿，常常如此。

从那以后，"草庵钟"也就成了珍惜时间的一个代名词，也成为提醒世人珍惜时间的警示钟。

　　日日是好日，日日都当珍惜。认真过好每一个属于我们的日子便是智慧。大师用草庵钟来不断提醒自己要珍惜时间，这不得不让我等钦佩。我们也应该时时刻刻提醒自己，时间就像是一阵风，来得快，去得也快；时间就像一页书，看得快，翻得也快；时间就像一匹良驹，跑得快，过得也快。睿智如弘一法师，也总是在努力把握生命里的每一分钟，身为普通人的我们，又有什么理由不去珍惜时间呢？让我们来听听佛祖的声音，看他是如何为世人解惑的。

　　有一天，如来佛祖把弟子们叫到法堂前，问道："你们说说，你们天天托钵乞食，究竟是为了什么？"

　　"世尊，这是为了滋养身体，保全生命啊。"弟子们几乎不假思索。

　　"那么，肉体生命到底能维持多久？"佛祖接着问。

　　"有情众生的生命平均起来大约有几十年吧。"一个弟子迫不及待地回答。

　　"你并没有明白生命的真相到底是什么。"佛祖听后摇了摇头。

　　另外一个弟子想了想又说："人的生命在春夏秋冬之间，春夏萌发，秋冬凋零。"

　　佛祖还是笑着摇了摇头："你觉察到了生命的短暂，但只是看到生命的表象而已。"

"世尊，我想起来了，人的生命在于饮食间，所以才要托钵乞食呀！"又一个弟子一脸欣喜地答道。

"不对，不对。人活着不只是为了乞食呀！"佛祖又加以否定。

弟子们面面相觑，一脸茫然，又都在思索另外的答案。这时一个烧火的小弟子怯生生地说道："依我看，人的生命恐怕是在一呼一吸之间吧！"佛祖听后连连点头微笑。

人的生命可以延续多长时间呢？佛祖的小弟子给了我们一个答案，生命就在一呼一吸之间而已。生命易逝，我们有什么理由不珍惜时间呢？

时间最不偏私，给任何人都是二十四小时；时间也偏私，给任何人都不是二十四小时。最吝啬时间的人，时间对他最慷慨。所以我们要抓住今天，不依赖明天，珍惜眼前。日日是好日，我们要学会惜时，珍惜每一个宝贵的日子。

梵音常在清净处

有位信徒问无德禅师说："同样一颗心，为什么心量有大小的分别呢？"禅师并未直接作答，告诉信徒说："请你将眼睛闭起来，默造一座城垣。"于是信徒闭目冥思，心中构想了一座城垣。信徒说："城垣造完了。"禅师说："请你再闭眼默造一根毫毛。"信徒又照样在心中造了一根毫毛。信徒说："毫毛造完了。"禅师问："当你造城垣时，是否只用你一个人的心去造？还是借用别人的心共同去造呢？"信徒回答："只用我一个人的心去造。"禅师问："当你造毫毛时，是否用你全部的心去造？还是只用了一部分的心去造呢？"信徒回答："用全部的心去造。"于是禅师就对信徒开示："你造一座大的城垣，只用一个心；造一根小的毫毛，还是用一个心，可见你的心是能大能小啊！"

其实人的心何止能大能小，亦可净可浊，由此既能生快乐，又能生烦恼。

佛教传说中，佛陀出生即能行走，每走一步，脚下便涌现出朵朵金莲。莲花在佛教中有其特殊的意义，"佛祖慈悲怀，莲花朵朵开"。莲花以其"出淤泥而不染，濯清涟而不妖"的品格深受文人雅客的喜爱，其实，我们每个人心里都有一朵圣洁的莲花，因此，每个人也都有品性洁净的内心。把握这份心，就有机会得到幸福的青睐，从而脱离世间的痛苦，得到永恒的快乐。

人生的痛苦和悲哀都是来源于自己的心。一个人心中若太过执著，自然会迷失在欲望的丛林中，分辨不出正确的方向；

只有心如水般清澈，如月光般轻盈，如莲花般纯净，才能拥有快乐的心境，拥有单纯的幸福。既然人生的痛苦大多来自于人的内心，那么，为何人的心总是不能保持一种平衡稳定的状态，而注定要为尘事所扰呢？

一位禅学大师有一个爱抱怨的弟子。有一天，大师派这个弟子去集市买了一袋盐。弟子回来后，大师吩咐他抓一把盐放入一杯水中，然后喝一口。"味道如何？"大师问道。"咸得发苦。"弟子皱着眉头答道。随后，大师又带着弟子来到湖边，吩咐他把剩下的盐撒进湖里，然后说道："再尝尝湖水。"弟子弯腰捧起湖水尝了尝。大师问道："什么味道？""纯净甜美。"弟子答道。"尝到咸味了吗？"大师又问。"没有。"弟子答道。大师点了点头，微笑着对弟子说道："生命中的痛苦是盐，它的咸淡取决于盛它的容器。"

大师一语道破人们一直以来的困扰：生命中的痛苦是盐，它的咸淡取决于盛它的容器。

这真是一则智慧故事，感悟了其中妙处的众生。我们是愿做一杯水，还是一片湖呢？有人说，人生像是一个苦瓜，即使在圣水中浸泡，在圣殿中供养，放入口中，苦味依然不减，这是人生苦的本质；其实人生更像是一杯白水，放入蜂蜜就是甜的，放入盐粒就是咸的，放入茶叶有些苦涩，放入咖啡就有醇香。心是苦的，人生便如苦海无边；心是甜的，人生处处都是曼妙风景。

我们的心灵决定了我们的生活态度。清净之心宛如一粒小小的种子，虽然外表看来微不足道，但其中却蕴涵着最伟大的力量，凭借这种力量，人便能够实现非常大的提升。

在紧张忙碌的日子里，拿出一些小小的空闲为自己净心，片刻的净心会带来片刻的安宁，无数个片刻积累起来，人就获得了一份悠然自得的心情，整个身心也能达到和谐的状态，从片刻安宁到身心和谐，这又何尝不是一粒种子长成参天大树的过程呢？

纷乱的俗世，总有些不尽如人意之处，有权的将权力为己所用，有钱的花天酒地纵情挥霍，有色的卖弄青春不知老之将至。所谓"心生则种种法生，法生则种种心生"，既然境由心造，何不在自己的内心掘一座莲池，青莲开则净土在；亦可造一座花园，满园玫瑰芬芳之时，于己赏心悦目，送人则手有余香。

心情的颜色影响世界的颜色

一个云游的高僧送给至诚禅师一个紫砂茶壶，至诚禅师非常珍爱这个茶壶，每天都要亲自擦拭，打坐之余，便会亲自用紫砂茶壶泡壶好茶，品茶参禅，静心修佛。

有一天，禅师与远道而来的高僧交流佛法，留下一个小和尚打扫禅房，小和尚看见师父珍爱的紫砂茶壶，一时紧张，竟失手将紫砂茶壶摔碎。小和尚自觉闯了大祸。于是战战兢兢，捧着碎了的紫砂茶壶，背着藤条，待禅师归来后，跪在佛堂面前请求处罚。

至诚禅师扶起小和尚，淡淡地说道："碎了就碎了。"

旁观的小和尚不明白："师父不是很珍惜这个茶壶吗？为何茶壶碎了却是满不在乎的样子？"

至诚禅师说："茶壶已经碎了，后悔有什么用呢？后悔能让茶壶复原吗？既然如此，何苦沉浸在后悔中，得不偿失呢？"说罢依旧闭目参禅。

最钟爱的紫砂茶壶被打碎了，的确是件让人懊悔的事。但至诚禅师却说得很直白："茶壶已经碎了，后悔有什么用呢？后悔能让茶壶复原吗？至诚禅师不愧是高僧，深知后悔埋怨远不如轻装前进，不再计较已有的损失，而且干脆利落，只管向前！这就给了我们一个重要的启示，在前进的征程中，我们也应该学会权衡利弊，并认定豁达开通远胜于独自悔恨。

人生一世，花开一季，谁都想让此生了无遗憾，谁都想让自己所做的每一件事都永远正确，从而达到自己预期的目的。

可这只能是一种美好的幻想，人不可能不做错事，不可能不走弯路。做了错事，走了弯路之后，会后悔是人之常情，这是一种自我反省，是自我解剖与抛弃的前奏曲，正因为有了这种"积极的后悔"，我们才会在以后的人生之路上走得更好、更稳。倘若一味地埋头后悔，不仅会忘掉曾经的幸福，也会失掉勇气，放弃追逐前方的幸福，至诚禅师的那句"得不偿失"真是再恰当不过了。

有时候，其实幸福一直都在我们的身边，只是我们没有用心去体会而已。

从前有个老太太，她有两个儿子，大儿子卖扇子，小儿子卖伞。

老太太总是很忧愁，如果遇到天阴下雨，老奶奶就发愁了："太糟了！大儿子的扇子卖不出去了！"可是等到晴天出太阳，她又发愁："太糟了！小儿子的伞又卖不出去了！"所以，她成天愁眉苦脸，担惊受怕，一直很烦恼。结果，两个儿子也受她影响，心情很糟糕，生意自然做不好。

有一天，一个苦行僧路过老太太门口，看见连连叹气，于是上前询问原因，老天太便将理由一五一十告诉了他，苦行僧哈哈大笑，说道："老人家，您不如换个心境想问题。下雨时想：'太好了！小儿子的伞可以卖出去了！'出太阳时就想：'太好了！大儿子的扇子又可以卖出去了！'"

老太太觉得苦行僧的话很有道理，于是照着去做了。果然，她的心情变了：不论天气怎样，她都很高兴，每天活得开开心心，乐乐呵呵，两个儿子的生意也红火了起来……

虽然两个儿子卖的东西没有变化，天气也还是老样子：雨照下，天照晴，但老奶奶的心情变了，世界就变得大不一样了。可见，心情的颜色会影响世界的颜色。

其实，福气，简单而朴实，有时候自行车的车轮声也是美妙的歌曲，有时候再动听的音乐也会让你心生烦恼，幸福不是某个人所专有的，而是在于这个人的心态。简单，充满着美好的愿望，所以才幸福。

生活中很多事情是无法改变的，同样一件事情在不同人的身上却有着截然不同的反应，有的人会一直愁眉不展，有的人依然和往常一样积极进取。如果一个人对生活抱一种达观的态度，就不会稍有不如意，就自怨自艾。大部分终日苦恼的人，实际上并不是遭受了多大的不幸，而是自己的内心素质存在着某种缺陷，对生活的认识存在偏差。事实上，生活中有很多坚强的人，即使遭受不幸，精神上也会岿然不动。充满着欢乐与战斗精神的人们，永远带着欢乐，欢迎雷霆与阳光。

幸福在我们的身边，需要我们去用心体会；幸福就在前方，需要我们努力去追逐。

忍苦忍辱是一生的修行

世界是不圆满的，不圆满就会有不如意，不如意就会有辱。在佛家看来，一切不如意就是辱，一切痛苦就是辱。谁都有辱，释迦牟尼佛也不例外。忍辱就是应对嗔恨心的。《金刚经》说一切法行成于忍，无忍辱则布施持戒均不能成就，所以让我们忍辱时要离四相，不苦不乐，无宠无辱，便是最终境界。

忍耐是人生必修课

在一座大山之中有座寺庙，庙里有一尊铜铸的大佛和一口大钟。每天大钟都要承受几百次撞击，发出哀鸣。而大佛每天都会坐在那里，接受千千万万人的顶礼膜拜。一天夜里，大钟向大佛提出抗议说："你我都是铜铸的，可是你却高高在上，每天都有人对你顶礼膜拜，献花供果，烧香奉茶，但每当有人拜你之时，我就要挨打，这太不公平了吧！"

大佛听后微微一笑，然后，安慰大钟说："大钟啊，你也不必羡慕我，你可知道吗？当初我被工匠制造时，一棒一棒地捶打，一刀一刀地雕琢，历经刀山火海的痛楚，日夜忍耐如雨点落下的刀锤

……千锤百炼才铸成佛的眼耳鼻身。我的苦难，你不曾忍受，我走过难忍的苦行，才坐在这里，接受鲜花供养和人类的礼拜！而你，别人只在你身上轻轻敲打一下，就忍受不了了！"大钟听后，若有所思。忍受艰苦的雕琢和锤打之后，大佛才成为大佛，钟的那点锤打之苦又有什么不堪忍受的呢？

其实，不光佛需要行"忍"，一切成就也都来源于忍。忍耐任由风雨过，守得云开见月明。忍耐是一种人生智慧。

从某种程度上说，忍耐是成就一项事业的必需，忍耐能让我们在清净沉寂中体会生命的幸福。人要获得某方面的成就，必须学会忍耐。正如一位西方学者曾经说过："忍耐和坚持是痛苦的，但它会逐渐给你带来幸福。"

"忍"是修行佛道必须具备的心理姿态。这其中的"忍"是智慧，是力量，是认识、担当、负责、化解的意思。佛教讲"忍"有三个层次：即生忍、法忍、无生法忍。所谓"生忍"，即是一个人要维持生命，必须能忍。所谓"法忍"，就是除了维持基本的生存条件之外，还要活得自在，所以心理上的贪嗔痴成见，都要能自我克制自我疏通。所谓"无生法忍"，就是对于时间上的生老病死、忧悲苦恼、功名利禄、人情冷暖等，不但不为所动，而且要能真正地认知处理、化解消除。

佛教所谓的"忍"，即是能够克制各种欲望，使自己心态平和，继而得到心灵上的自在。忍之于追求佛道的人来说，是一种修行的方法，看似不适合普通人，但其实常人如能领会"忍"的意旨，对日常生活将会大有裨益。

我们平时所说的忍，即是忍耐。忍耐是一种为人处世的智慧，缺少忍耐常常使事情难以圆满解决，甚至会因一时愤怒酿成大错或大祸，这在现实生活中绝非少见。古希腊哲学家毕达哥拉斯认为人在盛怒下常常会做出不理智的行为，他说："愤怒从愚蠢开始，以后悔告终。"培根则告诫道："无论你怎么表示愤怒，都不要做出任何无法挽回的事来。"

从某种意义上说，忍耐是保全人生的一种谋略，因为小不忍则乱大谋，因为风物长宜放眼量。忍耐是一种弹性前进策略，它是人生的延长线，就像战争中的防御和后退有时恰恰是赢得胜利的一种必要准备。

"忍字心头一把刀"，不是意志极坚强者，很难能把这个写起来极简单的字做到位。而一旦做到位了，那他的一生事业一般来讲都会是别有天地。比如唐宣宗，便是其中一位。

李忱是唐宪宗李纯的第13子，于长庆中期被封为光王。在他即位之前，贵为王公的李忱却不得不离京出走，这得从他当时的处境说起。李忱的母亲并不是一个有身份有地位的妃子，她作为当时叛臣的罪妇进宫，结果邂逅了当朝皇帝，生下了李忱，可惜在李忱的

幼年，宪宗皇帝就被宦官暗杀了，留下这一对母子，既不能母凭子贵，也不能子凭母贵。

820 年 2 月，李恒（李忱之兄）被宦官扶上皇位，是为唐穆宗；4 年后穆宗服长生药病逝，其子敬宗李湛接任，但他只活到 18 岁，驾崩后由其弟文宗李昂、武宗李炎相继接任。

在这长达 20 年的时间里，三朝皇叔李忱的地位既微妙又尴尬，他只能以黄老之道韬光养晦，装傻弄痴。尽管他为人低调，不事张扬，但光王的特殊身份，还是让他逃避不了侄儿们猜忌、排斥、挤压的命运。文宗、武宗两位皇帝更是对他心存芥蒂，非但不以礼相待，还想方设法地迫害他。841 年，唐武宗登基时，李忱为避祸全身，便"寻请为僧，行游江表间"，远离了是非之地。应该说，李忱当时作出的这一抉择，当属达人知命的明智之举。而流放底层，阅尽人世沧桑，也为他将来修成大器提供了一个难得的机会。

法号"琼俊"的李忱虽然隐居于与世隔绝的深山之中，但他并没有一心向佛，忘却心中之志。握瑾怀瑜的他，效法孔明抱膝于隆中、太公钓闲于渭水，准备待时而动。在唐武宗统治的 6 年间，他不停地通过秘密渠道打探宫内情况，积极从事夺权的活动，以实现"归去宿龙宫"的宿愿。

虽然他一直隐藏自己的这一志向，在福建境内的天竺山真寂寺的三年间，言行谨慎，不露端倪。但在一次与当时的名僧黄檗和尚观瀑吟联时，他那深藏于心的雄才大略却通过一联对表露无遗。

一日，两人在山中闲话，面对悬崖峭壁上的一条飞瀑，黄蘖来了雅兴，对李忱说道："我得一上联，看你能否接下联。"李忱也兴致盎然，说道："你道来我听，我必对得上。"黄蘖于是吟道："千岩万壑不辞劳，远看方知出处高。"李忱几乎是脱口而出："溪涧岂能留得住，终归大海作波涛。"黄蘖听了，对其赞赏有加。

没有深沉的寂寞，哪有动地的长歌？李忱就像那瀑布，经历"千岩万壑不辞劳"的艰险后，终将飞珠溅玉、石破天惊。846 年，深谙权谋、忍辱负重的李忱果然在太监们的拥戴下，从侄儿手中夺过大位，成为唐宣宗，时年 37 岁。由于他长期在民间阅世读人，深知黎民疾苦，故躬行节俭，虚怀纳谏，颇有作为，号称"大中之治"。

李忱能忍人所不能忍，终于忍而后发，摆脱了曾经的屈辱，并达到了自己的目标。可见要做大事，要成大事，关键在于一个"忍"字。

生活中我们同样要有忍耐精神，因为人生纷扰不断，若总以"得理不饶人"的心态去面对，自然会让自己处于一种孤立的境地，因此，我们都应该学会忍耐。

生活中有些事情或许你永远不会习惯，但这样的日子你还得一天一天地过下去，所以你必须学会忍耐。没有能力改变现状，你就必须忍耐、适应，等一切都过去了，剩下的就是美好了。

当然，忍耐不是单纯的品格个性，它是一种谋略。善于利用忍耐有助于事态向好的方面发展，反之就会恶化，所以说忍耐并不是逆来顺受，屈服于命运。生活的艰辛在人们的心中埋下了太多的隐痛，忍耐却可使人相信，风雨过后必见彩虹。忍耐虽然仅仅是佛家的"忍"中智慧之一，但若能融会贯通，足以叫常人受用一生。

能够拥有"生忍"，就具备面对生活的勇气；能够拥有"法忍"，就具备斩除烦恼的力量；能够拥有"无生法忍"，则到达了处处桃源净土自由自在的世界。

成大事者要有忍辱的胸怀

潜龙在渊的时候，它的力量是微小的，但是经过长时间的忍耐与修炼，潜龙最终得以变成飞龙在天。可见，微小的力量也不容小觑，经过修炼，它就有可能变成庞大的力量。

成大事者要有忍辱的胸怀。认识到这一点后，我们做人就应该抱有谦卑的态度，不可狂妄自大。所谓"敬人者人恒敬之"，只有以一颗谦卑、恭敬的心对待他人，才能换来同等的对待；"做人低姿态，做事高水平"，才会赢得他人的认可。

所以，做人应该像梅花一样，"恭敬谦和满芬芳"——在冬雪寒风的熬炼之后，散发扑鼻的香气。

佛教经典中有一句话："欲为诸佛龙象，先做众生牛马。"龙象是神佛的乘骑，牛马则是凡人的奴仆，虽然同是服务于人，但境界大不相同。这句佛语箴言也道出了一个处世真谛：与其常常抬头仰望光环炫目的大人物，不如踏踏实实地从众生牛马做起。攀爬是一道徐徐上升的轨迹，即使有时候速度不尽如人意，但是经过一种长年累月的资本积累，也必然能促进人的提升与完善。

俗话说，"玉不琢不成器"，也是在说明这个道理。想拥有一件没有瑕疵的玉器，需要长期精心雕琢与打磨，每个人都应该为自己的理想付出应有的努力。

眼光要远，但脚步要近，做人、做事、求学，都要放大眼光，但是不能好高骛远，脚步要从近处开始，要脚踏实地。虽然每个人心中都有一个成为龙象的愿望，但是从牛马做起，从低处做起，从细节做起，会距离成功的顶峰更近一步。

不入苦海，焉得无涯境界。有所得，就要有所牺牲。做事亦是如此，要想成就一番大的事业，往往需要潜心修炼，韬光养晦，待到积蓄一定力量后才能强力出击，获得成功。

一位西方学者曾经说过："忍耐和坚持是痛苦的，但它逐渐给你带来好处。"人要获得某方面的成就，必须学会忍耐，从某种程度上说，忍耐是成就一项事业的必需。怎样叫"忍"？这个"忍"在佛法修持里是一个大境界，大乘的佛法必然"得成于忍"。因此"忍"是一个人获得成就不可回避的路程。

春秋时，越王勾践被吴王夫差打败，退守在会稽山上，越王要求同吴国讲和，吴国的条件是要勾践夫妇到吴国给夫差当仆役，勾践万般无奈，只好答应了。

勾践将国事委托给大夫文种，让大夫范蠡随同前往吴国。到了吴国，他们住在山洞石层中，夫差两次外出，勾践就亲自为他牵马。有人指骂他，他也不在乎，始终表现出一副驯服的样子，很讨夫差欢心。

一次，夫差病了，勾践在背地里让范蠡预测一下，知道此病不久就会好，他就亲自去见夫差，探问病情，并亲口尝了尝夫差的粪便，向夫差道贺，说他的病很快就会好的。夫差问他怎么知道。勾践就胡编说："我曾经跟名医学过医道，只要尝一尝病人的粪便，就能知道病的轻重。刚才我尝了大王的粪便，味酸而稍微有点苦，用医生的话说，是得了'时气症'，所以病很快会好，大王不必担心。"

果然不几天，夫差的病就好了。夫差认为勾践比自己的儿子还孝顺，深受感动，就把勾践放回国去了。

勾践归国后，深为会稽之耻而痛苦，一心伺机报仇。他爱抚群臣，教育百姓，经过三年，百姓都归顺了他。

为了锻炼斗志，不过舒服生活，勾践连褥子都不用，床上铺着柴草，还备了一个苦胆，随时尝一尝苦味，以不忘所受之苦。他还经常外出巡视，随从车辆装着食物去探望孤寡老弱病残，并送给他们食物。

后来越国终于与吴国在五湖决战，吴国军队大败，越军包围了吴王的王宫，攻下城门，活捉夫差，杀死吴国宰相。灭掉吴国两年后，越国称霸诸侯。

勾践卧薪尝胆的故事之所以千古流传，不但是因为勾践最后洗清了耻辱报了国仇，更主要的是他那忍辱负重的精神成为我们克服困难、知耻后进的楷模。在势不如人时忍辱负重，待到东山再起时，再一举反击。刘邦在取得基本胜利后广积粮、高筑墙、缓称王是忍耐，终成汉高祖一代帝业；项羽急不可耐，最终却是霸王别姬、饮恨乌江。韩信甘愿受胯下之辱是忍耐，司马迁遭受宫刑著《史记》是忍耐。

古往今来，"忍"字堪称众多有志之士的人生哲学。正如清代金兰生《格言联璧·存养》中所说的那样，"必能忍人不能忍之触忤，斯能为人不能为之事功"。在人生的历程中，我们会遇到一些需要忍耐的事情，借以历练自己的心智。学会忍耐，便像"退一步海阔天空"般，忍一次天便更蓝，海便更宽，心也变得更加包容和宽大。

潜龙之所以最后能变成飞龙在天，在于当它还在渊时能够忍，忍住一切，潜心修炼。生命的历程中存在着无数的苦难，身处苦难的过程需要忍，度过苦难的过程也要忍。忍过万般痛苦，我们的人生也就如海如山，境界无涯，成功便不远了。

心中无荣辱

世间什么力量最大？忍辱的力量最大。拳头刀枪，使人畏惧，但不能服人，唯有忍辱才能感化强者。

忍辱的力量是无穷的，它能让世间的事物形态得以改变。这就好比水是忍耐的，但流水的力量最大，洪水泛滥，冲坝决堤，水滴石穿，磨圆石棱……

忍辱的力量更是无畏的，它能让弱者不畏强敌，养精蓄锐，逐渐让自己变得强大起来，最后伺机出动，打败强者，获得成功。

世界是不圆满的，不圆满就会有不如意，不如意就会有辱。在佛家看来，一切不如意就是辱，一切痛苦就是辱。

那么，受辱的后果是什么？是嗔心。嗔是一切逆境上发生的憎恚心，为恶业的根本。当一个人的嗔恨心来的时候，他的无明怒火就把自己烧得不行、坐立不安了，此时此刻说出来的话或做出来的事情，都会伤害到别人。

忍辱就是治嗔恨心的。《金刚经》说一切法行成于忍，无忍辱则布施持戒均不能成就，可见忍辱的重要性了。大德高僧们认为"忍耐"与六度的"忍辱"是不同的，忍辱是没有"人相""我相"，忍耐则是君子报仇，十年不晚。

其实忍耐也未尝不可。既然不能轻易地忍辱，就把辱拿回去，

慢慢研究，看看这个辱是什么东西。很多时候，在我们想研究的时候，根本就找不到辱了。

忍辱是比忍耐更深的层次，在下面的故事中有深刻的体现。

有位青年脾气很暴躁，经常和别人打架，大家都不喜欢他。

有一天，这位青年无意中游荡到了大德寺，碰巧听到一位禅师在说法。他听完后发誓痛改前非，于是对禅师说："师父，我以后再也不跟人家打架了，免得人见人烦，就算是别人朝我脸上吐口水，我也只是忍耐地擦去，默默地承受！"

禅师听了青年的话，笑着说："哎，何必呢？就让口水自己干了吧，何必擦掉呢？"

青年听后，有些惊讶，于是问禅师："那怎么可能呢？为什么要这样忍受呢？"

禅师说："这没有什么能不能忍受的，你就把它当做蚊虫之类的停在脸上，不值得与它打架，虽然被吐了口水，但并不是什么侮辱，就微笑着接受吧！"

青年又问："如果对方不是吐口水，而是用拳头打过来，那可怎么办呢？"

禅师回答："这不一样吗！不要太在意！这只不过一拳而已。"

青年听了，认为禅师实在是岂有此理，终于忍耐不住，忽然举起拳头，向禅师的头上打去，并问："和尚，现在怎么办？"

禅师非常关切地说："我的头硬得像石头，并没有什么感觉，但是你的手大概打痛了吧？"青年愣在那里，实在无话可说，火气消了，心有大悟。

禅师告诉青年的是"忍辱"，并身体力行，青年由此也会有所醒悟吧。禅师是心中无一辱，青年的心头火伤不到他半根毫毛。这就叫离相忍辱。

《金刚经》让我们忍辱时要离四相："须菩提，忍辱波罗蜜，如来说非忍辱波罗蜜，是名忍辱波罗蜜，何以故。须菩提，无我相，无人相，无众生相，无寿者相。是故须菩提，菩萨应离一切相。"这就是说：忍辱也是多余的，根本就没有辱，那我们忍的是什么？行菩萨道，就要觉悟、平等、慈悲。受辱生嗔，斤斤计较，那有什么慈悲可言？

但说归说，现实中一旦遇到挫折和打击，人们还是嗔念顿起，怒火中烧，这个时候，想想佛祖的忍辱告诫吧。

忍辱不是叫我们做缩头乌龟，而是学习乌龟的精神。忍辱不一定能成佛，但却能消解我们许多的烦恼。

忍辱，如流水磨棱角。如果我们不尽力去忍，就不会知道它的力量所在。忍辱，让人们少些烦恼，多些坦然，生活也会因此变得更加诗意。

退到悬崖，绝处逢生

当置之死地而后生，人们会发现，原来自己有这么大的能量啊。

当一个人感到所有外部的帮助都已被切断之后，他就会尽最大的努力，以坚忍不拔的毅力去奋斗，而结果，他会发现：自己可以主宰自己命运的沉浮。

而一旦人们发现自己还有一定的余地后，就有可能不会尽最大的努力去拼搏。俗话说：有拐杖，难独立。拐杖让人们有所依赖，也因此丧失了全力拼搏的动力。

独立行走，让猿终于成为万物灵长；扔掉手中的拐杖，我们才可以走出属于自己的路。人生的轨迹不需要别人定度，只有自己才能为自己的人生画布着色。去除依赖，独立完成人生的乐谱，相信我们定能奏响生命雄壮的乐章。

有些人经常持有的一个最大谬见，就是以为他们永远会从别人不断的帮助中获益。力量是每一个志存高远者的目标，而依靠他人只会导致懦弱。力量是自发的，不依赖于他人。坐在健身房里让别人替我们练习，是无法增强自己肌肉的力量的。没有什么比依靠他人更能破坏独立自主精神的了。如果我们依靠他人，将永远坚强不起来，也不会有独创力。要么抛开身边的"拐杖"独立自主，要么埋葬雄心壮志，一辈子老老实实做个普通人。

生活中最大的危险，就是依赖他人来保障自己。"让你依赖，让你靠"，就如同伊甸园的蛇，总在我们准备赤膊努力一番时引诱我们。它会对我们说："不用了，你根本不需要。看看，这么多的金钱，这么多好玩、好吃的东西，你享受都来不及呢……"这些话，足以抹杀一个人前进的雄心和勇气，阻止一个人利用自身的资本去换取成功的快乐，让我们日复一日原地踏步，止水一般停滞不前，以至于我们到了垂暮之年，终日为一生无为悔恨不已。而且，这种错误的心理，还会剥夺一个人本身具有的独立的权利，使其依赖成性，靠拐杖而不想自己一个人走；有依赖，就不会想独立，其结果是给自己的未来挖下失败的陷阱。

所以，丢掉拐杖，让自己独立自强，不要认为自己还有余地，不妨想象自己背后就是一个悬崖，已无余地。我们会发现，有时候给自己一个悬崖，其实就是给自己一片蔚蓝的天空。

有一个老人在山里打柴时，拾到一只样子怪怪的鸟，那只怪鸟和出生刚满月的小鸡一样大小，也许因为它实在太小了，还不会飞，老人就把这只怪鸟带回家给小孙子玩耍。老人的孙子很调皮，他将怪鸟放在小鸡群里，充当母鸡的孩子，让母鸡养育。母鸡没有发现这个异类，全权负起一个母亲的责任。怪鸟一天天长大了，后来人们发现那只怪鸟竟是一只鹰，人们担心鹰再长大一些会吃鸡。为了保护鸡，人们一致强烈要求：要么杀了那只鹰，要么将它放生，让

它永远也别回来。因为和鹰相处的时间长了，有了感情，这一家人自然舍不得杀它，他们决定将鹰放生，让它回归大自然。然而他们用了许多办法都无法让鹰重返大自然。

他们把鹰带到很远的地方放生，过不了几天那只鹰又回来了，他们驱赶它，不让它进家门，他们甚至将它打得遍体鳞伤……许多办法试过了都不奏效。最后他们终于明白：原来鹰是眷恋它从小长大的家园，舍不得那个温暖舒适的窝。

后来村里的一位老人说："把鹰交给我吧，我会让它重返蓝天，永远不再回来。"老人将鹰带到附近一个最陡峭的悬崖绝壁旁，然后将鹰狠狠向悬崖下的深涧扔去。那只鹰开始也如石头般向下坠去，然而快要到涧底时它终于展开双翅托住了身体，开始缓缓滑翔，然后轻轻拍了拍翅膀，就飞向蔚蓝的天空，它越飞越自由舒展，越飞动作越漂亮。它越飞越高，越飞越远，渐渐变成了一个小黑点，飞出了人们的视野，永远地飞走了，再也没有回来。

其实我们每个人又何尝不像那只鹰一样，总是对现有的东西不忍放弃，对舒适安稳的生活恋恋不舍？

人在面对压力时会激发出巨大的潜能，因此，我们不必因惧怕逆境和挫折而去当温室里的花朵。温室里的花朵固然可以安全舒适地生活，但人生不可能一帆风顺，一旦逆境来临，首先被摧毁的就是失去意志力和行动能力的温室花朵，经常接受磨炼的人却能创造出崭新的天地，这就是所谓的"置之死地而后生"。

一个人要想让自己的人生有转机，就必须懂得在关键时刻把自己带到人生的悬崖。给自己一个悬崖，其实就是给自己一片蔚蓝的天空。

人要为梦想去奋斗。我们有信心获得成功，我们就有可能成功，因为，我们体内有一股巨大的潜能。我们勇敢，困难便退却；我们懦弱，困难就变本加厉地欺负我们。我们勇敢，就可能成功；我们懦弱，则肯定会失败。

给自己一个悬崖，让自己全力去拼搏，去修炼，最终我们会收获属于自己的一片天空。

躬行才能证得圆满

古人云："读万卷书，行万里路。"满腹经纶却不知如何运用的人被称为"思想的巨人，行动的矮子"。这样的"矮子"很多，既有赵括纸上谈兵成为千年笑柄，又有马谡痛失街亭万古遗恨。所以古人又说："纸上得来终觉浅，绝知此事要躬行。"

修行不是口头禅，修行需要我们亲自去践行。一者礼敬诸佛，我愿自今以后实践人格的尊重；二者称赞如来，我愿自今以后实践语言的赞美；三者广修供养，我愿自今以后实践心意的布施；四者忏悔业障，我愿自今以后实践行为的改进；五者随喜功德，我愿自

今以后实践善事的资助；六者请转法轮，我愿自今以后实践佛法的弘传；七者请佛住世，我愿自今以后实践圣贤的保护；八者常随佛学，我愿自今以后实践真理的追随；九者恒顺众生，我愿自今以后实践民意的重视；十者普皆供养，我愿自今以后实践圆满的功德。

大师有十大誓愿，而最后一桩却归于对圆满功德的实践。一切过程都必将结束于实践之中，学习亦是如此。

行，既是行动，也是行走，行动是一种随时而发的实践，行走是永远身在途中的状态。也就是说，修行与学习相伴相随，永远都不会停止。

唐代的智闲和尚曾拜灵佑禅师为师，有一次，灵佑问智闲：“你还在娘胎里的时候，在做什么事呢？”

“还在娘胎里的时候，能做什么事呢？”他冥思苦想，无言以对，于是说：“弟子愚钝，请师父赐教！”

灵佑笑着说：“我不能说，我想听的是你的见解。”

智闲只好回去，翻箱倒柜查阅经典，但没有一本书是有用的。他这才感悟道：“本以为饱读诗书就可以体味佛法，参透人生的哲理，不想都是一场空啊！”

灰心之余，智闲一把火将佛籍经典全部烧掉了，并发誓说：“从今以后再也不学佛法了，省得浪费力气！”于是他前去辞别灵佑禅师，准备下山，禅师没有任何安慰他的话，也没有挽留他，任他到自己想去的地方。

智闲来到一个破损的寺庙里，还过着和原来一样的生活，但心里总是放不下禅师问他的话。有一天，他随便把一片碎瓦块抛了出去，瓦块打到一棵竹子上，竹子发出了清脆的声音。智闲脑中突然一片空明，内心澎湃。他感到了一种从未体验过的颤抖和喜悦，体验到了禅悟的境界。

他终于醒悟了："只有在生活实践中自悟自证，才能获得禅旨的真谛。"于是他立即赶到灵佑禅师身边说："禅师如果当时为我说破了题意，我今天怎么会体会到顿悟的感觉呢？"

真正的学禅绝不仅仅是参参禅，念几句弥陀，更在于参悟禅宗道理，在于以慈悲的"行"来实践开悟的"知"。生活中所有的事情都是如此，"纸上得来终觉浅，绝知此事要躬行"，无论是自己在经典中学到，还是由圣人大德告知，都不是真正地懂得，仍然需要通过亲身实践来参悟，唯有躬行才能证得最终的圆满。

"后世研究禅宗，动辄抓住禅宗为言下顿悟，立地成佛的话柄，好像只要聪明伶俐、能言善道，说一两句俏皮话，立刻就算悟道，完全不管实际做学问与下工夫的重点，这当然会落在"我其谁欺！欺人乎！欺天乎"的野狐禅了！不然，就想自己不用反省的工夫，只要找一个明师，秘密地授一个诀窍，认为便是禅宗的工夫，"敝帚自珍，视如拱璧"，这又忘了达摩大师所说的"诸佛法印，非从人得"的明训了。近代谈禅，不是容易落于前者的空疏狂妄，便是落在后者的神秘玄妙，实在值得反省"。这段话明确提出了成佛要经历一番实践和修行。

"如人饮水，冷暖自知。"佛法是需要修证的，一个人去修证、实践佛法不一定能成佛，但一个不去修证、实践的学佛者绝不可能获得解脱。所以不少佛学大师主张人要实践的原因也是在此。

刘勰曾在《文心雕龙》中说："操千曲而后晓声，观千剑而后识器。"练习一千支乐曲之后才能懂得音乐，观察过一千柄剑之后才知道如何识别剑。要学会一种技艺，不是容易的事；做个鉴赏家，也要多观察实物，纸上谈兵是不行的。所以，并非埋头死读书，读书破万卷与在读书中实践是相辅相成的，只有如此，学习才能多有所获。

忍让是春风化雨般的善意

古松苍劲，高山巍峨，而这一切雄奇壮美的景象莫不与忍让和耐力相关，千百年风雨的吹打，数十载寒暑的磨炼，老松依然有自己的坚韧，山川仍然保持自己的壮美。

忍让和耐力蕴含着神奇的柔和力量，像是一股温暖的春风，它轻轻吹过，冰河开冻，花木成行。它并非指丧失原则的一味退让，而是源自内心慈悲的一种高境界的坚守，从不曾剑拔弩张，却依旧保持了应有的风范与淡定。

唐玄宗开元年间有位梦窗禅师，他德高望重，既是有名的禅师，也是当朝国师。梦窗便是一位具忍者之风范的得道高僧。

有一次他搭船渡河，渡船刚要离岸，这时从远处来了一位骑马佩刀的大将军，大声喊道："等一等，等一等，载我过去！"他一边说一边把马拴在岸边，拿了鞭子朝水边走来。

船上的人纷纷说道："船已开行，不能回头了，干脆让他等下一班吧！"船夫也大声回答他："请等下一班吧！"将军非常失望，急得在水边团团转。

这时坐在船头的梦窗禅师对船夫说道："船家，这船离岸还没有多远，你就行个方便，掉过船头载他过河吧！"船夫看到是一位气度不凡的出家师父开口求情，只好把船撑了回去，让那位将军上了船。

将军上船以后就四处寻找座位，无奈座位已满，这时他看见坐在船头的梦窗禅师，于是拿起鞭子就打，嘴里还粗野地骂道："老和尚！走开点，快把座位让给我！难道你没看见本大爷上船了？"没想到这一鞭子正好打在梦窗禅师头上，鲜血顺着脸颊流了下来，禅师一言不发地把座位让给了那位蛮横的将军。

这一切，大家都看在眼里，心里是既害怕将军的蛮横，又为禅师的遭遇感到不平，纷纷窃窃私语："将军真是忘恩负义，禅师请求船夫回去载他，他还抢禅师的位子，并且打了他。"将军从大家的议

论中，似乎明白了什么。他心里非常惭愧，不免心生悔意，但身为将军却拉不下脸面，不好意思认错。

不一会儿，船到了对岸，大家都下了船。梦窗禅师默默地走到水边，慢慢地洗掉了脸上的血污。那位将军再也忍受不住良心的谴责，上前跪在禅师面前忏悔道："禅师，我……真对不起！"梦窗禅师心平气和地对他说："不要紧，出门在外难免心情不好。"

"出门在外，难免心情不好"，这句话中包含的忍让与善意，将对那位蛮横将军的内心产生怎样的撞击呢？忍让就如春风化雨般的善意一样，让人心头无比舒适。梦窗禅师用一句简单的话感化了冒犯他的人，如春风化雨，这般风范，令人不得不肃然起敬。

柔和的力量是强大的：声音柔和，就能够渗透到更加辽远的空间；目光柔和，轻轻拂过便能卷起心扉的窗纱；表情柔和，与人的沟通交流便更加容易。两千多年前，圣人就曾经说过"柔胜刚，弱胜强"，正如以柔克刚的太极，在行云流水般的自然柔和，不知不觉间，已然登峰造极。

忍让让自己蕴涵着一股能担当、接受、处理、面对的能力和勇气，不以语言、暴力去抗拒，而是由内心一种柔和却强大的力量化解。

风暴瞬间的力量很强大，但柔和之风反而更具有持续的温和作用。为人处世亦是如此，暴力只会显示出我们的无知与浅薄，而适时的忍让和柔和态度却能让我们赢得他人的尊重和爱戴。

以柔克刚，如春风唤醒花木成行，柔和的力量更能贴近人的心灵。

戒也是一种自由

俗话说："没有规矩，不成方圆。"在人世间存在的万事万物，都受着一定的约束，如此才能有序且有益地运行。没有一个事物是绝对自由的，但只要在规矩之内运行，它就享有自由的运动和自在存活的权利。

佛法中也存在着十分严格的"持戒"，因为任何事物都需要有一定的约束。倘若只是挂个名或者明知故犯则是最不好的，还不如不去受戒。戒的含义就是约束自身，不去侵犯别人的权益，如此一来自己才能活得心安理得，活得自在。所以，"约束"是一件非常严肃的事情，一定要认真对待。

正如歌德所说："一个人只要宣称自己是自由的，就会同时感到他是受限制的。如果你敢于宣称自己是受限制的，你就会感到自己是自由的。"人如果能清楚地知道自己该做什么、能做什么，他所能发挥的空间往往超乎想象，他所能成就的事业也就绝不简单。倘若放任自己做一些违背社会生存原则的事情，那么整个社会将会与他为敌，他又能如何自由自在呢。约束与自由的相对性和复杂性正在

于此。

这就好像那则寓言，车轮对方向盘说："你总是限制我的自由。"方向盘说："我若不限制你的自由，你就会跌到深渊中去。"由此，我们悟出了一个道理：汽车不能离开方向盘的限制，而在方向盘限制的范围内，汽车却可以自由地驰骋。

人也是如此，人和社会的关系就是汽车和方向盘的关系，人是社会性的动物，是离不开社会约束的。虽然生活中，很多人都崇尚自由，反对约束，但须知这世界上不可能存在"绝对自在"一说。

例如作家贾平凹笔下的云雀，总以为笼子是它的束缚，想方设法地逃离那里，飞向心中的自由之所——天空；后来，它发现笼子外的世界有太多危机，有太多的艰辛束缚着它，使它疲惫，于是它回到了那个原本是约束，现在又成为它眼中自由的地方——笼子。

从这只平凡的云雀身上，我们不难看出，约束和自由并非绝对的，而是相对的。有了约束才会有自由，因为自由存在的前提是束缚，没有各种各样比如道德法律上的约束和规定，或者各种人为的规则和要求，自由就无从谈起；另一方面，没有自由，约束也就失去了它本身具有的意义和作用。所以，自由和约束看似矛盾，却又和谐统一。

不仅是人，自然界亦如此。"大鱼吃小鱼，小鱼吃虾米"这句话阐述的就是生物链，而生物链就是自然界中自由与约束的关系。没有一种生物是没有天敌的，它们在和同类生活的同时，也必然要提防天敌的袭击。假设哪天狮子不吃羊了，豹不吃兔子了，所有动物都安乐地繁殖，终有一天，世界上的动物会越来越多，那么除了"人口危机"外，还会出现"牲口危机"，到时候动物们是不是也需要找一个星球来移民呢？

再如，当我们陶醉于硕果满枝的果园时，迷恋于赏心悦目的花草时，折服于巧夺天工的盆景时，我们可曾思考：如果没有人们对它的精心修剪，没有人们对它们的"约束"，它们将会是一副什么样子？我们大概只会看到没有果实的纷繁的枝叶，杂乱无序的花草，更不可想象那盆景又是副什么尊容。

动植物本身不懂得约束，所以是自然的运行规律去调节他们的生存环境，对它们进行选择。而人与动植物有着根本的区别，所以人在自然当中才不总是处于被动，这一切皆因人懂得自我约束，趋利避害。

我们要持有一种"戒"的态度，这不仅适用于修行，同样适用于生活，因为"戒"的意思正是人们应自我管束，此种管束对人对事都具有促进作用，能够帮助人们顺应规律而成事，能够促进人们与时代同进步而不后退，从而令人们获得完满自在的生活。

"戒"的意义不是侵犯，而是使人们的生活更加规范和有序，其精神就是自由。所以说，戒，也是一种自由。

低头看清脚下路

"手把青秧插满田，低头便见水中天。身心清净方为道，退步原来是向前。"有些风景只有低头才能欣赏，有些道理只有谦虚才能领悟。人生并不是要时时昂首阔步，适时的停顿和认识自己能让我们走得更远。

有一则寓言读来有趣且发人深省。

五根手指闲来无事，无意中提及谁最优秀这个话题，发生了激烈的争执。大拇指洋洋得意地说："在咱们五个当中我是最棒的，我最粗最壮，人们赞美谁、夸奖谁时，都会把我竖起来……"闻听此言，食指不服气了，站出来说："咱们五个当中，我才是最厉害的，别人哪里出现错误，人都会用我把错误指出来……"中指拍拍胸脯不可一世地说："看你们一个个矮的矮，小的小，哪有一个像样的，我才是真正顶天立地的英雄……"到无名指了，它更是心有不甘："你们算什么，人们最信任的是我，当一对情侣喜结良缘的时候，那颗代表着真爱的结婚戒指带在谁身上啊？"轮到小指发言，虽然它最不起眼，可气势却不低，它说："谁最重要，不能只看这些小事，当每个人虔心拜佛、祈祷的时候，我是站在最前面的，所以最重要的是我！"

这时，手的主人说话了："你们对我来说同样重要，谁也不比谁强，谁也不会比谁差。"

人们心中总觉得自己比身边的朋友强。其实，没有一个朋友不如自己。虽然可能我们在许多方面有过人之处，但总有一个方面要逊色于人。金无足赤，人无完人，每根手指都有它存在的意义，就像每个人都有自己的优势和劣势。所以，人贵在于自知。正所谓，知人者智，自知者明。知道自己的不足在哪，才是智者的行为。

如何自知，可从观水自照得之。水具有滋养万物生命的德性，所以老子形容它，"处众人之所恶，故几于道"。正所谓"水唯能下方成海，山不矜高自及天"。低头方能自省，谦虚才可有悟。

道心和尚和无知和尚都在净念禅师门下修行佛法。净念禅师经常接受应酬，陪高官吃饭，到处笼络财主，要人出资修建寺庙，并且吩咐道心和尚和无知和尚四处化缘，吸纳兴建寺庙的经费。

道心和尚心中对净念禅师非常不满，认为他有失出家人的德行，于是在寺中四处说净念禅师的是非，怂恿众人将净念禅师从住持的位置上赶下去。无知和尚对此却从无半点怨言，每日出去化缘普度，笼络富人捐献钱款；寺庙修建屋宇时，无知和尚也在一旁监督，不敢怠慢。道心于是称无知为"元宝和尚"。

然而半年之后，寺中修建的屋宇尽数盖好，接纳了许多因为水灾而寄宿的灾民。净念禅师也每日焚香讲课，开导灾民，分文不收。

道心这才知道误会了净念禅师的本意，羞愧之下离寺修行。而无知和尚则继承了净念禅师的衣钵。

低头方能自省，谦虚才能有悟。道心与无知两位和尚，便在谦卑与狂妄之中显出了高低，其修行的气量与修证的境界自然也不可相提并论。

水犹如一面古镜，观照人生的不同趋向，何时何地应当何去何从，某时某刻应当如何运用宝鉴以自照、自知、自处。这样即使看似一无所长，一样能找到与自己相契的人生途径，走出自己精彩的人生。

登高能望远，但适时地低头才能看清脚下的路，认识到自己的不足并加以自省。傲气能让人自信，但有些道理只有以一颗谦虚的心来对待才能领悟得到。

忍受磨砺才能变成珍珠

并不是每一个贝壳都可以孕育出珍珠，也不是每一粒种子都可以萌生出幼芽。流水也会干涸，高山也可崩塌，而自信的人，可以在纷乱红尘中自由驰骋，游刃有余。

自信的人具有独立思考的能力以及忍辱负重的耐力，以智慧判断出自己所需要的东西，树立正确的理想并且为之奋斗。人的一生，只有为自己作出了准确定位，放稳自己的脚步，才能做到有目的而不盲从，遇挫折而不退缩，才能活出生命的意义。

沙粒之所以能成为珍珠，只是因为它有成为珍珠的信念。芸芸众生都只是一粒粒平凡的沙子，但只要怀有成为珍珠的信念，也能长成一颗颗珍珠。

很久很久以前，有一个养蚌人，他想培养一颗世上最大最美的珍珠。

他去海边沙滩上挑选沙粒，并且一颗一颗地问那些沙粒，愿不愿意变成珍珠。那些沙粒一颗一颗都摇头说不愿意。养蚌人从清晨问到黄昏，他都快要绝望了。

就在这时，有一颗沙粒答应了他。

旁边的沙粒都嘲笑起那颗沙粒，说它太傻，去蚌壳里住，远离亲人、朋友，见不到阳光、雨露、明月、清风，甚至还缺少空气，只能与黑暗、潮湿、寒冷、孤寂为伍，不值得。

可那颗沙粒还是无怨无悔地随着养蚌人去了。

斗转星移，几年过去了，那颗沙粒已长成了一颗晶莹剔透、价值连城的珍珠，而曾经嘲笑它傻的那些伙伴们，依然只是一堆沙粒，有的已风化成土。

也许我们只是众多沙粒中最平凡的一颗，但只要我们有要成为珍珠的信念，并且忍耐着、坚持着，当走过黑暗与苦难的长长隧道时，我们就会惊讶地发现，在不知不觉中，自己已长成了一颗珍珠。每颗珍珠都是由沙子磨砺出来的，能够成为珍珠的沙粒都有着成为珍珠的坚定信念，并为之无怨无悔。

很多人都曾有过怀才不遇的感觉，自认为自己的才华未得到别人的认可，能力无处施展，这时候，不妨反观自身，以弥补自己的缺陷，使自己的满腔热情与自信在沉淀之后变得更加坚韧。

其实，人最佳的心态莫过于能屈能伸，既要有成为珍珠的信念，也要在信念的实现过程中承受必要的压力，甚至屈辱。

我们常常将理想比做前行路上的灯塔，即使海面波浪翻滚，狂风暴雨，依然能够为船只照亮前行的方向。修行之人，无论走到哪里，都能感受到佛光的普照与感召。

怀着成为珍珠的信念，坚定自己的方向，经过努力，一样可以获得成功。

能屈能伸，能进能退

人生之旅，坎坷多多，难免直面矮檐，遭遇逼仄。在这种情况下，人要学会低头，学会弯腰。

弯曲，是一种人生智慧，在生命不堪重负之时，适时适度地低一下头，弯一下腰，抖落多余的负担，才能够走出屋檐而步入华堂，避开逼仄而迈向辽阔。

孟买佛学院是印度最著名的佛学院之一，这所佛学院的特点是建院历史悠久，培养出了许多著名的学者。还有一个特点是其他佛

学院所没有的，这是一个极其微小的细节。但是，所有进入过这里的人，当他们再出来的时候，无一例外地承认，正是这个细节使他们顿悟，正是这个细节让他们受益无穷。

这是一个被很多人忽视的细节：孟买佛学院在它正门的一侧，又开了一个小门，这个门非常小，一个成年人要想过去必须弯腰侧身，否则就会碰壁。

其实这就是孟买佛学院给它的学生上的第一堂课。所有新来的人，老师都会引导他到这个小门旁，让他进出一次。很显然，所有的人都是弯腰侧身进出的，尽管有失礼仪和风度，却达到了目的。老师说，大门虽然能够让一个人很体面很有风度地出入。但很多时候，人们要出入的地方，并不是都有方便的大门，或者，即使有大门也不是可以随便出入的。这时，只有学会了弯腰和侧身的人，只有暂时放下面子和虚荣的人，才能够出入。否则，你就只能被挡在院墙之外。

孟买佛学院的老师告诉他们的学生，佛家的哲学就在这个小门里。

其实，人生的哲学何尝不在这个小门里？人生之路，尤其是通向成功的路上，几乎是没有宽阔的大门的，所有的门都需要弯腰侧身才可以进去。因此，在必要时，我们要能够学会弯曲。弯下自己的腰，才可得到生活的通行证。

人生之路不可能一帆风顺，必然会有风起浪涌的时候，如果迎面与之搏击，就可能会船毁人亡，此时何不退一步，先给自己一个海阔天空，然后再图伸展。

妙善禅师是世人非常景仰的一位高僧，被称为"金山活佛"。他1933 年在缅甸圆寂，其行迹神异，又慈悲喜舍，所以，直至现在，社会上还流传着他难行能行、难忍能忍的奇事。

在妙善禅师的金山寺旁有一条小街，街上住着一个贫穷的老婆婆，与独生子相依为命。偏偏这儿子忤逆凶横，经常呵骂母亲。妙善禅师知道这件事后，常去安慰这老婆婆，和她说些因果轮回的道理，逆子非常讨厌禅师来家里，有一天起了恶念，悄悄拿着粪桶躲在门外，等妙善禅师走出来，便将粪桶向禅师兜头一盖，刹那间腥臭污秽粪尿淋满禅师全身，引来了一大群人看热闹。

妙善禅师却不气不怒，一直顶着粪桶跑到金山寺前的河边，才缓缓地把粪桶取下来，旁观的人看到他的狼狈相，更加哄然大笑，妙善禅师毫不在意地道："这有什么好笑的？人身本来就是众秽所集的大粪桶，大粪桶上面加个小粪桶，有什么值得大惊小怪的呢？"

有人问他："禅师！你不觉得难过吗？"

妙善禅师道："我一点也不会难过，老婆婆的儿子以慈悲待我，给我醍醐灌顶，我正觉得自在哩！"

后来，老婆婆的儿子被禅师的宽容感动，改过自新，向禅师忏

悔谢罪，禅师欢欢喜喜地开示他。受了禅师的感化，逆子从此痛改前非，以孝闻名乡里。

妙善禅师将身体看做大的粪桶，加个小的粪桶，也不稀奇。这种认识正是他高尚的人格和道德慈悲的表现，而正是这一刻他弯下了腰，忍住了屈辱，才感化了忤逆的年轻人。

人生有起有伏，当能屈能伸。起，就直上云霄；伏，就如龙在渊；屈，就不露痕迹；伸，就清澈见底。这是多么奇妙、痛快、潇洒的情境啊！

忏悔是福分，
吃"悔"药当做吃补药

佛语说：放下屠刀，立地成佛。佛门是慈悲的，在佛祖面前，人人都是平等的，只要他们知错能改，就一样能度。所以，佛家不计较出身的尊贵与卑微，也不计较人性的大善与大恶，认为所有的人都是可以被教化的。人若持有一颗时时自省、时时惭愧的心，就如拥有一盏警示灯，时刻保证人们人生航路的平稳安全。

对一切心存感激

佛家主张一个学佛的人，首先要在心中建立这样的观念：人来到这个世界，根本就是来偿还欠债，报答所有与自己有关之人的冤缘的。因为我们赤条条地来到这个世界上，本来就一无所有。长大成人，吃的、穿的、所有的一切，都是众生、国家、父母、师友们给予的恩惠。"我"只有负别人，别人并无负"我"之处。

因此，佛家认为，懂得知恩图报的人，必定也懂得尽其所有与所能，来贡献给世界上的人们，以报答他们的恩惠，还清

"我"自有生命以来累积的旧债，甚至不惜牺牲自己而为世为人、济世利物。佛学所说首重布施的要点，也即由此而出发。大道理归大道理，布施还得脚踏实地，一步步做起。

良宽禅师终生修行修禅，从来没有懈怠过一天，他的品行远近闻名，人人敬佩。

但他年老的时候，家乡传来一则消息，说禅师的外甥不务正业，吃喝嫖赌，五毒俱全，快要倾家荡产了，而且经常危害乡里，家乡父老都希望这位禅师舅舅能大发慈悲，救救外甥，劝他回头，重新做人。俗话说，由俭入奢易，由奢入俭难，作恶也是这样，一个人想从堕落的罪恶中回头，谈何容易。可是良宽禅师会知难而退吗？

良宽禅师听到消息，不辞辛劳，立即往家乡赶。他风雨兼程，走了半个月，终于回到了家乡。

良宽禅师终于和多年没见过面的外甥见面了。外甥久闻舅舅的大名，心想以后可以在狐朋狗友面前吹嘘一番了，因此也非常高兴，并且特意留舅舅过夜。

家人也很高兴，心想禅师可以好好规劝一下自己的外甥了。外甥却寻思，久闻舅舅大名，要是他真的对我说教，我可要好好捉弄他一下，日后就能在别人面前吹嘘了。

出乎意料的是，晚上，良宽禅师在俗家床上坐禅坐了一

夜，并没有劝说什么。外甥不知道舅舅葫芦里卖的是什么药，惴惴不安地勉强熬到天亮。这时禅师睁开眼睛，要穿上草鞋，下床离去。他弯下腰，又直起腰，不经意地回头对他的外甥说："我想我真的老了，两手发直，穿鞋都很困难，可否请你帮把我草鞋带子系上？"

外甥非常高兴地照办了，良宽慈祥地说："谢谢你了！年轻真好啊，你看，人老的时候，就什么能力都没有了，可不像年轻的时候，想做什么就做什么。你要好好保重自己，趁年轻的时候，把人做好，把事业的基础打好啊，不然等到老了，可就什么都来不及了！"禅师说完这句话后，掉头就走。

但从那一天起，他的外甥再也不花天酒地去浪荡了，而是改邪归正，努力工作，像换了个人似的。

良宽禅师并没有用什么大道理规劝外甥，其实，那些道理不用说外甥也懂，只是没有照着实行，禅师说明其中的利害关系，只是要唤起外甥的良知而已。做好了人，一切都有可能，否则就无药可救，再无他法。

其实世法与佛法是同样的道理，因此，出家的人要懂世法，世法懂了，佛法就通了。所有真正的禅宗，并不是只以梅花明月、洁身自好便为究竟。后世学禅的人，只重理悟而不重行持，早已大错而特错。

先学做人，再学做佛，这是世间不变的道理。一个人如果真的能够照此修行，不但可以使自己获得幸福，而且还能够造福社会，成为社会的有用之材。

学做人，不但要知道唤醒自己沉睡的良知，还要懂得知恩图报。

一个猎人上山打猎，看见一头狼卧在山坳里，当他举起猎枪瞄向狼的时候，狼站起来没跑却又卧在那里，猎人不明，近前一看，发现是只怀孕的母狼，而且显得有些可怜，原来这只狼一条腿折了。狼看着猎人像是在乞求猎人饶它不死，猎人心软了下来，不但没有杀它，还将它的折腿进行了敷药包扎。

冬天到了，一场大雪封住了家门，猎人一连好多天无法上山打猎。一天夜里，猎人听到自家靠山根的后院里，"扑通、扑通"的，像是有人往院里扔东西。第二天，猎人开门一看，院里扔了几只野兔和山鸡。以后每逢下大雪不能出山的时候，都是这样，原来是狼在报恩。

动物尚且知道"知恩图报"，人在接受了别人的帮助以后更是应该懂得去感恩，这也是一个有良知的人应有的举动。俗话说："受人滴水之恩，当以涌泉相报。"对父母的养育之恩、朋友的帮助、兄弟的关心，乃至于大自然所给予的一切，我们都应该要心怀无限的感激之情，对有恩于自己的人和事而理应

至此。要知道，懂得感恩是人的一种美好而优秀的品质，这也是我们内心良知的体现。

唤醒我们内心的良知，学会感恩，并对人生、对大自然的一切美好的东西心存感激，人生会变得美好许多。

最难是浪子回头

俗话说：浪子回头金不换。可见一个人知错能改是一件多么可贵的事情。

人非圣贤，孰能无过？人人都会犯错，如果能够平等地对待犯错的人，并且给他一个改过自新的机会，往往能够挽救一个人的灵魂。

佛家不计较出身的尊贵与卑微，也不计较人性的大善与大恶，认为所有的人都是可以被教化的。在佛面前，人人都是平等的，只要他们知错能改，就一样能度。

佛门是慈悲的，之所以慈悲，是源于众生平等；只有平等，才有真正的慈悲。而人心也是善良的，在社会这个大家庭里，我们更不要戴着有色眼镜看人，既要发扬善行，更要帮助走入歧途的人。浪子回头金不换，只要有心向善，就是最值得欣慰的事。只要觉悟到了自己的过错，就是一个善良的人，应该得到人们的宽容和谅解，更应该得到大家的关爱。

有道是：君子改过，人皆仰之。有位大师曾说过："改，省察以后，若知是过，即力改之。诸君应知改过之事，乃是十分光明磊落，足以表示伟大之人格。故子贡云：'君子之过也，如日月之食焉；过也人皆见之，更也人皆仰之。'又古人云：'过而能知，可以谓明。知而能改，可以即圣。'诸君可不勉乎！"

佛语说：放下屠刀，立地成佛。在佛家大师的眼里，人是不怕犯错误的。怕就怕同样的错误却一犯再犯，"过而改之，善莫大焉"！知错能改本身就是一种难得的品质。

战国时期，赵国有一文一武两个得力的大臣。武的叫廉颇，他英勇善战，多次领兵战胜齐、魏等国，以英勇善战闻名于诸侯。文的叫蔺相如，他有勇有谋，面对强悍的秦王能够临危不惧。他两次出使秦国，第一次使国宝"和氏璧"得以完璧归赵，第二次是陪同赵王去赴秦王的"渑池之会"，两次都给赵国争回了不少面子，秦王也因此不敢再小看赵国了。于是，赵王先封他为大夫，后封他为上卿，地位在大将廉颇之上。

廉颇对蔺相如很不服气。他想：蔺相如有什么能耐，无非是会耍几下嘴皮子，我廉颇才是真正的功臣呢！他对手下的人说："我要是见到了蔺相如，一定要让他尝尝我的厉害，看他能把我怎么样！"

这话传到了蔺相如的耳朵里，他干脆装病不去上朝，避免与廉颇发生冲突。他还吩咐手下的人，叫他们以后碰着廉颇的手下，千万要让着点儿，不要和他们争吵。一次，蔺相如出门办事，正碰见廉颇远远地从对面过来，蔺相如就叫马车夫把车子赶到小巷子里，让廉颇的车马先过去。

蔺相如的手下气坏了，纷纷责怪蔺相如胆小，害怕廉颇。蔺相如笑一笑，说："廉颇和秦王哪个厉害呢？"手下说："当然是秦王厉害了。"蔺相如接着说："我连秦王都不怕，还会怕廉颇吗？要知道，秦国现在不敢来打赵国，就是因为国内文官武将一条心。我们两人好比是两只老虎，两只老虎要是打起架来，难免有一只要受伤，这就给秦国制造了进攻赵国的好机会。你们想想，国家的事要紧，还是私人的面子要紧？所以，我宁可忍让一点儿。"

这话传到了廉颇耳朵里，他感到非常惭愧。这日，他裸着上身，背着荆条，跑到蔺相如的家里去请罪。从此，两人成了最要好的知心朋友，一文一武，共同保卫赵国。

廉颇不仅是一员猛将，还是一个勇士，一个勇于面对错误、承认错误和改正错误的勇士。知错能改，这是我们从小便接受到的教育，但因为面子的问题，很多时候，即使明知自己犯了错，还是很难主动去认错。一味地回避自己所犯的错，是需要花费很大力气的，与其浪费这么多的时间与精力，不如直接为自己的错"埋单"，并将它看做一次深刻的教训。人总是在不断的磕磕碰碰中长大的，错误只是一个小水坑，许多人都是被水溅湿过，才知道以后要小心地避开。所以，前进的路上不要害怕犯错，只要在犯错之后坦诚地接受并注意改正，之后的小水坑便会越来越少，前进的道路便会越来越顺畅。

金无足赤，人无完人。人在这个世界上生活、工作，就难免会犯错误，错了并没有什么，知错能改才是最重要的。

最难是浪子回头，因此，他人若能知错能改，我们应该欣然接受，并予以最大的鼓励，这样对人对己都是一大乐事。

要有自省的力量

自省犹如反思一样需要勇气。自省是一次自我解剖的痛苦过程，它就像一个人拿起刀亲手割掉身上的毒瘤，需要巨大的勇气。认识到自己的错误或许不难，但要用一颗坦诚的心灵去面对它，却不是一件容易的事。

静坐常思己过。人生在世，我们都应该学会自省自悟。自省就在于不断地反省自我，善于承担生命给我们的那一份责任。

许多人不善于反省自己的过错，总是把过错推给别人，推给上天。

　　有一个女人背着自己的丈夫经常偷偷地出去会情人。一天，她打扮得花枝招展地到河边去会情人，可是怎么等也没有等到情人。在这时，有一只狐狸叼着一块肉路过这里，它看见水里的鱼儿，马上就跳到水中去捕鱼，鱼儿马上就游到深水里去了。狐狸没有捕到鱼，回到岸上，一看自己的肉却被一只乌鸦叼走了。那个女人看见狐狸这样，就讥笑狐狸说："馋嘴的狐狸，你扔掉自己的肉去捕鱼，结果弄得两手空空，真是好笑！"

　　狐狸反击道："你这个女人抛弃自己的丈夫，偷偷来会情人，情人却没有等到，现在不也是两手空空吗？"

　　那个女人只顾指责狐狸，却不知道自己犯了和狐狸一样的错误。

　　指责别人已经成为很多人的习惯，反省自己却比登天还难。人人都犯过错误，但很少有人能自省。

　　自省是道德完善的重要方法，是治愈错误的良药，它能给我们混沌的心灵带来一缕光芒。在我们迷路时，在我们掉进了罪恶的陷阱时，在我们的灵魂遭到扭曲时，在我们自以为是、沾沾自喜时，自省就像一道清泉，将思想里的浅薄、浮躁、消沉、阴险、自满、狂傲等污垢涤荡干净，重现清新、昂扬、雄

浑和高雅的旋律，让生命重放异彩、生气勃勃。

懂得自省，是大智；敢于自省，则是大勇。割毒瘤可能会有难忍的疼痛，也会留下疤痕，但它却是根除病毒的唯一方法。只要"坦荡胸怀对日月"，心地光明磊落，自省的勇气就会倍增。

古人云："君子之过也，如日月之食焉。过也，人皆见之；更也，人皆仰之。"这句话的意思是，日食过后，太阳更加灿烂辉煌；月食复明，月亮更加皎洁明媚。君子的过错就像日食和月食，人人都看得见，但是改过之后，会得到人们更崇高的尊敬。

所谓"金无足赤，人无完人"，人都是不完美的，总是会犯这样或者那样的错误，"人非圣贤，孰能无过？过而改之，善莫大焉"。过而不改，则要自取其咎甚至身死国灭，像晋灵公的悲剧，便是一例。

春秋时，晋灵公无道，滥杀无辜，臣下士季对他进谏。灵公当即表示："我知错了，一定要改。"士季很高兴地对他说："人谁无过？过而能改，善莫大焉。"遗憾的是，晋灵公言而无信，残暴依旧，最后终被臣下刺杀。

晋灵公不知悔过，口头答应，心中不改，落得被刺而死的下场也是情理之中的事。

在现实生活中，虽然也有很多人有勇气去承认自己的错误，却缺乏改过的决心，知错而不能改过。的确，承认错误只需要几分钟，但改正过错则需要花费很长的时间，没有毅力是做不到的，既然都已经勇敢地跨出了第一步，却因为无法持之以恒，终究难逃重蹈覆辙的错误。

古人有句名言：吃一堑，长一智，告诉我们犯了错误，要接受教训，在哪里跌倒的，就要在哪里爬起来，知错能改便是好样的。

我们不但要有自省的力量，更要有自省后改过自新的勇气，这样才不失为一个逐步完善、逐步修行的人。

忏悔也是一种福分

为人为己而忏悔，我们就会发现，忏悔也是一种福分。

常忏悔，能常积福。无论是学佛修行，还是工作生活，我们都应该正视自己的不足。唯有认识到自己的不足，才能够使自己更完美，由此使生活更完美。

在佛教徒看来，生病是积德少、恶业重的表现。即使是严格持戒的佛家法师，也会认为自己做得不好，心生惭愧。可见，人人都会犯错误，只是有人犯的多，有人犯的少。

能做严苛的自责与自省的人，才是有忏悔勇气的人，也是能得大福报的人。

常惭愧、常反省，才能常进步。一个人能从修行的路上越走越远、修为越来越深，与其虚心的品格是分不开的。

所以，一颗时时自省、时时惭愧的心，如一盏警示灯，时刻保证我们人生航路的平稳安全。犯错后不要觉得麻烦，更不要觉得不好意思，有错误就反省，有失误就弥补，这是学佛者的佛道，也是为人者的人道。

有位虔诚的佛教信徒，每天都从自家的花园中采撷鲜花到寺院供佛。

一天，当她送花到佛殿时，碰巧遇上希德禅师从佛堂出来，希德禅师道："你每天都这么虔诚地以鲜花供佛，根据佛典记载，常以鲜花供佛者，来世当得庄严相貌的福报。"

信徒闻言十分欣喜又有几分疑惑："我每次来您这里礼佛时，觉得心灵就像洗涤过似的清静，但回到家中，心就烦乱起来。作为一名家庭主妇，如何在烦嚣的尘世中保持一颗清静纯洁的心呢？"

希德禅师反问道："你以花礼佛，对花草总有一些常识，我现在问你，你如何保持花朵的新鲜呢？"

信徒答道："保持花朵新鲜的方法，莫过于每天换水，并且在换水时把花梗剪去一截，因为这一截花梗已经腐烂，腐烂之后水分不易吸收，花就容易凋谢！"

希德禅师说："保持一颗清静纯洁的心也是这样啊，我们生活的环境就像瓶中的水，我们就是花，唯有不停净化我们的心灵，改变我们的气质，并且不停地忏悔、检讨，改掉陋习、缺点，才能不断吸收到养分啊！"

信徒听后，翻然醒悟。

流水不腐，户枢不蠹，常用常新，时时拂拭，才能绵绵若存，真照无边。如果一个人有了忏悔的需要，也正是因为他已经发现美好而光明的东西。就像希德禅师所说的，唯有不断的净化我们的心灵，不断忏悔，检讨，改正，才能像花草一样汲取大地天空的雨露滋润。而通过改正错误、不掺杂念地行善积德、修身养性，人们的命运也将得以改变。

倘若我们能将忏悔融入我们的生活之中，成为我们生活的一部分。那么，忏悔对于我们而言或许并不是一件痛苦的事情；相反，它会是一种享受，我们可以在忏悔中一直不停地进行思考直到疲倦为止，甚至可以收容我们过去所有的过失，让这一切通过时间的作用变成神圣的永恒。

一个遗失了生命的灵性的人，是无药可救的人，因此，忏悔从某种意义上说就是要找一个人作为人时所需要的灵性。

当我们做到了这一点，就会发现忏悔也是一种福分，常忏

悔，能常积福。

给别人悔过的机会

盘珪禅师备受大家尊崇。有一次，他的一个学生因为行窃被人抓住，众人纷纷要求将这个学生逐出师门，但是盘珪并没有那样做，他用自己的宽厚仁慈之心原谅了那个学生。

可是没过多久，那个学生竟然又因为偷窃而被抓住，众人认为他旧习难改，要求将他重罚，但盘珪禅师还是没有处罚他。其他学生不服，联合上书，表示如果再不处罚这个人，他们就集体离开。

盘珪看了他们的联合上书，然后把他的学生都叫到跟前说："你们都能够明辨是非，这是我感到欣慰的。你们是我的学生，如果你们认为我教得不对，完全可以去别的地方，但是我不能不管那个行窃的学生，因为他还不能明辨是非，如果我不来教他，谁来教他呢？所以，不管怎样，即使你们都离开我了，我也不能让他离开，因为他需要我的教诲。"

那位偷窃者听了盘珪禅师的话，感动得热泪盈眶，心灵因此而得到了净化，从此以后再也不偷别人的东西了。

正是因为禅师能一再地给偷窃者忏悔的机会，才促使他能因此悔过自新，净化心灵，从而改邪归正。

古语云："与人善言，暖于布帛。"一句充满善意的话语往往会充满无形而巨大的力量，它不仅可以暖人心脾，还能给人以希望和信心。只要善于引导，给人机会，那么他人就有忏悔之可能。千万不要将人一棒子打死，一次做贼难道就永远是贼吗？

"人非圣贤，孰能无过"，上天既然给人以犯错的机会，自己为什么不能给人以改过忏悔的机会呢？生气是可以理解的，关键要尽快释怀，用一颗真正宽容的心去接受他人的过错与忏悔。

在他人犯错时，我们不但要给他们忏悔的机会，更注意不要揪着他们的过失不放。因为，事情有可能会因为我们的纠缠不放而会造成不可估量的严重后果。

有对恋人，男孩对女孩的爱很深，所以即使吵架他也经常让着女孩。

有一个周末，男孩本来打算去找女孩，但是一听说她有事，就打消了这个念头。他在家待了一天，没有联系女孩，他觉得女孩一直在忙，不好去打扰她。

谁知女孩在忙的时候，还想着男孩，一天没有接到男孩的消息，她很生气。晚上回家后，发了条信息给男孩，话说得很重，甚至提到了分手。当时是晚上 12 点。

男孩心急如焚，打女孩的手机，连续打了3次，都给挂断了。打家里电话没人接，他猜想是女孩把电话线拔了。男孩抓起衣服就出门了，他要去女孩家。当时是深夜12点25分。女孩在12点40分的时候又接到了男孩的电话，她又给挂断了。

那之后，男孩没有再给女孩打电话。

第二天，女孩接到男孩母亲的电话，电话那边声泪俱下。男孩昨晚出了车祸，警方说是车过快导致刹车不及，撞到了一辆坏在路边的大货车。救护车到的时候，男孩已经不行了。女孩心碎了，后悔莫及。她强忍着悲痛来到了事故现场，她想看看男孩待过的最后的地方。车已经撞得完全不样子，方向盘上、仪表盘上还沾有男孩的血迹。

男孩的母亲把男孩身上的遗物给了女孩，钱包、手表，还有那部沾满了男孩鲜血的手机。

当女孩拿起男孩的手表时，赫然发现，手表的指标停在12点35分附近。

她瞬间明白了，男孩在出事后还用最后一丝力气给她打电话，而她却因为赌气没有接。男孩再也没有力气去拨第二遍电话了，他带着对女孩的无限眷恋和内疚走了。女孩永远不知道，男孩想和她说的最后一句话是什么……

生活中，很多人都像这故事中的人物一样，往往为了一件小事而生气，过后即使气已经消了，还要揪着不放，而毫不顾及别人的感受。就像故事中的女孩一样，不愿意给男孩解释的机会，最终自己只能是追悔莫及。抓住他人的错误不放只会把非常简单的事情变得复杂。我们或许没有意识到，很多时候，我们其实是在做得不偿失的工作，使本来可以十分简单的事变得非常复杂，结果问题就越发难以解决。

人难免会犯错，重要的是犯错之后是否能改过自新。如果他人能意识到自己的错误，并且愿意悔过，我们何不给他们一个机会呢，也许，自己也因此得到提升呢。

给别人悔过的机会，也是给自己一个机会。

常忏悔，常清心

一个人若能为自己的过错而忏悔，则是有力量的表现，是心灵接近纯净光明的象征。然而，在这个世界上能够真诚忏悔的人，毕竟是不多的。孔子说的"吾日三省吾身"，虽然含有忏悔的因素，但并不是真正意义上的忏悔。佛经中讲"无忏悔者，不为人，名为畜生"，讲的正是真切实意的忏悔。宗教里，忏悔是重要的法，指明忏悔是生命之复活。

佛下山传播佛法，在一家店铺里看到一尊释迦牟尼像，青铜所铸，形体逼真，神态安然，佛大悦。若能带回寺里，开启其佛光，济世供奉，真乃一件幸事，可店铺老板要价5000元，分文不能少，加上见佛如此钟爱它，更加咬定原价不放。

佛回到寺里对众僧谈起此事，众僧很着急，问佛打算以多少钱买下它。佛说："500元足矣。"众僧唏嘘不止："那怎么可能？"佛说："天理犹存，当有办法，万丈红尘，芸芸众生，欲壑难填，得不偿失啊，我佛慈悲，普度众生，当让他仅仅赚到这500元！"

"怎样度他呢？"众僧不解地问。

"让他忏悔。"佛笑答。众僧更不解了。佛说："只管按我的吩咐去做就行了。"

第一个弟子下山去店铺里和老板砍价，弟子咬定4500元，未果回山。

第二天，第二个弟子下山去和老板砍价，咬定4000元不放，亦未果回山。

就这样，直到最后一个弟子在第九天下山时，所给的价已经低到了200元。眼见着一个个买主一天天离开，一个比一个价给得低，老板很是着急，每一天他都后悔不如以前一天的价

格卖给前一个人。他深深地怨责自己太贪。到第十天时，他在心里说，今天若再有人来，无论给多少钱我也要立即出手。

第十天，佛亲自下山，说要出500元买下它，老板高兴得不得了，竟然反弹到了500元！当即出手，高兴之余另赠佛龛台一具。佛得到了那尊铜像，谢绝了龛台，单掌作揖笑曰："苦海无边，凡事有度，一切适可而止啊！善哉，善哉……"

佛像出手后，店铺老板仔细琢磨此事的前因后果，恍然大悟，茅塞顿开，知道自己上当了，并决定将佛像再买回来。于是亲自上山要求以原来自己500元卖出的价格再买回来，可佛见店铺老板如此心切，一开口就要价5000元，分文不能少，加上见店铺老板如此恋恋不舍，更加咬定原价不放。

店铺老板走后，佛对寺里的众僧谈起此事，众僧很着急，问佛打算以多少钱出手。佛说："50000元尚可。"众僧问："那怎么可能？"佛说："当让他贡献这50000元！""怎样度他呢？"众僧不解地问。

"让他忏悔。"佛笑答。众僧更不解了。佛说："只管看着我做就行了。"

第二天老板派出店里最能说会道的店小二上山去寺里和佛砍价，可佛竟咬定55000元，未果下山。

第三天，第二个店小二上山去和佛砍价，佛咬定60000元不放，亦未果下山。

就这样，直到最后一个店小二在第九天上山时，佛所开出的价格已经高到了200000元。眼见着佛像的身价一天天在上涨，老板很是着急，每一天他都后悔不如以前一天的价格买了就好了，他深深地怨责自己太小气。到第十天时，他在心里说，今天无论佛出什么价格，无论卖多少钱，我也要立即出手买回来。

第十天，店铺老板亲自上山，佛说准备以50000元出售它，老板高兴得不得了——竟然下跌到了50000元！当即出手。高兴之余，另出10000元购回佛龛台一具。佛望着店铺老板下山的身影，单掌作揖笑曰："欲望无边，凡事有度，一切适可而止啊！善哉，善哉……"

忏悔能战胜自己内在的敌人，打扫自己灵魂深处的污垢尘埃，减轻精神痛苦并净化自己的精神境界。

忏悔是一日三省吾身的坚毅，是放下屠刀的睿智，是对过去丑陋行为的诀别。如果一个人有了忏悔的需要，也正是因为他已然发现美好而光明的东西。

忏悔并不是一件容易的事情，因为忏悔就意味着我们要完全袒露自己的内心，正视自己的过失，而这本身对于任何一个人而言都不是一件容易的事情。这需要很大的勇气来面对，只要是严肃而诚挚地展示自己不为人知的瑕疵，那便是走向那纯洁、神圣的必由之路。

忏悔能洁净我们的灵魂，在忏悔中，我们能认识并改正已犯下的过错，在此基础上防止同样的错误再次发生，并且不断地改进并完善自身。

忏悔的人有着高贵的灵魂，有着与爱同行的高尚品德。

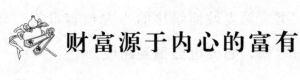

财富源于内心的富有

真正的财富，在于内心世界的宽广、豁达与包容，更重要的是有一颗慈悲心，以慈悲心对待众生。把心量放大，多接纳人，多包容人，大的要包容小的，小的要谅解大的。从而实现和谐的人际关系，并最终实现"人间净土"的理想，让我们感受到这个世界充满了温暖的希望。

分享为财富做加法

佛说，满手好事，抛洒出去就是一天下的好事。佛的智慧告诉我们人活着应该让别人因为我们活着而得到益处。学会分享、给予和付出，我们会感受到舍己为人、不求任何回报的快乐和满足。这样的幸福犹如香水，我们不可能泼向别人而自己却不沾几滴。的确，在生活中，超越狭隘、帮助他人、撒播美丽、善意地看待这个世界……快乐、幸福和丰收会时时与我们相伴。不吝于付出，既是一种道德与精神力量的感召，同时也是一种处世智慧和快乐之道。

灵魂最美的音乐是善良与付出，爱心也总是能够为生命增添新的色彩。用一颗虔诚而炽热的心去包容世间一切，并付出自己的一切的时候，心灵也能得到超脱。

一个男孩说他的一段故事：

那年春天，他母亲在院子里种了一棵菊花。三年后的秋天，小小的院子变成了一个菊花园，金黄金黄的花朵簇拥着次第开放，整个小山村都散发着浓浓的芳香。

母亲陶醉了。她整日敞着院门，守在门旁边看见过往的乡邻就热情地招呼或邀他们进来坐坐，以便让满院的菊花吸引来更多的目光。于是，小小的山村仿佛也在秋天美丽起来，母亲的脸上闪烁着金色的微笑。

终于，有人开口了，向母亲要几棵花种在自家院子里，母亲答应了。她亲自动手挑拣开得最鲜、枝叶最粗的几棵，挖出根须送到了别人家里。消息很快传开了，前来要花的人接连不断。在母亲眼里，这些人一个比一个知心，一个比一个亲近，都要给。不多日，院里的菊花就被送得一干二净。

没有了菊花，院子里就如同没有了阳光一样落寞。

秋天最后的一个黄昏，儿子陪母亲在院子里散步。突然，就想念起满院的菊香来。母亲轻轻拉过儿子的手，说："这样多好，一村子菊香！"

一村菊香！儿子不由心头一热，重新打量起母亲来，她的白发增添了许多，而脸上的皱纹宛若一瓣瓣菊花生动感人。

有了美好和幸福，不是独自一个人享受，而是和大家共享，"一村菊香"胜过一家菊香，母亲的话给了男孩，也给了我们这样的启发。把美好和幸福分送给每一个人，直至大家人人都有一份了，自己却变得一无所有，这种一无所有才是真正地拥有。

有时候，我们只是给予了别人一颗善心，却能够得到对方感恩的回馈，从而听到两颗心灵跳动的声音。人与人之间彼此包容、彼此谅解、彼此关爱的心将久久地温暖着每一颗尘封已久的心。当一种心与心共鸣而发出的旋律奏响时，心灵浸润其中，也会习得一种温情的通透，而原本覆盖着的蒙尘也随之被荡涤得没有了影踪。

爱心没有早晚。拥有它的人，既赠与他人幸福，又让自己的生命从容而无悔。

禅学推崇助人为乐，提倡与人分享幸福。学会与人分享幸福，自己就会得到双倍甚至更多的幸福！如果希望这世界美丽，社会和谐，我们就要向社会奉献自己，把自己的知识技术、创造发明，拿出来给所有需要的人共同利用，做一个对人民、对国家有用的人。整体的利益大于个体的利益，他人生存

在地狱之中，我们自己也去不了天堂。我们生存在同一个星球上，我们是一家人。

　　帮助别人，其实就是帮助我们自己；幸福传播，才会越分越多。感情是在相互的施与爱中产生的，如果我们能主动伸出善意的手，它马上会被无数同样善意的手握住。这也是佛家说的布施，布施就是种分享，快乐、经验、热心……都可以成为我们分享的东西。

　　两个钓鱼高手一起到鱼池垂钓。这两人各凭本事，一展身手，隔不了多久的工夫，都大有收获。忽然间，鱼池附近来了十多名游客。看到这两位高手轻轻松松就把鱼钓上来，不免感到几分羡慕，于是都去附近买了一些钓竿来试试自己的运气如何。没想到，这些不擅此道的游客，怎么钓也是毫无成果。

　　那两位钓鱼高手，个性相当不同。其中一人孤僻而不爱搭理别人，单享独钓之乐；而另一位高手，却是个热心、豪放、爱交朋友的人。爱交朋友的这位高手，看到游客钓不到鱼，就说："这样吧！我来教你们钓鱼，如果你们学会了我传授的诀窍，而钓到一大堆鱼时，每十尾就分给我一尾，不满十尾就不必给我。"双方一拍即合，很快达成了协议。

　　教完这一群人，他又到另一群人中，同样也传授钓鱼术，依然要求每钓十尾回馈给他一尾。一天下来，这位热心助人的钓鱼高手，把所有时间都用于指导垂钓者，获得的竟是满满一大篓鱼，还认识了一大群新朋友，同时，左一声"老师"，右一声"老师"地被人围着，备受尊崇。

同来的另一位钓鱼高手，却没享受到这种服务人们的乐趣。当大家围绕着其同伴学钓鱼时，那人更显得孤单落寞。闷钓一整天，检视竹篓里的鱼，收获也远没有同伴的多。

生活中，自私的人往往会回收更多的自私，而与人分享的人却能获得更多的分享。两位钓鱼者迥然不同的个性，让他们的收获也大不相同。其实，把我们的热心与人分享，就会收获到更多的热心。把我们的乐趣与人分享，也会品尝到更大的乐趣。

关心爱护周围的人，多为别人着想的人，心中的幸福感觉最多，因为看到别人的幸福微笑，我们心中也会感到幸福快乐。不要总想着自己，应该把自己美好的东西拿出来与别人一起分享。帮助别人在很多时候可以体现自己的价值，体现自己生活的意义。

世事就是这样，当我们左手付出爱时，便能从右手边收获爱。就像我们能够在旅途所经之处播撒下各种鲜花的种子，即使我们不会再从同样的路上经过，但是这种美的传播让原野变得美丽，让道路两侧鲜花缤纷、生机盎然，让寂寞的旅人耳目一新。

愉快的心情是一种难得的体验，使我们生活的环境为此而焕然一新：轻风在驰骋，泉流在激溅，鸟儿在鸣啼，风的微吟、雨的低唱、虫的轻叫、水的轻诉，显得是那么抑扬顿挫、长短疾徐，再加上夕阳的霞光，花儿的芬芳，高山的宏伟，彩虹的艳丽，空气的疏爽……令人陶醉。

真正的财富，在于内心世界的宽广、豁达与包容，更重要的是有一颗慈悲心，以慈悲心对待众生。把心量放大，多接纳人，多包容人，大的要包容小的，小的要谅解大的。从而实现和谐的人际关系，并最终实现"人间净土"的理想，让我们感受到这个世界充满了温暖的希望。

心富才是真富

真正的富有不一定是指物质上的拥有，有时候心灵的丰裕才是真正的富有。

一个自信、乐观、勤奋的人，他能让财富积少成多，慢慢地汇聚到自己手中。所以，即使是一个穷人也可以很富有。

有一位贫穷的哲学家，生活潦倒。当他是单身汉的时候，因为没有钱，只能和几个朋友一起住在一间小屋里。尽管生活

非常不便，但是，他一天到晚总是乐呵呵的。

有人问他："那么多人挤在一起，连转个身都困难，有什么可乐的？"

哲学家说："朋友们在一块儿，随时都可以交换思想、交流感情，这难道不值得高兴吗？"

过了一段时间，朋友们一个个相继成家了，先后搬了出去。屋子里只剩下了哲学家一个人，但是他每天仍然很快活。

那人又问："你一个人孤孤单单的，有什么好高兴的？"

"我有很多书啊！一本书就是一个老师。和这么多老师在一起，时时刻刻都可以向它们请教，这怎能不令人高兴呢？"

几年后，哲学家也成了家，搬进了一座大楼里。这座大楼有七层，他的家在最底层。底层在这座楼里环境是最差的，上面老是往下面泼污水，丢死老鼠、破鞋子、臭袜子和杂七杂八的脏东西。那人见他还是一副自得其乐的样子，好奇地问："你住这样的房间，也感到高兴吗？"

"是呀！你不知道住一楼有多少妙处啊！比如，进门就是家，不用爬很高的楼梯；搬东西方便，不必费很大的劲儿；朋友来访容易，用不着一层楼一层楼地去叩门询问……特别让我满意的是，可以在空地上养些花，种些菜。这些乐趣呀，数之不尽啊！"

后来，那人遇到哲学家的学生，问道："你的老师总是那么快快乐乐，可我却感到，他每次所处的环境并不那么好呀？"

学生笑着说："决定一个人快乐与否，不是在于环境，而在于心境。"

这位哲学家生活穷困，但是他所拥有的快乐心境有几个人能够拥有呢？华贵衣帽、别墅豪宅都不过是人生的装饰品而已，而一份快乐自在的心境，忧患时快乐，落魄时洒脱，难道不是一种令人羡慕的富有？

穷人可能没有很多钱，但拥有健康的体魄、聪慧的头脑以及明确的志向，这难道不比那些穷得只剩下钱的富人富有吗？

穷人可能没有漂亮的妻子，但拥有宁静的内心，并且执著地相信着美好单纯的爱情。

穷人可能没有足以炫耀的事业，但拥有不断攀岩、永远向上的斗志，永远有一种自信乐观的心态，池中之物也可化作飞龙在天。

外财与内财俱有，知识与信仰同重，接受与施舍并行，拥有与享有兼备，这才是智者眼中真正的富人。即使一个身无分文的穷人，也能在达观的心境中努力地修炼出以上的品德，成为一个真正的富贵人。

穷人之所以也能成为富人，是因为财富不仅仅指金钱，还可以指心内的财富。

世间有黄金美钞，证券股票，还有香车宝马，美女别墅。但是如果自己的内心不富足，那么再有钱的日子也会觉得自己贫穷。相反，如果日日知足，天天欢喜，便会觉得自己是世界上最富有的人。

人生走到暮年，已垂垂老矣，回忆占据内心时，历数一生的喜怒哀乐以及繁华落寞，怎样的来路才会让人感觉到充实呢？若将财富得失的心态抛至脑后，我们很容易发现自己原来一直如此富有。

从前有一个青年总是哀叹自己命运不济，生活多舛，既发不了财也求不到一官半职，终日愁眉不展。一天，他在路上偶遇了一个老和尚，看到老和尚一脸的平静祥和，不由得叹了口气。

老和尚拦住青年，问他为何叹气，青年说："我看到你开心的样子觉得很羡慕。为什么我总是这么多的烦恼？为何我既没有一技之长而又一贫如洗？"

老和尚说："年轻人，你明明很富有啊！"

青年说："富有？我除了烦恼什么也没有。"

老和尚并没有急着解释，而是继续问他："那么，假如有人给你一千两银子，换你十年的寿命，你换吗？"

"当然不换！"

"给你五千两银子，换你的健康，你换吗？"

"还是不换！"

"给你一万两银子，换你的生命，你换吗？"

"不换！"

老和尚顿时笑了："年轻人，到现在为止你至少拥有一万六千两银子了，难道还不够富有吗？"

青年人的烦恼来自于未能真正认识到自己所拥有的财富，他只是看到了自己缺少的东西，却从未看到自己所拥有的东西。若能知足，则一切烦恼自会迎刃而解。

无法看到自己所拥有的，就无法珍惜，这是一种极其危险的情绪，既能够摧毁有形的东西，也能搅乱我们的内心世界。擦亮眼睛，看看我们所拥有的财富：生命、时光、理想、热情、知识、亲情、友谊……我们拥有的这些，未尝不是真正的财富。

心灵富足，看到自己拥有的美好一切，我们便会发现原来自己是多么的富有呀。

健康是人生最大的财富

"人生最大的财富是健康。如果一个人想通了这一点，那么什么名利之念、非分之欲，都可化为乌有。"原来健康才是人的第一财富，可是又有多少人能明白这一点呢？人们往往为了追逐更多的名利而不顾自己的健康，最后造成的后果就有可能是健康没了，名利也没了。

"舍近求远"似乎是人难以摆脱的劣根性，人们习惯性地以为最好的总是在更远处，于是，不辞辛劳地去追求，去寻找，却不明白，自己已经拥有的东西才是最宝贵的、最可骄傲的。这本是一个常理，但是因为人们在追求物质和成功的途中，迷失了自己，所以，他们忘记了这个常理，忽视了自己最大的资本。这样执迷不悟，真是一件可悲的事。

在禅者看来，一切无视自身而从外部事物中寻找幸福之本、舍本逐末的人，都是可怜悯的。

不要抱怨家庭的贫寒，不要抱怨时运不济，不要怨天尤人。有一种资本是用金钱买不到的，这就是健康。身体是一部不停运转的机器，拥有健康，加上我们能运用得法，就能不断地创造价值，所以不必为暂时的不得意而垂头丧气，只要不让机器闲置，成功便指日可待。

而想要拥有健康，就要从享受运动开始。保持运动，才能让生命之树常青。生命在于运动。运动能使老人益寿延年；能让中年人强身健体，摆脱繁重的工作、家务后的疲惫；运动同

样也让青少年受益无穷。

清晨，当我们迎着第一缕阳光奔跑在马路上，呼吸着清新的空气，耳旁伴着婉转的鸟鸣，目睹城市从静谧走向繁忙。于是，健康的体魄、生命的活力、生活的美好会让我们以一种积极向上的心态投入一天的学习和工作中。

我们可以寻找一种最适合自己的锻炼方式，通过一些低强度但又十分有效的形式使自己保持充沛的精力和敏锐的思维，这无疑是最明智的选择。

有时候我们会因为太紧张而对生活进行一些错误的判断，所以我们需要修建一座内心的恬静房子，适当地让自己放松和休息，它的功用就像消除心理压力的一间厢房一样。它能消除我们的张力、压力、迫力与拉力，使我们清新焕发，并回到我们平常日子的世界里，而能更充分地准备应付第二天。

相信每一个人的内心都有一处恬静的中心，从不受外扰移动，像轮轴的数学中心点一般，永远保持固定不动。我们所要做的，就是去发掘这个内心安静的中心点，并且定期地退到里面去休息、静养、重整活力。

拥有健康的人是幸福的。很多人身体不舒服时，就总怀疑自己得了病，整天陷入恐慌之中。其实，大多时候，这只是些小病或者根本没有病，只不过是心病而已。心病还需心药医，不要猜疑自己的健康，要保持健康的心理状态，心病自然就会消除。

有一位企业总裁孜孜不倦地工作着，他梦想着有一天能名垂千古，笑傲商场，为了这个梦想，他一次又一次地挑战高强度的工作，身体已经不堪负重，可是为了工作，他甚至把办公室变成了一个小型医疗室。

家人为了他的健康，千般劝解，他始终无动于衷，无奈之下，家人请云空禅师为他悟禅劝说。

云空禅师邀请总裁去寺院品茶赏竹，总裁不想浪费家人的苦心于是驱车前去赴宴。

在禅院里，总裁只觉得心静神爽，身体也感觉好多了。

云空禅师又邀请他去后院走走，总裁欣然答应。

在后院中，摆放着众多灵位。云空禅师说："这些都是家人们为了超度灵魂而特意供奉的。"

总裁上前去，发现灵牌上很多名字都很熟悉。

云空禅师说："施主认识这些人？"

总裁于是指着这些人，一一诉说他们在商界的风云事迹。

云空禅师说："这些都是施主的前辈？"

"不！"总裁说，"这些都是我的同辈。"

云空禅师叹了口气："哎，名利如何，终究抵不过一抔尘

土啊！"

　　总裁彻悟，回去马上召开董事会议，辞掉了自己的职位，修养身心，安度晚年。

　　充沛的体力和精力是成就伟大事业的先决条件，这是一条铁的法则。然而有些人还不到 30 岁，就已显得老态龙钟。刚开始时他们仗着有健壮的体格拼命工作，中年的时候，他们就把自己巨大的资本挥霍一空，身体弄得已经成了生锈的机器。可是这个时候，他们名利小成，无论如何都不愿意松手，于是，继续拖着残败的身体，在职场上垂死挣扎。

　　由于体力、精力的持续高强度付出，严重破坏了人体的生理规律和节奏，体内能量、资源出现严重的"财政赤字"，入不敷出。疲劳像蛀虫般淤积在体内，慢慢侵蚀着身体，血压升高、动脉硬化，等等，逐步从量变转化为质变，进而濒临致命的边缘。也许，有些人外表看来似乎还可以，实际上已经是外强中干。过度劳累的人就如同一盏燃油即将耗尽却又没有灯罩的油灯，若明若暗，一旦遇到一股较强的风，就会骤然熄灭。

　　没有健康，名利又有什么用呢？名利对于人而言只不过是外在的东西，拥有健康才是自己真正的财富。

解渴只需一杯水

一位青年活得十分痛苦，总觉得生活给予自己的太少，自己想要的东西总是难以得到满足。

一天，他去访问一位高僧。高僧见青年口渴，便端来一杯水给他，青年喝完水后，高僧问："这杯水为你解渴了吗？"

"解渴了。"青年回答。

高僧指着门前的一口池塘，问："与那口池塘相比，这杯水少吗？"

"当然少。"

"这一小杯水，能为你解渴；而那一大口池塘，却不能解除天下的干旱啊。"

青年听后，恍然大悟。

有时候自己之所以活得痛苦，就是因为自己的心太大，这也想要，那也想要。而生活给予每个人的都是有限的，有时仅是一杯水，而一杯水不能满足人生过多的欲望，于是便心生出来许多痛苦。

其实，人生有时仅需一杯水就够了。一杯水可以解渴，可以清心，可以映出我们快乐的笑脸。

释迦牟尼佛说这个虚空中，有三千个大千世界。什么是三千大千世界呢？一千个太阳系这样的世界，叫做一个小千世界；一千个小千世界，叫做一个中千世界；再把一千个中千世界加起来，叫做一个大千世界。

实际上，释迦牟尼佛说的还不止三千大千世界，而是不可知、不可数、不可量那样多。三千大千世界，无穷无尽，不可想象，有无数奥秘神奇的事物，其实，我们的内心更是一个极其神秘的世界。心灵的空间有无限大，穷尽一生之力，我们也不能探出个究竟。

可是说到这大小之辨，果真有那么玄乎么？我们的心空既然像个小宇宙，是不是只能永远空虚呢？不，我们有的仅仅是小小的一间心房，一根火柴，一支蜡烛，足以让亮光充满。

有位禅师为了测试他的三个弟子哪一个最聪明，就给了他们三人每人十文钱，让他们想办法用十文钱买来能装满一个巨大空间的东西。

第一位弟子反复思考了很久之后，心想："什么才是市场上体积最大、价格最低的东西呢？"最后他跑到市场上，买了很多棉花。但棉花买回来以后，只将这间房装了一半多一点。第二位弟子与第一位弟子的思路非常相近，他也在反复寻找市面上体积最大、价钱最便宜的货物。最终他挑选了最便宜的稻草，但十文钱的稻草也只能将房间填满三分之二。

轮到最后一位弟子了，前两位弟子和禅师都等着看他的答案。只见他两手空空地回来了。前两位师兄弟感到非常奇怪，禅师却在暗暗点头。这位弟子请禅师和另外两位弟子走进房间，然后将窗户和房门紧紧地关上。整个房间顿时伸手不见五指，漆黑一片了。

这个时候，这位弟子从怀里取出他仅花一文钱买的一支蜡烛。他用火柴点燃了蜡烛，顿时漆黑的房间里亮起一片昏黄的烛光。这片烛光虽然微弱，但是将房间的每一个角落都照到了。第三位弟子成功地仅用一文钱添满了整个房间。

一文钱就能添满整个房间，这位弟子悟出了禅的真谛。禅就是我们内心的火柴和蜡烛，当用智慧点燃这盏禅灯的时候，我们的内心也会被光明和温暖充满。心灯是无形的智慧，是活泼的响应能力，是能克服烦恼、使人自在的积极心志，我们需要这样的温暖和光明。

人最忌讳的就是失去光明的心智，渐渐被黑暗的罪恶所包围；最可怕的是染上贪婪、暴力和痴迷，这使人失去理性和情性，而最后心灵失去了光亮。欲壑难填，保持一颗清净的心，知足常乐，才是得平安、收获幸福果实的道路。

不吝啬自己的微笑

与人相处时，善意的开始必然带来快乐融洽的结果。佛学大师始终相信，面带微笑，心存真诚，两人相对的第一个瞬间，必定能传达出最友好的信号。

"当我们面带微笑，看在对方的眼中，那个微笑是发光的；当我们口出赞叹，听在对方的心底，那句赞美是发光的；当我们伸手扶持，受在对方的身上，那温暖的一握是发光的；当我们静心倾听，在对方的感觉里，那对耳朵是发光的。"这是一种神奇的精神力量，能够化腐朽为神奇，帮助我们化解一切困难。

生活中，许多人认为，微笑着面对每一个人是件很困难的事，实际并非如此。只要我们平时多对自己说："我想做一个快乐的人，我喜欢微笑。"我们肯定能做到这一点。

当我们微笑时，微笑的面庞总是真挚动人、温情洋溢的，宛如和煦的阳光洒在心间。当我们一路朝着它所在的方向走去的时候，其他的忧愁和烦恼都会被渐渐地抛在身后的阴影里。微笑能够使烦恼的人得到解脱，使疲劳的人得到安适，使颓唐的人得到鼓励，使悲伤的人得到安慰。

有一个人常常觉得生活没有任何意义，除了悲伤就是烦恼，所以，他越来越颓废，越来越忧郁。

一天，他听说在远方的深山里有一位得道高僧，能够帮人答疑解惑，便跋山涉水地寻到这座寺庙，向老禅师请教解脱之法。

忧郁者问："禅师，我究竟应该怎么做，才能够摆脱这悲观痛苦的深渊，得到充实而轻盈的快乐呢？"

禅师回答："微笑，对自己微笑，也对他人微笑。"

忧郁者仍然困惑，又问："可是我没有微笑的理由啊！生活如此艰辛，我为什么要微笑呢？"

禅师略微思索了一下，说："第一次微笑是不需要理由的，你只要尽情地绽放自己的笑容就可以了。"

"那么第二次、第三次呢？一直都不需要理由吗？"

"不要担心，到第二次、第三次的时候，微笑的理由就自己来找你了。"

忧郁者踏上了返乡的归程，老禅师微笑着目送他离去的背影。

不久以后，寺中来了一位快乐的年轻人，他径直来到老禅师的禅房外，轻轻地敲了敲门，说："禅师，我回来了。"他的声音中充满了快乐。

老禅师并未打开门，便在屋内问道："你找到微笑的理由了吗？"

"找到了！"年轻人兴奋地说。

"那么，你是在哪里找到它呢？"

"当我第一次对来向我借东西的邻居微笑的时候，他同样给了我一个微笑，那一刻，我突然发现天空是那么辽阔，空气是那么清新！第二次，当我走在路上被一个人撞到时，我并没有愤怒，而是送给他一个微笑，我得到了他发自内心的歉意和感谢，那是人世间多么美好的情感！第三次，当我把微笑送给在草地上玩耍的孩子时，他们拉着我加入了他们游戏的队伍……我不再吝啬自己的笑容，我把它送给路上的陌生人，送给街边休息的老人，甚至送给曾经羞辱过、欺骗过、伤害过我的人们，在这个过程中，我收获了高于我所付出几倍的东西，这里面有赞美、感激、信任、尊重，也有某些人的自责和歉意。这些让我更加自信，更加愉快，也更加愿意付出微笑。"

"你终于找到了微笑的理由。"禅师轻轻地推开房门，微笑着对他说，"假如你是一粒微笑的种子，那么，他人就是土地"。

不要吝啬自己的微笑，"假如你是一粒微笑的种子，那么，他人就是土地"。

微笑，是一股清新的风，驱散夏日里无奈的烦躁；微笑，是一缕和煦的阳光，为在寒冷中煎熬的人们带来力量和勇气；微笑，是新春原野上的芳草，祖露着鲜活和蓬勃；微笑，是金秋时节熟透了的果实，展示着芳香和甘甜。

微笑，是洒向人间的爱意，向世界吐露芬芳的真诚。我们的笑靥虽不能倾国倾城，但只要是发自肺腑，平常而又自然，也足以使人感到无限的惬意和温馨。

微笑，是世间最美丽的表情，它代表了友善、亲切、礼貌与关怀。不会笑的人，仿佛身旁的空气都郁闷得难以流动，待久了是会让人窒息的。长得不美，笑得也不好看，这没关系，要紧的是，我们是否真心诚意地展颜一笑，送给每一位与我们擦身而过的熟悉抑或陌生的人。

在现实生活中，我们什么都可以吝啬，但千万不要吝啬我们真诚的微笑。

 # 活在当下，解脱在当下

　　石屋禅师偈子有云："过去事已过去了，未来不必预思量；只今便道即今句，梅子熟时栀子香"。过去，现在，将来，看起来这三者关系密切，统统都需要我们关心。细细琢磨，这种关心是毫无意义的。枝头的梅子没成熟时，我们做什么能使它由青变绿？窗下的栀子没有花苞，我们又能做什么才能使其花满枝头？根本就是无所谓的事情。

活在当下，过去事不追究

　　夏日的午后，灵佑禅师午睡刚醒。

　　弟子慧寂入室问讯，灵佑禅师见是慧寂，便将头朝墙转了过去。

　　"您为何如此呢？"慧寂谦恭地问老师。

　　灵佑禅师坐起来，说道："我刚才得一梦，你试着为我圆圆看。"

　　慧寂没有言语，只是端了一盆水给师父洗脸。

过了一会儿，灵佑禅师的另一弟子智闲也前来问讯。灵佑禅师对他说道："我刚才小睡中得了一梦，慧寂已为我圆了，你也替我圆圆看。"

智闲私人答道："我在下面早就知道了。"

灵佑禅师笑了笑，"哦？那么是什么呢？你给说说看吧。"

智闲同样没有言语，只是沏了一杯茶，端到灵佑禅师面前。

灵佑禅师对自己的两位徒弟很是称赞："你们二人的见解比舍利佛还要灵利！"

梦境已逝何须圆，更何况梦中经历的事情再精彩也只是一个梦境，与现实有何干？睡醒后洗脸，洗完脸后喝茶，做好生活中该做的事情，何必为梦境那种空无的事情担忧。

当我们悔恨时，我们会沉湎于过去，为自己的某种言行而沮丧或不快，在回忆往事中消磨掉自己现在的时光。当我们产生忧虑时，我们会利用宝贵的时光，无休止地考虑将来的事情。对我们每一个人来讲，无论是沉湎过去，还是忧虑未来，其结果都是相同的：徒劳无益。

有一天，佛陀刚刚用完午餐，一位商人走来请求佛陀为他除惑解疑，指点方向。佛陀将他带入一间静室中，十分耐心地听商人诉说自己的苦恼和疑惑。

商人诉说了很久，有对往事的追悔，搅扰得他终日不安。最后，佛陀示意他停下来，问他："你可吃过午餐？"

商人点头说："已吃过。"

佛陀又问："炊具和餐具可都收拾得干净完好了？"

商人忙说："是啊，都已收拾得很完好了。"

接着商人急切地问佛陀："您怎么只问我不相关的事呢？请您给我的问题一个正确答案吧！"

但是，佛陀却只对他微微一笑，说："你的问题你自己已经回答过了。"接着就让他离开静室。

过了几天，那位商人终于领悟了佛陀的道理，来向佛陀致谢。佛陀这才对他及众弟子说："谁若对昨天的事念念不忘，追悔烦恼，他将成为一棵枯草！"

"对昨天的事追悔烦恼，他将成为一棵枯草！"佛陀告诉我们，人只能生活在今天，也就是现在的时间中，谁都不可能退回"昨天"。"昨天"是"存在过"的，不可及。所以，最重要的是做好今天的事情，认真过好今天。

该做什么就做什么，饿了吃饭，渴了饮茶，不为昨天的事犯愁和追悔。做好力所能及的事情，避免历史重演，再犯错误便够了，否则下一刻还要为上一刻的过失烦恼，这样人生就无

有穷尽地处在为过去烦恼的痛苦之中了。

不要预支明天的烦恼

许多人想要早一步解决掉明天的烦恼。其实，明天如果有烦恼，我们今天是无法解决的，每一天都有每一天的人生功课要交，努力做好今天的功课再说吧。

俗话说"人生不如意事，十有八九"，忧虑在所难免，但明天的烦恼存在仅是可能，不要为空无之事担忧而透支了烦恼，影响了自己的心情和生活。

一位作家这样说过："当你存心去找快乐的时候，往往找不到，唯有让自己活在'现在'，全神贯注于周围的事物，快乐才会不请自来。"或许人生的意义，不过是嗅嗅身旁每一朵绚丽的花，享受一路走来的点点滴滴而已。毕竟，昨日已成历史，明日尚不可知，只有"现在"才是上天赐予我们最好的礼物。

一个商人的妻子不停地劝慰着她那在床上翻来覆去、折腾了足有几百次的丈夫："睡吧，别再胡思乱想了。"

"嗨，老婆子啊，"丈夫说，"你是没遇上我现在的罪啊！几个月前，我借了一笔钱，明天就到还钱的日子了。可你知

道，咱家哪儿有钱啊！你也知道，借给我钱的那些邻居们比蝎子还毒，我要是还不上钱，他们能饶得了我吗？为了这个，我能睡得着吗？"他接着又在床上继续翻来覆去。

妻子试图劝他，让他宽心："睡吧，等到明天，总会有办法的，我们说不定能弄到钱还债的。"

"不行了，一点儿办法都没有啦！"丈夫喊叫着。

最后，妻子忍耐不住了，她爬上房顶，对着邻居家高声喊道："你们知道，我丈夫欠你们的债明天就要到期了。现在我告诉你们：我丈夫明天没有钱还债！"她跑回卧室，对丈夫说："这回睡不着觉的不是你，而是他们了。"

妻子的话读来多少让人禁不住莞尔一笑，对待烦恼忧虑我们本该持着这样的态度，奈何，现实中，更多的人选择了丈夫的活法。凌晨三四点的时候，我们还忧虑在心头，似乎全世界的重担都压在我们肩膀上：到哪里去找一间合适的房子，找一份好一点的工作？怎样可以使那个严苛的主管对我们有好印象？儿子的健康，女儿的行为，明天的伙食，孩子们的学费……我们的脑子里有许多烦恼、问题和亟待要做的事在那里滚转翻腾！但是我们会睡着的，只要我们采取一个简单的步骤，对自己说一句简短的话，说上几遍，每一次要深呼吸，放松！我们要对自己说，同时心里也要真的这样想："不要怕。"

深呼吸，一切由他去！睁开眼睛，再轻松地闭起来，告诉自己："不要怕。"要仔细想想这些有魔力的字句，而且要真正相信，不要让我们的心仍彷徨在恐惧和烦恼之中。

有一点，我们不能将忧虑与计划安排混为一谈，虽然二者都是对未来的一种考虑。如果我们是在制订未来的计划，这将更有助于我们现实中的活动，使我们对未来有自己的具体想法与行动指南，而忧虑只是因今后可能发生的事情而产生惰性。忧虑是一种流行的社会通病，几乎每个人都要花费大量的时间为未来担忧。忧虑既然如此消极而无益，既然我们是在为毫无积极效果的行为浪费自己宝贵的时光，那么我们就必须改变这一缺点。

我们可以让自己的一生在对未来的忧虑中度过，然而无论我们多么忧虑，甚至抑郁而死，我们可能也无法改变现实。这就是生活的禅机，它告诉我们与其为明天未至的事儿烦恼，不如抛开一切，畅快地大睡一觉。

世上有很多事是无法提前的，不为未来的事而烦恼，才是最真实的人生态度。

人们之所以总是会有这样或者那样的麻烦，是因为人们总是生活在对未来的忧虑当中，而往往被我们所忽视或者不予以理会的则是我们生活的"当下"。一个真正懂得"活在当下"

的人便能"快乐来临的时候就享受快乐，痛苦来临的时候就迎着痛苦"，在黑暗与光明中，既不回避，也不逃离，以坦然的态度来面对人生。

所以我们应该舍弃未来的忧思，顺其自然，把全副的精神力用来承担眼前的这一刻，享受眼下是生活，因为失去此刻便没有下一刻，不能珍惜今生也就无法向往未来。

"人生不如意事，十有八九"，忧虑在所难免。但切不可沉溺于忧虑的泥潭中不能自拔，而应尽快调整心态和情绪，采取积极的行动来改变已遭到变故的生活。不想八九，常想一二，别让自己透支了明天的烦恼，过早地承受太多的负担。

烦恼即菩提，解脱在当下

《般若波罗蜜多心经》主讲色即是空、空即是色，色不异空、空不异色，受想行识亦复如是。认为世间万象其实都是空。在这里我们要注意，佛经中所说的"空"并不是我们通常所消极认为的一无所有，而是包含了极其深刻的意义。一方面，"空"是指万事万物都是随时处在永恒的变化之中，因此，要求我们达到一种无我的境界。而另一方面，"空"也是"不空"，因为佛法讲究普度众生，因此，它是一份救世的事业。其实，佛法中的"空"的意义便在于让我们以无我的精神去从事世间的种种事业。因此，在佛教看来，"出世"也是"入世"，两者有相通之处，而非矛盾。

所谓烦恼即菩提，解脱之道就在我们的尘世中，出世与入世本无差别。

佛陀在灵山会上，出示手中的一颗随色摩尼珠，问四方天王："你们说说看，这颗摩尼珠是什么颜色？"

四方天王看后，各说是青、黄、红、白等不同的色泽。

佛陀将摩尼珠收回，张开空空的手掌，又问："那我现在手中的这颗摩尼珠又是什么颜色？"

四方天王异口同声说："世尊，您现在手中一无所有，哪有什么摩尼珠呢？"

佛陀于是说："我拿世俗的珠子给你们看，你们都会分别它的颜色，但真正的宝珠在你们面前，你们却视而不见，这是多么颠倒啊！"

佛陀的手中虽然空无一物，但就像苏轼的诗句所说："无一物中无尽藏，有花有月有楼台。"正因为"空无"，所以具有"无限的可能性"。

佛陀感叹世人"颠倒"，因为世人只执著于"有"，而不知道"空"的无穷妙用；总是被外在的、有形的东西所迷惑，而

看不见内在的、无形的本性和生活，其实那才是最宝贵的明珠。

佛法中的"空"是"无我"的意思。什么是"无我"？梵文为 anatman，不是我，或者没有我的意思，即译作非我，或无我。

完全的无我，在表面，似是消极的行为；于实际，却是积极的做法。

弘一法师的"无我"，不是否定我的存在和我的价值。这便是他对"空"的理解，而他对"不空"的理解则更是精辟而独特，他认为"不空"在于努力作救世之事业。

在太平寺中，弘一法师再次见到了前来拜访的老友穆藕初。叙旧之后，两人的话题自然而然地谈到佛法上来。穆藕初对于佛教并无多少了解，不过他在一些哲学、文化类的书籍中见过一些批评佛教的观点。在他看来，佛教总觉得是一种引导人出离世间，逃避家国社会责任的宗教，当此国家衰微、正需国民奋发图强之际，佛教于世又有何益呢？

弘一法师解释说，佛法并不离于世间，佛教的本旨只是要洞悉宇宙人生的本来面目，教人求真求智，以断除生命中的愚痴与烦恼，修学佛法也并不一定都要离尘出家，在家之人同样可以用佛法来指导人生，利益世间。就佛教来说，其菩萨道精神，更是充分体现着济物利人的人世悲怀，凡有志于修学佛法者，皆需发大菩提心，立四宏愿，所谓"众生无边誓欲度，烦恼无尽誓愿断，法门无量誓愿学，佛道无上誓愿成"，以此自励精进，无量世中，怀此宏大心愿，永不退失，只要是济世利人之事，都可摄入佛道之中，佛教哪里会是消极避世的宗教呢？

弘一法师是一位真正做到了用"出世"的心做"入世"的事的人。在他出家之后，他一方面静心研究佛法律部著书立说，另一方面则不断游历来进行佛法的交流和弘扬。尤其是在抗战期间，曾经留学日本的他更是站在了抗日这一边。他甚至在生命的弥留之际还写下了"悲欣交集"四个字，一面庆幸自己的解脱，一面悲悯人生的苦恼。

在日常生活中，我们常常陷入烦恼之中是因为不能理解佛家之"无我"，总是在追求为"我"或为"我所有"。但佛是一位充满了慈悲、智慧的觉者，是一个无我和清静无为的人。"无我"，就是断除尘世间一切烦恼，舍弃一切不该追逐的东西。在这种"无我"的境界下，你的奉献会让你感到自然并且身心愉悦。

"知人者智，自知者明。"王弼对此解释说："知人者，智而已矣，未若自知者，超智之上也。"的确如此，人要真正认识自我，诚非易事。现代人生活在这个物欲横流的世界，不免会为生存的竞争、为名利的竞争，等等，如果人能够明白佛家"无我"的观念，就不会被物欲等现象利益所系缚，不会为物所役。

石屋禅师偈子有云："过去事已过去了，未来不必预思量；只今便道即今句，梅子熟时栀子香。"过去，现在，将来，看起来这三者关系密切，统统都需要我们关心。细细琢磨，这种关心是毫无意义的。枝头的梅子没成熟时，我们做什么能使它由青变绿？窗下的栀子没有花苞，我们又能做什么才能使其花满枝头？根本就是无所谓的事情。

人应当做自我的主人翁，恢复自我的本来面目，实现自我的真实价值。那么，人就必须破除欲望对自己身心的系缚，了悟自我的清净本性。钱财等一切物质的东西，对于人而言，都是生不带来、死不带去的。对于钱财的明智做法是，取之社会，亦当还之于社会。如果能有如此境界，人生也就不会有那么多的烦恼了。

要做到入世与出世须臾不离，无我法，即无畏、牺牲、奉献，因为"无我"，在我们奉献的时候，自然感到自然、身心安乐。

平实之间，处处都是净土

法只有实证，你证到了以后才知道，是法不可说，不可说，凡是说的都不对。因此，我们可以这么说，佛法不是虚玄的，而是一个修证的事实。每个想要有所成就的人，都必须付出实践才能获得真正的解脱。

佛法是需要修证的，但这个修证却是一个艰苦的过程。

镜虚禅师带着刚入门不久的弟子满空，出外云水行脚。一路上，满空嘀咕，说背的行囊太重，不时地提出休息，但镜虚禅师没有同意，始终精神饱满地向前走着。一天，师徒经过一个村庄，看到一位妇女从家中走出来，镜虚禅师突然上前抓住那位妇女的双手，妇女吓得尖叫。妇女的家人和邻里闻声赶来，看到一位和尚非礼妇女，于是齐声喊打。镜虚禅师不顾一切地掉头逃跑，满空背着行囊也跟在师父后面飞跑。

于是，他们一路狂奔，跑过几条山路之后，镜虚禅师停下来，回头对弟子说："还觉得重吗？"徒弟没有一点倦意，答道："师父，刚才奔跑的时候，一点儿都不觉得重，真是奇怪！"

镜虚禅师微笑不言。

镜虚禅师的做法很高明，相信经此点化，弟子肯定精进不少。世上无难事，只怕有心人！世上没有不可逾越的障碍，关键在于自身，只要下定决心，一切困难都会迎刃而解。若想人生道路通畅无阻，除了务实力行，别无他途。

《金刚经》讲过去心不可得，现在心不可得，未来心不可得，所以，虚空无助为谁安。哪里去安心呢？正是，莫看船儿无底，有心就能渡河。此心不需要安，处处都是莲花世界，处处都可以安心。在平实中间，处处都是净土，处处都是安心的自宅，因为处处是虚空。

一次，灵佑在百丈怀海禅师的身边，怀海问："是谁？"灵佑答："是我。"百丈怀海就对他说："你拨拨看，炉子里有火吗？"灵佑拨拨炉子说："没火。"于是，百丈怀海亲自起来，在炉子深处拨出几粒火炭，夹起来对灵佑说："瞧，这是什么？"灵佑当下大悟。

那火盆中的火星其实就是一种禅机啊。

龙潭跟随道悟许久，却从未听到道悟为其指示心要。一天，龙潭鼓起勇气，问道悟："我跟随师父许久，怎么没有听过您为我指示心要？"

道悟答道："我无时无刻不在对你指示心要啊！"龙潭又问道："您指示了什么？"道悟又答道："你递茶来，我接了；你送饭来，我吃了；你行礼来，我受了。你还要我指示你什么？"龙潭低头想了一想。道悟见机，当即说道："要能见道，须当下即见。若经思虑，便有偏差。"听了这句话，龙潭立刻开悟。

机缘来临，道悟抓住禅机点拨，龙潭大悟，这是一个极好的明证。

其实，禅机就像是打火机的火苗。如果你能抓住，你就能通过那火苗点燃自己的智慧，获得解脱；如果不能抓住，你将会继续生活在黑暗中。因此，留心你的周围，抓住一切可能的禅机吧，它将给予你意想不到的收获。

心中明亮，何须点灯

有一位小尼姑去见师父，悲哀地对师父说："师父！我已经看破红尘，遁入空门多年，每天在这青山白云之间，吃素礼佛，暮鼓晨钟，经读得愈多，心中的个念不但不减，反而增加，怎么办啊？"

师父对她说："点一盏灯，使它不但能照亮你，而且不会留下你的身影，就可以体悟了！"

几十年之后，有一所尼姑庵远近驰名，大家都称之为万灯庵。因为庵中点满了灯，成千上万的灯，使人走入其间，仿佛步入一片灯海，灿烂辉煌。

这座万灯庵的住持就是当年的那位小尼姑，虽然年事已高，并拥有上百个徒弟，但是她仍然不快乐。因为尽管她每做一桩功德，都点一盏灯，可是无论把灯放在脚边，悬在顶上，乃至以一片灯海将自己团团围住，还是会见到自己的影子。灯愈亮，影子愈显；灯愈多，影子也愈多。她困惑了，但已经没有师父可以问，因为师父早已去世，自己也将不久于人世。

后来，她圆寂了。据说就在圆寂前终于体悟到禅理的机要。

她没有在万灯之间找到一生寻求的东西，却在黑暗的禅房里悟道。她发觉身外的成就再高，如同灯再亮，只能造成身后的影子。唯有一个方法，能使自己皎然澄澈，心中明亮，自然心无挂碍，又何须点灯呢？

确实如此，心中若然明亮清晰，即便世界是昏暗的，也能把世界看得清澈明亮，由心发出的光，不会留下自己的影子。

生活中的每一次沧海桑田，每一次悲欢离合，都需要我们用心慢慢地去体会、去感悟。

如果我们的心是暖的，那么眼前出现的一切都是灿烂的阳光、晶莹的露珠、五彩缤纷的落英和随风飘散的白云，一切都是那么惬意和甜美，无论生活有多么的清苦和艰辛，都会感受

到天堂般的快乐。心若冷了，再炽热的烈火也无法给这个世界带来一丝的温暖，我们的眼中也充斥着无边的黑暗、冰封的雪谷、残花败絮的凄凉。

一个人有多大的灵性，就在于他的心充溢着多大的灵性。禅宗典籍《五灯会元》上记载了一则德山悟道的故事。

德山禅师在尚未得道之时曾跟着龙潭大师学习，日复一日地诵经苦读让德山有些忍耐不住，一天，他跑来问师父："我就是师父翼下正在孵化的一只小鸡，真希望师父能从外面尽快地啄破蛋壳，让我早日破壳而出啊！"

龙潭笑着说："被别人剥开蛋壳而出的小鸡，没有一个能活下来的。母鸡的羽翼只能提供让小鸡成熟和有破壳之力的环境，你突破不了自我，最后只能胎死腹中。不要指望师父能给你什么帮助。"

德山听后，满脸迷惑，还想开口说些什么，龙潭说："天不早了，你也该回去休息了。"德山撩开门帘走出去时，看到外面非常黑，就说："师父，天太黑了。"龙潭便给了他一支点燃的蜡烛，他刚接过来，龙潭就把蜡烛吹灭，并对德山说："如果你心头一片黑暗，那么，什么样的蜡烛也无法将其照亮啊！即使我不把蜡烛吹灭，说不定哪阵风也要将其吹灭啊！只有点亮心灯一盏，天地自然会一片光明。"

德山听后，如醍醐灌顶，后来果然青出于蓝，成了一代大师。

镜子须时时拂拭，常用常新，才能不染尘埃，真照无边。心中有光亮，则自然心如明镜，相反，如果我们心头一片黑暗，即便是青天白日，心智也有可能被乌云遮蔽。

所以说，不管所处的环境多么黑暗，只要我们的心是光明的，黑暗就侵蚀不了我们的心。

不要被别人的言语所诱惑，围绕着我们的心去生活，就能绽放自己的生命色彩，实现生命的圆满和美丽。

"我有明珠一颗，久被尘劳关锁。今朝尘尽光生，照破山河万朵。"这是宋代禅僧茶陵郁的一首悟道诗，他说的那颗明珠是什么呢？其实就是他自己的心灵，一个人只有找到自己的心灵，才能真正修为有成。

一念放下，即登彼岸

何处是岸？当人们身处浮荡人生的苦海时，岸是看不到的，往前方眺望，永远是白茫茫的天际线，回头望同样只见过往的风涛，左右顾盼也是枉然，人们注定是看不到岸的。

那么，我们就如此可怜，该永远颠簸在风波中，没有出路吗？

佛家给我们指出了一条道路，就是一切当放下，现在就是岸，岸就在这里，岸就在你脚下。但此刻即是彼岸这个道理说起来是非常容易的一件事，但做起来却是难上加难。关于知易行难，有一段禅宗公案颇为精彩。

龙湖有一个叫普闻的禅师，他原是唐朝僖宗太子，因看破了人生，出了家到石霜庆诸禅师那里问佛法。

他说："师父啊，你告诉我一个简单的方法，怎么能够悟道？"这个师父说："好啊！"他就立刻跪了下来："师父啊，你赶快告诉我。"

师父用手指一下庙前面的山，那叫案山。依看风水的说法，前面有个很好的案山，风水就对了；像坐在办公椅子上，前面桌子很好，就是案山好。

他这个庙，前面有个案山非常好。案山也有许多种，有的案山像笔架，是笔架山，这个家里一定出文人的；有些像箱子一样，这家一定发财的。

石霜禅师说："等前面案山点头的时候，再向你讲。换句话说，等前面那个山点头了，我会告诉你佛法。"

"才说点头头已点，案山自有点头时。"即，说一声回头是

岸，不必回头，岸就在这里，等我们回头已经不是岸了。

当我们在无边苦海拼死挣扎的时候，狂涛巨浪裹挟我们，让我们喘不过气来。或许我们会丧失希望，但当我们醒悟，才会明白靠自己的力量永远无法解脱。

因为岸还是岸，我们还是我们，我们千方百计去寻找彼岸，但是却百思不得其解。为什么一直到达不了彼岸，原因就在于我们没有学会释怀。在我们释怀的一瞬间，岸就横亘在眼前，我们已踏上稳稳实实的岸。

有一件奇妙的事，便是发生在心念之间的释怀。

有一位女施主，家境非常富裕，不论其财富、地位、能力、权力及漂亮的外表，都没有人能够比得上，但她却郁郁寡欢，连个谈心的人也没有。于是她就去请教无德禅师，如何才能具有魅力，赢得别人的喜欢。

无德禅师告诉她："你能随时随地和各种人合作，并具有和佛一样的慈悲胸怀，讲些禅话，听些禅音，做些禅事，用些禅心，那你就能成为有魅力的人。"

女施主听后，问道："禅话怎么讲呢？"

无德禅师道："禅话，就是说欢喜的话，说真实的话，说谦虚的话，说利人的话。"

女施主又问道："禅音怎么听呢？"

无德禅师道："禅音就是化一切音声为微妙的声音，把辱骂的声音转为慈悲的声音，把诽谤音、哭声闹声、粗声丑声转为称赞的声音，那就是禅音了。"

女施主再问道："禅事怎么做呢？"

无德禅师："禅事就是布施的事，慈善的事，服务的事，合乎佛法的事。"

女施主更进一步问道："禅心是什么呢？"

无德禅师道："禅心就是你我一如的心，圣凡一致的心，包容一切的心，普利一切的心。"女施主听后，一改从前的骄奢之气，在人前不再夸耀自己的财富，不再自恃自我的美丽，对人总谦恭有礼，对眷属尤能体恤关怀，不久就被夸为"最具魅力的施主"了。

这位女施主在听过禅师的劝导之后，心念一转，魅力就在她的身上呈现出来了，她就成功地登上了幸福的彼岸。这样的奇妙并不单属于她，只要我们做到不必太过计较，学会释怀，并且不执著于陈腐，我们也能驶向这幸福的彼岸。

天涯远不远？不远。岸不在天涯，释怀和放下的时候，岸就在你脚下。神照本如禅师有诗《领悟偈》曰：处处逢归路，头头达故乡。本来现成事，何必待思量。世间之事，不必太过计较，太过执著。有时苦苦追寻的彼岸，也许就在脚下。太多的盲目寻找，反而会迷失了方向。

要想达到幸福的彼岸，不妨静下心来，做好自己，学会释怀。不必计较，不必回头，不必张望，彼岸此刻就在你的脚下。

如何经营自己

神会禅师前去拜见六祖，六祖问他："你从哪里来？"

神会答道："没从哪里来。"

六祖问："为什么不回去？"

神会答："没有来，谈什么回去？"

"你把生命带来了吗？"

神会答："带来了。"

"既有生命，应该知道自己生命中的真相了吧？"

神会答："只有肉身来来去去，没有灵魂往往返返！"

六祖拾起禅杖，打了他一下。

神会毫不躲避，只是高声问："和尚坐禅时，是见还是不见？"

六祖又杖打了三下，才说："我打你，是痛还是不痛？"

神会答："感觉痛，又不痛。"

"痛或不痛，有什么意义？"

神会答："只有俗人才会因为痛而有怨恨之心，木头和石头是不会感觉到痛的。"

"这就是了！生命是要超越一切世俗观念，舍弃一切尘想与贪欲的。见与不见，又有什么关系？痛与不痛，又能怎样？无法摆脱躯壳的束缚，还谈什么生命的本原？"

六祖又说："问路的人是因为不知道去路，如果知道，还用问吗？你生命的本原只有自己能够看到，因为你迷失了，所以你才来问我有没有看见你的生命。生命须要自己把握，何必问我见或不见？"

神会默默礼拜合十。

茫茫人海，芸芸众生都不过是沧海一粟。在浩瀚的宇宙中，每个人终其一生都是在做一件事：探寻我们从哪里来，我们是谁，我们往哪里去。在神会禅师双手合十的刹那，人们是否能在一片智慧禅光中看到自己呢？

其实，不必问我从何处来，那是过去是虚妄，不必问我往何处去，未来未起，只有当下，找到自己，做好自己，便是一切的意义。

如佛家大师所言，做人应该做一面镜子，时时刻刻通过对自身的关照来反省，不断加深对自己的认识。而现实中，人们常常"认识诸世间，不能认识自己"，就像"不识庐山真面

目，只缘身在此山中"。

一名僧人问智门禅师："莲花在尚未出水的时候是什么样呢？"

智门禅师回答说："还是莲花。"

僧人又问："那出水之后呢？"

智门禅师："出水之后就变成了荷叶。"

雪窦禅师恰巧从他们二人身边经过，听到他们二人的对话之后作了一首诗："莲花荷叶报君知，出水何如未出时，江北江南问王老，一狐疑了一狐疑。"

莲花始终是莲花，正如本来清净的人之本性，但若不能正确认识，一疑才解，一疑又生，不能自己解决，反而事事求助他人，必然在疑惑丛生中迷失自我。

当人迷失在对自我的寻找中时，又怎能以一种坦然与平和的心境迎接生命更多的挑战？

做一个明白人，首先要正确地认识并评价自己，既不可自卑，更不能自傲。每个人都是最优秀的，要擦亮眼睛去认识自己、欣赏自己，发现和重用自己，同时又要时刻提醒自己切不可得意忘形，因为每个人都不过是芸芸众生中的一个，不过是偌大宇宙中的沧海一粟。

到底人要认识自己的什么呢？星云大师曾为困惑中的众生列举了六点：认识自己的环境；认识自己的能力；认识自己的学识；认识自己的因缘；认识自己的家世；识自己的志趣。

当然，这只是每个人需要了解的一部分而已。认识自我是一个循序渐进的过程，就好像人必须一步一步攀山越岭，从山中走出来，才能在豁然开阔的视野中看清山的本来面目。

找到自己、认识自己，做一个明白人，一步比一步清晰。

人的一生，只和两种人相处，一是自己，二是他人。

人生时空本是一个浑融的圆，所以无论自处，还是与人处，就像在画圆，以自觉、自度为圆心，以慈悲、利他为半径，所画出来的就是那个人生时空的圆。

要想将这圆画得圆满，最重要的莫过于认识自己。只有发现并认识自己，才能好好地经营自己，经营自己的人生。

 # 生死不挂心，泰然度一世

生者寄也，死者归也，生与死不过是一种交替现象，天地万物，春生夏荣秋凋冬枯，这都是自然界新陈代谢的规律，不可违背，也无须在意。人，是这天地间化育之一生灵，一生一死不过就在一呼一吸的差别。看透了这点，便堪破了生死。万象纷繁，何须执著，生死不住，即如夜合花，朝开暮合，不如泰然度一世，如此而已。

人生犹如不系舟

人有悲欢离合。真正幸福的人生，难以圆满。在佛学大师眼中，有苦有乐的人生是充实的，有成有败的人生是合理的，有得有失的人生是公平的，有生有死的人生是自然的。

"喜欢月圆的明亮，就要接受它有黑暗与不圆满的时候；喜欢水果的甜美，也要容许它通过苦涩成长的过程"，人生总是"一半一半"，在人生的乐、成、得、生中，包容不完美，才是真正完整的幸福。

"岂无平生志，拘牵不自由。一朝归渭上，泛如不系舟。"白居易曾在《适意》中这样表达过自己对自由生命的向往之情。自古以来，失意的文人墨客常常寄情于山水之间，希望能在游玩嬉戏的清逸洒脱中陶冶性情，驱除烦恼。

闲来寄情山水，春鸟林间，秋蝉叶底，淙淙流水过竹林；四山如屏，烟霞无重数，荒径飞花桥自横。这般景象，可谓完美。

很多人都执著于追求完美的人生，凡事要求完美固然很好，以示精益求精，更上层楼。但有的人因小小的缺陷而全盘否定人生的意义，有的人因为小小的遗憾而将手中的幸福全部放弃，这样追求完美，有时反而因噎废食，流于吹毛求疵，不管于自己还是于他人，都是一种不必要的辛苦。真正幸福的人生，本来就有缺陷，在追求完美人生的同时，要能够认清人生实相。

人生实相，就如这只飘摇的生命之舟，无所牵系，却有各种承载。

一只飘摇的生命之舟，从时空的长河中缓缓驶来。

舟中有一个刚刚诞生的生命，他不会说、不会笑、不会跳、不会闹，也不会思考，他只是沉睡着，远处传来一个声音："你从何处来？要到何处去？"

刚诞生的小生命重复道:"我从何处来?要到何处去?"

生命之舟在时空的长河中默默前行。忽然,又传来一个声音:"等一等!我们想与你一同旅行,请载我们同去!"随着声音传来的方向看去,只见痛苦与欢乐、爱与恨、善与恶、得与失、成功与失败、聪明与愚钝,手拉着手游向生命之舟。

痛苦从左边上了船,欢乐从右边上了船;爱从左边上了船,恨从右边上了船……待这些人生的伴侣们进到了船舱,这只飘摇的生命之舟顿时沉重了许多,舱中的气氛顿时活跃了,哭声和笑声接连从舟中传出来。

忽然,又一个喊声传来:"等一等,等一等,还有我们。"众人寻声望去,只见清醒与糊涂、路人与朋友双双携手游来。清醒从左边上了船,糊涂却迟迟不肯上去。路人从左边上了船,朋友也迟迟不肯上去。

"喂!怎么回事?朋友!糊涂!你们快上来呀!"一个声音招呼着他们。"不!除非糊涂先上去,我才会上去!否则,生命是容不下我的!"朋友说。"不!我也不想上去,我知道我是不受欢迎的!"糊涂说。"请上船吧,糊涂!你知道你在我的一生中多么重要吗?我要得到朋友,首先要得到你,我要成就一番事业,没有你是万万不行的。"船中的生命呼唤着。

于是,糊涂犹犹豫豫地上了船,朋友紧跟着也上去了。飘摇的生命之舟，在时空长河中满载着前行。

这时，后面又传来了呼唤声："等一等我，别忘了我！我一直在追随着你哪！"这是死亡的呼喊。

在死亡的追赶下，生命之舟一路向前。显然它不肯为死亡停驻，不知是假装没有听见死亡的呼喊，还是不愿听见死亡的声音，但无论如何，死亡依然紧紧地跟在它的后面，寸步不离。这只飘摇的生命之舟，必须满载着痛苦与欢乐、爱与恨、善与恶、得与失、成功与失败、聪明与愚钝，在人生的得意与失意间破浪前行。

凭山临海不系舟，山水系不住生命之舟，个人的心愿意志也系不住，它有着自我的轨迹，我们只能将其圆满，却不能彻底改变。若想在这茫茫旅途中获得真实的幸福，唯有认清并接受生命中必然存在的缺陷。

世间一切有生就有死。人终归都要走向死亡，人死如灯灭，该熄灭的时候自然会熄灭。但灯灭了，并非什么都没有了。

曾经的光还在我们心中闪烁，灯的意义正在于燃烧的过程。

细细想来，我们每夜不都是在死亡的状态中吗？睡眠是一种假死状态，只不过确知第二天早晨会醒过来，方能安心入睡罢了。谁都无法保证明天一定还会活着，所以不妨将今天视为生命的最后一天，竭尽全力去努力吧。

人生犹如不系舟，既然我们无法决定我们的生死，那不如就随缘看，泰然处一世。

看清浮生的本质

佛家把人生比做浮生一梦，在这梦中有悲喜沉浮，常令人哭时醒来醒时哭。许多人无法看清梦的真相，于是便痛苦万分，不能自拔。

人生如幻如化，短暂如朝露。因为看不透，所以便觉浮生苦，却不知浮生是场梦，醒时做白日梦，睡时做黑夜梦，现象不同，本质一样，夜里的梦是白天梦里的梦，如此而已。什么时候才真正不做梦呢？所以世人必须看透，有大彻大悟大清醒，然后才能看清浮生的虚幻。

相传，唐代有个姓淳于名棼的人，嗜酒任性，不拘小节。一天适逢生日，他在门前大槐树下摆宴和朋友饮酒作乐，喝得烂醉，被友人扶到廊下小睡，迷迷糊糊仿佛有两个紫衣使者请他上车，马车朝大槐树下一个树洞驰去。但见洞中晴天丽日，别有洞天。车行数十里，行人不绝于途，景色繁华，前方朱门

悬着金匾，上书"大槐安国"，有丞相出门相迎，告称国君愿将公主许配，招他为驸马。淳于棼十分惶恐，不觉已成婚礼，与金枝公主结亲，并被委任"南柯郡太守"。淳于棼到任后勤政爱民，把南柯郡治理得井井有条，前后20年，上获君王器重，下得百姓拥戴。这时他已有五子二女，官位显赫，家庭美满，万分得意。

不料檀萝国突然入侵，淳于棼率兵拒敌，屡战屡败，公主又不幸病故，淳于棼连遭不测，失去国君宠信，后来他辞去太守职务，扶柩回京，心中怏怏寡欢。后来，君王准他回故里探亲，仍由两名紫衣使者送行。车出洞穴，家乡山川依旧。淳于棼返回家中，只见自己睡在廊下，不由吓了一跳，惊醒过来，眼前仆人正在打扫院子，两位友人在一旁洗脚，落日余晖还留在墙上，而梦中好像已经整整过了一辈子。淳于棼把梦境告诉众人，大家感到十分惊奇，一齐寻到大槐树下，果然掘出个很大的蚂蚁洞，旁有孔道通向南枝，另有小蚁穴一个。梦中"南柯郡""槐安国"，其实原来如此！

世人忙忙碌碌一辈子，都像淳于棼一样，窃喜自己是清醒，做着轰轰烈烈的事情，过着风风火火的日子，其实大都如被放养的牛一样，由牧童牵着鼻子走。本来天地间无主宰，没有人能够牵着，可自己却被它限制了，自己不做自己生命的掌控者，这就是冥顽不灵。

看透了生命这样的本质，人们就应该对苦乐放宽胸怀，空出心智，合于自然，如此悲喜荣辱、沉浮生灭都不会让人痴狂疯魔，心也就自然能舒适一点，生活也就更闲适一些。

浮生虽如梦，但做什么，怎么做，都可以由人自己选择。如何活得更好，活得更加有意义，且看人是否能宽心，从容应对世间百态。这是佛家提醒我们要思考的问题。

在有限的生命中体悟到"无生"的道理，认识到"动静一如""生死一体""有无一般""来去一致"的人生真谛，放宽胸怀，空出心智，合于自然，从而超越智勇奇巧，超越悲喜荣辱，超越沉浮生灭，超越时间"去""来"的限制，那么，你的人生将会于无尽的空间中绵延而去，直至进入生命本真永恒的圆满之境。

活出生命的真意

佛家告诉我们，生命的真意不在于现象，生是规律，死是必然，任何事物都无法逃脱生死交替的轮回。只不过我们往往不愿面对这一事实。

法国作家蒙田说："生命的用途并不在长短而在我们怎样利用它。许多人活的日子并不多，却活了很长久。"生而为生

命是非常珍贵的，能生而为有觉知、意识的人更是特别难得。可见，能真正活出生命的意义的人是非常难得的。

一个人要想使自己达到一种很高的境界，必须把自己的心域拉到无限远，不能局限于眼前所得，要思考生的意义。我们活在这个世界上不是为活着而活着，而是应该考虑怎样去生活。时间的意义不是让人们去衡量日夜的循环，也不是让人们记录自己的皱纹和衰老。它不是空洞的滴答声，不是浑浑噩噩地吃饭和睡觉，而是在时间的长河中，找到了度日的信念，获得心灵上的满足。

对于人类来说，生命本身实质是没有内涵的，它需要人在时间里进行实践，然后才能确立自己的内涵，从而赋予其意义。或者我们可以说，生命的意义需要我们自己来确定。

在一所很有名的大学里，著名作家毕淑敏正在演讲。从她演讲一开始就不断地有纸条递上来。有一张纸条上的问题是："人生有什么意义？请你务必说实话，因为我们已经听过太多言不由衷的假话了。"

她当众把这个问题念出来了，念完以后台下响起了掌声。她说："你们今天提出这个问题很好，我会讲真话。我在西藏阿里的雪山之上，面对着浩瀚的苍穹和壁立的冰川，如同一个茹毛饮血的原始人，反复地思索过这个问题。我相信，一个人

在他年轻的时候，是会无数次地叩问自己——我的一生，到底要追索怎样的意义？

"我想了无数个晚上和白天，终于得到了一个答案。今天，在这里，我将非常负责地对你们说，我思索的结果是，人生是没有任何意义的！"

这句话说完，全场出现了短暂的寂静，如同旷野。但是，紧接着就响起了暴风雨般的掌声。这可能是毕淑敏在演讲中获得的最热烈的掌声。在以前，她从来不相信有什么"暴风雨般的掌声"这种话，觉得那只是一个拙劣的比喻。但这一次，她相信了。她赶快用手做了一个"暂停"的手势，但掌声还是绵延了很长时间。

她接着又说："大家先不要忙着给我鼓掌，我的话还没有说完。我说人生是没有意义的，这不错，但是，我们每一个人要为自己确立一个意义！是的，关于人生意义的讨论，充斥在我们的周围。很多说法，由于熟悉和重复，已让我们从熟视无睹滑到了厌烦，可是这不是问题的真谛。真谛是，别人强加给你的意义，无论它多么正确，如果它不曾进入你的心理结构，它就永远是身外之物。比如，我们从小就被家长灌输过人生意义的答案。在此后漫长的岁月里，老师和各种类型的教育，也都不断地向我们批发人生意义的补充版。但是有多少人把这种外在的框架，当成了自己内在的标杆，并为之下定了奋斗终生的决心？"

那一天讲演结束之后，所有听演讲的同学都有这样一种感觉：他们觉得最大的收获是听到一个活生生的中年人亲口说：人生是没有意义的，你要为之确立一个意义。

现实中，人们常说"这是在数着日子过""现如今只有吃喝等死了"……我们与其说这样无用的话还不如去寻找一些有意义的事情来做呢。殊不知，真正对有意义的事投入热情的人，是不会在意时间的流逝的。

人的一生可能燃烧也可能腐朽，但愿每一次回忆时，我们的内心中都不感到愧疚。

人固有一死，或重于泰山，或轻于鸿毛。死是我们无法决定的，但如何生却是可以由我们自己来掌握。一个人要过怎样的生活，在于自己的思想，快乐与否并不重要，重要在于是否有意义。

如此，我们不妨在生的时候好好活着，活出生命的真意，活出一个有意义的人生。

以平常心看无常事

一条小鱼向大鱼问道："我常听人说起海的事情，可什么是海呢？"

大鱼回答道："你的周围就是海啊！"

"可是我怎么看不到？"

"海在你里面，也在你外面，你生于海，也终归于海。海包围着你就像你自己的身体。"大鱼淡淡地说。

小鱼缺少的就是单纯体验真理无所不在的平常心。没有看到自己一呼一吸之间，都在这最谦卑又最广阔的海洋里。

人活在禅的海洋之中，却不知道禅究竟为何物，总是想跳出海面来，到别处去苦苦寻觅。所以人总不能以平常心来看待世间的无常事，也因此没法体会到世间的幸福所在。

怡然自得，日日是好日。洒脱超逸，天下无常皆有常。我们都应该以平常心观世间无常事。

有一天，李端愿太尉问昙颖禅师："禅师！请问人们常说的地狱，到底是有还是没有呢？"昙颖禅师回答说："无中说有，如同眼见幻境，似有还无；太尉现在从有中生无，实在好笑。如果人眼前看到地狱，为什么心里看不见天堂呢？天堂与地狱都在一念之间，太尉内心平静无忧虑，自然就没有疑惑了。"

太尉发问："那么，内心如何无忧虑呢？"

昙颖禅师回答："善恶都不思量。"

太尉又问："不思量后，那心归何处啊？"

昙颖禅师说："心无所归。"

太尉再问："人如果死了，归到哪里呢？"

昙颖禅师问："不知道生，怎么知道死啊？"

太尉说："可是生我早已经知晓了的。"

昙颖禅师又问："那么，你说生从何来？"

太尉正沉思时，昙颖禅师用手直捣其胸，说："只在这里思量个什么啊？"

太尉说："是啊，只知道人生漫长，却没有发现岁月蹉跎。"

昙颖禅师说："百年如同一场梦。"

昙颖禅师的话如暮鼓晨钟，惊醒世人。确实，百年如同一场大梦，我们更应该做的是珍惜现在，减少忧虑，淡泊明志，宁静致远。上天入地，那都是死后的事情，还是先过好自己实实在在的生活，才有意义。

只有放松了心情，才会徜徉在梦的奇妙幻境，达到更高远的境界。

人生每一个梦的实现，每一份由此而来的快乐，都是生命之歌的一个动听音节，都是人生旅程的一个美丽足印。我们应该使心灵具有弹性，放松心情，享受现在，以平常心闲看云卷云舒。

平常心是一种透析世情、了悟人生的智慧，能以平常心处世，自能"超然物外见真章"。而平常心所包含的内容主要有四点：第一，失意事来，治之以忍；第二，快心事来，处之以淡；第三，荣宠事来，置之以让；第四，怨恨事来，安之以退。

"对境无贪妄，是名平常心。"保持平常心，保持真我，也能成就脱俗的自我。

保持一颗平常心，做到无为、无争、不贪、知足，保持对名利的淡泊心，对屈辱的忍耐心，对他人的仁爱心，做好每天当做之事，享受每一件事情带来的快乐，自然会有足够的力量来承担生活中永恒存在的挫折和痛苦，也自然能够获得更纯粹的幸福。

一个人无论处于什么地位，过哪种生活，只要他内心清净、安谧就可以过得幸福。世间的真相就是无常，有生必有灭，有聚必有散，有合必有离，一切皆如梦幻泡影。何必过于在意呢？坦然接受吧。放松心情，最后我们会发现在这浮躁喧嚣的无常世界，独有一片安静的心空。

崛多禅师游历到太原定襄县历村，看见神秀大师的弟子结草为庵，独自坐禅。

禅师问："你在干什么呢？"

僧人回答："探寻清静。"

禅师问："你是什么人？清静又为何物呢？"

僧人起立礼拜，问："这话是什么意思？请你指点。"

禅师问："何不探寻自己的内心，何不让自己的内心清静？否则，让谁来给你清静呢？"

僧人听后，当即领悟了其中的禅理。

只有内心清净，才能得到幸福，遇到任何逆境，就自然放得下，而能解脱自在，远离烦恼，这样才真正懂得幸福的人生。

平常心观无常事，面对人生，我们都应该抱有一颗平常心，淡然处之。

面对人生，我们要选择闲看云卷云舒、花开花落的心境，选择一种从容自在的人生态度，既要正视生活中的悲欢离合，做到宠辱不惊，也要正确定位自己的人生坐标，做到自在随意，然后我们会发现，其实四时都没有什么闲事，春晓秋冬都是好时节。禅意的领悟全然存于我们的心中。

何须挂心死后之事

世人总是在关心自己死后的事，那么，佛陀又是怎样解释佛死后去的地方的呢？

人们总是问佛陀："佛死了到什么地方去呢？"

佛陀总是微笑着，保持沉默，什么话也不说。

但是这个问题一次又一次地被提出来，看来人们对这个问题还是比较关心的。为了满足人们的好奇心，佛陀对他的弟子说："拿一支小蜡烛来，我会让你们知道佛死了到什么地方去。"

弟子急忙拿来了蜡烛，佛陀说："把蜡烛点亮，然后拿过来靠近我，让我看看蜡烛的光。"

弟子把蜡烛拿到佛陀面前，用手遮掩着，生怕风把蜡烛吹灭了。

这时，佛陀训斥弟子说："为什么要遮掩呢？该灭的自然会灭，遮掩是没有用的。就像死，同样也是不可避免的。"

佛陀吹灭了蜡烛，问："有谁知道蜡烛的光到什么地方去了？它的火焰到什么地方去了？"弟子们你看我，我看你，谁也说不上来。

佛陀接着说："佛死就如蜡烛熄灭，蜡烛的光到什么地方去了，佛死了就到什么地方去了。和火焰熄灭是一样的道理，佛陀死了，他就消失了。他是整体的一部分，他和整体共存亡。火焰是个性，个性存在于整体之中，火焰熄灭了，个性就消失了，但是整体依然存在。不要关心佛死后去了哪里了，他去了哪里不重要，重要的是如何成佛。等到你们顿悟的时候，你们就不会再问这样的问题了。"

生前事且做不完，死后事又何须你我挂心，况且佛陀对死也都不置可否，又何必执著于对死的探索。所以，不要过于关心与自己无关的事情，那只是在做无用功。死亡自然会来，死亡之后是什么不是我们的头脑能确知的。生生死死，由他去吧。

既然人生的意义在活着时彰显，那么安心地活在天地之间，等待死亡那一刻的升华吧。不要总执著于死后如何升天，往哪里去，那都是虚无缥缈、无踪可觅的乌有，最好趁生命还在之时，呼吸之间多为他人也多为自己做点力所能及的事情。

死亡后就不可能再复生，如果随便地浪费宝贵的生命，那就是对生命的亵渎。在死神召唤之前，还是竭尽我们的心力让生命燃烧起来，发光发热吧！

向死而生，死如再生。死亡是我们所不能掌控的，也是无

法避免的。既然抗拒和不安不能避免死亡，那么何不怀着希望与安心迎接死亡？

对我们而言，肉体的死亡是不可避免的天意。若将之视为生命的终点站，之后一切将归于零，那么我们就会因为虚无绝望而无视生命真正的美好与灿烂，就失去了有盼望的生命意义。

芸芸众生的绝望在于，一个人死了，所有的一切都没有了任何意义。在禅的观念里，这是很不正确的"断见"。

死亡是生命的升华，面向死亡而生存，是一种超然旷达的生命观。乐天禅师就是一位淡看生死者。

乐天禅师一百多岁时身体还特别健康，耳不聋，眼不花，牙齿完好无损，总是红光满面，一副乐呵呵的样子，给人一种气定神闲的感觉。

有位生命学专家想从禅师这里得到长寿的秘籍，就专门来寻访乐天禅师。第一次寻访时，乐天禅师说："没有什么秘诀，连我也没弄明白，我为何如此长寿的。"

几年过后，专家再次拜访乐天禅师。乐天禅师说："我知道为什么了，但是，天机不可泄露。"

又是几年过去了，乐天禅师的身体依然强健，一点儿也看不出老。

儒家佛家道家经典

佛家修心

八一〇

生命学专家再次来拜访，他对乐天禅师说，他对生命的探讨，不是为了个人，而是为了全人类。

这次，老禅师终于说出了他的长寿之道，他不无遗憾地说："我从六十来岁就盼着圆寂，视圆寂为佛家的最高境界、最大快乐。可是，我的修行一直不够，一直未能实现早日圆寂的最大夙愿。这，也许就是你要探讨的长寿的奥秘吧！"

生命的奥秘在哪里呢？在于向死而生，获得恬淡平和、视死如归的心态，这种心态让老禅师早早卸下了生命和心灵的重负，一直生活在别样的期待和无所畏惧的轻松愉快中，活在无所谓终点、起点的极大静穆中。

真正的禅者不是逃避或无可奈何地接受死亡，而是勇敢直面，向死而生。将死亡看做生命的归属，"落红不是无情物，化作春泥更护花"，在得道高禅看来，尘世的肉体生命在死亡那一刻，正是落叶归根，像来年化为春泥的落花一样。丹麦的齐克果认为："死亡绝不是一切的终结，永生才是一切。"

在佛经里也有对死亡颇为相似的观点。死如再生，"譬如从麻出油，从酪出酥"，死亡其实是生命的另一种开始，而不是结束。死亡如搬家，不过是从身体这个破旧腐朽的屋子搬出来，回到心灵高远广深的家。如同佛法《出曜经》上所说"鹿扫于野，鸟归虚空，真人归灭"，信哉！

生死随缘，因为这是我们无法改变的事情。向死而生，死如再生，面对生死，我们不如都泰然接受，好好把握当下的生命。

心境是无界的

唐朝有一位江州刺史李渤，一日问智常禅师道："佛经上所说的'须弥藏芥子，芥子纳须弥'未免失之玄奇了，小小的芥子，怎么可能容纳那么大的一座须弥山呢？过分不懂常识，是在骗人吧？"

智常禅师闻言而笑，问道："人家说你'读书破万卷'，可有这回事？"

"当然！当然！我岂止读书万卷？"李渤一派得意洋洋的样子。

"那么你读过的万卷书如今何在？"

李渤抬手指着头脑说："都在这里了！"

智常禅师道："奇怪，我看你的头颅只有一个椰子那么大，怎么可能装得下万卷书？莫非你也骗人吗？"

心境是没有界的，我们的心灵就是一个小宇宙。真悟道的人，智慧开发是无穷尽的，佛学名词叫做无师智，也叫做自然智。自己本有的智慧仓库打开了，不是老师传授给我们的，而是自己固有的智慧爆发了，天上地下，无所不知。这样的境界非身临其境者不能体会。

禅师们在讲悟道或者般若的部分时，常会引用到两句话。天上的月亮只有一个，照到地上的千万条江河，每条河里都有一个月亮的影子，就是"千江有水千江月"。万里晴空，如果没有一点云的话，整个天空，处处都是无际的晴天，所以"万里无云万里天"。这是很好的境界，许多学禅者都是因为这些境界而悟道的。

唐代朗州太守李翱非常向往药山惟严禅师的德行，一天，他特地亲身去参谒，巧遇禅师正在山边树下看经。虽知太守来，禅师仍无起迎之意，侍者在旁提示，禅师仍然专注于经卷上。

李太守看禅师这种不理睬的态度，忍不住怒声斥道："见面不如闻名！"

说完便拂袖欲去，惟严禅师至此，才冷冷说道："太守何得贵耳贱目？"

短短一句话，李太守为之所动，乃转身拱手致歉，并问道："如何是道？"

惟严禅师以手指上下说："会吗？"

太守摇了摇头说："不会。"

惟严说："云在青天水在瓶！"

太守听了，欣然作礼，随述偈曰："练得身形似鹤形，千株松下两函经；我来问道无余说，云在青天水在瓶。"

惟严禅师形象地给太守点出了修道见道的境界，"云在青天水在瓶"，这是很自然的，天上的云在飘，水在瓶子里，摆在桌上，一个那么高远，一个那么浅近，这就是个境界。

心有多大，舞台就有多大。心的修持达到了"云在青天水在瓶"境界，我们的人生境界就变得开阔。心境无界，无所不能包纳，须弥纤芥都在其间。人在宇宙间不过沧海一粟，小小的生死又何足挂心。

在行动中自悟自证

禅宗又被称为顿宗，是因为禅宗讲究"顿悟"，什么是顿悟？一个人，参禅学佛往往要经历很长的时间，但是，修禅不能完全靠渐修，必须有一次智慧的飞跃。怎样才能达到智慧的飞跃呢？这就是"顿悟"。顿悟是修禅成佛的必经阶段。

真正悟道的人，是没有时间观念的。他们早已目空一切，脱离俗世的纷扰，哪里还会关注日月的交替！而且，修得佛缘也并非时间累积可成，而是必须要在一时、一刹那之间顿悟，才有成佛的可能。

不管做什么事情，想要获得成功，都需要工夫。任何一种技术、技巧都需要花工夫学会，还要再花更多工夫学精。投机取巧的事是做不长久的，即使是窍门或捷径，也是工夫和经验积累达到熟能生巧的结果。一个人想要修养内心，更需要工夫，工夫到了，我们就会在一瞬间获得开悟。

佛经中就记载了"拈花微笑"的故事，将心灵、修养、觉悟等妙不可言的境界展现得淋漓尽致。

释迦牟尼在灵山法会上正准备说法，这时大梵天王来到灵山，向释迦牟尼献上一朵金色波罗蜜花。然后坐在最后的座位上，聆听释迦牟尼说法。

释迦牟尼面对人间天上诸神一言不发，只是举起这朵金色波罗蜜花给大家看。大家都不明白这是什么意思。

这时，座中有一位叫迦叶的弟子，对佛陀报以会心的微笑，就这样发生了禅宗的第一次传灯。他们师徒之间完全会心。

释迦牟尼便对迦叶说："我有正法深藏眼里，以心传心。你们应摆脱世俗认识的一切假象，显示诸法常驻不变的真相，通过修习佛法而获得成佛的途径，了悟本源自性是绝对的最高境界，不要拘泥于语言文字，可不在佛教之内，亦可超出佛教之外。我以此传授给摩诃迦叶。"这其中提示出这样一条禅教大法，那便是："不立文字，教外别传，直指人心，见性成佛。"

在一拈花一微笑间，便传递了一切，也包容了一切。它绽放着心灵的和谐、完美与圆融。它使我们在发现生命的意义的同时也看到了真正的自己。

很多人看到这个故事之后都会觉得，原来开悟这么简单啊，其实，为了这次觉悟，迦叶在背后下了多少工夫又有谁知道呢？觉悟是一种智慧，它是长时间思考后灵感在一瞬间迸发出的光芒。

一个人要想获得成功，千万不能心存侥幸，只有通过实实在在的努力，才能在一瞬间获得灵感，实现人生的飞跃。

一拈花一微笑，得禅心。生命亦是如此，要想让生命变得更加有意义，我们必定要付出一定的努力才行。

把精力投入到有意义的生活

古语说："山中方一日，世上已千年。"此语有民间流传的故事为证。

晋代王质砍柴的时候到了石室山中，看到几位童子，有的在下棋，有的在吟唱。王质走近，童子把一个形状像枣核一样的东西给王质，他吞下了那东西以后，腹中不饥，便静静看了一局棋。棋局散罢，一个童子对他说："你为什么还不走呢?"王质起身之时，看到自己斧子的木柄已经完全腐烂了。等他回到家中，与他同时代的人都已经不在人世了。

我们虽然体会不到"山中方一日，世上已千年"的神奇，但是人生如白驹过隙，瞬间消逝。我们应该如何在这有限的时间里获得最大的幸福?

人的时间有限，然而才能无限。我们不要把时间浪费在无所谓的嗟叹上，认识自己，安于自己所走的路，珍惜时间，把每一秒都做最有效的运用。若能如此，即使年老体迈，也依然能够保持年轻的激情与活力。

世间最可怕的衰老是心态的衰老，如果我们有一个年轻的体魄，却有一颗衰老的心，那会比我们有一个衰老的身体还要可悲。没有什么可以阻挡前进的脚步，擦亮眼睛，轻装前行，每一天我们都能够看到路边不同的风景，嗅到清新的空气。

生活中有很多的事情需要我们去一一打理，与其把时间浪费在容颜易逝的长吁短叹上，不如细致地经营生命中的每一块园地，在生命的终点翘首回望，我们会看到一路芬芳。

时刻保持年轻的心态，即使冬天万木凋零，也依然能够看到满眼的青翠，生命之树将与之常青。

佛光禅师门下弟子大智，出外参学20年后归来，正在法堂里向佛光禅师述说此次在外参学的种种见闻。佛光禅师以慰勉的笑容倾听着，最后大智问道："老师！这20年来，您老一个人还好吗？"

"好！很好！讲学、说法、著作、写经，每天在法海里泛游，世上没有比这更欣悦的生活，每天，我忙得好快乐。"

大智关心地说："老师，你应该多一些时间休息！"

夜深了，佛光禅师对大智说道："你休息吧！有话我们以后慢慢谈。"

清晨，还在睡梦中，大智隐隐听到佛光禅师禅房传出阵阵诵经的木鱼声。

白天，佛光禅师总不厌其烦地对一批批来礼佛的信众开示，讲说佛法；夜晚禅师不是批阅学僧心得报告，便是拟定信徒的教材，每天总有忙不完的事。

好不容易看到佛光禅师刚与信徒谈话告一段落，大智争取这一空当，抢着问佛光禅师道："老师！分别这20年来，您每天的生活仍然这么忙着，怎么都不觉得您老了呢？"

佛光禅师道："我没有时间觉得老呀！"

"没有时间觉得老"，正如一句哲语所说：越是忙碌的人，时间就越多；也像先圣所言："其为人也，发愤忘食，乐以忘忧，不知老之将至。"禅者的人生观，也是如此。佛光禅师就是这样一位领悟了禅宗真谛的圣人，他将诵经礼佛、弘法传道当做是自己生命中必须承担的责任，并默默地将这份重担挑在肩头，不以为苦，反以为乐。

当我们将全部的生命与精力投入到有意义的生活中时，哪里还有时间去关注自己鬓角催生的白发、额上乍现的皱纹呢？

佛学禅宗中经常说的"一念万年，万年一念"的境界即是说明时光的飞逝，所以我们每一分一秒都应该拿来做有意义的事，将时间的观念转化为一件件充实的事情。

人活在世上，往往有两种状态，一种是常常觉得时间紧迫，光阴像细沙一样从指缝间滑落，越是急切地想要将它抓住它流逝得越快；另一种是看破了生命的无常后归于淡定与从容，美与丑、乐与忧对于他们而言都是弹碰即破的气泡，并不能对生活造成什么实质的影响，云烟过眼，他们却往往能够明白生命的真谛。

生活如此美好，睿智的人从来不会慨叹。我们随着快速流逝的生命朝前奔跑，从来不担心衰老，也没有时间觉得老。每一秒钟都可能创造一个奇迹，每一天都会是一个崭新的开始，

所以，不必伤春悲秋，把握住时间，就能把握住生命。

活着是寄宿，死了是回家

关于生死，曾有人问过神山僧密禅师："请说生死之事。"禅师问："你什么时候死过？"答："不曾。"禅师曰："既不曾，那只有亲自死一回方知生死之事。"

面对生命，古来圣贤之辈没有认为活很痛快，也没有认为死很痛苦，生死已不存在于心中。"生者寄也，死者归也。"活着是寄宿，死了是回家。明白了生死交替的道理，也就懂得了生死。生命如同夜合花，开放收拢，不过如此。

人活在这个世界上是顺着生命的自然之势来的；年龄大了，到了要死的时候，也是顺着自然之势去的。古语有云：物壮则老，老则不道。"物壮则老"，意思是指一个东西壮成到极点，自然要衰老，"老则不道"，老了，生命要结束，另一个新的生命要开始。所以，真正的生命不在现象上，我们要看透生死，"安时而处顺，哀乐不能入也"，这才是最高的修养。佛家大师依佛教之总之，言生命之意义，告诉世人，只要看破无常、生死参透，就能随时随地心安理得、顺其自然，也就不会大悲大喜弄得身心俱疲。

然则，无论生者或死者，都很难做到看破生死，所以人们才脱离不了苦海。

学僧道岫眼看同参中不少人对禅都能有所体会，想想自己既不幽默，又不灵巧，始终不能入门，实在没有资格学禅，便决定做个行脚的苦行僧。临走时道岫到法堂去向广圄禅师辞行。

道岫禀告禅师说："老师！学僧在您座下参学已有十年之久，对禅仍是一点领悟都没有，实在辜负您的慈悲。看来我不是学禅的材料，今天向您老辞行，我将云游他乡。"

广圄禅师非常惊讶，问道："为什么没有觉悟就要走呢？难道去别的地方就可以觉悟吗？"

道岫诚恳地说："同参的道友一个个都已回归根源，而我每天除了吃饭、睡觉之外，都精进于道业上的修持，但就是因缘不合。现在，在我的内心深处已生出一股倦怠感，我想我还是做个行脚的苦行僧吧！"

广圄禅师听后开示道："悟，是一种内在本性的流露，根本无法形容，也无法传达给别人，更是学不来也急不得的。别人是别人的境界，你修你的禅道，这是两回事，为什么要混为一谈呢？"

道岫说："老师！您不知道，我跟同参们一比，立刻就有类似小麻雀看见大鹏鸟时那样的羞愧之情。"

广圉禅师饶有兴趣地问道："怎么样的算大？怎么样的算小？"

道岫答道："大鹏鸟一展翅能飞越几百里，而我只能囿于草地上的方圆几丈而已。"

广圉禅师意味深长地问道："大鹏鸟一展翅能飞几百里，那它飞越生死了吗？"

道岫禅僧听后默默不语，若有所悟。

大鹏鸟虽然一展翅就能飞越几百里，但它却无法飞越生死；而一个人却可以借助思考和反省，参透生死之道，并获得解脱。

对我们而言，肉体的死亡是不可避免的。我们总是惧怕死亡，对死亡过度恐慌。活着为什么会为死亡而恐慌紧张？因为生命如流水一样逝去，无可挽回。

尘世生命是短暂的，但在禅的视野里，生命是永恒的，生和死只是用来定义肉体生命。认识到这永恒的生命，如天地自然中万有造化的生生不息、循环往复的生命规律，能让人们从绝望虚无的深黑泥淖中脱离出来，也就是飞越了生死的悬隔。

这始终存在的生命，继续繁衍生发，它是一个延续，如波浪的不断涌进。生死之间没有一丝空隙，它是连贯畅通的。若能如此达观，一己生命又算得了什么呢？

生死本无鸿沟，全在于人的设定。需要飞越的不是生死，而是人心中划分的不可逾越的那道生死鸿沟。

死，是人生的一件大事。佛教认为：生老病死，人之常情，而死并非生命的结束，只是另一场轮回的开始，故说"生死一如"，要我们看淡生死，进而勘破无常。

生者寄也，死者归也，生与死不过是一种交替现象，天地万物，春生夏荣秋凋冬枯，这都是自然界新陈代谢的规律，不可违拗，也无须在意。欧阳修《秋声赋》里写道："草木无情，有时飘零。人为动物，惟物之灵。"人，不过也是这天地间化育的生灵之一，一生一死不过就在一呼一吸的差别。看透了这点，便看破了生死。

万象纷繁，何须执著，生死不住，即如夜合花，朝开暮合，不如泰然度一世，如此而已。

下篇

道 家 做 人

　　源于老子的道家思想，高屋建瓴，从宇宙天地和人的完整生命的宏观角度来思考人应当度过一个怎样的生命征途。超越了知识体系和意识形态的局限，站在天道的中心和人生的边缘来反思人生，深入人性，不一味固守冠冕堂皇的道德原则，为人们构建了一片朴素自然的自由天地，帮助人们在出世和入世之间找到平衡点，既取得世俗的成功，又不失去自我的精神家园。

见素抱朴，本分做人

大浪淘沙沙去尽，沙尽之时见真金。道家以"见素抱朴"为人生至境。大多数人都在浮华过后才意识到本色的可贵。质本洁来还洁去，有时人应该成为一块拒绝雕琢的"原木"，抛弃聪慧机巧与自私自利的贪图之心，保留人性中单纯、善良、朴实的东西，不要让外在的雕饰破坏自然的本质。

质朴做人，本分做事

"是以十九年而刀刃若新发于硎"，这是《庄子·养生主》中的一句话，讲的是庖丁解牛的故事。庖丁不愧是道中高手，一把刀用了19年还像刚刚炼出的新刀一样，这也从另一个侧面道出了做人的道理。每一个人刚走上社会都是满怀希望与抱负，然而一些人遭受多次挫折，经历艰难困苦之后，一颗原本质朴的心变了：爽直的人变得吞吞吐吐，心灵歪曲了，抱负丧失了，失掉了本分做人的原则，最后变得窝囊了。

在现实生活中，如果你有独立的修养，不受外界环境影

响，永远保持一颗光明磊落、纯洁质朴的心，那么你也可以做到做人的最高境界。

著名作家沈从文可谓是一个没有学历而有学问的学者。他怀着梦想刚到北京闯荡时，一边在北京大学做旁听生，一边阅读大量书籍，并与诸多大师结识，不断成长。后来，他带着一身泥土气闯入十里洋场的上海，时间不长，即以一手灵气飘逸的散文而震惊文坛。

1928 年，时年 26 岁的沈从文被时任中国公学校长的胡适聘为该校讲师。

在此之前，沈从文以行云流水的文笔描写真实的情感，赢得了一大批读者，在文坛享有很高的声望，但他给大学生讲课却是头一回。为了讲好第一堂课，他进行了认真的准备，精心编定了讲义。尽管如此，第一天走上讲台，看见台下黑鸦鸦地坐满了学生，他心里仍不免发虚。

面对台下满堂坐着的莘莘学子，沈从文竟整整呆了 10 分钟，一句话也说不出。后来开始讲课了，由于心情紧张，他只顾低着头念讲稿，事先设计在中间插讲的内容全都忘得一干二净。结果，原先准备的一堂课，10 分钟就讲完了。接下来的几十分钟怎么打发？他心慌意乱，冷汗顺着脊背直淌。这样的尴尬场面，他以前可从来没有经历过。

沈从文没有天南地北地瞎扯来硬撑"面子"，而是老老实实拿起粉笔在黑板上写道："今天是我第一次上课，人很多，我害怕了！"这老实可爱的坦言"害怕"，引起全堂一阵善意的笑声……

胡适深知沈从文的学识、潜力和为人，在听说这次讲课的经过后，不仅没有批评，反而不失幽默地说："沈从文的第一次上课成功了！"后来，一位当时听过这堂课的学生在文章中写道，沈先生的坦率赤诚令人钦佩，这是有生以来听过的最有意义的一堂课。

此后，沈从文曾先后在西南联大师范学院和北京大学任教。正因为不是"科班"出身，他不是墨守成规，而是代之以别开生面的言传身教的文学教育，最终获得了成功。而他那"成功"的第一课，则在学生之中不断流传，成为他率直人生的真实写照。

常言道，老老实实最能打动人心。一句"我害怕了"，袒露了一代文学巨匠的质朴内心。面对失败不敷衍、不做作、不逃避，能老实可爱地袒露内心的人，当然会得到别人的谅解。

质朴是这个世界的本色，没有一点功利色彩，就像花儿的绽放，树枝的摇曳，蟋蟀的轻唱。它们听凭内心的召唤，是本性使然，没有特别的理由。其实社会与环境不足以真正决定一个人的人生，每一个人都要有独立的修养，不受外界环境影响，即使饱受挫折，也应该永远保持一颗光明磊落、纯洁质朴的心，这才是做人的最高修养。

这位作家的生活是简单而富有意义的。他的人生是一种去繁就简的人生，没有太多不必要的干扰，没有太多欲望的压迫，有的只是一种质朴简单而又纯粹本分的人生。当然，人的一生难免会有许多欲望和追求，追求真理，追求理想的生活，追求刻骨铭心的爱情，追求金钱，追求名誉和地位……有追求就会有收获，我们会在不知不觉中拥有很多，有些是我们必需的，而有些却是完全用不着的。那些用不着的东西，除了满足我们的虚荣心外，还会将我们的心灵弄得烦躁不安。就好像带着背包去旅行，装的东西越多，自己的脚步就会越沉重。所以，与其让自己在疲惫与痛苦中前行，还不如放下各种各样的包袱，做最简单的自己。一切都发乎于心，如此一来生命也会变得更加轻松和精彩，最起码对自己来说是如此。

生活在世事纷扰的世界里，尔虞我诈让我们多了一些虚伪，钩心斗角让我们多了一些狡诈，世态炎凉让我们多了一些冷漠。之所以苍老，是由于受一切外界环境和自己情绪变化的影响，而保持一颗质朴的心，本分度生，可以让生命永远健康，让生命永葆青春，让自己回归自然，回归质朴生活的本色。

务求平实胜过标榜仁义

相传，很久以前，有位圣人率领门徒云游四方，来到某个地方。这地方原本是一个国家的都城，如今已国破城灭。圣人是位研究兴亡治乱的专家，他向一位年迈睿智、阅历最深的老者请教："贵国为什么会灭亡？"老者摇头，叹息。良久，他说："亡国的原因是，国君用人只肯任用道德君子。"众弟子愕然，圣者默然。老者语重心长地说："好人没法对付坏人。"古人云："无德必亡，唯德必道德危。"道德只宜律己，难以治人。道德的效果在于感化，但人的品流太复杂，不感无化待如何？感而不化又待如何？荀子主张："敬小人。"不敬小人，等于玩虎。坏人有时必须用坏来对付，以毒攻毒，才能制胜。正因如此，道德渐渐偏离本意，仅仅披着"仁义"的衣服，内在却慢慢变质。

生于天下大乱之时的圣人，若是为了救世而救人，既然有所作为，就不免保存了一面，而伤及另一面。杀一以儆百，杀百以存一，本质相同，均为义所不忍为。所以观音说愿度尽众生，方自成佛，但以众生界不可尽故，吾愿亦永无穷尽。因

此，老子认为那些自称为圣人之徒、号召以仁义救世的现世之人，不过是徒托空言，毫无实义，甚至假借仁义为名，以逞一己之私。

老子书中曾叹道："大道废，有仁义。慧智出，有大伪。"其实是基于当时社会环境的变化。春秋战国之际，诸侯纷争，割地称雄，残民以逞，原属常事。因此，许多有志之士奔走呼吁，倡导仁义，效法上古圣君贤相，体认天心仁爱，以仁心仁术治天下。诸子百家，皆号召仁义。但是，无论是哪一种高明的学说，哪一种超然的思想，用之既久，就会产生相反的弊病，变为只有空壳的口号，原本真正的实义便慢慢被人忽略了。

正如鲁迅先生在《狂人日记》中写道："我翻开历史一查，这历史没有年代，歪歪斜斜的每页上都写着'仁义道德'几个字。我横竖睡不着，仔细看了半夜，才从字缝里看出字来，满本都写着两个字是'吃人'！"

提到浮于表面的仁义道德，不由让人想起古典小说《镜花缘》中的淑士国。李汝珍以讽刺的手法勾勒出一个满口仁义的表面派国家，家家标榜"贤良方正""德行耆儒""通经孝廉""好义循礼"，不过是做足了表面文章，让人啼笑皆非。比起历史上将"仁义道德"玩弄于股掌之中的人来说，淑士国倒算是小儿科了。

道家主张纯朴简单，认为当仁义仅浮于表面，而离本义越来越远，就会成为假仁假义，倒不如摒弃。于是有人愤世嫉俗地认为，道德不能让人成功，也无法让人胜利，因为上天总站在大奸大恶的人一边，只需做做仁义道德的表面文章便可获得成功。其实表面的仁义道德总会被别人看穿，仿佛一场戏剧表演，演员总有卸下装扮的一天，总有人知道他五色油彩下面的真实面容是什么样的。

吴起是战国时期著名的军事家，他在担任魏军统帅时，与士卒同甘共苦，深受下层士兵的拥戴。有一次，一个士兵身上长了个脓疮，作为一军统帅的吴起，竟然亲自用嘴为士兵吸吮脓血，全军上下无不感动，而这个士兵的母亲得知这个消息时却大哭。有人奇怪地问道："你的儿子不过是小小的兵卒，将军亲自为他吸脓疮，你为什么哭呢？你儿子能得到将军的厚爱，这是你家的福分哪！"这位母亲哭诉道："这哪里是在爱我的儿子呀，分明是让我儿子为他卖命。想当初吴将军也曾为孩子的父亲吸脓血，结果打仗时，他父亲格外卖力，冲锋在前，终于战死沙场。现在吴将军又这样对待我的儿子，不知道我儿子要死在什么地方呢！"

这是一位目光犀利的母亲，一语中的，一针见血。吴起绝不是一个重感情的人，他为了谋取功名，背井离乡，母亲死了，他也不还乡安葬；本来娶了齐国的女子为妻，为了能当上鲁国的将军，竟杀死了自己的妻子，以消除鲁国国君的怀疑。史书说他是个残忍之人，可就是这么一个人，对士兵身上的脓疮却一而再地去用嘴吸吮，难道他真的是视兵如子吗？自然不是。他这么做的唯一目的是要让士兵在战场上为他卖命。虽然表面的仁义道德为人称颂，也收买了士兵的忠诚，不过本质依旧被人看了个一清二楚。

老子在当时之所以菲薄圣人讥刺仁义，其实不过是为了打掉世间假借圣人虚名以仁义伪装的招牌。所以我们无论是做人，还是与人相交，也要对老子所提出的这个问题有所警戒，透过现象看本质，希望人们真能效法天地自然而然的法则而存心用世，不必标榜高深而务求平实，才是老子的真意。

简单如一张白纸

道家认为"见素抱朴"是人生至境。人需抛弃自己引以为傲的聪明机巧，抛弃自私自利的贪图之心，如果人人皆能如此，便不会有作奸犯科的盗贼，即所谓的"绝巧弃利，盗贼无有"。

如果我们将绝圣弃智的观念归纳到生命理想中，便是"见素抱朴，少私寡欲"。"见"指见地，观念、思想谓之见；"素"乃纯洁、干净；"朴"是未经雕刻、质地优良的原木。见素抱朴正是圣人超凡脱俗的生命情操，佳质深藏，光华内敛，一切本自天成，没有后天人工的刻意雕琢。

老子主张"绝仁弃义"，不以圣人为标榜，不以修行为口号。做人简单如一张白纸，保持孩童般纯洁单纯的心，那便是真修道。

丰子恺是我国著名的漫画家，他总像孩子一样生活着，保持着童心。他一生十分热爱孩子并善于教育孩子，他的儿女成了他作画和写文章的题材。他教育孩子的一条可贵的经验是：保持童心。他曾在《我与新儿童》一文中指出："我相信一个人的童心切不可失去。大家不失去童心，则家庭、社会、国家、世界一定温暖、和平和幸福。所以我情愿做'老儿童'，让人家去奇怪吧！"丰子恺曾作过一个生动的比喻，他认为由儿童变为成人，好比由青虫变为蝴蝶，而青虫生活和蝴蝶生活却是大不相同的。他告诫成年人：对待孩子，决不能像在青虫身上装翅膀，教他与蝴蝶一同飞翔，而应该是蝴蝶敛住翅膀同青虫一起爬行。丰子恺常常唱着小曲逗孩子睡觉；三笔两笔画幅画引孩子们笑；和孩子们一起用积木搭汽车、造房屋；把小

凳子摆一成排玩"开火车";甚至和小女儿抢着看《新儿童》杂志,一起讨论里面的问题,玩里面的游戏。

古人认为,"素"如一张白纸,毫不沾染任何颜色,人的思想观念要随时保持纯净无杂,"不思善,不思恶"。单纯如孩童,这恐怕也是丰子恺的画受欢迎的原因之一吧。

可见,做人心地胸襟,应该随时怀抱原始天然的朴素,以此态度来待人接物,处理事务。个人拥有这种修养,人生一世便是最大的幸福;如果人人秉持这种生活态度,天下自然太平和谐。

《三字经》里的第一句话是"人之初,性本善",儒家孟子也提倡"性本善",曾说"人皆有不忍人之心"。见到一个牙牙学语的小孩子摇摇摆摆走向井边,无论何人,都会走上前去将他抱开。然而,善性存于心,往往受环境的影响,丧失了原本的善意。对此,荀子持有不同的看法,他在《性恶篇》开篇就说:"人之性恶,其善伪也。"人性本是恶的,其善是人为的,人有为善的可能,就在于后天的学习修为。对于本性的问题,可谓"仁者见仁,智者见智",而老子的观点则更为深刻,即本性无善恶。

人性之初,本没有善恶之分的,本性是很难改变的,正所谓"江山易改,本性难移"。善恶只不过是在周边环境影响下依据本性而产生的，有善恶之分的不是本性而是习惯。本性是一种内在的东西，平时可能感觉不到它的存在，它却在暗中操控着你，决定着你的大部分习惯，决定着你的性格，甚至决定着你的人生。人本来生下来都很朴素，很自然的，由于后天的教育、环境的影响等种种原因，把圆满的自然的人性雕琢了，自己刻上了许多的花纹雕饰，反而破坏了原本的朴实。因此，人不要刻意雕琢自己本性的棱角，要保持住生命中最朴素的东西。

大浪淘沙沙去尽，沙尽之时见真金，大多数人都在浮华过后才意识到本色的可贵。质本洁来还洁去，不要让尘世浮华沾染了原本纯洁的心灵。玉不琢，不成器。但有时，人应该成为一块拒绝雕琢的"原木"，保留人性中单纯、善良、朴实的东西，不要让外在的雕饰破坏自然的本质。

保持天然本色，做真正的自己

老子认为，"不尚贤，使民不争；不贵难得之货，使民不为盗；不见可欲，使民心不乱"，便是人生无为的境界。但是面对世间道德的日益沦丧，老子发出一声叹息："失道而后德，失德而后仁，失仁而后义，失义而后礼，失礼而后利。"

自古以来，圣贤总在唏嘘感叹"世风日下"、"人心不

古"，中西方皆如此。古罗马诗人贺拉斯在其《歌集》中叹息："父辈较之祖辈已经不如，又生出我们这不肖一族，而下一代注定更加恶毒。"对此，老子也有自己的慨叹。老子著述的本意，首重效法自然道德的原则。假如人们都在道德的生活中，既不尚贤，又无欲而不争，那当然合乎自然的规范，天下也就自然是太平无事的天下了。时代到了后世，人人不能自修道德，人人不能整治争心和欲望，只拿老子那些叹古惜今的话来当教条，自然是背道而驰，愈说愈远了。

无论老子，还是孔子，圣人们无非是希望人们保留本性中最本真最天然的东西，如果人人真善不虚，那么顺其自然的世界自会十分和谐。

所以，在道家看来，适当的文饰美化能在一定程度上彰显优点、弱化缺点，起到积极作用。但是任何事物都是过犹不及，所谓文过饰非就是这个道理。而道家智慧认为最高的文饰其实就是维系本色，也就是返璞归真，就像化妆的最高境界是自然美一样。保持天然本色，做真正的自己，正是道家所提倡的极高的做人境界。

事实上，人心原本纯真无私、正直光明，随着年龄与阅历的增长，渐渐发现周围的许多人都是心有城府、尔虞我诈、钩心斗角、自欺欺人，便不由自主地随波逐流，放弃了自己的真心。世风日下，人心不古，社会上风气不正，人们有失淳朴善良而流于狡诈虚伪，心地不再像古人那么淳朴，让许多老人不由感叹"今不如昔"。《旧唐书》中却记载了一幕让后人向往的社会景象。

唐朝时，有一个做买卖的人途经武阳，不小心把一件心爱的衣裳丢了，他走了几十里后才发觉，心中十分焦急。这时，有人劝慰他说："不要紧，我们武阳境内路不拾遗。你回去找找看，一定可以找得到。"丢衣裳的人半信半疑。他心里想：这可能吗？转而又一想，找找也无妨。于是他转身回去，果真找到了他丢失的衣裳。

这就是路不拾遗的故事。这则成语将我们带回了古时候民风淳朴、人心本真纯善的时光中。"路不拾遗，夜不闭户"象征了社会的高度与人心的纯净，英语中有几乎与路不拾遗同样的谚语，有人说这是中西方历史的巧合，也有人考证这一思想是马可·波罗在游历中国时带到西方去的。但不论如何，这些旧事却都告诉人们留驻本真自我的世界总是那么让人向往。事实上，世风日下的原因很大程度上是因为人们抛弃了天真的自我，而代之以世故心肠。

古代贤人都推崇三代以上的圣帝明王，以之来阐扬上古传统文化君道的精神，尧、舜都是内圣外王、出世而入世的得道明君，所以能在进退之间，互相揖让而禅位，杯酒言欢，坦率自然，绝无机诈之心。时代愈后，愈人心不古，到汤武革命，便用征诛手段，这便等于在棋盘之间的对弈，权谋策略，煞费心机，已与自然之道大相径庭了。宋代大儒邵康节微言大义，两句诗评古论今："唐虞揖让三杯酒，汤武征诛一局棋。"

就像爱默生在他那篇《论自信》的散文里所说的："在每一个人的教育过程之中，他一定会在某个时期发现，羡慕就是无知，模仿就是自杀。不论好坏，他必须保持本色。虽然广大的宇宙之间充满了好的东西，可是除非他耕作那一块给他耕作的土地，否则他绝得不到好的收成。他所有的能力是自然界的一种新能力，除了他之外，没有人知道他能做些什么，他能结什么，而这都是他必须去尝试求取的。"

先秦时期，燕国寿陵地方有一位少年，人们叫他寿陵少年。

这位少年不愁吃不愁穿，论长相也算得上中等人才，可他就是缺乏自信心，经常无缘无故地感到事事不如人，低人一等——衣服是人家的好，饭菜是人家的香，站相坐相也是人家高雅。他见什么学什么，学一样丢一样，虽然花样翻新，却始终不能做好一件事，不知道自己该是什么模样。

家里的人劝他改一改这个毛病，他以为是家里人管得太多。亲戚、邻居们，说他是"狗熊掰棒子"，他也根本听不进去。日久天长，他竟怀疑自己该不该这样走路，越看越觉得自己走路的姿势太笨，太丑了。

有一天，他在路上碰到几个人说说笑笑，只听得有人说邯郸人走路姿势那叫美。他一听，对上了心病，急忙走上前去，想打听个明白。不料想，那几个人看见他，一阵大笑之后扬长而去。

邯郸人走路的姿势究竟怎样美呢？他怎么也想象不出来。这成了他的心病。终于有一天，他瞒着家人，跑到遥远的邯郸学走路去了。

一到邯郸，他感到处处新鲜，简直令人眼花缭乱。看到小孩走路，他觉得活泼，学；看见老人走路，他觉得稳重，学；看到妇女走路，摇曳多姿，学。就这样，不过半月光景，他连走路也不会了，路费也花光了，只好爬着回去了。

这就是"邯郸学步"成语的来历，记载在《庄子·秋水》篇里，它所讲述的道理乃是生搬硬套，机械地模仿别人，不但学不到别人的长处，反而会把自己的优点和本领也丢掉。很多人过不上自己想要的生活，就希望自己成为别人，把自己想象成模仿中的人物，过着模仿的生活。其实每个人都有自己的本

色，一味模仿别人，扭曲自己的本来面目，最终会失掉自己。在道家先贤看来，最优秀的东西就在人们自己身上，一个人若能以本色示人，焕发本真个性，活出自己便是最美的。

老子取法于天地自然，超然外物，已达至境，仿佛一位大宗师看透了世间的万事万物，以天地之道运用于处世之中，既是一个伟大的哲学家，又是一位伟大的思想家。然而，时代变化，人心不古，后世之人早已偏离了天然本色，丢掉了本真的自我，故对于老子的告诫不以为然。我们听着圣人的慨叹，也只能体会其中一二。只要越来越多的人远离狡诈欺骗，世界便会日渐和谐完满。确实，人心原本都是无染尘埃的，个性天然，本色示人才是人生活泼泼的美。

贤孝世界未必清明

如果孝子贤臣的出现要付出一个时代的代价，那么不出现也罢。

老子的历史哲学与儒家的观念，乃至一般社会人生的态度，另成一格，大异其趣。老子提出天道自然，道衰微了，后世之人便开始提倡仁义道德，不料结果却适得其反。随着知识的发达，教育学问的普及，社会中阴谋诡诈、作奸犯科的人也越来越多，故老子"绝利弃智"的思想不无道理。

"六亲不和有孝慈"，学者们对此的解释一般认为，如果家庭是个美满的家庭，一团和气，大家和睦相处，那么个个看来都是孝子贤孙，根本用不着标榜谁孝谁不孝。如果家中出了个孝子，相对之下，便有不被认同的不孝之子，因此说，六亲不和，才有所谓的"父慈子孝"。同理，"国家昏乱有忠臣"，老子不希望历史上出现太多的忠臣义士，因为历史上所谓的忠臣无不生于生灵涂炭的乱世，忠臣的形成，往往反映了一代百姓的苦难。如果国家风调雨顺，永处太平盛世，人人自重自爱，没有杀盗淫掠之事，那么也就无所谓忠奸之分了。说到此，不由让让人想起精忠报国的岳飞。

岳飞为宋朝名将，事母至孝，家贫力学，母亲在其背上刺了"精忠报国"四字，岳飞以此为一生处世的准则。初时，以敢战士应募，居老将宗泽帐下，屡破金兵，宋高宗手书"精忠岳飞"，制旗赐之。后破李成，平刘豫，立下赫赫战功，为南宋收复辽阔失地，却因"莫须有"的罪名，受秦桧所害，死于狱中。

然而，就是这样一位忠诚之士，在那个昏乱的朝代，在奸诈之人眼中是如何的呢？南宋初年，面对着金人的大举入侵，当时号称名将的刘光世、张浚等人，只会一味地避敌逃跑，而不敢奋起反击。这一方面因为他们天生患有软骨病，另一方

面，也因为他们官已高，位已尊，以为即使立了大功，也不可能得到更大的升迁。他们便安于现状，什么国家利益、民族利益，在他们心目中根本不占什么地位，当时岳飞入伍不久，虽然已崭露头角，毕竟还没有太大的名望和地位。只有他在和金人进行着殊死的战斗。当时有个叫郡缉的人，上书朝廷，推荐岳飞，推荐书颇值得思量：

"如今这些大将，都是富贵荣华到了头，不肯再为朝廷出力了，有的人甚至手握强兵威胁控制朝廷，很是专横跋扈，这样的人怎么能够再重用呢……驾驭这些人，就好像饲养猎鹰一样，饿着它，它便为你博取猎物，喂饱了，它就飞掉了。如今的这些大将，都是还未出猎就早已被鲜汤美肉喂得饱饱的，因此，派他们去迎敌，他们都掉头不顾……至于岳飞却不是这样，他虽然拥有数万兵众，但他的官爵低下，朝廷对他也未有什么特别的恩宠，是一个默默无闻的低级军官，这正像饥饿的雄鹰准备振翅高飞的时候。如果让他去立某一功，然后赏他某一级官爵，完成某一件事，给他某一等荣誉，就好像猎鹰那样，抓住一只兔子，便喂一只老鼠，抓住一只狐狸，就喂它一只家禽。以这种手段去驾驭他，使他不会满足，总有贪功求战之意，这样他必然会为国家一再立功。"

乱世出忠臣，在那个是非颠倒、生灵涂炭的年代，即便忠臣也不过是被利用的工具。当我们感慨敬佩岳飞这样的忠臣时，不妨颠覆一下我们一贯的思路，从另一面来看，孝子贤臣的出现暗示着小人奸臣的存在，这又何尝不是历史的矛盾与悲哀！老子的话不无道理，与其历史上多出些孝子贤臣，还不如家家和谐，无孝与不孝之分，国家安定，无忠奸之辨。与其期盼孝子贤臣，不如致力于一个和谐的大同世界，路不拾遗，夜不闭户，没有恶的出现，也没有善的彰显，失去相对而言的比较，留下的却是绝对的美好。这或许是先古圣贤们可望而不可即的梦吧。

老实做人，规矩做事

《庄子·应帝王》中讲过这样一个故事，列子见了有神通的神巫以后，"自以为未始学而归，三年不出。为其妻爨，食豕如食人"。

本来列子对老师壶子怀疑，很想另外投师去了。结果壶子表示了三个境界，于是这也等于禅宗的三关，列子感觉到糟了，跟了老师那么多年，根本连一点皮毛也没有学到，所以很难过。这不是灰心，也不算惭愧，觉得自己窝囊透了。于是干脆不玩聪明了，就回家去闭关三年，"为其妻爨"，在家里给妻子当佣人，做家务。其实这种说法是代表老老实实、规规矩

做一个人，人应该做什么事，就做什么事，这就是道。譬如说，我不会做饭，我不会做衣服，那就要想办法学会。人活着，到了某个时候，就是需要这些的。所以列子老老实实回家帮妻子持家三年。

"食豕如食人"。三年中有什么感觉？嘴巴吃荤吃素，没有味道的分别了，这里是说列子吃猪肉觉得同吃人肉一样难过，所以也不吃肉，专门吃素了。对于道家经典里的这段故事，我们这里应该关注的是：第一，学道最难是男女饮食，列子对于饮食没有分别了，当然对男女也没有分别了；第二，列子给妻子做佣人也无所谓了，因为他觉得一切平等，不认为因为自己是一家之主，就要"夫为妻纲"，摆大丈夫的威风。

其实这也正是《庄子·应帝王》的关键之处，入世之道也在于此。庄子讲得道的境界，从《庄子·逍遥游》开始，把道形容得天都装不下了，虚空都装不下了。讲大，大得无边无际；讲小，小得肉眼不见。庄子形而上的道也讲，怎么修养也讲，讲得天花乱坠，最后道成功了，才是"大宗师"。大宗师要救世救人，普度众生，积极入世，然而，入世怎么入？道家的庄子在这里下了一个最终的结论——老老实实做人，规规矩矩做事。列子的故事便是个很好的例证。

另外，庄子还说过"故忿设无由，巧言偏辞"。就是说，一个人说话，对方听了为什么不高兴？本来人的心底都是很平静的，因为某一句话不对了，"忿设无由"，心里的愤怒就没有理由，没有来由地被挑动了。"巧言偏辞"，讲话偏激，引起了别人的愤怒，"偏"就是过分，过分的恭维不对，过分的批评也不对。智慧高的人不喜欢听"巧言"，所以庄子的意思其实就是告诉人们，一个人不要玩巧，老老实实做人，其实最成功。

确实，古今中外，天下最成功的人，就是老实人。聪明反被聪明误，生活的本质其实很简单。

北宋时期著名的文学家和政治家晏殊，14岁被地方官作为"神童"推荐给朝廷。他本来可以不参加科举考试便能得到官职，但他没有这样做，而是毅然参加了考试。当考题发下后，他发现自己已经做过了，便向考官说明，并要求换一道题，皇帝知道后对他的诚实赞不绝口。

晏殊当官后，每日办完公事，总是回到家里闭门读书。后来皇帝了解到这个情况，十分高兴，就点名让他做了太子手下的官员。当晏殊去向皇帝谢恩时，皇帝又称赞他能够闭门苦读。晏殊却说："我不是不想去宴饮游乐，只是因为家贫无钱，才不去参加。我是有愧于皇上的夸奖的。"皇帝又称赞他既有真实才学，又质朴诚实，是个难得的人才，过了几年便把他提拔上来，让他当了宰相。

老实在很多人的眼中是愚蠢的表现，因为他们认为，老实会使自己吃亏。而晏殊的经历则给了这些人当头一棒，正是因为诚实，让晏殊的仕途一帆风顺。晏殊的经历告诉人们，老实人吃的是小亏，赚的是大便宜。人生就应该老老实实，只有老老实实，才能够脚踏实地，一步一步走向成功。

确实，我们的态度便是别人的态度，我们以什么样的态度对待人生，人生就反过来以什么样的态度回报给我们。所以说生命其实很简单，我们老老实实地做好本分，其实就已足够。

若是自己投机取巧，生活同样会见招拆招戏耍于他；如果其为人忠厚老实，生活也会诚恳待他。诚如那句俗语所说，天下最成功的人，就是老实人。老实人没有机心，所以诚恳地对待生活对待人事，所以他们最容易成功。并且，每个人，无论他聪明与否，他都同样喜欢老实人，正如坏人也喜欢好人一样，老天爱"笨小孩"。

我们有时也在把玩着自己的生活，我们相信自己和自己的能力，相信过去成功的经验，炫耀着自己的技巧……却不知道船将在何时倾斜，而我们将永远失去机会。

做人难，难做人，是规规矩矩、认认真真做人，还是在人生的舞台上做出一个个高难度的杂耍动作？没有规矩，不成方

圆。无论世事怎样变化，多少沧海变为桑田，生活会将正确答案告诉你，只有时间能证明一切。做人、做事的道理长篇累牍，并且都有其屹立不倒的理由和根据，但褪尽浮华，我们会发现，做人之道其实只有八个字：老实做人，规矩做事。

收好一颗机心，
放好一颗初心

道家反对标榜圣人，反对卖弄世智辨聪。古往今来，不少人却都是因为处世用尽心机，或者聪明太盛，结果身心反为之所累。机心的恶性蔓延，使初心沦落，让人们的生活远离了原初的天然快乐，每个人戴着一张面具处世，其实最终受伤害的是彼此。

机心如流毒

所谓机心，就是世故心、势利心，现实世界中，机心几乎无处不在。机心的恶性蔓延，让人们的生活远离了原初的天然快乐，每个人戴着一张面具处世，其实最终受伤害的是彼此。

在《庄子》一书中有不少关于机心蔓延的描述。比如《庄子·刻意》中说道，"众人重利，廉士重名，贤士尚志，圣人贵精"。又有"夫神者，好和而恶奸。夫奸，病也"，这句出自《庄子·徐无鬼》，意思是说：圣明的人，喜欢跟外物和顺而厌恶为自己求取私利；为个人求取私利，这是一种严重的

病态。

在我们的现实生活中，不少人都隐藏着一颗世故的机心。正所谓"机关算尽太聪明"，他们交朋友，只是为了今后能有一个良好的人际关系；做工作，只是为了能够赚取更多钱财；谈恋爱，只是为了满足个人一时的私欲；孝敬父母，只是为了博取一个好名声……总之，不管做什么事，总是目地在先，名利当头。像这样"挟心而与天下游"，怎么会没有痛苦呢？

所谓"天下熙熙，皆为利来；天下攘攘，皆为利往"，走在大街上我们经常会看到，很多人都为挤一辆公交车而焦头烂额；为忙工作而嚼着一个鸡蛋灌饼，喝一杯劣质豆浆，匆匆赶路；酒店里，几个人觥筹交错，每个人脸上都洋溢着友好的笑容，但可能在背后大家就会互相骂一句……这些人的心里也许装着各种各样互不相同的事，但是他们的目的最终都可归结为一点，那就是都在为"名利"这两个字。为了得到名利，他们在对待任何人、任何事时，总是从"是否有用"这点上来考虑，"机心"怎么会不越来越重呢？

杜甫诗云："翻手为云覆为雨，纷纷轻薄何须数。君不见管鲍贫时交，此道今人弃如土。"你很会结交朋友，那你觉得和你相交的那些人都是没有目的，只有感情的吗？《庄子》中指出："以利合者，迫穷祸患害相弃也。"这是讲，因利害关系相结合的人，在遭遇困难逆境时，很容易背弃对方。与此相反，"以天属者，迫穷祸患害相收"。"以天属者"是指彼此结合的关系是建立在极为信赖的基础上，这种朋友关系即使在逆境中，也会禁得起考验，彼此相互帮助，同舟共济，患难与共。

机心如流毒，处处蔓延。即便是明德英勇之士，有时也不免卷入其中，甚至为了一时的世故机心争斗，其实不过留给后人又一段唏嘘感慨的往事。

春秋齐景公时，田开疆率师征服徐国，有拓疆开边强齐之功；古冶子有斩龟救主之功；由田开疆推荐的公孙捷有打虎救主之功。三人结为兄弟，自号为"齐邦三杰"。齐景公为奖其功劳，嘉赐"五乘之宾"的荣誉。随着时间的推移，他们三人挟功恃勇，不仅简慢公卿，而且在景公面前也全无礼数。甚至内结党羽，逐渐成为国家安定的隐患。齐相晏婴深感忧虑，想除掉他们。

一天，晏子从后花园摘了两个桃子，对他们三人说，谁的功劳最大，就吃一个桃子。

公孙捷首先挺身而出，说自己曾亲手打死一只吊睛白虎，解救了主公。于是晏子赏给他一个桃子。古冶子不服，站起来说自己曾在黄河中杀了一只巨龟，救了主公的性命。于是晏婴

把最后一个桃子赏给了他。可是，此时田开疆也站了出来，说他曾奉命攻打徐国，逼徐国投降，为国家奠定了盟主地位，他的功劳才最大。晏子看公孙捷和古冶子的桃子都吃完了，立即对景公说："田将军的功劳最大了，但桃子已经赐完了，只好等熟了再赐了。"景公也说："田将军的功劳最大，可惜说得太迟了。"田开疆自以为这是一种耻辱，功大反而不能得到桃子，于是挥剑自杀。古冶子和公孙捷相继因功小食桃而感到耻辱也自杀身亡，景公下令为他们厚葬。

这个著名的"二桃杀三士"的历史故事，后人不知做过多少评判解说，其实不论我们站在哪个角度上来评价，充斥在这个故事中的最多的其实就是一颗世故机心。晏子虽为国家大计，但其手段还是多少有些残忍机诈，但是田开疆、公孙捷、古冶子三人若不是惑于功利而相争，最后也不会中晏子之计，落得个羞辱而死的结局。机心的蔓延，其危害令人畏惧。表面上看，晏子是赢家，其实不然，用阴谋杀死了功臣，多少还是令其内心不安，也给历史留下了又一段非议的话题。所以说，机心诡诈最后伤害的是对方也是自己。

在这个世界上，机心甚至成为一种强大的文化、心理势力。尽管在公开场合中，很多人对势利者嗤之以鼻，宣称势利是一种丑行、一种恶德，但违心的抨击却遮掩不了他们对势力虔敬的信奉。这样的宣称也仅是他们掩饰自己的一种手段，暗地里他们就会遵照势利去行事，为达目的，不择手段。

小心误入伪诈人的雷区

境界有高下，我们可以用庄子讲的故事来打比喻，说很多小鸟看不上大鹏，其实自己只是自夸贬他，聊以自慰而已。在现实中就不乏伪诈之人。平时我们不得不提防这类人，因为他们不但自己飞不高，还要别人也飞不高，见别人飞高，就要拿弹弓打下来。

南宋时，为了"精忠报国"，年轻的岳飞应募从军，参加抗金斗争，很快他就成了一名能干的军官，并组建了"岳家军"。岳飞有句名言："饿死不掳掠，冻死不拆屋。"

不久，宋军从金兵手中收复大片失地。1140 年秋，岳飞率领军队在河南大败金兵，并准备把金兵赶回东北老巢。就在他踌躇满志之时，皇帝却连发十二道金牌，召他班师回朝。他和将帅们收复国土的宏图大志也不得不半途而废。

原来这是当朝丞相秦桧捣的鬼。当时宋朝的内部分为主战与求和两派，秦桧是当朝最大的实权派，也是最富有的官僚。为了保存财产与官职，他主张尽快求和。求和的先决条件是除

掉主战派代表岳飞。秦桧绞尽脑汁，终于有了办法。

他首先诬陷岳飞手下的将领张宪谋反，然后又诬陷岳飞之子岳云给张宪写过谋反信，是同谋。凭借这些诬陷的罪名，岳云与张宪就稀里糊涂地被关进了监牢。接着，他又借口质问岳飞几个问题，令他到当时的国都临安（今浙江杭州）去。岳飞一到临安，就被捕入狱。

为了找借口处死岳飞，秦桧宣布岳飞、岳云和张宪共同策划谋反。当被质问"岳飞抗金，何罪之有？岳飞谋反，证据何在"，秦桧支支吾吾，作出了回答："飞子云与张宪书虽不明，其事体莫须有。""莫须有"的意思，就是"大概有"。按照秦桧的授意，岳飞三人很快就被判处死刑。1142 年，岳飞在杭州风波亭遭到杀害，当时他只有 39 岁。秦桧知道，凭正当手段是无法除掉岳飞的，他就只好加给岳飞一个"莫须有"的罪名，仅仅凭猜测来给一个无辜者定罪，也就是无中生有地诬陷。由于这个颠倒黑白的故事，"莫须有"这个词一直流传至今。

像秦桧这样的小人没有道德负担，没有在基本道德意识之上产生的社会责任感，因而在他的心目中不存在所谓的群体大局、国家大事。小人心中的"大事"就是他的个人私利，就是他强烈欲望的满足，除此以外不会有任何别的内容。我们正常人所接受的教育是"国家和集体的利益高于一切"，而小人所接受的自我教育则是"个人的利益高于一切"，而且要坚决地凌驾于国家、集体利益之上，甚至将其彻底取消。这种观念上的分野使正常人和小人在面对某些事关国家、集体大局的选择时往往会作出完全不同的取舍，而这种取舍所导致的后果也是截然相反的。这种人能力越大，破坏力也越大。这注定他一生必以己之力毁人，真是可叹。

所以生活中，我们要小心提防这种小人，他们的私欲总是在自己身上游走不定，跟这样的人在一起，难免会触碰到他们敏感的神经，因此还是小心为妙。

唐朝有个叫卢杞的官员，是个心胸狭窄、阴险伪诈之人。此人生来相貌奇丑，铁青脸面，鼻子扁平，两个鼻孔朝天，眼睛小得出奇，世人都把他看成是个活鬼。这个人大概是因为胎记又长在了脸上，有强烈的自卑心，所以他对权力的欲望很大，后来曾居要位。《唐书》记载，他当了宰相之后忌能妒贤，凡是他看不顺眼的，就把人家杀死，通过这样的方式来立威，巩固权势。比如同朝为官的杨炎认为卢杞陋貌无识，同处台司，心里很不高兴，结果他被卢杞谮毁，被贬逐到崖州。朱泚叛乱，德宗逃亡到奉天，崔宁流泪论时事，卢杞听了非常反感，于是在德宗面前说崔宁与朱泚立过盟誓，崔宁因此被杀。

因为讨厌殿中侍御史颜真卿直言，德宗兴元元年淮西节度使李希烈叛乱时，卢杞想趁机借李希烈之手杀害他，派其前往劝谕，被李希烈缢死。这些事例，暴露了他强烈的自卑心理。也正是由于他有强烈的自卑心理，因此当别人看到他丑陋的样子时哪怕忍不住笑一下，他便认为别人瞧不起他而怀恨在心，然后伺机报复。

当时的郭子仪就处处防备这个小人。他让他的姬妾在卢杞来的时候躲起来，以防止因为失笑而遭灭门。于此，我们也可见卢杞之卑鄙。后来此人终不得善果。他在朝四年，人们怨声载道。泾原兵变后，京师失守，卢杞被大臣上疏指斥罪责，这个不可一世的卢杞，在建中四年十二月，被贬为新州司马。贞元元年，卢杞又被贬为澧州别驾。在赴澧州途中，病死于船里，连老家都没有回去。古代讲落叶归根，他客死他乡，也算是报应吧。

通篇来看，秦桧与卢杞，都曾位极人臣。他们本可以潇洒作为一番，为天下苍生谋福祉。但可惜的是二位官虽大，眼界却狭窄，只看到了自己身边的小世界，对无边的天下视而不见。真是可悲、可恨、可气、可叹。而我们对于生活中的这类诡诈之作风，不仅自己要严厉杜绝，同时对待这样的人也要小心谨慎，切莫入了对方的雷区。

聪明才智也有负面效应

提起《红楼梦》中的王熙凤，人们一方面惊叹于她无与伦比的治家才能、应付各色人等的技巧，一方面又感慨于她的结局。她就是因"机心"太重而遭悲惨结局的典型。

正如那曲《聪明累》所唱："机关算尽太聪明，反送了卿卿性命。生前心已碎，死后性空灵。家富人宁，终有个家亡人散各奔腾。枉费了，意悬悬半世心，好一似，荡悠悠三更梦。忽喇喇似大厦倾，昏惨惨似灯将尽。呀！一场欢喜忽悲辛。叹人世，终难定。"

王熙凤在贾府算是一个"巾帼英雄"了，她想尽各种办法，使用种种计谋，想使贾府振兴起来，或者至少维持着大家的局面，同时也积攒些家私。然而她的努力，她的"鞠躬尽瘁"，却换来了贾府上下一片不满，最终也没有使贾家有什么起色，死后甚至连女儿也保不住。凤姐"于世路上好机变，言谈去得"，"心性又极深细，竟是个男人万不及一的"，"少说着只怕有一万心眼子，再要赌口齿，十个会说的男人也说不过她呢"，"从小儿大妹妹玩笑时就有杀伐决断，如今出了阁，在那府里办事，越发历练老成了"，"真真泥腿光棍，专会打细算盘"，"天下人都叫你算计了去"，"嘴甜心苦，两面三刀"，

"上头笑着，脚底下使绊子"，"明是一盆火，暗是一把刀"，她都占全了。这些熟悉凤姐为人的各色人等对凤姐的评价，活脱脱展现出了一个机关算尽太聪明的人物。然而，就是这样一个十分精明的人物，却落得孤家寡人，身心劳碌至死，最终又一无所得的下场，岂不正应了"聪明反被聪明误"那句话了吗？

凤姐比一般人更多地体验了痛苦的折磨，且不说她在背后遭骂挨咒，劳心竭力，绞尽脑汁，就是死时的凄凉和死后的寂寞也会使她更显苦楚。

王熙凤不可谓不聪明，但导致她悲剧结局的因素不也这是因为她"太聪明"吗？"聪明反被聪明误"，正是这句话，点中了很多人的痛苦根源。

世人常因自己的聪明才智而自命不凡，投机取巧，最后葬送的却是自己。所以，老子反对标榜圣人，反对卖弄世智辨聪。春秋战国之间，善于奇谋异术的高人，一个比一个高明。然而，那个时代的世局也特别的动荡不安，人命危如累卵，随时都有被毁灭的可能。由于老子处于那个时代，深深感到痛苦和不满，因此便说："绝圣弃智，民利百倍。"人们如果不卖弄聪明才智，本来还会有和平安静的生活，却被一些标榜圣人、标榜智慧的才智之士搅乱了。

纵观古往今来，不少人都是因为处世用尽心机，或者聪明太盛，结果因此招来杀身之祸。三国时期的杨修就是以耍小聪明最终遭祸的典型。

据史记载，杨修是曹操门下掌库的主簿。此人生得单眉细眼，貌白神清，博学能言，智识过人。但他自恃其才，竟小觑天下之士。

一次，曹操令人建一座花园。快竣工了，监造花园的官员请曹操来验收察看。曹操参观花园之后，是好是坏是褒是贬一句话也没有说，只是拿起笔来，在花园大门上写了一个"活"字，便扬长而去。一见这情形，大家犹如丈二和尚，摸不着头脑，怎么也猜不透曹操的意思。杨修却笑着说道："门内添'活'字，是个'阔'字，丞相是嫌园门太窄了。"官员见杨修说得有道理，立即返工重建园门，改造停当后，又请曹操来观看。曹操一见重建后的园门，不禁大喜，问道："谁知道了我的意思？"左右答道："是杨修主簿。"曹操表面上称赞杨修的聪明，其实内心已开始忌讳杨修了。

又有一回，塞北送来一盒酥饼孝敬曹操，曹操没有吃，只是在礼盒上亲笔写了三个字"一合酥"，放在案头上，自己径直出去了。屋里其他人有的没有理会这件事，有的不明白曹丞相的意思，不敢妄动。这时正好杨修进来看见了，便堂而皇之

儒家佛家道家经典

道家做人

八六〇

地走向案头，打开礼盒，把酥饼一人一口地分吃了。曹操进来见大家正在吃他案头的酥饼，脸色一变，问："为何吃掉了酥饼？"杨修上前答道："我们是按丞相的吩咐吃的。""此话怎讲？"曹操反问道。杨修从容地应道："丞相在酥盒上写着'一人一口酥'，分明是赏给大家吃的，难道我们敢违背丞相的命令吗？"曹操见又是这个杨修识破了他的心意，表面上乐哈哈地说："讲得好，吃得对，吃得对！"其实内心已对杨修产生厌恶之情了。可杨修还以为曹操真的欣赏他，所以不但没有丝毫收敛，反而把心智用在琢磨曹操的言行上，并不分场合地卖弄自己的小聪明，也不断地给自己埋下祸根，最终因"鸡肋"事件被曹操诛杀。

《庄子·人间世》中庄子借圣人孔子之口说："且以巧斗力者，始乎阳，常卒乎阴，泰至则多奇巧。"由此可见"机心"显现的形态。一个人如果总是以"机心"去对待身边的人和事，迟早会遭到别人的打击报复，即使别人一时报复不了你，你也会因殚精竭虑，谋划保护自己的各种措施，以致劳神伤心。如果你想要得的东西始终得不到，又会陷入欲望不能满足的泥潭之中。用这样的机心去对待身边的各种人和事，你怎么能不心生痛苦呢？

苏东坡在其《洗儿》一诗中这样写："人皆养子望聪明，

我被聪明误一生。唯愿孩儿愚且鲁，无灾无难到公卿。"苏东坡对自己一生因聪明而受的苦真是刻骨铭心，以至于希望自己的儿子愚蠢一点，才能躲避各种灾难。所以说处世为人，千万不可被聪明所误，过于聪明正是许多人的痛苦之源。人生也是如此，人人都玩弄聪明才智，只会让世界繁杂凌乱，绝圣弃智，才能朴实安然地生活。

势利心愈重烦恼愈多

一个人为什么会产生"机心"？因为人的心里藏有势利的种子，因为势利才产生"机心"。从某种意义上说，势利就是一种欲望。正如《庄子·大宗师》中所说："其嗜欲深者，其天机浅。"欲望越多，痛苦也越多，满心的势利，实则是人生的大悲哀。人心不足蛇吞象，想想蛇吞象的样子，会是一种什么感受——咽不进，吐不出，要多别扭有多别扭。势利心愈重，烦恼愈多，什么都想要，最后可能什么也得不到，反而一辈子将自身置于忙忙碌碌、钩心斗角之中。这样活着，未免太累！如果少一些势利心，是不是也会少一些痛苦呢？

从前，有两个很要好的人一同结伴远行。两人背上行囊，风尘仆仆地上路，誓言不达目的地绝不返家。

二人走了两个多星期之后，遇见了一件十分奇异的事。一位白发长者站在路中央，仙风道骨，一看就是神仙般的人物。于是他二人跪地膜拜一番。其中一人突发奇想，心中自忖，今日得此机缘为何不求求这位神仙，说不定能满足我的愿望呢？于是开口向这位仙人求道：我二人远行至此，有幸得见仙驾风采，想来定是前世机缘，敢问这位仙人，可否满足我们兄弟二人的小小的愿望呢？另一人闻言随声附和：是啊是啊！

　　神仙闻言，捋着白须说道：那好吧！那我有个约定在先，你们当中一个人先说，他的愿望一定会马上实现；而第二个人，就可以得到那愿望的两倍！"

　　二人闻言，心中又一番思量。其中一人心想："这太棒了，我已经知道我想要许什么愿，但我不要先讲，因为如果我先说，我就吃亏了，他就可以得到双倍！不行！"而另外一人也是一样的心思。于是，两人就开始客气起来，"你先讲嘛！""仁兄你比较年长，你先说！""不，应该你先！"二人彼此推来推去，"客套地"推辞一番后，就开始不耐烦起来，气氛也变了，"阁下实在麻烦！你先来！""为什么我先！而不是你先？"

　　两人推到最后，其中一人生气了，大声说道："喂，你真是个不识相、不知好歹之人，你若再不说，我就把你的狗腿打断！"另外一人一听，没有想到他的朋友居然变脸，竟然来恐吓自己！于是想，你这么无情无义，我也不必对你太有情有义！我没办法得到的东西，你也休想得到！于是，他干脆把心一横，狠心地说道："好，我先说！我希望——我的一只眼睛——瞎掉！"

很快的，这个人的一个眼睛马上瞎掉了，而与他同行的好朋友也立刻两个眼睛都瞎掉！

这二人的遭遇实在可悲，虽是故事，却大有警示教谕之意。导致他们悲惨结局的恰恰是他们自己，是他们心中的挥之不去的欲望，是他们为势利所迷惑的缘故。

人生的许多沮丧都是因为得不到想要的东西。其实，我们辛辛苦苦地奔波劳碌，最终的结局不都是只剩下埋葬我们身体的那点土地吗？伊索说得好："许多人想得到更多的东西，却把现在所拥有的也失去了。"这可以说是对得不偿失最好的诠释。

其实，人人都想过美满幸福的生活，都希望丰衣足食，都无法真正摆脱势利心，这是人之常情。但是，如果把这种欲望的机心变成不正当的欲求，变成无止境的贪婪，那我们就无形中成了机心的奴隶。在欲望的支配下，我们不得不为了权力、为了地位、为了金钱而削尖了脑袋向里钻。我们常常感到自己

非常累，但是仍觉得不满足，因为在我们看来，很多人比自己生活得更富足，很多人的权力比自己大。所以我们别无出路，只能硬着头皮往前冲，在无奈中透支体力、精力与生命。

每个人的世界都是他自己造成的。一个人心中充满势利心，就会因此而衍生出困难、恐惧、怀疑、绝望、忧虑等各种各样的情绪。一个人若是使自己的思想里充满了困难、恐惧、怀疑、绝望、忧虑的东西，那么他就难以走出悲愁、痛苦的境地。但他若能抱着乐观的态度，那么就可使蒙蔽心灵的种种阴霾烟消云散。

凡是能够保持坚定信念的人，一定懂得用希望来代替绝望，用坚韧来代替胆怯，用决心来代替犹豫，用乐观来代替悲观。一个人如果能拥有良好积极的思想、乐观愉悦的精神，那么他定能肃清一切心灵上的敌人，这样的话，就要比那些沮丧、失望、犹豫的人们有利得多！

庄子说，人生如"白驹过隙"，生命在拥有和失去之间很快就流逝了。人的心灵空间需要自己去经营，如果在自己的心中装满势利、欲望、各种算计机关，我们的心灵哪里还有空间去承载别的呢？

名心褪尽时，悠然见南山

在《庄子·人间世》中，庄子借孔子之口说出了一句人生的名言："名也者，相轧也；知也者，争之器也。"人为了求名，不择手段，将自己的知识技巧作为斗争的工具，最终为名所困。

人最高的道德，就是把这个"名心"抹平。就像庄子所讲的，"一以己为马，一以己为牛"，人家叫我是牛，很好，叫我是马，也好，人把虚荣心去掉了，一任时人牛马呼。

世界上有很多人，为了达到一己的目的，不择手段，超过了道德的范围，破坏了人生行为的标准。他们为什么不能守住自己的本分呢？多数情况下，是因为名心的驱使。

一只芦花鸡总是丢蛋，女主人每天都要四下寻找。后来，邻居告诉她一个方法：这鸡丢蛋丢野了，放个"引蛋"，它就不会乱跑了。于是主人把芦花鸡放进草筐的时候，在鸡的肚子下放了一个鸡蛋，果然，芦花鸡不到处乱跑了。后来，主人再放进去的，只是两半对接的蛋壳，芦花鸡下蛋的时候径自奔着那草筐去了。有一次，另一只鸡提前占了它的窝，芦花鸡安静地在旁边等了一会儿，直到那只鸡把蛋下出来，它才探头探脑地跳了上去。再后来，主人干脆放进去一个半圆的土豆，那鸡也照样上去。那个土豆在草筐里整整待了一个夏天。秋天的时候，土豆已经干瘪得又黑又蔫，但芦花鸡因为这个土豆，没有再丢过一个蛋。

其实，人又何尝不是如此呢？许多人都习惯性地奔赴一个既定的目标，在生活中重复着芦花鸡和土豆的故事，而这个土豆便是让人无法轻易描绘出的"名心"。

争名逐利，不是道德的行为，不是真正懂得人生。道家看来，人心就是名心，当名心褪尽，人之私欲不存，天理凸显，道心始生。

当名心褪尽，道心自然而生。

陶渊明不为五斗米折腰，弃官隐居，日出而作，日落而息，悠然自得于乡野之间，洋洋洒洒地留下众多千古流传的佳作。崇尚自然，是陶渊明道心的核心，它主要体现在两个方面：一是人生态度，二是创作态度。在看待生命问题上，他任性洒脱，顺其自然，表现出超然无惧的清旷风度；在看待生活问题上，他贵身尚生，遗形取神，表现出应物而不累于物的处世风貌；在看待归耕问题上，他追求质性自然，保持个性舒展，表现出超凡脱俗的人格情操；在看待精神问题上，他称心

足意，归朴守真，反叛"诗言志"，表现出体同大化的名士风貌。道心的滋生，使他吟出了"久在樊笼里，复得返自然"（《归园田居五首》其一）的感叹。他向往桃花源似的生活，在《劝农》一诗中他以"悠悠上古，厥初生民。傲然自足，抱朴含真"表达了对上古之时人民淳朴、以真性生活的向往。他之所以弃儒入道，在他的《癸卯岁始春怀古田舍二首》其二中，"先师有遗训，忧道不忧贫。瞻望邈难逮，转欲志长勤"作出了最好的解释。

陶渊明的境界让人心生向往。确实，现代人久在樊笼里，追逐名利之心日盛，甚至不少人在利益的追逐中尔虞我诈，原本纯净的心在红尘俗世中日渐蒙尘。

其实，一旦我们回归到世道本真上来，就会发现，人世的繁华与争斗其实都是负累，也是我们不快乐的原因所在。钩心斗角、追名逐利，不如宁静淡泊，抱朴守真，谨守着文人最单纯的本分，所谓褪尽名心道心生，我们也可以如陶渊明一般"采菊东篱下，悠然见南山"。

外曲还须内直

在《庄子·人间世》一篇中，庄子假托孔子与其弟子颜回对话来讲述为人处世的道理。颜回被孔子当场一骂，有点领悟了：然则我内直而外曲，成而上比。

内在方直而外面曲成，这就是"外圆内方"，外面圆融一点，和人家接触和蔼一点，里头还是修我的道。慢慢地彼此向形而上道走，这样总可以吧。庄子提出三个要点：一是"内直"，里面修道，直心是道场；二是"外曲"，外面圆滑一点；三是"成而上比"，彼此慢慢升华。

在这里我们除了要领会"外曲内直"四字外，还有很重要的一点不容忽视，那就是庄子隐含了一层意思，即内里必须正直，如果缺乏这个，那么人的外在的"曲"就会失度。其实，内直是外曲的中轴线。

庄子眼中，"内直"是对的，脑子里面一天到晚空空洞洞，没有杂念，没有妄想。这是初步的功夫。儒家所讲的"清明在躬"，永远是清明；拿佛家来讲，心里是空的，清清静静，这就是"内直"。"内直者，与天为徒"。这样才可以天人合一。"与天为徒者"，效法天了，就是老子说的"人法地，地法天"，那么，看人世间一切平等。孔子接着说："而独以己言蕲乎而人善之，蕲乎而人不善之邪？"那么，你心里既然常常是空的，又何必要人相信你的意见，听你的话呢？你是要求人家认为你对，还是要求人家认为你不对呢？对与不对两边，都是落偏见了嘛，既然有了偏见，你内在修养就已经不"空"了嘛！就已经不"直"了嘛！

一个人如果能够做到处世八面玲珑，而内心却始终固守着最初的人生观、价值观，那么他已经达到了一定的人生境界。外事外物无法动摇他的初心。历史上不乏谙于此道的智者，在两千年前的魏国大殿里，上演了这样一幕。

魏王攻占了一座城池，大宴群臣。宴席之上，魏王问文武百官："你们说我是明君呢，还是昏君呢？"百官多是趋炎附势之徒，纷纷说："大王是一代明君。"正当魏王飘飘然时，问到任座，正直的任座却说："大王是昏君。"魏王如被泼了一盆冷水，问："何以见得？"任座说："大王取得了城池，没有按顺序分给您的弟弟，而是分给了您的儿子，可见您是昏君。"魏王恼羞成怒，令手下把任座赶了出去，听候发落。接着问下一个臣子，这位大臣说："大王是明君。"魏王心中暗喜，忙问："何以见得？"这位大臣说："臣曾听说明君手下多出直臣。现在大王手下有像任座这样的直臣，可见大王是明君！"听罢，魏王赶快把任座重新请进来赴宴。

这是《资治通鉴》中记载的一段旧事，那些趋炎附势的大臣说魏王是明君，完全是出于保全自己与升官发财的私心，是

圆滑，起到的作用只能是使魏王更加昏庸。任座敢于不畏权势，直言进谏，非常了不起。可是因为不能包容魏王作为君王的颜面心理，不但没起到作用，反而自己被赶出去。而后一位大臣显然有更大的智慧。他心里能够明辨是非，非常清楚魏王是昏君，但为了使魏王能够纳谏，他顺从了魏王的心态，先说他是明君。因为这位大臣的心是为了帮助魏王的，所以他说出这句话与那些趋炎附势之徒有本质区别，起到的作用也就不同。然后他在解释中婉转地告诉了魏王他就是个昏君，明君应该如何做。结果不但使魏王纠正了昏君的所为，而且还解救了任座。

这位大臣对问题的认识已经跳出了事情表面与当时的真与假，而更看重要使其人其事向什么方向去发展。他并不急于宣泄自己的认识，而是考虑到对方的接受能力。虽然魏王当时不是明君，但这位大臣说他是明君，并告诉他明君是什么样，就把对的东西、明君的作为在魏王面前确立了下来，起到了劝善的作用，引发了魏王真正向善的心，于是魏王自然就变好了。这也就是把方圆拿捏到位的力量。

上文中第一种人一心曲意逢迎，为人圆滑却失其德，失其筋骨；而任座过于刚正，险些因之获罪；最后一位大臣，柔中带刚，既使魏王喜悦，又救了人，是最上乘的处世之道，即内

方外圆之道。

方是做人之本，是堂堂正正做人的脊梁；圆是处世之道，是妥妥当当处世的锦囊妙计。只有内方，具有正直的品格，为人处世才能无愧于天地，但是月满则亏，水满易盈，过于刚直则易折，因此凡事要学会变通，要讲究圆融，即外圆。外圆是以万变来处理内方这一不变。懂得这一道理，行走于人世间就能随心所欲了。

水至清则无鱼，人至察则无徒，凡事要掌握分寸，把握好度，正确运用处世的方法谋略，八面玲珑，左右逢源，让人生之路通达顺畅。古代的钱币总是内方外圆，就像钱币一样，一个人也必须禀持这种做人的原则。方在内圆在外：内表示我们自己的内心，外表示我们待人接物为人处世；外圆表示我们为人处世要圆融一些、方便别人，我们自己的原则要有，但原则在内心中，不必处处示人；此外，内方外圆也表刚柔相济、内刚外柔的处世哲学。若是方在外，则必然处处碰壁，因为棱角分明必然与周围人发生摩擦、碰撞。

内直外曲，并不是胆小怕事，实在是面对这个世界的尖锐时不得不用的一种智慧。

彼此敞开，坦诚相待

"绝学无忧"是一门很高深的学问，绝学就是不要一切学问，什么知识都不执著，人生只凭自然，无忧无虑，无牵无挂，以一种清明客观的态度，深刻独到的见解，独立于世。

在讲述"绝学无忧"的学问时，老子谈到了道德最高修养的标准。他说："唯之与阿，相去几何？善之与恶，相去何若？人之所畏，不可不畏。""唯"与"阿"两字，是指人们讲话对人的态度，将二者译成白话，在语言的表达上都是"是的"。但同样一句话，"唯"是诚恳接受，"阿"是阿谀逢迎。虽然，有时说话需要婉转，但真理是没有讨价还价的余地的，唯唯诺诺实乃小人之举。

老子说这些道理，并非教人们以尖刻的眼光，专门去分析周围人的言行举止，不要误读了老子的苦心，处处吹毛求疵，应该反求诸己，时时警醒，学习真诚不佞的"唯"，避免虚伪造作的"阿"。《韩非子》里记载了两则有关阿谀奉承、献媚取宠的历史故事，借以警戒世人。

春秋时，晋楚鄢陵之战中，楚国大将子反出任中军统帅，酣战之际，口中干渴，想要喝水。子反平素嗜酒如命，身边的

侍从竖毂阳知道他好杯中物，便乘机讨好他，奉上一大杯酒。子反见后，既高兴又担心，说了一句："嘻！拿下去吧，这是酒嘛。"竖毂阳不但不替换，还替他掩饰道："这不是酒。"子反将错就错顺势一饮而尽，竖毂阳又连续奉杯，使子反喝得酩酊大醉。结果由于子反指挥失误，楚师溃不成军，楚王也被晋军射伤了眼睛。楚王得知内情，勃然大怒，将子反斩首示众。

与此相同的还有晋国大臣文子，文子嗜好声色玩物，其手下一个小官吏便处处投其所好，献媚取宠。文子喜欢音乐，他立即送上鸣琴；文子喜欢佩饰，他就奉上玉环。由于该小吏一味谄谀，助长了文子的恶习，结果文子被驱逐出宫。

此二人皆是失足于身边的阿谀奉承之中。可见，为人处世，一味阿谀逢迎，虚伪造作，终将为人所不齿。俗话说，读史学做人，我们可以从历史人物身上学到许多为人处世的道理。从进言的角度看，真诚不佞，即便点头称是，也不是唯唯诺诺；阿谀献媚，即便自作聪明的批评，也是虚伪的变相逢迎。从纳言的角度看，喜忠直，耳畔便多逆耳忠言；耳根软，听到的便多是献媚之词。这是历史与现实共同教给我们的经验教训。

所以说，我们无论是为人、处世、治学、立家，即使高高在上或是沦为小小市民，都要妥善处理"唯"和"阿"的关系。

所以说做人与其戴着面具相互吹捧逢迎，不如彼此敞开，坦诚以待，虽然谏言多半逆耳，但是却可以让人进步和免于继续犯错误。阿谀逢迎的话说久了，谁都会腻，唯有真诚才能换来真心真情，长久来看，对自己对别人其实都是一件好事。

就像老子说的，唯之与阿，相去几何。其实，做人如果有"唯"的真诚，不管学习还是生活都能"绝学无忧"；反之如果终日爱好"阿"，不管是被人吹捧还是吹捧别人，没多久就要出事，生活的忧虑就如滔滔江水，连绵不绝了。

收好一颗机心，放好一颗初心

庄子在《庄子·逍遥游》中描述的是人生的一种境界，它所寓意的是超出了一切日常规范束缚的人的本真状态。《庄子·人间世》一篇中，庄子用七个寓言来讲述自己对人间世各种世态状况及应对措施的见解。明末清初大思想家王夫之在其《庄子通》一书中对此作了解释，他强调，个人身处世间，不可"挟心而与天下游"，否则就会像"韩非知说之难，而以说诛。扬雄知白之不可守，而以玄死"。既然一个人不可"挟心而与天下游"，那就说明人生在世，不可处处怀揣着一颗世故机心，而要学会放好自己的那个初心，能够"以真示人"。但很多人都自认为聪明，可以骗得了天下人，其实，人的智慧相差无几，一个人的那点小小的伎俩怎么可能瞒得了其他人呢？捷克作家米兰·昆德拉说："人类一思考，上帝就发笑。"因此，一个人在这个社会上生存，不要总以势利世故心待人做事，甚至有时使用一些手腕希冀自己能够"瞒天过海"，否则到终了受害的还是自己。

东晋时，王家是大家族，社会地位很高，因此当时的太尉郗鉴就想在王家挑选女婿。郗鉴这个女儿，才貌双全，郗鉴爱如掌上明珠，这么一个宝贝女儿，一定要找个门当户对的人家。郗鉴觉得王家与自己情谊深厚，又同朝为官，听说他家子嗣甚多，个个才貌俱佳。一天早朝后，郗鉴就把自己择婿的想法告诉了王丞相。王丞相说："那好啊，我家里子嗣很多，就由您到家里任意挑选吧。凡您相中的，不管是谁，我都同意。"郗鉴就命心腹管家带上重礼到了王丞相家。王府子弟听说郗太尉派人觅婿，都仔细打扮一番出来相见。寻来觅去，一数少了一人。王府管家便领着郗府管家来到东跨院的书房里，就见一个袒腹的青年人仰卧在靠东墙的床上，似乎对太尉觅婿一事无动于衷。郗府管家回去向郗鉴报告："王家的少爷个个都好，他们听到了相公要挑选女婿的消息以后，个个都打扮得齐齐整整，装模作样，循规蹈矩，唯有东床上有位公子，袒腹躺着，若无其事。"郗鉴说:"那个人就是我所要的好女婿!"于是马上派人再去打听,原来那人就是王羲之。郗鉴来到王府,见到王羲之既豁达又文雅,才貌双全,当场下了聘礼,择为快婿。

王羲之因为自信倜傥,也更因为心中没有通常世俗人的处世机心,所以并不为有人来挑选女婿就刻意打扮自己,反而袒腹东床,自顾自无拘无束,却因此得到赏识,这正是他天真本色示人的结果。可见做人收好一颗机心,以真示人,放好初心,更能为自己争得立足的天地。

相反,一个人假若总是想着如何从这个世界中攫取什么利益,或者迎合世人,处心积虑地生活,不仅自己活得累,最后也往往适得其反。

其实生命就像一个沙漏。在沙漏的上半部,有成千上万的沙子。它们在流过中间那条细缝时,都是平均而且缓慢的,除了弄坏它,谁都没办法让很多沙粒同时通过那条窄缝。人,也如同沙漏,每天都有一大堆的烦心事等着我们去做,但是我们必须一次一件慢慢来,否则沙粒便将堆积于心。这就是所谓的"沙漏法则"。

世上的美好有很多,但如果我们想把它们都装在自己心里,心灵承受得了吗?所以生活中,我们不妨常常告诫自己:做人当懂得奉行这种"沙漏哲学"。"一次只流过一粒沙子就行了"。

一个人在社会上面对生活中的诱惑久了，心中免不了受到大众的浸染，充满机心，这时候我们该怎么办？不妨试试故事所说的"沙漏法则"，让心中的势利机心漏出。

其实，人的心灵能否体验到安宁、自由和幸福，关键在于干净与否。不净则不静，不静就会为各种烦恼所困扰，生活在追名逐利的尘世之中，周围弥漫着自私自利的气息，甚至有污秽肮脏的恶臭，你若同流合污，可能一时痛快，却要经受长期的心灵煎熬，无论现实生活还是历史中，这样的教训实在是太多了。

所以说，做人不如学习道家，收好一颗机心，放好一颗初心，人生自然简单快乐。

人生如水，游刃有余

道家讲"上善若水，厚德载物"，人如要效法自然之道的无私善行，便要做到如水一样，保持至柔之中的至刚、至净、能容、能大的胸襟和气度。观水可以学做人。以"天下之至柔，驰骋天下之至坚"；灵活处世，不拘泥于形式，润泽万物，有容乃大，通达而广济天下，奉献而不图回报。一切作为，应如行云流水，义所当为，理所应为，生机无限。做过了，如雁过长空，不着丝毫痕迹，没有纤芥在心。

水中感悟做人道

古语有云："以铜为鉴，可正衣冠；以古为鉴，可知兴替；以人为鉴，可以明得失。"站在镜子面前，自己的模样一清二楚。古人常说，观水自照。因为水可为镜，观水做人，可知自身得失。镜如水，水即是镜。但镜、水之间的大不同是，水蕴涵的内容更多，变化也更多。人生在世，若能将水的特性发挥

得淋漓尽致，可谓完人，道家讲"上善若水，厚德载物"就是如此。

道家对"水"的描述和发挥可谓深刻。老子说："上善若水。水善利万物而不争，处众人之所恶，故几于道。居善地，心善渊，与善仁，言善信，正善治，事善能，动善时。"一个人的行为如果能做到如水一样，善于自处而甘居下地，所谓"居善地"；心境像水一样，善于容纳百川的深沉渊默，所谓"心善渊"；行为举止同水一般助长万物生灵，所谓"与善仁"；言语如潮水一样准则有信，所谓"言善信"；立身处世像水一样持平正衡，所谓"正善治"；担当做事像水一样调剂融和，所谓"事善能"；把握机会，及时而动，做到同水一样随着动荡的趋势而动荡，跟着静止的状况而安详澄止，所谓"动善时"；遵循水的基本原则，与物无争，与世无争，永无过患而安然处顺，便是掌握天地之道的妙用了。

把心放得平坦，如水般自然，生死对于一个人来说都可以安稳度过，活着始终快乐，死也并不难过，所以人们还是应当心往好处想，不论何时何事，只要仍在人间，就要自在逍遥。因为快乐与痛苦，许多时候就在人们的心中，选择哪一个，都由自己来决定。

中国古时有一位官员被革职遣返，他心中苦闷，无处排解，便来到他的老师家中。老师静静听完了此人的倾诉，将他带入自己的书房之中，桌上放着一瓶水。老师微笑着说："你看这只花瓶，它已经放置在这里许久了，几乎每天都有尘埃灰烬落在里面，但它依然澄清透明。你知道这是何故吗？"此人思索良久，仿佛要将水瓶看穿，忽然他似有所悟："我懂了，所有的灰尘都沉淀到瓶底了。"

老师点点头："世间烦恼之事数之不尽，有些事越想忘掉越挥之不去，那就索性记住它好了。就像瓶中水，如果你厌恶地振荡自己，会使一瓶水都不得安宁，混浊一片；如果你愿意慢慢地、静静地让它们沉淀下来，用宽广的胸怀去容纳它们，这样，心灵并未因此受到污染，反而更加纯净了。"官员恍然大悟。

"到江送客棹，出岳润民田"，这是水的宽容，古人十分推崇此等厚德载物的品质。水具有滋养万物生命的德性，使万物得其润泽，而不与万物争利；永远不居高位，不把持要津，在这个永远不平的物质世界中，宁愿自居下流，藏垢纳污而包容一切。"水唯能下方成海，山不矜高自及天"，其气节之高尚，实为上乘。

所谓"大海不容死尸"，说明水性至洁，表面藏垢纳污，实质却水净沙明，晶莹剔透，至净至刚，不为外物所染。儒家观水，子在川上曰："逝者如斯夫，不舍昼夜。"因其长流不息，能普及一切生物，有德；流必向下，不逆成形，或方或长，必循理，有义；浩大无尽，有道；流几百丈山涧而不惧，有勇；安放没有高低不平，守法；量见多少，不用削刮，正直；无孔不入，明察；发源必自西，立志；取出取入，万物就此洗涤洁净，善于变化。

所以道家很看重水，主张观水可以学做人。做人若能始终保持一颗平常心态，和其光，同其尘，愈深邃愈安静；至柔而有骨，执著能穿石，以"天下之至柔，驰骋天下之至坚"；齐心合力，激浊扬清，义无反顾；灵活处世，不拘泥于形式，因时而变，因势而变，因器而变，因机而动，生机无限；清澈透明，洁身自好，纤尘不染；一视同仁，不平则鸣；润泽万物，有容乃大，通达而广济天下，奉献而不图回报。

守柔如雁过无痕

道家主张守柔无为，老子说："天下之至柔，驰骋天下之至坚。"意思是说天下最柔弱的东西，可以变通穿行于最坚硬的东西之中。为什么会如此呢？因为柔弱的东西会变通，它善于改变自己。这就是柔弱胜刚强的道理。《道德经》里老子还讲道，"万物作焉而不辞，生而不有，为而不恃"。老子告诉人

们，天地间的万物，不辞劳苦，生生不息，但并不将成果据为己有，不自恃有功于人，如此包容豁达，反而使得人们更能体认自然的伟大，并始终不能离开它而另谋生存。所以上古圣人，悟到此理，便效法自然法则，用来处理人事。

做人处世，效法天道，尽量地贡献出自己的力量，不辞劳苦，不计名利，不居功，秉承天地生生不息、长养万物的精神，只有施出，而没有丝毫占为己有的倾向，更没有要求回报。人们如能效法天地而做人处事，才是最高的道德风范。而计较名利得失，怨天尤人，便是与天道自然的精神相违背。所谓"处无为之事"说的就是"为而无为"的原则：一切作为，应如行云流水，义所当为，理所应为，做应当做的事。做过了，如雁过长空，不着丝毫痕迹，没有纤芥在心。

关于有为与无为，我们从老子那段"齿与舌"的故事里能了解得更多。

商容疾据说是纣王时的大夫，因屡次直谏荒淫无道的纣王，结果遭到贬谪。后来纣王剖比干，囚箕子，逐微子，商容疾感到心寒，便躲进深山之中，避世隐居，不问世事。武王灭亡商朝后，天下大定。周室表彰商容疾闾里，想召他出山，商容疾婉言谢绝。他遗世独立，静心养性，修得一副道骨仙颜，虽然年岁已过数百，仍然精神矍铄，面色如童。到了春秋末年，老子降世，商容疾知道他不是平凡人物，便收他为弟子，传授他天地玄机、处事妙道，所以老子后来成为一代圣人。

有一次，商容疾得了重病，自知将不久于人世。老子匆匆赶来问候老师。他先询问了老师的病情，然后对老师说："先生的病确实很重了，有什么教导要嘱咐弟子的吗？"

商容疾说："乘车经过故乡的时候要下车，你知道这是为什么吗？"

老子说："过故乡而下车，大概是表示要不忘故乡吧？"

商容疾说："对了！那么，经过高大的古树的时候，要快速地走过，你知道这是为什么吗？"

老子说："经过高大的古树要快速地走过，这大概是说要尊敬德高望重的长者吧？"

商容疾说："是啊！"

然后张开嘴给老子看，说："我的舌头在吗？"

老子说："在。"

商容疾又说："我的牙齿还在吗？"

老子说："不在了。"

商容疾说："你知道这是什么道理吗？"

老子说："舌存而齿亡，这不是说刚强的东西已经消亡了，而柔弱的东西还存在吗？"

商容疾说："说得好啊！天下的事理正是这样。你没看见那水吗？天下万物，没有什么比水更柔弱的了。然而积水为海，则广阔无际，深不可测，大至于无穷，远极于无涯。百川灌之，无所增加；风吹日晒，没有减少。上天则为雨露，下地则为润泽。万物没有它不能生长，百事离开它不能成功。奔流起来不可遏止，无形无状不可把握。剑刺不能伤害它，棒击无法打碎它。刀斩不会断，火烧不能燃。锋利无比，可以磨灭金石；强健至极，可以承载舟船。深可渗进无形之域，高可翱翔于缥缈之间。涓涓细流回旋于川谷之中，滔滔巨浪翻腾于大荒之野。水为什么能够具有如此大的威力？因为它柔软润滑，所以能够出于无有，入于无间，攻坚克强，无可匹敌。弱而胜强，柔而克刚，世上没人不知，然而无人能行。你明白了吗？"

老子说："先生说得太好了！天下之至柔，驰骋天下之至坚，确实是万世不易的定理。人活着的时候，身体柔软脆弱，死后尸体就变得僵硬坚挺。草木活着的时候，又柔又软，一死就变得枯槁坚硬。所以，刚强的东西是走向死亡的东西，柔弱的东西是生机勃勃的东西。军队太强大，容易被消灭；树木太坚硬，容易被吹折。两国相争，弱国胜；两仇争利，柔者得。皮革太坚固，容易破裂；牙齿比舌头硬，所以先消亡。坚强的东西能胜不如自己的东西，柔弱的东西则克超过自己的东西。

所以强大的东西处于劣势，柔弱的东西居于上风。积弱可以为强，积柔也就变成刚。欲刚必以柔守之，欲强必以弱保之。"

商容疾面露欣慰的笑容，说："你已经得到大道了。天下之理都已被你说尽了，我还有什么需要留给你的呢！"

满齿不存，舌头犹在，无为而作，才能完成应当所为之事。所以，有时，不必偏执地追求"有为"和"大用"。

历史上像老子一样懂得柔弱清净的人物也不少，比如清朝的曾国藩在为官方面，便是一生恪守"清静无为"的思想。表面上看似柔弱，无所作为，却能悠游自适，成就大业，就是因为他谙熟了老庄"柔弱胜刚强"的处世之道。

这正如许多世间之法则，不要走向极端，因为那更容易灭亡。而做人善于走在两个极端之间，守柔无为能如雁过长空，不存纤芥，这才是智慧，只有这样，才能使自己更长久地生存下去，并开创出一番事业。

欲认识世界先认识自己

《庄子·齐物论》里记载了一段十分有名的庄周梦蝶的故事。说："昔者庄周梦为胡蝶，栩栩然胡蝶也，自喻适志与！不知周也。俄然觉，则蘧蘧然周也。不知周之梦为胡蝶与，胡

蝶之梦为周与？"

在这里，庄子用他亦真亦幻的语言向我们讲述了自己的这样一个梦：过去庄周梦见自己变成蝴蝶，欣然自得地飞舞着的一只蝴蝶，感到多么愉快和惬意啊！不知道自己原本是庄周。突然间醒来，惊惶不定之间方知原来是我庄周。不知是庄周梦中变成蝴蝶呢，还是蝴蝶梦见自己变成庄周呢？

在这个时候，庄子忘记了自己到底是谁，是蝴蝶？是庄周？分不清楚。看，这就是庄子，我们可以从他的观点中生发出这样一个问题：自己到底是谁？我们到底是否能够明确地认识自己？人生烦恼的根源究竟是什么？如何从这些烦恼中解脱出来？

一个人被烦恼缠身，于是四处寻找解脱烦恼的秘诀。

有一天，他来到一个山脚下，看见在一片绿草丛中有一位牧童骑在牛背上，吹着横笛，逍遥自在。他走上前问道："你看起来很快活，能教给我解脱烦恼的方法吗？"

牧童说："骑在牛背上，笛子一吹，什么烦恼也没有了。"

他试了试，却无济于事。于是，他又开始继续寻找。不久，他来到一个山洞里，看见有一个老人独坐在洞中，面带满足的微笑。他深深鞠了一个躬，向老人说明来意。老人问道："这么说你是来寻求解脱的？"

他说："是的！恳请不吝赐教。"

老人笑着问："有谁捆住你了吗？"

"没有。"

"既然没有人捆住你，何谈解脱呢？"

他蓦然醒悟。

生活中的我们又何尝不是像这个人一样四处寻找解脱的途径？殊不知，并没有谁捆住我们的手脚，真正难以摆脱的是羁绊心灵的那个瓶颈。

世上本无事，庸人自扰之。阻挡自己前进的障碍往往并非道路的艰险，而是人自身。

"螳螂捕蝉，黄雀在后"，庄子为什么会在雕陵栗树林中遭受守园人的责问，就因为他被自己蒙蔽了，忘记了审视自己。现实生活中，很多人过得并不如意，这时，你必须省察自身，你的境况是怎么造成的。很多时候，省察的结果往往会使你大吃一惊，进而恍然大悟。

尼采在《道德的系谱》的前言中，也针对"认识你自己"来大做文章。他说："我们无可避免跟自己保持陌生，我们不明白自己，我们搞不清楚自己，我们的永恒判词是：'离每个人最远的，就是他自己。'——对于我们自己，我们不是'知者'……"

认识你自己吗？谈何容易！一辈子不认识自己而做出了可耻可悲的事情的不是大有人在吗！今天不是还有一部分人正是由于不认识自己，不能充分理解生活的幸福，经受一点点挫折、打击就悲观、失望、苦恼、抱怨、彷徨，终于在唉声叹气、无所作为之中把时光白白浪费掉了么！

认识你自己罢！作为一个想正正经经做一番事业的人，对自己先要有个正确的认识，这难道不应当是一个起码的要求吗？比如说，你可能解不出那样多的数学难题，或记不住那样多的外文单词，但你在处理事务方面却有特殊的本领，能知人善任、排难解纷，有高超的组织能力；你的理化也许差一些，但写小说、诗歌是能手；也许你分辨音律的能力不行，但有一双极其灵巧的手；也许你连一张桌子也画不像，但是有一副动人的歌喉；也许你不善于下棋，但是有过人的想象力。在认识到自己长处的这个前提下，如果你能扬长避短，认准目标，抓紧时间把一件工作或一门学问刻苦认真地做下去，久而久之，自然会结出丰硕的成果。鲁迅说过，即使是资质一般的人，一个东西钻上 10 年，也可以成为专家，更何况它又是你自己的长处呢？

古人早就说过："临渊羡鱼，不如退而结网。"一个人生活在这个世界上，首先要做的事就是认识自己，只有认识自己，才能了解自己，才能真正明白自己的心灵究竟需要什么。

认识自己是人生智慧的开始。认识自己吧，顺着庄子那有些调皮诙谐的目光，我们就能走上智慧的道路。

定住本心，不为外物侵扰

古代有一个人，刚当上军官时，心里很高兴。每当行军时，他总是喜欢走在队伍的后面。

一次在行军过程中，他的敌人取笑他说："你们看，他哪儿像一个军官，倒像一个放牧的。"

这个人听后，便走在了队伍的中间，他的敌人又讥讽他说："你们看，他哪儿像个军官，简直是一个十足的胆小鬼，躲到队伍中间去了。"

这个人听后，又走到了队伍的最前面，他的敌人又说："你们瞧，他带兵打仗还没打过一个胜仗，就高傲地走在队伍的最前边，真不害臊！"

这次他听了以后，心想：如果什么事都得听别人的话，自己连走路都不会了。从那以后，他想怎么走就怎么走了。

很多时候，我们在通向成功的奋斗之路上常常会被一些人和事所干扰，就像那位军官一样，如果总是在意外界的看法，

就会最终失去了真实的自我，连走路都不会了。甚至还会在歧路上越走越远，找不到回头的道路。其实，生命是属于我们自己的，每个人都有一片属于自己的独特的天空。我们所要做的只是不被别人的言论所左右，常养自信，做到"心不动，以不变应万变"，活出自己。

在《庄子·逍遥游》有这样一句话："且举世誉之而不加劝，举世非之而不加沮。定乎内外之分，辨乎荣辱之境，斯已矣。"意思是说：世上的人们都赞誉他，他不会因此越发努力；世上的人们都非难他，他也不会因此而更加沮丧。他清楚地划定自身与外物的区别，辨别荣誉与耻辱的界限，不过如此而已呀！一个人只要达到这种境界，就不会总是受外界的干扰，就能够真正把握自己的命运，自由追求属于自己的幸福。

"走自己的路，让别人说去吧！"自己的路自己走，与人何干？自己的人生要自己做主，自己的命运需要自己主宰。人要依据自己的心，作出自己的判断，这样，才能在不断变换的外界境遇中，不为所动，不陷入慌乱被动。就如庖丁，自己心中对牛身体的构造了如指掌，所以常人看上去十分复杂的问题，他却能得心应手。

所以说，心不动才能真正认清自己，遇到顺境不动，遇到逆境也不动，不受任何外在的影响，做人才能游刃有余。现代

人的状况大多相反，遇到顺境的时候高兴得不得了，遇到逆境的时候痛苦得不得了，这就带来许多痛苦。

其实，我们遇到的任何外境都一样，如果我们能够了解这一点，守住内心的自信，做到心不动，不为外物所扰乱，就能做到道家所提倡的悠游自若的人生境界。确实，别人的喜好不代表自己的喜好，别人的见解也未必就很客观。盲从他人最终只会导致一事无成，枉费心力。所以做人要坚定自己的主张，不要让众人的意见淹没了自己的才能和个性。一味地听从别人的意见，就会迷失自我。道家看来，做人只有做到内心不动，才能在不断变换的人生境遇中游刃有余，做人才能不迷失自己。

一位小有名气的年轻画家画完一幅杰作后，拿到展厅去展出。为了能听取更多的意见，他特意在他的画作旁放上一支笔。这样一来，每一位观赏者，如果认为此画有败笔之处，都可以直接用笔在上面圈点。

当天晚上，年轻画家兴冲冲地去取画，却发现整个画面都被涂满了记号，没有一笔一画不被指责的。他十分懊丧，对这次的尝试深感失望。

他把他的遭遇告诉了另外一位朋友，朋友告诉他不妨换一种方式试试。于是，他临摹了同样一张画拿去展出。但是这一次，他要求每位观赏者将其最为欣赏的妙笔之处标上记号。

等到他再取回画时，结果发现画面也被涂遍了记号。一切曾被指责的地方，如今却都换上了赞美的标记。

"哦！"他不无感慨地说，"现在我终于发现了一个奥秘：无论做什么事情，不可能让所有的人都满意。因为，在一些人看来是丑恶的东西，在另一些人眼里或许是美好的。"

不同的人在面对同一件事物时，往往会发出不同的感慨，持有相异的观点。有时同一个人关于同一事件的观点，也会因时间的推移而变化，如果我们想用追随他人的喜好的方法来讨好他们的话，那是一件多么辛苦的事情啊。我们不可能让所有人都喜欢，人生来就有差异，喜好、兴趣、性格等也由此不同，所以我们要尽力使自己做到内心不动，不为外物的毁誉所扰乱。

先忘我，才能技通乎神

《庄子·养生主》中有一篇十分精彩的庖丁解牛的故事：

庖丁给文惠君宰杀牛牲，分解牛体时手接触的地方，肩靠着的地方，脚踩踏的地方，膝抵住的地方，都发出砉砉的声响，快速进刀时刷刷的声音，无不像美妙的音乐旋律，符合

《桑林》舞曲的节奏，又合于《经首》乐曲的乐律。

文惠君说："嘻，妙呀！技术怎么达到如此高超的地步呢？"

庖丁放下刀回答说："我所喜好的是摸索事物的规律，比起一般的技术、技巧又进了一层。我开始分解牛体的时候，所看见的没有不是一头整牛的。几年之后，就不曾再看到整体的牛了。现在，我只用心神去接触而不必用眼睛去观察，眼睛的官能似乎停了下来而精神世界还在不停地运行。依照牛体自然的生理结构，劈击肌肉骨骼间大的缝隙，把刀导向那些骨节间大的空处，顺着牛体的天然结构去解剖；从不曾碰撞过经络结聚的部位和骨肉紧密连接的地方，何况那些大骨头呢！优秀的庖丁一年更换一把刀，因为他们是在用刀割肉；普通的庖丁一个月就更换一把刀，因为他们是在用刀砍骨头。如今我使用的这把刀已经十九年了，所宰杀的牛牲上千头了，而刀刃锋利就像刚从磨刀石上磨过一样。牛的骨节乃至各个组合部位之间是有空隙的，而刀刃几乎没有什么厚度，用薄薄的刀刃插入有空隙的骨节和组合部位间，对于刀刃的运转和回旋来说那是多么宽绰而有余地呀。所以我的刀使用了十九年，刀锋仍像刚从磨刀石上磨过一样。虽然这样，每当遇上筋腱、骨节聚结交错的地方，我看到难于下刀，为此而格外谨慎不敢大意，目光专注，动作迟缓，动刀十分轻微。牛体霍霍地全部分解开来，就像是一堆泥土堆放在地上。我于是提着刀站在那儿，为此而环顾四周，为此而踌躇满志，这才擦拭好刀收藏起来。"

有一位作家说："灵魂如果没有确定的目标，它就会丧失自己，因为俗话说得好，无所不在等于无所在。"在庄子的笔下，庖丁就是这样一个自在游走的人，甚至就像一个艺术家一样，达到了通神的境界。庖丁的游刃有余是凭空产生的吗？若不是，那从何而来？庖丁告诉我们说"我只用心神去接触而不必用眼睛去观察，眼睛的官能似乎停了下来而精神世界还在不停地运行"，并且"为此而格外谨慎不敢大意，目光专注，动作迟缓，动刀十分轻微"。看看，庖丁的精神境界已经专注到了绝对忘我的境界，所以才能技通乎神、游刃有余。

所以说，一个人无论学习什么技艺，从事什么事业，如果想达到驾轻就熟、游刃有余的境地，必须能够忘我。美国作家海明威的作品以其自然、清新和精练而享誉世界，他那极为简洁的对话有着"电报式"的美称。他在谈到自己的写作习惯说："我不停地写，刚开始时写得不好，慢慢地就写得好了；我站着写，而且只用一只脚站着，采用这种姿势，使我处于一种紧张的状态，迫使我尽可能简短地表达我的思想。"

有一幅漫画画的是一个青年在找水，他不停地挖井，但总

是患得患失，不能专注，不能坚持，结果挖了好多的浅井，也没挖出水。其实，那找水的青年，只要他回到原地继续挖完那些未完成的井，或者到新地方后持之以恒地挖下去，他一定能找到水源。这个故事所阐明的道理告诫人们，在学习上、工作中，只有我们能定下心来，顺着事物本身的节奏规律循序渐进，才能获得像庄子书中所描述的庖丁一样的忘我，进而做事臻于驾轻就熟、游刃有余的更高境界。

淡看人生浮沉

老子在《道德经》一书中有一段关于宠辱的精彩论述："宠辱若惊，贵大患若身。何谓宠辱若惊？宠为下。得之若惊，失之若惊，是谓宠辱若惊。何谓贵大患若身？吾所以有大患者，为吾有身，及吾无身，吾有何患。故贵以身为天下，若可寄天下。爱以身为天下，若可托天下。"

万物发展有其规律，到极致时就会走向反面，到鼎盛时就会走向衰败。熊熊燃烧之火，离快要熄灭的时候已经不远了。因而，对于名利宠辱不必强求，不如淡然处世，反而有时会收到"有心栽花花不活，无心插柳柳成荫"的效果。这本不足道，世间万物无常，更何况宠辱不过都是外人加给我们的。别人能给你的东西，他们也就能随时拿走。所以不要为了他们的馈赠而喜悦，也不要为了他们的"拿走"而心生怨怼。

历史上有一个叫孙叔敖的人，一生几次沉浮，却始终游走于荣辱得失间，淡然处世。颇受后世推崇。

孙叔敖原来是位隐士，被人推荐给楚庄王，三个月后做了令尹（宰相）。他善于教化引导人民，因而使楚国上下和睦，国家安宁。有位孤丘老人很关心孙叔敖，特意登门拜访，问他："高贵的人往往有三怨，你知道吗？"孙叔敖回问："您说的三怨是指什么呢？"孤丘老人说："爵位高的人，别人嫉妒他；官职高的人，君王讨厌他；俸禄优厚的人，会招来怨恨。"孙叔敖笑着说："我的爵位越高，我的心胸越谦卑；我的官职越大，我的欲望越小；我的俸禄越优厚，我对别人的施舍就越普遍。我用这样的办法来避免三怨，可以吗？"孤丘老人感到很满意，于是走了。

孙叔敖按照自己说的做了，避免了不少麻烦，但也并非是一帆风顺，他曾几次被免职，又几次被复职。有个叫肩吾的隐士对此很不理解，就登门拜访孙叔敖，问他："你三次担任令尹，也没有感到荣耀；你三次离开令尹之位，也没有露出忧色。我开始对此感到疑惑，现在看你的气色又是如此平和，你的心里到底是怎样的呢？"孙叔敖回答说："我哪里是有什么过人的地方啊？我认为官职爵禄的到来是不可推却的，离开是不

可阻止的。得到和失去都不取决于我自己，因此才没有觉得荣耀或忧愁。况且我也不知道官职爵禄应该落在别人身上呢，还是应该落在我的身上。落在别人身上，那么我就不应该有，与我无关；落在我身上，那么别人就不应该有，与别人无关。我的追求是随顺自然，悠闲自得，哪里有工夫顾得上什么人间的贵贱呢？"肩吾对他的话很钦佩。

庄子十分推崇真人、至人。古人认为真人达到了很高的境界，外物不能使他意志动摇，美女不能使他淫乱，强盗不能劫持他，就是伏羲、黄帝也不配和他交游。死和生对于人是极大的事情了，可都不能改变他的操守，何况是官职爵位呢？像他这样的人，精神穿越大山无阻碍，潜入深渊也不会被水沾湿，处于卑微地位不会感到狼狈不堪。他的精神充满天地，他越是给予别人，自己越是感到富有。

宠辱不挂心，成败得失都从容以待，这是我们常常挂在嘴边的话，但是要做到又谈何容易呢？

其实，人生境界的高低不在于个人社会地位的高低，而在于一种心态，我们常常是宠辱皆惊，得失成败都看得很重，其实并不是普通人无法企及真人从容淡泊的境界，只是我们习惯于把尘世间的荣辱成败看得太重而已。所以，做人若能放下自我，放宽眼界，胸怀够宽广，自然能够承载很多得意与失意，那么就靠近了圣人们所描述的境界。

曲到好处方为上

"曲则全，枉则直，洼则盈，敝则新，少则多，多则惑。"弯曲便会周全，反过来弯曲便会伸直；低洼便会充盈，陈旧便会更新；少取便会获得，贪多便会迷惑。其实有时候，直来直去未必达到好效果，曲线反而才是两点之间最短的距离。老子寥寥数语便将为人处世与自利利人之道点出。

为人处世，必须善于"曲线以达目的"，只此一转，便可化腐朽为神奇。以言谈为例，善于言辞之人，讲话婉转而圆满，既可达到目的，又能彼此无事。不过善用曲线，也必须坚持直道而行的原则，不然会沦为奸猾。"枉则直"，歪的东西把它矫正过来，即为枉，直是人为的。矫枉过正，一件东西太弯了，稍加纠正一下即可，如果矫正太过，又弯到另一边去了。古语道："莫信直中直，须防仁不仁。"

曲直之间，运用之妙，存乎一心。其实两点之间最短的距离，不一定是直线。正所谓曲到好处方为上，比如提意见，善于运用迂回巧妙的方法，往往更有效。

春秋时期，鲁国人宓子贱曾在鲁国朝廷做官。一次，鲁君

派他去治理一个名叫亶父的地方。他受命时心中久久难以平静，担心到地方上做官，离国君甚远，容易遭到自己政治上的夙敌和官场小人的诽谤。众口铄金，积毁销骨，假如鲁君偏信谗言，自己的政治抱负岂不是会落空？因此，他在临行时想好了一个计策。

宓子贱向鲁君要了两名副官，以备日后施用计谋之用。他风尘仆仆地来到亶父，该地的大小官吏都前往拜见，宓子贱叫两个副官拿记事簿把参拜官员的名字登记下来，这两人遵命而行。当两个副官提笔书写来者姓名的时候，宓子贱却在一旁不断地用手去拉扯他们的胳膊肘儿，使两人写的字一塌糊涂，不成样子。等前来贺拜的人已经云集殿堂，宓子贱突然举起副官写得乱糟糟的名册，当众把他们狠狠地鄙薄、训斥了一顿。宓子贱故意滋事的做法使满堂官员感到莫名其妙、啼笑皆非。两个副官受了冤屈、侮辱，心里非常恼怒。事后，他们向宓子贱递交了辞呈。宓子贱不仅没有挽留他们，而且火上浇油地说："你们写不好字还不算大事，这次你们回去，一路上可要当心，如果你们走起路来也像写字一样不成体统，那就会出更大的乱子！"

两个副官回去以后，满腹怨恨地向鲁君汇报了宓子贱在亶父的所为。他们以为鲁君听了这些话会向宓子贱发难，从而可以解一解自己心头的积怨，然而这两人没有料想到鲁君竟然负疚地叹息道："这件事既不是你们的错，也不能怪罪宓子贱，他是故意做给我看的。过去他在朝廷为官的时候，经常发表一些有益于国家的政见，可是我左右的近臣往往设置人为的障碍，以阻挠其政治主张的实现。你们在亶父写字时，宓子贱有意掣肘的做法实际上是一种隐喻。他在提醒我今后执政时要警惕那些专权乱谏的臣属，不要因轻信他们而把国家的大事办糟了。若不是你们及时回来禀报，恐怕今后我还会犯更多类似的错误。"鲁君说罢，立即派亲信去亶父。这个钦差大臣见了宓子贱以后，说道："鲁君让我转告你，从今以后，亶父再不归他管辖。这里全权交给你。凡是有益于亶父发展的事，你可以自主决断。你每隔五年向鲁君通报一次就行了。"宓子贱在鲁君的开明许诺下，排除了强权干扰，在亶父实践了多年梦寐以求的政治抱负。

宓子贱没有直言进谏，而是用一个自编自演、一识即破的闹剧，让鲁君意识到了奸诈隐蔽的言行对志士仁人报国之志的危害，可谓用心良苦。

人生最伟大的作为，不必要求成功在我，无论道德修为，或是事业功名，都遵循"功成，名就，身退"的天之道，一切付之全归，就是"曲则全"的大道，即人生的最高艺术。

"诚"字还表明绝对不能把"曲则全"当做手段，要把它当做道德，要真正诚诚恳恳地去做。若一味将"曲则全"作为权术手段，到头来将一事无成，两手空空。

人与人的距离有时候很远，有时候又很近。很多时候，我们推崇的似乎是直谏之人，说话直来直去，似乎尤显真诚。但是，人们之间往往因为太真诚了，彼此偶然不顾及情面，便会使得本来关系密切的朋友分道扬镳，而要是碰到跟上级打交道，轻则丢掉饭碗，重的话还有可能因此而将脑袋丢掉。要是这样的话，那不是太不值得了。世界上最短的距离，不是直线的距离而是曲线的距离，因为它以一种婉转美妙，让人能欣然接受的方式，将隔着一堵墙的两个点连接了起来。

灵活应变，游刃有余

尧舜传位，很值得品评，人们常认为尧子丹朱不肖，尧发明围棋来训练其子思维的缜密，结果一无所获，于是遂放弃了传位于子的念头，将自己的位子传给了舜。后来历史学家认为帝尧真是高明，他传位于舜，是政治上最高尚的道德，同时也是保全自己后代子孙的最高办法。后人甚至有此推测：当时由丹朱即位做了皇帝的话，也许会作威作福，反而变得非常坏、非常残暴，那么尧的后代子孙，也可能危险了。他把天下传给了舜，反而保全了他的后代，这也是隐含在老子所说的"曲则全"中的又一个道理，那就是应变、变通。

实际上我们中国人做事历来比较讲究方法。我们再来看一个例子，看看齐桓公小白做事的方法。

公元前686年，公孙无知反叛，杀死齐襄公，自立为君。一个月后，公孙无知被大臣设计刺死。国不可一日无主，于是，齐国的大臣派人迎接流亡鲁国的公子纠回国继位，鲁庄公亲自率兵护送。效忠公子纠的管仲预计：流亡在莒国的公子小白也可能回齐国争位，为了防止公子小白回到齐国继位，管仲亲自率三十乘兵车去拦截公子小白。在过即墨三十余里的地方，管仲所带的一队人马与公子小白相遇。争斗中，管仲弯弓搭箭，向公子小白射箭，只见小白大叫一声，口吐鲜血，扑倒在车上。此时，管仲才拨转马头，带一行人优哉游哉地护送公子纠回齐国即位。殊不知，当他们到达齐国的边界时，公子小白已抢先一步即了王位，成了齐国国君齐桓公。管仲和公子纠大为惊惑。原来，管仲的那一箭并没有射中小白，而是射到小白的带钩上，小白趁势咬破舌尖，喷血倒下装死，蒙骗了管仲。然后，公子小白抄近道急奔回国，经谋士鲍叔牙说服了齐国众大臣，登上了王位。

　　小白这种佯装的办法，竟让他成了万圣之尊的齐桓公，不能不让人赞叹他临机应变的能力。若非是有这番机智胆识，想必他后来也无法成就九合诸侯、一匡天下的霸业了。

　　人活一世，生存环境不断变迁，各种事情接踵而来，墨守成规、只认死理是无论如何都行不通的。讲究变通与应变，并不是要我们奴颜婢膝，而是要我们在处理事情的时候，要变通，要想办法保全自己，要在关键时刻能灵机一动，这是一种本事。

　　相对于齐桓公这些大人物，在小人中把随机应变、机灵办事应用得最活络的要数大太监李莲英了。他的得宠并不是偶然的，也不是没有道理的。

　　慈禧爱看京戏，常以小恩小惠赏赐艺人一点东西。一次，她看完著名演员杨小楼的戏后，把他召到眼前，指着满桌子的糕点说："这一些赐给你，带回去吧！"

　　杨小楼叩头谢恩，他不想要糕点，便壮着胆子说："叩谢老佛爷，这些尊贵之物，奴才不敢领，请……另外恩赐点……"

　　"要什么！"慈禧心情高兴，并未发怒。

　　杨小楼又叩头说："老佛爷洪福齐天，不知可否赐个字给奴才。"

慈禧听了，一时高兴，便让太监捧来笔墨纸砚。慈禧举笔一挥，就写了一个福字。

站在一旁的小王爷，看了慈禧写的字，悄悄地说："福字是'示'字旁、不是'衣'字旁的呢！"杨小楼一看，这字写错了，若拿回去必遭人议论，岂非有欺君之罪？不拿回去也不好，慈禧一怒就要自己的命。要也不是，不要也不是，他一时急得直冒冷汗。

气氛一下子紧张起来，慈禧太后也觉得挺不好意思，既不想让杨小楼拿去错字，又不好意思再要过来。

旁边的李莲英脑子一动，笑呵呵地说："老佛爷之福，比世上任何人都要多出一'点'呀！"杨小楼一听，脑筋转过弯来，连忙叩首道："老佛爷福多，这万人之上之福，奴才怎么敢领呢！"慈禧正为下不了台而发愁，听这么一说，急忙顺水推舟，笑着说："好吧，隔天再赐你吧！"就这样，李莲英为二人解脱了窘境。

李莲英的机智在于借题应变，将错就错。这种圆场技术不仅需要智慧，也是与脑子机灵、嘴巴活络分不开的。慈禧常夸"小李子"会办事，看来也非虚言。

生活中，过于耿直的人有时候不能接受变通，那是因为他忽略了人性。事实上很多时候，人是情绪化的动物，并不是完

全理智的。在古代掌握有生杀大权的帝王，更是如此。即使是忠言，但是逆耳，大家就是不爱听，皇帝一冲动，人头落地，实在是不值得。因此在这种情况下，讲究策略就很必要了。

变通在古今一样都是十分重要的，很多时候剑拔弩张对大家都不利。不如在做事情上讲点技巧，于人于己，都是一件好事。这并不是什么圆滑。如果一个人个性耿直不愿意变通，那么多少应该讲点技巧，做个简单的换位思考，就会发现自己所坚持的，其实多么不堪一击。

先无为，再作为

"三十辐共一毂，当其无，有车之用"，老子用比喻的方式向人们讲述了"中空无用有大用"的道理。透过车轮的自然法则，便可以了解修身成就的要诀，即中空无物，任运于有无之间，虚怀无物，合众辅而成大力。人之所以有祸害、有痛苦、有烦恼，就是因为"无所不为"，什么都想抓住。其实处无为之事，行不言之教，才是上智。

无用之中有大用

"三十辐共一毂，当其无，有车之用"，老子用比喻的方式向人们讲述了"中空无用有大用"的道理。古代造车，车轮至关重要，车毂的中心支点是一个小圆孔，由此向外周延，共有30根支柱辐辏，外包一个大圆圈，便构成一个内外圆圈的大车轮。以这种30辐辏合而构成的车轮来讲，没有哪一根支柱算是车轮载力的重点，因为30根平均使力，根根都发挥了特定的功能而完成转轮的效用，无所谓哪一根更重要。可是它的中心，却是空无一物，既不偏向支持任何一根支柱，也不做任何一根支柱的固定方向。因此才能活用不休，永无止境。

《庄子》一书中记载了一则有趣而寓意深刻的故事。讲的就是大材小材、有用无用之间的微妙关系。

庄子行走于山中，看见一棵大树被奉为社神，这棵树大到可以荫蔽几千头牛，树干有数百尺粗。树梢有山头那么高，树干几丈以上才分生枝杈，很多枝杈都可以做成小船。伐木的人停留在树旁却不去动手砍伐。问他们是什么原因，伐木人不屑一顾地说："那是没有用的散木。用它做船会沉，做棺材会很快腐烂，做器具就会毁坏，做门窗会流出汁液，做梁柱会生蛀虫。就是因为一无是处，所以才能长得那么茂盛。"庄子说："这棵树就是因为不成材而能够终享天年啊！"庄子走出山来，留宿在朋友家中。朋友高兴，叫童仆杀鹅款待他。童仆问主人："一只能叫，一只不能叫，请问杀哪一只呢？"主人说："杀那只不能叫的。"

第二天，弟子问庄子："昨日遇见山中的大树，因为不成材而能终享天年；如今主人的鹅，因为不成材而被杀掉。先生你将怎样看待呢？"庄子笑道："我将处于成材与不成材之间。处于成材与不成材之间，好像合于大道却并非真正与大道相合，所以这样不能免于拘束与劳累。假如能顺应自然而自由自在地游乐也就不是这样了。没有赞誉，没有诋毁，时而像龙一样腾飞，时而像蛇一样蛰伏，跟随时间的推移而变化，而不愿偏滞于某一方面；时而进取，时而退缩，一切以顺和作为度量，优游自得地生活在万物的初始状态，役使外物，却不被外物所役使，那么，怎么会受到外物的拘束和劳累呢？这就是神农、黄帝的处世原则。至于说到万物的真情、人类的传习，就不是这样的。有聚合也就有离析，有成功也就有毁败；棱角锐利就会受到挫折，尊显就会受到倾覆，有为就会受到亏损，贤能就会受到谋算，而无能也会受到欺侮，怎么可以一定要偏滞于某一方面呢！可悲啊！弟子们记住了，恐怕还只有归向于自然吧！"

对于神木和那只不叫的鹅来说，无用便是全生的方法，力求无用，但是到头来，无用对于他而言恰有大用。古人的智慧不能不让人感叹。《水浒传》里的智多星吴用，名字取"无用"的谐音，为人却是足智多谋，正是无用之大用，实在妙绝。

老子用车轮和容器的例子打比方，认为能够承担任重道远的负载的车毂，之所以能够活用不休，是因为有一个支持全体共力的中心圆孔，圆孔中空无物，因而能够承载多方力量，轮转无穷。这就是无用之用的大用，无为而无不为的要妙。

在这里，人们透过车轮的自然法则，便可以了解修身成就的要诀，即中空无物，任运于有无之间，虚怀无物，合众辅而成大力。"埏埴以为器，当其无，有器之用。"制作陶器，必须把泥土做成一个防范内外渗漏的周延外形，使它中间空空如也，才能使其在使用时，随意装载盛满，达到效果。

汉惠帝即位的第二年，年老的相国萧何病重。汉惠帝亲自去探望，提及接替相国之职的人选，当惠帝提到曹参，原本对继任人选不置可否的萧何也点头赞成。

曹参原本为大将，高祖封长子刘肥做齐王时，叫曹参做齐相。那时，天下初定，齐地百姓伪诈多变，加之多年战争的破坏，经济凋敝，民不聊生。曹参任用隐士盖公的黄老学说，"治道贵清静，而民自定"，清静无为，百姓安居。萧何一死，汉惠帝马上命令曹参进长安，接替做相国。曹参还是用清静无为的办法，一切按照萧何已经规定的章程办事，无所作为。惠帝对此有些不满，便让曹参的儿子曹窋去试探曹参。曹窋依据惠帝的叮嘱询问父亲："高祖归了天，皇上那么年轻，国家大事全靠您来主持。可您天天喝酒，不问政事，长此下去，怎么能够治理好天下呢?"曹参闻言大怒,叫仆人拿板子来,把儿子痛打了一顿。

第二天,曹参上朝时,惠帝问及此事,曹参问:"陛下跟高祖比,哪一个更英明?"汉惠帝说:"那还用说,我怎么能比得上先皇?"曹参说:"臣跟萧相国比,哪一个更能干?"汉惠帝不禁微微一笑,说:"卿好像不如萧相国。"曹参说:"陛下说的话都对。陛下不如高皇帝,我又不如萧相国。高皇帝和萧相国平定了天下,又给我们制定了一套规章。我们只要按照他们的规定继续办,不要失职就是了。"汉惠帝恍然大悟。

无用而有大用,无才更是大才,历史上能将此演绎得恰到好处的人,必定都有一番作为。而汉代的曹参堪称是个中翘楚。

所以说,许多时候,我们不必偏执地追求"有为"和"大用",中国历史上有许多人,上至帝王将相,下至布衣隐士,似乎本身都无所作为,却成就了大作为,就是因为他们谙熟了老庄"无用之才有大用"的处事之道。以虚无的胸怀做现实的事,包容一切功用,一切为我所用,才是道家所提倡真正的大用。

善争者以不争取胜

《庄子·山木》中说有一种名叫"意怠"的鸟，总是挤在鸟群中苟生，飞行时不敢在前边，也不敢在后边；饮食不争先，只拣残剩食物，所以它既不受鸟群以外的东西伤害，也不引起鸟群中的排斥，保身远祸。倘若它要"意"不怠，肯定不会采取此种生存方式。

"不争"在庄子这里，原意就是明哲保身，全身远祸。人们今天借用它，反其意而用之，用做"大度"讲，但同时我们也还要想到既谦下，又当仁不让，顺其自然，当柔则柔，该争则争。一味地"不争"、谦下，并不可取。真正的不争是为了更好地争胜。老子说："夫唯不争，故天下莫能与之争，古之所谓曲则全者，岂虚言哉，诚全而归之。"如何无争？什么都不要。人之所以有祸害、有痛苦、有烦恼，就是因为想抓住点什么，既然一切都能舍弃，自然无争。

清初，常熟三峰寺诗僧檗庵为虞山钱湘灵老人撰一对联曰：名满天下不曾出户一步；言满天下不曾出口一字。不怒自威，不言自重，不名自名，不争乃争，这是一种高级的生命感悟，又是一种大智若愚的生活方式，是对道家文化的深层体验和悟解，与西方那种以张扬自我、表现自我为中心的文化主旨迥然有别。

"诚全而归之。"我们一面讲要做个"不争"的谦谦君子，一面也要提倡当仁不让。有竞争意识的人都很善于利用各种机会，毛遂自荐、自我推销，这就是当仁不让。不过当仁不让，不是空口白话，拿不出真招儿，在当仁不让时，也需要策略化、艺术化。这就是道家真正的不争智慧：不争则已，争则胜之。有一则寓言借小火苗的故事，讲述了过于争胜而自取灭亡的道理，很有启发意义。

一团小火焰在温热的炉灰里隐隐地闪出几丝红光。它不想在瓦灰色的炉灰中无声无息地熄灭，就尽量往炉灰的深处钻，以减少身上能量的释放。

到了吃饭的时间，人们又把一些干树枝和劈柴塞进了渐渐冷却的炉子里。

火柴一划，盛着热汤的生铁锅底下的干柴堆冒出了火焰，快要熄灭的小火焰又复活了。炉子里一下子又填进这么多干柴，火焰这下可高兴了。它越烧越旺，把不流动的空气渐渐地从炉子里赶出去。顽皮的火焰不停地逗着木柴玩耍，它淘气地跳上跳下，燃烧得更加起劲了。

　　火舌顽强地穿透劈柴，喷射出许多焰火似的小星星。厨房里的暗影快活地跳起舞来，不停地在地上转来转去。调皮的火焰兴高采烈地发出呼呼声，它努力想穿过炉盖跑出来。炉子很快就呜呜地响了起来，忽而活泼地吹几声口哨，忽而豪迈地发出一阵呼啸，歌儿唱得和谐而动听，使原来幽暗寒冷的厨房一下子变得既明亮又暖和了。

　　火焰看到劈柴已乖乖地听从自己的指挥和调度，就得意忘形起来，狂妄自大的念头涨满了它的脑子，它不愿再待在炉子里，只觉得这地方太小又太挤，再也容不下它这个了不起的人物了。

　　于是，骄傲自大的火焰发出了吱吱的威胁声，它把刺眼的小火星狠狠地射向炉膛四壁，企图冲出那讨厌的炉膛，到外面去展现一下自己的本事和才能。火焰东冲西撞，好不容易找到了一个缝隙，它兴奋异常，趾高气扬地向外冲去。

　　结果可想而知，狂妄自大的火焰化作一缕青烟，消失得无影无踪了。可怜的火焰至死也不明白，离开了劈柴的帮助，它将一事无成。

　　有时，我们就像这火焰一样，取得些许成就便狂妄自大起来，不自量力地认为自己无所不知、无所不能。殊不知，你能有这样的成就集结了多少人的力量与智慧。离开了他们的帮扶与协助，任你有三头六臂也断然是无法成功的。遗憾的是，我们往往在遭受了失败之后也无法明白这个道理。

其实，人生在世，争的是什么？无非是两样东西，一是争气，一是争利。争气，值得，但不可太盛；争利，不值得，也为人瞧不起。要守得住"柔"，就得像古人说的那样："处利让利，处名让名。"名也好，利也罢，一切都不过是身外之物，生不带来，死不带走，索性就做个"赤条条来去无牵挂"的好汉，该有多潇洒。李白、陶渊明均系"爱酒不爱名"的古人，一个醉眼看世界，对酒当歌；一个是世外桃源，"不知有汉，何论魏晋"，与世无争，自寻解脱。

所以说"不争"是做人修身的原则之一，不争乃争正是竞争的最上乘境界。为人不可气太盛，"老聃贵柔"，道家倡导"不争"的"谦德"。并且用"意怠"的生存方式解释这种"谦德"。如果大家都能做到"不争"，在条件、名额、好处有限的情况下，事情就好办得多。所以说，做人超脱一点，心胸开阔些，甚至甘愿承认自己是弱者，对自己并没有实质的损失，还能避免无谓的争斗，反而能在最重要的时刻取得胜利。所以，善争者要做到"不争"，唯有善于不争的人才能争得最

后的胜出。

无言的教育更胜耳提面命

古代有位宰相的妻子非常重视儿子的前途发展，她每天不辞劳苦地劝告儿子要努力读书，要有礼貌，要讲信用，要忠于国君。而宰相早上离开家去上朝，晚上回来则博览群书，处理政务。爱儿心切的夫人终于忍不住说："你别只顾你的公务和书本，你也该好好地教化指点自己的儿子啊！"宰相眼不离书地说："我时时刻刻都在教育儿子啊！言传不如身教，身体力行，更能将自己所要讲述的道理形象深刻地表达出来。"

确实，言教不如身教，与其耳提面命，不如学习宰相以无言的行动来达到教育的目的。所谓不言之教，一切尽在不言之中，又何必一字一句地点明？

而不言之教，正是道家所倡导的一种做人理念。圣人以不束缚、不歪曲、不干涉的无为态度来为人处事，以自己具体的无为的行动来影响教化人民，清静无为，以德化民，不施酷法，不用苛政，正己化人，使人民不知不觉地处于浑厚的淳风之中。

老子所谓的"行不言之教"，说的就是万事以言教不如身教，光说不做，或做而后说，往往都是徒费唇舌而已。推崇道家、善学老子之教的司马迁，在其自序中，便引用孔子之意说："我欲载之空言，不如见之于行事之深切著明也。"

老子认为"处无为之事，行不言之教"，是为上智。不言之教的确是人生智慧的最高境界，却很难做到。唐朝著名的诗人白居易，曾以一首七言绝句，讽喻老子：言者不如知者默，此语吾闻于老君；若道老君是知者，缘何自著五千文。其实，白居易的这首诗是打趣老子最为诙谐的一个，一语中的。老子既然推崇"不言之教"，为何又洋洋洒洒写了《道德经》呢？关于此，还有一个有趣的记载。

老子原本为周朝效命，后见周王朝日趋衰败，不可救药，便抽身离去。他骑着一匹青牛，只身前往西域。要到西域去，必须经过一个关口，即函谷关，两面两座高耸入云的山峰对峙，中间有一条深险波折的羊肠小道。守关的长官叫关令尹喜，又叫令尹喜，是一个学识渊博、颇有见地之人。这日，他到城头瞭望，见辽阔碧空中一团紫气自东方冉冉而来，料定今日必会有圣人到来。果然，没过多久，他在关上远望，看见一个人骑着青牛缓缓而来，风度非凡，细看原来是名重一时的伟大思想家老子。

尹喜亲自打开城楼上的大厅，请老子坐下，端茶倒水，忙个不停。老子不卑不亢地坐下，朝窗外一望，只见黄土平原延伸到天际，苍苍茫茫，没有尽头。函谷关地势险要，路上人来车往，一目了然。尹喜恭敬地对老子说："我仰慕您的道德学问，想拜您老为师。"老子道："我已老了，腹中空空，没有什么学问，怎么好意思开口教人呢？"尹喜见他推脱，便半开玩笑半正经地说："您满腹经纶，如果不留下些东西来，恐怕很难走出这个函谷关的。"老子知道无法推脱，便接过尹喜递上的笔，一口气在竹简上洋洋洒洒写下了五千个字，这就是后世称为《老子》的一部书。因为这书上篇开卷谈"道"，下篇首章谈"德"，所以又称《道德经》。老子之所以自著五千文，一方面由于关令的"胁迫"，另一方面也是知音难觅。尹喜拿起老子写好的书稿，认真拜读，最后决定放弃官职，与老子一同出走西域。

虽然这只是传说，但也可以看出老子著书立说并非为了沽名钓誉。其实"不言之教"更多的是一种做人或者教育的方式，强调耳提面命式的说教，不如无声的行动来得实在。多说无益，道理原本就在事理当中，我们过多的干涉和说教有时反

而起到反作用，相比较之下，开头故事中那位聪明的宰相倒是颇得了几分老子不言之教的真意。

所谓言教不如身教，一句话包容了最最切实的道理。让无言的真实的生活给人们最有益的教谕，这不比任何人为的刻意的说教来得更有效更容易让人接受嘛。

无为而为才是最高明的管理

老子曾说："良贾深藏若虚，君子盛德容貌若愚。"将能力表露在外面是人的天性。但貌似强悍、威风凛凛的人并不是最有能力的，真正有本领的人懂得隐藏自己的实力，不会轻易将才艺外露，韬光养晦才是聪明人之所为。"大智若愚"，从某种意义上讲，是有智谋的人保护自己的一种成事和处世计谋。

而放眼古今，懂得无为而为的人，更容易做成大事。尤其是那些处在领导位置上的人，对他们而言，不管理才是最高明的管理。汉高祖刘邦就是这样的一个人。

平民皇帝汉高祖刘邦，表面看来，满不在乎、大而化之，当他统一天下、登上帝位后，他曾坦白地说："夫运筹帷幄之中，决胜千里之外，吾不如子房；镇国家，抚百姓，给馈饷，不绝粮道，吾不如萧何；连百万之众，战必胜，攻必取，吾不如韩信。三者皆人杰，吾能用之，此吾所以取天下者也。项羽有一范增而不能用，此所以为吾擒也。"

天纵睿知应事事悟，时时醒，持守如一。许多人自以为做到了大智若愚，其实不过是流于表面，工于计巧，惯于矫饰，心好张扬，斤斤计较，精明干练，吃不得半点亏，外智而内愚。那些善于驾驭人才的人，善于不管理，能做到用人不疑，疑人不用。老子说"爱民治国，能无知乎"这个问题，骤然看来，矛盾且有趣。既然要爱民治国，肩挑天下大任，岂是无知无识的人所能做到的？历史中所记载的黄帝或者尧、舜，都是标榜天纵神武睿知，或生而能言，或知周万物，哪里有一个无知的人能完成爱民治国的重任？

"知不知，上。不知知，病。夫唯病病，是以不病。圣人不病，以其病病，是以不病。"知道自己还有所不知，这是很高明的；明明无知却自以为知道，是十分糟糕的；有道的圣人没有缺点，因为他清楚地知道自己的缺点在哪里；正因为如此，他才没有缺点。因为知道自己的短处，所以能够看清他人的长处，利用他人之长而补己之短，让自己更为强大。所以，真是天纵睿知的人，绝不轻用自己的知能来处理天下大事，即天纵睿知必须集思广益、博采众议，然后有所取裁。

"知不知"与老子思想学术中心的"为无为"异曲同工，所谓知者恰如不知者，能守道家清静无为之道，以不管理为管理，才能领导多方，完成大业。

天纵睿知之人能成永世而不朽的功业，正因为他善于运用众人的智慧而成其大智。三国时期的刘备就是一个天纵睿知、极懂管理的杰出代表。

刘备在当阳长坂坡摔阿斗，对子龙言："竖子几损我一员大将也！"这一句话换来赵云的万死不辞。白帝城托孤，对诸葛亮痛哭："君才十倍曹丕，必能安邦定国，终定大事。若嗣子可辅，则辅之；如其不才，君可自为成都之主。"一句话让诸葛孔明战战兢兢、鞠躬尽瘁、死而后已。刘备有识人之明，临终之时，曾经提醒诸葛亮："马谡言过其实，不可大用，君其察之！"他基于长期的共事，对马谡作出了中肯评价，不可大用并不是不用，又担心诸葛亮因亲近而任人失准，可谓高瞻远瞩，无奈诸葛亮不以为然，后痛失街亭。

刘备深明用人不疑的道理，对手下人推心置腹，对其尽心竭力，看似毫无主见，实则成竹在胸。刘备深明韬光养晦之道，大智若愚，一时骗尽天下英雄。煮酒论英雄，曹操笑言，

"天下英雄唯使君与操耳"，可谓一语中的。只是曹操过于自负，在刘备种菜浇花、心无大志的假象之下，掉以轻心，使得龙归大海，鹏程万里。

或许在许多人眼中刘备软弱无能，只知痛哭流涕，成就蜀国千古功业的只是其手下的文臣武将，武有"一夫当关，万夫莫开"的关羽、张飞、赵云、马超等骁将，文有可比"兴周八百年之姜子牙、旺汉四百年之张子房"的卧龙凤雏。然而，刘备成就帝王霸业的关键却在于他能够一一收服这些清高孤傲、桀骜不驯的文武之士，让其对自己甚至自己的儿子都肝脑涂地以求报答知遇之恩。将每个人放在合适的位置，各用其能，让其各展所长，称得上是用人的大智慧。

古语道："大智者，穷极万物深妙之理，穷尽生灵之性，故其灵台明朗，不蒙蔽其心，做事皆合乎道与义，不自夸其智，不露其才，不批评他人之长短，通达事理，凡事逆来顺受，不骄不馁，看其外表，恰似愚人一样。"喜好夸夸其谈、才华外露，必然容易得罪于人；好批评他人长短，必然容易招人怨愤，这些都是智者竭力避免的事情。

因此，天纵睿知之人光华内藏，以愚钝的表象遮盖其内在的智慧，看似不为不管，其实正是最善于管理和作为的智者。

所以，善于做事者，知以不为少为取胜，能够事事悟，时时醒，持守如一，以清静无为之智慧把握大局，这样也就足够了。

无为不等于没主见

《庄子·齐物论》记载了一个故事。魍魉问影子："先前你行走，现在又停下；以往你坐着，如今又站了起来。你怎么没有自己独立的操守呢？"影子回答说："我是有所依凭才这样的吗？我所依凭的东西又有所依凭才这样的吗？我所依凭的东西难道像蛇的蚹鳞和鸣蝉的翅膀吗？我怎么知道因为什么缘故会是这样？我又怎么知道因为什么缘故而不会是这样？"

魍魉和影子都不能自己决定自己，所以只能跟着别人转。一个人，如果像魍魉和影子一样，不能把握自己的命运，而是承受别人的支配，这个人就只是一个傀儡，恰如行尸走肉，不会获得人生的成功。做人对于主要的问题自己把握，其他的稍微放任一些也无妨，但是一定要守住自己的主心骨，不要总是盲从于他人的意见，盲目听从他人的意见终将导致一事无成。比如在管理上，对人们的意见只是参考。一个企业核心团队人很少，这些人坐一起的时候，才把所有的意见汇总，提出建

议，采取方案，事情才能解决。然后以这个为基础，一个人说了算。否则几个人都算，那还是没有办法运转。

人们常说曾国藩善用黄老哲学，我们翻看清朝历史，就会发现这话不假。曾国藩曾说过"利可共而不可独，谋可寡而不可众，独利则败，众谋则泄"。意思是只想着为自己一个人谋利益，那必然失败，利益可共享而不可独贪。一群人拿主意则等于没有主意。所以现实中，他是个真正能把清净不为运用自如的人，不会刚愎自用，也不会盲目随大流，而是常常能够听取一群人的意见，然后和少数人商量，最后自己一个人拍板决定。这个才是无为而为的完整境界。否则一味跟着别人走，自己心中没有个主见，那么最终只会什么事也做不成。就像下面这则寓言中绣花的鹤。

鹤拿起针线要在自己的白裙子上绣一朵花。

刚绣了几针，孔雀过来问："鹤妹你绣的什么花呀？""我绣的是桃花，这样能显出我的娇媚。"鹤羞涩地说。"咳，干什么要绣桃花哩？桃花是易落的花，不吉祥，还是绣月月红吧，又大方又吉利！"鹤听了孔雀的话觉得很有道理，便把绣好的线拆了改绣月月红。正绣得入神时，只听锦鸡在耳边说道："鹤姐，月月红花瓣太少了，显得有些单调，我看还是绣朵牡丹吧。牡丹是富贵花呀，显得多么华贵！"

鹤又觉得锦鸡说得对，便又把绣好的月月红拆了，重新开始绣牡丹。

绣了一半，画眉飞过来，在头上惊叫道："鹤姐，你爱在水塘里栖歇，应该绣荷花才是，为什么要去绣牡丹呢？这跟你的习性太不协调了，荷花是多么清淡素雅，出淤泥而不染，亭亭玉立的多美呀！"鹤听了，觉得也是，便把牡丹拆了改绣荷花……

每当鹤快绣好一朵花时，总有人提不同的建议。她绣了拆，拆了绣，最终还是没有绣成任何花朵。

就像故事中的鹤一样，很多人都有一种随波逐流的从众心理。这就导致在具体的实践中，人们常常无法很好地把握无为的尺度，有时候反而因此随大流，而没有了自己的主见。所谓过犹不及，一味不为不问导致失去主心骨，这在道家看来，同样也是不可取的。

我们许多人就是如此，做事的动机往往不是那么明确，看到别人怎么做自己也怎么做，而不是按照自己的主观意愿去行动，有时还把这个说成是清静无为的处世哲学，尤其是在通往"成功""幸福""快乐"之类的道路上，一切似乎已经有了约定俗成的标准。其实，都是走入了误区。而且，长此以往，人就会逐渐失去自我。所以，作为个体会和大多数有一个博弈过程。

道家智慧不仅提倡无为，同时也警谕我们，做人也不能丢掉自己的想法。否则，在谋事上面，我们就只能被牵着鼻子走，而且由于参者众，所以力量更分散，使得本来可以很强大的一股劲，给分解掉了。我们看历史上的朝代，凡开明盛世，不光是有大批有识之士能为国家作最好的参谋，更关键的是盛世的天子，往往能够从善如流，但是又独守本分。对于别人的意见作最合理的分析，讲究听，但是更讲究统筹与变通。倘若是一个软耳根皇帝，这个也听，那个也听，最后是成不了事的。

儒家做事·佛家修心·道家做人

儒家佛家 道家经典

第四卷

李金龙　编

辽海出版社

与其费力不讨好，不如晓之以利害

诗里说的好，此时无声胜有声，有时候我们不说话或者少说话，反而对于一件事的解决更有助益。

道家讲清静无为，主张无为而无所不为，对于这种智慧的运用，西汉初年的几位皇帝、臣子可谓是典范。而其中又以汉文帝和陆贾的那段往事最令人津津乐道。

与汉高祖同时起来反抗暴秦的赵佗，在刘邦当了皇帝之后，去了南方的广州自封为南越王。毕竟是天高皇帝远，汉高祖没有办法，公开承认了这个称号，赵佗便成了真正的南越王。但是这个南越王野心不小，刘邦退位后，吕氏摄政。他认为吕氏对不起他，因此吕后一死，他自己觉得有资格当皇帝，于是窥伺汉室。

当时，汉朝为文帝天下。文帝知道这事情之后，觉得比较棘手，一时没有什么办法。主战则吉凶难测，退让又有损君威，万般无奈之下，文帝就亲自给赵佗写信。

信的内容十分精彩，软中带硬，绵里藏针，文采飞扬，极富技巧。开篇先说客套话，著名国学大师南怀瑾先生曾风趣地将之翻成白话：

"赵伯伯，你好，你很辛苦哦！很伤脑筋吧？我没有什么了不起，不过他们硬要叫我坐上这个位子当皇帝，弄得我不能不当，现在我已经即位了。以前很少向你送礼，现在寄一只火腿，专程叫一个人代表我去看看你。"

注意，这样一来，赵佗首先会觉得不好意思。文帝话中实际上暗示说，我这位子来得名正言顺，赵佗你要有想法是师出无名。顺便还说我没有忘记你，强调你是我的大臣。

然后又对赵佗说：

"我已经准许了你的要求，调动了你所要求撤换两位将军中的一位。你在北方的家属和同宗兄弟，我也已经派兵保护得好好的，并且派人修过了你祖先的坟墓。"

这话分量最重，表面上看来是安抚赵佗，实际上是在暗示说，你危险了，你的家人的安全，我能掌握，你要敢轻举妄动，我就干掉你。

然后第三、第四段就讲利害关系。赵佗也应该明白这层意义。最后一句"听乐娱忧，存问邻国"也很厉害，表面上是劝告赵佗说赏花留鸟，出国访问，但是实际上是在暗示他不要想太多了，安稳点做你的王，否则小心我收拾你。通篇都是话里有话，让人不能轻举妄动。赵佗看到这信之后，立刻改主意了：这个文帝这么厉害，我斗不过他。我们翻出文帝给赵佗的信件一看，就会发现文帝的确很厉害，他暗示的手法用得真是

炉火纯青。

汉文帝为了解决赵佗的问题，仅仅通过一封信，不动一兵一卒，就消弭一场大战于无形，拯救生灵无数。此一种制敌取胜之法堪称将不战而胜之法运用到自如境界的典范。

大人物之间的暗示，可化解战乱于无形。这样的大事也许我们平常人无法相比，但是在现实生活中，应用暗示也可以达到意想不到的效果。

比如说正面的劝告往往容易使人产生逆反心理，劝说不成，适得其反。这时不妨改变一下策略，另辟蹊径，调换个方法来暗示他，从侧面打开缺口，或许能事半功倍。所谓"东边不亮西边亮"。很多事情说得明白了，未必就会明了，反而是曲曲折折中方见光明。

文帝要是公开大讲江山社稷，赵佗怕是听不进去，但是一封满含暗示的信件，却让他放弃了危险行动。

说话的技巧，暗示最难，这种让别人跟着自己走的技巧，是很难学的。但是我们一旦学会就会受益无穷，因为大家都不喜欢被强迫。与其费力不讨好，不如晓之以利，加以引导。

谨言慎行方无尤

东汉末年，曹操酷爱幼子曹植的才华，因此想废了曹丕转

立曹植为世子。当曹操就这件事征求贾诩的意见时，贾诩却一言不发。曹操十分疑惑："你为什么不说话？"贾诩说："我正在思量一件事！"曹操问："什么事？"贾诩答："我正在想袁绍、刘表废长立幼招致灾祸的事。"曹操闻言一笑，领会了贾诩的言外之意，也不再提废立之事了。

贾诩此举实在高明。长幼废立之事，虽为国事也算家事，但是曹操问起，倘若不说曹操会不高兴；说得深浅分寸不当，亦会引起曹操的不满。贾诩绕了一圈，用袁绍的故事来点破其中的玄虚，曹操自然明白。这样，贾诩既避免了指手画脚的嫌疑，也起到了问有所答的妙处，实为上策。

说话就像是做人，说话的艺术，其实也是做人的艺术。《庄子·人间世》讲，"言者，风波也；行者，实丧也"。意思是告诉人们，风一来，平静的水面就起波澜，一句话说错了，人与人之间就跳出问题来。正所谓一言兴邦，一言丧邦。一句话如刀之双刃，口业十分重要。人的行为是事实，行动错了，事情便很危险了。在这里，庄子将人的言与行的后果指示了出来，给人以启发。

《增广贤文》里面有这样一句："逢人只说三分话，未可全抛一片心。"这句话作为中国人生存的金玉之言而被世代强调。逢人只说三分话，还有七分，不必对人说出，以免别人彻底掌握自己的"底细"。有的人也许认为，自己做人光明磊落，没有什么见不得人的事，说三分话岂不是太过阴险了？没有什么见不得人，是指你所做的事没有什么可隐瞒的，并不是说非要尽情向别人宣布。老于世故的人，他只说三分话，就能在社会中如鱼得水、游刃有余。说话本来有三种限制，一是人，二是时，三是地。非其人不必说；非其时，虽得其人，也不必说；得其人，得其时，而非其地，仍是不必说。非其人，你说三分真话，已是太多；得其人，而非其时，你说三分真话，正给他一个暗示，看看他的反应；得其时，而非其地，你说三分真话，正可以引起他的注意，如有必要，不妨择地长谈，这叫做通达世故的人。

庄子在《庄子·人间世》中还借孔子的口论述了这样一段人生哲理。他说："故法言曰：'传其常情，无传其溢言，则几乎全。'"外交官传达两方面意见的时候，做翻译官也一样，'传其常情'，很正规，很平常，"无传其溢言"，就是说过分的话不能传，好坏都不能加一点，你能够做到这样，就能保全自己，也能够完成使命。

这虽然是一段讲外交官的修养，做外交的哲学，但也是告诉我们做人懂得谨言慎行，才能无尤少祸。俗话说嘴巴闭关，舌头收箭，我们说谨言慎行，其实也是一种耐与恒的做人境界。

　　徐文远是名门之后，他幼年跟随父亲被抓到了长安，那时候生活十分困难，难以自给。他勤奋好学，通读经书，后来官居隋朝的国子博士，越王杨侗还请他担任祭酒一职。隋朝末年，洛阳一带发生了饥荒，徐文远只好外出打柴维持生计，凑巧碰上李密，于是被李密请进了自己的军队。李密曾是徐文远的学生，他请徐文远坐在朝南的上座，自己则率领手下兵士向他参拜行礼，请求他为自己效力。徐文远对李密说："如果将军你决心效仿伊尹、霍光，在危险之际辅佐皇室，那我虽然年迈，仍然希望能为你尽心尽力。但如果你要学王莽、董卓，在皇室遭遇危难的时刻，趁机篡位夺权，那我这个年迈体衰之人就不能帮你什么了。"李密答谢说："我敬听您的教诲。"

　　后来李密战败，徐文远归属了王世充。王世充也曾是徐文远的学生，他见到徐文远十分高兴，赐给他锦衣玉食。徐文远每次见到王世充，总要十分谦恭地对他行礼。有人问他："听说您对李密十分倨傲，对王世充却恭敬万分，这是为什么呢？"徐文远回答说："李密是个谦谦君子，所以像郦生对待刘邦那样用狂傲的方式对待他，他也能够接受；王世充却是个阴险小人，即使是老朋友也可能会被他杀死，所以我必须小心谨慎地与他相处。我察看时机而采取相应的对策，难道不应该如此吗？"等到王世充也归顺唐朝后，徐文远又被任命为国子博士，很受唐太宗李世民的重用。

徐文远之所以能在五代隋唐之际的乱世保全自己，屡被重用，就是因为他在平时说话办事能够谨慎以待，不张扬不放纵。可谓深得道家做人的智慧。

有一篇文章叫《说话的温度》，讲述的也是这个道理。"急事，慢慢地说；大事，清楚地说；小事，幽默地说；没把握的事，谨慎地说；没发生的事，不要胡说；做不到的事，别乱说；伤害人的事，不能说；讨厌的事，对事不对人说；开心的事，看场合说；伤心的事，不要见人就说；别人的事，小心地说；自己的事，听听自己的心怎么说；现在的事，做了再说；未来的事，未来再说。"

此段描述，与庄子的用意不谋而合。言语能够引起风波，而行动会直接带来结果，做人做事，需要懂得忍耐矜持、谨言慎行，有时不妨多听听别人是怎么说的，这样自然能给自己免去不少祸患和麻烦。

老子有三宝，慈俭不为先

老子传了三件法宝："曰慈，曰俭，曰不敢为天下先。"在这里，慈，指内心深处纯良与中正的外在表现；俭，指适中适

可的行事方式；不敢为天下先，即具体应该如何去做。凡事从"我"着手，恰好解决问题即可，无需过多的形式与修饰，否则，便是冗余。不敢为天下先，即不违背"道"，做事符合"道"的准则，无论是事物内在的道还是外在的道。背"道"而驰，就会冒天下之大不韪，循"道"而行，也有一定的前提要求，即"不敢"的时候，不具备某种能力的时候，没有认清某种"势"的时候，就不要"螳臂当车"，为天下之先。

汉文帝极为推崇且深谙"黄老之道"，他是将老子的传世三件宝真正身体力行的一代君主，慈、俭、不敢为天下先，都逐一做到。

汉文帝即位不久，就下了一道诏书说："一个人犯了法，定了罪也就是了，为什么要把他的父母妻儿也一起逮捕办罪呢？我不相信这种法令有什么好处，请你们商议一下改变的办法。"大臣们一商量，按照汉文帝的意见，废除了一人犯法、全家连坐的法令。后来的缇萦上书，废除肉刑，更是文帝仁慈治天下的表现。临淄太仓令淳于意因无心官场，辞官归故成为一名郎中。一次，当地一位豪商的妻子生了病，请淳于意医治，不料病人不治身亡，商人仗势向官府告了淳于意一状，当地官吏判处其"肉刑"，将其押赴长安。淳于意的小女儿陪父前往长安，并托人写了一封奏章传入宫门，乞求皇帝废除惨无人道的肉刑，自己甘愿没为官奴替父赎罪。汉文帝看了信，召集群臣，说："犯罪受罚，理当如此。但肉刑过于残酷，不利于人改过自新，将之取缔吧！"

吕祖谦曾说过："凡四百年之汉，用之不穷者，皆文帝之所留也。"综观西汉文帝在位的言行政措，有一点特别突出，即"躬自俭约"，文帝敦朴节俭是臣民的表率。《史记·孝文本纪》中记载：文帝即位从政23年间，生活俭朴，身着粗袍；修建陵墓全用泥瓦，甚至连墓室装饰也明令不准使用金、银、铜、锡等贵重金属；所宠爱的慎夫人，也随文帝过着简朴的生活，平时不着一般贵妇穿的拖地长裙，而是像劳动妇女那样"衣不曳地"，所居住的室内帷帐全无雕龙绣凤的纹饰。一次，汉文帝想在宫内修一座露台，就向工匠打听所需花费，当工匠告诉他修成需要百金时，汉文帝马上感叹："这花费相当于十户中等人家的财产啊。"于是放弃了原先的打算。

此外，文帝还经常揽过失于自身，他说："我听说天之道是祸自怨恨而起，福由行德而生，百官的不对，应该由我亲身负责……我不英明，不能施德及远，以致使边疆的人们不得宁息。"汉文帝下罪己诏非常频繁，无论天象异常或外患日亟，他都要罪己反省。后世许多人认为时为代王的刘恒在继承帝位之前的谦虚不过是一场"不敢为天下先"的表演，即便如此，

也是文帝将黄老之术运用娴熟的表现吧。

汉文帝学习老子可谓抓住了其精髓所在，故能成为一代名主。后世帝王因此十分推崇于他，却少有人能真正做到，更别说与之比肩了，反而不少人假冒为善，欺世盗名，比如晋武帝司马炎就是其中一个。

晋武帝司马炎谋权篡位当上了晋朝的开国皇帝，这位以欺诈起家、取天下于孤儿寡妇之手的君主在他在位的第四年做了一件事，竟然波及后世中国科技的发展，可谓影响深远。

太医司马程阿谀谄媚，为讨好皇帝，利用精工绝巧的手工艺，精心设计制作了一件"雉头裘"，奉献上去。司马炎为标榜恭俭，将这件精巧的裘服在殿前烧毁，并下了诏书，认为"奇技、异服，典礼所禁"。机巧技艺、奇装异服是传统文化精神中所反对的，特敕令内外臣民，敢有再犯此禁令的，便是犯法。

我们读中国的历史，姑且不论司马氏得天下是好是坏以及对司马炎的个人道德和政治行为又作什么评价，但历来对奇技淫巧、精密工业以及科技发展的严禁，大体都是效法司马炎这一道命令的精神。因此，便使中国的学术思想，在工商科技发展上驻足不前，永远停留在靠天吃饭的农业社会的形态上。

电视剧《宰相刘罗锅》中曾用几个场景便将乾隆皇帝效法

司马炎的虚伪之举表现得淋漓尽致：他奖赏一位身着补丁官服的虚伪官吏，标榜俭朴；他对西洋供奉的舰船模型不屑一顾……电视是在杜撰历史，也是在重现历史，许多封建帝王都是在老子传世"三件宝"中学到了些皮毛，便自欺欺人。帝王治世之道，便是现代的领导艺术；古代的处世之道，如今依然有着不变的价值。

老子的三件宝经过了历代的演绎，后人恐怕已找不出其原本的含义了，只有抓住关键，才能真正在老子的告诫中安守清净，从容处世。

心界要比视界宽

　　庄子的"乘天地之正，而御六气之辩，以游无穷者"，正体现了他对于那些得道者的赞美之情。只有"其精神，遗世独立，飘然远引，绝云气，负苍天，翱翔太虚"，才能真正提高自己的境界，升华自己的生命。慧眼一双，不如明心一颗，当一个人把自己的心界扩展到无限远时，他就会把追逐道的境界当做自己的追求。

心界决定境界

　　在《庄子·逍遥游》中，有这样一个核心命题，就是：什么是大？什么是小？他说：在遥远的北极海水中，一种名为鲲的鱼，大概有几千里那么大。它变成一种名叫鹏的鸟，鹏的背大概也有几千里那么大，它奋起而飞，翅膀像天上的云朵垂下来。这种鸟，将从北海飞到遥远的南极。南极，就是天池。水泽边的晏鸟讥笑大鹏说："它要飞到哪里去呢？我一跳跃就飞起来，不到几丈高就落下来，在丛草之间翱翔，这也是飞行的绝技呀！它要飞到哪里去呢？"

在这里，庄子分别通过大鹏和晏鸟的故事来表达自己的思想，给予现代人以深刻的启示，那就是虽然我们身处在同一个繁复的世界里，但依然需要让自己拥有一个不同的"心界"。

其实大鹏与晏鸟正代表生活中两种截然不同的人，一种人像大鹏一样拥有极高的境界，他的人生目标绝不会停留在眼前；而另一种人就像晏鸟那样，鼠目寸光，他的人生成就也就仅限于在草丛中跳跃了。

大鹏与晏鸟的故事可以给我们以足够的启示，我们能走多远，人生能取得什么样的成就，关键就在于我们的人生境界，或者说是心界决定我们的视界。

如果一个人不把自己的胸怀扩大到极致，那他的人生将很难所成就。

班超是我国西汉时期杰出的军事家和外交家，他从小勤奋好学，胸怀大志。然而，他并不是一生下来就成"家"的，他青年时期的工作不过是给官府抄文件和给私人抄书籍。

当时，北方的匈奴时常侵犯汉朝边境，班超特别愤慨；同时，他又看到西域各国与汉朝的交往已断绝了50多年，心中非常忧虑。班超抄了一段时间的书之后，整日处在苦闷之中，他觉得自己不应该只有这样的人生。终于有一天，他决定"投笔从戎"，去干一番大事业。

班超"投笔从戎"之后，随大将军窦固出兵攻打匈奴。由于他作战勇敢、屡立战功、足智多谋，最终威镇西域各国，重新打通了丝绸之路，成为我国历史上杰出的外交家，名垂青史，万古流芳。

班超投笔从戎，建下千秋功业，正在于他把自己的境界提升到一国的高度。如果他仅满足于抄抄字，安稳度日，我们很难想象他会有后来的成就。可见，人生的境界对一个人是何等的重要。

另外，《庄子·逍遥游》中还对境界的大小作了这样一段论述："小知不及大知，小年不及大年。奚以知其然也？朝菌不知晦朔，蟪蛄不知春秋，此小年也。楚之南有冥灵者，以五百岁为春，五百岁为秋；上古有大椿者，以八千岁为春，八千岁为秋。而彭祖乃今以久特闻，众人匹之，不亦悲乎！"

这就是境界大小的差别，道家认为境界小者绝对不能体会到境界大者的生命境界。而我们身处在现代这样一个复杂多变的社会中，做人处世如果不能经常自我提升境界，而只能满足于自己狭小的生活空间，则只会像故事中的晏鸟一样，一生很可能在这样的碌碌无为中度过了。

不以鱼缸的心看大海

有一条鱼在很小的时候被捕上了岸，渔人看它太小，而且很美丽，便把它当成礼物送给了女儿。小女孩把它放在一个鱼缸里养了起来，每天它游来游去总会碰到鱼缸的内壁，心里便有一种不愉快的感觉。后来鱼越长越大，在鱼缸里转身都困难了，女孩便给它换了更大的鱼缸，它又可以游来游去了。可是每次碰到鱼缸的内壁，它畅快的心情便会黯淡下来，它有些讨厌这种原地转圈的生活了，索性静静地悬浮在水中，不游也不动，甚至连食物也不怎么吃了。女孩看它很可怜，便把它放回了大海。它在海中不停地游着，心中却一直快乐不起来。一天它遇见了另一条鱼，那条鱼问它："你看起来好像是闷闷不乐啊！"它叹了口气说："啊，这个鱼缸太大了，我怎么也游不到它的边！"

这个小故事可谓发人深省。这条鱼之所以不快乐了，是因为它用鱼缸的心来衡量大海。有一位哲人曾经说过：视线圈定你的脚印。确实，所谓登高望远，一个人只有看得远，他才能让自己的人生走得更远。

在道家看来，人的心胸大小很重要，因为它将决定人的事业大小。"故夫知效一官，行比一乡，德合一君，而征一国者，

其自视也，亦若此矣。"这是庄子书中的一段话，意思是说，一个人的眼界随着他的心界而不断扩大，"知效一官，行比一乡，德合一君，而征一国者"就是一个不断拓展眼界，不断提高成就的过程。确实，我们生活在这个竞争异常激烈的社会中，人生的成就很大程度上是和我们的眼光长远有关的，你能看多远，你才能够走多远。

视线圈定脚印，做人切莫用狭小的心来衡量这个世界。鼠目寸光，得到一点点小利益或者一点不足道的小成就就沾沾自喜、自鸣得意的人，是不会有大作为的。放眼历史与现实生活，不少人就是在这样的一时的成绩面前自满起来，以致裹足不前，实在可惜。

在道家思想中有很多体现这一思想的论述。像《庄子·秋水》中曾记载了一位神秘人物，他以一番精彩言论平息了一场战争。

魏惠王和齐威王订立过盟约，齐威王背弃了盟约。魏惠王恼怒了，要派人去刺杀齐威王。将军公孙衍听说这件事情，感到可耻，就对魏惠王说："君王是一个大国之君，却派一个平民去报仇。我愿意领大军二十万，为君王去讨伐齐国，俘虏它的人民，牵走它的牛马，使它国王的内热从背部发泄出来，然后倾覆了他的国家，将大将田忌赶走；然后再打伤他的背部，折断他的脊骨。"魏臣子季子听到公孙衍这番话，感到可耻，就对魏惠王说："譬如筑十丈高的城墙，已经筑好了七丈，可是又把它毁坏，这是劳役们最痛苦的事情。现在已经有七年不打仗了，这是我们国家兴旺的基础。公孙衍是个昏乱的人，他的话是听不得的。"贤士华子听到公孙衍和季子的这番话，感到都浅薄，就对魏惠王说："花言巧语地说讨伐齐国的，是昏乱的人；花言巧语地说不要讨伐齐国的，也是昏乱的人；花言巧语地说讨伐和不要讨伐都是昏乱的人。"魏惠王说："那么，怎么办呢？"华子说："君王只要追求'道'就行了。"惠施听说这件事，就在魏惠王面前推荐了戴晋人。

戴晋人对魏惠王说："有一种叫做蜗牛的东西，君王知道吗？"魏惠王说："知道。"戴晋人说："有在蜗牛的左触角上建立国家的，名字叫做触氏；有在蜗牛的右触角上建立国家的，名字叫做蛮氏。两国经常因为争夺土地而掀起战争，死在战场的尸首就有几万具，他们追赶败兵，十五天才能够返回来。"魏惠王说："哈！这大概是谎话吧？"戴晋人说："我愿意为君王证实这件事情。依君王的意思说，在天地四方上下之中，有没有穷尽呢？"魏惠王说："没有穷尽。"戴晋人说："如果把心神遨游无尽的境域之中，再返还到四通八达的各国之间，就感到似有似无的一样，君王知道这个道理吗？"魏惠

王说："知道。"戴晋人说："四通八达的各国之间有个魏国，魏国之中又有个梁邑，梁邑之中有个君王。这个君王和蛮氏相比，有没有分别呢？"魏惠王说："没有分别。"戴晋人走后，魏王就不知所措地如同丢了什么东西似的。

魏惠王因为他和齐威王之间的私人恩怨，就想发动一场声势浩大的战争，很多大臣都用不同的方式劝谏，最后，戴晋人在惠施的推荐下隆重登场，化解了这段干戈。戴晋人如何说的呢？他就是通过把魏惠王的眼光拉远，使魏惠王站在更高的层次上看待这次战争和恩怨，最终使得"魏王就不知所措地如同丢了什么东西似的"，一场浩劫就此化解了。

眼界圈定作为的大小，一个人要想拥有更广阔事业，就必须从一开始就使自己存着一颗大海一样的心。否则当有一天，我们可以自由徜徉在广阔的海洋中时，就很有可能会像故事中的小鱼一样，反而会因为它的广袤无边而失去方向。

慧眼一双不如明心一颗

老子在描绘"道"时，说："视之而弗见，名之曰夷。听之而弗闻，名之曰希。搏之而弗得，名之曰微。三者不可至诘，故混而为一。"看不见，称无色；听不见，叫无声；摸不着，叫无形。这三者不能穷其根本，所以统归于道。看、听、感觉，都属于人体的官能，老子从官能的角度来讲述道的玄妙，这个对于我们的做人之道很有借鉴性。

以传统政治哲学角度讲，王者设官治世的所谓"官"的定义有两种：从政治制度看，官者，管也；从领导政治哲学来看，官，犹如人体的官能，所谓五官百骸，各有所司，各司其政，辅助中枢。而辅助头脑最得力的官能，莫过于眼目的视力、耳朵的听觉以及全身的触受所及的亲民之官。自古及今，无论是君主专制，还是自由民主，始终不外乎这一原理。

不过官能终有所限，目之所见，耳之所闻，触摸之所及，心之所思，都不是放之四海而皆准的经验之谈。曾子说："一心可以事百君，百心不可事一君。"子思说："百心不可以得一人，一心可以得百人。""君子以心导耳目，小人以耳目导心。"身居上位的领导，必须注重诚意、正心的自养，而戒慎偏信耳目的不当。正统儒道大多反对"察察为明"，过分偏任法家或权术的制衡作用。

世间之事，有许多会被自己的耳目所欺骗，被自己的主观情感所蒙蔽的。没有理性，眼睛是最坏的见证人。人常说："眼见为实。"但有时候，眼睛也会欺骗我们，使我们作出错误的判断，让我们离事情的真相越来越远。

三国时期，吴国的国君孙亮有一次想要吃生梅子，吩咐黄

门官去库房把浸着蜂蜜的蜜汁梅取来。孙亮没吃几口却发现蜂蜜里面有老鼠屎，他勃然大怒："是谁这么大胆，竟敢欺到我的头上，简直反了！"

孙亮马上将库吏召来审问鼠屎的情况，库吏也说不清是怎么回事。

孙亮略一沉思，微笑着说："其实，要弄清楚鼠屎是谁放的这件事很简单，只要把老鼠屎剖开就可以了。"

他叫人当着大家的面把鼠屎切开，大家仔细一看，只见鼠屎外面沾着一层蜂蜜，是湿润的，里面却是干燥的。

孙亮笑着解释说："如果鼠屎早就掉在蜜中，浸的时间长了，一定早湿透了。现在它却是内干外湿，很明显是黄门官刚放进去的，这样栽赃，实在是太不像话了！"

这时的黄门官早吓昏了头，跪在地上如实交代了陷害库吏、欺君罔上的罪行。

本来一个难以评判的案件一经孙亮的解释和处理却迎刃而解。孙亮之所以能够把问题化难为易，在于他能够准确抓住问题的关键所在。生活中处处需要智慧，只要我们用心，对于形势复杂难以判断的事物只要全面分析、推理，开动脑筋想办法，不被表面现象所迷惑，不被事物的复杂性所吓倒，就能正确应对突然来临的问题。

慧眼一双，不如明心一颗。所以任何时候，我们都要能透过现象看事物的本质，而不要被眼前的惑象蒙蔽了。老子的智慧余音提醒着现代人，做人做事不能仅仅凭自己所见所闻就对事物武断地下评判，而是更应该擦亮自己的心，透过复杂纷繁的现象世界，来看世事，千万不能让自己的心局限于耳目之所见闻。在道家看来，这不是一个心量宽大、眼界高远的人所应当有的行为。

冯异是汉光武帝刘秀手下的一员战将，他不仅英勇善战，而且忠心耿耿，品德高尚。当刘秀转战河北时，屡遭困厄，一次行军在饶阳滹沱河一带，矢尽粮绝，饥寒交迫，是冯异送上仅有的豆粥麦饭，才使刘秀摆脱困境。首先建议刘秀称帝的也正是这位忠心耿耿的冯异。他治军有方，为人谦逊，每当诸位将领相聚，各自夸耀功劳时，他总是一人独避大树之下，因此人们称他为"大树将军"。冯异长期转战于河北、关中，甚得民心，成为刘秀政权的西北屏障。这自然引起了同僚的妒忌，于是一些官员一再上书，请求调冯异回洛阳。此时，刘秀对冯异的确也不大放心，更何况"三人成虎"，光武帝唯恐冯异功高震主，内心也开始怀疑冯异的忠诚。

不过，光武帝毕竟是位明君，他经过深思熟虑之后，最终还是无视周围官员的诋毁，决定继续重用在西北地区举重若

轻、缺之不得的冯异。为了解除冯异的顾虑，刘秀还把一个官僚告发的密信送给冯异。冯异上书自陈忠心，刘秀回书："将军之于我，从公义讲是君臣，从私恩上讲如父子，我怎会对你猜忌？你又何必担心呢？"

刘秀的举动没有让"众口铄金，积毁销骨"的历史悲剧再次上演，同时，又恩威并用，既可解释为对冯异深信不疑，又暗示了朝廷早有戒备。对于位高权重、执掌虎符的大臣，君王又怎能丝毫不疑？但刘秀没有让耳目左右自己的决策，实是深谙对下的权术。

不论是作为平常身份，还是作为一个身居高位的领导者，处事做人，都应该摒却耳目的侵扰，不为自己的主观情感所左右，也不应只记得一个角度的"偏见"，而是应该客观理性地筛选信息，这样才能避免犯下许多错误。不畏浮云遮望眼，只缘身在最高层。修一双慧眼，不如拥有一颗明察秋毫的心，这样我们都能够站得高，看得远。

强者无域，弱者自闭

旱季来了，河床就要干涸了，曾经湍急的河流已经变成了一个个小水洼。烈日下，龟裂的河床在急速扩展，远处，却隐隐传来了大江的涛声，鱼儿们从一个水洼跳到另一个水洼，奔涛声而去。

"还有多远呢？"一个不大的水洼里，一条大鱼喘着粗气，问躺着歇息的一尾小鱼。

"远着呢！别费劲了，到不了大江的。"小鱼悠然地在水洼里游了一圈说，"做什么大江的梦啊，现实点，就在这儿待着吧！"

"可用不了多久，这水洼里的水就会干的。"

"那又怎样？长路漫漫，你又能走多远？离大江五十步和离大江一百步有什么区别？结局都是一样的，要看结局，懂吗？"

"即便真的到不了大江，只要我已经尽力了，也不后悔。"

"你已经遍体鳞伤了，老兄！"小鱼自如地扭动着自己保养得很好的身体，嘲弄着在小水洼里已经转不开身的大鱼，"像你这样笨重的身材，不老老实实在原处待着，还奔什么大江啊？你以为自己还年轻啊？就算真的有鱼能到达大江，也轮不到你！"

小鱼戳到了大鱼的痛处，它望着小鱼说："真的很羡慕你们有如此娇小的身材，在越来越浅的水洼里，只有你们才能自如地呼吸。可是，再苦再难，我们大鱼也得朝前奔啊，我们也得把握自己的命运。"大鱼说完，一个纵身，跳入了下一个水

洼，它听见了小鱼抑制不住的笑声。它知道，自己的动作很笨拙，它看见自己的鱼鳞又脱落了几片，而肚皮已渗出斑斑血迹，但它对自己说："此时此刻，除了向前，已别无选择。"

水洼的面积越来越小，大鱼知道，前面的路将越发艰难，它已很难再喝到水了，偶尔滋润干唇的是自己的泪。沿途，它看见大片大片的鱼变成了鱼干，其中，有许多是比它灵活得多的小鱼。

每一个水洼里都躺着懒得再动的伙伴，它们大口大口地喘着粗气，对大鱼说："别跳了，省点力气吧！没用的。"而大鱼却分明听见了越来越近的涛声。"坚持，"它对自己说，"唯有坚持，才有希望。"

不知跳了多久，大鱼终于看见了大江的波涛，可是，它的体力已经在长途跋涉中消耗殆尽。通向大江的路上，最后的一个水洼也干涸了，虽然只有一步之遥，可大鱼想，它是到不了大江了。就在这时，它听见了水声，接着，便看见一股小小的水流缓缓流来，这是行将干涸的河床在这个夏季最后的一股水流吧？大鱼抓住了这个机会，在水流的帮助下，一鼓作气奔向大江。而那些留在水洼里的鱼儿，却只是让这股水流稍稍往前带出了一步，一小步而已，大江离它们依旧遥不可及，而干旱却以无法阻挡的步伐占领了这片土地。

在这个世界上，只有强者才能掌握自己的命运，就像故事中的大鱼一样，以一种永不屈服的斗志昂扬的精神和毅力，克服了种种困难，奔入大海，拥有自由，延展生命。

做一个强者，首先是做一个精神上的强者，一个坚忍不拔、威武不屈的人，要有不被眼前的困境所胁迫或者吓倒的气度，因为在这个世界上，其实并不存在人无法克服的艰难和困苦，在一个人面临绝境行将没顶时，在气喘吁吁甚至筋疲力尽时，只要再坚持一下，奋力拼搏一下，困难就可能会被征服。

一个人的心界随着一个人眼界的拓展而拓展，眼界小者和眼界大者所追求的境界也逐渐不同。当一个人把自己的心界扩展到无限远时，即庄子所说的"天地与我并生，万物与我为一"的时候，他就会把追逐道的境界当做自己的追求。

所谓强者无域，弱者自闭。这是道家智慧给现代人的启发。

另辟心径，别有天地

《庄子·逍遥游》中记录了庄子和惠子的一段对话。说的是惠子家里有一个大瓠瓜，他却因为它太大而发愁，因为他不知道拿它做什么用。庄子就说道：为什么不把大瓠瓜晒干了挖空当做一条简易的船呢，那样可以方便出行。结果你还担心瓠瓜太大了没有用，真是"夫子犹有蓬之心也夫"！

庄子这一句话可谓发人深省。尤其是对于现代人来说，这个世界正在发生着日新月异的变化，有人说一切皆有可能，这句话其实并不为过。只要一个人能开放自己的心灵，把这个世界纳入自己的思考范围，就会发现任何事都有很多种解决的途径和方式，做人切不可像惠子那样以一颗"蓬心"看问题，保守着固有狭隘的思路，反而把大好资源给白白浪费了。

庄子的话放到现在来看，就是打开思路，用创意的思维去看待问题。另辟蹊径，别有天地，当我们懂得从另外一个角度去考虑问题时，往往能收到意外的效果。这样的例子在历史中可谓俯拾即是。

宋徽宗赵佶，政绩虽然不好，甚至后来做了亡国之君，艺术上却颇有创意思想。

宋徽宗曾经创立了一个画院广招画家，而画家进入画院就必须经过他的亲自评选。宋徽宗曾经给画家们出了一个主题：深山藏古寺。这个题目要画好并不容易。

绝大多数人都按照题意画出了第一种境界：古木苍葱的山林中，古寺赫然其中。少数人延展题意画出了第二种境界：山林中隐现寺院的局部。还有更少人画出了第三种境界：山林中只露出一只幡杆。唯有一个人洞察题意画出了第四种境界：一

个小和尚在山脚下的小溪边上打水。宋徽宗最后挑选了这个人的作品。

第四种画好在哪里呢？好就好在构思巧妙，那位高明的画家，根本就没有画庙。但和尚挑水，当然是用来烧茶煮饭，洗衣浆衫，这就叫人想到附近一定有庙；庙一定是在深山中，画面上看不见，这就把"藏"字表现出来了。这幅画比起那些画庙的一角或庙的一段墙垣的，更切合"深山藏古寺"的题意。

那些落选的画家并非画技不好，如果不好，根本就没资格应考了，他们落选的原因是因为构思平庸。而那位聪明画家的过人之处未见得是绘画技术，但由于他巧于构思，选择了小和尚挑水的角度，就使画面含蓄，能启发别人的联想。宋徽宗评画与广告创意的境界是相通的，广告创意也至少有类似的四种境界，也一定要借鉴宋徽宗评画的精髓。

这就是创新，它无时无刻不在我们周围发生。著名作家茅盾曾说过："从创新中得美。"创新是存在于世间的一种美丽的奇迹，它能化腐朽为神奇，变荒漠为绿洲，变沧海为桑田。创新是人类特有的素质，是人生的境界得以提升的一大要素。拥有创新能力的人，就会美丽如天神，他的思维就会焕发出灿烂的光辉。正如法国作家罗曼·罗兰所说的那样，"一切生命的意义就在于此——在于创造的刺激"。

任何一个有创造成就的人，都必定是一个心灵开阔的人，所以能成为战胜常规思维的高手，他们不被过去的思维所困扰，能突破常规思维的束缚，取得创新硕果。历史上流传着一位怀丙和尚的故事，说他是个最善于发动创新思维的人。

怀丙，宋朝河北真定（今河北正定县）人，他聪明善思，曾多次解决当时谁也解决不了的工程难题。有一年，黄河发洪水，冲垮了河中府（今山西省永济县）城外的一座浮桥，连八只固定浮桥的大铁牛也冲到了河里。

洪水退去以后，河中府准备重建浮桥，连接两岸的船只准备就绪，就缺拴牢木船的大铁牛了。可是上万斤的大铁牛怎样才能捞上来呢？

怀丙和尚自愿承担了捞铁牛的重任。他说："铁牛是被水冲走的，我就叫水把铁牛送回来。"

他先请熟悉水性的人潜到水底，摸清了八只大铁牛的位置。然后指挥着一班船工，用两只大木船装满了泥沙，并且在两艘船上搭了结实的木架。然后他亲自带人，把船划到铁牛沉没的地方，派人潜入水底，用绳索牢牢地绑住铁牛。绳子的另一头拴在木架上。并排拴在一起，再在木架上收紧绳索，然后叫船工把船上的泥沙铲到河里去，随着船中泥沙的减少，船身一点一点地向上浮，陷在沙中的大铁牛就一点一点向上拔，就这样，那上万斤重的铁牛终于被从淤泥里拔了出来，被船拖到了原来的位置。

怀丙和尚巧妙地利用水的浮力，把上万斤的铁牛从泥里"拔"了出来。怀丙和尚之所以能够轻巧地解决一个让几乎所有人束手无策的难题，在于他能够在思维上进行创新，突破常规的思维。所以，要完成困难的任务，必须在思维上有所创新，另外，要善于从日常生活中的现象中发现智慧。水具有浮力谁都知道，但是能够利用水的浮力为自己服务就不是人人都能够做到的了。

我们常常抱怨自己的生活黯淡无光、平淡无奇，那么，为什么还要去追寻陈旧的足迹呢？为什么不能用变化的眼光来看待生活中的悲与喜呢？眼光变了，这个世界也就变了。只有打破思维僵局，才能开启心门。

其实许多时候，我们习惯于把自己的思维限定在狭小的空间里，按照传统的思维方式，按照众人流行的惯性思维去思考，走着别人走过的路，干着别人干过的事。要知道，许多时候人生的成功是靠着创新而获取的。所以说，做人切不可保持一颗狭隘的"蓬心"，而是要学会打开心灵，让自己的心界开阔起来，这样做人才能拥有不断的创意，而人生的天地会因此而不断变得更广阔，出路会更多，前路会更远。

开放思维，发现世界

过去庄周梦见自己变成蝴蝶，醒来后，不知是庄周变成了蝴蝶，还是蝴蝶变成了庄周。庄子说，我在哪里呢？这就是庄子，一个连自己的存在都不停追问的哲人。

庄子是一个很有怀疑和反叛精神的人，纵观《庄子》全书，到处充满奇谈怪论，到处都是他的精彩提问，到处都给人以智慧的启迪。

开放思维，发现世界，我们在现实生活中，一定不要做一名人云亦云的追随者，而要时刻拥有一颗怀疑的心，这样一个人才能在生活中拥有一颗明智的慧眼，清明的心灵；才能不断获得智慧的启迪，不至于活得浑浑噩噩。擦亮眼睛，打开思路，才不会被迷惑，就像古时候的那位铁匠一样。

燕王有收藏各种精巧玩物的嗜好。有时他为了追求一件新奇的东西，甚至不惜挥霍重金。"燕王好珍玩"的名声不胫而走。

有一天，一个卫国人到燕都求见燕王。他见到燕王后说："我听说君王喜爱珍玩，所以特来为您在棘刺的顶尖上刻猕猴。"燕王一听非常高兴。燕王当即给那卫人丰厚的报酬让他刻猴。

随后，燕王对那卫人说："我想马上看一看你在棘刺上刻的猴。"那卫人说："棘刺上的猕猴不是一件凡物，只有有诚心的人才能看得见。如果君王在半年内不入后宫，不饮酒食肉，并且赶上一个雨过日出的天气，抢在阴晴转换的那一瞬间去看刻有猕猴的棘刺，届时您将如愿以偿。"

郑国有个铁匠听说了这件事以后，觉得其中有诈，于是去给燕王出了一个主意。这匠人对燕王说："在竹、木上雕刻东西，需要有锋利的刻刀。被雕刻的物体一定要容得下刻刀的锋刃。如果那卫人真有鬼斧神工，必定有一把绝妙的刻刀。君王用不着等上半年，只要现在看一下他的刻刀，立即就可知道用这把刀能否刻出比针尖还小的猕猴。"

燕王把那卫人召来问道："我一时看不到你刻的小猴，想先看一看你的刻刀。"

卫人说："请君王稍等一下，我到住处取来便是。"

燕王和在场的人等了约一个时辰，还不见那卫人回来。燕王派侍者去找，侍者回来后禀报道："那人已不知去向了。"

这段故事虽然说的是识破骗局，但是从中衍生出一种怀疑精神。哲学家周国平曾说："我偏爱具有怀疑论倾向的哲学家，例如笛卡儿、休谟，因为他们教我对一切貌似客观的绝对真理体系怀着戒心。"不错，笛卡儿和休谟已然成为怀疑精神的代名词。笛卡儿的哲学名言"我思故我在"更是成为名扬世界的怀疑精神的代名词。

不仅哲学家需要怀疑精神，生活中的每一个人也都需要这种怀疑精神。一个拥有怀疑精神的人才能具有与众不同的创造性，才能获得幸福圆满的人生。

江西有个名叫沈梅的女孩，一天傍晚突然发现路边的河面上有块露出的石头，发出如同星星一样的点点光亮。好奇心使她往石头上浇了几次水，石头上的亮光不见了，但石头上却嵌着许多淡紫色、透明、有玻璃光泽的东西。于是她取了几块石头带回家。当石头不小心碰到火苗时，竟然发出了"噼噼啪啪"的爆炸声，火花四溅，这又一次引起了她的好奇。她觉得这石头不是普通的石块，因此她拿着石头到地质队化验了一下，结果确认是萤石。不久之后，地质队就在离河不远的山里找到了一个萤石矿。

这个女孩之所以能够获得成功，就是因为她时刻留心自己的周围，时刻保持一颗怀疑的心。

怀疑精神是人进步的前提，是人获得幸福的一条康庄大路，一个科学家，只有具有怀疑精神，才能有所发现，有所发明；一个作家，只有具有怀疑精神，才能创造出全新的文学作品；一个普通商人，只有具有怀疑精神，才能找到生活中的财

源；一个学生，只有具有怀疑精神，才能更好地掌握知识，更快地成才。由此可见，怀疑精神是成就一切的基础。

我们不妨再看一看庄子，他怀疑世间的每件事物，才能给予我们以这么深刻的启示。学会庄子的这种方法，而不仅仅记住他讲的故事，才是对我们最有益的。

不做杀鸡取卵的事

有一则笑话说，一个伐木工人去应征工作，工头对他说："你去前面的树林试试看，看你一分钟能锯几棵树？"一分钟后，大片树木倒下，工头喜不自胜："你以前在哪工作的？"

工人回答："撒哈拉森林。"

工头诧异："只听过撒哈拉沙漠，没听过撒哈拉森林啊！"

工人点点头，说："后来改名字啦！"

这是一个极具讽刺意味的笑话，不过，当地球上的最后一滴水变成人类的泪水，我们恐怕就笑不出来了。

在道家经典《列子·天端》里曾讲述过一个有趣的故事。说杞国有个人，总是担心天要崩塌下来他将无处藏身，因此愁得食不下咽、寝不安枕，后来人们常用"杞人忧天"的成语来比喻不必要的或无根据的忧虑。诗仙李白曾有诗云："……白日不照吾精诚，杞国无事忧天倾。"然而，当大自然的资源正

在逐渐被挖掘一空、后世子孙得以生存的资财即将被挥霍殆尽时，杞人忧天便成为生存的当务之急了。

以煤为例，历史上煤炭最初的发现是在汉武帝时代。相传，当年汉武帝为教练水军，集天下征夫开凿昆明池，得一异物，状若黑石，其色如漆，叩之有异声，天下竟无有识者。汉武问于东方朔，东方卖了个关子，随后献策，某年月日将有西域胡僧某某过某地，问之可知。后果有胡僧西来，问之则答曰："此乃前劫之劫灰也。"所以煤又有"劫灰"的叫法。

煤炭是上个文明时期火烧后的余烬中含藏的能量，好比人体的皮毛卫发；石油，佛经中称之为"劫精"，好比人体的血液精华。

古人既然早已知道煤炭、石油等能源，为什么不早早开发来应用，却始终上山打柴，拿草木来做燃料呢？那是因为，汉武帝在听闻了"劫灰"、"劫精"之说后，禁令采集，历代亦是如此。

帝王的做法同样是受了道家思想的影响，道家认为天地是一个大宇宙，人身是一个小天地，地球也是一个有生机的大生命，就如人身一样。地球同样富有生机，是一个生命体，不可轻易毁伤它，不然，对人类的生存，有百害而无一利。因此，古人虽然早就知道有"天材地宝"的矿藏，也绝不肯轻易去挖掘。即使挖掘，也要祭告天地神祇，得到允许。人心即天心，人们的传统思想是如此，神祇的权威就起到了震慑之效。正因如此，地大物博的泱泱中华才能有幸将其丰富的矿藏保留至今，作为未来子孙们生存的资财。而没有做杀鸡取卵、竭泽而渔的事。

春秋时期，一年夏天，鲁宣公兴致勃勃地把渔网撒在潭里准备捕鱼。正在这时，里革刚好从潭边路过，见到后立即把鲁宣公渔网的绳剪断了，并且把网拉上来扔掉。

鲁宣公不知何意，正要发怒，里革忙解释说："我主可曾听说过，古时候，春暖花开之际，万物复苏。这时候，鸟兽刚好怀胎，水中的动物却基本成熟，狩猎师就下令禁止用兔网、鸟网捕捉鸟兽，而只用矛等刺取鱼鳖，将它做成鱼干，以备夏天食用，这样做是为了促使鸟兽生长；到了夏天，鸟兽长成，水中动物又开始孕育，渔师在这时又下令禁止使用大小渔网捕鱼，只是设陷阱，在陷阱中装设捕兽的装置，捕取禽兽。这样一来，不论鱼虾鸟兽都能有休养生息的时候了。如此都是为了积蓄物力，补足国家所需。那个时候，人们不会为了眼前的利益而贪得无厌，一味索取。

比如，人们在山上不会砍伐树木所生的新芽；在草地里，也不会随意割取未长成材的草木；捕鱼时，禁止捕捞有卵的鱼和小鱼；狩猎时，要等到那些幼鹿等小兽长大后再猎捕；抓鸟也要先等那些鸟卵孵出，小鸟长成；就是对可食的虫子，也要留下卵和未生翅的幼虫。这样各种植物、动物才能生息繁衍，人们也才能有源源不断的食物供给啊。如果古人为了一时痛快、一时的满足而不计后果，恐怕现在留给我们的就所剩无几了。现在鱼正在产卵，您不等鱼生长，又用这样的小孔网捕捞，大王这可是有些贪心不足啊。您是一国之君，如果下面的人效仿您的样子，更加贪婪，干脆把这潭水都抽干了不更可以把所有的鱼都捉到吗？但这样做以后这里还会有鱼吗？所以说，贪得无厌最终只会让自己，让子孙后代一无所获啊！"

两千多年前，人们就已经有了这样的意识，不能不让我们今人惭愧。人类早可以透支地球资源，但古人却将自然的精华悉心呵护。古人尚知煤炭、石油是地球的骨髓血液而不去触碰它，以求保全生态环境，而现在的人们却在欲望的指使下手握高科技的利器对地球大肆开采，后果可想而知。

当前世劫灰耗尽，当未来资财所存无几，即便用生命来换取自然的残喘恐怕也不可能了。几千年前那个杞人的忧虑很有可能就会成为现实。人，从小我来看，需要以长远的眼光来看我们的人生，而人类，我们作为一个文明世界的延续者，是否也该把眼光放得更长远一些，为我们的子孙留下些自然的财富呢？

"耐"与"恒"的境界

有无相生，难易相成，对于一切事物来说，相反的两种属性总是相互融合、相互统一的。在这里，老子阐明了"图难于易"的做人道理。"合抱之木，生于毫末，九层之台，起于累土，千里之行，始于足下。"这些古老的中国经典语录中蕴含着一个朴素的道理：量变积累到一定程度就会发生质变，耐与恒是古今成事者必备之境界。

沉潜是腾飞前的准备

一位年轻的画家，在他刚出道时，三年没有卖出去一幅画，这让他很苦恼。于是，他去请教一位世界闻名的老画家，他想知道为什么自己整整三年居然连一幅画都卖不出去。那位老画家微微一笑，问他每画一幅画大概用了多长时间。他说一般是一两天吧，最多不过三天。那老画家于是对他说，年轻人，那你换种方式试试吧，你用三年的时间去画一幅画，我保证你的画一两天就可以卖出去，最多不会超过三天。

故事中年轻画家的经历不免让人惋惜，可是现实中，很多时候我们都是在重复着和他一样的错误。其实，做人处世，沉潜的日子相当于长长的助跑线，能够让我们飞得更高更远。成功绝不是一蹴而就的，只有静下心来日积月累地积蓄力量，才能够"绳锯木断，滴水穿石"。

《庄子·逍遥游》中有一段话这样写道："北冥有鱼，其名为鲲。鲲之大，不知其几千里也；化而为鸟，其名为鹏。鹏之背，不知其几千里也；怒而飞，其翼若垂天之云。"

庄子说深海里头有条鱼，突然一变，变成天上的大鹏鸟。鲲化鹏这个问题含意丰富，包含了两个方面——"沉潜"与"飞动"。潜伏在深海里的鱼，突然一变，变成了远走高飞的大鹏鸟。

人生的某个时刻，或是一个人年轻之时，或是修道还没有成功的时候，或是倒霉得没有办法的时候，必须"沉潜"在深水里头，动都不要动。只有修到相当的程度，摇身一变，便能升华高飞了。相反，一个人若不懂得沉潜蓄势，那么他的人生很难有所真正的成就。

《三国演义》中曹操与刘备青梅煮酒，遥指天边龙挂，曾云：龙能大能小，能升能隐；大则兴云吐雾，小则隐介藏形；升则飞腾于宇宙之间，隐则潜伏于波涛之内。方今春深，龙乘时变化，犹人得志而纵横四海。龙之为物，可比世之英雄。其实，这其中便蕴含着鲲鹏沉潜高飞之道。

放眼古今中外，有很多沉潜蓄势、厚积薄发的故事。很多人在经历了一次又一次的挫折之后，披荆斩棘，终于闯出了自己的一片天地。用道家的智慧来解释，就是人要先学会沉潜，才能最终腾起。明朝开国皇帝朱元璋便是深谙此道之人。

元末农民战争风起云涌，在几路起义军和较大的诸侯割据势力中，除四川明玉珍、浙东方国珍外，其余的领袖皆已称王、称帝。最早的徐寿辉，在彭莹玉等人的拥立下，于元至正十一年（1351 年）称帝，国号天完。张士诚于元至正十三年（1353 年）自称诚王，国号大周。刘福通因韩山童被害、韩林儿下落不明之故，起兵数年未立"天子"，至元至正二十年（1360 年）徐寿辉被部下陈友谅所杀，陈友谅自立为帝，国号大汉。四川明玉珍闻讯，也自立为陇蜀王，一时间，九州大地，"王"、"帝"俯拾皆是。

此时只有朱元璋依然十分冷静，他明白要想最终夺得天下，目前掩藏锋芒，暂时沉潜，是最好的选择。所以，他坚定地采纳了"缓称王"的建议。朱元璋成为一路起义军的领袖，始终不为"王"、"帝"所动，直到元至正二十四年（1364 年）朱元璋才称为吴王。至于称帝，那已是元至正二十八年（1368 年）的事情了。此时，天下局势已明朗，也就是说，朱元璋即便不称帝，也快是事实上的"帝"了。

与其他各路起义军迫不及待称王的做法相比较，朱元璋的"缓称王"之战略不可谓不高明。"缓称王"的根本目的，在于最大限度地减少己方独立反元的政治色彩，从而最大限度地降低元朝对自己的关注程度，避免或大大减少了过早与元军主力和强劲诸侯军队决战的可能。这样一来，朱元璋就更有利于保存实力、积蓄力量，从而求得稳步发展了。以暂时的沉潜换取最终的成功，这正是朱元璋过人之处。

所以，做人要使自己立于不败之地，就要根据外界形势的变化，灵活地保存实力，关键时刻再出手以赢得胜利。当我们面前困难重重、出头之日遥不可及时，何不学学朱元璋？暂时沉潜绝非沉沦，而是自强。如果我们在困境中也能沉下气来，不被"冰棱"吓倒；在喧嚣中也能沉下心来，不被浮华迷惑，专心致志积聚力量，并抓住恰当的机会反弹向上，毫无疑问，我们就能成功登陆！反之，总是随波浮沉，或者怨天尤人，注定就会被命运的风浪玩弄于股掌之间，直至精疲力竭。甘于沉下去，才可浮出来，企鹅的沉潜原则，也适用于人的生存。

人生需要慢慢积淀，当时机成熟，风力充足，有了一定的能力才智作为本钱，定能一飞冲天。一个人想要最终获得一个圆满、成功、幸福的人生，一定需要一个成功势能积累的

过程。

道家对沉潜以待的阐释可谓是深刻的，现代人学习道家的做人智慧，当明白成败宛若两重天；人生必须学会先甘于沉潜，时机未达之时，静若处子，沉心定气，卧薪尝胆；一旦时机成熟，动如脱兔，灵敏应对，抓住机遇，扶摇直上。

把眼光放长远

成功，是每一个奋斗者的热烈企盼和向往，是每一个奋斗者为之倾心的夙愿。在计划的推动下，人就能够被激励、鞭策，处于一种昂扬、激奋的状态下，去积极进取、创造，向着美好的未来挺进。

作为一个尚未取得地位的年轻人，应当志存高远，但计划也必须是符合内心的渴望并切合实际的。如果你只是含含糊糊地给自己制订一个大概的计划，希望在行动的过程中再加以调整或更改，那么，即便计划再远大宏伟，也只能如海市蜃楼般虚无缥缈。

有些人的计划用笼统的词句表达，比如说："当一名成功的医师。"有的则比较具体，如："要发明能有效治疗胃痛或头痛的药物。"广泛的事业计划也有用，因为它们有整体的观点，可以解放想象力，帮助我们探究所有可能的选择。但是，广泛

的计划却不能使我们确定自己所要做的是什么。由于这个缘故，我们需要具体的事业计划。

《庄子·逍遥游》中写道："适莽苍者，三餐而反，腹犹果然；适百里者，宿舂粮；适千里者，三月聚粮。之二虫又何知！小知不及大知，小年不及大年。"意思是说，到近郊的草木间去，一天在那里吃上三顿，回来了肚子还饱饱的；假如走一百里路呢，就不同了，得带一点干粮，说不定要两三天才能回来；如果走一千里路，那就要准备带两三个月的粮食了。表面上，庄子是在告诉我们出门旅行该怎么准备，实际上讲的是人生的境界。前途远大的人，就要有远大的计划；眼光短浅，只看现实的人，恐怕只能抓住今天。我们应该做的不只是拥有今天，还应该抓住明天、后天，抓住永远。

如果暂时无法达到中心计划，不妨设定一个较小、较易达到的计划，并竭力工作直到达到。举例来说，找出更快、更有效率的方法来完成每天的例行工作，或者是趁自己精力旺盛的时候先选做最难的工作，简单的则稍后解决。许多小的成功终会引来更大的成就。

俗语说得好：罗马不是一天建成的。既然一天建不成辉煌的罗马，那就让我们专注于建造罗马的每一天。这样，把每一天连起来，终将会建成一个美丽辉煌的罗马。

其实，人生亦是如此，我们每个人都希望有自己的人生计划，并为实现这个计划而生活和工作。如果你能把你的人生计划清楚地表达出来，就能帮助你随时集中精力，发挥出你人生进取的最高的效率。只是，一定要记住，你在表达你的人生计划时，一定要以你的梦想和个人的信念作为基础，因为这有助于你把自己的计划订得具体，且具有现实可行性。

有了精确的计划就行了吗？似乎还缺少什么。因为再好的计划，如果你总是瞻前顾后，就会使生命陷入停滞，最终计划也不能得到实施。

有些人做事只图眼前利益，而不会为长远打算。眼前可以得到的利益总给人一种实实在在的感觉，但短视的心理却常常使人们失去本应该能够得到的美好事物。也许人们认为自己的行为是更注重现实，而实际上是自己将未来的发展与成功的机遇白白浪费掉了。沉湎于过去和未来就会迷失现在的一切，包括自己本身。

有一个人经常出差，经常买不到对号入座的车票。可是无论长途短途，无论车上多挤，他总能找到座位。

他的办法其实很简单，就是耐心地一节车厢一节车厢找过去。这个办法听上去似乎并不高明，却很管用。每次，他都做好了从第一节车厢走到最后一节车厢的准备，可是每次他都用

不着走到最后就会发现空位。他说，这是因为像他这样锲而不舍找座位的乘客实在不多。经常是在他落座的车厢里尚余若干座位，而在其他车厢的过道和车厢接头处，居然人满为患。

他说，大多数乘客轻易就被一两节车厢拥挤的表面现象迷惑了，不去细想在数十次停靠之中，从火车十几个车门上上下下的流动中蕴藏着不少提供座位的机遇；即使想到了，他们也没有那一份寻找的耐心。眼前一方小小立足之地很容易让大多数人满足，为了一两个座位背负着行囊挤来挤去也让他们觉得不值。他们还担心万一找不到座位，回头连个好好站着的地方也没有了。

与生活中一些安于现状、不思进取、害怕失败的人永远只能滞留在没有成功的起点上一样，这些不愿主动找座位的乘客大多只能在上车时最初的落脚之处一直站到下车。

所以说"急功近利是人天性的一面"，着实不错。许多人贪图小便宜，往往为眼前的小利益而迷惑，殊不知在得到的同时却往往失去了更多。生活中，我们常常被眼前利益的绚烂外貌蒙住了双眼，宁愿一直低头享受那片刻的短暂欢愉，也不肯抬起头望望远方，去寻找更大的空间。只为眼前利益的人，受人性所限，只会陷入庸人自扰的无边烦恼；唯有立足长远的人，才能突破人性的瓶颈，活出智慧人生。

笑到最后才是大赢家

《老子》里面有一句："有无相生，难易相成，长短相形，高下相盈，音声相和，前后相随，恒也。"也就是对于一切事物来说，相反的两种属性总是相互融合、相互统一的。在这里，老子阐明了"图难于易"的做人道理。难与易是相辅相成的，其重点在于难易相成的"成"字。天下没有容易成就的事，但许多事情在我们即将完成的一刹那，都会显得十分容易。世上事，许多都是看似容易，做起来艰难，而人与人总难免有才智的差异，有时候又有外部条件的各种限制，所以即便是在做同样一件事，有的人很轻松便能出类拔萃，而有的人就处处落后，于是我们就很容易产生这样的观点，认为这件事很难，或者自我能力有限无法胜任，其实这些是我们的思维误区。正所谓：天下事有难易乎？为之，则难者亦易矣；不为，则易者亦难矣。其实，历史上那些成功的人，他们之所以能做到别人做不到，或者看来不可能做到的事情，许多时候不是因为才智上的过人之处，而是他们相信难易相成的道理，不会为一时的失败落后而彻底沮丧放弃，反而选择坚持不懈，所以他们成为了笑到最后的人。

其实，我们细细体会老子所说的难易相成，就会发现许多

事确实是如此。如果我们被一时的困难和挫败吓倒，那它就成了真正的不可逾越的障碍，但假若我们能不放弃努力，再难的事最后也会因为这份坚持而变得简单容易起来。

不仅一时的失败不足我们挂怀，就是一时的成功也不当太过得意，笑到最后的才是真正的大赢家。这样的例子在我们的生活中其实无处不在，只要我们留心，就会发现也许自己身边的人正在用他的行动在践行着这条平凡却颠扑不破的真理。

有一个年幼的孩子一直想不明白自己的同桌为什么每次都能考第一，而自己每次却只能远远排在他的后面。回家后他问道："妈妈，我是不是比别人笨？我觉得我和他一样听老师的话，一样认真地做作业，可是，为什么我总比他落后？"妈妈听了儿子的话，感觉到儿子开始有自尊心了，而这种自尊心正在被学校的排名伤害着。她望着儿子，没有回答，因为她不知该怎样回答。

又一次考试后，孩子进步了，考了第20名，而他的同桌还是第一名。回家后，儿子又问了同样的问题，妈妈真想说，人的智力确实有高低之分，考第一的人，脑子就是比一般的人灵。然而这样的回答，难道是孩子真想知道的答案吗？她庆幸自己没说出口。应该怎样回答儿子的问题呢？有几次，她真想重复那几句被上万个父母重复了上万次的话——你太贪玩了；

你在学习上还不够勤奋；和别人比起来还不够努力……以此来搪塞儿子。然而，像她儿子这样脑袋不够聪明、在班上成绩不甚突出的孩子，平时活得还不够辛苦吗？所以她没有那么做，她想为儿子的问题找到一个完美的答案。

儿子小学毕业了，虽然他比过去更加刻苦，但依然没赶上他的同桌，不过与过去相比，他的成绩一直在提高。为了对儿子的进步表示赞赏，她带他去看了一次大海。就在这次旅行中，这位母亲回答了儿子的问题。母亲和儿子坐在沙滩上，她指着海面对儿子说："你看那些在海边争食的鸟儿，当海浪打来的时候，小灰雀总能迅速地起飞，它们拍打两三下翅膀就升入了天空；而海鸥总显得非常笨拙，它们从沙滩飞向天空总要很长时间，然而，真正能飞越大海横过大洋的还是它们。"

我们许多人的成长与故事中的孩子十分相似。其实，人的成长是一个漫长的较量，能否取得最后的胜利，不在于一时的快慢。如果我们能够在自己成长的道路上静下心来，遇到困难不气馁、不灰心，矢志不渝地前进，那么我们最终必将获得最后的胜利。

人生是一个追求成功的过程，人们总是给自己设置许多障碍，却忘记了难与易总是相对而言的。其实，成功总是由无到有，由小变大，由少到多，这中间需要一个想成功的人不断地

努力与争取，这便是道家所主张的难易相互转化的道理。

不过，从另一个角度看，难与易的辩证哲学还具有一层更深的寓意。历史学家司马迁对汉初三杰之一张良赞誉有加："运筹帷幄之中，制胜于无形；子房计谋其事，无知名，无勇功，图难于易，为大于细。"难易相成，万事开头难，能够坚持从小处着手，从简单的入手，厚积薄发，再难的事也能做成。

人生要耐得寂寞

庄子所描述的大鹏在飞到九万里高空之前，就先要有静待大风的耐性。放开来讲，人生亦是如此，一个人要想获得成功，必须培养自己的气度、学问、能力，像大海一样深广才行。而这个过程必定是一个寂寞而孤独的过程，唯有这寂寞和孤独才能带来智慧的增长。

法国昆虫学家法布尔在他的十卷本巨著《昆虫记》中，曾描写过蝉从出生到死亡的全过程，蝉的生命期仅仅只有30天，而为了这极短暂的30多天的飞翔高鸣，它们的幼虫要在泥土里等待四年的时间。在四年漫长的痛苦等待中，必须经受各种自然灾害的袭击和天敌的入侵，保存下来，才有生化为蝉的机遇。

这就是大自然的规律。

人，作为大自然的一分子，同样也要遵循它的规律。所以说，一个人要想获得成功，首先也需要耐得住寂寞，只有在寂寞中才能催生一个人的成长，寂寞是成功的另一种境界。获得奥斯卡最佳导演奖的华人导演李安，正是一位能够坚守寂寞的非凡代表。

李安去美国念电影学院时已经26岁，那时他遭到父亲的强烈反对。父亲告诉他：纽约百老汇每年有几万人去争几个角色，电影这条路走不通的。李安毕业后，七年，整整七年，他都没有工作，在家做饭带小孩。有一段时间，他的岳父岳母看他整天无所事事，就委婉地告诉女儿，也就是李安的妻子，准备资助李安一笔钱，让他开个餐馆。李安自知不能再这样拖下去，但也不愿拿丈母娘家的资助，他决定去社区大学上计算机课，从头学起，争取找到一份安稳的工作。李安背着老婆硬着头皮去社区大学报名，一天下午，他的太太发现了计算机课程表，顺手就把这个课程表撕掉了，并跟他说："安，你一定要坚持你的理想。"

因为这一句话，因为有这样一位明理智慧的太太，李安最后没有去学计算机。如果当时他去了，多年后就不会有一个华人站在奥斯卡的舞台上领那个很有分量的奖。

　　人生只有耐得住寂寞，才有可能收获真正的成功。就比如说，一个人如果真正的最爱是文学，那就不要为了父母、朋友的劝导而去经商；如果真正的最爱是旅行，那就不要为了稳定而选择一份一天到晚坐在电脑前的工作。

　　我们的生命是有限的，但人生却是无限精彩的。只有耐得住寂寞的人，才是更能收获成功的人。西方有位哲人在总结自己的一生时说过这样的话："在我整整75年的生命中，我没有过过四个星期真正的安宁。这一生只是一块必须时常推上去又不断滚下来的崖石。"所以，追求宁静，或者是追求寂寞对许多人来说成了一个梦想。由此看来，寂寞并不是每个人都能享受的。

　　可是，现实生活中，许多人害怕寂寞，时时借热闹来躲避寂寞，麻痹自己。滚滚红尘中，已经很少有人能够固守一方清静，独享一份寂寞了，更多的人脚步匆匆，奔向人声鼎沸的地方。殊不知，热闹之后的寂寞将会加倍。如能在热闹中独饮那杯寂寞的清茶，也不失为人生的另类选择与生存。

　　但是，寂寞并不是每个人都懂得享受的！对未来进行抗争的人，才有面对寂寞的勇气；在昔日拥有辉煌的人，才有不甘寂寞的感受。为了收获而不惜辛勤耕耘、流血流汗的人，才有资格和能力享受寂寞。

寂寞是一种难得的感觉，只有在拥有寂寞时，你才能静下心来悉心梳理自己烦乱的思绪；只有在拥有寂寞时，你才能让自己成熟。

许多人把失意、伤感、无为、消极等与寂寞联系在一起，认为将自己封闭起来就是寂寞，其实，这是一种误解。倘使这样去超越生活，不仅限制生命的成长，还会与现实产生隔阂，这样的人只是在逃避生活。

寂寞是一种感受，是一种难得的感觉，是心灵的避难所，会给你足够的时间去舔舐伤口，使你重新以明朗的笑容直面人生。

懂得了寂寞，便能从容地面对阳光，将自己化做一杯清茗，在轻啜深酌中渐渐明白，不是所有的生长都能成熟，不是所有的欢歌都是幸福，不是所有的故事都会真实。有时，寂寞是穿越灿烂而抵达美丽的一种高度、一种境界。

当寂寞来临时，轻轻合上门窗，隔去外面喧嚣的世界，默默独坐在灯下，平静地等待身体与心灵的一致，让自己在悲观交集中净化思想。这样，被一度驱远的宁静会重新回归。一个人静静地用自己的理解去解读人世间风起云涌的内容，思考人生历程中的痛苦和欢悦。不再出入上流社会，也就不再对那些达官显贵摧眉折腰，人们不再追逐自己，不再关注自己，做人

自然也因此而少了流言的中伤。当我们真实领悟了人生的丰富与美好，生命的宏伟和阔大，让身心平直地立在生活的急流中，不因贪图而倾斜，不因喜乐而忘形，不因危难而逃避，就读懂了寂寞，理解了寂寞。于是，寂寞不再是寂寞，寂寞成了一首诗，成了一道风景，成了一曲美妙的音乐。于是，寂寞成了享受，使我们终于获得了人生的宁静。寂寞来时，轻轻闭上双眼，去聆听远方的鸟鸣，去感受灵魂深处的快乐。

自古坚持的头号大敌就是诱惑，有这么一句话："我什么都能抵制，除了诱惑。"因为诱惑，我们丧失了志向，偏离了方向，始终登不上成功之船。一个人想成功，一定要经过一段艰苦的过程。任何想在春花秋月中轻松获得成功的人都是枉然。而这寂寞的过程正是一个人积蓄力量、汲取营养的过程。

成功在于点滴的积淀

老子在《道德经》中说："合抱之木，生于毫末，九层之台，起于累土，千里之行，始于足下。"这些古老的中国经典语录中蕴含着一个朴素的道理：量变积累到一定程度就会发生质变。一个人，只要坚持每天进步一点点，终有到达成功的那一天。

《庄子·让王》中讲到颜成子游谈他的成功历程："自吾闻

子之言，一年而野，二年而从，三年而通，四年而物，五年而来，六年而鬼入，七年而天成，八年而不知死、不知生，九年而大妙。"在这里，颜成子游对东郭子綦说："自从我听了你的谈话，一年之后就返归质朴，两年之后就顺从世俗，三年豁然贯通，四年与物混同，五年神情自得，六年灵会神悟，七年融于自然，八年就忘却生死，九年之后便达到了玄妙的境界。"

颜成子游从听了东郭子綦的话到最后达到"玄妙的境界"，整整用了9年的时间。这告诉我们，一个人无论做什么事都一定不要急于求成，只要每天学习，每天进步一点点，日积月累，自然就会获得最后的成功。

成功就是简单的事情重复去做，成功就是每天进步一点点。所谓不积跬步，无以至千里，一切成功都是在点点滴滴的积淀中最终完成的。然而另一方面，积淀要达到最终的成功，需要人们沉下心，能耐于长时间的默默坚持，假若在中途甚至最后关头放弃，导致前功尽弃，功亏一篑，那就实在太可惜了。即便是植物的生长，也是要经历一段雨露滋润、天地化育的过程，才能长成、开花、结实。

荷塘里有一片落叶，它每天会增长一倍。假使30天会长满整个荷塘，请问第28天，荷塘里有多少荷叶？答案要从后往前推，即有四分之一荷塘的荷叶。这时，假使你站在荷塘的对岸，你会发现荷叶是那样的少，似乎只有那么一点点，但是，第 29 天就会占满一半，第 30 天就会长满整个荷塘。

正像荷叶长满荷塘的整个过程，荷叶每天变化的速度都是一样的，可是前面花了漫长的 28 天，我们能看到荷叶都只有那么一个小小的角落。在追求成功的过程中，即使我们每天都在进步，然而，前面那漫长的"28 天"因无法让人"享受"到结果，常常令人难以忍受。人们常常只对"第 29 天"的希望与"第 30 天"的结果感兴趣，却因不愿忍受漫长的成功过程而在"第 28 天"放弃。

每天进步一点点，它具有无穷的威力，只是需要我们有足够的耐力，就像池塘的荷叶，也许在坚持到"第 28 天"时，我们也看不到它的繁盛，但是假若此时灰心放弃，那就肯定看不到第 30 天的荷叶铺满池塘的美丽景象了。

每天进步一点点是简单的，之所以有人不成功，不是他做不到，而是他不愿意做那些简单而重复的事情。因为越简单、越容易的事情，人们也越容易不去做它。

我们的学习贵在每天持之以恒的坚持之中，贵在日复一日、月复一月、年复一年勤勤恳恳的背诵之中。一步登天做不到，但一步一个脚印能做到，一鸣惊人不好做，但永远保持一股韧劲，认认真真完成每天该做的事，就会不断提高。

要求自己每天进步一点点，就是要让自己在修道修德大器晚成的漫长人生旅途中，今天要比昨天强，每天都在为心中那个大目标做着永不懈怠的努力！为此，要始终保持一份平静、从容的心态，步履稳健地走好人生的每一步，不允许每一天的虚度，不放过每一天的繁忙，不原谅每一天的懒散，用"自胜者强"来勉励、监督和强迫自己，克服浮躁，战胜动摇。要求自己在修道修德的旅途中每天进步一点点，不是做给别人看，所以不能懈怠，更不能糊弄自己，而是要用严于律己的人生态度和自强不息、每天进步一点点的可贵精神，走一条回归自然的光明大道。

每天进步一点点，不是可望而不可即，也不是可遇不可求，它就在我们每天自身的努力之中。所以不能有一点成绩就自以为了不起，而是要以一种平和的心态，笨鸟先飞的态度，永远不满足、不停步、不回头！

成功来源于诸多要素的几何叠加。比如，每天笑容多一点点；每天行动多一点点；每天创新多一点点；每天的效率高一点点……假以时日，我们的明天与昨天相比将会有天壤之别。

执著于一点，成事在天缘

《庄子·大宗师》中说：夫藏舟于壑，藏山于泽，谓之固矣。然而夜半有力者负之而走，昧者不知也。这里的"藏"字，只能借用一个名称来讲，就是人们常说的执著，抓得很牢。一个人对生命之中的一切，都想把握得很牢，其实生命永远都不会给我们完全把握的。

中国古籍中的"天圆地方"，是指地有方位，曾子就曾讲过地球是圆的，且一直在旋转，所谓"天道左旋，地道右旋"的观念，由来已久。这里庄子是说，一般人不懂得，以为自己坐在地球上很稳当，实际上地球一直在转动，仿佛山和海在夜里悄悄被人搬走似的。

所以要想将人生牢牢把握，就是庄子所说的"藏舟于壑，藏山于泽"，把船藏在山谷里面，把山藏在海洋里面。如此隐藏，在普通人看来，的确十分牢固。人们往往不知道，虽然我们认为藏得很好，但是有个大力士，半夜三更不知不觉地把山和海都背走了。

有时候，世人总自以为，一切尽在掌握中，一切藏得严严实实，其实却十分不牢靠。

有一条河流从遥远的高山上流下来，流过了很多个村庄与森林，最后它来到了一个沙漠。它想："我已经越过了重重的障碍，这次应该也可以越过这个沙漠吧！"当它决定越过这个沙漠的时候，它发现它的河水渐渐消失在泥沙之中，它试了一次又一次，总是徒劳无功，于是，它灰心了："也许这就是我的命运了，我永远也到不了传说中那个浩瀚的大海。"它颓废地自言自语。

这时候，四周响起了一阵低沉的声音："如果微风可以跨越沙漠，那么河流也可以。"原来这是沙漠发出的声音。小河流很不服气地回答说："那是因为微风可以飞过沙漠，可是我却不可以。""因为你坚持你原来的样子，所以你永远无法跨越这个沙漠。你必须让微风带着你飞过这个沙漠，到达你的目的地。你只要愿意放弃你现在的样子，让自己蒸发到微风中。"沙漠用它低沉的声音这样说。

小河流从来不知道有这样的事情，"放弃我现在的样子，然后消失在微风中？不！不！"小河流无法接受这样的事情，毕竟它从未有这样的经验，叫它放弃自己现在的样子，那么不等于是自我毁灭了吗？"我怎么知道这是真的？"小河流这么问。"微风可以把水汽包含在它之中，然后飘过沙漠，等到了适当的地点，它就把这些水汽释放出来，于是就变成了雨水。然后，这些雨水又会形成河流，继续向前进。"沙漠很有耐心地回答。

"那我还是原来的河流吗？"小河流问。"可以说是，也可以说不是。"沙漠回答，"不管你是一条河流或是看不见的水蒸气，你内在的本质从来没有改变。你之所以会坚持你是一条河流，因为你从来不知道自己内在的本质。"此时小河流的心中，隐隐约约地想起了自己在变成河流之前，似乎也是由微风带着自己，飞到内陆某座高山的半山腰，然后变成雨水落下，才变成今日的河流。于是，小河流终于鼓起勇气，投入微风张开的双臂，消失在微风之中，让微风带着它，奔向它生命中某个阶段的归宿。

所谓"谋事在人，成事在天"，生命中总有些难以预料的事情，小河流因为无法接受自己会变成云气的现实而挣扎矛盾，可是当它明白气与水不过是形态的变幻，而自己的本质并不曾发生改变时，终于快乐起来。其实，人又何尝不是如此，对人对事，我们无需太过执著。无论穷汉富翁，无论高官百姓，无论名流常人，死时都无法带走任何东西。

弱水三千，我只取一瓢，一个人需要的不是把握全部，而是只执著于一点，只在一点上做好，其他的顺其自然。成事最终看的是天缘，只这一点坚持，其实也就足够了。

凝神于心，事半功倍

楚国有位钓鱼高手名叫詹何，他的钓鱼具与众不同：钓鱼线只是一根单股的蚕丝绳，钓鱼钩是用如芒的细针弯曲而成，而钓鱼竿则是楚地出产的一种细竹。凭着这一套钓具，再用破成两半的小米粒做钓饵，用不了多少时间，詹何从湍急的百丈深渊激流之中钓出的鱼便能装满一大桶！

回头再去看他的钓具：钓鱼线没有断，钓鱼钩也没有直，甚至连钓竿也没有弯！

楚王听说詹何竟有如此高超的钓技，十分称奇，便派人将他召进宫来，询问其垂钓的诀窍。詹何答道："我听已经去世的父亲说过，楚国过去有个射鸟能手，名叫蒲且子，他只需用拉力很小的弱弓，将系有细绳的箭矢顺着风势射出去，一箭就能射中两只正在高空翱翔的黄鹏鸟。父亲说，这是由于他用心专一、用力均匀的结果。于是，我学着用他的这个办法来钓鱼，花了整整5年的时间，终于完全精通了这门技术。

"每当我来河边持竿钓鱼时，总是全身心地只关注钓鱼这一件事，其他什么都不想，全神贯注，排除杂念；在抛出钓鱼线、沉下钓鱼钩时，做到手上的用力不轻不重，丝毫不受外界环境的干扰。这样，鱼儿见到我鱼钩上的钓饵，便以为是水中的沉渣和泡沫，于是毫不犹豫地吞食下去。因此，我在钓鱼时就能做到以弱制强、以轻取重了。"

专心致志是做成事所必需的精神，就是像钓鱼这样的小事，也同样需要专注。所以说，无论做什么事情，我们都需要

专心致志，一丝不苟，用心去发现和运用其客观的规律性。只有这样，才能做到事半功倍，取得显著的成效。无论做什么事情，都需要专心致志，心无旁骛。一心一意才能发挥人最大的潜力，如果为外界所侵扰，三心二意，终究会使自己无功而返。

画家专注于画板，音乐家专注于琴键，农夫专注于季节与大地。不管身处何种领域，当我们站在同样的起跑线，想要有一些使人侧目的成绩，专注便成了决定性的因素。奥地利小说家斯蒂芬·茨威格曾说过："一切艺术与伟业的奥妙就在于专注，那是一种精力的高度集中，把易于弥散的意志贯注于一件事情的本领。"在《庄子·达生》中，记录了一篇很有趣的寓言故事：

孔子到楚国去的时候，一天，他走出树林，看见一个驼背老人正用竿子粘蝉，就好像在地上拾取一样容易。

孔子说："先生的手艺真是巧啊！有什么门道吗？"

驼背老人说："我当然有我的办法。经过五六个月的练习，在竿头累迭起两个丸子而不会坠落，那么失手的情况已经很少了；迭起三个丸子而不坠落，那么失手的情况十次不会超过一次了；迭起五个丸子而不坠落，也就会像在地面上拾取一样容易。我立定身子，犹如临近地面的断木，我举竿的手臂，就像枯木的树枝；虽然天地很大，万物品类很多，我却一心只注意蝉的翅膀，从不思前想后左顾右盼，绝不因纷繁的万物而改变对蝉翼的注意，为什么不能成功呢！"

孔子转过身来对他的弟子们说："运用心志不分散，就是高度凝聚精神，恐怕说的就是这位驼背的老人吧！"

庄子讲述这篇寓言的原意是说一个人要想体悟大道，必须要像这个老人一样，凝神于心，日就功成。在这里，庄子目的用以说明一个人要想获得成功，必须拥有驼背老人的那种专注。其实，人要做成世间的哪件事不需要这种精神呢？

在道家思想中，这一类的论述有很多。比如像《庄子·知北游》篇中有另一段很有启发性的文字。说大司马家锻制带钩的人，年纪虽然已经八十了，却一点也不会出现差误。大司马说："你是特别灵巧呢，还是有什么门道呀？"锻制带钩的老人说："我遵循着道。我二十岁时就喜好锻制带钩，对于其他外在的事物我什么也看不见，不是带钩就不会引起我的专注。锻制带钩这是得用心专一的事，借助这一工作便不再分散自己的用心，而且锻制出的带钩得以长期使用，更何况对于那些无可用心之事啊！能够这样，外物有什么不会予以资助呢？"

美国作家爱默生说："全神贯注于你所期望的事物上，必有收获。"这就是专注的力量。一个人只要能够真正地、切实

地做到专注，他就一定能够获得成功。

有些成功，不需要太强的实力，需要的往往是专心致志；有些失败，并非缺乏良好的时机，缺乏的往往也是专注的精神。一个人如果能做到除了追求完整意志之外把一切都忘掉，把自己完全沉浸于工作之中，那他就是一个天才，因为他比谁都更接近成功。

妄动易坏事，百忍能成金

老子曰：知常曰明，不知常妄作凶。这段话一直以来被认为是老子哲学中极重要的部分。它告诉人们人生中遭遇不利状况时，切不可妄动，否则乱了章法做出不理智的行为，后果可能会很糟。

《老子》五千言之所以经久流传不衰，其原因之一就在于言简而意无穷，往往一句简单的话其中所蕴含的深意，人们可以在人生各种问题和境遇中作不同的理解，正所谓大道至简，老子的这个话实在可以作为放之四海皆准的生存智慧。俗话说百忍成金，烦琐的现实生活无处不在考验着我们，有时候一个不小心流露出的不耐烦，就有可能让我们作出一个错误的决定，甚至有时还会因此悔之不及。

有人作了这样一个比喻，说身心浮动的人好比滚动的石头，滚动的石头无法长出苔藓，从而也很难成为坚固不移的磐石。现代人在为人处世时，往往缺少耐心，在一个地方住太久了就开始厌倦，读书读久了也不耐烦，工作时间不长就计划着跳槽，却常常在之后发出这样的感慨：这还不如原先的工作好呢！这又何苦？

做人还是要能耐得住，切不可一不留神，像老子说的"妄作"，虽然这个对于老子处世箴言的化用，多少有些狭义的成分，但是正所谓，天下人说天下话，圣人的言语就是要后人受用的。更何况这种启发也并非空穴来风，放眼古今，在"不耐烦"三个字上吃了苦头的人可谓着实不少。

其实，我们若细思量一番，就会发现"不耐烦"的毛病病因在于"无恒"，而恒心对于一个人的成长与成功都极为重要。

俗话说："有恒为成功之本。"无论做任何事情，恒心都是不可缺少的。如果不耐烦而没有恒心，即使掘井九仞，如果不再继续，仍然没有水喝，所有的努力到最后都会功亏一篑。持之以恒的人会在人生的后程发力，经过长时间的积蓄，厚积薄发，往往笑到最后。

人生的定论并非单纯是由个人禀赋决定的，一个人，只有保持坚毅的决心，付出努力，才能一步步接近成功的终点。

从古至今，所有追求成功的人都必然付出长久的努力，汉朝的董仲舒，青年时代立志向学，三年不窥园，终于成为一代名儒学者；晋朝王羲之，临池磨砚，写完一缸水，终于成为旷古书法大家。世上无难事，只怕有心人，持之以恒，便没有爬不上的高峰，也没有跃不过的沟坎。

因为耐烦有恒，读书才会通晓；因为耐烦有恒，做人才能通达；因为耐烦有恒，修行才有成就。所以说，"耐烦冷静不坏事"。

张良原本是一个落魄贵族，后来作为汉高祖刘邦的重要谋士，运筹帷幄之中，辅佐高祖平定天下，因功被封为留侯，与萧何、韩信一起共为汉初"三杰"。

张良年少时因谋刺秦始皇未遂，被迫流落到下邳。一日，他到沂水桥上散步，遇一穿着短袍的老翁，近前故意把鞋摔到桥下，然后傲慢地差使张良说："小子，下去给我捡鞋！"面对老人的侮辱，张良愕然，不禁心中有些不平，但碍于长者之故，只好违心地下去取鞋。老人又命其给穿上。饱经沧桑、心怀大志的张良，对此带有侮辱性的举动，居然强忍不满，膝跪于前，小心翼翼地帮老人穿好鞋。老人非但不谢，反而仰面长笑而去。张良呆视良久惊讶无语，不久老人又折返回来，赞叹说："孺子可教也！"遂约其5天后凌晨在此再次相会。张良迷惑不解，但反应仍然相当迅捷，跪地应诺。

5天后，鸡鸣之时，张良便急匆匆赶到桥上。不料老人已先到，并斥责他："为什么迟到，再过5天早点来。"第二次，张良还是比老人晚到。第三次，张良半夜就去桥上等候。他的真诚和隐忍博得了老人的赞赏，这才送给他一本书，说："读此书则可为王者师，10年后天下大乱，你用此书兴邦立国，13年后再来见我。我是济北毂城山下的黄石公。"说罢扬长而去。张良惊喜异常，天亮看书，乃《太公兵法》。从此，张良日夜诵读，刻苦钻研兵法，俯仰天下大事，终于成为一个深明韬略、文武兼备、足智多谋的"智囊"。

张良的隐忍和恒心，让他最终获得了黄石公的馈赠，也因此成就了自己的事业。试想当初他若是耐不住黄石公的烦，那么何以得天下奇书，得以成就一番事业呢？

每一条人生路都是处处充满着不确定的障碍，等于满地荆棘，都是刺人的。普通人的看法，荆棘丛中下脚非常困难，但是一个有耐心与恒心的人，并不觉得太困难，充其量被刺破而已。最难的是什么呢？不妄作，耐人所不能耐，坚持人所不能坚持，在这烦琐尘事里守住理智，不乱章法，这是任何一个要在这个俗世里立身生存的人所必须修炼的本领。

做适合的事，耐恒久的烦

在《庄子·齐物论》中，庄子向我们描述了三个精于自己的技艺的人："昭文之鼓琴也，师旷之枝策也，惠子之据梧也。三子之知几乎，皆其盛者也，故载之末年。庄子说，昭文善于弹琴，师旷精于乐律，惠施乐于靠着梧桐树高谈阔论，这三位先生的才智可以说是登峰造极了！他们享有盛誉，所以他们的事迹得以记载并流传下来。

这三位智者为什么能够这么成功呢？是因为他们找到了自身的优势，并将自身的优势发挥到了极致。一个人若能够找到适合自己做的事，把自己的优势潜力发挥出来，哪怕自己在做的是多么不起眼的事，也会从中散发出一种感染人的气息。

一大早，樊华开着小型运货汽车来了，车后扬起一股尘土。

他卸下工具后就干起活来。樊华会刷油漆，也会修修补补，能干木匠活，也能干电工活，修理管道，整理花园。他会铺路，还会修理电视机。他是个心灵手巧的人。

樊华上了年纪，走起路来步子缓慢、沉重，头发理得短短的，裤腿留得很长，他给别人干活。每年春天樊华把自来水打开，到了冬天再关上。他把洗碗机安置好，把床架安置好，还整修了路边的牲口棚。

樊华摆弄起东西来就像雕刻家那样有权威，那种用自己的双手工作的人才有的权威。木料就是他的大理石，他的手指在上边摸来摸去，摸索什么，别人不太清楚。一位朋友认为这是他自己的问候方式，接近木头就像骑手接近马一样，安抚它，使它平静下来。而且，他的手指能"看到"眼睛看不到的东西。

有一天，樊华在路那头为邻居们盖了一个小垃圾棚。垃圾棚被隔成三间，每间放一个垃圾桶。棚子可以从上边打开，把垃圾袋放进去，也可以从前边打开，把垃圾桶挪出来。小棚子的每个盖子都很好使，门上的合叶也安得严丝合缝。

樊华把垃圾棚漆成绿色，晾干。一位邻居走过去看一看，为这竟是一个人做的而不是在什么地方买的而感到惊异。邻居用手抚摸着光滑的油漆，心想，完工了。不料第二天，樊华带着一台机器又回来了。他把油漆磨毛了，不时地用手摸一摸。他说，他要再涂一层油漆。尽管照别人看来这已经够好了，但这不是樊华干活的方式。经他的手做出来的东西，看上去不像是自己家做的。

在樊华的天地中，没有什么神秘的东西，因为那都是他在某个时候制作的、修理的，或者拆卸过的。保险盒、牲口棚、村舍，全是出自樊华的手。

而樊华的一些邻居和朋友都从事着复杂的商业性工作。他们发行债券，签订合同。樊华不懂如何买卖证券，也不懂怎样办一家公司。但是做这些事时，他们就去找樊华，或找像樊华这样的人。他们明白樊华所做的是实实在在的、很有价值的工作。

当一天结束的时候，樊华收拾工具，放进小卡车，然后把车开走了。他留下的是一股尘土，以及至少还有一个想不通的小伙伴。这个人纳闷，为什么樊华做的这样多，可得到的报酬却这样少。

然而，樊华又回来干活儿了，默默无语，独自一人，没有会议，也没有备忘录，只有自己的想法。他认为该干什么活就干什么活，自己的活自己干，也许这就是自由的一个很好的定义。

一位诗人说过：不可能每个人都当船长，必须有人来当水手，问题不在于我们干什么，重要的是能够做一个最好的自己。把身边的工作做好，就是生活中的成功。樊华虽然做的是极其平凡琐碎的事情，但是他多少年如一日，认认真真地做好自己的本分，他明白自己做不来其他的事，所以并没有太多的奢望，反而守住本分，勤谨努力。

这样平凡的故事在我们生活中实在是数不胜数，其实，做人如果能始终保持这样的精神，我们又有什么事情做不成呢？一个人，必须首先找到适合自己的事，使自身的优势得以发挥出来。如果能尽心尽力地做好自己该做的事，做最好的自己，就能在不知不觉中超越众人，跨越平庸的鸿沟，在众人中脱颖而出。许多时候，我们说成功太高，难以企及，其实真正的原因往往是我们小看了自己所做的事，那些看上去不起眼的工作。著名商业家马库斯·白金汉说："生活的真正悲剧并不在于我们每个人都没有足够的优势，而在于我们未能使用我们的优势。"

　　找到适合自己的，然后能耐住恒久的烦琐。可能我们不会成为世界上最好的，但可以做最好的自己。做最好的自己，找到最适合自己做的事情，然后尽心尽力去做好它。也许我们看上去是那么的平凡，但是却充实快乐，这难道不是一种成功吗？

虚怀若谷，得失不挂心

　　月盈自有亏，心满须归零。老子说："飘风不终朝，骤雨不终日，孰为此者，天地！天地尚不能久，而况于人乎？"世间万象，分秒在变，无法把握，亦无须把握。所以道家智慧告诉我们真正的君子就应该永葆一颗"归零心"，不要让自己的心中被太多不必要的成见充斥着，更不能盲目自大自满。能够经常发现自己的不足，才能不断进步。

月盈自有亏，心满须归零

　　道家强调物极则反的辩证法思想，放在做人就是一个"月盈则亏，水满则溢"的道理。所以道家智慧告诉我们，真正的君子就应该永葆一颗"归零心"，不要让自己的心中被太多不必要的成见充斥着，更不能盲目自大自满。能够经常发现自己的不足，才能不断进步。

　　谦虚的反面是骄傲自满，骄傲自满是通往成功之路上的绊脚石，它像有色眼镜一样，让我们看不到别人的闪光点，自以为是，止步不前，进而变得狭隘、自私、目中无人，如井底之蛙，看不到更广阔的世界。

有一只狐狸喜欢自夸自大，它以为森林中自己最大。

傍晚，它单独出去散步，走路的时候看见一个映在地上的巨大影子，觉得很奇怪，因为它从来没有看过那么大的影子。后来知道是它自己的影子，就非常高兴。它平常就以为自己伟大，有优越感，只是一直找不到证据可以证明。

为了证实那影子确实是自己的，它就摇摇头，那个影子的头部也跟着摇动，这证明影子是自己的没有错。它就很高兴地跳舞，那影子也跟着它舞动。它继续跳，正得意忘形时，来了一只老虎。狐狸看到老虎也不怕，就拿自己的影子与老虎比较，结果发现自己的影子比老虎大，就不理它继续跳舞。老虎趁着狐狸跳得得意忘形的时候扑过去，把它咬死了。

骄傲的狐狸因为一个影子就自我膨胀，最终葬送在虎口之下，这就是妄自尊大的后果。

人因自谦而成长，因自满而堕落。老子在《道德经》中说："生而不有，为而不恃，功成而不居。"又说："功成名遂，身退，天之道。"功成名就之后能隐退，甘心去做一个平凡人，这才符合天道。如果成功之后，只知自我陶醉，而迷失于成果之中，那就是为自己的成就画下句号。

成功常在辛苦日，败事多因得意时。谦受益，满招损。太多的警句都在告诫我们骄傲自满的危害。要知道，一个人的成绩都是在他谦虚好学、伏下身子扎实肯干的时候取得的，一旦骄气上升，自满自足了，那么他必然会停止前进的脚步。美国哲学家富兰克林说过："骄傲是一个人要除掉的恶习。"其实，从根本上来看，骄傲并不是自尊或自信。有一位哲学家说："一个人若种植信心，他会收获品德。"但一个人若种下骄傲的种子，他必收获众叛亲离的果子，甚至带来不可预知的危险，就像那只自夸自大、自我膨胀的狐狸一样。

所以，我们要时刻记得给自己的心清零。颗粒饱满的稻穗是低着头的，只有空瘪的稻穗才昂着头。在这个世界上，每个人都在为自己的成功拼搏，都想站在成功的巅峰上欣赏最美的景色，但是成功的路只有一条，那就是放低心态，放空心态。道家经典中有不少此类文字，比如《庄子》书里的齐桓公与木匠的这番对话。

齐桓公在堂上读书，木匠在堂下做车轮子。木匠停住手中的活问桓公："您读的是什么？"桓公漫不经心地说："圣人之言。""圣人还活着吗？"桓公说："已经死了。""那么说您读的只是古人留下的糟粕了！"桓公听了大怒，说道："我在这里读书，你有什么资格说三道四？今天如果说出个子丑寅卯倒还罢了，否则就处你死刑。"木匠不慌不忙地来到堂上，对齐桓公说："我这道理是从做车轮中体会出来的。榫眼松了省力而不坚固，紧了则半天敲打不进去；我可以让榫眼不松不紧，然后不慌不忙地敲进去，得之于手而应之于心，嘴里虽然说不出这松紧的尺寸，心里却是非常有数的。我心里这个'数'，无法传给我的儿子，儿子也无法从我这里继承下去。所以我都60岁了，还在这里为您做车轮子。圣人已经死了，他所悟出来的最深刻的道理也随着他的死亡而消失了，能够用语言表达出来的，只能是浅层次的道理。所以我说您读的书只不过是古人留下的糟粕罢了。"

庄子借这个故事以抒发其内心的情怀和艰难思索后的哲学结论。其中这样一则意味深远的故事，读来让人回味良久。

在通往成功的路上，人们都行色匆匆，刹那间的驻足，就有可能被别人超越。因此，有句话很值得借鉴："成功的路上没有止境，但永远存在险境；没有满足，却永远存在不足。"而我们最应该做的就是：清楚地认识到自己的不足，并为了弥补这些不足而努力学习。

虚心做人是道家十分强调的做人智慧，而放在反面来看，我们不仅要经常保持谦虚的心态，更要不断清除自己内心被尘世污染的尘垢。在道家看来，做人要追求心灵的自由，关键是努力净化自由的心灵，要果断地、毫不吝惜地清除心灵的垃

圾，用真善美的圣水冲刷灵魂的灰尘。所以，我们要时刻警惕自己的心灵被势利丑恶的垃圾所污染，经常审视自己，为心清零。不要把人生得失看得太重，而是要经常打扫思想之屋，保持清新洁净，让真理和美德扎根在心灵的土壤，让真理和美德的阳光照彻我们的思想，那样自然就会感受到心灵的自由和生活的快乐。

心中无我，才能超越自我

有一天，深山里来了两个陌生人。年长的仰头看看山，问路旁的一块石头："石头，这就是世上最高的山吗？""大概是的。"石头懒懒地答道。年长的没再说什么，就开始往上爬。年轻的对石头笑了笑，问："等我回来，你想要我给你带什么？"石头一愣，看着年轻人，说："如果你真的到了山顶，就把那一时刻你最不想要的东西给我，就行了。"

年轻人很奇怪，但也没多问，就跟着年长的人往上爬。斗转星移，不知过了多久，年轻人孤独地走下山来。

石头连忙问："你们到山顶了吗？"

"是的。"

"另一个人呢？"

"他，永远不会回来了。"

石头一惊，问："为什么？"

"唉，对于一个登山者来说，一生最大的愿望就是登上世上最高的山峰，但当他的愿望真的实现了，同时，也就没有了人生的目标，这就好比一匹好马的腿断了，活着与死，已经没有什么区别了。"

"他……"

"他从山崖上跳下去了。"

"那你呢？"

"我本来也要一起跳下去的，但我猛然想起答应过你，把我在山顶上最不想要的东西给你，看来，那就是我的生命。"

"那你就来陪我吧！"

年轻人在路旁搭了个茅草屋，住了下来。人在山旁，日子过得虽然逍遥自在，却如白开水般没有味道。年轻人总爱默默地看着山，在纸上胡乱画着。久而久之，纸上的线条渐渐清晰了，轮廓也明朗了。后来，年轻人成了一名画家，绘画界还宣称他是一颗耀眼的新星。接着，年轻人又开始了写作，不久，他就因他的文章回归自然的清秀隽永一举成名。

许多年过去了，昔日的年轻人已经成了老人，当他对着石头回想往事的时候，他觉得画画、写作其实没有什么两样。最后，他明白了一个道理：其实，更高的山并不在人的身旁，而

在人的心里，心中无我才能超越。

确实，更高的山在我们的心里，只有心中无我时，人才能攀越这座高山。正如庄子所说："随其成心而师之，谁独且无师乎？"一个人，如果依照自己生理和心理意识，自己建立一个观念"而师之"，认为这个才是最高明的，然后根据自己这个高明的观念解释一切。那么，每一个人心里都有个老师，所以就会谁也看不起谁，因为我有我的高明之处，而且不传给你。按自己的心态来判断一切、观感一切，认为自己就是大师，愚者都是如此！只有倒空了自己，才会发现虚无。而相反，一个人如果不肯放下膨胀的自我观念，时时把自己看得太重，反而会失掉自我。

《庄子·逍遥游》中说："至人无己，神人无功，圣人无名。"与老子所讲的"无为"是一个意思。庄子还曾多次提到"至人"，"至者，到也"。人要是做人做到了头，能够把握自己的生命，即称之为"至人"。怎样才能达到"至人"的境界呢？"无我"即忘记自我。道家讲："能够'乘天地之正，御六气之辩，以游无穷者'，才能做到'至人无己'。"

在这里，庄子试图告诉我们一个道理，那就是无我才是人生的至境，无我的谦卑是一种十分可贵的做人品质。甚至有时候，人生的许多祸患，其原因也往往是因为自己。或者换句话说人最大的敌人，其实往往也是自己。所以说，"无我之境，乃至境；忘己之人，乃至人"，并不夸张。

"满招损，谦受益"是圣古先贤留给后人的一句可以千年护身的箴言。谦恭有礼、虚怀若谷，好比打开心灵之门，迎来更广阔、更完美的人生境界。虚怀若谷，可谓是人生的至理名言。心太满，什么东西都装不进去；心不满，才能有足够的充实空间。放空自我，以平凡之态示人，才是真正的伟大。所以说，做人要让心中无我，这样才有可能不断超越人生，超越自我。

虚怀若谷，谦恭自守

老子强调"气也者，虚而待物者也。唯道集虚"。从这句话中，我们可以做这样的理解，那就是一个人要抛弃心中的得失成见，让心灵"虚而待物"，做一个谦虚君子，更能显出其力量与魅力。而一个人要保持内心的纯净与空灵，用庄子的话说就是要"去知集虚"。在道家看来，只有这样才能摆脱尘世得失心的干扰，拥有快乐美好的人生。而这正是做人谦虚的表现。相反，如果不够虚心，骄傲自大，那就很有可能犯一叶障目、贻笑大方的错误了。古往今来，因此闹过笑话甚至犯错误的人，数不胜数，就是大才子苏东坡也有过这样的经历。

有一次苏东坡去拜见王安石，当时王安石正在睡觉，他被管家徐伦引到王安石的东书房用茶。徐伦走后，苏东坡见四壁书橱关闭有锁，书桌上只有笔砚，更无余物。他打开砚匣，看到是一方绿色端砚，甚有神采。砚池内余墨未干，方欲掩盖，忽见砚匣下露出纸角儿。取出一看，原来是两句未完的诗稿，认得是王丞相写的《咏菊》诗。苏东坡拿起来念了一遍：西风昨夜过园林，吹落黄花满地金。

苏东坡哑然失笑，这诗第二句说的黄花即菊花。此花开于深秋，敢与秋霜鏖战，最能耐久。随你老来焦干枯烂，并不落瓣。说个"吹落黄花满地金"岂不错误了？苏东坡兴之所发，不能自已，举笔舐墨，依韵续诗两句：秋花不比春花落，说与诗人仔细吟。然后就告辞回去了。

不多时，王安石走进东书房，看到诗稿，问明情由，认出苏东坡的笔迹，口中不语，心下踌躇："屈原的《离骚》上就有'夕餐秋菊之落英'的诗句。他不承认自己学疏才浅，反倒来讥笑老夫！"又想："且慢，他原来并不晓得黄州菊花落瓣，也怪他不得！"随后叫徐伦取湖广缺官登记册来看。发现只有黄州府缺少一个团练副使。于是，把苏东坡贬为黄州府团练副使。

苏东坡在黄州与蜀客陈季常为友。重九一日，天气晴朗，恰好陈季常来访，东坡大喜，便拉他同往后花园看菊。令他惊讶的是，只见满地铺金，枝上全无一朵，惊得苏东坡目瞪口呆，半晌无语。苏东坡叹道："当初小弟被贬，只以为是王相公公报私仇。谁知他倒不错，我倒错了。今后我一定谦虚谨慎，不再轻易笑话别人。唉，真是不经一事，不长一智啊！"

我们也经常犯苏东坡这样的错误，往往为自己思想中某些固有的成见所左右，对事物做出错误的判断。所以，做人一定要低调，要谦虚，不要为自己的成见所蒙蔽，把一切作想当然的理解。

人类的智慧可以认识世间的万事万物，却偏偏难以认识自己。因为不认识自己，所以自命不凡；因为不认识自己，所以性情狂妄；因为不认识自己，所以才会逃避；因为不认识自己，才会在自己的强项上重重地摔伤。而只有找准自己的位置，认清自己的角色，才可以不迷失自我。

可惜的是，做出一点点成绩便会飘飘然是许多人的通病。成绩使人们的心无限膨胀、无限上升，以致不能再认清自己的实力，丧失理智地去攀登永远无法逾越的高峰。最后，不但得不到成功，还会搞得疲惫不堪、伤痕累累。

谦卑是一种无言却厚重的力量，它比骄傲更有力。一个人如果想在纷繁复杂的世间走好，有时谦恭比骄傲更有用处。

　　谦恭自守是一种人生的大智慧。特别是有功之人，却甘居下位，保持谦虚，是很难得的。"居功而不自傲"、虚怀若谷、谦恭自守是一种美德，是一个人取得更大成功的保障，而"自满者败，自矜者愚"，一旦你感觉到了自己的伟大，并希望别人对你顶礼膜拜时，那你就准备迎接失败吧。

　　自负其实是一种心理疾病，它绝对不能与自信画等号。自信的人对自我价值有积极的认识，他们坚强乐观，笑对生活中的挫折和坎坷；自负的人却过高地估计自我，狂妄自大，从不懂适时的收敛，最终将会跌进失败的深渊。

　　曾国藩是中国历史上最有影响的人物之一，其为人处世堪称难得。他常对家人说，有福不可享尽，有势不可使尽。他平日最好"花未全开月未圆"七个字，将其视做惜福保泰之法，常存冰渊惴惴之心，处处谨言慎行。他的处世原则是：趋事赴公，则当强矫；争名逐利，则当谦退。开创家业，则当强矫；守成安乐，则当谦退。出与人物应接，则当强矫；入与妻奴享受，则当谦退。若一面建功立业，外享大名，一面求田问舍，内图厚实，二者皆盈满之象，全无谦退之意，则断不能长久。

　　关于曾国藩还有一则有趣的故事，曾国藩天赋不高，少时在家苦读，一篇文章不知重复多少遍了，还没能诵出。时下有一贼，潜伏在他的屋檐下，希望等他睡觉之后行窃，无奈听他翻来覆去地读同一篇文章，却无法记诵。贼人大怒，跳出来说："这种水平还读书做甚？"随后将那文章背诵一遍，扬长而去！

贼人比曾先生聪明，却依旧是个无名小贼，曾国藩以谦恭谨慎之道为人处世，功成名就又全身而退，实乃真修道之人。

"水满则溢"，一个容器若装满了水，稍一晃动，水便溢了出来。自负的人心里装满了自己过去的所谓"丰功伟绩"，再也容纳不了新知识、新经验和别人的忠言了。长此以往，事业或者止步不前，或者猝然受挫。

一个人不管自己有多丰富的知识，取得了多大的成绩，或是有了何等显赫的地位，都要谦虚谨慎，不能自视过高。应心胸宽广，博采众长，不断地丰富自己的知识，增强自己的本领，进而获得更大的业绩。如能这样，则于己、于人、于社会都有益处。谦恭自守永远是成大事者所具备的一种品质，而只有浅薄者才会为自己的成功自鸣得意。

人在圈内，心在圈外

从前，郑国有个占卜识相十分灵验的巫师，名叫季咸，他知道人的生死存亡和祸福寿夭，所预卜的年、月、旬、日都准确应验，仿佛是神人。郑国人见到他，都担心预卜死亡和凶祸而急忙跑开。列子见到他却内心折服如醉如痴，回来后把见到的情况告诉自己的老师壶子，并且说："原先我总以为先生的道行最为高深，如今又有更为高深的巫术了。"壶子说："我教给你的还全是道的外在的东西，还未能教给你道的实质，你难道就认为自己已经得道了吗？只有众多的雌性可是却无雄性，又怎么能生出受精的卵呢！你用所学到的道的皮毛就跟世人相匹敌，而且一心求取别人的信任，因而让人洞察底细而替你看相。你试着跟他一块儿来，让他给我看看相吧。"

第三天，列子跟季咸一道拜见壶子。季咸走出门来就对列子说："呀！你的先生快要死了！活不了了，用不了十来天了！我观察到他临死前的怪异形色，神情像遇水的灰烬一样。"列子进到屋里，泪水弄湿了衣襟，伤心地把季咸的话告诉给壶子。壶子说："刚才我将如同地表那样寂然不动的心境显露给他看，茫茫然既没有震动也没有止息。这样恐怕他只能看到我闭塞的生机。试试再跟他来看看。"

第四天，列子又跟季咸一道拜见壶子。季咸走出门来就对列子说："真是幸运啊，你的老师遇上了我！征兆减轻了，完全有救了，我已经观察到闭塞的生机中神气微动的情况。"列子进到屋里，把季咸的话告诉给壶子。壶子说："刚才我将天与地那样相对而又相应的心态显露给他看，名声和实利等一切杂念都排除在外，而生机从脚跟发至全身。这样恐怕已看到了我的一线生机。试着再跟他一块儿来看看。"

第五天，列子又跟神巫季咸一道拜见壶子。季咸走出门来就对列子说："你的先生心迹不定，神情恍惚，我不可能给他看相。等到心迹稳定，再来给他看相。"列子进到屋里，把季咸的话告诉给壶子。壶子说："刚才我把阴阳二气均衡而又和谐的心态显露给他看。这样恐怕看到了我内气持平、相应相称的生机。大鱼盘桓逗留的地方叫做深渊，静止的河水聚积的地方叫做深渊，流动的河水滞留的地方叫做深渊。渊有九种称呼，这里只提到了上面三种。试着再跟他一块儿来看看。"

第六天，列子又跟神巫咸季一道拜见壶子。季咸还未站定，就不能自持地跑了。壶子说："追上他！"列子没能追上，回来告诉壶子，说："已经没有踪影了，让他跑掉了，我没能赶上他。"壶子说："起先我显露给他看的始终未脱离我的本源。我跟他随意应付，他弄不清我的究竟，于是我使自己变得那么颓废顺从，变得像随波逐流一样，所以他逃跑了。"

经过这件事情后，列子深深感到未曾学到"道"，于是他像从不曾拜师学道似的回到了自己的家里，三年不出门。他帮助妻子烧火做饭，喂猪就像侍候人一样。对于各种世事不分亲疏没有偏私，过去的雕琢和华饰已恢复到原本的质朴和纯真，

像大地一样木然忘情地将形骸留在世上。虽然涉入世间的纷扰却能固守本真，并像这样终生不渝。

这个故事记录在《庄子·应帝王》中。列子为什么不能达到他老师壶子的境界，就在于他没有学到真正的"道"。庄子通过这则故事告诉我们，一个人如果去求知，一定要求真知，否则得了点皮毛就自以为是起来，那只能是白费时间，浪费生命。这就是道家所说的虚怀若谷的道理。其实，在这个浩渺的宇宙当中，我们不过如同沧海里的一粒粟米，我们所知道的永远只是局限于一个小小的圈内，而这个圈外的无极限的世界都是我们所未知的。圆圈里面是已知的，圆圈外面是未知的。你知识越多，也不过是这个圆圈越大一圈而已，而我们不知道的那个广阔的世界却是无垠的。正所谓"生有涯，而知无涯"，在浩瀚无际的世界中，唯有意识到这一点，才可能有所进步。一旦存有自满之心，便再无进取之可能了。

所以我们做人做事，要把眼光放开，要人在圈内，心在圈外。这样才不会闭塞一隅，自满自大。

人必须要有自尊心及自信心，但不可有自满心。有自信心是成功的必要条件，有自满心是失败的充要条件。一个人做事失败，虽不必由于有自满心，但有自满心的人，做事一定要失败。所以说，自满无疑是最大的障碍，一旦盲目自大，就会容易做出贻笑大方的事来。

　　杨万里是南宋著名的诗人，他知识渊博，非常有才华，所写的诗一直广为流传，但他为人很低调，一直非常谦虚。

　　江西有一个名士，他常常说自己学识渊博，天下没有人胜得过他。后来，他听说杨万里很有名，非常不服气，决定给他写一封信，说要亲自到杨万里的家乡——吉水来拜访他。杨万里早就听说这个人一贯骄傲得不得了，就给他回了一封信，说："我很欢迎您的到来，冒昧地向您提一个小小的要求，听说你们家乡的配盐幽菽非常有名，很想亲口尝一尝滋味，请您来时顺便捎带一点。"

　　那个名士拆信一看，不禁一下子愣住了，什么是配盐幽菽呀？自己从未听说过。他想了很久，也想不出是什么东西，他又不愿意去问别人，只好自己在街上到处乱找，但找了很久也没有找到。后来，他实在想不出是什么东西，只好空着手来到吉水。他见到杨万里后，寒暄了两句就问："您信中提到的配盐幽菽是不是卖的地方比较偏僻？我找了很久也没有找到。实在抱歉！"

　　杨万里听了哈哈大笑起来："你们那里家家户户都有啊！"说着，他随手从书架上取下一本《韵略》，翻开其中的一页。名士接过来一看，上面明明白白地写着"豉，配盐幽菽也"一

行字。

他这才明白，原来所谓配盐幽菽，就是家庭日常食用的豆豉啊！豆豉是用黄豆或黑豆泡透、煮熟后再发酵的食品，然后再放上盐，这道家常小菜的别名就叫配盐幽菽。

名士看了非常惭愧，他这才明白自己平日读书太少了。从此以后，他再也不骄傲自大、目中无人了。

一个人如果开始骄傲了，那么他就看不到自己的缺陷，就不会继续学习，最终只能和肤浅挂钩了，就像这位名士。小小的家常小菜就把他难倒了。可见，知识界的广度和宽度都是我们无法预测和衡量的，所以唯有像列子那样，保持不辍的学习，不断丰富自己。否则一旦停下脚步，故步自封起来，就很难再进步了。

其实，学习、求知都需要一种想呼吸新鲜空气的欲望。心中充满求知的欲望，就会如饥似渴，就能克服各种困难，风雨不能阻拦，困难不能吓倒，这样的人怎么可能不获得人生的成功呢？

圈里圈外的智慧，值得我们仔细玩味。

不要落入自命不凡的陷阱

《庄子·徐无鬼》中提到一位南伯子綦，他说了几句很有哲理的话："我曾在山林洞穴里居住，正当这个时候，齐太公田禾曾来看望我，因而齐国的民众再三向他表示祝贺。我必定是名声在先，他所以能够知道我；我必定是名声张扬，他所以能利用我的名声。假如我不具有名声，他怎么能够知道我呢？假如我不是名声张扬于外，他又怎么能够利用我的名声呢？"

这只是庄子一贯的观点，庄子认为，一个招致祸患的人，其主要因素往往就是因为他名声在外，所谓"木秀于林，风必摧之"，因此，为了保全自己，一个人绝对不要做林中的那棵秀木。不仅如此，在道家看来要自我保全，还要能甘于平凡，若是一个人处处争强好胜，自命不凡，无异于是自堕孤立的陷阱。有一个寓言故事，相信我们能从中受到一些启发。

在高高的围墙背后，有一座很大的果园。果园里栽种着各种各样的果树，有苹果、梨、桃、杏、石榴、无花果，还有一些连名字也叫不出来，但果实却香甜可口的果树。

这些果树聚集在果园里，大家互相关心、互相帮助，相处得十分融洽，过着和睦、幸福的生活。春天，它们在五颜六色的花潮中嬉闹；夏末，沉甸甸的果实压弯了枝头。

有一天，这个温馨的大家庭增加了一个新成员——一棵自命不凡的核桃树。这棵核桃树确实长得干粗叶肥、高大英俊。果树们都热情地欢迎它，主动和它攀谈，很想与它友好相处。

起初，核桃树态度非常谦和，与大家相处得不错。可是，过了不久，它的缺点就暴露出来了。

"我们何苦要龟缩在围墙后边呢？"它对伙伴们说，"我根本不想在这里当隐士，埋没自己的才华和美貌。我必须把我这高大健壮的枝干伸出围墙，让周围的人都见识一下我的美貌，品尝我的果实！"

其他的果树都奉劝它说："我们已经在这个果园里生活几十年了，正是由于围墙的保护，我们才能无忧无虑地成长，自由自在地生活。如果你把枝干伸出围墙，让过路的人来欣赏你，可能会招惹麻烦，因为过路人什么样的都有，怎能保证你不受伤害呢？"

高傲的核桃树把伙伴们的好心规劝当成了耳边风，它决定要在过路人面前展示一下自己的英姿。于是它不停地爬啊爬，终于翻过了高高的围墙。收获的季节到了，核桃树的枝条上挂满了核桃，它昂首挺胸，骄傲地向路人展示着自己的美貌和才华。可是绝大多数的过路人根本无心欣赏它的美貌，而是只顾用手去摘它的果实。摘不到的，就扯断它的枝条，甚至用石块投掷，用棍棒敲打。

没过多久，核桃树便伤痕累累、肢体不全了。它不单是赔了核桃，还损了枝叶，残断的树枝垂挂在围墙外边。

人常常因自己的才华而狂妄自大，喜欢处处崭露锋芒。然而，霜打露头草，枪打出头鸟。一个人即使是天才，若丝毫不懂收敛，必将成为别人斗争的对象，为自己带来不必要的麻烦。寓言里的核桃树因为它的自命不凡，而最终枝损树残，实在不值得。

　　在生活中，大多数人都是诋毁和排挤优秀者的。人们可以容忍平庸的大多数，却把少数优秀者视为异己。"木秀于林，风必摧之"，反映的就是一种阴暗的人性。也许人会有委屈，会心有不甘。但这却是被无数次证明了的道理。事实一次次地告诉我们：人应当追求优秀，但不可以总出风头。优秀的品质可以为自己赢得别人的敬佩和羡慕，但是，如果不懂得韬光养晦之道，优秀反倒成了别人嫉妒的根源，如果成为众矢之的，以个人单薄之身恐怕难以招架。

　　世事如庭前花，花开亦有花落，趋炎虽暖，但暖后会更觉严寒之威。古人云："勿睹天际彩云，常疑好事皆虚事；再现山中古木，方信闲人是福人。"木秀于林，风必摧之，斧必伐之，则此木必长于众目所瞩之处。只有藏于深山之中，自生自长，无人利用，最后倒成了一株珍稀的古木。做人自命不凡，往往招致祸患，其实平凡一点更显从容。

适时放弃，得失无碍

庄子提出，人得了道就是真人，真人有大智慧。道家认为，过于固守反而让我们成为它的俘虏，所以真人必定懂得放弃，不将世俗得失放在心上。

懂得放弃是一种智慧，汉代司马相如所著《谏猎书》有云："明者远见于未萌，而智者避危于未形。"

得失都是一样，有得就有失。得就是失，失就是得，所以一个人到最高的境界，应该是无得无失。但是人们非常可怜，都是患得患失，未得患得，既得患失。我们的心，就像钟摆一样，得失、得失，就这么样摆，非常痛苦。塞翁失马，你怎晓得是福还是祸呢？所以，在得失之间，不要把它看得太重。

中国有句古语说："苦海无边，回头是岸。"偏偏有人就执迷不悟，因此，烦恼都是自寻的。

人生有些错误是无法挽回的，有时，需要你付出代价，这个代价就是放弃。外在的放弃让你接受教训，心里的放弃让你得到解脱。生活中的垃圾既然可以不皱一下眉头就轻易丢掉，情感上的垃圾也无须抱残守缺。

超然忘我，该放下的要放下，不苦苦执著于自己的失与得、喜与悲，便不会活得那么"屈服"了。有人说，人的一生之中只有三件事，一件是"自己的事"，一件是"别人的事"，一件是"老天爷的事"。

今天做什么，今天吃什么，开不开心，要不要助人，皆由自己决定；别人有了难题，他人故意刁难，对你的好心施以恶言，别人主导的事与自己无干；天气如何，狂风暴雨，山石崩塌，人能力所不能及的事，只能是"谋事在人，成事在天"，过于烦恼，也是于事无补。人活得"屈服"，离道越来越远，只是因为，人总是忘了自己的事，爱管别人的事，担心老天的事。所以要轻松自在很简单：打理好"自己的事"，不去管"别人的事"，不操心"老天爷的事"。

有一个人曾经和女友做了一个小测验，说如果同时丢了三样东西：钱包、钥匙、电话本，最紧张哪一样？女友毫不犹豫地选择了电话本，而他毫不犹豫地选择了钥匙。答案说，女友是一个怀旧的人，他是一个现实的人。

后来他们分手了，女友的确总被过去纠缠得不快乐，一段大学时代未果的爱情至今还让她念念不忘，而爱情中的他早已为人夫，为人父。女友的心停在了过去，一直后悔当初没有坚持到底，因此，又错过了很多不错的人。他问她："还可以挽回吗？"她摇摇头，他说："那为什么不放弃？"她无奈地说："放弃不了。"

他说："其实是你不想放弃。"

我们就是这样，在放弃与固守之间徘徊不已，结果让自己陷入到烦恼痛苦之中。所以说做人不要总想着挽回，人生有时需要我们适时放弃。

放弃需要明智，该得时你便得之，该失时你要大胆地让它失去。有时你以为得到了某些时，可能失去了很多；有时你以为失去了不少，却有可能获得许多。不以得喜，不以失悲。尽自己最大的努力去做，任它花开花落，云卷云舒。

所谓不贪求，奥妙其实就在这里。许多东西，关注它本身太久了就会难以舍弃，遗祸就越明显，一旦我们想通了，发现其实它并没有那么重要。正是"心不挂怀，才是最高境界"。懂得在盈余放手，在充足时放弃，需要勇气，也需要智慧。毕竟，舍弃而求一得，于凡人讲，太多人参不透了。

放下，才能看到溪头风景

"飘风不终朝，骤雨不终日，孰为此者，天地！天地尚不能久，而况于人乎？"这是《道德经》二十三章中的一段话。在这里，老子把自然现象的因果律，用比喻来反复说明，一切都在无常变化中。飘风刮不了一个早晨，暴雨下不了一整天，是谁主宰这一切呢？是天地。天地都不能长久，更何况人！

我们看呱呱坠地的婴儿，生下来都是两手紧握，仿佛想要抓住些什么；看垂死的老人，临终前都是两手摊开，撒手而去。这是上天对人的启示，当他双手空空来到人世的时候，偏让他紧攥着手；当他双手满满离开人世的时候，偏让他撒开手。这就告诉我们，无论穷汉富翁，无论高官百姓，无论名流常人，都无法带走任何东西。上天总让人两手空空来到人世，又两手空空离去。既然如此，又何必偏执于某一点、某一事、某一物呢？世间万象，分秒在变，无法把握，亦无须把握。

《庄子·人间世》中也说过："且夫乘物以游心，托不得已以养中，至矣。何作为报也！莫若为致命，此其难者？"意思是说："至于顺应万物的自然而使心灵悠然遨游，让它寄寓在无穷的宇宙以保持平和，这就是最好的了。所以，你不如只管实实在在地传达使命，这难道也困难吗？"以无求的心境，以一颗平常心来对待所遇到的事情，这是对庄子这段话的最佳诠释。

做人处世，不将一些东西看得那么重，以虚怀恬淡的心境去面对万事万物，反而能够路转溪头别有天地，甚至还能让人在危难中化险为夷。

有个匪徒跟踪一个珠宝商人来到了大山里，一路上他总是没有机会下手。到了大山里，四周没有一个人，匪徒终于找到

了下手的好机会，他拦住了珠宝商人的去路。面对劫匪，商人第一个反应就是立即逃跑。于是，一个拼命逃亡，另一个穷追不舍。走投无路的商人钻进了一个山洞里，匪徒也跟了进去。在山洞里，匪徒抓住了商人，不但抢了他的珠宝，连商人准备在夜间照明用的火把也抢去了。那个匪徒还算"仁慈"，他只图财没有害命。

之后，两个人各自寻找山洞的出口。山洞里黑极了，没有一丝光亮。匪徒庆幸自己把商人的火把抢来了，要不然到死也走不出这个纵横交错的山洞。他将火把点燃，借着火把的亮光在洞中行走。火把为他的行走带来了方便，他能看清脚下的石块，能看清周围的石壁，因而他不会碰壁，不会被石块绊倒。但是他始终没有走出这个山洞，最后饿死在里面。

商人失去了火把，心想着自己将要永远留在这个山洞里了，但是他又不甘心。没有了照明工具，他就在黑暗中摸索着前进，头不时碰在坚硬的石壁上，身体不时被石块绊倒，跌得鼻青脸肿。但是，过了一段时间，他看到从远处传来一丝光亮，那正是山洞的出口。他迎着那缕微光摸索爬行，最终逃离了山洞。

在黑暗中摸索的人最终走出了黑暗，有火把照明的人却永远留在了黑暗的山洞中。这并不奇怪，世间有很多事情都遵循这样的道理。我们总想得到什么，而不愿失去，却总是忘记，有时失去会让我们得到更多想得到的东西，包括生命。

有时候，人们就像那个匪徒，为了心中的妄念，做出违背自我的事情，因为手中拥有的东西比别人多，最终反而陷入人生的困境。

在生活与工作中，人们总是牵挂得太多，太在意得失，所以情绪起伏。被负面人性牵着鼻子走的人，不可能活出洒脱的境界。美国诗人爱默生曾解释过什么是成功："笑口常开；赢得智者的尊重和孩子的热爱；获得评论家真诚的赞赏，并容忍假朋友的出卖；欣赏美的事物，发掘别人的优点；留给世界一些美好，无论是一个健康的孩子，还是一个小园地或一个获得改善的社会现状，都可以；知道至少一人因你的存在而过得更快乐自在，这就是成功。"其实，幸福成功的人生，并不是把自己的心和手都塞得满满的，那样只会让自己负重难行。相反，一个人若能摈弃不必要的世俗功利心，坦然看待得失成败，才能超脱物我，找到人生的真谛。

大巧若拙，大智若愚

　　大智者，穷极万物深妙之理，穷尽生灵之性，故其灵台明朗，不蒙蔽其心，做事皆合乎道与义，不自夸其智，不露其才，不批评他人之长短，通达事理，凡事逆来顺受，不骄不馁，看其外表，恰似愚人一样。天纵睿智应事事悟，时时醒，持守如一，以清静无为之智慧把握大局，这样也就足够了。

守拙护己，无可用就是大用

　　大智若愚在《词源》里的解释是这样的：才智很高而不露锋芒，表面上看好像愚笨。大勇若怯，大巧若拙，大音希声，大象无形，均有此意，表现的是被形容者伟大可以掌控一切的一面。

　　东汉末年曹魏阵营有两个著名谋士，一是杨修，一是荀攸。杨修自恃才高，处处点出曹操的心事，经常搞得曹操下不了台，曹操"虽嘻笑，心甚恶之"，终于借一个惑乱军心的罪名把他杀了，而荀攸则完全是另一种结局。荀攸有着超人的智慧和谋略，不仅表现在政治斗争和军事斗争中，也表现在安身立业、处理人际关系等方面。他在朝20余年，从容自如地处理政治漩涡中上下左右的复杂关系，在极其残酷的人事倾轧中，始终立于不败之地。

在当时的社会政治、经济条件下，曹操虽然以爱才著称，但作为封建统治阶级的铁腕人物，铲除功高盖主和有离心倾向的人，却从不犹豫和手软。荀攸正是很注意将超人的智谋应用到防身固宠、确保个人安危等方面。那么，荀攸是如何处世安身的呢？曹操有一段话很形象也很精辟地反映了荀攸的这一特别谋略："公达外愚内智，外怯内勇，外弱内强，不伐善，无施劳，智可及，愚不可及，虽颜子、宁武不能过也。"可见荀攸平时十分注意周围的环境，对内对外，对敌对己，迥然不同。参与谋划军机，他智慧过人，迭出妙策；迎战敌军，他奋勇当先，不屈不挠。但他对曹操、对同僚，却注意不露锋芒、不争高下，把才能、智慧、功劳尽量掩藏起来，表现得总是很谦卑、文弱、愚钝。

荀攸大智若愚，懂得以柔弱取胜的处世方略，使得在与曹操相处20年中，关系融洽，深受宠信。他从未得罪过曹操，偶使曹操不悦，也从不见有人到曹操处进谗言加害于他。建安十九年，荀攸在从征孙权的途中善终而死。曹操知道后痛哭流涕，对他的品行推崇备至，赞誉他是谦虚的君子和完美的贤人，这都是苟攸无为而作、明哲保身的结果。

将能力表露在外面是人的天性。但道家认为貌似强悍、威风凛凛的人并不是最有能力的，真正有本领的人懂得隐藏自己的实力，不会轻易将才艺外露，所以韬光养晦才是聪明人之所为。有一个关于大象的故事，说的就是这个道理。

森林里，大象不断地被人类猎杀，但人类并没有运走大象庞大的身躯，而是仅仅锯走了象牙。大象们为了生存，终日东躲西藏，时时提高警惕，但还是难逃厄运，它们一只接一只地倒在了人类的枪口下。但奇怪的是，有一头公象从未受到人类的威胁，它从容地到处转悠，有时还能到人类居住的村庄附近吃玉米，而且人类见了它，甚至还和它打招呼，表现得很友善。其他大象对此极为不解。"你有什么秘密吗？人类为什么从不伤害你，却总是把枪口对准我们呢？"大象族长问它。"你看我与你们有什么不同吗？"那只公象问族长和其他同类。"你……你……的牙？"大象族长惊讶得说不出话来。"是的，我没有牙齿。从很早以前起，我每天做的第一件事就是磨自己的牙，而正是因为没有牙齿，人类枪杀我就没有任何价值，所以我能从容、平安地生活着。"

我们不得不赞叹那头公象的智慧。象牙是公象吸引配偶的绝佳工具。哪头象的牙粗壮、美丽，它就会更加受青睐。公象们都以自己的象牙为荣。然而，正是这代表荣誉的象牙，却因受到人类的觊觎而引来了杀身之祸。此时，磨掉象牙，收敛自己的锋芒，才是保护自己的最好方法。

可见，貌似强悍、威风凛凛的人并不是最有能力的，真正有本领的人懂得保护自己的实力，不会轻易将才艺外露。做到韬光养晦才是聪明人之所为，更是有智谋的人保护自己的一种处世计谋。过于聪明的人，常是别人猜忌的对象。因为任何有所图谋的人，都有可能从事情刚开始筹划时便被识破。一旦发现有人独具慧眼，那么为了保全自己的一切，必会千方百计、不择手段地加以掩盖，散布流言，捏造罪名，甚至谋杀。古今中外，这样的事多得不胜枚举。所以道家智慧告诉我们做人要善于韬光养晦，用"守拙"的方法保护自己。

耍小聪明是一种无知

老子的《道德经》第四十五章中说："大巧若拙，大辩若讷。"意思是说：最有智慧的人、真正有本事的人，虽然有才华学识，但平时像个呆子，不自作聪明；虽然能言善辩，但好像不会讲话一样。

言语的讷者，行动的敏者，才是真正的智者。无论是初涉世事还是位居高位，无论是做大事还是一般人际交往，锋芒不可毕露。

　　乾隆皇帝上朝时经常出些辞、联考问大臣。大臣们明明知道有些对联是很粗浅的，也不说破，故意苦思冥想，并且求皇帝开恩"再思三日"。这意思无非是让乾隆自己说，然后大臣一片礼赞之声。是满朝文武无能人吗？非也，这是免招惹是非的处世技巧。

　　《红楼梦》中写道，贾府门楣上有一副对联："世事洞明皆学问，人情练达即文章。"这个封建之家推崇的自然是上流社会的世道人情，不足为训。但取其精华，"世事洞明""人情练达"是今天的人们同样需要的。社会是一张巨大而复杂的关系网，人要想在社会上生存并取得成功，就要学会在复杂多变的环境中保护自己。谙熟世事，机智圆滑，这不是奸诈，而是一种生存智慧、成事智慧。

　　老子看来，大辩若讷，辩不可为道，道在无言，知者不言，言者不知。善辩者，只能胜人于口，而不能服人之心，大辩不辩。生活中，喜欢显耀小聪明的人，往往是智者眼中的真愚人。

　　一个人真正明白自己无知浅薄的人，才是真正离智慧最近的人。否则，我们看，那些习惯于夸夸其谈炫耀聪明的人，一般都是学识与见地平平的人，这些人若是在平庸的人群面前也许还可以卖弄一番，一旦遇上了强者大家，那就要出丑贻笑大方，甚至自陷灾祸了。

人们常说，沉默是金，也是这个道理，有智慧的人不管自己知与否都懂得保守，一般不会要小聪明显摆自己，更懂得于其所不知盖阙的道理。确实，现实中，我们不难发现，一个冷静的倾听者，到处受人欢迎；而一个喋喋不休者，像一只漏水的船，每一个乘客都希望赶快逃离它。

同时，祸从口出，言多必失。所以我们说外露的聪明远不如深藏的智慧，现代人学习道家做人，求的应当是智慧，而非小聪明。事实上，现实中，一个人太聪明必定会遭到别人的嫉恨和非议，甚至引来祸端。历史上和现实生活中的这种例子比比皆是。

蒲鹤年先生曾写过一篇文章，读来颇有所感，关于"大实若虚"与"大伪似真"这个问题，他谈论了丁肇中先生的"无知"与一位"万能科学大师"的"无所不知"。世界著名美籍华裔物理学家丁肇中先生，40岁便获得了诺贝尔物理学奖。了解他的人都知道：在接受采访或提问时，无论是本学科问题还是外学科问题，也无论提问者是业内人士还是业外人士，丁肇中最常给出的回答是三个字——"不知道"。他曾解释："不知道的事情绝对不要去主观推断，而最尖端的科学很难靠判断来确定是怎么回事。"

用道家的智慧来看，这种"无知"并非谦虚，而是一种做人智慧，拥有大智慧的人永远懂得不炫耀，不自矜，不耍小聪明。相比之下，那些自以为聪明的人则正好相反。

一位自命不凡的人为了难倒一位年长的智者，绞尽脑汁，收集了历史、地理、哲学、物理等各个领域的未解之谜，将所有难题摆在老人面前，让这位众人口中的智慧大师以一句话将所有问题回答出来，老人笑了笑，用一句话说出了他的答案——我全都不知道。

这位自命不凡之人其实还是未能难住这位"无知"的智者。俗语说"一瓶水不响，半瓶水咣当"，说的就是无知的人。道家认为做人真正的大智慧便是"无知"。古希腊著名哲学家苏格拉底讲过："就我来说，我所知道的一切，就是我什么也不知道。"他以最简洁的形式表达了进一步开阔视野的理想姿态。可以说，至今仍有很多人信奉他这句名言。同样，做人也是一样的道理。大智若愚的人，从来不会张扬自己拥有多少智识，而是心中空空，外表看上去痴傻呆憨，内里却是绝顶的聪明，这算得上是极高超的做人智慧，虽然不是可以随意便能做到的，但是道家先哲们依然给我们指示了门径，那就是虚怀朴实，永远不要把自己看得有多高，更不要总想着自我表现。安于平凡，甚至愚憨笨拙，拒绝小聪明，求得大智慧，这才是真正的聪明。

所谓"花要半开，酒要半醉"，凡是鲜花盛开娇艳的时候，不是立即被人采摘而去，也就是衰败的开始。

过于卖弄聪明就会成为众矢之的，而摆正自己的位置，厚积薄发，在适当的时机表现出来，才是成事之道。正如英国著名外交家切斯特菲尔德所说的那样："要比别人聪明，但不要让他们知道。"外露的聪明远不如深藏的智慧更有实际意义。

众所周知，在音乐的世界中，技巧很重要，但却不是最重要的，过多的花哨技巧只会减弱情感的表达。人生也是如此，人人都玩弄聪明才智，只会让世界繁杂凌乱。绝圣弃智，才能朴实安然地生活。摒弃小聪明方才显示大智慧。

莫让才气反伤己身

庄子在《庄子·人间世》中说道："汝不知夫螳螂乎，怒其臂以当车辙，不知其不胜任也，是其才之美者也。"在这里，庄子用意在提醒人不要像"志大才疏"的螳螂一样，自恃本事大，"怒其臂以当车辙"，结果遭殃的还是自己。

另外，在《庄子·大宗师》一篇中，庄子还假借孔子与子贡的一段对话，道出了圣人的尴尬困惑。孔子曰："丘，天之

戮民也。虽然，吾与汝共之。"孔子说："我啊，是上天给我的刑法，是受罪的。"做人大部分如此，"死要面子活受罪"。像圣人孔子是"天之戮民"，要救世救民，不是自己找罪受吗？

庄子反复申明了这样一个道理，即"道"与"才"两者不可兼得。唐代诗人杜牧的一首诗说得好："中路因循我所长，由来才命两相妨。劝君莫更添蛇足，一盏醇醪不得尝。"有些人聪慧能干，但没有运气，苦了一辈子，如同孔子说的"丘，天之戮民也"。有些人"命"好，却能不劳而获。然而，"欲除烦恼须无我"，看通了，人生就没有什么烦恼了。"各有前因莫羡人"，每一个人都有各自的前因后果，无须嫉妒羡慕他人。东汉末年的祢衡最能说明才对命的负面作用。

祢衡年少才高，目空一切。建安初年，二十出头的祢衡初到许昌。当时许昌是汉王朝的都城，名流云集，司空掾、陈群、司马朗、荡寇将军赵稚长等人都是当世名士。有人劝祢衡结交陈群、司马朗。祢衡说："我怎能跟杀猪、卖酒的在一起？"又劝其参拜赵稚长，他回答道："荀某白长一副好相貌，如果吊丧，可借他的面孔用一下；赵某是酒囊饭袋，只好叫他看厨房了。"这位才子唯独与少府孔融、主簿杨修意气相投，对人说："孔文举是我大儿，杨德祖是我小儿，其余碌碌之辈，不值一提。"由此可见他何等狂傲。

献帝初年间，孔融上书荐举祢衡，大将军曹操有召见之意。祢衡看不起曹操，抱病不往，还口出不逊之言。曹操后来给他封了个击鼓小吏的官，借以羞辱他。一天，曹操大会宾客，命祢衡穿戴鼓吏衣帽当众击鼓为乐，祢衡竟在大庭广众之下脱光衣服，赤身露体，使宾主讨了个没趣。

曹操恨祢衡入骨，但又不愿因杀他而坏了自己的名声，便把祢衡送给荆州的刘表。祢衡替刘表掌管文书，颇为卖力，但不久便因倨傲无礼而得罪众人。刘表也聪明，把他打发到江夏太守黄祖那里去。祢衡为黄祖掌书记，起初干得也不错，后来黄祖在战船上设宴，祢衡说话无礼受到黄祖呵斥，祢衡竟顶嘴对骂。黄祖急性子，盛怒之下把他杀了。其时，祢衡仅26岁。

祢衡文才颇高，他恃一点文墨才气便轻看天下。殊不知，一介文人，在世上并非有甚不得了，赏则如宝，不赏则如败履，不足左右他人也。祢衡似乎不知道这些，他孤身居于权柄高握之虎狼群中，不知自保，反而放浪形骸，无端冲撞权势人物，最后因狂纵而被人杀害。

有人说，生命本身就是一种痛苦，但为了夕阳西下那动人心魄的美，我宁愿选择痛苦。圣人之道，圣人之才，如鱼和熊掌，两者不可得兼，每个人都有自己的人生道路，与其怨天尤人，不如坦然以对。

有道是掬水月在手，苍天的月亮太高，凡尘的力量难以企及，但是开启智慧，掬一捧水，月亮美丽的脸就会笑在掌心。

"但是，不止我一个人命苦，你做了我的学生，志同道合，你与我一样，也是命苦"。庄子在这里不过是借孔子的口，说出生在一个变乱的年代，以救世救民为己任的人，一定要命苦的，这是一个原则。

纵观历史，因为才盛而遭嫉遇祸者数不胜数，可见才气太盛未必是件好事。倒不如平凡平庸一些，如果不能，也万不能像祢衡那样，恃才傲物，放浪形骸，否则才气就会成为毁灭我们的无形杀手。

与众不同未必是好事

《庄子·徐无鬼》中记载了这样一则寓言：

吴王渡过长江，登上猕猴聚居的山岭。猴群看见吴王打猎的队伍，惊惶地四散奔逃，躲进了荆棘丛林的深处。有一个猴子留下了，它从容不迫地腾身而起抓住树枝跳来跳去，在吴王面前显示它的灵巧。吴王用箭射它，他敏捷地接过飞速射来的利箭。吴王下命令叫来左右随从打猎的人一起上前射箭，猴子躲避不及抱树而死。

吴王回身对他的朋友颜不疑说："这只猴子夸耀它的灵巧，

仗恃它的便捷而蔑视于我，以至受到这样的惩罚而死去！要以此为戒啊！唉，不要用傲气对待他人啊！"颜不疑回来后便拜贤士董梧为师用以铲除自己的傲气，弃绝淫乐辞别尊显，三年以后，全国的人个个都称赞他。

猕猴之所以有那样的悲惨结局，原因就在于它太爱自我炫耀，处处都要显得与众不同、特立独行，反而因此成了众人反感、厌恶的对象。而且不知道看时机场合，结果面临险境自己还不知道。所以说有时候，悲剧恰恰是"与众不同"而造成的。

其实，特立独行并非不可取，道家主张逍遥任性，但是在道家看来，真正的个性与众不同不是一味地炫耀自己，彰显不同，而是一种智慧的人格气质与行为方式，所以一个人，学习道家的做人之道，就须知道在这个社会上为人处世，必须学会收敛自己，不要不看时机与环境地彰显自己的特立独行个性。人的优势往往会成为他致命的弱点，学会收敛锋芒，才是保护自己的最佳方法。

如今的种种媒体，包括图书、杂志、电视等也都在宣扬个性的重要性。曾几何时，个性已经成为独特、怪异的代名词，过度张扬的个性在不知不觉间伤害了别人，更毁灭了自己的前途。

为逞一时之快而不顾后果真是个危险游戏。所以说，人活着确实该有自己的个性特征，不过如果为了个性而个性那就得不偿失了。如果一个人显示出自己要逆潮流而行，神气活现地炫耀自己反传统的观念和怪异的行为方式，那么，人们会认为他只是想哗众取宠，引起别人的注意，而且他们还会因此而轻视他。而且会找出一种办法惩罚排挤此人，因为这个人让他们觉得自己低人一等，不如他。

所以说，个性不是为了表面的"个性"，肤浅地表演自己的不随潮流，这样只会让自己吃尽苦头。过分"特立独行"是危险的，所以做人不妨适时收敛起自己的光芒，让自己的行为看起来与众而同，这样，做人才不会受到太多的阻力。道家认为，这才是保持特质与实力的最佳途径，否则一个过分特立独行、与众不同的人，其出路只有两条，要么被众人排斥在外，成为异类，要么就是被刻意甚至恶意的同化"污染"，与其如此，我们还不如自己掌管自我的藏露，这也是道家所主张的守拙做人之道。

上善若水，其用不穷

老子说："大成若缺，其用不弊。大盈若冲，其用不穷。"意思是说，最完美的物体也会有瑕疵，但它的功能丝毫不受影响；能量饱满的物体却似玄空一般，但它的作用不会穷尽。老子用这句话告诫人们：再有成就的人（也可以指物）也有缺点，但他的缺点并不影响他的成就。做人要虚心，不要自满，学得再多也有不知道的东西，所以说"学无止境"，而谦虚可以让人学到更多的东西，正所谓"人外有人，天外有天"，使得"其用不穷"！

上善若水，其用不穷。战国时候有一位国君可谓将此智慧演绎得已臻化境，他就是楚庄王。

楚庄王是战国时楚国国君，在他即位的三年里，从不过问朝政，日夜沉浸在田猎与酒色歌舞之中，甚至贴出布告："哪一个胆敢向我提意见，立即斩首，毫不宽恕。"当时，邻国不断前来侵犯，国内的许多大臣也贪赃枉法，玩忽职守。一些忠于国事的大臣很是忧虑，可是，谁也不敢向他进谏。

大夫伍举看到朝政日益腐败，心中非常着急，冒死进宫求见庄王。此人个子不高，但语言机智而又风趣。他知道，如果直接向庄王提出看法，必然会碰钉子，便想了个巧妙的办法。庄王好猜谜语，他就给庄王准备了一个谜语。

伍举来到宫中，只见庄王左右拥抱着美女，周围排列着乐队，正在调笑饮酒。庄王看见伍举来了，笑着说："你是来喝酒的，还是来听音乐的？"伍举说："都不是。我有一件事不明

白，特地来请教大王。"

庄王问："什么事？"

伍举说："附近山上飞来一只大鸟，已经三年不飞也不叫，不知是什么原因，也不知道这是只什么鸟？"

庄王说："这不是一只平凡之鸟。它三年不飞，一飞必定冲上九重云霄；它三年不叫，一叫就会惊人。你去吧，你的意思我已经明白了。"

可是数月之后，庄王仍不改逸乐故态，荒淫无度的生活更加严重。大夫苏从认为这样继续下去，后果将不可收拾。他决心不用伍举的委婉方式，进宫直截了当地劝说庄王。

庄王说："你没有见到我颁布的命令吗？"

苏从说："见到过。我身为国家的重臣，享受着优厚的待遇，如果贪生怕死而不敢指出君王的过失，那不是忠臣。如果我的死能促使君王清醒过来，那我愿意一死。"

此语一出，楚庄王猛然起立，撤去歌舞乐队，立即临朝听政。他从此重用伍举及苏从两人，并经过调查核实，把在这三年中趁机营私舞弊的几百名官员尽数清除，把忠于职守的几百人予以提拔。庄王亲政以后，政治清明，百姓高兴。就在这一年，庄王兴兵灭庸（今湖北竹山），不久又起兵攻宋，缴获战车五百辆之多。楚国势力迅速强大起来。

楚庄王，他看起来毫无作为，其实不过是在装傻罢了。事实上，在这三年的时间里，庄王并没有因游乐而迷失本性。他只是假装沉迷逸乐，以便观察官吏们的真心，选用真正忠心而又有才德的人来辅佐国政。在此期间，楚国也得到休养生息。三年一过，条件成熟，静极而动，一飞冲天。庄王用意之深，后来很少有人能及。

楚庄王于外洒脱果敢，形象英武；于内智谋深沉，心机细密，是春秋五霸中最具霸王姿态的人物。有读者会说：这不是装疯卖傻吗？确实如此。有时候是因为条件不成熟，比如楚庄王刚即位的时候年龄不大，阻力也较多，所以他表面上放纵自己，而且显得胸无大志。

这就是老子所说的境界：大成若缺，大盈若冲。那么什么叫上善若水呢？俗话说："人往高处走，水往低处流。"其实，这个智慧不全面。如果一个人想着我要像水一样往下流的话，我就永远处在最下面，这是大智慧。你处在最下面，那么其他人的水就往你那里流。老子讲，水有"七善"：居善地、心善渊、与善仁、言善信、正善治、事善能、动善时。可见，水才是最聪明的，它可以随着季节、事物而变，冬天就结成冰，春天就到处流淌；放到圆的容器里就是圆的，放到方的容器里就是方的；遇见障碍物，能翻就翻过去，不行就绕过去，如此等等，都在说明着水的无穷智慧。试想一下，如果心中经常有水的意向，那将是一个多么美妙的人生境界！

世上没有十全十美，只有存有缺憾，生命才能拥有张力，才会有活力，正是那个缺失的部分在作用，使我们保持生命的弹性和弹力。只有"上善若水"，才能不断聚集能量、力量和度量，人生才能成功。

"呆气"往往是灵气

我们常说呆若木鸡，这个成语出自《庄子·达生》篇，书中记录了一段纪渻子为周宣王驯养斗鸡的精彩论述。

纪渻子为周宣王驯养斗鸡。过了10天周宣王问："鸡驯好了吗？"纪渻子回答说："不行，正虚浮骄矜、自恃意气哩。"10天后周宣王又问，回答说："不行，还是听见响声就叫，看见影子就跳。"10天后周宣王又问，回答说："还是那么顾看迅疾，意气强盛。"又过了10天周宣王问，回答说："差不多了。别的鸡即使打鸣，它已不会有什么变化，看上去像木鸡一样，它的德行真可说是完备了，别的鸡没有敢于应战的，掉头就逃跑了。"

斗鸡身上的"呆"正是专注和凝神的最高层次。蒲松龄说过："性痴，则其志凝；故书痴者文必工，艺痴者技必良……

世之落拓而无成者，皆自谓不痴者也。"

一个人在做某件事时如果身上时常显露出呆气，他就离成功不太远了。"呆气"有时候恰恰是一股过人的灵气，我国现代著名哲学家熊十力身上曾发生过这样的故事：

熊十力是治学之外一切都不顾的人，所以住所求安静，常常是一个院子只他一个人住。20世纪30年代初期，他住在沙滩银闸路西一个小院子里，门总是关着，门上贴一张大白纸，上写：近来常常有人来此找某某人，某某人以前确是在此院住，现在确是不在此院住。我确是不知道某某人在何处住，请不要再敲此门。看到的人都不禁失笑。50年代初期他住在银锭桥，夫人在上海，想到北京来住一个时期，顺便逛逛，他不答应。他的学生知道此事，婉转地说，师母来也好，这里可以有人照应，他毫不思索地说："别说了，我说不成就是不成。"熊师母终于没有来。后来他移住上海，仍然是孤身住在外边。

不注意日常外表，熊十力也是第一位。衣服像是定做的，样子在僧与俗之间。袜子是白布的，高筒，十足的僧式。屋里木板床上面的被褥等都是破旧的。没有书柜，书放在破旧的书架上。只有两个箱子，一个是柳条编的，几乎朽烂了；另一个铁皮的，旧且不说，底和盖竟毫无联系。他回上海之前把这铁箱送了学生，学生返途嫌笨重，扔了。

享用是这样不在意，可是说起学问，熊十力就走向另一极端，过于认真。他自信心很强，简直近于顽固，在学术上绝不对任何人让步。40年代晚期，冯文炳住在红楼后面，这位先生本来是搞新文学的，后来迷上哲学，尤其是佛学。熊十力是黄冈人，冯是黄梅人，他们都治佛学，又都相信自己最正确，可是所信不同，于是便有二道桥（熊先生30年代的一个寓所，在地安门内稍东）互不相让，以至于动手的故事。有一次学生去找熊十力，听见他又在和冯文炳争论，熊先生说自己的意见最对，凡是不同的都是错误的。冯先生答："我的意见正确，是代表佛，你不同意就是反对佛。"对方争起来互不相让，学生只好忍着笑走了。

这场争论确实好笑，有点像小孩吵架，特认真，双方争执不下，还多少有点不讲理。也许人常说知识分子身上带点"呆气"，这就是了。

但是似乎"呆"有"呆"的好处，生活里没有繁杂的生活琐事，没有纷乱的人情世故，只有学术与信仰，如此单纯而精深的人生有什么不好？

我们不妨问自己，能够达到呆若木鸡的境界吗？如果不能，那我们离成功还有一段距离；如果能，那就是离成功不远了。

"自污" 乃保身妙方

老子说：道冲而用之，或不盈。渊兮似万物之宗。解其纷，和其光，同其尘，湛兮似或存。吾不知谁之子，象帝之先。

一个人如果已经握有一把锋锐的利器，却仍然不满于现状，反要在锋刃上更加一重锐利，俗谚所谓"矢上加尖"，那么连原有的锋刃恐怕都不能保全了。所以老子人生哲学强调和光同尘、同流合污，认为一个人争胜显贵到最后往往反因此失堕而难以自保，倒不如和光同尘，甚至甘愿自污，这才是一条真正保住自我的长久之计。

在这里，老子告诫我们，对于聪明才智、财富权势等，都要知时知量，自保自持。如果已有聪慧而不知谦虚涵容，已有权势而不知隐遁退让，已有财富而不知适可而止，最后将自取灭亡。

古语道："创业难，守业更难。"千万不要犯"矢上加尖，锋刃不保"的错误。比如说财富到了金玉满堂的程度，要透彻了解陶朱公三聚三散的哲学艺术。

"一家富贵千家怨，半世功名百世愆"。一个人在既有的富贵之中，如果不懂得自保自持，恃富而骄，便会自招恶果，后患无穷。要想长保"金玉满堂"的富贵光景，必须深知"揣而锐之"的不得当以及"富贵而骄，自遗其咎"，自取速亡的可畏。

对待财富如此，对待功名亦如此。

南宋初年，韩世忠与岳飞、张浚都是高宗赵构手下著名的抗金将领，号称"三杰"。精忠报国的岳飞为赵构、秦桧陷害入狱，韩世忠知道岳飞的赤胆忠心和无辜，就从前线赶回来，想为囚禁在狱的岳飞鸣冤叫屈，质问秦桧："岳飞所犯何罪？"秦桧竟然以"莫须有"三字相对，使得韩世忠惊惧不已，知道昏君、奸相当道，忠良必遭陷害，真是欲加之罪，何患无辞？于是他就准备给自己寻找后路。当时抗金名将均将自己统领的军队冠以"岳家军""张家军"等名号，使宋帝非常疑忌，韩世忠就严禁部将打出韩氏旗号，并到处宣扬自己想买新淦县的官田作为子孙的产业。宋朝是一个相当重视封建道德的朝代，将领在前方打仗总是将自家私事挂在嘴上，实在是非公非忠，但宋高宗听后，却非常高兴，亲自下诏，将新淦县官田赏赐给他，并说："爱卿遇敌必克，每有威名。现在听说爱卿想为子孙买些田产，朕就将它赏赐给你，以表彰你的忠心。就将这块田庄定名为'旌忠'吧。"

韩世忠以"同流合污"使自己得以保全，从而避免了杀身

之祸。这样的例子在历史上有不少，直到今天对我们仍然很有借鉴启发作用。我们面对的是纷繁多变的世界，打交道的是形形色色的人物，要想立身于此，不得不精明些。但是，精明、技巧要因人因地而异，有时候就不能太聪明。"聪明反被聪明误"，这样的人屡见不鲜；过于方正，深得人心而引来杀身之祸者，史书上不胜枚举。因此，我们要学习道家智慧，不要处处显露自己的聪明。不但要把自己的聪明归于别人，而且要善于自损形象，必要时学会自我污损，却可以保全自己，避免杀身之祸。

所以，做人千万要懂得当自己锋芒太露时，切不可矢上加尖，而是要学着"同流合污"一下，让自己看上去不那么光鲜照人，才能保住人生的锋刃。否则就犹如高处不胜寒，一着不慎，全盘皆输。

退步原来是向前

世路难行，一个人在这个社会上生存，往往要面对各种各样的人群，争强好胜正是祸患的起源。道家主张，高下相倾，难易相成，其实，人生狭路相逢，机缘会合，有时你高我一级，我低你一级，可是擦肩而过，你低我一级，我高你一级。从某种意义上说，"退一步"不是胆怯与懦弱，它会带给你"海阔天空"的境界。

守住已有的便是富足

孙子和祖父进林子里去捕野鸡。祖父教孙子用一种捕猎机：它像一只箱子，用木棍支起，木棍上系着的绳子一直接到他们隐蔽的灌木丛中。野鸡受撒下的玉米粒的诱惑，一路啄食，就会进入箱子，只要一拉绳子就大功告成了。

祖孙俩支好箱子藏起不久，就有一群野鸡飞来，共有九只。大概是饿久了的缘故，不一会儿就有六只野鸡走进了箱子。孙子正要拉绳子，可转念一想，那三只一会儿也会进去的，再等等吧。等了一会儿，那三只非但没进去，反而走出来三只。

孙子后悔了，对自己说，哪怕再有一只走进去就拉绳子。接着，又有两只走了出来。如果这时拉绳，还能套住一只。但孙子对失去的好运不甘心，心想着还会有野鸡要回去的，所以迟迟没有拉绳。

结果连最后那一只也走了出来。孙子一只野鸡也没有捕到。

老子说：金玉满堂，莫之能守。讲的便是要我们知足，不必固着太多身外物。孙子最终也没有捕到一只野鸡，就在于他的贪求。

世事难定，人生究竟是黑白还是彩色，纯粹是一种习惯性的看法。我们一旦习惯看到人生的黑暗面，就会刻意去寻找黑暗的那一面，而忽略掉光明的一面，自然就会被消极的世界所包围。人生追求的东西总是层出不穷，当我们停下脚步，回头看时，会发现，若能守住我们已经拥有的东西，便已足够富有了。黄美廉博士用她的亲身经历为我们阐释了人生的富足。

黄美廉自小就得了脑性麻痹。病魔夺去了她肢体的平衡，也夺走了她发声讲话的能力。从小她就活在肢体不便及众多异样的眼光中，她的成长充满了血泪。

然而，这位坚强的女孩没有让这些外在的痛苦击败她内在

奋斗的精神，她昂然面对，迎向一切的不可能。经过努力，她终于获得了加州大学艺术博士学位，她用她的手当画笔，以色彩告诉人"寰宇之力与美"，并且灿烂地"活出生命的色彩"。

"请问黄博士，"在一次讲座上，一个学生问她，"你从小就长成这个样子，请问你怎么看你自己？你都没有怨恨吗？"

"我怎么看自己？"美廉用粉笔在黑板上重重地写下这几个字。她写字时用力极猛，大有力透纸背的气势。写完这个问题，她停下笔来，歪着头，回头看着发问的同学，然后嫣然一笑，回过头来，在黑板上龙飞凤舞地写了起来：

我好可爱！

我的腿很长很美！

爸爸妈妈这么爱我！

上帝这么爱我！

我会画画！我会写稿！

我有只可爱的猫！

还有……

台下，所有的人都沉默了，面对众人的沉默，她在黑板上写下了她的结论："我只看我所有的，不看我所没有的。"掌声响起。有一种永远也不会被击败的傲然，写在她的脸上。

的确，人生短暂几十年，赤条条来，又赤条条去，何必物欲太强，贪占身外之物？"身外物，不奢恋"是思悟后的清醒，它不但是超越世俗的大智大勇，也是放眼未来的豁达襟怀。谁能做到这一点，谁就会遇事想得开，放得下，活得轻松，过得自在。

其实人生是贫穷还是富有，是黑白还是彩色，都在于我们自己。如果能接受自己所有的缺憾，接受这份不完整的生命赐予，那么自然就能更快乐地活着。对于生命的苦难，我们不能把它当成是"谁"的错。一个人愈去看他人的优越面，心中的怨恨就愈增。接受自己，接受现实，相信我已富有、已完美，生命将无憾。

后退是为了向前

《庄子·人间世》中让我们领略了世路难行，一个人在这个社会上生存，往往要面对各种各样的人群，争强好胜正是祸患的起源，从某种意义上说，"退一步"不是胆怯与懦弱，它会带给你"海阔天空"的境界。

"退一步海阔天空"，很多人都知道这个道理，可又有几人能将其真正实践？争强好胜的斗争本性使我们总想与对方一决高低，谁也不愿后退一步，认为后退是懦弱，是胆怯。可不恰当的争强好胜又能带给我们什么呢？只能是两败俱伤。当事情发展到紧急关头时，我们该怎么办？"杀身成仁"是儒家的选择，庄子教给我们的是另外一种智慧：退一步是上策。

生存之道，屈伸交替。软虫的收缩，是为了求得伸展；龙蛇的蛰伏，是为了保全自身。当你身处冲突矛盾中时，一定要能试着退一步看看，事情是否像自己计较的那样严重。这样，也许我们会发现，其实生命有无限的发展可能。

清代康熙年间，有个官员叫张英，官至文华殿大学士，兼礼部尚书，相当于宰相或丞相的级别。一天，老家桐城有人送来了一封急信，张英打开一看，原来是一件小事。张英老家和他隔壁的邻居之间有一块空地，他的邻居准备占这块空地修一堵围墙，两家人于是就争执起来，争得不可开交，所以家人就给北京的张英写了一封急信。希望他出面，干预对方的行为。张英看完信笑了笑，没有用权势压人，而是写了一首诗作为回信："一纸书来只为墙，让他三尺又何妨，长城万里今犹在，不见当年秦始皇。"家里人看到这首诗后，就照着做了，当即拆墙退让三尺。对方一看，深受感动，也主动后退三尺。现在安徽桐城还保留着"六尺巷"这个地方。

张英做到了大学士，他的儿子张廷玉也做到了大学士。张英的孙子科举考试得了个一甲第三名"探花"，张廷玉不但不庆祝，反而恳求雍正把儿子的名次降下来。他说："天下人才那么多，三年才轮到一次科举殿试，都希望能榜上有名，而我已经身居高位了，如今我的儿子再占上这么一个位置，那不就堵塞了天下寒士进阶的机会了吗？我心里实在觉得不安。"雍正皇帝被感动了，同意了张廷玉的请求，把张廷玉的儿子降到第三甲第一名。

这就是老子所说的境界：高下相倾，难易相成。其实，我们可以设想一下，如果张家用权势压人，那么舆论就可能对张家不利，消息传出去，张家就会名誉受损、威信扫地。张廷玉也正是在这种退让的做人之道中，演绎着老子的高下辩证哲学，使家族获得了绵绵不绝的生命张力，让家族的兴旺不断保持下去。

春秋时候，晋文公即位以后，整顿内政，发展生产，把晋国治理得渐渐强盛起来。他也想能像齐桓公那样，做个中原的霸主。

晋文公做霸主的愿望首先受到了楚国的反对，于是进行了一场战争。战争开始的时候，楚军一进军，晋文公立刻命令往后撤。晋军中有些将士可想不开了，说："我们的统帅是国君，对方带兵的是臣子，哪有国君让臣子的理儿？"

狐偃解释说："打仗先要凭个理，理直气就壮。当初楚王曾经帮助过主公，主公在楚王面前答应过：要是两国交战，晋国情愿退避三舍。今天后撤，就是为了实现这个诺言啊。"

晋军一口气后撤了九十里，到了城濮（今山东鄄城西南）才停下来，布置好了阵势。楚国有些将军见晋军后撤，想停止进攻，可是楚军统帅成得臣却不答应，一步盯一步地追到城濮，跟晋军遥遥相对。成得臣还派人向晋文公下战书，措辞十分傲慢。晋文公也派人回答说："贵国的恩惠，我们从来都不敢忘记，所以退让到这儿。现在既然你们不肯谅解，那只好在战场上比个高低。"

大战展开了。才一交手，晋国的将军就用两面大旗指挥军队向后败退。他们还在战车后面拖着伐下的树枝，战车后退时，地上扬起一阵阵的尘土，显出十分慌乱的模样。成得臣一向骄傲自大，不把晋军放在眼里，他不顾前后地直追上去，正中了晋军的埋伏，被杀得七零八落。

晋军占领了楚国营地，把楚军遗弃下来的粮食吃了三天，才凯旋回国。

晋文公表面上主动让步，让楚国先进军，实际上，这是一种十分巧妙的策略。通过这种让步，晋国在道义上做到了仁至义尽，让楚国不再有攻击晋国的口实。正是这种巧妙的安排，让晋国不费力气地取得了战斗的胜利，并且扬威于天下。退避三舍之退，不是消极地退，被动地退，而是主动地退，通过退让而寻找进的机会，积累进的力量。所以，适度的退让不仅能够让自己在道义上获得更广泛的支持，而且能够打击敌人的锐气，从而取得成功。

头要低，腰须挺

《道德经》中的"高下相倾"四个字看似十分简单，但其中却有许多深远的含义。天地宇宙，本来便在周圆旋转中，凡事崇高必有倾倒，复归于平。因此，高与下，本来就是相倾而自然归于平等的，即使不倾倒而归于平，在弧形的回旋律中，高下本来同归于一律，即佛法中所说的"是法平等，无有高下"。

在这个浮躁的社会里，许多人常常以为自己很了不起，夸夸其谈，卖弄自己如何优秀。甚至很多时候在鲁班面前弄大斧，把对方的谦虚当做没有见识，其实这是一种浅薄。知者不言，言者不知，一个人为什么总是觉得自己聪明，把别人当做傻瓜呢？人的智商本来就没有多少差别，即使真的比别人聪明或者比别人的阅历丰富，就更应该懂得尊重别人，正是别人的平凡才映衬出自己的机敏，让自己吸取教训，不断提高。

道家智慧告诉我们，一个人无论在什么时候，处在多么高的地位上，都不能骄傲自大，许多时候，学会低头看水，反而

更能将天空的开阔收入眼底。站在山顶的人和居于山脚的人，在对方眼中，同样渺小。

高高的山峰终于被一群登山者踩在了脚下，极目四望，一切都离他们那么远。"你们看，山下的人就如蚂蚁一般！"其中一人兴奋地嚷着。"可是，他们也许根本就没觉得山上有人。"一位同伴在一旁轻轻地说。大家霎时冷静下来：是啊，巍峨的只是脚下的山峰，我们还和过去一样普通，并不因位置的升高而变得高大。

谦卑做人更尊贵，在这个世界上，有不少人便是用自己的一生践行着这句话，并且演绎出一段段成功精彩的人生。

一位闻名遐迩的画家每逢青年画家登门求教，总是很耐心地给人看画指点；对于有潜力的青年才俊，更是尽心尽力，不惜耗费自己作画的时间。一次，一位后辈画家对于前辈的关爱有加感激涕零，老画家微笑着讲了一个故事。

40年前，一个青年拿了自己的画作到京都，想请一位自己敬仰的前辈画家指点一下。那画家看这青年是个无名小卒，连画轴都没让青年打开，便推托事务缠身，下了逐客令。青年走到门口，转过身说了一句话："大师，您现在站在山顶，往下俯视我辈无名小卒，的确觉得十分渺小；但您也应该知道，我从山下往上看您，您同样也十分渺小！"说完转身扬长而去。

青年后来发愤学艺，终于在艺术界有所成就。

他时刻记得那一次冷遇，也时刻提醒自己，一个人是否形象高大，并不在于他所处的位置，而在于他的人格、胸襟和修养。

许多成功者都和故事中的青年有着很相似的人生经历。确实，我们背负着尊严行走在世间高低不同、起伏不定的道路上，除了必须时刻提防四周的危险外，还要时刻提醒自己：头要低，腰须挺，谦卑做人更尊贵。

其实，人类的智慧可以认识世间的万事万物，却偏偏最难以认识自己。因为不认识自己，所以处在人生高位时，人往往容易飘飘然自得，甚至自命不凡；因为不认识自己，所以性情狂妄；因为不认识自己，所以逃避，也正因为不认识自己，才更容易在成功的时候，在自己的强项之上，得意忘形，反而最后让自己重重地摔伤。所以像道家一样做人，要懂得低头看水的道理，不论人生得失如何，不妨经常低头审视一番，我们会发现其实人生的天地还有更宽广的空间等待我们去开拓，这样人才不会自满于小小的成就中。

常人有一种倾向：看高不看低，求远不求近。譬如：某人学问比我渊博，就尊重他；某人钱财比我富足，就巴结他。如果此人条件比我差，就不予理会，却不知道"登高必自卑，行

远必自迩"的道理。其实，从近处可以看到远处，退步也可以当做进步。智者们观看这个世界与常人就有显著的不同，而是常告诫人们虚怀若谷，低下头来，才能真正地认识自己，认识世界。

曾经有一位智者这样说："宇宙有多大多高？宇宙只不过五尺高而已！而我们这具昂昂六尺之躯，想生存于宇宙之间，那么只有低下头来！"成熟的稻子，头是俯伏在地面的，我们要想认识真理，就要谦虚地把头低下来。

一般人总以为人生向前走，才是进步风光的，而老子却告诉我们谦下也是向上的，谦下的人更尊贵，更风光。古人说"以退为进"，又说"万事无如退步好"，在功名富贵之前退让一步，是何等的安然自在！在人我是非之前忍耐三分，是何等的悠然自得！这种谦恭中的忍让才是真正的进步，这种时时照顾脚下，脚踏实地地向前才至真至贵。人生不能只是往前直冲，有的时候，若能退一步思量，所谓"回头是岸"，往往能有海阔天空的乐观场面。从事事业，把握正确的方向，不能一味蛮干下去，也要有勇于回头的气魄。

波澜壮阔的大海之所以能够包容万物，容纳百川，深远伟大，关键在于其位置最低。位置放得低，所以能从容不迫，能悟透世事沧桑。正如人们常说的，想要到达最高处，必须从最低处开始。

守住自我，不在凡尘琐务里忘形

在道家经典《庄子·山木》中记录了这样一段故事。

庄子在雕陵栗树林里游玩，看见一只奇异的怪鹊从南方飞来，翅膀宽达七尺，眼睛大若一寸，碰着庄子的额头而停歇在果树林里。庄子说："这是什么鸟呀，翅膀大却不能远飞，眼睛大视力却不敏锐？"于是提起衣裳快步上前，拿着弹弓静静地等待着时机。这时突然看见一只蝉，正在浓密的树荫里美美地休息而忘记了自身的安危；一只螳螂用树叶作为隐蔽打算见机扑上去捕捉蝉，螳螂眼看即将得手而忘掉了自己形体的存在；那只怪鹊紧随其后认为那是极好的时机，眼看即将捕到螳螂而又丧失了自身的真性。庄子惊恐而警惕地说："啊，世上的物类原本就是这样相互牵累、相互争夺的，两种物类之间也总是以利相招引！"庄子于是扔掉弹弓转身快步而去，看守栗园的人大惑不解地在后面追着责问。

庄子返回家中，整整三天心情很不好。弟子蔺且跟随一旁问道："先生为什么这几天来一直很不高兴呢？"庄子说："我留意外物的形体却忘记了自身的安危，观赏于混浊的流水却迷惑于清澈的水潭。而且我从老聃老师那里听说：'每到一个地方，就要遵从那里的习惯与禁忌。'如今我来到雕陵栗园便忘却了自身的安危，奇异的怪鹊碰上了我的额头，游玩于果林时又丧失了自身的真性，管园的人不理解我又进而侮辱我，因此我感到很不愉快。"

这就是我们现在耳熟能详的成语"螳螂捕蝉，黄雀在后"的来源。但是我们今天不妨从另外一个角度来剖析这个故事，其实，这则寓言正体现了庄子那种发现自我的精神。蝉、螳螂、黄雀和庄子都没有把自身的精力用在自己身上，而是将精力用在了自己的目标身上，以为自己将要得手，于是乎得意忘形起来，全然不顾潜伏在身边的危险。结果因"守形而忘身"招致祸害。

一个人，必须时刻秉持守住自我的精神，不要得意忘形，尤其是在一些关键时候，看似一切将要大功告成时，反而是最有可能潜藏危机的时候。唯有如此，才能保全自我，弥补自我，达成目标。

事实上，在凡尘琐务面前得意忘形，实际上是一种自我沦落。将自己的身心陷入现实的缧绁之中，为之奴役，实在很不值。

很多人的一生一直游移不定，没有任何实际目标可言，在现实面前，守形忘身，常常忘记察省自身的真正意图。他们缺少自我意识，甚至惧怕真正地面对生活，到头来年华虚度。他们把自己判入终身的心理牢笼之中，一辈子都在做自己的奴隶而浑然不觉。

一个圆滚滚的鸟蛋，不知为什么，忽然从灌木丛上的鸟窝里骨碌碌地滚了出来，跌在灌木丛下厚厚的落叶上。奇怪的是它居然没有跌破，一切完好如初。

鸟蛋得意了，对着鸟窝大声笑着说："哈哈，我是一只跌不破的鸟蛋！你们谁有我这样的本事，就跳下来比试看看！"

窝里的鸟蛋们听了，一个个探出头来看了一眼，吓得忙缩进头说："我们害怕，不敢跳呀。我们谁也没有对你刚才的行为不服气，还要比试什么呢？"

"哼！我早就料到你们没有这个胆量！"地上的鸟蛋神气地对窝里的鸟蛋们大声嘲笑起来。这只鸟蛋在地上滚来滚去，一会儿滚到一棵小草边，向小草碰了碰，小草连忙仰起身子往后让；一会儿又滚到一株树苗边，向树苗撞一撞，树苗也仰着身子，给它让路。

鸟蛋更得意了。它认为自己力大无比、天下无敌，更加勇气十足地在山坡上滚过来、滚过去。

窝里的鸟蛋们劝告说："小哥，刚才你只是碰到一个偶然的机会，才没有跌破的，不要就此认为自己是个铁蛋蛋了。你仍然是一只容易破碎的鸟蛋呀！这点自知之明，你总该有吧？"

"铁蛋蛋有什么了不起？"鸟蛋仍然挺着肚皮，神气地说，"你们刚才没看到小草和树苗吗？它们对我都要让几分，不敢跟我碰撞，难道这山坡上还有什么我不能去碰撞的吗？哈哈！"鸟蛋一阵大笑，蹦跳翻滚，想到山坡下的路边去显显威风，谁知被山坡上一块小石头挡住了去路。

鸟蛋气愤地望了小石头一眼，厉声喝道："你是什么东西？居然敢挡我鸟蛋的去路？想找死么？"

小石头昂着头说："嘿，今天的太阳是从西边出来的么？一个鸟蛋对我也如此神气起来？告诉你吧，我是一块阻挡山坡上泥沙往下滑的小石头，这里是我的岗位，我站在这里是绝不会后退一步的，你看看怎么办吧？"

鸟蛋更气愤了，仰着头对小石头说："你知道我的脾气吗？我是一个勇气十足的鸟蛋，在这山坡上是颇有名气的。小草和树苗都已经领教过我的厉害，别人怕你小石头，我可不怕。到时候，你别说我不客气啊！"

小石头也生起气来，大声说："你想对我干什么？还想打架么？别不知天高地厚了，快滚回去吧！"

鸟蛋为了显示它的勇气，不听小石头的警告，鼓足劲，猛地一滚，向小石头冲去。只听"啪"的一声，鸟蛋碰得粉碎，流出一摊蛋汁。

邻居山雀大婶从这里飞过，看到这情景，伤心地说："唉，这孩子也太任性了，竟然硬要与石头过不去。要知道，没有自知之明的人，越是无所畏惧，那后果就越不妙啊！"

在一个人的成长、发展过程中，对自己充满自信是可取的；但过分的自信则成为自负，这是非常不利的。小鸟蛋在一次又一次"畅通无阻"之后，过分沉浸于自己取得的成就，沾沾自喜，不能自拔，于是盲目自大，更加猖狂。它从来都没有看清自己的处境和地位，以至于敢与强大自己百倍的石头碰撞，所以它的结局就只能是自取灭亡。这种结局当然是咎由自取，希望它的下场能够给每一个人敲响警钟——适时地认清自己。

时刻保持一颗清醒的头脑，不"守形而忘身"，不得意而忘形，才能找到自己的优缺点，才能将人生之路走得更圆满。

最低处恰是最高处

人生的境界有高下之分，如何才能达到人生的至境呢？

"古之真人，不逆寡，不雄成，不谟士。"真人真智慧，庄子对此提及了三点，将我们带入一个真实的神话境界，将人的生命价值说得十分清楚。

　　什么叫真人？"不逆寡"，即顺其自然，一切不贪求，摆脱常人贪多的通病。"不雄成"，走出自大的机械心理，得道的人不觉得自己了不起，一切的成功都是自然，看淡成败得失。"不谟士"，"谟"就是谋，打主意。所有人都是在打主意，想办法赚钱，想办法找门路，想办法学道，都在那里打主意，都是做生意的思想，都是自己欺骗自己。

　　这三点是人生心理状况最严重的地方，做到了真人，即摆脱这三个问题。人会打主意，真人不打主意；人会觉得自己了不起，真人不觉得自己有多了不起；人会贪多无德，不好的地方不住，钱少了不干，或者你看不起我，我就生气，真人则不会这样。相信看过下面这个故事，我们会对此有更深的感悟。

　　一个人问智者人生的最高境界是什么，智者说："无损于人。"当他第二次问智者人生的最高境界是什么时，智者说："无求于人。"当他第三次问智者人生的最高境界是什么时，智者说："无愧于人。"此人疑惑不解："为什么你三次的回答不一样？"智者回答："你三次来问我时的情况不一样。第一次来时，你身上还有许多魔障，贪多逆寡，一不留神就会做出损害他人的事情，所以你得先保证自己是一个好人，即使不能有益于人，至少也不要有损于人。第二次来的时候，你还不能自食其力，凡事经常求助于他人，一心为自己盘算，这不仅会造成他人的负担，也会给你造成心理压力，不当社会的包袱还不够，你还得想想，自己是不是社会的祸害。第三次来时，你已经丰衣足食，而且可以帮助别人了，但自大自得会使你对成败得失耿耿于怀，面对他人的急难如果袖手旁观，你会受到良心的谴责，所以第三次我说最高境界是无愧于人。"

此人有些不满："你回答的全是人生最低境界，可我问的是人生最高境界。"智者说："没有最低境界哪有最高境界？为什么关心最高境界的人这样多，关心最低境界的人又是这样少？"智者的反问，让此人哑口无言。

有人说，人生就如同吃饭一样，把吃饭的问题搞明白了，也就把所有的问题都搞明白了。

聪明者为自己吃饭，愚昧者为别人吃饭；聪明者把吃饭当吃饭，愚昧者把吃饭当表演。聪明者在餐馆点菜时既不点得太多，也不点得太少，他知道适可而止，能吃多少就点多少，他能估计自己的肚子；愚昧者则贪多求全、拼命点菜，什么菜贵点什么，什么菜怪点什么，等菜端上来时又忙着给人夹菜，自己却刚吃几口就放下了，他们要么就是高估了自己的胃口，要么就是为了给别人做个"吃相文雅"的姿态。

聪明者付账时心安理得，只掏自己的一份；愚昧者结账时心惊肉跳，明明账单上的数字让他心里割肉般疼痛，却还装出面不改色心不跳的英雄气概，俨然是大家的衣食父母。聪明者只为吃饭而来，没有别的动机，他既不想讨好谁，也不会得罪谁；愚昧者却思虑重重，既想拼酒量，又想交朋友，还想拉业务，他本来想获得众人的艳羡，最后却南辕北辙、弄巧成拙，不是招致别人的耻笑，就是引来别人的利用。吃饭本是一种享受，但是到了愚昧者这里，却成为一种酷刑。

吃饭跟人生何其相似！人生在世，光怪陆离的东西实在太多，谁也无法说出哪些是好的，哪些是不好的，哪些值得追求，哪些不值得追求，哪种模式算是成功，哪种模式算是失败。

唯一能说明白的也许只有三点：第一，自己的事情自己承担，不要麻烦任何人为你代劳，也不要抢着为任何人代劳；第二，要多照顾自己的情绪，少顾忌他人的眼色，太多顾忌别人，把自己弄得像演员，实在是一件出力不讨好的事情；第三，凡事最好量需而行、量力而行，不要定太高的目标。就像吃饭，你有多大胃口，就点多少菜，千万不要贪多求全。

人生的道理，说复杂就复杂，说简单也简单，摆脱贪念，正视自我，不自欺欺人，不斤斤计较，先找到人生的最低境界，再去追求人生的最高境界。

有纲有常对人，不厌不倦处世

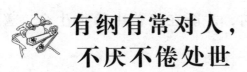

《庄子》中有一段精彩论述，"夫大块载我以形，劳我以生，佚我以老，息我以死。故善吾生者，乃所以善吾死也"。人生如白驹过隙，生命如惊鸿一瞥，珍惜这仅有一次的生存权利，让生命更精彩。而不是被现实的痛苦烦恼纠缠不清，反而使自己失堕在不必要的忧苦中。一个真正善人生的人，能够主宰自己的生命，无论待人还是处世，都能不厌不倦。

生命只有一次，善待便是珍惜

"夫大块载我以形，劳我以生，佚我以老，息我以死。故善吾生者，乃所以善吾死也。"这是庄子参透生死问题后所讲的道。在道家的庄子看来，天地造化赋予人一个生命的形体，让我们劳碌度过一生，到了生命的最后才让人休息，而死亡就是最后的安顿，这就是人一生的描述。善待自己生的人，也一定会善待自己的死。

"善吾生者，乃所以善吾死也。"这是一个重要的结论。用

道家眼光来看，生命是虚无且短暂的，它在于一呼一吸之间，如流水般消逝，永远不复回。一个人只有真正认清了生命的意义，生命的方向，才能在忧苦中珍惜生命，善待他人也善待自己。

在荒凉的戈壁滩上，有一种小花，花呈四瓣，每瓣自成一色：红、白、黄、蓝。通常，它要花费五年的时间来完成根茎的穿插工作，然后，一点点地积蓄养分，在第六年春，才在地面吐绿绽翠，开出一朵小小的四色鲜花，尤其让人们惋叹的是，这种极难长成的小花，花期并不长，仅仅两天工夫，它便随母株一起香消玉殒。

小花的生长和蝉的生命历程有着惊人的相似。它们只是大自然万千家族中极为弱小的一员，可是，它们却以其独特的生命方式向世人昭告：生命一次，美丽一次，只有善待生命者才能在人世中收获真正的快乐。

她是一个年轻的护士，很多时间都是在病房里度过，病人床头的花开花谢让她深刻地感受到生命的脆弱。有时候，她甚至觉得病人床头大朵绽放的花仿佛浑然不知死亡的存在，冰冷的花芯就像一只只嘲弄的眼睛。因此，她一点也不喜欢花。

一天，病房里一个新来的男孩送给她一盆花，她竟然没有拒绝。也许是为了他的稚气、孩子一般的笑容，也许是怕伤对方的心。从搬进来的第一天起，她就知道他再没有机会离开这间病房了。

那次，他趁她不注意的时候偷偷地溜到外面玩了，回来的时候正好碰见了她。他像一个做错事的孩子站在她面前，低着头一声不吭。到了傍晚，她的桌上多了一盆三色堇，紫、黄、红，斑斓交错，像蝴蝶展翅，又像一张顽皮的鬼脸，旁边还附上一张小条子："想知道你不高兴的样子像什么吗？"她忍俊不禁。第二天她就收到了他送的一盆太阳花，小小圆圆的红花，每一朵都是一个灿烂的微笑："想知道你笑的样子像什么吗？"

后来，他带她到附近的小花店闲逛，她这才惊奇地知道，世上居然有这么多种花，玫瑰深红，康乃馨粉黄，马蹄莲幼弱婉转，郁金香艳异咄咄，栀子香得动人魂，而七里香便是摄人心魄。她也惊奇于他谈起花时燃烧的眼睛，仿佛在那里面燃烧着生命的光芒。

他问："你爱花吗？""花是无情的，不懂得生命的可贵。"

他微笑着告诉她："懂得花的人，才会明白花的可敬。"

一个烈日炎炎的中午。她远远看见他在住院部的花园里站着发呆，她刚要喊一声，他听到了脚步，急切回身，食指掩唇："嘘——"

那是一株矮矮的灌木，缀满红色灯笼的小花，此时每一朵

花囊都在爆裂，无数花籽四周飞溅，仿佛一场密集的流星雨。他们默默地站着，见证了一种生命最辉煌的历程。

第二天，他送给她一个花盆，盆里只有满满的黑土。他微笑着说："我把昨天捡回来的花籽种在盆里了，一个月后就会开花。"

三天后的深夜，他床头的急救铃声突然响起。她第一时间冲到病人的身边，在家属的眼泪中，她知道一切都已经太晚了。在生命的最后时刻，他始终保持清醒，对身边的每一个人露出了一个灿烂的笑容，那笑容像刚刚展翅便遭遇风雪的花朵，渐渐冻凝成化石。

她并没有哭，每天给那一盆光秃秃的土浇水。后来，她到外地出差一个星期，回来后，发现那盆花不见了。同屋的女伴看见里面什么都没有种，就把它扔到窗外了。

又过了一段时间，她打开桌前久闭的窗，整个人惊呆了——

窗户下，一个摔成两半的花盆里长出了一株瘦瘦的嫩苗，青翠欲滴，还有一个羞涩的含苞，好像一盏燃起的生命之灯。这时，她忽然懂得了生命的真谛。

人生如白驹过隙，生命如惊鸿一瞥，而生命之旅，无论短如小花，还是长如人类，都应当珍惜这仅有一次的生存权利。

让生命更精彩，我们理应在有限的时间里，绽放生命的花朵。而不是被现实的痛苦烦恼纠缠不清，反而使自己失堕在不必要的忧苦中。一个真正善人生的人，能够主宰自己的生命，无论待人还是处世，都能不厌不倦。就像故事中的男孩，虽然遭受病痛折磨，但依然对人世充满着热爱。这就是道家所提倡的人生哲学，很值得现代人好好体悟和把握。

行路难，仍要行

"山木，自寇也；膏火，自煎也。桂可食，故伐之；漆可用，故割之。人皆知有用之用，而莫知无用之用也。"这段话出自《庄子·人间世》，意思是说山上的大树，天然活在那里很好，可为什么世上的树都没有变成神木，永远活下去呢？因为本身长得太美丽，反而招来别人的寇盗。因为太有用的材料，一定招来别人的砍伐。凡是有利用价值的东西，就被人们破坏了。"人皆知有用之用，而莫知无用之用。"一般人都知道，生命活着要有价值，其实人生的价值做到没有用便是最有用，因为如此一来便可以规规矩矩活一辈子。

庄子的结论，虽然看起来消极，似乎是一种对人生、社会的讽刺；但实际上恰恰相反，庄子其实很积极，他是在告诉我们一个道理："世路难行。"言外之意：生活这条路固然很难

走，但生命却正因此更有价值。而他所教喻给人的道理则是，做人处世要有艺术，在不同的环境中，自己要懂得怎么处，否则只会自取其辱。"世路难行"是庄子这篇《人间世》的结论，但并非指世路不可行。人生要自己善处，守本分，在什么立场做什么事，处什么态度。举个很生活化的例子就是，大家喝醉了我们不妨跟着装醉，大家清醒起来我们也要跟着清醒。

其实就是说，任何一个人自从生下来的那一刹那起，就注定要经受命运的考验。人生中的曲折磨难、顺畅欢乐都是命运，不要因为命运的怪诞而俯首听命于它，任凭它的摆布。等你年老的时候，回首往事，就会发觉，上帝只能掌握你命运的一半，大多数生命的轨迹与奇迹都是可以自我掌控的。因此：世路难行仍要行。

庄子的《人间世》可谓说尽了世的艰难。其所以艰难，乃因世间的混浊，而混浊当然是由统治阶层所造成的。由是，庄子假借孔子和颜回师生两人的对话，揭露了当时统治者的黑暗面，如，统治者的一意孤行（"轻用其国，而不见其过"）；视民如草芥（"轻用民死，死者以国量乎泽若焦"）；只要贤能的臣子有爱民的表现，就会招忌而卒遭陷害（"修其身以下伛人之民故人君，因其修以挤之"）。

就像庄子所说的那样，"古今不二"。其实，今天的情况与古代的情况并没有太大的区别。世路难行，所以一个人在初涉世事的时候，必须学会行走世间的"脚法"，否则，将寸步难行。《庄子·列御寇》里又说：凡人心险于山川，难于知天。天犹有春秋冬夏、旦暮之期，人者厚貌深情。故有貌愿而益，有长若不肖，有慎狷而达，有坚而缦，有缓而悍。如果做人，不懂得这些道理，很可能就要在现实里栽跟头了。

有一头野猪，从一出生就被关在一个山洞里喂养。它的妈妈十分宠爱它，平常舍不得放它出去锻炼，直到野猪长大了，牙齿长得又长又尖，它妈妈才放它出山洞，让它去自谋生路。因而这头野猪直到出山洞时，还不知道别的动物是什么长相，又都有些什么本事。

这只刚出道的野猪，刚开始碰到的恰好都是些力气比它小的动物，理所当然的这些小动物也就成了野猪的"手下败将"，野猪为此洋洋得意，它错误地认为这世上所有的动物都不如它。

隔了几天，这只野猪碰见了一只狼，它扑上去就把狼咬死了，这一下，野猪更加得意、更加自信，行为也就更加放肆。随后它看见鹿，又扑上去乱咬一气，鹿挣扎了几下，就死于野猪的"钢牙"下。野猪的自信心上升到了极点，它决定要凭着自己的本领"雄霸天下"。

　　一天，这只野猪正在森林里"散步"，一头大象走了过来。野猪自言自语地说："这家伙个头儿真大，但看样子并不灵活，我要在它面前显示一下我的力量，征服它，让它以后听从我的指挥。"野猪带着必胜的信心，毫不犹豫地朝大象冲了过去。

　　大象毫不惊慌，它伸出长长的鼻子把野猪卷了起来，高高举起，然后狠狠地摔到地上，几脚就把这只狂妄自大的野猪踩死了。

　　这头野猪最后之所以惨死，就因为它对世路的难行认识得不够，最终栽倒在半途之中。可见我们做人处世要时刻谨记世事的艰难，同时还要注意步步留心，切不可在现实里莽莽撞撞没有章法，否则就要像故事中的这头小野猪，要吃大亏了。

　　其实，人生常常是我们和命运的一场拔河比赛，如果一个人决定不再尽力而为，不再让自己逆风飞扬，那么就注定无法赢得胜利，只能颓败地退下赛场，任凭命运的河流把他冲到不知名的未来，带入灰暗的人生。世事难料，世间难行，知其不可而为之，才是对生活的真勇敢。

　　西方著名哲学家尼采曾说过："那些能将我杀死的事物，会使我变得更有力。"每一个在逆境中挣扎奋斗过的人，都会窥见幸福的真谛。成功的人士并不是天生的强者，他们的坚强、韧性并非与生俱来，而是在后天的奋斗中逐渐形成的。

由此可见，做人要善于在艰难的世途中经营好自己的人生。世路越是艰难，我们越是要坚定，人生在世，若与命运抗争几个回合，便臣服于逆境、挫折，必将输掉一生的幸福。弱者有自己生存的方式，只要相信弱者不弱，勇敢面对人生的诸多大敌，每个人都能笑到最后。

按住心兵，持一分镇定

一个人经过两山对峙间的木桥，突然，桥断了。奇怪的是，他没有跌下，而是悬在半空中。脚下是深渊，是湍急的涧水；他抬起头，一架天梯荡在云端，望上去，天梯遥不可及。倘若落在悬崖边，他绝对会乱抓一气，哪怕抓到一根救命小草。可是这种境地，他彻底绝望了，吓瘫了，心慌意乱，不知如何是好。渐渐地，天梯缩回云中，不见了影踪，云中有个声音告诉他，其实这是障眼法，只要轻轻踮起脚尖儿就可以够到天梯，如果手足无措，自乱阵脚，便会真的陷入绝境。

世俗生活中，每个人都难免会有遭遇到险恶与危难的时候，如果无法躲避，唯有镇定以待，切不可让自己乱了阵脚，那可是做人处世的大忌。

老子说："致虚极，守静笃，万物并作，吾以观复。夫物云云，各复归其根，归根曰静，静曰复命，复命曰常，知常曰

明，不知常妄作凶。"其中便也蕴含着这个道理，如果不知"常"而妄动，就会愈乱则乱，对于事情本身也没有帮助。尤其是在面临危难时，每个人的心中都会有理性和情绪上的斗争，自己随时随地在和自己争讼。

这种"心、意、识"自讼的状态就好比是"心兵"。普通人心中随时都在打内战，如果妄念不生，止水澄波，心兵永息，自然天下太平。而人们在应对危及事件时所表现出来的性格气质，在心理学上被称为逆商。逆商与智商、情商一样，共同影响着人们的行为思想，甚至在很大程度上左右着我们一生的成就大小。

心兵慌乱之时需要"快刀斩乱麻"，就像最终成为亚细亚王的亚历山大在面对戈迪亚斯的神秘绳结时一样，一剑落下，绳结自开。如果在纷扰之中心兵慌乱，乱作一团，最终只会溃不成军。然而，许多人在面对纷繁复杂的问题时，通常会自乱阵脚。

其实，沮丧的面容、苦闷的表情、恐惧的思想和焦虑的态度，都是人缺乏自制力的表现，是他不能控制环境的表现。这些危难面前的人们的心理反应，无疑都是我们的敌人，所以，在面临险境或者危难与厄挫之时，我们要试着将它们抛到九霄云外。

事实上，人生总有平坦与危难交错的时候，顺意并不代表永久都是坦途；然而，一时不顺的情况下，如果我们不能调整过来心态，就很可能会被暂时的厄挫打败，从而乱了手脚，甚至灰心绝望，自我放弃，那便是真应了老子的那句话：不知常妄作凶。

有一个富翁，在一次大生意中亏光了所有的钱，并且欠下了债，他卖掉房子、汽车，还清债务。

此刻，他孤独一人，无儿无女，穷困潦倒，唯有一只心爱的猎狗和一本书与他相依为命。在一个大雪纷飞的夜晚，他来到一座荒僻的村庄，找到一个避风的茅棚。他看到里面有一盏油灯，于是用身上仅存的一根火柴点燃了油灯，拿出书来准备读书。但是一阵风忽然把灯吹熄了，四周立刻漆黑一片。这位孤独的老人陷入了黑暗之中，对人生感到痛彻的绝望，他甚至想到了结束自己的生命。但是，立在身边的猎狗给了他一丝慰藉，他无奈地叹了一口气沉沉睡去。

第二天醒来，他忽然发现心爱的猎狗也被人杀死在门外。抚摸着这只相依为命的猎狗，他突然决定要结束自己的生命，因为世间再没有什么值得留恋的了。于是，他最后扫视了一眼周围的一切。这时，他发现整个村庄都沉寂在一片可怕的寂静之中。他不由急步向前，啊，太可怕了，尸体，到处是尸体，

一片狼藉。显然，这个村昨夜遭到了匪徒的洗劫，整个村庄一个活口也没留下来。

看到这可怕的场面，老人不由心念急转，啊！我是这里唯一幸存的人，我一定要坚强地活下去。此时，一轮红日冉冉升起，照得四周一片光亮。老人欣慰地想，我是这个世界里唯一的幸存者，我没有理由不珍惜自己。虽然我失去了心爱的猎狗，但是，我得到了生命，这才是人生最宝贵的。

老人怀着坚定的信念，迎着灿烂的太阳又出发了。

故事中的老人，在遭逢失意与大难的情况下，重新寻回了希望，赶走了绝望。这不得不说是他人生中的又一大转折。联想到我们的日常生活，一旦遇到此类事情时，我们应该以什么样的姿态面对呢？

中国古代的一位君王，在接见新来的臣子时，总是故意叫他们在外面等待，迟迟不予理睬，再偷偷看这些人的表现，并对那些悠然自得、毫无焦躁之容的臣子委以重任。

一个人的胸怀、气度、风范可以从细微之处表现出来。或许，那位君王之所以对有的臣子另眼相看，便是从他们细微的动作情态中看到了那份处变不惊、遇事不乱的从容。

在危难面前，按住心兵，保持一分镇定，就能让我们在车马喧嚣之中多一分理性，在名利劳形之中多一分清醒，在奔波挣扎中多一分尊严，在困顿坎坷中多一分主动。世俗多艰险危难，所以需要锻炼自己处世泰然的气度，关键时候保持冷静，切莫妄动，这是一种风度，更是一种智慧。

谨慎面对人生的各种脸谱

人，从出生到成熟，除了纯真的童年时代，其余的成长阶段中往往都喜欢掩藏自己，和不同的人打交道时会不断变换方式，就像带着很多张脸谱在生活。本来，"人"字只有两笔，简单、易写，但现代的人却感觉活得很复杂、很累。

在道家经典《庄子》中假托孔子与颜回的一段对话，讲了这样一个故事。颜回想去卫国劝谏卫灵公，孔子语重心长地对他说，你冒昧前往，没有皇帝的诏书，王公大臣看到你这个年轻人，并且知道你是我的学生，妒忌心就来了，必然会乘机争斗你。古人常说："士无论贤愚，入朝则必遭谗。"一个知识分子、读书人，不管你好与坏，贤人或者愚人，只要你进朝来，大家就会妒忌。其实现代社会亦是如此。

接下来孔子为弟子勾勒了一幅生动的众生相，孔子说颜回你一到卫国，卫灵公左右的人一定找机会跟你斗一下。"而目将荧之"，每个人看到新来的，都用眼睛瞄他一下，表面上的样子还很好看，下来以后，大家就批评开了，心里面成见就来了。这里描写了社会上人与人之间相处的细节。处在人世间这个社会环境里，这个故事中以白描手法，剥掉世俗的遮掩，其实就是世态人情。一般讲，做人处世注意对待不同的人不同的事情，采取不同方式应当是明智的做法，只要与人无害，便是可取的。但是什么事都有个度，如果一个人过度地伪装自己，总是带着一副虚伪脸谱，甚至以怀揣险恶之心，那就是大大的要不得了。

一只年幼无知的小老鼠，因毫无准备差点被人逮住。它向母亲讲述了它的历险经过："我穿过环绕着的山峦，一路小跑。这时候，两只动物引起了我的关注，一只温柔、善良而亲切；另一只却好激动、爱争吵，它的嗓音尖厉刺耳，头上还顶着个大肉包，尾巴展开着翎毛，它的两只胳膊向空中升起，好像就要飞翔一般。"小老鼠向妈妈描述的原来是只小公鸡，但它叙述得却像是从遥远的南美洲来的动物一般。

"它用双臂拍打着自己的双肋，"小老鼠接着说，"发出好大的声响。感谢上帝赋予我胆量，可我还是吓得逃跑了。我在心里咒骂它，没有它，我将和那位看来非常温和的动物结识了。它和我们一样，身上有着柔软的毛，有斑纹，长尾巴，举止斯文，目光稳重、炯炯有神。我寻思，它和我们老鼠一定能友好相处，因为它耳朵的形状也与我们的大体相同。正当我要

与它打招呼时，另外那个家伙发出的巨响把我给吓跑了。"这个温和的家伙到底是谁呢？"我的孩子，"鼠妈妈说，"这温和的家伙是猫，在它虚伪的面孔下却有着不可告人的歹意。它专门捕食我们的同胞；另一只是公鸡，而它根本不会危害我们。"

生活中也是如此。面相不和善的人也许有着一颗善良的心，在我们遭遇危难时能及时伸出援助之手；而那些表面温柔、善良的人背后却可能隐藏着一副邪恶歹毒的心肠。识别虚伪面孔下的歹意常常比认识一颗深埋的善心更加重要，因为，有时，深藏的歹意就像一支暗箭，会在不经意之间伤害到你。

这个故事给予我们的启发是深刻的。固然，动物的潜伏隐藏是出于其捕食或逃生本能的，但是在人类身上，却早已不是出于生物性本能的问题了，人越来越多的习惯于掩藏自己的本真，对人处世失掉了原本的纲常，没有原则，而只是以利害之心来决定对人的态度。久而久之，不仅会伤害别人，自己也会觉得厌倦。

这世间的人，仿佛都是戏台上的表演家，每个人都可以变换几种不同的脸谱。人之所以要有这些脸谱，都是因为隐藏着机心，各种各样的机心就像不同种类的化妆品，涂抹在人的脸上，可能会使人看起来更漂亮，但是失去了自己的本色。同时，也让人与人之间更加隔膜、更加陌生，难以真诚相待。现代人常常会感慨交人不易，似乎越来越多的人喜欢带着脸谱生活，其实，做人大可不必如此。道家智慧告诉我们，任何时候都不要被表象所蒙蔽，人生尤其如此，保持内心的原则，不厌倦也不苟合世事，同时也要对世态人情了然于心，慎对人生的各种脸谱。

轻率易失根本，负重才能致远

老子说，"重为轻根，静为躁君，是以君子，终日行不离辎重，虽有荣观，燕处超然。奈何万乘之主，而以身轻天下，轻则失根，躁则失君"。这句话的意思是，厚重是轻率的根本，静定是躁动的主宰。因此君子终日行走，不离开载装行李的车辆，虽然有美食胜景吸引着他，却能安然处之。为什么大国的君主，还要轻率躁动以治天下呢？轻率就会失去根本，急躁就会丧失主导。

"重为轻根"的"重"字，可以牵强作为重厚沉静的意义来解释，重是轻的根源，静是躁的主宰。"圣人终日行而不离辎重"，并非简单指旅途之中一定要有所承重，而是要学习大地负重载物的精神。

大地负载，生生不已，终日运行不息而毫无怨言，也不向万物索取任何代价。生而为人，应效法大地，有为世人众生挑

负起一切痛苦重担的心愿，不可一日失却这种负重致远的责任心。这便是"圣人终日行而不离辎重"的本意。

有人说，世界上只有两种动物能到达金字塔顶。一种是老鹰，还有一种，就是蜗牛。鹰矫健，敏捷，锐利；蜗牛弱小，迟钝，笨拙。鹰残忍、凶狠，杀害同类从不迟疑；蜗牛善良、厚道，从不伤害任何生命。鹰有一对飞翔的翅膀，蜗牛背着一个厚重的壳。与鹰不同，蜗牛到达金字塔顶，主观上是靠它永不停息的执著精神，客观上则应归功于它厚厚的壳。蜗牛的壳，非常坚硬，它是蜗牛的保护器官。据说，有一次，一个人看见蜗牛顶着厚重的壳艰难爬行，就好心地替它把壳去掉，让它轻装上阵，结果，蜗牛很快就死了。正是这看上去又粗又笨、有些负重的壳，让小小的蜗牛得以万里长征，到达金字塔顶。

对此，有人总结说：有时，有所背负，反而能够走得更远。确实很有几分道理。

志在圣贤的人们，始终要戒慎畏惧，随时随地存着济世救人的责任感。倘使能做到功在天下、万民载德，自然荣光无限，正如隋炀帝杨广所说的："我本无心求富贵，谁知富贵迫人来。"道家老子的哲学，看透了"重为轻根，静为躁君"和"祸兮福之所倚，福兮祸之所伏"自然反复演变的法则，所以才提出"虽有荣观，燕处超然"的告诫。

虽然处在"荣观"之中，仍然恬淡虚无，不改本来的素朴；虽然安然处在荣华富贵之中，依然超然物外，不以功名富贵而累其心。能够到此境界，方为真正悟道之士，奈何世上少有人及，老子感叹："奈何万乘之主，而以身轻天下。"

人们不能自知修身涵养的重要，犯了不知自重的错误，不择手段，只图眼前攫取功利，不但轻易失去了天下，同时也戕杀了自己，触犯了"轻则失根，躁则失君"的大病。提及身轻失天下，不由让我们想起汉朝的王莽。

王莽是皇太后王政君弟弟王曼的儿子，父辈中九人封侯，父亲早死，孤苦伶仃。与同族同辈中声色犬马的纨绔子弟相比，王莽聪明伶俐，孝母尊嫂，生活俭朴，饱读诗书，结交贤士，声名远播。他曾几个月衣不解带地悉心侍候伯父王凤，深得这位大司马大将军的疼爱。加官晋爵后的王莽依旧行为恭谨，生活俭朴，深得赞誉。正当王莽踌躇满志之时，成帝去世，哀帝即位，王莽的靠山王政君被尊为太皇太后，失去了权力，王莽下野，并一度回到了自己的封国。这段期间，王莽依然克己节俭，结交儒生，韬光养晦。为了堵住悠悠之口，哀帝以侍候王太后的名义，把王莽重新召回到京师。随着年仅9岁的汉平帝即位，王莽将军国大政独揽一身，其野心也急剧膨胀。而后，一心想当帝王的王莽，假借天命，征集天下通今博古之士及吏民48万人齐集京师，"告安汉公莽为皇帝"的天书应运而生，王莽也理所应当地由"安汉公"而变为摄皇帝、假皇帝。"司马昭之心，路人皆知。"在平定了几多叛乱之后，王莽宣布接受天命，改国号为"新"，走完了代汉的最后一幕。

称帝后，他仿照周朝推行新政，屡次改变币制，更改官制与官名，削夺刘氏贵族的权力，引发豪强不满；他鄙夷边疆藩属，将其削王为侯，导致边疆战乱不断；赋役繁重，刑政苛暴，加之黄河改道，以致饿殍遍野。王莽最终在绿林军攻入长安之时于混乱中为商人杜吴所杀，新朝随之覆灭。

当了15年新朝皇帝的王莽王巨君，是近两千年来中国历史上争议最多的人物之一，有人把他比作"周公再世"，是忠臣孝子的楷模，有人把他看成"曹瞒前身"，是奸雄贼子的榜首。白居易一语道破天机："向使当初身便死，一生真伪复谁知！"

老子所谓："及吾无身，又有何患。"人的生命价值，在于其身存。志在天下、建丰功伟业者，正是因为身有所存。现在正因为还有此身的存在，因此，应该戒慎恐惧，不可轻率，安然自处而游心于物欲以外。不以一己私利而谋天下大众的大利，立大业于天下，才不负生命的价值。可惜为政者，大多只图眼前私利而困于个人权势的欲望中，以身轻天下的安危而不能自拔，由此而引出老子的奈何之叹！

身处苦难，不为苦难所累

在《庄子》一书中，庄子通过它的寓言向我们讲述了很多与常人形态迥异的人，比如残疾人、受过刑罚的人。从外表上看，他们甚至连生活都无法自理，过着贫穷的生活，但是这些人或者精力充沛，或者很有理想，总之都过得很快乐，堪称异事。比如《庄子·人间世》中，庄子就讲述了一位名叫支离疏者的故事。

这个名叫支离疏的人，下巴隐藏在肚脐下，双肩高于头顶，后脑下的发髻指向天空，五官的出口也都向上，两条大腿和两边的胸肋并生在一起。他给人缝衣浆洗，足够度日；又替人筛糠簸米，足可养活十口人。国君征兵时，支离疏将袖扬臂在征兵人面前走来走去；国君有大的差役，支离疏因身有残疾而免除劳役；国君向残疾人赈济米粟，支离疏还领得三钟粮食、十捆柴草。

最后庄子得出结论说，像支离疏那样形体残缺不全的人，还足以养活自己，终享天年，更何况我们这些形体完整的人呢！

庄子告诉我们，天无绝人之路，一个人的境况无论多么困难，总是会有路走下去的。因此，人在贫困的处境当中只要能抱着坚定的信念，努力上进，就能跨越贫困，走向成功。其关键还需要身处贫困的人，不要被贫困压倒才行。

有些人生下来就身处贫困之家，有些人生在富贵豪门，这是先天的差距，贫困的孩子必须付出双倍的努力，才能获得成功。这是每一个被贫困困扰着的心灵所不得不面对的现实。

但我们必须坚信这样一句话："你可以贫困，但不能贫困一生。"人处在贫困的环境之中，更应该奋发上进，努力去追求成功，这样的成功才更弥足珍贵。

出身贫困并不可怕，只要面对困境不抱怨不低头，勤奋自强就能获得成功。很多在贫困中长大的人往往自甘堕落，他们认为自己此生命该如此，再奋斗也是徒劳，于是只能一生受穷，惶惶度日，更有一些人因心理极端不平衡而走上犯罪之路。

生命的贫富从某种意义上来说只能由你自己来决定，身处贫困若能不被贫困所累，奋发向上，积极奋斗，照样可以有一个富足的人生；相反，如果自甘堕落，即使生在富豪之家，也可能在中年以后堕入贫困之中。

在《庄子·德充符》里面，庄子向我们讲了一个被砍了一只脚却很成功的人。

　　鲁国有个被砍掉一只脚的人，名叫王骀，跟从他学习的人却跟孔子的门徒一样多。孔子的学生常季向孔子问道："王骀是个被砍去了一只脚的人，跟从他学习的人在鲁国却和先生的弟子相当。他站着不能给人教诲，坐着不能议论大事；弟子们却空怀而来，学满而归。难道确有不用言表的教导，身残体秽内心世界也能达到成熟的境界吗？这又是什么样的人呢？"孔子回答说："王骀先生是一位圣人，我的学识和品行都落后于他，只是还没有前去请教他罢了。我将把他当做老师，何况学识和品行都不如我孔丘的人呢！何止鲁国，我将引领天下的人跟从他学习。"

　　庄子通过这个故事告诉我们，一个人外在的境遇再困难，只要经过努力，他还是可以走出一条成功的路来的。英国小说家罗伯特·史蒂文森说过："不论担子有多重，每个人都能支持到夜晚的来临；不论工作多么辛苦，每个人都能做完一天的工作，每个人都能很甜美、很有耐心、很可爱、很纯洁地活到太阳下山，这就是生命的真谛。"确实如此，唯有流着眼泪吞咽面包的人才能理解人生的真谛。因为苦难是孕育智慧的摇篮，它不仅能磨炼意志，而且能净化人的灵魂。如果没有那些坎坷和挫折，人绝不会有这么丰富的内心世界。苦难能毁掉弱者，同样也能造就强者。

有些人一遇挫折就灰心丧气、意志消沉，甚至用死来躲避厄运的打击。这是弱者的表现，可以说生比死更需要勇气。死只需要一时的勇气，生则需要一世的勇气。每个人的一生中都可能有消沉的时候，居里夫人曾两次想过自杀，奥斯特洛夫斯基也曾用手枪对准过自己的脑袋，但他们最终都以顽强的勇气走向新生活，获得了巨大的成功。可见，一时的消沉并不可怕，可怕的是在消沉中不能自拔。

做一个生命的坚定者，就要在任何时候都不放弃希望，这样我们最终会等到转机来临的那一天。

热爱生活，才能过好生活

唐朝著名学者陆羽从小是个孤儿，被智积禅师抚养长大。陆羽虽身在庙中，却不愿终日诵经念佛，而是喜欢吟读诗书。陆羽执意下山求学，遭到了禅师的反对。禅师为了给陆羽出难题，同时也是为了更好地教育他，便叫他学习冲茶。在钻研茶艺的过程中，陆羽碰到了一位好心的老婆婆，不仅学会了复杂的冲茶技巧，更学会了不少读书和做人的道理。当陆羽最终将一杯热气腾腾的苦丁茶端到禅师面前时，禅师终于答应了他下山读书的要求。后来，陆羽撰写了广为流传的《茶经》。

陆羽并不喜欢求佛，何必强求呢？强求的结果只能适得其反。只有喜欢热爱，才能孜孜不倦地学习，才能有所成就。

《庄子·齐物论》中探讨了为什么昭文、师旷、惠子三人的音乐达到了神仙的境界。

庄子说："唯其好之也，以异于彼；其好之也，欲以明之。彼非所明而明之，故以坚白之昧终。而其子又以文之纶终，终身无成。"意思是说：这是因为他们个人的爱好不同。一个人有所"好"，这也是"几"，把握这个长处，专搞这一行，没有不成功的。所以任何学问，任何东西，"知之者，不如好之者"，"好"到什么程度，"好"到发疯了、入迷了，他一定成功。"唯其好之也，以异于彼"，"彼"就是外面一切其他的东西都不在话下，都不在心目中，这就是人的成功之路。"其好之也，欲以明之"，了不起的专家，万世留名的有专长的人物，因为他对某一件事有偏好，所以他死死地钻进去，硬要把这个问题弄到透顶、透彻，因而才有成就。

我国古典四大名著之一的《红楼梦》中有一回特意讲"香菱学诗"的故事。

香菱是个对文学很有追求的女孩子，尤其热爱诗，她想学写诗，并且在才女如云的大观园里，勇敢而真诚地表达了自己的想法，并很是认真地将这种追求和热爱付之于行动。

故事开头说有一天香菱一见黛玉就说明求教之意，黛玉慨然允诺。以下写香菱在黛玉指导下学习写诗的全过程，大致可分为黛玉指导读诗和香菱练习写诗两个阶段。

第一次，黛玉先略说律诗的章法、对仗和平仄，使香菱深受启发。循此继进，黛玉又指出"立意"是诗的头等大事，同时告诫香菱切不可爱那些浅近的诗，并给她开了一个书目，安排了读的顺序。在这次谈话的末尾，黛玉又将王维的五言律诗集借给香菱，要求她见画有红圈的就读。第二次是在香菱读完王维的五言律诗后进行的，黛玉称之为"讲究讨论"，实际上是要检查香菱对王诗理解的程度。香菱果真不负所望，把王诗中的炼字功夫说得头头是道，说到"墟里上孤烟"这一句，还联系自己进京那年所见黄昏时分村落的景象，把诗境都说活了。而黛玉又把陶诗"暧暧远人村，依依墟里烟"翻出来给香菱看，启发她认识了脱化前人诗句的道理。香菱就开始练习写诗，宝钗也参与了其中的指导。

香菱的诗一共写了三稿。第一稿是在"茶饭无心，坐卧不定"的情况下经过苦思写成的。宝钗先看，说"这个不好，不是这个作法"；黛玉则认为"意思却有，只是措词不雅"，指示她"丢开"这首，"放开胆子"另作一首。香菱得了这个指示，就"连房也不入，只在池边树下，或坐在山石上出神，或蹲在地下抠土"，"皱一回眉"，又"含笑一回"，简直到了如痴如醉的地步，可这样写出来的第二稿依旧不行，黛玉说"过于穿凿，还得另作"；宝钗则认为它离了题，不是写"月"，而是写"月色"了。尽管又一次失败，但香菱毫不气馁，便独自走到阶前竹下去构思她的第三稿。她"挖心搜胆"，心无旁骛，以致将探春说的"你闲闲罢"听成"十五删的'闲'字"，反过来说探春"错了韵了"。这一天，香菱满心想的都是诗，到晚间还是"对灯出神，三更上床，到五更才胧睡去"。最后，她居然在梦中把这首诗作成了，而且笑道："可是有了，难道这一首还不好？"待到宝钗将她唤醒，她立即将诗抄写下来——这就是她的第三稿，后来博得了众姐妹的一致称赞："不但好，而且新巧有意趣。"

香菱为什么那么快就能学会写诗并写得那么好呢？其根源就在于她喜欢诗、热爱诗。唯其热爱，才能精益求精，不辞辛劳，才能"三更上床，到五更才胧睡去"，孜孜不倦，也才能取得较高的成就。

现实生活中，很多孩子并不喜欢音乐，而是喜欢运动，但是在家长的坚持下，必须去参加钢琴课；许多孩子并不喜欢去背诵唐诗宋词，而是喜欢各种小动物、植物，但是在家长的坚持下，必须每天在家中学习唐诗宋词……这样的事情还算少吗？一个小伙子明明喜欢舞文弄墨，但在家长的坚持下，去报考了大学的计算机系，这是多么可悲啊！家长们可能会说，这叫有用，其实，这纯然是以一种功利眼光来看待外界的表现。俗话说："三百六十行，行行出状元。"哪一行学好了，学精了，都能够在这个世界上获得幸福。而如果都能按照"唯其好之"的原则去教育孩子，去发展自己，谁又敢保证我们都不能成为天才呢？

好命都是修养出来的

《庄子·外物》中记载了这样一则寓言：

宋元君半夜里梦见有人披散着头发在侧门旁窥视，说："我来自名叫宰路的深渊，我作为清江的使者出使河伯的居所，渔夫余且捕捉了我。"宋元君醒来，派人占卜，说："这是一只神龟。"宋元君问："渔夫有名叫余且的吗？"左右侍臣回答："有。"宋元君说："叫余且来朝见我。"第二天，余且来朝。宋元君问："你捕捞到了什么？"余且回答："我的网捕捉到一只白龟，周长五尺。"宋元君说："献出你捕获的白龟。"白龟送到，宋元君一会儿想杀了它，一会儿又想养起来，心里正犯疑惑，卜问吉凶，说："杀掉白龟用来占卜，一定大吉。"于是把白龟剖开挖空，用龟板占卜数十次也没有一点失误。

孔子知道后说："神龟能显梦给宋元君，却不能避开余且的渔网；才智能占卜数十次也没有一点失误，却不能逃脱剖腹挖肠的祸患。如此说来，才智也有困窘的时候，神灵也有考虑不到的地方。即使存在最高超的智慧，也匹敌不了万人的谋算。鱼儿即使不畏惧渔网却也会害怕鹈鹕。摒弃小聪明方才显示大智慧，除去矫饰的善行方能使自己真正回到自然的善性。婴儿生下来没有高明的老师指教也能学会说话，只因为跟会说话的人自然相处。"

一个人想拥有一个美好的前程、美满的人生，一定不能相信算命这种事。与其去算命，还不如自己静下心来，修身养性，这样自己的能力就会不断提高，生命会不断升华，幸福也会不请自来。这也是庄子的这篇寓言所要向世人说明的一个道理。

英国诗人亨利曾经说过："我是命运的主人，我主宰我的心灵。"做人应该做自己的主人，应该主宰自己的命运，不能把自己交付给别人。然而，生活中很多人却不能主宰自己。有的人把自己交付给了金钱，成为金钱的奴隶；有的人为了权力，成了权力的俘虏；有的人经历一次失败后便迷失了自己，向命运低头，从此一蹶不振；有的人相信了算命先生的占卜，被命运的枷锁捆住一生。其实这些都是在心理上被奴役的表现。庄子告诉我们要做自己的主人，所谓的好命并不是天生由某些东西来注定的，其实真正的好命都是靠自己的修养来创造的。那么如何修养呢？在回答这个问题前，我们不妨再来看一个故事。

许多青蛙烦恼着没有一个青蛙王来管理它们，便推派使臣去向天神祈求一个蛙王。天神知道青蛙头脑简单，便抛下一块大木头到河里来。青蛙们被那木头所激起的水声吓了一跳，都躲到水底去。但是它们看那木头浮在水面不动，便游到水面上来，一点也不怕，还轻视地爬上木头蹲坐着。不久，它们认为神派了这样呆笨的王来管理它们，真是岂有此理，便再推派一个代表，去向天神请求，希望另外再派一个君王。于是天神派了一条鳗鱼去统治它们，青蛙们见鳗鱼生性和善，并无君王的威严，又去请天神替它们再选一个王。天神对于它们的请求很不耐烦，便派了一只鹭鸶去。这鹭鸶每天吃青蛙，没多久就把河里的青蛙吃得干干净净。

本来蛙王应由青蛙自己拥立或选出来，向天神求王，本身就是奴隶的行为，偏偏青蛙们又嫌弃那些愿意跟它们平等、友善相处的蛙王，结果只招来被奴役、吞噬的命运。

做奴隶是自己选择的，而不是其他人强迫的。这些人之所以会选择当奴隶，是因为他们不知道如何获得解脱，获得自由。所以最后只能无奈地接受自己的糟糕的命运，实在可叹。

一个人如何使自己摆脱奴隶的桎梏呢？首先应该培养高贵的人品。在抱怨自己是他人的奴隶之前，先看看自己是否是自己的奴隶。

敢于反省自我，敢于正视自己的心灵，不要对自己放宽要求。我们一定会发现，自己的心里隐藏着很多猥琐的思想和欲望以及不假思索就顺从的习惯或者行为，这些东西在自己平时的行为中比比皆是。改正这些缺点，不要再做自己的奴隶，这样就没有人能奴役我们。一旦战胜了自我，我们便能克服所有的逆境，困难也就迎刃而解了。

有人说，一个不想改变自己命运的人，是可悲的；一个不能靠自己的能力改变命运的人，是不幸的。一个人的幸福与否，和算命先生的那几句话又能有多大关联？每个人都要努力做命运的主人，不能任由命运摆布自己。

所以我们要做的就是，努力摆脱自私与狭隘的思想，去追求无私和永恒的境界，摆脱自己是受害者的错觉，试着去深入了解自己的内心，我们就会进一步认识到，伤害自己的其实就是自己。

好命都是修养出来的，庄子告诉我们很多道理。

以出世心入世行走

老子说抱一以为天下式，我们作为普通人欲以出世心入世行走，就要能从现实的光怪陆离、纷繁复杂中跳脱出来，"参赞天地之化育"，行尘世之事业，正是人道价值之所在。正所谓大道至简，道家看来，最简单的才是最高的真理，当我们丢掉所有绚烂的色笔之后，会发现出世入世间，任意行走，随意挥洒，是一幅至美的素描人生。

不让外在世界成为心的桎梏

人生难逃四种病，也就是老子前后所说的四不——不自见、不自是、不自伐和不自矜。

在古代汉语中，踮起脚尖，不断向前开展叫"企"，这样是难以长久立足的，这便是"企者不立"的道理。"跨者不行"，故意跨大自己的步伐走路，不能坚持永久，如果要去行远路，那是自取颠沛之道。老子用这两个普通的动作来说明有些人的好高骛远，如果最浅近的、最基础的都没有做好，却偏要向高远的方面去求，不是自找苦吃，就是甘愿自毁。

　　生命是一种缘，是一种必然与偶然互为表里的机缘。有时候命运偏偏喜欢与人作对，你越是挖空心思想去追逐一种东西，它越是不让你如愿以偿。这时候，痴愚的人往往不能自拔，思绪万千，越想越乱，陷在了自己挖的陷阱里；而明智的人明白知足常乐的道理，他们会顺其自然，不去强求不属于自己的东西。

　　做人做事，不能让外在的一切左右我们的心志。在变幻莫测的尘世间保持一颗平常心，成熟而理性地对待万事万物，不要患得患失，以平常心看透一切事情，确确实实地把握住目前的一切，实实在在地去过有意义的生活，这种简单面对生活的意境才是最高的境界。

　　有一个青年要到一个村庄去办事，途中要经过一座大山。临行前，家人嘱咐他：遇到野兽也不必惊慌，爬到树上，野兽便奈何不了你了。年轻人牢记在心，一个人上路了。他小心翼翼地走了很长时间，并没有发现有野兽出现，看来家人的担心是多余的了。他放下心来，脚步也轻松了几分。正在这时，他突然看到一只猛虎飞奔而来，于是连忙爬到树上。

　　老虎围着树干咆哮不已，拼命往上跳。年轻人本想抱紧树干，却因为惊慌过度，一不小心从树上跌了下来，刚好跌到猛虎背上。他只得抱住虎身不放，而老虎也受了惊吓，立即拔腿狂奔。另外一个路人不知事情的缘由，看到这一场景，十分羡慕，赞叹不已："这个人骑着老虎多威风啊！简直就像神仙一般快活。"骑在虎背上的年轻人真是苦不堪言："你看我威风快活，却不知我是骑虎难下，心里惶恐万分，怕得要死呢！"

人们总是喜欢活在别人的世界中，殊不知，正因为处处与别人相比，才难逃"自见、自是、自伐、自矜"四种宿病。

没有精美的笔记本，至少我们可以在简单的纸张上写下一道道数学题的答案；没有昂贵的油彩，至少我们可以用铅笔勾勒出一幅幅美丽的素描。羡慕别人的富贵，却不知道别人为此的付出。没有人天生窘困，把握住自己，默默地运用你的感觉、力量，那些看似遥远的梦想，很快就会成为现实。常看到一些人富贵悠闲，威风八面，心里羡慕不已，岂不知他正愁苦不堪，不知所措。当人们彼此能够看出各自内心真正的需要时，或许便会对生活有更深刻的了解。

简简单单，跳脱纷繁

道家认为，大道至简，大美无言，最简单的才是最高的真理，才是最美的东西。

我们生活在五光十色的现代世界中，常常被繁复的现实世界所迷惑，陷入许多不必要的烦恼之中，也因此迷惑于尘世，更谈不上什么出世逍遥了。

相信许多朋友在看过下面这些小片段之后，能对此有所感悟。

有一支淘金队伍在沙漠中行走，大家都步伐沉重，痛苦不堪，只有一人快乐地走着，别人问："你为何如此惬意？"他笑着说："因为我带的东西最少。"原来快乐很简单，只要放弃多余的包袱就可以了。

一只小鸡破壳而出的时候，刚好有只乌龟经过，从此以后，小鸡就打算背着蛋壳过一生。它受了很多苦，直到有一天，它遇到了一只大公鸡。原来摆脱沉重的负荷很简单，寻求名师指点就可以了。

一个孩子对母亲说："妈妈你今天好漂亮。"母亲问："为什么？"孩子说："因为妈妈今天一天都没有生气。"原来要拥有漂亮很简单，只要不生气就可以了。

一位农夫，叫他的孩子每天在田地里辛勤劳作，朋友对他说："你不需要让孩子如此辛苦，农作物一样会长得很好的。"农夫回答说："我不是在培养农作物，而是在培养我的孩子。"原来培养孩子很简单，让他吃点苦就可以了。

有一家商店经常灯火通明，有人问："你们店里到底是用什么牌子的灯管？那么耐用。"店家回答说："我们的灯管也常常坏，只是我们坏了就换而已。"原来保持明亮的方法很简单，只要常常换掉坏的灯管就可以了。

其实人生原本不过如此。只要我们愿意，其实一切就是这么简单。老子说抱一以为天下式，我们作为普通人欲以出世心入世行走，就要能从现实的光怪陆离、纷繁复杂中跳脱出来，时时牢记老子所主张的大道至简的道理。

清人郑板桥在"删繁就简三秋树"，行文绘画如同深秋的树木那样，去除繁杂的枝叶，以凸现脉络，突出主题。在历史上，有一位文风清简的典范，他就是欧阳修。

宋庆历五年（1045 年），欧阳修被贬滁州任太守。他时常闲游山水，并与附近琅琊寺的智仙和尚在山腰盖了座亭子。亭子建成那天，欧阳修为之取名为"醉翁亭"，并写下了千古传诵的散文名篇《醉翁亭记》。欧阳修把文章张贴于城门，征求修改意见。结果有位樵夫说开头太罗唆，便叫欧阳修到琅琊山南门上去看山。欧阳修一看，便恍然大悟，于是将开头"环滁四面皆山，东有乌龙山，西有大丰山，南有花山，北有白米山，其西南诸山，林壑尤美"一串文字换成"环滁皆山也"五个字。如此一改，则文字精练，含义倍增。欧阳修在翰林院任职时，一次，与同院三个下属出游，见路旁有匹飞驰的马踩死了一只狗。欧阳修说："我们如果修史，请你们分别来记叙一

下此事。"一人率先说道："有黄犬卧于道，马惊，奔逸而来，蹄而死之。"另一人说："有黄犬卧于通衢，逸马蹄而杀之。"第三人说："有犬卧于通衢，卧犬遭之而毙。"欧阳修听后笑道："像你们这样修史，那也太罗唆了。"那三人于是连忙请教："那你如何说呢？"欧阳修道："'逸马杀犬于道'，六字足矣！"三人听后脸红地相互笑了起来，并深为欧阳修为文的简洁所折服。

行文的拖沓冗长让人读来昏昏欲睡，而简练概括的语言则让人精神一振，现在，很多人把一些几句话就能够说明白的事无限地演绎，实在是违背了写文章的宗旨。

为文当如是，为人又何尝不是如此？

一切的纷争复杂其实都是人为的结果，简单朴素的生活最美最快乐，人生并没有我们想象的那么复杂，要回复单纯的快乐，就要懂得在现实生活中化繁就简，简简单单生活，其实，这样的快乐才最纯粹。

公而忘私故能成其私

老子说天地之所以能够长久存在，是因为其"不自生"，"故能长生"。天地自然而生，不为万物，不为人。天地的"不自生"，正是天地极其自私的道理。在这里老子所要表现的是天地的"极私"，同时也是天地的"至公"。

从万物个体的小生命来看，生死仿佛极为不幸之事，但从天地长生的本位来说，生生死死，只是万物表层的变相。万物与天地本来便是一个同体的生命，万物的生死只是表层现象的两头，天地能生能死的功能，并没有随生死的变相而消灭，它本来便是一个整体的大我，无形无相，生而不生，真若永恒似的存在着。

依据这种观点，公而忘私故能成其私便成为千古颠扑不破的无上法则。

只身存天下，将己身与天下融为一体，是对自身最好的安排。

北宋范仲淹曾挥毫撰写了千古传诵的《岳阳楼记》，不以物喜，不以己悲，情感不轻易地随景而迁。升官发财之日，不会得意忘形；遭厄受穷之时，也不致愁眉紧锁。身居高职，能为民解忧；一旦流离江湖，依旧心系万民。在位也忧，离职也忧。如要问：似这般无日不忧，几时才是一乐？只道："先天下之忧而忧，后天下之乐而乐！"这两句话，概括了范仲淹一生所追求的为人准则，是他忧国忧民思想的高度概括。

从青年时代开始，范仲淹就立志做一个有益于天下的人。为官数十载，他在朝廷犯颜直谏，不怕因此获罪。他发动了庆

历新政，这一政治改革，触及北宋的政治、经济、军事制度的各个方面，虽然由于守旧势力的反对，改革失败，但范仲淹主持的这次新政却开创了北宋士大夫议政的风气，传播了改革思想，成为王安石熙宁变法的前奏。

他在地方上每到一处，便兴修水利、培养人才、保土安民，政绩斐然，真正做到了为官一任，造福一方。在生活上，他治家严谨，俭朴持家，衣食不华，只为温饱，直到晚年，也没建造一座像样的宅第。然而，他却乐善好施，待人亲热敦厚，乐于义助他人。当时的贤士，很多是在他的教导和荐拔下成长起来的。即使是乡野和街巷的平民百姓，也都能叫出他的名字。在他离任时，百姓常常拦住传旨使臣的路，要求朝廷让范仲淹继续留任。

范仲淹死后，朝野上下一致哀痛，甚至西夏、甘、凉等地的少数民族，也都聚众举哀，连日斋戒。凡是他从政过的地方，老百姓纷纷为他建祠画像，数百族人来到祠堂，像死去父亲一样痛哭哀悼。

看来好像范仲淹的一生错过了许多，比如荣华富贵，比如功名利禄，其实他表面错过的都是实际收获的，正是"了却君王天下事，赢得生前身后名"。

许多大公无私之人表面上看似因为无私而失去了许多，殊不知，他们为此得到的却更为丰裕。如果翻开历史，走进生活之中，我们同样会发现，如果不将自己局限在一个狭小自私的位置，获得的将会更多。

在人生的大道上，总会遇到许多公与私之间的艰难抉择，但我们或许不知道，生命的旅程中，有时救了别人，恰恰是自我的救赎。

在一场激烈的战斗中，连长忽然发现一架敌机向阵地俯冲下来。照常理，发现敌机俯冲时，要毫不犹豫地卧倒。可连长并没有立刻卧倒，他发现离他四五米远处有一个小战士还站在那儿。他顾不上多想，一个鱼跃飞身将小战士紧紧地压在了身下。此时一声巨响，飞溅起来的泥土纷纷落在他们的身上。连长拍拍身上的尘土，回头一看，顿时惊呆了：刚才自己所处的那个位置被炸成了一个大坑。

忘记自己的安危，反而保住了自己。故事中的这位连长正是忘己成大公的最好说明。

至公便是至私，从另一个角度看，好比两个结伴登山的人，突然遇到寒冷的天气，加上饥饿疲惫，使得其中一人不支倒地。另外一个虽然也累得难以支持，但是为了救自己的朋友，拼全力终于把朋友背下了山。而也正因为他背负一个人，使自己充分运动，才免于被冻死。如果助人者当时没有救人之心，只一味顾及一己私利，最终二人都可能难逃冻死的厄运。细想，正是这大公无私的举动拯救了他自己。

得道的圣人如果能够效法天地的法则立身处世，去掉自我人为的自私，把自己假象的身心摆在最后，把自我人为的身心，看成是外物一样，便真正摒却了私心。只要奋不顾身，为义所当为的需要而努力去做，那么，虽然看似把自身的利益置于最后，其实恰好是一路领先，光耀千古。看来虽然是外忘此身而不顾自己，其实是做出了一个身存天下的最好安排，也就是道家所倡导的"是以圣人后其身而身先，外其身而身存，非以其无私邪？故能成其私"的做人道理。

咸有咸的滋味，淡有淡的意境

世上许多人钻营、忙碌了一辈子，究竟为谁辛苦为谁忙？到头来自己都无法回答。其实，真正的动，是明明白白又充满意义的"动之徐生"，心平气和，才能生生不息。"动之徐生"是做人做事的法则，道家要人做一切事都不暴不躁、不乱不浊，以平凡心自处，从容淡定，一切悠然"徐生"，自能逍遥自得。

人生是不可避免的"劳生"，但"劳生"更要"徐生"。如今的社会，每个人都奔波劳碌，疲于奔命，早已忘却了"从容淡定才是真"的人生真谛。青山不改，细水长流，"动之徐生"，从容便是。生命的原则若是合乎"动之徐生"的原则，便能够持盈保泰。

智者的一位老友来拜访他，吃饭时，他只配一道咸菜。老友忍不住问他："这样不会太咸吗？"智者回答道："咸有咸的味道。"吃完饭后，智者倒了一杯白开水喝，老友又问："白水过于平淡了吧？没有茶叶吗？怎么喝这么淡的开水？"智者笑着说："白水虽淡，可是淡也有淡的味道。"

漫漫人生路，需要品尝各种滋味，咸菜的咸与白水的淡就像人生中遇到的不同情境与事件，超越了咸与淡的分别，才能真正品味到咸的恰到好处与淡的至纯至真。有一首歌中曾说："曾经在幽幽暗暗反反复复中追问，才知道平平淡淡从从容容才是真。""徐生"就是要人慢慢地生存，慢慢地欣赏沿途风景，不要风风火火，不要急急忙忙。

徐缓是一位成功人士，当他的同学还在为饭碗苦苦挣扎时，他就拥有了属于自己的一片天地。这一切似乎并没有像有些人那样牺牲健康和情趣孜孜以求，而是在从容淡定中将一切尽收囊中。有人欲探得其中奥妙，徐缓说，其实挺简单，换来这份从容的，也就是半小时。

他刚参加工作时，和许多人一样，总觉得手头的事情做不

完，业余爱好也丢了，人疲乏得要命，到头来还没落得个好结果。后来有一天，父亲对他说："你能不能试一试，每天早出门半个小时？"他看了父亲一眼，对父亲的话并未十分理解，但他还是决定试一试了。

从第二天起，他开始比正常时间早半个小时出门。当他走到公共汽车站时，发现等车的人不多，上到车上，又发现有许多空位，比平时惬意多了。而且，由于还没到上班高峰期，路上的交通也没出现堵塞，很快就到了他的目的地。坐在车上时，他就把一天的工作理了个头绪。进到办公室后，同事们还没来，他在空旷的办公室里伸展了一下手脚，而后开始听一段音乐。当同事们匆匆忙忙地打卡、手忙脚乱地开抽屉时，他的面前已放好了需整理的材料，并泡好了一杯热茶，接下来的工作是有条不紊的。

这里讲的或许是时间管理，半小时的短暂时间换来一世从容。其实这是一种原理，手忙脚乱中永远都是一团乱麻，从容之中才能气定神闲，决胜千里。许多人一世"劳生"，从来不知"徐生"的从容，其实是陷入了人生的误区之中，无法自拔。古人常说，人生有三重境界：看山是山，看水是水；看山不是山，看水不是水；看山还是山，看水还是水。

看山是山，看水是水，是说一个人在涉世之初纯洁无瑕，目光所及之处一切都新鲜有趣，眼睛看见什么就是什么。看山不是山，看水不是水，是因为随着年龄渐长，阅历渐丰，日渐发现世事的繁杂，不愿再轻易相信什么，山不再是单纯的山，水也不再是单纯的水。如果一个人长期停留在人生的第二重境界中，便会这山望了那山高，斤斤计较，与人攀比，欲望的沟壑越来越深，就在此境界中到达了人生的终点。这也就是为什么许多人在俗世中迷失了自己，在疲于奔命的路上终结了自己的一生。

看山还是山，看水还是水，第三重境界并非人人都能达到，这是一种拨云见日的豁然开朗，是本性与自然的回归，心无旁骛，只做自己该做的，面对芜杂世俗之事，一笑而过，笑看世间风云变幻，只求从从容容平平淡淡，因此，看到的又是山水的本来面貌。真正的做人与处世之道便在其中：人本是人，不必刻意去做人；世本是世，无须精心去处世。任何时候都不要手忙脚乱，我们欠缺的只是一种从容的淡定与看透生命的勇气。

红尘过往客，何必斤斤计较

庄子有一则不变的名言，即"天下熙熙，皆为利来；天下攘攘，皆为利往"。《红楼梦》中开篇偈语一针见血："人人都说神仙好，唯有功名忘不了。"太史公司马迁一语道破人心，"君子疾没世而名不称焉"，人啊，就是怕死后默默无闻，没有人记得你。正所谓"名利本为浮世重，古今能有几人抛"？

老子所说的"不尚贤，使民不争"是消极地避免好名的争斗，"不贵难得之货，使民不为盗"是消极地避免争利的后果。名与利，本来就是权势的必要工具，名利是因，权势是果。乾隆皇帝下江南时，来到江苏镇江的金山寺，看到山脚下大江东去，百舸争流，不禁兴致大发，随口问旁边的高僧："你在这里住了几十年，可知道每天来来往往多少船？"高僧回答："我只看到两只船。一只争名，一只夺利。"一语道破天机。

权与势，是人性中占有欲与支配欲的扩展，很少有人能够跳出名利权势的圈子。正如明朝无名氏在其所著《渔樵闲话》中写道："为利图名如燕雀营巢，争长争短如虎狼竞食。"

追名逐利都逃不开一个"欲"字，凡是对一切人世间或物质世界的事物，沾染执著，产生贪爱而留恋不舍的心理作用，都是欲。情欲、爱欲、物欲、色欲以及贪名、贪利，凡有贪图的都算是欲。只不过，欲也有善恶之分，善的欲行可与信愿并称，恶的欲行就与堕落衔接。

有个富翁在急流中翻了船，爬到溪间的石头上大喊救命。一个年轻人奋不顾身地荡舟去救，但是由于山洪下泻而渐涨的湍流使船行进得艰难而缓慢。"快呀！"富翁高喊，"如果你救了我，我给你一千块！"船仍然移动缓慢。"用力划啊！如果你划到，我给两千块！"青年奋力地划着，但是既要向前，又要抗拒水流的阻力，船速仍然难以加快！"水在涨，你用力呀！"富翁声嘶力竭地狂喊，"我给你五千块！"此时，洪流已经快淹到他站立的地方。青年的船缓缓靠近，但仍有一段距离。"我给你一万块，快呀！"富翁的脚已经淹在水中了，但是船速反而越来越慢了。"我给你五万……"富翁的话音未落，已经被一个大浪打下岩石，转眼卷入洪流，失去了踪影。青年颓丧地回到岸上，蒙头痛哭："我当初只想到救他一命，但是他却说要给我钱，而且一次又一次地增加。我心想，只要划慢一点点，就可能多几万块的收入，哪里知道，就因为慢了这么一下，使他被水冲走，是我害了他啊！"青年后悔不已，"但是，当我心里只有义，而没有想到利的时候，他为什么要说给我钱呢？"

说到底，又是富翁自己害了自己。

在没有涉及名、利时，本性总是"义"字当头的，一旦勾起了内心隐藏的私欲，世间的人或事就会变得十分复杂。人是一个很矛盾的生物，内心永远有着双重标准，要求别人能做到无欲无私，以符合圣人的标准，而自身又总难免在私欲的缠缚

中打转。

依据老子的本意，要使得人们真正做到不受私欲主宰，必须"虚其心，实其腹，弱其志，强其骨，常使民无知无欲"。如此这般，难就难在无欲与虚心。正因为不能无欲，因此老子才教给人们一个消极的办法，只好尽量避免，"不见可欲，使民心不乱"。

其实我们不必过于看重人生所得，有首诗说："尘沙聚会偶然成，蝶乱蜂忙无限情。同是劫灰过往客，枉从得失计输赢。"世界本是一颗颗沙子堆拢来，偶然砌为成功的世界，人生亦是如此，偶然中有必然，必然中有偶然。蝶乱蜂忙，人们就像蜜蜂蝴蝶一样，到处飞舞，痴迷忙碌，正所谓："不论平地与山尖，无限风光尽被占；采得百花成蜜后，为谁辛苦为谁甜。"人生一世，劳苦一生，为儿女，为家庭，为事业，最后直到生命之火燃尽，仍找不到生命的答案。明知道到头来终是一场空，也跳不出世俗的羁绊。人在旅途，同为红尘过往客，又何必在一时的输赢得失中斤斤计较？

清心寡欲，适可而止

一个小孩子听到的第一个故事是《乌鸦喝水》，妈妈告诉他，爸爸就是家里的乌鸦，每月给家中寄钱，就像乌鸦叼起的小石子，一颗一颗，攒多了，家里就有水喝了。后来，爸爸在矿上出事了，妈妈就变成了攒小石子的乌鸦。他长大了，大学毕业后，来到了爸爸生前工作的煤矿，几年后，他当上了矿长。他不满足每月的那几颗"小石子"，就和别人合伙开了个私人小煤窑。肥水不流外人田，小煤窑日渐壮大，灾难降临了，他工作的煤窑由于安全措施不到位，发生了大规模的冒顶事故，工人伤亡惨重。当他即将被行刑时，他想到了一只口渴的乌鸦，一只急功近利的、不愿等水慢慢涨高的乌鸦，丢入瓶中一块大石头，结果瓶被砸碎了，水也没有喝到。

这则故事，读来令人感慨，现实社会，纷繁复杂，人们若能保持已有的成就，便是最现实、最大的幸福。如果不安于现实，让欲望主宰自我，在原已持有的成就上，要求更多乃至无穷，最后终归得不偿失，还不如就此保持已得的本位，持盈保泰。

老子说，"持而盈之，不如其已"。意思就是告诉人们，做人要懂得知足常乐，适可而止。老子认为，一个人，如果真正能够对天道自然的法则有所认识，那么，天赋人生，已够充实。善于利用生命中原有的真实，应对现实生活，就能够优游余裕而知足常乐。但是，如果忘记了原有生命的真善美，任欲望膨胀，希求永无止境的满足，那么，必定会招来无限的苦果。清心寡欲，适可而止，可谓做人的大智慧。

老子所说的"持而盈之，不如其已"，其重点在于一个"持"字，因此便有"揣而锐之，不可长保。金玉满堂，莫之能守。富贵而骄，自遗其咎"等引申之意。机关算尽太聪明，反误了卿卿性命。人性总有一道底线，越过道德的边境，走入的必将是人生的禁区。有许多底线是不能碰触的，一旦越过，必会抱恨终生。

一只饥饿的狗无精打采地走在路上，从早晨到现在，连一点儿面包渣都没找到，肚子干瘪干瘪的，两只耳朵也无力地耷拉着，着实可怜。突然，另有一只小狗嘴里叼着一块肉骨头出现在它的面前，饥饿的狗真是喜出望外，铆足了劲冲着小狗狂吠，接着恶狠狠地向小狗扑过去。小狗吓出了一身冷汗，丢下骨头仓皇逃走了。抢到骨头的狗为了能独享美餐，决定寻找一个安全、偏僻的地方。它来到一条小河边，河水清澈透明，忍不住小心翼翼地向河中看了看。这一看可不得了，原来水中也有一只狗，一样叼着一块肉骨头，也在瞪着大眼睛瞧着它。贪心的狗心想："这只狗长得傻头傻脑的，一副饿死鬼的样子，它怎能配吃这么大一块肉骨头？我非把它嘴里的那块骨头抢过来不可，那样吃起来多过瘾啊！"想着想着，它再也忍不住了，也忘记了自己站在河边，嘴里正叼着骨头。它张开嘴，想故伎重演，用它的吠声吓走那只狗。不料，还没有叫出来，嘴里的肉骨头就掉到河里去了。骨头掉到了水里，打碎了饿狗在水里的倒影。贪心的狗眨巴眨巴眼睛，哪里还有什么傻狗和骨头？

这个故事虽然简单，但其中所蕴含的道理依然深刻。其实，现实中，不少人都可能会在不知不觉中犯与这只狗同样的错误。对于已经拥有的感觉不到满足，贪婪地想索取更多，却在不知不觉中失去了原有的美好事物，还不正是我们人性中表现出的常态吗？有时，生活就像一场赌博，投注之后总想赢钱。然而，游戏无常，我们的结局常常是输。之后，我们想保住本钱，想赚取更多，便投下更大的赌注，却不知，下一次也许会输得更惨。

《老子》曰："天之道，其犹张弓欤！高者抑之，下者举之；有余者损之，不足者补之。天之道，损有余而补不足。"自然的规律，不是很像张弓射箭吗？弦拉高了就把它压低一些，低了就把它举高一些，拉得过满了就把它放松一些，拉得不足了就把它补充一些。自然的规律，是减少有余的补给不足的。可是社会的法则却不是这样，要减少不足的，来奉献给有余的人。那么，谁又能够减少有余的，以补给天下人的不足呢？只有有道的人才可以做到，有道的圣人有所作为而不占有，有所成就而不居功，因此才能充分享受生命的快乐。

持盈保泰、守柔不争是修身的原则，人生在世，争的无非是两样东西，一是争气，一是争利。争气，值得，但不可太盛；争利，无尽，永远没有满足。与其放纵欲望，不如享受生命，对酒当歌，与世无争，自寻解脱。

素描人生最美

在《庄子·养生主》中，庄子借庖丁之口，讲述了自己修养的造诣境界和处世的方法、原则。当庖丁到一般的杀牛匠那里去看时，看到杀牛匠的小心紧张与严谨的准备，自己便"怵然为戒"，顿生警觉，仿佛看到自己的榜样。庖丁的技术那么高明，可是在看技术差的人杀牛时，并没有看不起别人。

如此小心、谨慎，正如俄国大文豪托尔斯泰在谈到人对自己的评价时，把人比做一个分数。他说："一个人就好像一个分数，他的实际才能好比分子，而他对自己的估价好比分母。分母越大，则分数的值就越小。"

庖丁杀牛的技术已经到了出神入化的境界，而他的做法，为我们提供了一个做人的标杆。学问到了最高境界，就是以最平凡、最肤浅的人做自己的老师，做自己的榜样。

庖丁身上有许多值得我们学习的地方。而生活中这样简单朴素的例子也无处不在。

有位刚刚退休的资深医生，与自己的得力助手分开看诊。一段时间后，专家发现指明挂号让年轻医生看诊的病患者比例明显增加。专家心想："为什么大家不找我看诊？难道他们以为我的医术不高明吗？我刚刚才得到一项由医学会颁发的'杰出成就奖'，登在新闻报纸上的版面也很大，很多人都看得到啊！"原来，年轻医生的经验虽然不够丰富，但因为其有自知之明，所以问诊时非常仔细，慢慢研究推敲，跟病人的沟通较多，也较深入，且为人亲切、客气，也常给病人加油打气："不用担心啦！回去多喝开水，睡眠要充足，很快就会好起来的。"类似的鼓励话语，让他开出的药方更有事半功倍的效果。

回来看看专家这边，情况正好相反。经验丰富的他，看诊速度很快，往往病患者无须开口多说，他就知道问题在哪里，资深加上专业，使得他的表情冷酷，仿佛对病人的苦痛已麻痹，缺少同情心。整个看诊的过程，明明是很专业认真的，却容易使病患产生"漫不经心、草草了事"的误会。

其实，这也正是庖丁提及的问题，很多具有专业素养的人士，都很容易遇到类似的问题。并不是故意要摆出盛气凌人的高姿态，却因为地位高高在上，令人仰之弥高，产生遥不可及的距离感。要知道，越成熟的麦穗，是越懂得弯腰的麦穗。当然，越懂得弯腰，才会越成熟。

对于人生来说，由高明而归于平凡，是最难做到的，因为人们往往迷失在表面的繁华与成就中，迷失了自我，忘记了过程中的谨慎与艰辛。

一位著名的教授曾在某高校作过一次深刻的演讲。教授拿了两杯水，一杯黄色的，一杯白色的，故作神秘地对学生说："待一会儿，你们从这两杯水中选择其中的一杯尝一下，不管是什么味道，先不要说出来，等实验完毕后我再向大家解释。"随后便先问甲、乙两位同学想喝哪杯水，甲、乙二人都说要黄色的那杯，教授接着又去问丙、丁两位同学，丙、丁二人也同样要尝试黄色的那杯。就这样，总共有200多个同学作了尝试，其中只有1/3的同学选择了白色的那杯。

之后，教授问同学们，黄色的那杯是什么水？2/3的同学伸出舌头回答："是黄连水。""那你们为什么想要尝试这一杯呢？"教授接着问道。那些同学又回答："因为它看起来像果汁。"教授笑了笑，接着又问尝过白色的水的同学，这些同学大声答道："是蜂蜜。""那你们为什么选择尝试白色的这杯呢？""因为掺杂了色素的水虽然好喝、好看，但是并不能解渴呀！"这些喝过蜂蜜的同学笑着答道。

听完了同学们的回答，教授又笑了笑，说道："绝大多数的同学选择了很苦的黄连水，因为它看起来像果汁；只有极少数的同学尝到了蜂蜜，这是为什么呢？其实，在我看来，人生的过程也就是选择两杯不同颜色的水，大多数人都会选择有颜色的耀眼的那杯，只有极少数才会选择不太起眼的、不招人喜欢的、很平常的那杯。要知道，浮华过后的朴素才是真正甘甜的。"

真正的智者，知道真正的宝贵所在地，在平常中看出它的甜蜜来。

由高明归向平凡，是从心里开始的，越是伟大的人，越对自己不以为意。越高明，越谨慎，越是一副平凡的样子，实则内涵丰富，包罗万象。当我们丢掉所有绚烂的色笔之后，会发现其实素描人生才是最美的那一幅。

相亲相厚，不如相忘江湖

《庄子·大宗师》中有一段极有名的话："泉涸，鱼相与处于陆，相呴以湿，相濡以沫，不如相忘于江湖。"这里提出了一个相忘于江湖的概念。人和万物并存于世间，只有达到和谐的境界才能有悠游如水的感觉，才能过上自己想要的生活。怎样才能达到和谐呢？庄子认为，只有相忘才是最高的和谐。

宋国太宰荡向庄子请教仁爱的问题。庄子告诉他说："虎和狼也具有仁爱。"太宰荡说："这是什么意思呢？"庄子说：

"虎狼也能父子相互亲爱，为什么不能叫做仁呢？"太宰荡又问："请教最高境界的仁。"庄子说："最高境界的仁就是没有亲。"太宰荡说："我听说，没有亲就不会有爱，没有爱就不会有孝，说最高境界的仁就是不孝，可以吗？"

庄子说："不是这样的。最高境界的仁实在值得推崇，孝本来就不足以说明它。这并不是要责备行孝的言论，而是不涉及行孝的言论。向南方走的人到了楚国都城郢，面朝北方也看不见冥山，这是为什么呢？因为他距离冥山越发的远了。所以说，用恭敬的态度来行孝容易，以爱的本心来行孝困难；用爱的本心来行孝容易，用虚静淡泊的态度对待双亲困难；虚静淡泊地对待双亲容易，使双亲也能虚静淡泊地对待自己困难；使双亲虚静淡泊地对待自己容易，能一并虚静淡泊地对待天下人困难；一并虚静淡泊地对待天下之人容易，使天下之人能一并忘却自我困难。盛德遗忘了尧舜因而尧舜方才能任物自得，利益和恩泽施给万世，天下人却没有谁知道，难道偏偏需要深深慨叹而大谈仁孝吗！孝、悌、仁、义、忠、信、贞、廉，这些都是用来劝勉自身而拘执真性的，不值得推崇。所以说，最为珍贵的，一国的爵位都可以随同忘却自我而弃除；最为富有的，一国的资财都可以随同知足的心态而弃置。最大的心愿，名声和荣誉都可以随同通适本性而泯灭。所以，大道是永恒不变的。"

　　庄子借用行孝这个事例来解释说，一个人如果想使自己游刃有余地和别人和谐相处，就要能达到相忘的境界，彼此之间就没有了任何的戒备和迁就之心，没有了戒备和迁就等心绪，自然就会像江湖中的游鱼和高天上的流云之间不会有任何冲突一样，悠然自得，就能达到真正的和谐。反之，若是掺杂了太多世故用心，生活便失掉了原本的快乐和谐，人们也会为现实驱使，不复曾经的怡然自得。

　　很久以前，在一个偏远的大山中，漫山遍野都是桃树，春天来临时，就会盛开漫山遍野的桃花，就像朝霞一样灿烂；到了秋天，漫山遍野都是硕大滚圆的桃子。在这大山脚下，有一个纯朴的小山村，山村中住着十来户人家，他们祖祖辈辈一直生活在这里，就以打猎和采摘满山的野果为生，生活过得虽然辛苦，但是村民们从来就没什么冲突，怡然自得。

　　这一年，天下大乱，一个人为逃避战乱，从洛阳城逃避到这大山之中，村民们善意地接受了他。

　　过了几年，战乱过去了，这个人不再满足于每天打猎过活，在这年秋天，他向其中一个村民借了一头驴子，自己编织了两个箩筐，到山上摘了满满两箩筐桃子，赶到离此最近的市镇售卖，等他回来时，已经用卖桃的钱买回一匹骡子。然后，他就继续摘桃去卖，几次以后，他就积累了很多钱财，成为山村中最富有的人。而他也会刻意地拉拢一些当地人，于是村里开始结帮拉派，一些人家相互亲厚。这个人对这些人十分热情，甚至称兄道弟。实际上不过是利益上的共同体，所以有时又会因为金钱上的问题反目成仇。而另一些人家由于没有什么心思，结果被排挤在外，久而久之，大家也结成了类似的一派，于是大家或相亲厚，或相挤兑。

于是，矛盾出现了，贫富等差出现了，大家开始互相嫉妒，互相猜疑，互相挤压。最后的结果却是，那个洛阳来的人成为他们共同的"东家"。

就像这个故事所说的那样，当初他们和谐相处的时候，大家都顺应自己的本性生活，从来没有什么矛盾，生活怡然自得，但是因为一个人的介入，生活就彻底变了，嫉妒、猜疑、挤压都出现了，最后大家都沦为外来人的雇工，和谐就再也没有了。

因此，在人世间，一个人一定要少一些刻意之心，与其绞尽脑汁算计别人，或者为了某些原因狎昵亲厚，倒不如相忘平淡的关系好。所以人生在世，学习一些道家的智慧，多一些顺应，少一些欲望，多一些恬然，这样我们自然能够体验到坦然的乐趣，内心中映射出万物的美。太阳每天都照耀万物，又有几个人会因此感谢太阳？天空经常降下雨水，滋润大地，又有谁会感恩天空？在太阳和雨水与万物的和谐中，彼此都达到了相忘的境地，所以一个有心的人，会体验到太阳和雨水的温暖和美丽，随处可得，欢乐自在。

出世入世间，做个半路人

老子说："我愚人之心也哉，沌沌兮。""愚"，并非真笨，而是故意显示的。"沌沌"，不是糊涂，而是如水汇流，随世而转，自己内心却清楚明了。道家认为一个修道有悟的人，可以不出差错地做到："俗人昭昭，我独昏昏，俗人察察，我独闷闷，澹兮其若海，漂兮若无止。"即众人熙熙攘攘、兴高采烈，如同去参加盛大的宴席，如同春天里登台眺望美景，而我却独自淡泊宁静，无动于衷；众人都有所剩余，而我却像什么也不足，只有一颗愚人的心；众人光辉自炫，唯独我迷迷糊糊；众人都严厉苛刻，唯独我淳厚宽宏；世人都精明灵巧有本领，唯独我愚昧而笨拙。

外表"和光同尘"，混混沌沌，而内心清明洒脱，遗世独立。不以聪明才智高人一等，以平凡庸陋、毫无出奇的姿态示人，行为虽是入世，但心境是出世的，对于个人利益不斤斤计较。胸襟如海，容纳百川，境界高远，仿佛清风徐吹，回荡于山谷中的天籁之音。

俗人有俗人的生活目的，道人有道人的生命情调。以道家来讲，人生是没有目的的，不仅如此，老子进一步又说，随缘而遇还要"顽且鄙"，坚持个性，又不受任何限制。

用出世的心做入世的事，不是每个人都能做到的。因为我们许多人其实都是内心充满着矛盾情绪，在入世与出世之间徘徊不决。其实倒不如干脆就在二者的中间做个半路之人，又有何妨。

做人做事，莫让心境局限在一个狭小的空间。所谓身做入世事，心在尘缘外。唐朝李泌便为世人演绎了一段出世心境入世行的处世佳话，他睿智的处世态度充分显现了一位政治家的高超智慧。该仕则仕，该隐则隐，无为之为，无可无不可，将出世入世的智慧拿捏得恰到好处。

李泌一生中多次因各种原因离开朝廷这个权力中心。玄宗天宝年间，当时隐居南岳嵩山的李泌上书玄宗，议论时政，颇受重视，遭到杨国忠的嫉恨，毁谤李泌以《感遇诗》讽喻朝政，李泌被送往蕲春郡安置，他索性"潜遁名山，以习隐自适"。自从肃宗灵武即位时起，李泌就一直在肃宗身边，为平叛出谋划策，虽未身担要职，却"权逾宰相"，招来了权臣崔圆、李辅国的猜忌。收复京师后，为了躲避随时都可能发生的灾祸，也由于叛乱消弭、大局已定，李泌便功成身退，进衡山修道。代宗刚一即位，又强行将李泌召至京师，任命他为翰林学士，使其破戒入俗。李泌顺其自然，当时的权相元载将其视为朝中潜在的威胁，寻找名目再次将李泌逐出。后来，元载被诛，李泌又被召回，却再一次受到重臣常衮的排斥，再次离京。建中年间，泾原兵变，身处危难的德宗又把李泌招至身边。

李泌屡蹶屡起、屹立不倒的原因，在于其恰当的处世方法和豁达的心态，其行入世，其心出世，所以社稷有难时，义不容辞，视为理所当然；国难平定后，全身而退，没有丝毫留恋。如儒家所说，"用之则行，舍之则藏"。"行"则建功立业，"藏"则修身养性，出世入世都充实而平静。李泌所处的时代，战乱频仍，朝廷内外倾轧混乱，若要明哲保身，必须避免卷入争权夺利的斗争之中。心系社稷，远离权力，无视名利，谦退处世，顺其自然，乃道家所言的处世要诀，更是我们现代人值得借鉴的做人智慧。

最后，以李泌一阙《长歌行》与君分享："天覆吾，地载吾，天地生吾有意无。不然绝粒升天衢，不然鸣珂游帝都。焉能不贵复不去，空作昂藏一丈夫。一丈夫兮一丈夫，平生志气是良图。请君看取百年事，业就扁舟泛五湖。"

关注内心，参悟人生

老子说"故道大，天大，地大，王亦大"。中国传统文化中，始终将"天、地、人"三者并排共列，此处的"王"便代表人。老子自问：人生的价值是什么？我们不妨先来听一段故事。

传说老子骑青牛过函谷关，在函谷府衙为府尹留下洋洋五千言《道德经》时，一位年逾百岁、鹤发童颜的老翁到府衙找他。老翁对老子略略施了个礼说："听说先生博学多才，老朽愿向您讨教个明白。"

老翁得意地说："我今年已经一百零六岁了。说实在话，我从年少时直到现在，一直是游手好闲地轻松度日。与我同龄的人都纷纷作古，他们开垦百亩沃田却没有一席之地，修了万里长城而未享辚辚华盖，建了大量屋宇却落身于荒野郊外的孤坟。而我呢，虽一生不稼不穑，却还吃着五谷；虽没置过片砖只瓦，却仍然居住在避风挡雨的房舍中。先生，是不是我现在可以嘲笑他们忙忙碌碌劳作一生，只是给自己换来一个早逝呢？"

老子听了，微微一笑，吩咐府尹说："请找一块砖头和一块石头来。"老子将砖头和石头放在老翁面前说："如果只能择其一，仙翁您是要砖头还是愿取石头？"老翁得意地将砖头取来放在自己的面前说："我当然择取砖头。"老子抚须笑着问老翁："为什么呢？"老翁指着石头说："这石头没棱没角，取它何用？而砖头却用得着呢。"老子又招呼围观的众人问："大家要石头还是要砖头？"众人都纷纷说要砖而不取石。老子又回过头来问老翁："是石头寿命长呢，还是砖头寿命长？"老翁说："当然石头了。"老子释然而笑说："石头寿命长人们却不择它，砖头寿命短，人们却择它，不过是有用和没用罢了。天地万物莫不如此。寿虽短，于人于天有益，天人皆择之，皆念之，短亦不短；寿虽长，于人于天无用，天人皆摒弃，倏忽忘之，长亦是短啊。"老翁顿然大惭。

老子说的"参赞天地之化育"，正是人道价值之所在。人生于天地之间，忽而数十年的生命，仿如过客，晃眼即逝，到底它的意义何在？佛学将天地称做婆娑世界，意为"堪忍"，人类生活其中，勉勉强强过得去。因为天地并不完备，缺陷丛生，但是人类可以通过合理运用自身的智慧与能力，创造一个圆满和谐的人生，弥补天地的缺憾。

有人说，如果人生是一种痛苦，那么，为了夕阳西下那动人心魄的美，我宁愿选择痛苦。究竟怎样才能找到人生的价值，怎样才能不让生命在"堪忍"中终了？也许下面这个故事可以帮你我找到答案。

古时候，有一位老员外娶了四个妻子。第四个妻子最得员外的疼爱，他不管去哪儿都带着她。而她每天沐浴更衣、饮食起居，都要丈夫亲手照顾，她想吃什么、喜欢什么衣服，员外都肯买给她，对她真是百般呵护，非常宠爱。第三个妻子是众多人追求的对象，员外可是很辛苦地花了好大的力气，才打败众人得到她的。所以，员外每天都要去关心她，常常在她身边甜言蜜语，又造了漂亮的房子给她住。第二个妻子和员外可说是最有话聊的了，每当员外有什么心事或困扰，他总是来找第二位妻子为他分忧解劳，互相安慰，只要和她在一块儿就觉得很满足。至于员外的第一个妻子，员外几乎忘了她似的，根本很少去看她。可是家中一切繁重的工作都由她处理，她身负各种责任烦恼，却得不到员外的注意和重视。

一天，员外必须离开故乡，到遥远的地方去。他对第四个妻子说："我现在有急事非离开不可，你跟我一块儿走吧！"第四个妻子回答："我可不愿跟你去。"员外惊异万分，不解地问："我最疼爱你，对你言听计从，我们也没有分开过，怎么现在不愿陪我一块儿去呢？""不论你怎么说，我都不可能陪你去！"第四个妻子坚决地说。员外恨她的无情，就把第三个妻子叫来问道："那你能陪我一块儿去吗？"第三个妻子回答：

"连你最心爱的第四个妻子都不情愿陪你去，我为什么要陪你去？"员外只好把第二个妻子叫过来说："你总愿意陪我去吧？"第二个妻子说："嗯，你要离开我也很难过，但我也只能陪你到城外，之后的路你就自己走吧！"员外没想到第二个妻子也不愿陪他去，这才想起第一个妻子，把她叫来问一样的话。第一个妻子回答："不论你去哪里，不论苦乐或生死，我都不会离开你的身边。你去多远我都陪你去。"

这时员外才知道，真正可以和他永不分离的只有第一个妻子啊！员外要去的地方是死亡的世界。第四个妻子，是人的身体。人对自己的身体备加珍惜，为满足这个身体的物质欲望所做的一切，不亚于员外体贴第四个妻子的情形；但死时你为之不惜一切的身体，却不会追随着你。第三个妻子，是人间的财富。不论你多么辛苦追求来的财富、储存起来的财宝，死时都不能带走一分一毫；死后会带走的反而是为追求财富造下的业力。第二个妻子，是亲朋好友。人活在世上，彼此关爱是应该的，但是人往往为了人情而忘了做人的目的。亲朋好友在人死后，会伤心一段时间，但是百年之后却谁也不认识谁。第一个妻子，则是人的心灵。

心灵和我们形影相随，生死不离，但人们也最容易忽略它，反而全神贯注于物质和欲望，其实只有心灵才是永生永世

与我们同在的。有人说不关注自己的心灵，无法得到真正的快乐和自由；有人说这个世界不适合清醒的思考者，还是把兴趣集中到物质上比较容易快乐……如果我们是员外，又会选择疼爱谁呢？

功成身退，如鱼得水

老子曰："持而盈之，不如其已；揣而锐之，不可长保；金玉满堂，莫之能守；富贵而骄，自遗其咎。功遂身退，天之道哉。"功业既成，抽身退去，天道使然。花开果生，果结花谢，自然之道。老子对人生的洞察是智者的深邃，一眼便窥透了人性中深层的内核。人莫不爱财慕富，贪功恋势，但能够及时抽身引退，总能一生圆满。

抱一为天下式

老子说，自古以来，悟道的圣人，必是"抱一为天下式"，固守一个原则以自处。"一"就是道，就是一个放之四海而皆准的法则，是一个可以始终持守的方法。它是什么呢？

我们不妨先来看下庄子的说法。庄子之意，世所谓道德者，非有定实，常因实地而迁移。故曰："水行无若用舟，陆行无若用车。以舟之可行于水也，而推之于陆，则没世而不行寻常。"在这里庄子告诉世人"变"才是人生不变的真理。而

从这个论述中我们可以得出一个结论，那就是一个人绝对不要用僵化的眼光看待世界，一个眼光僵化的人绝对不会获得成功。

这个世界瞬息万变，没有什么东西是可以永久持守不变的。但是道家智慧却认为有一条可以永久不变的法则，那就是随着外物的变化而变化，套用一句俗话就是，唯一的不变是变化。这就是老子为我们留下的一招鲜可以吃遍天下的处世智慧。

刘禹锡有这样一句诗"沉舟侧畔千帆过，病树前头万木春"，从这句诗中我们就可以感受到万物变化的力量。现代物理学表明，事物每时每刻都在运动变化，没有停息的一刻，运动变化才是真正的和谐。

人们常常说："计划赶不上变化。"的确如此，世界在不停地变化，社会在不停地变化，我们自己也在不停地变化。

"人事有代谢，往来成古今。"今天我们每个人只要回想一下10年前的自己，就不由得会感慨万千。面对世界如此巨大的变化，我们的计划能赶得上吗？难道我们真的可以像能掐会算的诸葛亮一样，把一切变化都计划在内吗？不，绝对不可能。

有一个人，昏睡多年，一觉醒来已是10年之后。他做的第一件事就是打电话给他的股票经纪人。经纪人告诉他："老弟，你的 A 股票已涨到 500 万美元，B 股票涨到 1000 万美元。"

"我发财了！"这位老兄欢呼起来。

这时，电话接线员插话说："先生，3 分钟已到，请付电话费 100 万美元。"

这个故事透露着这样的信息，一切都在变化，有时情况变化得令人不可思议，大大超出了人们的想象。

那么，我们怎样来应对周围发生的这一切变化呢？方法只有一个，就是变通。

一个著名人物在总结自己的成功经验时说："你可以超越任何障碍。如果它太高，你可以从底下穿过；如果它很矮，你可以从上面跨过去。总会有办法的。"所以，对于善于变通的人来说，世界上不存在困难，只存在暂时还没想到的方法。

千万不要低估了变通的力量，变通的力量能让人获得成功，同样也能给人类制造出许多麻烦，让人们防不胜防。中国有一句俗语，叫做："不怕贼偷，就怕贼惦记。"意思是说只要贼惦记住了你，他就会不停地琢磨你，即使你的防范措施再严密，他也会想出一条我们预想不到的变通之法。

一个人必须善于改变自己，才能在人生长河中立于不败之地。

三个旅行者早上出门时，一个旅行者带了一把伞，另一个旅行者拿了一根拐杖，第三个旅行者什么也没有拿。晚上归来，拿伞的旅行者淋得浑身是水，拿拐杖的旅行者跌得满身是伤，而第三个旅行者却安然无恙。于是，前两个旅行者很纳闷，问第三个旅行者："你怎么会没有事呢?"第三个旅行者没有回答，而是问拿伞的旅行者："你为什么会淋湿而没有摔伤呢?"拿伞的旅行者说："当大雨来到的时候，我因为有了伞，就大胆地在雨中走，却不知怎么就被淋湿了。当我走在泥泞坎坷的路上时，我因为没有拐杖，所以走得非常小心，专拣平稳的地方走，所以没有摔伤。"然后，第三个旅行者又问拿拐杖的旅行者："你为什么没有淋湿而摔伤了呢?"拿拐杖的旅行者说："当大雨来临的时候，我因为没有带雨伞，便拣能躲雨的地方走，所以没有淋湿。当我走在泥泞坎坷的路上时，我便用拐杖拄着走，却不知为什么常常跌跤。"第三个旅行者听后笑笑说："这就是为什么你们拿伞的淋湿了，拿拐杖的跌伤了，而我却安然无恙的原因。当大雨来时我躲着走，当路不好时我小心地走，所以我没有淋湿也没有跌伤。"

这个故事可谓是对庄子"水行无若用舟，陆行无若用车"的绝佳诠释。确实，现实生活中，当我们遇到不同的情况，尤其是困难的时候，必须学会变通。因为客观的情况在不断地变化，我们必须随着客观情况的变化而不断变化。正如诸葛亮所说："因天之时，因地之势，依人之利而所向无敌。"只有这样，我们才能克服各种困难获得成功。

对于善于变通的人来说，这个世界上不存在困难，只是暂时没有找到合适的办法而已，所以善于变通的人只有一个归宿，那就是成功。

人生在世，每个人的自身条件都不一样，每个人遇到的困难也不尽相同，但是有一点是一样的，那就是是否懂得变通将决定其是否能够取得成功。

爱尔兰剧作家萧伯纳说："聪明的人使自己适应世界，而不明智的人只会坚持要世界适应自己。"而我们今天要说：变化则是立世的根本，向道家先贤们学习随机应变的道理，我们才能在人生长河中走得更远更顺，从而立于不败之地。

参透名利退全身

常言说得好，富贵于我如浮云。数千年来，中国历史一直上演着"飞鸟尽，良弓藏；狡兔死，走狗烹"的悲剧，政治的险恶，入世与出世，成为中国仁人志士艰难的抉择，既铿锵刚劲，又痛苦无奈。青史上许多留名之人终其一生都在寻找

"功"与"身"的平衡点。"儒"是进取的，理性的，是社会的，宗族的，是油然于心的；而"道"呢，则是个人的，直觉的，是天然的，无可奈何的。

老子曰："持而盈之，不如其已；揣而锐之，不可长保；金玉满堂，莫之能守；富贵而骄，自遗其咎。功遂身退，天之道哉。"功业既成，抽身退去，天道使然。花开果生，果结花谢，自然之道。老子对人生的洞察是智者的深邃，一眼便窥透了人性中深层的内核。人莫不爱财慕富，贪恋权势，但能够及时抽身引退，总能一生圆满。

历史上，功成身退、及时抽身以保全自己的例子可谓俯拾即是。这些人一般被认为有隐士之风，比如辅佐勾践灭吴的范蠡。

越王勾践的大臣范蠡，辅佐勾践20多年，灭掉吴国后却上书请辞。勾践十分不解："现在你功高位尊，无所忧患，正是尽享富贵的时候，为何轻言放弃呢？"

范蠡搪塞掩饰，不肯正面回答，他只对家人说："盛名之下，其实难久；人不知止，其祸必生。勾践可与共患难，难与同安乐，这样的君主岂能轻信？"他的家人不想逃难："富贵得来不易，眼下正是再进一步的时候，机不可失啊！"

范蠡长叹："人的一念之差往往决定着生死福祸。若为贪

念所系，就悔之不及了。"他于是不辞而别，带着家人从海路逃到齐国，改名换姓，再创家业。范蠡头脑聪明无比，经营有方，不长时间，就富甲一方。齐王听说了他的才能，便任他为相。范蠡的想法出乎所有人的预料，他忧心说："治家能积累千金，居官能升至将相。若不思退，凶险马上就会降临。"

他退回了相印，又决定散尽家财远走，他的家人苦劝不止，又说："这是我们辛劳所得，不贪不占，为何要白白送给别人呢？"范蠡开口说："人贫我富，人无我有，若只取不施，恃富不仁，何不放弃呢？"他把家财分给好友，来到陶邑过着隐居生活。

初到陶邑，范蠡不顾家人的埋怨，自觉无比快乐。时间一长，范蠡又思治业大计。他的家人带有怨气地说："人人思富，个个求财，你富不珍惜，口言钱财无用，今日何必再言此事？钱财有那么好赚吗？"

范蠡轻松一笑说："穷富之别，在乎心也。只要有心，钱财取之何难？"范蠡认为陶邑位于天下的中心，四通八达，正是交易的好地方。他于是以经商为业，求取利润。范蠡的经商谋略也是超群的，没用多久就又积聚了巨万资财，成了当地首富，号称"陶朱公"。

后来，范蠡又散尽家财："钱财乃身外之物，不过分看重它才能得到它，此中真谛非守财者所能悟出。它让人受益无穷啊！"

自从范蠡不辞而别以后，文种又见勾践日夜享乐，有点心灰意懒，常常称病不朝。于是有人向勾践进谗言说："大夫文种自恃有功，倨傲不朝，背地里勾结私党，企图叛乱……"

越王勾践把一把宝剑赐给文种，命令道："你教寡人七种计谋征服吴国，寡人只用了其中三种就打败了吴国，还有四种计谋留在你那儿，我命令你去替我死去的先王谋划吧！"

大夫文种悔恨地说："这都怪我不听范蠡的劝告啊！"言毕，愤然自尽了。

范蠡深知"飞鸟尽，良弓藏；狡兔死，走狗烹"的道理，所以，功成身退，保住了自己的性命，这正是范蠡高人一等的谋略。而大夫文种不听范蠡的劝告，贪恋权位，对越王勾践的残忍和胸怀认识不足，最后落得饮剑身亡。历史上，类似范蠡的事例还有许多，像商汤时的伊尹、傅说，周朝开国之相姜太公，汉朝开国时的张良、陈平，等等。这些人都是道家人物，身体力行地实践着道家"功成、名遂、身退"的天道。有点"为他人作嫁衣裳"的意味，帮别人打下了江山，自己就飘然而去了。其实，做人懂得急流勇退，在树大招风前及时抽身，才是做人的智慧，而且也丝毫不失大义本色。

所以说，道家教人看透功名利禄是大有深意的。做人若能将成败得失看得开一些，该进则进，当退则退，不偏执一心，更不被繁碌的世俗蒙蔽了眼睛，才能真正如鱼得水一样悠游世事。

不争功劳，不矜成就

《老子》中在提到"道"时说了一个道理，"挫其锐，解其纷，和其光，同其尘"，字面的意思便是，挫掉锋芒，消除纠纷，含敛光耀，混目尘世。

挫锐解纷，和光同尘，或许听来略显晦涩，其实是在告诉我们一个为人处世的方法。而同时，道家又讲究冲而不盈，和合自然的人生哲学，与世俗同流而不合污，周旋于尘境有无之间，却不流俗，混迹尘境，但仍保持着自身的光华。这是道家人物十分推崇的境界。而古往今来，能将此一智慧运用得得心应手的代表人物之一便是中唐时期的郭子仪。

国学大师南怀瑾在"谈典论人"时，曾写下《能进能退的郭子仪》一文，谈到郭子仪一生善用黄老，做人处世有智慧。

唐代宗时，天下大乱，郭子仪又奉命击退吐蕃和回纥军队，凭借一己之力说服回纥首领，单骑退兵，从此名震千古，传为佳话。在大唐危难之际，郭子仪立下赫赫战功。然而皇帝

又担心功高震主，命其归野。朝中的文臣武将，都是郭子仪的部下，可是一旦皇帝心存疑虑，要罢免他时，他就马上移交清楚，坦然离去。等国家有难，一接到命令，又不顾一切，马上行动，所以屡黜屡起，四代君主都离不开他。

唐代宗大历二年十月，正当郭子仪领兵在灵州前线与吐蕃军拼杀的时候，鱼朝恩却偷偷派人掘了他父亲的坟墓。当郭子仪从泾阳班师回朝时，朝中君臣都捏了一把汗，料他回来不肯和鱼朝恩善罢甘休，会闹得上下不安。郭子仪入朝的那一天，代宗主动提了这件事，郭子仪却躬身自责，说："臣长期带兵打仗，治军不严，未能制止军士盗坟的行为。现在，家父的坟被盗，说明臣的不忠不孝已得罪天地。"君臣们听了，都由衷地佩服郭子仪坦荡的胸怀。

郭子仪心里明白，自己功劳越大，麻烦就越大，就是当朝皇帝代宗，也会对自己有所顾忌。所以他处处谨慎小心，以求自保。每次代宗给他加官晋爵，他都恳辞再三，实在推辞不掉，才勉强接受。广德二年，代宗要授他"尚书令"，他死也不肯，说："臣实在不敢当！当年太宗皇帝即位前，曾担任过这个职务，后来几位先皇，为了表示对太宗皇帝的尊敬，从来没有把这个官衔授给臣子，皇上怎能因为偏爱老臣而乱了祖上规矩呢？况且，臣才疏德浅，已累受皇恩，怎敢再受此重封呢？"代宗没法，只得另行重赏。

郭子仪的一生可谓是"挫锐解纷，和光同尘"的最好解读，做人如此，做官如斯，有功不争功，有祸而不畏惧，这样的智慧深值得我们现代人学习。

相反，如果硬认死理，逞强好胜，盲目蛮干，一味地逞强，一味地硬撑，有了一点功劳就得意洋洋，不可一世，那么只会给自己带来不必要的伤害，甚至牺牲，最终输掉的是自己。在历史上，就有一些人在取得了一些成绩以后，不知道收敛自己的操行，居功自傲，终于给自己惹来了杀身之祸。

东汉末年的许攸，本来是袁绍的部下，虽说是一名武将，却足智多谋。官渡之战时，他为袁绍出谋划策，可袁绍不听，他一怒之下投奔了曹操。曹操听说他来，没顾得上穿鞋，光着脚便出门迎接，鼓掌大笑道："足下远来，我的大事成了！"可见此时曹操对他很看重。

后来，在击败袁绍、占据冀州的战斗中，许攸又立了大功。他自恃有功，在曹操面前便开始不检点起来。有时，他当着众人的面直呼曹操的小名，说道："阿瞒，要是没有我，你是得不到冀州的！"曹操在人前不好发作，只好强笑着说："是，是，你说得没错。"但心中已十分嫉恨。许攸并没有察觉，还是那么信口开河。又一次，许攸随曹操进了邺城东门，

他对身边的人自夸道："曹家要不是因为我，是不能从这个城门进进出出的！"曹操终于忍耐不住，将他杀掉。一代谋臣，终成了刀下亡徒。

所以，我们做人一定要以此为戒，不管功劳有多大，都不能心高气傲，没有规矩。与人相处，总是要懂得把握分寸，不争功劳，不矜成就。适时低头，进退有道。以退为进，以谦为尚。正如老子所说的"和光同尘，冲虚谦退"。做人无论有功无功，都要保持低调，如此方能仿佛一泓活水，永远不盈不满，来而不拒，去而不留，除故纳新，流存无碍而长流不息。凡是有太过尖锐、呆滞不化的心念，便须顿挫而使之平息；倘有纷纭扰乱、纠缠不清的思念，也必须要解脱斩断。

一直以来，道家认为，做人处世首先要能冲虚谦下，在纷纷扰扰的红尘俗世中，和光同尘，才是长久之道。认为唯有如此做人，才能使人生虚而不满，源远流长，绵绵不绝。而这些道理对于现代人来说，有很好的借鉴意义，就是说，做人要做到有功劳而不争，有成就而不矜夸，谦退坦荡，能够做到冲虚而不盈不满，自然可以顿挫坚锐，化解纷扰。

腾则为龙，潜则为蛇

《庄子·山木》中，庄子曾经对他的弟子说过这样的话：

若夫乘道德而浮游则不然，无誉无訾，一龙一蛇，与时俱化，而无肯专焉。一上一下，以和为量，浮游乎万物之祖。物物而不物于物，则胡可得而累邪！此神农、黄帝之法则也。意思是说，假如能顺应自然而自由自在地游乐也就不是这样。没有赞誉没有诋毁，时而像龙一样腾飞，时而像蛇一样蛰伏，跟随时间的推移而变化，而不愿偏滞于某一方面；时而进取时而退缩，一切以顺和作为度量，悠游自得地生活在万物的初始状态，役使外物，却不被外物所役使，那么，怎么会受到外物的拘束和劳累呢？这就是神农、黄帝的处世原则。

一个人只有在游于万物之祖——道时，在观化物化之中，主宰自己，顺应万物的变化，这时才能达到真正的自由。一个人身处竞争激烈的现代社会，只有学会顺应万物的变化而变化，才能获得自由。

在《庄子·知北游》中，庄子假托孔子和其弟子颜渊对话，阐释"外化内不化"的道理。

颜渊问孔子说："我曾听先生说过：'不要有所送，也不要有所迎。'请问先生，一个人应该怎样居处与闲游？"

孔子说："古时候的人，外表适应环境变化但内心世界却持守凝寂，现在的人，内心世界不能凝寂持守而外表又不能适应环境的变化。随应外物变化的人，必定内心纯一凝寂而不离

散游移，对于变化与不变化都能安然听任，安闲自得地跟外在环境相顺应，必定会与外物一道变化而不有所偏移。狶韦氏的苑囿，黄帝的果林，虞舜的宫室，商汤、周武王的房舍，都是他们养心任物的好处所。那些称做君子的人，如像儒家、墨家之流，以是非好坏来相互诋毁，何况现时的人呢！圣人与外物相处却不损伤外物。不伤害外物的人，外物也不会伤害他。正因为无所伤害，因而能够与他人自然相送或相迎。山林呢，还是旷野呢？这都使我感到无限欢乐啊！可是欢乐还未消逝，悲哀又接着到来。悲哀与欢乐的到来，我无法阻挡，悲哀与欢乐的离去，我也不可能制止。可悲啊，世上的人们只不过是外物临时栖息的旅舍罢了。人们知道遇上了什么却不知道遇不上什么，能够做自身能力所及却不能做自身能力所不及的事。不知道与不能够，本来就是人们所不可回避的，一定要避开自己所不能避开的事，难道不可悲吗？最好的言论是什么也没说，最好的行动是什么也没做。要想把每个人所知道的各种认识全都等同起来，那就实在是浅陋了。"

在庄子看来，每个人都是一个独立的个体，但同时每个人也都是这个宇宙间的一员。个体的幸福与社会的利益之间必然会有冲突，如何解决这个冲突呢？庄子在这里假托孔子之口，提出了一种独特的人生价值观，即"古之人外化而内不化，今之人内化而外不化"。这两句话如何理解呢？

"外化而内不化"，从字面上理解就是说，外表随着事物的变化而变化，而内心有所坚持，坚守不变。一个人在社会上生存，必然会被社会上的各种规则、各种法度所制约，在这时，一个人需要遵守这些外在的东西，这就做到了庄子所说的外化。但同时，一个人之所以是一个独特的个体，必然有他与众不同的地方，这时一个人需要坚守自己的独特个性，坚守自己的内心禀赋，这就是庄子所谓的内不化。一个人要想在这个社会上很快乐，很顺利地生存下去，必须做到这一点。

如果一个人能够在这个社会之中做到"外化而内不化"，就能体验到生命操之在我的快感了，也就能体验到真正的人生大自由。

《庄子·秋水》中海神对河神这样说："懂得大道的人必定通达事理，通达事理的人必定明白应变，明白应变的人定然不会因为外物而损伤自己。道德修养高尚的人烈焰不能烧灼他们，洪水不能沉溺他们，严寒酷暑不能侵扰他们，飞禽走兽不能伤害他们。不是说他们逼近水火、寒暑的侵扰和禽兽的伤害而能幸免，而是说他们明察安危，安于祸福，慎处离弃与追求，因而没有什么东西能够伤害他们。所以说：天然蕴含于内里，人为显露于外在，高尚的修养则顺应自然。懂得人的行止，立足于自然的规律，居处于自得的环境，徘徊不定，屈伸无常，也就返归大道的要冲而可谈论至极的道理。"

进入信息时代，世界每天都瞬息万变，我们的社会每天都在出现新情况、提出新规则，这对每一个人都是一种新的要求、新的考验。如果一个人食古不化，总是坚持自己的保守的、墨守成规的准则，就会陷入被动，在社会上没有立锥之地。因此，一个人应该学会顺应外界的变化，接受各种各样的新知识，同时又坚守自己的心灵，保持一颗纯净的心灵。在顺应外界和保持真我之间灵活应付，就能够达到"一龙一蛇，与时俱化"，就能体验到真正的人生大自由。

进有尺，退有度

《庄子·大宗师》中说："以刑为体，以礼为翼，以知为时，以德为循。"在这里，庄子所说的"以刑为体，以礼为翼"，这两句的意思合起来就是，仅仅自己管理得很严是不够的，必须要了解"礼"的精神。即一个人做到随时随地没有杂念，没有恶念，没有妄念，无论何时何地都抱着虔诚恭敬的态度，待人接物。不管做什么，都对自己很严谨，慎独自敬，自尊自重。

看起来他好像在想什么东西一样，但实际上没有想，因为他随时在入定的状态。人的心境做到了永远在定中，在清静无为的状态上，根本不需要自己管理自己，不需要像刑法一样来管理这个念头。所以，光是"以刑为体"还不够，还必须"以礼为翼"，以真正的定慧精神辅助自己，然后学会处世之道。

"知"即智慧的成就，"以知为时"引用《易经·系辞》中所讲的"进退存亡之机"来讲，一个人，天下大事也好，个人做事也罢，要了解自己什么时候该进一步，什么时候该退一步，随时随地知道自处之道。"以德为循"，随时在道德的行为上，知道自己人生的方向和路径。

人贵自知，进退自如，方能智慧处世。我们是谁？我们在做什么？我们要如何生活？我们希望达到什么高度？"这世界退立一方，让任何知道自己要往何处的人通过"，人生犹如一张地图，必须找到目前自己所在的准确位置并确定最终的目的地所在，才能描绘出一道清晰的生命轨迹。古往今来，能做到进退自如的人都是颇有道风的智者，而石琚便是其中极有代表性的一位。

金熙宗天眷二年，石琚考中进士，任邢台县令。当时官场腐败，贪污成风，邢台守吏更是贪婪恶暴，强夺民财。在此环境之下，石琚却保持着清醒的头脑，他不仅不贪不占，还多次告诫别人不要贪取不义之财。他常对人说："君子求财，取之有道，怎么能利令智昏，干下不仁不义之事呢？人们都知钱财的妙处，却不闻不问不义之财所带来的隐患，这是许多人最后遭祸的根源啊。"

有人对石琚的劝告置之一笑，还嘲笑他说："世事如此，你一个人能改变得了吗？你的这些高论说来动听，实际上却全无用处，你何苦自守清贫，不识时务呢？要知无财才是大祸，你身在祸中，尚且不知，岂不遭人耻笑？切不可再言此事了。"石琚又气又怒，他当面对邢台守吏又规劝说："一个人到了见利不见害的地步，他就要大祸临头了。你敛财无度，不计利害，你自以为计，在我看来却是愚蠢至极。回头是岸吧，我实不忍见到你东窗事发的那一天。"邢台守吏拒不认错，私下竟反咬一口，向朝廷上书诬陷他贪赃枉法。结果，邢台守吏终因贪污受到严惩，其他违法官吏也一一治罪，石琚因清廉无私，虽多受诬陷却平安无事。

石琚官职屡屡升迁，有人便私下向他讨教升官的秘诀，石琚总是一笑说："我不想升迁，凡事凭良心无私，这个人人都能做到，只是他们不屑做罢了。"来讨教的人不信此说，认为石琚是在敷衍自己，心怀怨气，石琚见此又是一笑道："人们过分相信智慧之说，却轻视不用智慧的功效，这就是所谓的偏见吧。"

金世宗时，世宗任命石琚为参知政事，万不想石琚却百般推辞。金世宗十分惊异，私下对他说："如此高位，人人朝思暮想，你却不思谢恩，这是何故？"石琚以才德不堪作答，金世宗仍不改初衷。石琚的亲朋好友力劝石琚，他们惶急道："这是天大的喜事，只有傻瓜才会避之再三。你一生聪明过人，怎会这样愚钝呢？万一惹恼了皇上，我们家族都要受到牵连，天下人更会笑你不识好歹。"石琚面对责难，一言不发。他见众亲友喋喋不休，最后长叹说："俗话说，身不由己，看来我是不能坚持己见了。"

石琚无奈接受了朝廷的任命，私下却对妻子忧虑地说："树大招风，位高多难，我是担心无妄之灾啊。"他的妻子不以为然，说道："你不贪不占，正义无私，皇上又宠信于你，你还怕什么呢？"石琚苦笑道："身处高位，便是众矢之的，无端被害者比比皆是，岂是有罪与无罪那么简单？再说皇上的宠信也是多变的，看不透这一点，就是不智啊。"

大定十八年，石琚升任右丞相，位极人臣，前来贺喜的人络绎不绝。石琚表面上虚与委蛇，私下却决心辞官归居。他开导不解的家人故旧说："我一生勤勉，所幸得此高位，这都是皇上的恩典，心愿已足。人生在世，祸在当止不止，贪心恋栈。"他一次又一次地上书辞官，金世宗见挽留不住，只好答

应了他的请求。世人对此事议论纷纷，金世宗却感叹说："石琚大智若愚，这样的大才天下再无二人了，凡夫俗子怎知他的心意呢？"

石琚可谓深谙进退之道，能进能退，把握得极其有度，所以才能在官场混迹多年而屹然不倒。

面对人生的波澜，应做到"猝然临之而不惊，无故加之而不怒"。每个人都是被上帝咬过后的苹果，只因上帝特别喜爱某些人的芬芳，所以才对他咬得特别重。生活给予每个人的都不会太少，只要我们好好珍惜其中的一二，并不断用心血去打造，就能拥有生命的芬芳和幸福的生活。

世事如棋，一个人需要懂得进退的道理，该进的时候勇猛精进，该退的时候，悠然而退，不留恋，不执著，即便一时做不到，那也尽力自我修养。因为至于如此，才能在进退间应变自如，这也是道家极其强调的做人哲学。一个只知道前进的人，往往会撞到一堵厚厚的墙上，只有那些时不时后退一下、等待时机前进的人，反而有更多机会抓住机会，保全自己。

大隐隐于市的闲适生活

《庄子·秋水》中记录了一段鱼之乐的精彩对话。

庄子与惠子游于濠梁之上。庄子曰："倏鱼出游从容，是鱼之乐也。"惠子曰："子非鱼，安知鱼之乐？"庄子曰："子非我，安知我不知鱼之乐？"惠子曰："我非子，固不知子矣；子固非鱼也，子之不知鱼之乐，全矣！"庄子曰："请循其本。子曰'汝安知鱼之乐'云者，既已知吾知之而问我。我知之濠上也。"

像鱼一样，得生命大自在，庄子十分欣赏这种境界。所以在《庄子·刻意》中又讲道："就薮泽，处闲旷，钓鱼闲处；无为而已矣。此江海之士，避世之人，闲暇者之所好也。"这里，庄子又列举了几种人士：隐居江海的人，与世无争、逃避世事的人，清闲悠暇的人。这些人也没有什么荣辱毁誉的强烈愿望或忌讳。所以，以栖身山林江湖，流浪旷野荒原，每日垂钓，闲散度日。这正是道家的处世态度，顺其自然。在同一篇中，庄子讲了闲散居士的好处："平易恬（淡），则忧患不能入，邪气不能袭。"庄子认为，这些懂得隐居起来的人，是享受着生命的大自在的人。

然而生活在当今时代的我们，不可能像庄子说的那样，到山林中去归隐。就像庄子在《山木》篇中所讲的燕子一样：鸟没有比燕子更聪明的，看见不适宜停歇的地方，绝不投出第二次目光，即使掉落了食物，也舍弃不顾而飞走。燕子很害怕人，却进入到人的生活圈子，不过只是将它们的巢窠暂寄于人的房舍罢了。

人也是这样，为了生存，必须生活在社会之中。一句话说得好，"大隐隐于市"，只要一个人拥有一个自由的、超凡脱俗的心灵，即使是在闹市之中，他也能体会到万籁俱寂的"静"。在复杂的社会中，自然有简单的道理，那就是只要你能够保持心灵的精美，学会享受生活，你就能享受生命的大自在。

反过来讲，一个人要过得更快乐，必须学会享受生活。

一位得知自己将不久于人世的老先生，在日记簿上记下了这样一段文字："如果我可以从头活一次，我要尝试更多的错误，我不会再事事追求完美。我情愿多休息，随遇而安，处世糊涂一点，不对将要发生的事处心积虑地计算着。其实人世间有什么事情需要斤斤计较呢？可以的话，我会多去旅行，跋山涉水，再危险的地方也要去一去。以前不敢吃冰淇淋，是怕健康有问题，此刻我是多么的后悔。过去的日子，我实在活得太小心，每一分每一秒都不容有失，太过清醒明白，太过合情合理。如果一切可以重新开始，我会什么也不准备就上街，甚至连纸巾也不带一块，我会放纵地享受每一分、每一秒。如果可以重来，我会赤足走出户外，甚至彻夜不眠，用这个身体好好地感觉世界的美丽与和谐。还有，我会去游乐场多玩几圈木马，多看几次日出，和公园里的小朋友玩耍。只要人生可以从

头开始，但我知道，不可能了。"

随遇而安，快乐旅行，这样的生活谁不向往，可惜的是我们生的时候，很少有人愿意放下一切，去简单地享受真正的生活。直到有一天我们老了，才会真心感慨，可是时间不待人，就像这位老先生，着实令人慨叹。

美国诗人惠特曼说："人生的目的除了去享受人生外，还有什么呢？"林语堂也持同样的看法，他说："我总以为生活的目的即是生活的真享受……是一种人生的自然态度。"

生活本是丰富多彩的，除了工作、学习、赚钱、求名，还有许许多多美好的东西值得我们去享受：可口的饭菜、温馨的家庭生活、蓝天白云、花红草绿、飞溅的瀑布、浩瀚的大海、雪山与草原、大自然的形形色色，包括遥远的星系、久远的化石……

此外还有诗歌、音乐、沉思、友情、谈天、读书、体育运动、喜庆的节日……

甚至工作和学习本身也可以成为享受，如果我们不是太急功近利，不是单单为着一己利益，我们的辛苦劳作也会变成一种乐趣。让我们把眼光从"图功名""治生产"上稍稍挪开，去关注一下上帝给予我们生命、生活中的这些美好吧。

努力地工作和学习，创造财富，这当然是正经的事。享受

生活，必须有一定的物质基础。只有衣食无忧，才能谈得上文化和艺术。饿着肚子，是无法去细细欣赏山灵水秀的，更莫说是寻觅诗意。所以，人类要努力劳作，但劳作本身不是人生的目的，人生的目的是"生活得写意"。一方面勤奋工作，一方面使生活充满乐趣，这才是和谐的人生。

享受生活，不是说要去花天酒地，也不是要去过懒汉的生活，吃了睡，睡了吃。而是要我们努力去丰富生活的内容，努力去提升生活的质量。愉快地工作，也愉快地休闲。散步、登山、滑雪、垂钓，或是坐在草地或海滩上晒太阳。在做这一切时，使杂务中断，使烦忧消散，使灵性回归，使亲伦重现。用英国小说家乔治·吉辛的话说，是过一种"灵魂修养的生活"。

我们会工作、会学习，但如果不会享受生活，这对于我们来说，是人生的一大遗憾。学会享受生活吧，真正去领会生活的诗意、生活的无穷乐趣。学会享受生活，在享受中体验生命的大自在，这正是庄子教给我们的哲理的最本质的解释。

东晋大诗人陶渊明有一首名传千古的诗是这样写的：

结庐在人境，而无车马喧。问君何能尔，心远地自偏。采菊东篱下，悠然见南山。山气日夕佳，飞鸟相与还。此中有真意，欲辩已忘言。

这是何等的恬然，又是何等空灵、何等超脱的大境界。其中的那种美妙的真意只有每个人自己去体会了。如果一个人能够把庄子的真意时刻放在心上，享受自己的人生长途，体验生命的大自在，那么我们就会发现，生活原来可以如此美好。

安贫乐道，身无
分文也是"贵族"

安贫乐道是道家先贤对自己的要求，也是对世人的忠告。但正如庄子所说，贫穷并非疲惫，安贫乐道的人也并非没有精神内涵，不思进取。庄子很贫穷，但是庄子的精神力量却散发出耀眼的光辉，他深谙快乐生活的道理，心与物游，天真烂漫，这种贫穷在某种意义上说是最富有。

平民的生活，贵族的风度

老子说：名与身孰亲。身与货孰多。得与亡孰病。是故甚爱必大费。多藏必厚亡。知足不辱。知止不殆。可以长久。从古至今，多少人在混乱的名利场中丧失原则，迷失自我，百般挣扎反而落得身败名裂。司马迁说得好："君子疾没世而名不称焉，名利本为浮世重，古今能有几人抛？"

《庄子·逍遥游》中讲到庄子的一段经历说：

有一天，庄子在濮水边垂钓，楚王派遣两位大臣先行前往致意，说："楚王愿将国内政事委托给你而劳累你了。"就是楚王想要请庄子去做楚国国相。

庄子手把钓竿头也不回地说："我听说楚国有一神龟，已经死了三千年了，楚王用竹箱装着它，用巾饰覆盖着它，珍藏在宗庙里。这只神龟，是宁愿死去为了留下骨骸而显示尊贵呢，还是宁愿活着在泥水里拖着尾巴呢？"两位大臣说："宁愿拖着尾巴活在泥水里。"庄子说："你们走吧！我仍将拖着尾巴生活在泥水里。"

道家认为做人应该摈除对名誉名声的执著。比如庄子就说："名者，实之宾也，吾将为宾乎？"意思是说名为宾，是次要的，实才是主要的。所以当被征召去做官的时候，庄子说自己宁可曳尾涂中，过着穷困但是却自在的日子，因为在庄子眼中名誉不过是个虚浮的东西，只有逍遥自在的真实生活才是珍贵的。

庄子主张"至誉无誉"。认为最大的荣誉就是没有荣誉，把荣誉看得很淡很轻，名誉、地位、声望都算不得什么，即使行善做好事也不要留名。

所以庄子说："荣辱立然后睹所病。"当人们心中有了荣誉的念头之后，就可以看到种种忧心的事情。过分关心个人的荣辱得失，就只能忧虑烦恼，无以摆脱。相反，一个人若是看淡声名毁誉，不刻意去追求名声，专注于自身修身养性，并以此心做事做人，反而常能收获良好的名声。

比如，一个非常正直的学者，一生治学严谨，绝不会沽名钓誉。一个人能把名利看得淡一些，境界就会高一些。治学也好，为人也罢，道理其实都是相通的。一个人如果不能淡泊名利，就必然会急功近利，进而为了满足心中的贪婪而不择手段。人如果能少一点贪欲，多一点自制与满足，自然也就不会落入生活各种各样的圈套中，让自己沦为一个任人宰割的羔羊。

同样，对于"利"字，道家也是持着看淡的态度。在《庄子·天运》篇中，庄子就曾假托孔子的口吻说："以富为是者，不能让禄；以显为是者，不能让名。亲权者，不能与人柄，操之则栗，舍之则悲，而一无所鉴，以窥其所不休者，是天之戮民也。"意思是说：把贪图财贿看做正确的人，不会让人利禄；把追求显赫看做正确的人，不会让人名声；迷恋权势的人，不会授人权柄。掌握了利禄、名声和权势，便唯恐丧失而整日战栗不安，而放弃上述东西又会悲苦不堪，而且心中没有一点鉴识，目光只盯住自己所无休止追逐的东西，这样的人只能算是被大自然所刑戮的人。

我们以赤子之身来此世界，当以赤子之心走过此世界，也就是真正留取清白在人间。既无声名，亦无功利，然而这也是莫大声名，莫大功利了。道家强调说："至人无己，神人无功，圣人无名。"即便我们过的是平民样的生活，却依然可以保持贵族的风度。

事实上，人生的规则也正是如此奇妙，贪慕虚名、急功近利者往往得不到真正的名誉；沽名钓誉、无所不用之徒往往得不到真正的快乐。庄子言："不为轩冕肆志，不为穷约趋俗，其乐彼与此同，故无忧而已矣。"确实，那些不追求官爵的人，自然能不因为高官厚禄而喜不自禁，也不会因为前途无望穷困贫乏而随波逐流，趋势媚俗、做人能像道家所倡导的那样，在荣辱面前一样达观，必然也就无所谓忧愁了。

所以说，我们做人，要懂得学习道家的安贫乐道，以淡泊之心看待名利，这样我们就能对客观的、外在的出身、家世、钱财、生死、容貌等，都看得淡泊，从而才可能达到道家所崇尚的精神超脱洒脱的境界，正所谓："去留无意，任天空云卷云舒；宠辱不惊，看窗外花开花落。"

不知足，便是祸

俗话说知足常乐，老子在《道德经》中也说过"知足者富"的话。但是人们的欲望往往很大，欲壑难填是常有的事。在《论语·公冶长》中孔子曾经谈到过这个问题。"子曰：吾未见刚者。或对曰：申枨。子曰：枨也欲，焉得刚？"

孔子在这里就是与人讨论这个问题。他认为一个真正刚强的人不是说脾气很大，也不是靠蛮勇之力，而是对人对事都没有什么欲求。

一个人做到除简单的人生欲求外，没有奢华特别的欲求，自然就不会害怕别人的要挟，因为他没有任何需要别人来施舍的。这种气度就是人们所说的"弃天下如敝屣，薄帝王将相而不为"。

正如一位哲人曾经说过的：欲望是海水，越喝越渴。人只要有自己的喜好，一旦遇到自己中意的就要入套中。爱财的一见到金子就两眼发直；好色的见到美女就垂涎欲滴；喜欢附庸风雅的看到古玩字画就走不动路。因此，人要真的无欲还真难。

狐狸和狼是死对头，在动物王国中，它们一直在明争暗斗，渴望更高的位置和权力。但是狼比狐狸走运，狼被提拔了，而狐狸却什么也没得到。

怎样搞掉狼呢？狐狸冥思苦想，终于想出一条计策。

狐狸去拜见狼，诚恳地说："狼大哥，过去我有对不起你的地方，是我错了，你一定要原谅我呀。"

狼见狐狸登门认错，心里得意，摆出大仁大义的样子说："没什么，过去的事情就别提了，咱们团结一致向前看。"

狐狸与狼倾心长谈，并积极为狼出谋划策，临走时，非要留下点小礼品不可。狼觉得也不能太不给狐狸面子，就收下了，反正狐狸也没有什么要求。

狐狸隔三差五来走动，每次来都带些礼品，不轻不重，狼渐渐地也就习以为常了。

有一天，狐狸对狼说："现在羊和猪在争一块草地，羊跟我关系不错，你看能不能帮羊说句话？"

这件事狼是知道的，不是什么大事，就替狐狸办了，之后，狐狸拿了更多的礼品来感谢。

长此以往，狐狸求狼办的事也越来越多，当然礼品也越来越多，不知不觉中，超过原则的范围也越来越远。

终于有一次，狐狸让狼办一件很危险的事，许诺事成之后定有重谢，狼不干。狐狸取出一个小本，上面记着狼每次受贿的时间、事由等，各种证据俱全，这些就足以毁掉狼的前程。不得已，狼答应再帮这一次忙，下不为例。

没有下一次了，狼东窗事发，将在狱中度过自己的余生。

贪婪如同海水，喝得越多越觉得口渴，最后人们甚至会让自己命丧于此而不自知。这只贪婪的狼最终以牢狱之灾结束了原本美好的生活，为自己的贪欲付出了沉重代价。虽然这是个寓言，但现实生活中，从来不乏这样的例子。欲望是魔鬼免费赠送的一剂穿肠毒药，谁能免疫？然而饮鸩虽暂时能止渴，但却让我们身中剧毒，比口渴难耐时还要可怕。所以人应当时刻提醒自己，不要让自己跌倒在自己的爱好上。被欲望所掩埋是很残酷的，而往往这种贪欲就像是人性的鸦片，你吸食的时候很过瘾，完全意识不到它的坏处，等你想抽身而逃的时候已经很晚了，而且戒也戒不掉。

人到死也离不开欲望。命运总是在满足一个人的欲望的同时，塞给他一个更难填的新的欲望。欲望过多，不加节制，便成了贪婪。结果陷入了"越喝越渴，越渴越喝"的恶性循环。

对于一个不知足的人来说，天下没有一把椅子是舒服的。欲望就如同一团熊熊烈火，柴放得越多，烧得越旺，而火烧得越旺，人就越有添柴的冲动。于是，人便奔来奔去、忙里忙外，难有停息的时候。

物来而应，物去不留

有一个富翁背着许多金银财宝，到远处去寻找快乐。他走过了千山万水，却始终未能寻找到快乐，于是沮丧地坐在山道旁。一个农夫背着一大捆柴草从山上走下来，富翁说："我是个令人羡慕的富翁。请问，为何我没有快乐呢？"

农夫放下沉甸甸的柴草，舒心地揩着汗水："快乐很简单，放下就是快乐！"富翁顿时开悟：自己背负着那么重的珠宝，老怕别人抢，总怕别人暗算，整天忧心忡忡，快乐从何而来？于是，富翁将珠宝、钱财接济穷人，专做善事，慈悲为怀。善行滋润了他的心灵，他也尝到了快乐的味道。

富翁不快乐，是因为他背负着财富不肯放下，农夫快乐，是因为他懂得快乐的真谛在于放下，哀乐的最终原因不在于是否拥有更多财富，而在于是否有一颗平淡自处的心。得道者的心就像一面镜子，对于外物是来者即照，去者不留，能够反映外物而又不因此损心劳神。在道家看来，只有这样的人才能做到胜物而不伤己。

道家认为"不将不逆，应而不藏"是道的最高境界。在《庄子·应帝王》中说："至人之用心若镜，不将不逆，应而不藏，故能胜物而不伤。"

他说，得道的人身处世间，对于外物既不欢迎，也不拒绝，"物来而应，物去不留"，因此能保持一颗平静的心。由此可知，一个人如果背负太多的东西，只会让自己疲惫不堪，只有适当地放下，才能得到真正的快乐。当突如而来的财富或声名摆在我们面前时，如何面对？这是个问题。

一个小镇的老街上住着一位老铁匠，他以卖铁器为生。每天早上，老铁匠把铁器往门口一放然后就在竹椅上躺着，微闭着眼，听收音机，从不大声吆喝与别人讨价还价。旁边脚下还放着一把紫砂壶。老铁匠每天的收入正够他喝茶和吃饭。他老了，已不再需要多余的东西，因此他非常满足。

一天，一个文物商人从老街上经过，偶然间看到老铁匠身旁的那把紫砂壶。古朴雅致，紫黑如墨，有清代制壶名家戴振公的风格。商人想以20万元的价格买下它，老铁匠先是一惊后又拒绝了，因为这把壶是他爷爷留下的，他们祖孙三代打铁时都喝这把壶里的水。

商人走后，老铁匠第一次失眠了：这把壶他用了近60年，并且一直以为是一把普普通通的壶，现在竟有人要以20万元的价钱买下它。特别让他不能容忍的是，当人们知道他有一把价值连城的茶壶后，开始向他借钱，天天找上门来，更有甚者晚上也敲他的门。他的生活被彻底打乱了，他不知该怎样处置这把壶。

第三天，当那位商人带着20万现金登门的时候，老铁匠再也坐不住了。他拿起一把斧头，还没等大家反应过来，已经把紫砂壶砸了。

一把茶壶打破了老铁匠原本平静的生活，在常人眼中，他突然拥有了一把价值连城的茶壶，本应该快乐才是，可事与愿违，老铁匠得到的是平地而生的烦恼。所以最后，紫砂壶被砸碎了，老铁匠恢复了原本的生活。

故事告诉我们，做人要想能在功名利禄面前，应对自如，就要保持一颗平静的心，学会"物来而应，物去不留"。适当放下是一种洒脱，是参透万物后的一种平和。只有放下那些过于沉重的东西，才能得到心灵的放松。当某一件东西带给你的只有无尽的烦恼和忧愁，各种各样的负担如山一般压在人的心上不能自由呼吸，那么最明智的办法就是舍弃它，赤条条来去无牵挂，快乐自然会回到身边。

什么是最大的快乐

庄子在《庄子·至乐》中，论述了人生在世什么才是最大的快乐，开篇就提出了这样的问题：天下有最大的快乐还是没有呢？有可以存活身形的东西还是没有呢？现在，应该做些什么又依据什么？回避什么又安心什么？靠近什么又舍弃什么？喜欢什么又讨厌什么？

接着庄子对这个问题给予这样的回答："夫天下之所尊者，富贵寿善也；所乐者，身安厚味美服好色音声也；所下者，贫贱夭恶也；所苦者，身不得安逸，口不得厚味，形不得美服，目不得好色，耳不得音声；若不得者，则大忧以惧。其为形也亦愚哉。"意思是说，世上的人们所尊崇看重的，是富有、高

贵、长寿和善名；所爱好喜欢的，是身体的安适、丰盛的食品、漂亮的服饰、绚丽的色彩和动听的乐声；所认为低下的，是贫穷、卑微、短命和恶名；所痛苦烦恼的，是身体不能获得舒适安逸、口里不能获得美味佳肴、外形不能获得漂亮的服饰、眼睛不能看到绚丽的色彩、耳朵不能听到悦耳的乐声；假如得不到这些东西，就大为忧愁和担心，以上种种对待身形的做法实在是太愚蠢啊！

又说："夫富者，苦身疾作，多积财而不得尽用，其为形也亦外矣。夫贵者，夜以继日，思虑善否，其为形也亦疏矣。"富有的人，劳累身形勤勉操作，积攒了许许多多财富却不能全部享用，那样对待身体也就太不看重了。高贵的人，夜以继日地苦苦思索怎样才会保全权位和厚禄与否，那样对待身体也就太忽略了。

财富固然可以帮助我们实现许多梦想，但是现实中，由于人们的贪心，有时候财富反而成为我们心灵幸福的拦路虎。就像庄子所说的那样，贪、腐者们追求的其实不外身体的安适、丰盛的食品、漂亮的服饰、绚丽的色彩和动听的乐声这些东西，到头来还不都是一场空。

是啊，世间众生，有几人能够在名利面前淡然处之，泰然自若？

"人人都说神仙好，唯有功名忘不了"，这是《红楼梦》里的开篇偈语，这一首《好了歌》似乎在诉说繁华锦绣里的一段公案，又像是在告诫人们提防名利世界中的冷冷暖暖，看似消极，实则是对人生的真实写照，即使在数百年后的今天依然适用。世人总是被欲望蒙蔽了双眼，在人生的热闹风光中奔波迁徙，被名利这些身外之物所累。

那些把名利看得很重的人，总是想将所有财富收到囊中，将所有名誉光环揽至头顶，结果必将被名缰利锁所困扰，甚至好朋友也会因为这样反目成仇。

一天傍晚，两个非常要好的朋友在林中散步。这时，有个老者从林中走了出来，面色惶恐不安。两人见状，上前问道："这位老先生，你为什么如此惊慌，发生了什么事情？"

长者忐忑不安地说："我正在移栽一棵小树，却突然发现了一坛金子。"

这两人听后感到好笑，说："挖出金子来有什么好怕的，你真是太好笑了。"然后，他们就问："你是在哪里发现的，告诉我们吧，我们不怕。"

长者说："你们还是不要去了吧，那东西会吃人的。"

这两人哈哈大笑，异口同声地说："我们不怕，你告诉我们它在哪里吧。"

于是长者只好告诉他们金子的具体地点，两个人飞快地跑进树林，果然找到了那坛金子。好大一坛黄金！

一个人说："我们要是现在就把黄金运回去，不太安全，还是等到天黑以后再运吧。现在我留在这里看着，你先回去拿点饭菜，我们在这里吃过饭，等半夜的时候再把黄金运回去。"于是，另一个人就回去取饭菜了。

留下来的这个人心想："要是这些黄金都归我，该有多好！等他回来，我一棒子把他打死，这些黄金不就都归我了吗？"

回去的人也在想：我回去之后先吃饱饭，然后在他的饭里下些毒药。他一死，这些黄金不就都归我了吗？

不多久，回去的人提着饭菜来了，他刚到树林，就被另一个人用木棒打死了。然后，那个人拿起饭菜，吃了起来，没过多久，他的肚子就像火烧一样痛，这才知道自己中了毒。临死前，他想起了长者的话："长者的话真对啊，我当初怎么就不明白呢？"

人为财死，鸟为食亡。"财"这只拦路虎，它美丽耀眼的毛发确实诱人，一旦骑上去，又无法使其停住脚步，最后必将摔下万丈深渊。这对朋友的遭遇发人深省，常言道，可以共患难，不可以共富贵，这是不少人的通病，可悲可叹，而我们今天学习道家的做人智慧，就是要克制"财"这只静心的拦路之虎，要理智地对待财富，切莫被钱财迷了心窍，否则实在得不偿失。

就像《庄子·徐无鬼》中所说："钱财不积则贪者忧；权势不尤则夸者悲；势物之徒乐变。"追求钱财的人往往会因钱财积累不多而忧愁，贪心者永不满足；追求地位的人常因职位不够高而暗自悲伤；迷恋权势的人，特别喜欢社会动荡，以求在动乱之中借机扩大自己的权势。而这些"想不开、看不破"的人，注定烦恼缠身。

一枚金币的幸福博弈

有位国王，天下尽在手中，照理，应该满足了吧，但事实并非如此。

国王自己也纳闷，为什么对自己的生活还不满意，尽管他也有意识地参加一些有意思的晚宴和聚会，但都无济于事，总觉得缺点什么。

一天，国王起个大早，决定在王宫中四处转转。当国王走到御膳房时，他听到有人在快乐地哼着小曲。循着声音，国王看到是一个厨子在唱歌，脸上洋溢着幸福和快乐。国王甚是奇怪，他问厨子为什么如此快乐？厨子答道："陛下，我虽然只不过是个厨子，但我一直尽我所能让我的妻小快乐，我们所需

不多，头顶有间草屋，肚里不缺暖食，便够了。我的妻子和孩子是我的精神支柱，而我带回家哪怕一件小东西都能让他们满足。我之所以天天如此快乐，是因为我的家人天天都快乐。"

听到这里，国王让厨子先退下，然后向宰相咨询此事，宰相答道："陛下，我相信这个厨子还没有成为99一族。"国王诧异地问道："99一族？什么是99一族？"宰相答道："陛下，想确切地知道什么是99一族，请您先做这样一件事情：在一个包里，放进去99枚金币，然后把这个包放在那个厨子的家门口，您很快就会明白什么是99一族了。"

国王按照宰相所言，令人将装了99枚金币的布包放在了那个快乐的厨子门前。

厨子回家的时候发现了门前的布包，好奇心让他将包拿到房间里，当他打开包，先是惊诧，然后狂喜：金币！全是金币！这么多的金币！厨子将包里的金币全部倒在桌上，开始查点金币，99枚，厨子认为不应该是这个数，于是他数了一遍又一遍，的确是99枚。他开始纳闷：没理由只有99枚啊？没有人会只装99枚啊？那么那一枚金币哪里去了？厨子开始寻找，他找遍了整个房间，又找遍了整个院子，直到筋疲力尽，他才彻底绝望了，心中沮丧到了极点。

他决定从明天起，加倍努力工作，早日挣回一枚金币，以使他的财富达到 100 枚金币。由于晚上找金币太辛苦，第二天早上他起来得有点晚，情绪也极坏，对妻子和孩子大吼大叫，责怪他们没有及时叫醒他，影响了他早日挣到一枚金币这一宏伟目标的实现。他匆匆来到御膳房，不再像往日那样兴高采烈，既不哼小曲也不吹口哨了，只是埋头拼命地干活，一点也没有注意到国王正悄悄地观察着他。看到厨子心绪变化如此巨大，国王大为不解，得到那么多的金币应该欣喜若狂才对啊！他再次询问宰相。

宰相答道："陛下，这个厨子现在已经正式加入 99 一族了。99 一族是这样一类人：他们拥有很多，但从来不会满足，他们拼命工作，为了额外的那个'1'，他们苦苦努力，渴望尽早实现'100'。原本生活中那么多值得高兴和满足的事情，因为忽然出现了大于凑足 100 的可能性，一切都被打破了，他竭力去追求那个并无实质意义的'1'，不惜付出失去快乐的代价，这就是 99 一族。"

故事中的厨子，就好像是在做一场关于幸福的博弈，只不过他把筹码放在了一枚金币上，表面上看他是追求金币，因为在他看来 100 枚金币代表的就是成功与幸福，但实际上，他却是在用幸福换金币。不论他最终是否能愿望达成，但是有一点却可以肯定，那就是无论怎么看，这场博弈，他都是输家。

欲望越大，人越贪婪，人生越容易致祸！《庄子·大宗师》中讲"其嗜欲深者，其天机浅"，说的便是这个道理。罗素说，动物若是有了足够的食物和健康，便是快乐的。人也应当如此。然而现实生活中并非如此。相反人们被越来越多的欲望束缚着，拥有的越多烦恼似乎也就越多。其实，人生而皆有欲望，但是如果嗜欲过了度，那就是人生的毒药了。就像由于现代社会物质文明越来越发达，人在世间的知识随之越多，本事越大，而欲望也就变得愈来愈大。而人也就相应地越来越违反自然，逐渐偏离自己的本心，也就是"其天机浅"的意思。

这个道理告诉人们，人在面对这个纷繁复杂的世界时，一定不要迷失自己，让欲望占据自己的心灵。就像开头所讲的那个故事，它给予我们的警醒无疑是深刻的。许多人都不免会遇到类似的情况，总认为自己拥有的还不够多，想要的还很多，就会无视自己手中的幸福，而一心望着那些不属于自己的东西。其实，人生的最大障碍就是期待过多。所谓知足是福。在欲望的无止境追求中，幸福会被冲得无影无踪了。人的一生就陷入这样的怪圈之中而不能自拔。一旦欲望得不到满足，便会产生痛苦和烦恼。

现代社会的攀比之风盛行，人们的欲望膨胀，痛苦烦恼反而比物质文明落后时代的社会更多。伊索寓言里讲："有些人贪婪，想得到更多的东西，却把现在所拥有的也失掉了。"而做人处世，只有努力地使自己做到"身外物，不奢恋"，才能活得轻松，过得自在。遇事想得开，放得下，就不会像庄子书中所讲的，嗜欲愈深，天机愈浅。我们要懂得知足，千万不要为了一枚小小的金币牺牲掉自己的幸福生活。

坦然无求一身轻

五色令人目盲，五音令人耳聋，五味令人口爽。驰骋畋猎，令人心发狂。难得之货，令人行妨。是以圣人为腹不为目，故去彼取此。这是老子《道德经》第十二章中的一段话，它的意思是说：五光十色的花花世界使人眼花缭乱；嘈杂的急管繁弦使人震耳欲聋；山珍海味，美酒佳肴，使人口不辨味；射雕逐鹿，骑马打猎，使人精神疯狂；金银珠宝，钻石玛瑙，使人犯法悖德。因此，圣人治理天下，首先要让民众吃饱肚子，而不是在色彩斑斓的大千世界里东张西望。所以舍弃繁华奢侈，而选取淳厚朴素。

因此，在道家看来，一个人要想使自己的智慧清明起来，必须先学会坦荡做人，使自己真正无求一身轻，人生才能拥有无限的可能。缤纷的色彩使人眼花缭乱，嘈杂的声音使人听觉失灵，浓厚的杂味使人味觉受伤，纵情猎掠使人心思放荡发

狂，稀有的物品使人行为不轨，因此，圣人应该致力于基本的维生事务，不耽乐于感官的享乐，有所取舍。

老子主张少私寡欲，认为做人能够坦然无求，变自然能得一身轻松坦荡，从而把自己从痛苦的深渊中解脱出来。而要做到这一点，在道家的老子看来，就是要人们把各种欲望降低到非常有限的程度。生存需要是人类最基本的需要，人的生命要靠一定的生存条件来维持，人的欲望很大程度上是与人的生存条件相联系的。正常的欲望是人人都有的，少私寡欲并不是"存天理、灭人欲"，而是反对放纵欲望。老子认为追求物欲、情欲的结果，不仅破坏了原始社会那种天然朴素的社会状态，而且干扰了人们的平静心境。

声色犬马只能使人视觉迟钝、听觉不灵、味觉丧失，终致心神不宁、放荡不安、德行败坏。正常的生活在于"为腹不为目"，只求饱腹，不求享受。人们要力戒过分的感官刺激与发泄，摒弃物欲的诱惑，以确保固有的天真。人的欲望在于人有自身的肉体存在，自然就会产生耳目口腹之欲，就会追求悦耳、悦目、美味、安逸等肉体的感官快乐。而欲望又是永远都不会满足的无底洞，人们也就因此变得贪得无厌。社会的纷争、个人的烦恼都源于人的不知足。

有利可图，趋之若鹜；权势一去，作鸟兽散。声色货利以及口腹之欲，常常让人们任性自欺而上当受骗，许多人都心甘情愿地跳入陷阱而不自知。许多时候，诱饵愈是诱人，则潜藏的危险就愈大。

一条小鱼问阅历丰富的大鱼道："妈妈，我的朋友告诉我，钓钩上的东西是最美味的，可就是有一点儿危险，要怎样才能尝到这种美味而又保证安全呢？"

"亲爱的孩子，"大鱼说，"这两者是不能并存的，最安全的办法就是绝对不去吃它。"

"可它们说，那是最便宜的，因为它不需要任何代价。"小鱼一脸艳羡。

"这可就完全错了，"大鱼说，"最便宜的很可能恰好是最贵的，因为它希图别人付出的代价是整个生命。你知道吗，它里面裹着一只钓钩？"

"要判断里面有没有钓钩，必须掌握什么原则呢？"小鱼又问。

"那原则其实你都已经说了。"大鱼说，"一种东西，味道最鲜美，价格又最便宜，似乎不用付出任何代价，那么，钓钩很可能就藏在里面。"

大鱼的判断原则对于人来说，同样适用。一只无意中掉入米缸的老鼠，满目都是白花花的大米，欣喜着不必辛劳出去觅食，却不见缸究竟有多深。吃着存米，做着美梦，眼看着米一天天减少，自己离缸口也越来越远，却总舍不得抽身离去。直到有一天，缸中米已见底，才发现自己想跳也跳不出去了。

声色货利，自古以来，便被奸人运用得得心应手。以声色犬马困住你，让你无暇顾及其他，只知道，此间乐，不思蜀，自己却慢慢沦为别人的傀儡。尤其是在今天，世界日新月异，繁华纷扰的现代都市，能做到坦然无求，不仅仅是一种个人修养，有时候更是一门护身的学问。

与其期待虚有，不如安守当下

唐代著名诗人白居易曾写过《问刘十九》这样一首小诗：绿蚁新醅酒，红泥小火炉。晚来天欲雪，能饮一杯无？

这首诗不但是一首很精彩的请柬，更是一种无欲无求，追求恬淡、诗意、自然生活的人生境界的写照。

现实生活中，每个人都在欲望的道路上奔走，把赚钱和获取地位当做自己的毕生追求和首要目标，欲罢不能，早就忘记了诗人所说的那种境界。"请神容易送神难"，是非欲念就是这样，在心中产生很容易，但当人想把它们祛除时，却困难了。而另一方面，别人就很有可能利用了这一点，于是让你轻而易举地被人虏获和击败，就像下面的这只猴子。

有一种猴子，它们非常喜欢偷吃农民的玉米。尤其是晚上的时候，农民们没有时间照看，玉米常常会被洗劫一空。起初农民们拿它们没办法，后来他们发现猴子都有贪得无厌的习性，于是根据这种习性发明了一种捕捉猴子的巧妙方法。

农民们把一只只葫芦形的细颈瓶子固定好，然后把它们拴在一棵大树下，再在瓶子中放入猴子们最爱吃的玉米粒，然后就等着猴子们上钩。

到了晚上，猴子们来到树下，见到瓶中的玉米粒十分高兴，就把爪子伸进瓶子去抓。这瓶子的妙处就在于猴子的爪子刚刚能够伸进去，等它抓到一把玉米粒时，爪子却怎么也拿不出来了。而这些猴子十分贪婪，绝不可能放下已到手的玉米，就这样，它们的爪子也就一直抽不出来，只能死死地守在瓶子旁边。

到了第二天早晨，农民们抓住它们的时候，它们依然抓着玉米不放，直到把玉米送入嘴中。

这些可怜的猴子，因为自己的贪婪而丧失了自由，甚至丢掉性命。其实，在生活当中，也有不少人，为了永无休止的欲望而无谓地失去很多东西。他们想要这个或那个。如果不能得到他们想要的，他们就不停地去想他们所没有的，并且保持一种不满足感。如果他们已经得到想要的，他们仅仅是在新的环境中重新创造同样的想法，因此，尽管得到了他们想要的，他们仍旧不高兴。当他们充满新的欲望时，是得不到幸福的。

为了生存，我们透支着体力和精力；为了爱情，我们透支着青春和情感；为了财富和地位，我们失去了健康和快乐，甚至丢掉性命。

从前，在蓝蓝的大海深处，矗立着一座神秘的宝山。无数色彩斑斓的珠宝钻石乱纷纷地堆在山上，每逢太阳一出，就在半空中映出许多纵横交织的彩色光环。

某年，一个出海的人偶尔经过宝山，从那里拿走一颗直径一寸的珍珠。他把这颗珠子小心地揣在怀里，然后兴高采烈地乘船返回。船驶出不到100里，忽然，晴朗的天空倏地阴暗下来，平静的海面掀起山丘似的波澜，这时只见一条狰狞可怖的蛟龙从海水深处破浪而出，在涛峰波谷之间翻腾飞舞。

富有航海经验的船老大大惊失色，急忙停住舵把，对身上揣着珍珠的人说："哎呀，不好！这是蛟龙想要你的珠子呢！快献给它吧，不然的话，别说你的性命难保，还得连累我！"揣着珍珠的人犹豫起来，把珍珠丢掉吧，实在舍不得；不丢掉吧，就要大难临头。思来想去，他还是决定保住珍珠。于是，他咬牙忍痛，用利刃剖开大腿的肌肉，把珍珠藏在里面。珍珠被肉紧紧裹住，光芒透不出来，蒙骗了蛟龙，蛟龙于是潜入海底，海面也随之平静下来。那人一瘸一拐地回到家，从大腿里取出宝珠。珠子完好无损，闪闪的光芒把屋子映照得五彩缤纷。正当全家人惊喜地赞赏宝珠的时候，那人却痛苦地合上了双眼——大腿的溃烂夺去了他的生命。

"得到了珠宝，却丢了性命，这是多么不值得啊！"相信这是大家都会发出的一声感叹。然而，在生活中，让我们对"珠宝"与"生命"进行权衡时，我们是否真的能作出理智的选择呢？

钱财终究是身外之物。"身外物，不奢恋"是思悟后的清醒，它不但是超越世俗的大智大勇，也是放眼未来的豁达襟怀。谁能做到这一点，谁就会活得轻松，过得自在。

财富也好，情感也罢，或是其他方面的索求，都应把握有度，适可而止。贪婪，乃失败之根本。有多少人由贪而变贫，由贪而服法，由贪而寝食难安。

一位心理学家指出：最普遍的和最具破坏性的倾向之一就是集中精力于我们所想要的，而不是我们所拥有的。这对于我们拥有多少似乎没有什么不同；我们仅仅不断地扩充我们的欲望名单，这就导致了我们的不满足感。你的心理机制说："当这项欲望得到满足时，我就会快乐起来。"可是一旦欲望得到满足后，这种心理作用却不断重复。

幸运的是，有个可以快乐起来的方法，那就是改变我们思考的重心，从我们所想要的转而想到我们所拥有的。不是期望你的爱人是别人，而是试着去想她美好的品质；不是抱怨你的薪水，而是感激你拥有一份工作；不是期望你能去夏威夷度假，而是想到你居所附近亦有乐趣，这有多高兴。

与其总期待自己没有的，不如安守自己炉边温暖实在的日子，当傍晚天空飘起雪花，和家人朋友把盏小酌，这样的人生纵然平淡，却实在是神仙也要羡慕的日子。

人穷心不穷

庄子物质生活很贫穷，但是他的精神生活却并不贫穷。《庄子·山木》中说道：庄子身穿粗布衣并打上补丁，工整地用麻丝系好鞋子走过魏王身边。魏王见了说："先生为什么如此疲惫呢？"

庄子说："是贫穷，不是疲惫。士人身怀道德而不能够推行，这是疲惫；衣服坏了鞋子破了，这是贫穷，而不是疲惫。这种情况就是所谓生不逢时。大王没有看见过那跳跃的猿猴吗？它们生活在楠、梓、橡、樟等高大乔木的树林里，抓住藤蔓似的小树枝自由自在地跳跃而称王称霸，即使是神箭手后羿和逢蒙也不敢小看它们。等到生活在柘、棘、枳、枸等刺蓬灌木丛中，小心翼翼地行走而且不时地左顾右盼，内心震颤恐惧发抖；这并不是筋骨紧缩有了变化而不再灵活，而是所处的生活环境很不方便，不能充分施展才能。如今处于昏君乱臣的时代，要想不疲惫，怎么可能呢？这种像比干遭剖心刑戮的情况就是最好的证明啊！"

安贫乐道是庄子对自己的要求，也是对世人的忠告。但正如庄子所说，贫穷并非疲惫，安贫乐道的人也并非没有精神内涵、不思进取。一个人物质上贫穷并不可怕，但一定不要使自己的心理贫穷，心理贫穷才是真正的可悲。庄子很贫穷，但是庄子的精神力量却散发出耀眼的光辉，他深谙快乐生活的道理，心与物游，天真烂漫，这种贫穷在某种意义上说是最富有。

如果一个人精神上贫穷，说明生活已失去了意义和动力。即使他家财万贯，也不会有快乐的生活。

春秋时的原宪住在鲁国，一丈见方的房子，盖着茅草；用桑枝做门框，用蓬草做成门；用破瓮做窗户，用破布隔成两间；屋顶漏雨，地面潮湿，他却端坐在那里弹琴。子贡骑着大马，穿着白大衣，里面是紫色的里子，小巷子容不下高大的马车，他便走着去见原宪。原宪戴顶破帽子，穿着破鞋，倚着藜杖在门口应答，子贡说："呵！先生生了什么病？"原宪回答说："我听说，没有钱叫做贫，有学识而无用武之地叫做病，现在我是贫，不是病。"子贡因而进退两难，脸上露出羞愧的表情。

子贡自以为了不起，听了原宪对于贫穷的看法，他自己的脸上也露出了羞愧的表情。因为他自己实际上有病——心病，不能从高层次看待贫困的问题，也忍受不了贫困的生活，更不理解那些善于忍受贫困，而心怀大志的人。

不同的人对于贫穷的看法不同，标准不同，忍受贫穷的能力也不同。对于贫穷有些人是不得不居于贫困，苦熬贫困，所以觉得贫困是可怕的，这是着眼于物质生活的贫困。还有一些人是甘居贫困，是借贫困的环境来磨炼自己的意志，这是自觉地忍受贫困。不仅注重自己的物质享受，还看重自己的精神修养，这才是积极地忍受贫困。

贫穷毕竟不是什么好事。每个人都希望改变贫穷的状况，但是急于求成或是用歪门邪道去脱贫，不是真正的忍贫，而不过是贪恋富贵罢了。

一个人，在贫穷的生活中，如果能保持快乐的心情，精神饱满，形态天真，就能获得圆满的人生。相反，如果一个人心灵空虚，贪欲满心，即使他家财万贯，也不会获得快乐。

幸与不幸在于自己的心态

人生中的一些事情，有些结果也是自然而然的。泉水干了，坑洼里的小鱼相互吐着唾液维系生命，这样的活法是没有希望的。以庄子的见解，与其如此勉强地活在一起，还不如自由自在地随流到海里，彼此相忘于江湖。

在《庄子·马蹄》中，庄子借讲马表达了自己关于幸福的观点：马这种动物，蹄子可以用来践踏霜雪，毛可以用来抵御风寒，饿了吃草，渴了喝水，性起时扬起蹄脚奋力跳跃，这就是马的天性。即使有高台正殿，对马来说也没有什么用处。等到世上出了伯乐，说："我善于管理马。"于是用烧红的铁器灼炙马毛，用剪刀修剔马鬃，凿削马蹄甲，烙制马印记，用络头和绊绳来拴连它们，用马槽和马床来编排它们，这样一来马便死掉十分之二三了。饿了不给吃，渴了不给喝，让它们快速驱驰，让它们急骤奔跑，让它们步伐整齐，让它们行动划一，前有马口横木和马络装饰的限制，后有皮鞭和竹条的威逼，这样一来马就死掉过半数了。

一匹马，当它在天地之间自由驰骋，没有被人类驯化的时候，它就是幸福的，一旦有伯乐想要驯化它，那马就不会再有幸福了。没有被驯化的马的幸福就是庄子所说的相对幸福。

通过阅读《庄子》一书，我们就可以知道，在这个世界上，一个人可能没有各种各样的权利，但每个人都有追求幸福的权利，每个人也都有幸福的可能。只要你愿意，幸福离你并不遥远，只要你能够顺应本性去生活，少一些机巧之心，多一些安逸自由，你就是幸福的。甚至连绝对幸福，只要你肯去追求，也不是可望而不可即的。

可是生活中，很多人往往处心积虑地追求幸福，结果往往追逐了一辈子，还是没有找到幸福的所在。人性的一个弱点，便是总觉得他人手中的比自己拥有的要好，别人那样才是幸福，因此要努力追求像别人那样。当百姓的有时会以为皇帝的生活是最奢华最幸福的，恨不得自己成为安坐在宝座上的天下至尊，仿佛那才是幸福，殊不知幸福远在天边、近在眼前。

从前，有一个国王闲来无事，便微服走出宫门，走到一个补鞋的老头面前，一时兴起就问老头："一国之中谁是最快乐的人？"老头答："当然是国王最快乐了。"

国王问："为什么？"

老头说："你想，有百官差遣，平民供奉，想要什么就有什么，这还不快乐吗？"

国王答："希望如你所说吧。"于是与老头一起共饮葡萄美酒，直到老头醉得不省人事，国王便命人把他抬回宫中，对王妃说："这个老头说，国王是最快乐的，我现在戏弄一下他，给他穿上国王的衣服，让他理理国政，你们大家不要害怕。"王妃答："遵命。"

等到那老头醒了，宫女便假装说："大王您喝醉了，现在有很多事情要等您处理。"于是这老头被拥出临朝，众人都催促他快些处理事情，他却懵懵懂懂，什么也不知道。这时，旁边有史官记其所言所行，大臣公卿们与之商讨议论，一直坐了一整天，弄得这老头腰酸背痛，疲惫不堪。这样过了几天，老头吃不好睡不香，就瘦了下来。

宫女又假装说："大王您这样憔悴，是为什么啊？"

老头回答说："我梦见自己是一个补鞋的老头，辛苦求食，生活很是艰难，因此就瘦成这样了。"

众人私下里偷着笑。这老头到了晚上，翻来覆去睡不着，道："我是补鞋子的，还是国王呢？若真是国王，皮肤为什么又这样粗糙呢？若是补鞋子的，又为什么会在王宫里呢？唉，我的心很慌，眼睛也花了啊。"他竟真的分不清自己到底是谁了。

王妃假装问："大王这样不高兴，让歌伎们来给您取乐吧。"于是老头喝起葡萄美酒，又醉得不省人事了。后来，宫女们又让老头穿上旧衣服，把他送回简陋的床上。老头酒醒

后，看见自己的破房、粗布衣服，一切都是原来的样子，却浑身酸痛，好像被棍子打过了一样。几天后，国王又来到他这里。老头对国王说："上次喝酒，是我糊涂无知，现在我才明白过来啊。我梦见自己当了国王，要审核百官，又有史官记对记错，众大臣要来商量讨论国事，心里便总是忧心不安，弄得浑身都痛，好像被鞭子打了一样。在梦里尚且如此，若是真的当了国王，还不更痛苦啊？前几天跟你说的话，实在是不对的啊。"

这个故事中的老头实在是糊涂，因为他不知道，幸福并不是要去做别人，顺应自己的本性，自然就会幸福快乐。不然，即使让你去做国王又能怎么样呢！

幸福没有特权，每个人都能够获得幸福，幸福不在万物之中，它存在于你看待万物的自身态度之中。如果你接受幸福的态度不正确，即使置身于幸福的环境中，你也会离幸福越来越遥远。如果只看到别人外在的幸福，就轻率地判断别人超越了自己的幸福，那么幸福将毫不犹豫地离你而去，很多人感觉不到幸福的原因正是在于盲目地悲叹自己的处境。我们觉得不幸，不是因为自己住的单间房，而是不满意、看不惯租房过日子的自己。

幸福和不幸在于自己的心态，也就是怎样看待现在的自己。幸福人生就是我们原生态的生存现状，把痛苦和不幸的标准放在别人的身上，并不能使我们快乐。

上天对每个人都是平等的，世上的每个人，只要愿意，不必舍近求远，就能获得幸福，这就是庄子给予我们的启示。

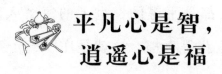

平凡心是智，
逍遥心是福

真正的自在和逍遥，并不是所有欲望的满足，同时也不是遥不可及的，而是能在我们有限的人生里，在各种各样的桎梏和不足中，得以实现。正如庄子笔下的野雉，它真正的逍遥自在，不是养尊处优反而是在山野之中。正是这种平凡的快乐才是智慧，才是真正的福气。

身心的自由最可贵

道家思想很注重人心灵的自由驰骋，强调逍遥自在，才是做人境界的极致。在《庄子·人间世》中有："瞻彼阕者，虚室生白，吉祥止止，夫且不止，是之谓坐驰。"通过这句话，庄子告诉我们，一个人要从重重束缚和闲置中摆脱出来，达到自由的境界。这自由是精神的自由，一个人人身的自由算不上自由，只有精神的自由才是真正的自由。只要精神自由了，就能获得心灵的解脱，获得生命的超越，如自在飞花一般，逍遥浮游于人生天地间，达到自由的大境界。这也就是《庄子》书中开宗明义的"逍遥游"所描述的境界。

如何实现真正的逍遥,庄子用了一个很动感的词来表达精神自由——坐驰。怎样才能坐驰呢?坐在那里,身子不动,心灵在宇宙之间自由飞翔驰骋。一个人的肉体是可以被羁绊的,但是一定不要给你的心灵戴上枷锁。如果能够保持心灵的自由飞翔,那在人间就获得了真正的精神自在。

《庄子·养生主》中还讲了另一个故事,生动地向我们展示了这一道理。

戴晋生是个很有才学的人,魏王听说后,便把他请到王宫中面谈。谈话间,魏王见他气度不凡,是经国济世之才,于是要留戴晋生在宫中做官,赐给优厚的俸禄。

戴晋生却拒绝了,他说:"您见过那沼泽荒地中的野鸡吗?它没有人用现成的食物喂养,全靠自己辛勤觅食,总要走好几步才能啄到一口食,常常是用整天的劳动才能吃饱肚子。可是,它的羽毛却长得十分丰满,光泽闪亮,能和天上的日月相辉映;它奋翅飞翔,引吭长鸣,那叫声弥漫整个荒野和山陵。您说,为什么会这样呢?因为野鸡能按自己的意志自由自在地生活,它不停地活动,无拘无束地来往于广阔的天地之中。现在如果把它捉回家,喂养在粮仓里,使它不费力气就能吃得饱饱的,它必然会失去原来的朝气与活力,羽毛会失去原有的光润，精神衰退，垂头丧气，叫声也不雄壮了。您知道这是什么原因吗？是不是喂给它的食物不好呢？当然不是。只是因为它失去了往日的自由。禁锢了它的志趣，它怎么会有生气呢！"

在庄子的眼中，野鸡为了生存，十步一啄，百步一饮，一天到晚四处找食。虽然如此，但它觉得很快乐，因为野鸡没被关在笼子里。而那些被关在笼子里的动物，虽然不必四处觅食，可它们失掉了原本平凡自在的快乐，为此付出了沉重的代价。其实平凡自在是珍贵的，一旦失去了就再也无法挽回，这也是道家给我们的一个做人智慧的启发。

可见，无论如何，一个人都要有自由精神，否则，就只能拾人牙慧，成为别人的精神附庸，永远活不出真实的自己，又何谈自由自在。而没有自由的心灵，就如笼中的小鸟；没有自由的心灵，就不会有独立的品格，花落泥沼，人生也就谈不上逍遥自在了。

人生能如自在飞花般逍遥悠游，这是比任何物质的享受都要珍贵的，野鸡尚且如此，更不用说人了。然而在现实生活中，许多人对自在逍遥的真正内涵有着或多或少的误解，比如对于一个身陷囹圄的人来说，想去哪儿就去哪儿，就是自在就是逍遥；对于一个疾病缠身的人来说，拥有健康就是自在就是逍遥；对于一个为高考埋头苦读的学生来说，自在逍遥的生活就是不再有考试；对于一个要养家糊口的人来说，有钱就能得自在得逍遥……其实都是一种狭隘偏颇的理解。真正的自在和逍遥，并不是所有欲望的满足，同时它也不是遥不可及的，而是能在我们有限的人生里，在各种各样的桎梏和不足中，得以实现。正如前面庄子所讲的野雉，养尊处优、食物丰足的生活并不能给它真正的逍遥自在，反而是在山野之中。虽然它需要不断地自己寻找食物，但是却能自在快乐。而这种平凡的快乐才真正是人生的快乐，才是真正的福气。

所以说，做一只自由游走的野鸡远比困在樊笼里的孔雀要逍遥自在得多，在我们看似简单平常的人生中，只要能放下过多的期待，逍遥自在的心境自然立现。

悲哀与幸运，不过是心念的选择

一大早，太阳还没有出来，一个渔夫来到了河边，在岸上他感觉到有什么东西在脚底下，后来发现是一小袋的石头。他捡起袋子，放在一旁，坐在岸边等待黎明，以便开始一天的工作。他懒洋洋地从袋子里拿出一块块的石头丢进水里。实在没有其他的事可做，他继续把石头一一丢进水里。

慢慢地，太阳升起，大地重现光明，这时除了一块石头之外其他的石头都丢光了，最后一块石头在他的手里。

当他借着白天的光看到了他手中所拿的东西时，心跳几乎要停止了，那是一颗宝石！原来在黑暗中，他把整袋的宝石都丢光了！在不知不觉当中，他的损失有多少！他充满懊悔，咒骂着自己，伤心地哭得几乎要失去理智。

渔夫在无意间碰到的财富足够丰富他的生活好几倍，然而在不知不觉当中，又从他手中消失了。不过，就某方面来讲，他还是幸运的，至少还有一颗宝石留了下来，在他将那颗宝石丢掉之前，天已经亮了。所以一个乐观的人一定不会像渔夫那样心中懊恼，而是会庆幸自己还保留了一颗宝石。所以悲哀，还是幸运，完全在人的心念如何选择。

"终身役役而不见其成功，苶然疲役而不知其所归，可不哀邪！人谓之不死，奚益？其形化，其心与之然，可不谓大哀乎？"这是《庄子·齐物论》中的文字。在这里庄子表达了他对人生的见解，一句话就揭开了人生的内幕：人一辈子都忙忙碌碌做什么呢？"终身役役而不见其成功"，做自己身体的奴隶，做物质的奴隶，做别人的奴隶，为儿女、亲戚、工作，终身都在服役，最后却是一无所得地离去。

生活中，大多数的人并不会那么幸运，周围一片漆黑，时间如白驹过隙，太阳尚未升起时我们已经两手空空了。生命是一个很大的宝库，生活的秘密、奥妙、快乐、解脱、慈悲和智能……都期待我们好好掌握和利用，如果没有好好利用，只是白白地将它浪费掉，等到我们知道了生命的重要时，已经将时光消磨殆尽。

"萧然"是形容词，就是这样子；"疲役"，为生命所奴役，一辈子都处于疲惫不堪的状态，找不到自己的归宿，怎能不感到悲哀？生命的价值被《庄子》这一段批驳得一塌糊涂。

假定人真做到了长生不死，有什么用处呢？就算活一万年，也不过多等了一万年才死。所以这个形体的生命，不是真道。长命百岁，终是年老力衰，"其心与之然"，"心"已经随着身体外形变化，体能的消耗，也演变去了。"可不谓之大哀乎"，意为活长了又有什么用？这是真正的大悲哀。一个关于鹿和马的寓言故事，颇为犀利地点出了这一悲哀。

鹿和马都被公认为是跑得最快的动物，只不过鹿在森林中，马在草原上，它们都对彼此有亲切感，但是关系仅限于偶尔碰面时打个招呼而已。既然双方都有成为朋友的心愿，何不进一步促进彼此的关系呢？于是，鹿就邀请马到家里来玩，马欣然同意了。

那是一个春日的午后，草原上吹着温馨的风，马踏入了森林。然而，刚进入森林的马很快就后悔了。这里是和草原完全不同的世界，起初还不觉得怎么样，可是越往森林里面走，树

木就越高大，绿叶也越来越茂密。树林的枝叶重重叠叠地遮蔽了天空，草原上那习以为常的高挂天空的太阳，在这里完全看不见。怀着不安的马，陡然对住在这种地方的鹿害怕起来。它不得不承认，只有灵敏的鹿才适合这座密林。

后来，人类邀请马与他们合作，马看到了人类的智慧和无尽的财富，被吸引了。有一天，人说："其实你应该是世界上最快的，现在我们又能够提供给你丰盛的食物，如果你能够依照我们的方法去做，即使是在森林里，你也一定能够跑赢鹿。"不知道为什么，马竟然答应了。人类利用可以让马吃饱为条件，堂堂正正地骑到了它的背上，一起进入森林里追赶、猎捕鹿。一场阴谋开始了。

被追得走投无路的可怜的鹿在疑惑之中，满怀着悲伤，对马露出悲哀和疑惑的神情。可是，此时的马被鞭打的疼痛和缰绳操纵的窘迫弄得头脑麻木，它或许根本就没有多余的精力去察觉鹿的变化。从那次狩猎结束之后，人类便把马的缰绳紧紧抓在手中。他们喂养马，并把它们绑在专门建造的马厩里。

人，有的可以永远做自己生活的主人，而有的却选择了做自己生活的奴隶。就像故事中的马一样，为了满足自己的虚荣，填满自己的妒忌心，永远地丢弃了自由的权利。你选择了什么样的人生道路，决定了你享有什么样的人生。无论你要选择什么、放弃什么，都要弄清楚这样做值不值得。

看破因由，发现生活的美

在这个世界上，一个人如何才能获得逍遥的自由境界，道家的庄子提醒我们，"丧己于物，失性于俗者，谓之倒置之民"。就是说，一个人如果自己迷失在物质世界中，如果把自己的真性情流失到世俗之中，那么这个人就是一个本末倒置的人，就无法获得心灵的自由。

因此，一个人要真正获得自由的逍遥境界，必须看破执著于物、迷失于世俗的虚妄，所谓因由看破自逍遥，看破了这些虚妄的因由，就能获得逍遥的境界。

一个对生活极度厌倦的绝望少女，打算以投湖的方式自杀。在湖边她遇到了一位正在写生的画家，画家正专心致志地画着一幅画。少女厌恶极了，她鄙薄地睨了画家一眼，心想：幼稚，那鬼一样狰狞的山有什么好画的！那坟场一样荒废的湖有什么好画的！

画家似乎注意到了少女的存在和情绪。他依然专心致志、神情怡然地画。一会儿，他说："姑娘，来看看画吧。"

她走过去，傲慢地睨视着画家和画家手里的画。

少女被吸引了，竟然将自杀的事忘得一干二净，她真是没发现过世界上还有那样美丽的画面——他将"坟场一样"的湖面画成了天上的宫殿，将"鬼一样狰狞"的山画成了美丽的、长着翅膀的女人，最后将这幅画命名为"生活"。

少女的身体在变轻，在飘浮，她感到自己就是那袅袅婀娜的云……

良久，画家突然挥笔在这幅美丽的画上点了一些麻乱的黑点，似污泥，又像蚊蝇。少女惊喜地说："星辰和花瓣！"

画家满意地笑了："是啊，美丽的生活是需要我们自己用心发现的呀！"

生活的美丑也是世俗家给我们的变色镜，一个人必须摘下这个变色镜，用自己的眼睛去看世界，才能发现世界的美。懂得用心去体会生活，就会发现，生活处处都美丽动人。

曹雪芹的《红楼梦》中，跛足道人唱过一首《好了歌》：

世人都晓神仙好，唯有功名忘不了！古今将相在何方？荒冢一堆草没了！世人都晓神仙好，只有金银忘不了！终朝只恨聚无多，及到多时眼闭了！世人都晓神仙好，唯有娇妻忘不了！君生日日说恩情，君死又随人去了！世人都晓神仙好，只有儿孙忘不了！痴心父母古来多，孝顺儿孙谁见了？

如果世人都能看破功名利禄，像曹雪芹写得那样，还会执著一切吗？不执著了，就会享受当下，坦然接受一切，那逍遥

的境界也就不远了。

福祸一如，平常以待

常言道塞翁失马焉知非福，人生在世，福祸常在一念之间，通晓这个道理的人自然明白，在平凡的人生中，须能以平常心对待福祸得失，才能让自己不在祸患中沉陷，也不在福惠中沉迷。而这正是道家思想中所强调的做人智慧。在老子的《道德经》里就有一段十分著名的论述，就是"福兮，祸之所倚，祸兮，福之所伏"。《道德经》所宣扬的一种辩证思想，而塞翁失马，体现的正是这种福祸辩证的思想，基于此，我们可以明白，即使是看起来很坏的事情，也会带来意想不到的好处。生活中此类事常见，为人一定要懂得看淡祸福得失，有时看似失利的事反而是获得更大利益的前提和资本。同样，一时得意也不可沾沾自喜不可遏止，须知福祸常常不过一念之间，坏事可以变好事，好事也可能成为坏事。

《庄子·人间世》中说道："故解之以牛之白颡者，与豚之亢鼻者，与人有痔病者，不可以适河。此皆巫祝以知之矣，所以为不祥也。此乃神人之所以为大祥也。"这段话的意思是，古人祈祷神灵消除灾害，总不把白色额头的牛、高鼻折额的猪以及患有痔漏疾病的人沉入河中去用做祭奠。这些情况巫师全都了解，认为他们都是很不吉祥的。不过这正是"神人"所认为的世上最大的吉祥。

这是一段庄子式的滑稽幽默，却把人生之道看得十分透彻。庄子引用古代人的迷信来说明一般人认为不吉利的东西，但"神人"却认为这种"不吉利"反而有益无害。比如说，一匹头上有白毛的马没人敢骑，反而因此免去了一辈子的奴役；一头鼻子高高翘起的猪不会被杀掉作为祭品，才会好好地活到老。所以，世人认为不吉利的，在上天看来却是大吉大利。确实，任何事情都有它的两面性，关键是看你如何从不利的一面看到有利的那一面。有一位国王和他的臣子，共同为我们解说了这条做人道理。

从前有一个国王，他除了打猎以外，最喜欢与宰相微服私访。宰相除了处理国务以外，就是陪着国王下乡巡视，他最常挂在嘴边的一句话就是"一切都是最好的安排"。

有一次，国王兴高采烈地到大草原打猎，他射伤了一只花豹。国王一时失去戒心，居然在随从尚未赶上时，就下马检视花豹。谁想到，花豹突然跳起来，将国王的小手指咬掉小半截。

回宫以后，国王越想越不痛快，就找了宰相来饮酒解愁。宰相知道了这事后，一边举酒敬国王，一边微笑着说："大王啊！少了一小块肉总比少了一条命来得好吧！想开一点，一切都是最好的安排！"

国王听了很是生气："你真是大胆！你真的认为一切都是最好的安排吗？"

"是的，大王，一切都是最好的安排。"

国王说："如果我把你关进监狱，难道这也是最好的安排？"

宰相微笑说："如果是这样，我也深信这是最好的安排。"

国王大手一挥，两名侍卫就架着宰相走出去了。

过了一个月，国王养好伤，又找了一个近臣出游了。谁知路上碰到一群野蛮人，他们把国王抓住用来祭神。就在最后关键时刻，大祭司发现国王的左手小指头少了小半截，他下令说："把这个废物赶走，另外再找一个！"因为祭神要用"完美"的祭品，大祭司就把陪伴国王一起出游的近臣抓来代替。脱困的国王欣喜若狂，飞奔回宫，立刻叫人将宰相释放了，在御花园设宴，为自己保住一命，也为宰相重获自由而庆祝。

国王向宰相敬酒说："宰相，你说的真是一点也不错，如果不是被花豹咬一口，今天连命都没了。可我不明白，你被关监狱一个月，怎么也是最好的安排呢？"

宰相慢慢地说："大王您想想看，如果我不是在监狱里，那么陪伴您微服私巡的人，不是我还会有谁呢？等到蛮人发现国王不适合拿来祭祀时，谁会被丢进大锅中烹煮呢？不是我还有谁呢？所以，我要为大王将我关进监狱而向您敬酒，您也救了我一命啊！"

宰相是一个明智的人，他能从事物的不利中看到有利的一面，并始终认为一切都是最好的安排，这无疑是一种积极的人生态度。

许多时候，正是因为有些人不能正确地看待自己的利与不利，没有正确认清自己的价值，没有好好地活在这个世界里，才会自己给自己找麻烦。人生中难免遭遇一些利害得失，学会辩证地看待事物的两面，就会少一些挫折感，人生也才能轻松愉快。

人生得失面前，往往充满着未知的变数，胜负未分，谁也不知道笑到最后的人究竟是谁。一时的得意，不必太沾沾自喜，一时的失意落魄，自然也不必过于执著懊恼。这也是道家教给现代人的一条处世真理。就像塞翁一样，有一失必有一得，人生福祸不过在人一念间，平凡的人生中，是福是祸皆以平常心对待，便是真逍遥。

无待的境界

有一则有趣的笑话，下雨了，大家都匆匆忙忙往前跑，唯有一人不急不慢，在雨中踱步。旁边大步流星跑过的人十分不解："你怎么不快跑？"此人缓缓答道："急什么，前面不也在下雨吗？"

从另一个角度看，当人们在面临风雨匆忙奔跑之时，那个淡然安定欣赏雨景的人，其实深谙从容的生活智慧。在现代都市竞争的人性丛林，从容淡定是一种难以达到的大境界，别人都在杞人忧天、慌不择路，只有他镇定从容。在雨中行走，就好像是在人生中行走一样，现实生活中，很多人都困于现状不得快乐，就如同阴雨天气，而如何在这不可避免的阴雨中得到自己的自在，这无疑是我们的一个重要人生课题。

庄子所谓的自在，也就是一种毫无阻碍的逍遥，是没有条件的，是绝对的自由。

庄子在《逍遥游》中将其解说为："若夫乘天地之正，而御六气之辩，以游无穷者，彼且恶乎待哉！"意思是说，如果人们能做到顺应天地万物的本性，把握六气的变化，而在无边无际的境界中遨游，他们就不必再仰赖什么了。这样的人，因为不依赖外物，自然能逍遥遨游于天地之间。

一个人为什么不能够得到逍遥，精神为什么不能获得自由呢？其实，他之所以不能获得自由，就是因为自己不能支配自己，而须受外力的牵连。所谓人在江湖身不由己，身处在这个世界中也是如此。当一个人受外力的牵连，即会受到外力的限制甚至支配。这种牵连，就是庄子所称的"待"。

现实生活中，我们每天都渴望获得自由，一个人要想获得人生的自由，必须超越"待"字。摆脱外力的牵连，才能真正达到逍遥游的境界。

列御寇为伯昏无人表演射箭的本领，他拉满弓弦，又放置一杯水在手肘上，发出第一支箭，箭还未至靶的，紧接着又搭上了一支箭，刚射出第二支箭而另一支又搭上了弓弦。在这个时候，列御寇的神情真像是一动也不动的木偶人似的。伯昏无人看后说："这只是有心射箭的箭法，还不是无心射箭的射法。我想跟你登上高山，脚踏危石，面对百丈的深渊，那时你还能射箭吗？"

于是伯昏无人便登上高山，脚踏危石，身临百丈深渊，然后再背转身来慢慢往悬崖退步，直到部分脚掌悬空，这才拱手恭请列御寇跟上来射箭。列御寇伏在地上，吓得汗水直流到脚后跟。伯昏无人说："一个修养高尚的'至人'，上能窥测青天，下能潜入黄泉，精神自由奔放达于宇宙八方，神情始终不会改变。如今你胆战心惊有了眼花恐惧的念头，你要射中靶的不就很困难了吗？"

伯昏无人的话发人深省。在现实生活中，我们常常倚待着某些东西来过日子，或者是具体的食物，或者是一种念想，这样固然也是难免，但是一旦过度，它们就会成为我们的精神束缚，人就无法真正自由地生活，无论是现实生活还是精神世界都会陷入桎梏之中。所以庄子借伯昏无人的话启示我们，一个人如果不懂得放下自己所倚恃的东西，就会产生依赖，就会在做事的时候有所分心，这样的人无法获得最后的成功，更何谈精神的自由呢？确实，有时候过度的倚靠常常会使自己陷入烦恼的束缚之中。

因此，一个人最重要的往往不是执著，而是学会放下，就像庄子所说的，如果能够遵循宇宙万物的规律，把握"六气"的变化，遨游于无穷无尽的境域，他还仰赖什么呢？一个人不再依赖外物的时刻，就是获得自由逍遥的时刻。

在道家看来，人生大自在，并非天方夜谭。凭着我们不断修持的一颗平凡心，恬淡随性，便是人生的大自在。庄子说过"无不将也，无不迎也，无不毁也，无不成也"，这种境界就是逍遥。《庄子》书中称其为"撄宁"，就是一种什么都能接受，什么都能凭依的"无骨"境界。这就是道家所提倡的自在境界。

古人所说的得道的人，就好像是已经把握到了万物的根本的人，又像婴儿拿到一个心爱的东西。婴儿生下来不到一百天，手里拿着东西时好像很牢，但是他没有用全力，而是把力气放到了若有若无间，安详宁静却把握得很牢，这就是"自在"的境界了。做人也可以用这个道理，即在若有若无之间把握住万物的根本，自在自得道。

我们学习道家的做人智慧，一定要好好体悟这个无待的境界。把束缚我们的东西尽可能放下，或者挣脱开。这些成为我们的"有待"的因素，不仅包括物质上的，还有无形的精神因素。比如，得失心，比如过去的记忆，比如别人的毁誉，等等。所以做人要求大逍遥，不能不放下这些负累。有人在文章里这样写道：如果你的演讲、你的演唱、你的书本和你的文章没有获得成功；如果你曾经尴尬；如果你曾经失足；如果你被诽谤和谩骂，请不要耿耿于怀。对这些事念念不忘，不但于事无补，还会占据你的快乐时光。抛弃它吧！把它们彻底赶出你的心灵。如果你曾经因为鲁莽而犯过错误；如果你被人咒骂；如果你的声誉遭到了毁坏，不要以为你会永远得不到清白，勇敢地走出失败的阴影吧。走出阴影，沐浴在明媚的阳光中。不管过去的或者是正在经历的一切多么痛苦，多么顽固，多么惊险，冷静以对，把担忧与惊慌抛到九霄云外。不要让担忧、恐惧、焦虑和遗憾消耗我们的精力。要主宰自己，做自己的主人。

主宰自己，其实就是让自己挣脱开有待的桎梏，最终获得大自在。而"无待"这个看似平常却大有深意的名词，也成为道家给予后人的又一株智慧之花。

幸福没有特权

道家主张物无贵贱，人生幸福没有特权，无论是富贵达人，还是穷困寒士，都拥有幸福的权利和自由。既然如此，那么幸福到底在哪里呢？其实幸福本来就不远，它就在你身边。

《庄子·骈拇》道："凫胫虽短，续之则忧。鹤胫虽长，断之则悲。故性长非所断，性短非所续，无所去忧也。"庄子说凫的腿即使很短，但如果你把它接长，凫就会很痛苦；鹤的腿即使很长，要把它截断，鹤也会很悲伤。所以，本性长的不要折断，本性短的不要接长，这样就没有什么可忧愁的了。有时候，我们感觉不到幸福，原因就在于我们常常会为凫续腿，为鹤折趾，其实都是违背我们的本性去追求幸福，自然等于缘木求鱼，这样，逍遥幸福又怎能求到呢？

有个人不知什么是幸福，他发誓要寻找到幸福。他先从知

识里寻找，得到的是幻灭；从旅行里找，得到的是疲劳；从财富里找，得到的只是争斗和忧愁；从写作中找，得到的只是劳累。

难道知识、旅行、财富、写作与幸福快乐绝缘吗？显然不是。

在火车站里，他看到一位中年男子走下列车后，径直来到一辆汽车旁，先吻了一下车内的妻子，又轻轻地吻了一下妻子怀中熟睡的婴儿——生怕把他惊醒。然后，一家人就开车离开了。

他由此感慨道："生活的每一正常活动都带有某种幸福的成分。"

对于某个人来讲，我们可能是幸福的、满足的，也可能是不幸福的。

人生的目的是幸福。幸福大多是主观的，它原本就深植于人们心中，在生存需求的满足中，因而，幸福无所不在。

幸福是拥有一些熟悉、不需客套的朋友，能够相互分担、分享彼此的烦恼、快乐，尽管观点有所差异，却永远相互尊重。

幸福是拥有一个舒适的工作间：书架上列满了各式各样自己所喜欢、对自己有助益、启发的书，笔筒里都是自己所珍爱的文具，四周有绿色植物芳馨围绕，还有一把坐再久都能觉得舒适的坐椅。

幸福有时就是一种简单。幸福就是现在。

一个富人和一个穷人在一起谈论什么是幸福。

穷人说："幸福就是现在。"

富人望着穷人漏风的茅舍、破旧的衣着，轻蔑地说："这怎么能叫幸福呢？我的幸福可是百间豪宅、千名奴仆啊。"

不久，一场大火把富人的百间豪宅烧得片瓦不留，奴仆们各奔东西。一夜之间，富人沦为乞丐。

炎热的夏季，汗流浃背的乞丐路过穷人的茅舍，想讨口水喝。穷人端来一大碗清凉的水，问他："你现在认为什么是幸福？"

乞丐眼巴巴地说："幸福就是此时你手中的这碗水。"

一位少妇，回家向母亲倾诉，说婚姻很是糟糕，丈夫既没有很多的钱，也没有好的职业，生活总是周而复始，单调无味。母亲笑着问，你们在一起的时间多吗？女儿说，太多了。母亲说，当年，你父亲上战场，我每日期盼的，是他能早日从战场上胜利凯旋，与他整日厮守，可惜，他在一次战斗中牺牲了，再也没有能够回来。我真羡慕你们能够朝夕相处。母亲沧桑的老泪一滴滴掉下来，渐渐地，女儿仿佛明白了什么。

一群男青年，在餐桌上谈起自己的老婆，说是总管束得太严，几乎失去了自由，边说边有大丈夫的凛然正气，狂饮如牛，扬言回家要和老婆怎么怎么斗争。邻桌的一位老叟默默地听了，起身问道，你们的夫人都是本分人吗？男青年们点头。老叟叹了一口气，说："我爱人当年对我也是管得太死，我愤然离婚，以致于她后来抑郁而终。如果有机会，我多希望能当面向她道一次歉，请求她时时刻刻地看管着我。小伙子，好好珍惜缘分吧！"男青年们望着神色黯然的老叟，沉默不语，若有所悟。

一位盲人，在剧院欣赏一场音乐会，交响乐时而凝重低缓，时而明快热烈，时而浓云蔽日，时而云开雾散。盲人惊喜地拉着身边的人说：我看见了，看见了山川，看见了花草，看见了光明的世界和七彩的人生。

一位病人，医生郑重地告诉他，手术成功，化验结果出来了，从他腹腔内摘除的肿瘤只是一般的良性肿瘤，经过一段时间的疗养他便可康复出院，并不危及生命。他顿时满面春风，双目有神，紧紧地握着医生的手，激动地说："谢谢，谢谢，是你们给了我第二次生命。"

幸福在哪里？带着这样的问题，芸芸众生，茫茫人海，我们在努力寻找答案。其实，幸福是一个多元化的命题，我们在追求着幸福，幸福也时刻伴随着我们。只不过，很多时候，我们身处幸福的山中，在远近高低的角度看到的总是别人的幸福风景，往往没有悉心感受自己所拥有的幸福天地。

扮演好自己的角色

古人就十分强调乐天知命的人生观，庄子在《逍遥游》中有一段关于此的精彩论述："朝菌不知晦朔，蟪蛄不知春秋，此小年也。"意思是说树根上的小蘑菇寿命不到一个月，因此它不理解一个月的时间是多长；蝉的寿命很短，生于夏天，死于秋末，它们自然不知道一年当中有春天和冬天。它们的生命都是短暂的，或许一般人觉得它们可怜，然而，那些生命即使活了几秒钟，也觉得自己活了一辈子，它们有它们自己的快乐。做人也是如此，每个人都有自己的活法，都有自己的角色，感受的境界也是各自不同。不管我们是谁，是青蛙还是龙王，最重要的是扮演好自己的角色，体会属于自己生命的快乐就足够了。

一天，龙王与青蛙在海滨相遇，打过招呼后，青蛙问龙王："大王，你的住处是什么样的？"

"珍珠砌筑的宫殿，贝壳筑成的阙楼，屋檐华丽而有气派，厅柱坚实而又漂亮。"龙王反问了一句："你呢？你的住处如何？"

青蛙说："我的住处绿藓似毡，娇草如茵，清泉潺潺。"说完，青蛙又向龙王提了一个问题："大王，你高兴时如何？发怒时又怎样？"

龙王说："我若高兴，就普降甘露，让大地滋润，使五谷丰登；若发怒，则先吹风暴，再发霹雳，继而打闪放电，叫千里以内寸草不留。那么，你呢，青蛙？"

青蛙说："我高兴时，就面对清风朗月，呱呱叫上一通；发怒时，先瞪眼睛，再鼓肚皮，最后气消肚瘪，万事了结。"

人活在世上都要扮演一定的社会角色，或者是"龙王"，或者是"青蛙"。龙王有龙王的活法，青蛙有青蛙的活法。不要一味地羡慕别人。人生总有不圆满的时候，每个人都不可能事事顺意，努力是不可少的，但是在努力之外，人更重要的是快乐地接受自己的人生，不要把不圆满的情绪扩大，以致于失掉了原本应有的简单快乐。就像故事中的"青蛙"也有自己的生活乐趣，而这些乐趣"龙王"不一定具备呢！

正所谓娑婆世界，万事都有缺陷，命运对于任何人而言都没有一个是圆满的。而如果一味纠缠在人生的得失成败上，反而令自己深陷苦恼，更无从谈逍遥快乐了。

人来到这个世界后，一开始都是无忧无虑的，因为需求的

东西少，负担少，所以得到的快乐也就多。随着自己想要得到的东西不断地增加，要求不断地提高，各种各样的负担和烦恼也由此而生，除了苦苦挣扎得到想要得到的一切之外，再也没有时间去想自己是不是过得快乐。到了最后，终于明白了这个问题时，生命的守护神已经远离你而去了，随之而来的就是生命的衰落、灭亡。

所以道家智慧教人做人做事，要懂得乐天知命，扮好自己的角色。不管成功也好，失败也好，都淡然以待，因为世上难有真正的圆满。而偶然一时的缺陷与失落，有时反而会成为命运的转折。

从前有个国王，他有七个女儿，七位公主各有一千支用来整理她们头发的扣针，每一支都是镶有钻石且非常纤细的银针，扣在梳好的头发上就好像闪亮的银河上缀满了星星。有一天早晨，大公主梳头的时候，发现银针只有九百九十九支，有一支不见了，她烦恼不已，就自私地打开二公主的针箱，悄悄地取出一支针。二公主也因为少了一支银针而从三公主那里偷了一支，三公主也很为难地偷了四公主的针，四公主偷了五公主的，五公主偷了六公主的，六公主也偷了七公主的，最后被连累的是七公主。

正好第二天国王有贵宾要从远方来，七公主因为少了一支银针，剩下一把长发无法扣住，她整天都焦急地跟侍女在找银针，甚至说："假如有人找到我的银针，我就嫁给他。"第二天来的贵宾原来是一位王子，王子手里拿着一支银针，他说："淘气的小鸟在我狩猎的帽子里筑了巢，我发现里面有一支雕有贵城花纹的发针，是不是其中一位公主的？"六位公主都吵闹及焦急起来，认为那一支银针是自己失落的，可是她们的头发都用一千支银针梳得像银河一样美丽。"啊！那是我掉的银针！"躲在屋里的七公主急忙跑出来说。可是王子非但没有还七公主银针，还出神地吻了她，七公主未梳理的长发滴溜溜地垂到脚跟而发亮着……

　　每个人在人生的旅途中，都会经历许多不尽如人意之事，但拥有一千支银针的公主，并不能保证比失落了银针的公主拥有更好的命运。看过这个故事不禁令人感慨，或许命运并没有给我们满意的安排，或许令我们暂时遭受挫折，但是因为命运之手的指点，偶然的失落与命运的错失，其结局有时反而会更加圆满；又或许我们的生活很简单，但是依然会有自己的乐趣。而生命的各自快乐，就在于对各自生活的一种简单的满足。如果懂得了圆满的相对性，对生命的波折，对情爱的变迁，也就能云淡风轻处之泰然了。这正是道家哲人们教给我们的做人智慧。

心理学家马修·杰波博士说："快乐纯粹是内发的，它的产生不是由于事物，而是由于不受环境拘束的个人举动所产生的观念、思想与态度。"生命各有各的快乐，选择属于你自己的快乐，这就是道家提倡的人生快乐禅。其实，在这个世上，每个人都在争取一个完满的人生。然而，自古及今，海内海外，一个百分之百完满的人生是没有的，其实，不完满才是人生。努力扮演好自己的角色，乐天知命，才是快乐的人。

智慧就在最平常的事物中

有个渴望得到智慧点拨的人曾经遍游世界，寻找最聪明的人。听说世界上最聪明的人住在一座高山上的山洞里，于是他收拾行装，穿过群山和沙漠，来到传说中的这座山脚下。他骑着马走上窄窄的山间小道，来到了一个山洞前。"你是因智慧而扬名天下的最聪明的人吧？"他问坐在山洞里的老人。老人站起来，走到光亮的露天处，看着这位旅行者的脸说："不，我不是。""啊，那我究竟到哪里才能找到智慧？"老人盯着旅行者焦急的眼睛看了一会儿回答道："你现在最大的问题是在哪儿能找到你的马。"说完他转身回到山洞中去。

我们有时就像那个寻找智慧的人，一心寻觅着自己想要的东西，其实那些东西近在咫尺，只不过我们不能领悟。古语说，真人不露相。做个乡曲之地的生活哲学家，在生活中体味人生的智慧，才是最贴近生命的。

老子说："太上，下知有之，其次，亲而誉之；其次，畏之；其次，侮之。"有些人自认为自己懂得了许多，其实只是流于表面；表面看似下愚的人，虽不知佛，但他却认定一个东西，至死不渝，或许是"天"，或许是"命"，反倒比那些所谓的学者文人都看得开。最下愚的人，往往才是真正第一等的修道人。有两种人可以学禅。一种是目不识丁之人，本身容易修道开悟；另一种是聪明绝顶之人，智慧高人一筹。大多数人居于中间，一般都难有所成。

所以说，众人眼中的一种下等人，人们都认为他很笨，其实他才是真智慧，是早已领悟到"道"的人。其实，真正的哲学家，都出在乡曲地方，虽然一辈子没读过书，却是一个大哲学家、大思想家。其实，智慧越是在低处，在不容易被人发觉的地方，越靠近真理。

历史不是一个平面，而是一条河，有其浮面，有其底层。浮面易见，底层不易见。政治与社会，犹如两条轨道，上面的政治人物都从下面的社会起来，因此，某种程度上说，底层比浮面更重要。同样，历史人物，也可分为一部分是上层的，一部分是下层的。跑到政治上层去的人物，是有表现的人物，如刘邦、项羽都是。还有一批沉沦在下层，他们是无表现的人物，但他们在当时甚至后世，一样举重若轻，只不过有些人为后世所知，有些人被埋入了历史之中。

道，其实无所不在，无所不包，与高低贵贱无关。

《庄子·知北游》中记载了这样一则故事：东郭子向庄子请教说："人们所说的道，究竟存在于什么地方呢？"庄子说："大道无所不在。"东郭子说："必定得指出具体存在的地方才行。"庄子说："在蝼蚁之中。"东郭子说："怎么处在这样低下卑微的地方？"庄子说："在稻田的稗草里。"东郭子说："怎么越发低下了呢？"庄子说："在瓦块砖头中。"东郭子说："怎么越来越低下呢？"庄子说："在大小便里。"东郭子听后不再吭声。庄子认为道无处不在，万事万物，一律平等，既然蝼蚁、稗草、瓦块砖头甚至大小便中都可以有道，人和人之间又怎会有什么高低贵贱之分？所以北海若才说："以道观之，物无贵贱；以物观之，自贵而相贱；以俗观之，贵贱不在己。以差观之，因其所大而大之，则万物莫不大；因其所小而小之，则万物莫不小。"

之所以提及高低贵贱的人为划分，是因为许多人自命不凡，总是鄙夷乡曲之地朴实无华的人们，其实他们才是真正的智者。

把生活当做一门艺术

生命是悲哀的，但是人不能因为生命的短暂和悲哀而陷入虚无，如何使短暂的、悲哀的生命有意义，是一个值得思考的问题，庄子为我们提供了一个诱人的答案，那就是"得至美而游乎至乐"。在庄子的眼中，人生如艺术一样蕴含着无处不在的美感，而生活对人而言就是一场表现与完成美的行为艺术。以什么样的姿态来表现它，这对于每一个人来说是人生的又一个重要课题。

庄子提倡一种艺术化的生活。一个人，在短暂的人生路上，能够以实际行动演绎好它，纵使平淡无奇，也能把生活演绎得绚烂而多彩。

孔子拜见老聃，老聃刚洗了头，正披散着头发等待吹干，那凝神寂志、一动不动的样子好像木头人一样。孔子在门下屏蔽之处等候，不一会儿见到老聃，说："是孔丘眼花了吗，抑或真是这样的呢？刚才先生的身形体态一动不动地真像是枯槁的树桩，好像遗忘了外物、脱离于人世而独立自存一样。"老聃说："我是处心遨游于混沌鸿蒙宇宙初始的境域。"

孔子问："这说的是什么意思呢？"老聃说："你心中困惑而不能理解，嘴巴封闭而不能谈论，还是让我为你说个大概。

最为阴冷的阴气是那么肃肃寒冷，最为灼热的阳气是那么赫赫炎热，肃肃的阴气出自苍天，赫赫的阳气发自大地；阴阳二气相互交通融合因而产生万物，有时候还会成为万物的纲纪却不会显现出具体的形体。消逝、生长、满盈、虚空，时而晦暗时而显明，一天天地改变，一月月地演化，每天都有所作为，却不能看到它造就万物、推演变化的功绩。生长有它萌发的初始阶段，死亡也有它消退败亡的归向，但是开始和终了相互循环，没有开端也没有谁能够知道它们变化的穷尽。倘若不是这样，那么谁又能是万物的本源？"

孔子说："请问游心于宇宙之初、万物之始的情况。"老聃回答："达到这样的境界，就是'至美''至乐'了，体察到'至美'也就是遨游于'至乐'，这就叫做'至人'。"孔子说："我希望能听到那样的方法。"老聃说："食草的兽类不担忧更换生活的草泽，水生的虫豸不害怕改变生活的水域，这是因为只进行了小小的变化而没有失去惯常的生活环境，这样喜怒哀乐的各种情绪就不会进入到内心。普天之下，莫不是万物共同生息的环境。获得这共同生活的环境而又混同其间，那么人的四肢以及众多的躯体都将最终变成尘垢，而死亡、生存终结、开始也将像昼夜更替一样没有什么力量能够扰乱它，更何况去介意那些得失祸福呢！舍弃得失祸福之类附属于己的东西

就像丢弃泥土一样，懂得自身远比这些附属于自己的东西更为珍贵，珍贵在于我自身而不因外在变化而丧失。况且宇宙间的千变万化从来就没有过终极，怎么值得使内心忧患？已经体察大道的人便能通晓这个道理。"

孔子说："先生的德行合于天地，仍然借助于至理真言来修养心性，古时候的君子，又有谁能够免于这样做呢？"老聃说："不是这样的。水激涌而出，不借助于人力方才自然。道德修养高尚的人对于德行，无须加以培养万物也不会脱离他的影响，就像天自然地高，地自然地厚，太阳与月亮自然光明，又哪里用得着修养呢！"

孔子从老聃那儿回来，把见到老聃的情况告诉给了颜回，说："我对于大道，就好像瓮中的小飞虫对于瓮外的广阔天地啊！不是老聃的启迪揭开了我的蒙昧，我不知道天地之大那是完完全全的了。"

老聃告诉孔子，他"游心于物之初"乃是"至美至乐"。一个真正得道的人，他的生活就会变得像艺术一样，其中有难言的真善美。一个人，如果能够忘记各种欲念是非，把生活当做一门艺术，他的生活就会变得更快乐。

英国诗人艾略特曾写过一首名为《空心人》的诗，诗的开头这样写：我们是空心人，我们是填充着草的人，倚靠在一起，脑壳中装满了稻草。

是的，现代社会中的人，失去了信仰的基石，以至于很早就忘记了人在社会中真正要追求的是什么。他们的心灵变得很空虚，所以只能用各种各样的欲望来代替。他们每天都在匆匆赶路，为了一些蝇头小利像苍蝇一样奔波不息。其实，生活的美一直在你的周围，如果你能改变自己的想法，珍视自己的内心，修身养性，把生活当做一门艺术来对待，你就能像庄子所说的那样，获得真正的艺术化的自由生活。

达生需无为，
养身先养心

致虚极，守静笃，万物并作，吾以观复。夫物芸芸各归其根，归根曰静，静曰复命。复命曰常，知常曰明，不知常妄作凶。生命的收与放，本质都是一样的。万物并作，所有生命都在自由中流转往复，我们只需静静地面对世间万物的生发、繁荣、衰灭，达生只需知晓无为的道理，如此，便是真正懂得了生命。

生命自由流转，达生只需无为

道家认为，天地万物，都在永远不息的动态中循环旋转，在动态中生生不息，并无真正的静止。一切人事的作为、思想、言语，都同此理。是非、善恶、祸福、主观与客观，都没有绝对的标准。无论是历史，还是人生，一切事物都是无穷无尽、相生相克，没有了结之时。既然生命无常，且生生不息，那么，对待生命的态度，就成为了千古圣贤时常讨论的一个话题。

庄子说过："古之真人，不知说生，不知恶死；其出不䜣，其入不距；翛然而往，翛然而来而已矣。"其出"，生命的外在，"不诉"，不因生命外在的东西而欣喜。上古得道的真人，当尧舜也没有什么高兴的；当周公也没有什么了不起的；万古留名，封侯拜相，乃至成就帝王霸业，也不觉得有什么了不起。"其入不距"，也没有觉得同外界有了距离。嬉笑怒骂均与他人无干，"翛然而往，翛然而来"，对待生死，怡然自得，所谓"采菊东篱下，悠然见南山"便是了。传说中大禹有一句名言："生者寄也，死者归也。"活着是寄宿，死了是回家，一句可谓点透生死。古人也常说"通乎昼夜之道而知"，明白了黑白交替的道理，就懂得了生死。生命如同荷花，开放收拢，悠游自如。

人是惜命的，希望生命能够长久，才会有那么多的帝王将相苦修长生之道，却无法改变生命是短暂的这一事实；人是有贪欲的，又是有惰性的，才会有那么多的"鸟为食亡"的悲剧发生；而人又是争上游的，所以才会有那么多的"只争朝夕"，从不松懈。但事实上，生命是虚无而又短暂的，它在于一呼一吸之间，在于一分一秒之中，如流水般消逝，永远不复回。

宇宙间万事万物时时刻刻都在变化，任何时间，任何地方，一切事情刹那之间都会有所变化，不会永恒存在。人生不过一次旅行，漫步在时空的长廊，富贵名利，如云烟过眼。

庄子临终时，弟子们准备厚葬他。庄子知道后笑了笑，幽了一默："我死了以后，大地就是我的棺椁，日月就是我的连璧，星辰就是我的珠宝玉器，天地万物都是我的陪葬品，我的葬具难道还不够丰厚？你们还能再增加点什么呢？"学生们哭笑不得地说："老师呀！若要如此，只怕乌鸦、老鹰会把老师吃掉啊！"庄子说："扔在野地里，你们怕飞禽吃了我，那埋在地下就不怕蚂蚁吃了我吗？把我从飞禽嘴里抢走送给蚂蚁，你们可真是有些偏心啊！"

庄子就像一位思想深邃而敏锐的哲人，又像一位仪态万方的散文大师，他就这样以浪漫达观的态度和无所畏惧的心情，从容地走向了死亡，走向了在普通人看来万般惶恐的无限和虚空。

天下有胜于无，一切从无中来到无中去，其实这正是生命的本真状态；只是有些人把生命想得过于复杂，令它承载了许多额外的沉重，因此失去了许多生活的真味。

有一只狐狸看到一个葡萄园结满了果实，可是它太胖了穿不过栅栏，于是三天三夜不饮不食使身体消瘦下去。"终于能够进来了！好吃！好吃极了！"吃了不知多久，直到牙也倒了，肚皮也圆了，吃得厌烦了，却又发现钻不出去了，只好重施故技，又三天三夜不饮不食……结果是出来了没错，但肚子还是跟进去时一样。

人生又何尝不是如此？赤裸裸地诞生，又孑然而死去，仿佛这只狐狸，不停地穿梭于不同的果园之间，得到、失去，最后又回到起点。生命是一个过程，功名利禄，富贵荣华，生不带来，死不带去，无人能带走自己一生经营的名利，就让生命自在地绽放凋谢吧。

正像老子所说，致虚极，守静笃，万物并作，吾以观复。夫物芸芸各归其根，归根曰静，静曰复命。复命曰常，知常曰明，不知常妄作凶。生命的收与放，本质都是一样的。万物并作，所有生命都在自由中流转往复，我们只需静静地面对世间万物的生发、繁荣、衰灭，达生只需知晓无为的道理，如此，便是真正懂得了生命。

如何达到心斋的境界

庄子还提出了一个很重要的概念——心斋，《庄子·人间世》中假借孔子与颜回之口，阐释了这一概念。

颜回说："我没有更好的办法了，冒昧地向老师求教方策。"孔子说："斋戒清心，我将告诉你！如果怀着积极用世之心去做，难道是容易的吗？如果这样做也很容易的话，苍天也会认为是不适宜的。"颜回说："我颜回家境贫穷，不饮酒浆、

不吃荤食已经好几个月了，像这样，可以说是斋戒了吧？"孔子说："这是祭祀前的所谓斋戒，并不是'心斋'。"颜回说："我请教什么是'心斋'。"孔子说："你必须摒除杂念，专一心思，不用耳去听而用心去领悟，不用心去领悟而用凝寂虚无的意境去感应！耳的功用仅只在于聆听，心的功用仅只在于跟外界事物交合。凝寂虚无的心境才是虚弱柔顺而能应待宇宙万物的，只有大道才能汇集于凝寂虚无的心境。

听觉停止了，和外界脱离了关系，所以叫他也听不见了，入定去了。心里面什么念头也不动，自然和"道"符合了。这个时候，呼吸之气是空灵的。虽然身心内外一片虚灵，还是跟外面物理世界相待的，内心空灵是第一步的修养。

所谓的心斋，其实就是在静静的体悟中折射出智慧的灵感。是一种原初静美的境界。

那么怎样才能到达心斋的境界呢？庄子中还有一段话，"入则鸣，不入则止。"（《庄子·人间世》）。"入则鸣"，外境界一进来，心就引起共鸣了，就好像是"风吹识浪"，即外境界的风一来，人的心波就动摇了，心中的清静境界就消失了。

有一个很有趣的假设。假设一个辽阔的沙漠里安装了一部公用电话，其初衷当然是为了那些偶尔经过的人，可以使用它来接通城市，以满足物质的、心理的种种需求甚至求救，而绝不会是相反的情形，因为即使有人打过来又能找谁呢？谁会傻傻地在沙漠里等一个电话吗？

某天，住得离这部公用电话最近的一个人，当然，虽然最近也有几十公里的路程，此人经过这儿时居然听见电话铃在响——那个人显然是拨错号了，但他与接听电话的人聊了一会儿，聊得挺愉快。后来此人经过时，只要听到电话铃声在响，就去接听，他和每个打进电话来的人都聊得很愉快。但心里不免奇怪，自己与那些人素不相识，他们都是来找谁的呢？

有一段时间他试着不去接那个电话，渐渐他发现，无论接与不接那电话铃总是在响，就像都市里的心理热线一样。久居沙漠的他当然不知道，对于城市人，这电话还真有点类似心理热线的作用。身居闹市的他们凭借一根电话线接通了一片空旷，如果正好有人来接，他们就可以聆听那寂静无边的美妙声响，如果没人接听，就正好证实了那里空无一人，只是想找一处空灵之地，一处可供心灵迷失片刻的地方。更让沙漠中人想不到的是，这个电话号码如今已被张贴到互联网上，很多人都在拨打它。结果是，那头电话铃声整天响个不停，这头拨号时常遭遇忙音。原来，为了找一处心斋，人们竟然争先恐后，拥挤如常。

这个故事是一个有趣的揣测，但是不无道理，不过，真要

让心静静持斋，又何必拘泥于一种形式呢？

人生会遭遇许多事，其中很多是难以解决的，这时心中被盘根错节的烦恼纠缠住，茫茫然不知如何面对。如果能静下心来思考，往往会恍然大悟，心静则一切豁然开朗。

就像庄子所说的"唯道集虚"，把内心虚灵的境界，练习久了，累积久了，那么达到形而上的道也就快了。我们能够做到内心意识不动，心灵很凝定，耳根不向外听，完全是返之内在了，那么一世心斋则随我们任意撷取了。

停下疲于奔命的脚步

"有物先天地，无形本寂寥，能为万象主，不逐四时凋。"道，心物一元，包括了物质与非物质，浑然一体，"先天地而生"，一切万象的种种变化，生起与消灭，只是两种不同的现象而已，虽然与这超越一切事物的"道"有密不可分的关系，却无法影响它的本质。

道是先于一切而存在的，不随四时变化而变化。在老子看来掌握了这个道，便知晓了人世的道理。可惜的是现实中，绝少有人能明了圣人的用意。而我们现代人，终日忙碌于城市之间，对这个简单的道更少了去静静体悟的机会。甚至于，人们还有形无形中总是活在不断增加的心绪和欲望中。或许原本是想过简单朴素的生活，谁知，事情的演变却不由着自己的本意，而是随着现实的驳杂。

《老子》书中曾向人们展示了一个著名的小国寡民的世界："小国寡民。使有什伯之器而不用。使民重死而不远徙。虽有舟舆无所乘之。虽有甲兵无所陈之。使民复结绳而用之。甘其食，美其服，安其居，乐其俗。邻国相望，鸡犬之声相闻。民至老死，不相往来。"

在今天，对于老子所描绘的这幅简单朴素的民俗画卷，我们是再也无法去体会了。现代人的生活，行有高速公路，食有快餐鸡腿，说有疯狂英语，看有流星飞雨，聊的是中西合璧的语言，用的是畅通无阻的电子邮件。然而，我们只顾在这流失般繁忙的世界里匆匆赶路，却忘记了生活的真正意义。

生活不是高速路上的擦肩而过，而是静心体会她简单无华的美。这也是道，是智慧。当世界静下来的时候，请放慢脚步，聆听生活最单纯的足音。

一个商人在卖一种止渴丸。

"您好。"小王子上前说。"您好。"商人说，"一个星期吃一颗止渴丸，那么你一个星期内就不用喝水了。"

"为什么你要卖这种药？"小王子问。"它可以帮助人们节省很多时间，"商人说，"专家已经计算过了，一个星期吃一颗

药丸，他们可以省出53分钟来。"

"那么53分钟用来做些什么呢？""随便他们做什么……"

"如果我有53分钟的空闲，"小王子说，"我就会悠闲地逛到清冽的泉边。"

这是一则童话式的寓言，小王子单纯而宝贵的心，在现代社会，已经是千金难求了。我们拼命地提速自己的生活与工作，却忽略了加快速度终究仍然会达到极限，即便我们省出口渴的时间，我们堆积如山的工作也永远处理不完。所以，在这个飞速运转的社会，重要的不是我们如何快速运转，而是协调好工作的时间限度和生命的时间节奏，也就是在"慢"与"快"之间实现平衡。

人生就像登山，不是为了登山而登山，而应着重于攀登中的观赏、感受与互动，如果忽略了沿途风光，也就体会不到其中的乐趣。人们最美的理想、最大的愿望便是过上幸福生活，而幸福生活是一个过程，不是忙碌一生后才能到达的一个顶点。

古往今来，在时间的利用上人类表现得异常谦逊，并经常陷入深深的自责：永远检讨自己的不够努力，以致光阴虚度。整整12个月、365个日日夜夜，都干了些什么？总觉得应该做更多的事，走更长的路，赚到更多的钱，但可惜都没有做到。

是谁让时间严重缩水，让我们觉得生命苦短、脚步匆匆呢？谁是岁月神偷，将流年偷转呢？其实，年月日、时分秒和以往一样长短，并无什么黑客能偷藏劫掠。只不过我们坐上国际化现代化的"过山车"，便身不由己地高速冲撞，前俯后仰，过瘾地放肆尖叫。是的，现代人无法抵御速度的诱惑。

过去几日甚至数月才能了结的工作，现在只需轻敲键盘，用手机拨个电话，开车跑一趟即可完成。但脚步迅捷，心情并不轻松。我们只顾匆匆赶路，而忘记了生活的真正意义，在高速度中失去了享受的权利。

在繁忙的生活中，我们忘了停下脚步来考虑这个根本的问题，我们中的很多人都在忙着用生命去赚钱，却很少有人去规划一个值得拥有的生命。

当我们一个人静下来的时候，你有没有问过自己："每天忙来忙去，我到底在忙什么？我真正追求的是什么？"研究发现，约有93%的人不清楚自己的价值观是什么，他们不知道自己忙来忙去究竟要到哪里去，如同水面上的浮萍一样，糊里糊涂地过了一生。他们的生活可以用三个字来概括——忙、盲、茫。

当我们生命多出53分钟的时候，可能许多人仍然选择的是不知所以的忙碌。可是我们是否想过，停下来思考一下我们的人生终极价值所在呢？道家强调养生，而我们的忙碌工作本质上也是"养生"，存养自己的生命，实现自我生的价值。然而多数人却在基本的需要满足之后，仍然选择一如既往的忙碌，这难道不是种思维误区么？

有这样一幅画，画面上是繁忙的街道，高速的车流，每个人脸上都露出忙碌的表情。在这一繁忙景象中，有一个人弯着腰，样子很失望。他在街道上逆行。这个孤独的人下面有一行字："寻找昨天。"许多人都像这个弯腰的人一样把精力耗费了，老是想着过去犯过的错误和失去的机会，唏嘘不已，又或者有的人总是空想未来。其实，这两种心境才是对时间的浪费，正是与养生这一目的背道而驰。忙忙碌碌的一生，却忘了真正去活，这是人生最大的悲哀。

所以，当我们为现实疲于奔命时，不如停下来，问自己：如果多出 53 分钟，该用它来做什么呢？

何处来，何处去

谈养生，不可避过生死的话题。生死是人在这个世界上要面对的首要大事，谈论生死、解析生死是任何一位思想家都逃脱不了的问题。庄子对生死问题有他独到的看法。

"死生，命也，其有旦之常，天也。"（《庄子·大宗师》）

庄子认为人的生命是由于气之聚，人的死亡是由于气之散。他这番道理，姑且不论其真实程度，就以他对生死态度来说，便远在常人之上。他摆脱了鬼神对于人类生死命运的摆布，只把生死视为一种自然的现象；认为生死的过程不过是像四时的运行一样。

对于死生的态度，庄子能这般旷达洒脱，乃是出于自然。在他想来，死生不过是一场梦罢了！

万物有生也有死，这是生命的自然规律。对生和死的态度，形成了每个人的生死观，生死观是一个人世界观的重要内容。有什么样的人生观，就有什么样的处世哲学、生活态度。

庄子在《庄子·大宗师》中把生和死看成一种自然现象，指出：人的生和死是不可避免的，就像有白天和黑夜一样平常，并且认为"其生也天行，其死也物化"（《庄子·天道》），"其生若浮，其死若休"（《庄子·刻意》）。一个人的降生是依循着自然界的运动而生，一个人的死亡也只是事物转化的结果；生若浮游天地之间，死若休息于宇宙怀抱，一切都没什么大惊小怪，生也好，死也罢，平平常常，没什么可怕的。

独来独往的庄子，仍然逃不掉家室之累。不过话又说回来，家室他是有的，但是否成为他的"累"，则不得而知。关于他家室的情形，后人无从知晓。

据传，庄子的妻子死了，惠子前去吊唁，见庄子不但没有哭泣，反而两腿平伸岔开地坐在那里，边敲着两腿中间的瓦盆，边大声唱着歌。惠子不解，问庄子："你妻子和你生活在一起那么久，为你生儿育女，现在她老死了，你不哭也就罢了，又敲盆唱歌，是不是太过分了！"庄子的回答是："不像你说的那样。她刚死时，我也难过、哀伤。后来，仔细一想，从根上说，她当初本来没有生命，而且也没有形体；不但没有形体，连生命的气息也没有。起始，她仅仅是处在若有若无的状态中，而后才有了生命的气息；这种气息变成形体，形体再度就有了生命，现在又变为死。这就好像春夏秋冬四季循环运行一样。她平静地躺在宇宙这间巨大的居室里，而我却在身边大哭，我认为那就是没有彻悟生命的本质，后来就不再哭了。"

从这则"鼓盆而歌"的故事，可见庄子对生死看得比较透彻。

庄子对生死的透彻理解，让人敬佩。就像《庄子·至乐》中所讲到的，物类千变万化源起于微细状态的"几"，有了水的滋养便会逐步相继而生，处于陆地和水面的交接处就形成青苔，生长在山陵高地就成了车前草，车前草获得粪土的滋养长成乌足，乌足的根变化成土蚕，乌足的叶子变化成蝴蝶。蝴蝶很快又变化成为虫，生活在灶下，那样子就像是蜕皮，它的名字叫做灶马。灶马一千天以后变化成为鸟，它的名字叫做千余骨。千余骨的唾沫长出虫子斯弥，斯弥又生出蠛蠓。颐辂从蠛蠓中形成，黄𫐓从九猷中长出；蠓子则产生于萤火虫。羊奚草跟不长笋的老竹相结合，老竹又生出青宁虫；青宁虫生出豹子，豹子生出马，马生出人，而人又返归造化之初的浑沌中。万物都产生于自然的造化，又全都回返自然的造化。

生命就是一种不断转化的过程，人生来自造化，又复归造化，大自然就是这样生生不息。因此，一个人生活在这个世界上，一定要使自己的生命有一个灿烂的旅程。

达生先养心

道家是十分注重养生的。尤其在庄子看来，养生更可谓是人生修行的一门重要课程。在《庄子》书中就有专门的《养生主》一篇。庄子认为，一个可以学道的人，必须有"圣人般虚淡的心境"，所谓达生须先养心，否则，这个人只能在世间随波逐流，跟随着众人行走于声色名利之中，永远没有醒悟的那一天。

有一天，南伯子葵问女偊："女偊呀，你岁数已经很大了，可是我看你的容颜又青春又活泼，简直像个孩童，这到底是为什么呢？"女偊想了想，说："这是因为我得道了。"南伯子葵

一听，问："道？我可以学习吗？"女偊又想了想，说："不行，你怎么可能学习呢！依我看来，你可不是能学习道的人。你知道卜梁倚吗？他有圣人般明敏的才气，却没有圣人般虚淡的心境。而我呢，我有圣人般虚淡的心境，却没有圣人那种明敏的才气。我本想如果用虚淡的心境去教导他，没准他果真能成为圣人。然而，结果却不是这样。虽然把圣人虚淡的心境传告给具有圣人才气的人看起来更容易些，但我还是选择持守着告诉他，结果，他三天之后便能遗忘天下；看到他已经可以遗忘天下，我又凝寂持守，结果，他七天之后就能遗忘万物；看到他已经遗忘外物，我又凝寂持守，结果他九天之后便能遗忘自己的存在。等到他遗忘了自己的存在，他的心境便能如朝阳一般清新明澈；当心境如朝阳般清新明澈，他就能够感受那绝无所待的道了；当他感受了道，就能超越古今的时限；当他超越古今的时限可以在历史中穿梭，那么便进入无所谓生、无所谓死的境界。一个人生活在世界上，当你摒除了生也就没有了死，因为没有了死的对比，那时候的生也就不存在了。"

庄子的这段故事给了我们这样的启示，那就是养生先养心，养心才能达生，才能超越生命。就像庄子所说的，当他的心境能如朝阳一般清新明澈的时候，才能感受道的存在，并进入无所谓生与死的境界。

虽然这样的修行近乎玄幻，但依然给我们现实人生以达生的喜悦。一个人，只有学会了修养自己的心灵，才能保持内心的宁静与和谐，然后在我们今天纷繁复杂的现实生活中，保持一份从容宁静，才有可能像庄子一样，达生而逍遥，而这才是道家所提倡的真正的养生境界。

在纷纷扰扰的世界上，心灵当似高山不动，不能如流水不安。居住在闹市，在嘈杂的环境之中，不必关闭门窗，只任它潮起潮落，风来浪涌，我自悠然如局外之人，没有什么能破坏心中的宁静。身在红尘中，而心早已出世，在白云之上，又何必"入山唯恐不深"呢？

心灵是智慧之根，要用知识去浇灌。胸中贮书万卷，不必人前卖弄。"人不知而不愠，不亦君子乎？"让知识真正成为心灵的一部分，成为内在的涵养，成为包藏宇宙、吞吐天地的大气魄。只有这样，才能运筹帷幄之中，决胜千里之外，才能指挥若定、挥洒自如。

修养心灵，不是一件容易的事，要用一生去琢磨。心灵的宁静，是一种超然的境界！高朋满座，不会昏眩；曲终人散，不会孤独；成功，不会欣喜若狂；失败，不会心灰意冷。坦然迎接生活的鲜花美酒，洒脱面对生活的刀风剑雨，还心灵以本色。

　　宁静是生活的必需，倾听内心宁静的声音，原创力才不会枯竭，观察力才会敏捷，才能看见别人看不到的盲点，想到别人想不到的点子。宁静如同鸭子划水，看似过水无痕，却在内心产生强烈的爆发力，潜力惊人。人总有一天会走到生命的终点，金钱散尽，一切都如过眼云烟，只有精神长存世间，所以人生的追求应该是一种境界。

　　所以道家所说的养生，首先是从养心开始的。换句话说，现实人生中，一个人，要想过上更加幸福的生活，必须学会养心。养心，并不是非要有什么特殊的条件才能办到。在生活中，只要我们能够日日更新、时时自省，就能够摆脱世俗的困扰，清除心灵的尘埃。

　　所以向道家学做人养生，就要先修养我们的心灵，只有这样，我们才能更长久地拥有一颗健康纯净的心灵，也才能在尘世获得属于我们自己的幸福。

摈却浮躁，心如止水

　　《庄子·德充符》曰："人莫鉴于流水，而鉴于止水。唯止能止众止。"人为什么不能鉴于流水，因为流水不是平的，只有止水才能鉴人。所以，水平不流，如止水澄波，能够做到昼夜都在止水澄波中，便是心灵修养的境界所在。

庄子在这里很明显地告诉我们修心的方法，即效法水平。此心如水，止水澄波，杂念妄想、喜怒哀乐一切皆空。

《庄子·德充符》篇又说：平者，水停之盛也。其可以为法也，内保之而外不荡也。庄子认为，一个人要想获得真正幸福，必须学会悟道。但怎样才能悟道呢？庄子说，一个人必须学会保持自己内心的安静，只有内心安静了，才能在静中映出自己的真实本性，保持本性，获得幸福。在《庄子·在宥》篇中，庄子讲述了黄帝向广成子问道的故事：

开始时广成子不愿向黄帝说道，黄帝放弃天下，斋戒三个月以后，广成子才向黄帝说了以下的话："你问得好啊！来，我告诉你至道是什么。至道的精华，幽深而无状；至道的极致，蒙昧而无声。不听不看，让精神安静，形体就自然端正。一定要安静，一定要清静，不要劳累形体，不要耗费精力，这样就能长生。"广成子主要说的是怎样才能求得道，我们却可以从中体悟到"静"的作用。每个人想要得到幸福，都要保持自己心灵的平静。如果你的生命一直处于烦躁、嘈杂的状态之中，怎能找到自己的心灵呢？内心的平静是智慧的珍宝、长久努力自律的成果，它呈现出丰富的经验与不凡的真知灼见。一个人即使身处闹市，也要保持静的状态。

人们认为自己的想法愈益成熟而变得沉稳，要有这样的体认必须了解别人亦是如此。他若有正确的体认，借着因果道理愈来愈透彻明白事物的关联性，便不再惊慌失措、焦虑悲伤，而是稳重镇定、从容沉着。

一个安静的人，因为学会自制，知道如何配合别人，而别人相对地也会敬重他的风范，从中学习并仰赖他。一个人的心愈是静，他的成就、影响力愈大，力量愈持久。头脑普通的生意人若能更自制与沉着，会发觉自己的生意日益兴隆，即因一般人喜欢与看来稳重的人交易买卖。

坚强、冷静的人永远受人爱戴，他就像干涸土地上遮阳的大树，暴风雨中遮蔽风雨的大石头。谁不想个性沉稳、脾气温和、生活规律呢？不论境遇如何，不论有何改变，对性情沉稳的人而言，都没有关系。

这种从容沉着的高尚个性是修身养性最难的课题，也是生命的花朵、心灵的成果，它与智慧同样珍贵，比黄金更令人垂涎。没错，上等黄金也比不上它。与恬静的生活——在吵嚷俗世中，安身立命于真理之中，获得永恒的平静——相比，汲汲营营于赚钱显得多么微不足道啊！

要获得平静的不二法门便是自制、自治与自清。若受自己的性情支配，则会感到自己受缚、不悦，而且毫无用武之地。若能克服束缚自己的琐碎好恶、任性爱恨、愤怒、怀疑、妒忌，以及种种善变的情绪，成功挑战这项任务，便能将幸福与成功的金丝织入生活的罗网中。

若受内心多变的情绪左右，就会需要他人或外力协助你踏稳生活的步伐。一旦自行踏稳了步伐且稍有成就时，则需学习克服并面对诸多干扰和妨碍。每天都应该练习修养心灵，亦即所谓的"进入静谧"。此方法能排除烦忧，换来平静，且化弱为强。若非做到这点，你无法成功地以心灵力量直捣问题核心并经营生活。

很多时候，我们的内心都为外物所遮蔽、掩饰，浮躁的心情占领了我们的整颗心，因此在人生中留下许多遗憾：在学业上，由于我们还不会倾听内心的声音，所以盲目地选择了别人为我们选定的、他们认为最有潜力与前景的专业；在事业上，我们故意不去关注内心的声音，在一哄而起的热潮中，我们也去选择那些最为众人看好的热门职业；在爱情上，我们常因外界的作用扭曲了内心的声音，因经济、地位等非爱情因素而错误地选择了爱情对象……我们都是现代人，现代人惯于为自己作各种周密而细致的盘算，权衡着可能有的各种收益与损失，但是，我们唯一忽视的，便是去听一听自己内心的声音。

我们很忙，行色匆匆地奔走于人潮汹涌的街头，浮躁之心油然而生，这也是我们不去倾听内心声音的一个缘由。我们找

不到一个可以冷静驻足的理由和机会。现代社会在追求效率和速度的同时，使我们作为一个人的优雅在逐渐丧失。那种恬静如诗般的岁月对于现代人来说，已成为最大的奢侈和批判对象。内心的声音，便在这些繁忙与喧嚣中被淹没。

物质的欲望在慢慢吞噬人的性灵和光彩，我们留给自己的内心空间被压榨到最小，我们狭隘到已没有"风物长宜放眼量"的胸怀和眼光。我们开始患上种种千奇百怪的心理疾病时，心理医生和咨询师在我们的城市也渐渐走俏，我们去寻医、去求诊，然后期待在内心喑哑的日子里寻求心灵的平衡。

王维诗云：人闲桂花落，夜静春山空。月出惊山鸟，时鸣春涧中。很多人都认为王维只是在写自然界景物的美丽，其实那写出来的诗已经不是自然界的美丽了，而是诗人生命的美。诗人为什么能够体验到生命的美？就在于他的静。如果一个人在喧闹的都市中，仍保持一颗清静无为的心，就能像王维那样体验到生命中蕴含着的花落、月出、鸟鸣的美丽，就能拥有一个诗意的幸福人生。

撇开小我，放大眼界

道家思想认为一个人要想使自己达到一个大境界，就必须把自己的心放到天地间，去体悟自我的渺小与天地的广大，这样人的心境自然也就随之变得高远广阔了。比如像《庄子》就在很多章节中都有一些试图打破人们想象空间和眼界的论述，如《秋水》一章中，庄子这样描述：

秋天里山水按照时令汹涌而至，众多大川的水流汇入黄河，河面宽阔波涛汹涌，两岸和水中沙洲之间连牛马都不能分辨。于是河神欣然自喜，认为天下一切美好的东西全都聚集在自己这里。河神顺着水流向东而去，来到北海边，面朝东边一望，看不见大海的尽头。于是河神方才改变先前洋洋自得的面孔，面对着海神仰首慨叹道："俗语有这样的说法，'听到了上百条道理，便认为天下再没有谁能比得上自己'的，说的就是我这样的人了。而且我还曾听说过孔丘懂得的东西太少、伯夷的高义不值得看重的话语，开始我不敢相信；如今我亲眼看到了你是这样的浩渺博大、无边无际，我要不是因为来到你的门前，真可就危险了，我必定会永远受到修养极高的人的耻笑。"

海神说："井里的青蛙，不能跟它们谈论大海，是因为受到生活空间的限制；夏天的虫子，不可能跟它们谈论冰冻，是因为受到生活时间的限制；乡曲之士，不可能跟他们谈论大道，是因为教养的束缚。如今你从河岸边出来，看到了大海，方才知道自己的鄙陋，你将可以参与谈论大道了。"

"天下的水，没有什么比海更大的，千万条河川流归大海，

不知道什么时候才会停歇，而大海却从不会满溢；海底的尾闾泄漏海水，不知道什么时候才会停止，而海水却从不曾减少；无论春天还是秋天不见有变化，无论水涝还是干旱不会有知觉。这说明大海远远超过了江河的水流，不能够用数量来计算。可是我从不曾因此而自满，自认为从天地那里承受到形体并且从阴和阳那里秉承到元气，我存在于天地之间，就好像一小块石子、一小块木屑存在于大山之中。我正以为自身的存在实在渺小，又哪里会自以为满足而自负呢？想一想，四海存在于天地之间，不就像小小的石间孔隙存在于大泽之中吗？再想一想，中原大地存在于四海之内，不就像细碎和米粒存在于大粮仓里吗？号称事物的数字叫做万，人类只是万物中的一种；人们聚集于九州，粮食在这里生长，舟车在这里通行，而每个人只是众多人群中的一员；一个人比起万物，不就像是毫毛之末存在于整个马体吗？五帝所续连的，三王所争夺的，仁人所忧患的，贤才所操劳的，全在于这毫末般的天下呢！伯夷辞让它而博取名声，孔丘谈论它而显示渊博，这大概就是他们的自满与自傲，不就像你先前在河水暴涨时的洋洋自得吗？"

"我存在于天地之间，就好像一小块石子、一小块木屑存在于大山之中。"这是何等高远绝伦的境界和气概！从道家经典的这些描述中，我们不难明白，做人始终不可忘记自我的渺小，在这宇宙间，只有与天地同辉者才能得大境界。如此，生活中的种种琐屑俗事与矛盾，就不会再令我们的情绪为之羁绊了。

人生天地之间，若想不被凡尘琐事所干扰，达到幸福而圆满的人生境界，必须不断扩充自己的人生境界。如果一个人的眼睛里只有柴米油盐，只有蝇头小利，又怎么能够获得内心的幸福？

晋代大书法家王羲之的字可谓冠绝天下，后世尊他为"书圣"。王羲之的字平和自然，笔势委婉含蓄，遒美健秀，后人评曰"飘若游云，矫若惊龙"，他的行书字帖《兰亭集序》被宋代米芾称为"天下行书第一"。他的字为什么写得那么好？这虽然与他平日勤学苦练不无关系，但是，他的字犹如神品却和他的人生境界的高远不无关系。他的闻绝天下的书法《兰亭序》历来被人称重，其实《兰亭序》不仅书法飘逸神俊，文字境界也不逊色。文章写道：

"永和九年，岁在癸丑，暮春之初，会于会稽山阴之兰亭，修禊事也。群贤毕至，少长咸集。此地有崇山峻岭，茂林修竹；又有清流激湍，映带左右，引以为流觞曲水，列坐其次。虽无丝竹管弦之盛，一觞一咏，亦足以畅叙幽情。

"是日也，天朗气清，惠风和畅，仰观宇宙之大，俯察品

类之盛，所以游目骋怀，足以极视听之娱，信可乐也。"

意思是说："永和九年，即癸丑年，三月之初，大家在会稽郡山阴县的兰亭聚会，为的是到水边进行消灾求福的活动。许多有声望有才气的人都来了，有年轻的，也有年长的。这里有高大的山和险峻的岭，有茂密的树林和高高的竹子，又有清水急流，在亭的左右辉映环绕。把水引到亭中的环形水渠里来，让酒杯漂流水上供人们取饮。人们在曲水旁边排列而坐，虽然没有管弦齐奏的盛况，可一边饮酒一边赋诗，也足以痛快地表达各自幽雅的情怀。

"这一天，天气晴朗，和风轻轻吹来。向上看，天空广大无边，向下看，地上事物如此繁多，这样来纵展眼力，开阔胸怀，穷尽视和听的享受，实在快乐啊！"

这是何等舒畅的情怀，又是何等开阔的生命境界！王羲之秉持这样的生命境界，把周围的山川草木和天、气、惠风、宇宙及品类全部都融合到自己的那400个字中去，如何不能成就人间的神品呢？

生活在繁华都市中的人，每天都为了生计而奔忙，很容易被各种各样的物欲迷住了眼睛。在我们的眼里只有来往的车流、上司和周围人群的嘴脸、各式各样的楼层，有点时间休息时，也只是对着电视或者电脑。现代人心中已经越来越少地去关注周围的绿色植物，天空中不断游走的流云，夜晚灿烂的星光和月色，我们的心仅仅愈来愈局限于我们生活中的一个小小的片断。在这种狭窄的心灵空间生活久了，人怎能不厌倦不麻木，怎能不心生疾病呢？从道家的这些智慧中，我们会明白，只有把自己放到无限广大的宇宙天地间，撇开小我的短浅狭隘，才能拥有广阔的心境。而这样，我们就能在繁华之中看见苍凉，在危急之时看见希望，在平凡之中看见伟大，在奔忙之中看见力量。这时人自然就会有一种"天高任鸟飞，海阔凭鱼跃"的感受，久而久之，我们的生命境界自然就会得到升华。像道家一样做人，我们将在繁忙的现实生活之中体验到一种真正的自在。

找到自己的心灵

人们常说："比海洋宽阔的是天空，比天空更宽阔的是人的心灵。"心灵，拥有包纳世间一切事物的容量。许多人抱怨生活的压力太大，感到内心烦躁，不得清闲，养生与追求清静成了许多人的奢谈。其实能够安守寂寞，静对孤独才是人生中的一种大境界。它是一首诗，一道风景，是那种你在桥上看风景，看风景的人在桥上看你的美丽。

其实许多人尽其一生追求的真善美，不过就是流淌在我们

心间的一股涓涓细流。

在道家的经典《庄子》一书中，不止一次谈到"心"，比如"至人之用心若镜，不将不迎，应而不藏，故能胜物而不伤"（《庄子·应帝王》），"且夫乘物以游心，托不得已以养中，至矣"（《庄子·人间世》），可见庄子对心的珍视。一个人有多大的灵性，就在于他的心灵具有多大的灵性。一个人生活在这个世界上，必须懂得珍视、呵护自己的心灵，才能保持个人的真善。

在一座偏僻遥远的山谷里的断崖上，不知何时，长出了一株小小的百合。它刚诞生的时候，长得和杂草一模一样，但是，它心里知道自己并不是一株野草。它的内心深处，有一个念头："我是一株百合，不是一株野草。唯一能证明我是百合的方法，就是开出美丽的花朵。"它努力地吸收水分和阳光，深深地扎根，直直地挺着胸膛，对附近的杂草置之不理。

在野草和蜂蝶的鄙夷下，百合努力地释放内心的能量。百合说："我要开花，是因为知道自己有美丽的花；我要开花，是为了完成作为一株花的庄严使命；我要开花，是由于自己喜欢以花来证明自己的存在。不管你们怎样看我，我都要开花！"

终于，它开花了。它那灵性的白和秀挺的风姿，成为断崖上最美丽的风景。年年春天，百合努力地开花、结籽，最后，这里被称为了"百合谷地"。因为这里到处是洁白的百合。

不被别人的言语所诱惑，围绕着我们的心去生活，就能绽放自己的生命色彩，就能实现自我生命的圆满和美丽。百合谷底的美，是因为百合内心里坚定不移的对于自身美的肯定与清醒认识。在我们这个充满着变化与纷扰的现实世界中，一个人只有找到自己的心灵，才能真正修为有成。而要找到自己的心灵，除了懂得常养真善、宁静的心境外，更要懂得如何在波澜复杂的生活中安守寂寞。正像英国作家纪伯伦所说："孤独，是忧愁的伴侣，也是精神活动的密友。"在人生的河流中，更多的则是平静，一个懂得将养心灵的人，必定明白人生许多时候，需要我们细细地感受，包括片刻或长久的寂寞。

法国作家罗曼·罗兰所说："世上只有一个真理，便是忠实人生，并且爱它。"尘世中，无数人眷恋轰轰烈烈，以拜金主义为唯一原则而没头没脑地聚集在一起互相排挤、相互厮杀。而道家的智者却总能以淡然之心看人生寂寥之事，持守真善之美，让这脉清流在心灵间永远流淌。道家的智慧使人们自始至终都保持独立的人格，若一江春水细浪淘洗劳碌之身躯，存一颗娴静淡泊之心，寄寓无所栖息的灵魂。这样的人生智慧尤其值得我们现代人学习。